秀洲年鉴 2023

XIU ZHOU NIAN JIAN

秀洲区史志编纂委员会 编

方志出版社

图书在版编目(CIP)数据

秀洲年鉴. 2023 / 秀洲区史志编纂委员会编. —北京：方志出版社，2023.11

ISBN 978-7-5144-5957-9

Ⅰ. ①秀… Ⅱ. ①秀… Ⅲ. ①区(城市)—嘉兴—2023—年鉴 Ⅳ. ①Z525.54

中国国家版本馆 CIP 数据核字(2023)第 243713 号

责任编辑：丛　珺
责任校对：张玉霞
责任印制：梅中英
出 版 者：方志出版社
地　　址：北京市朝阳区潘家园东里 9 号（国家方志馆 4 层）
邮　　编：100021
网　　址：http://www.zgfzcb.cn
发　　行：方志出版社图书营销中心（010—67110500）
印　　刷：嘉兴华源印刷厂
开　　本：889 毫米×1194 毫米　1/16
印　　张：28.75
字　　数：854 千字
版　　次：2023 年 11 月第 1 版
印　　次：2023 年 11 月第 1 次印刷
定　　价：200.00 元

秀洲区史志编纂委员会

顾　问：徐鸣阳

主　任：巨　博

副主任：郭　真　陈跃强　邹宏飞　陆志芬

成　员：区级机关各部门主要负责人，各镇、街道及嘉兴国家高新区（高照街道）主要领导

《秀洲年鉴》编辑部

主　编：吴海红

编　辑：杨恺悌　彭雪华　方钰涵

校　对：孟金根

2022 · 数字秀洲

辖区面积　547.73平方千米（行政口径）

年末户籍人口　43.57万人（行政口径）

年末常住人口　70.5万人（行政口径）

地区生产总值　622.31亿元

第一产业增加值　19.18亿元

第二产业增加值　342.55亿元

第三产业增加值　260.57亿元

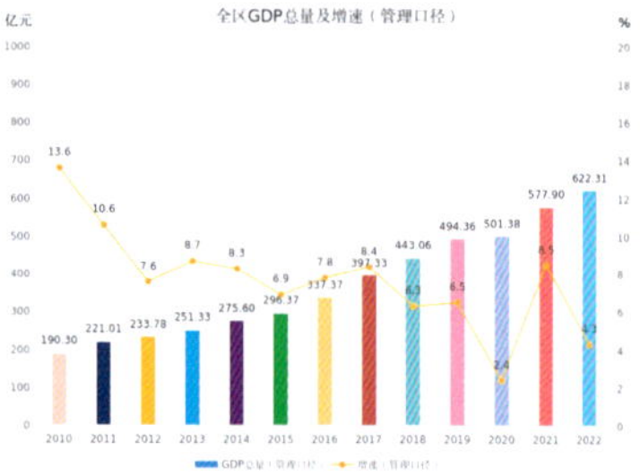

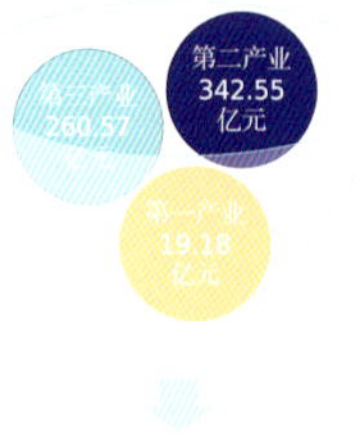

地区生产总值：622.31亿元

规模以上工业企业总产值　1079.12亿元

农林牧渔业总产值　28.23亿元

社会消费品零售总额　124.71亿元

进出口总额　309.03万元

固定资产投资　204.03亿元

财政总收入　55.91亿元

一般公共预算收入　24.70亿元

全年一般公共预算收入
24.70亿元

一般公共预算支出　47.04亿元

城镇居民人均可支配收入　65096元

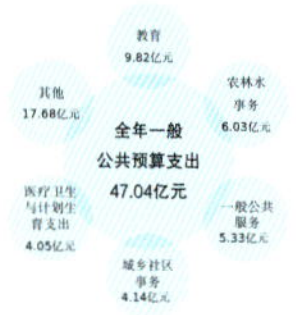

农村居民人均可支配收入　44263元

幼儿园数　33所

义务教育学校数　24所

高中学校数　1所

医疗卫生机构数　214家（行政口径）

每千人拥有医院床位数　3.47张（行政口径

房屋施工面积　843.73万平方米

房屋竣工面积　26.58万平方米

商品房销售面积　42.05万平方米

注：以上数据无特殊说明均为管理口径

全区固定资产投资204.03亿元，增长23.5%，列全市第一。

全区规模以上工业企业总产值达1079亿元，首次突破千亿元大关。

全年合同利用外资4.77亿美元，增长20%；实际到位外资3.87亿美元，创历史新高，增长2.7%，完成市年度目标任务（2.9亿美元）的133.6%，列全市第一。

全年实现城镇居民人均可支配收入65096元，增长3.6%、增速列全市第一。

全区低收入农户人均可支配收入23760元，同比增幅14.6%，排名全市第一。

全区113个村，村级经常性收入实现150万元以上全覆盖。

隆基10GW单晶组件项目等10个项目列入2022年省重点建设项目名单，数量列全市第一。省重大项目年度投资完成率222.5%，列全市第一。

规模以上数字经济核心制造业实现增加值65.96亿元，占规模以上工业增加值比重27.7%，数字经济发展综合评价指数全省第七、全市第一，并获省政府督查激励。

浙江五芳斋实业股份有限公司为中国粽子“第一股”。

浙江恒威电池股份有限公司为全区首家创业板上市企业。

隆基乐叶获评省“雄鹰企业”，实现全区零的突破。

新增国家级专精特新“小巨人”、省“隐形冠军”4家，入围全省产业链协同创新项目3个、列全市第一。全区拥有“单项冠军”、专精特新“小巨人”、“隐形冠军”14家，省级专精特新中小企业20家。

嘉兴全球航空物流枢纽入选国家级生产服务型物流枢纽；嘉兴现代物流园入围全省第二批现代服务业创新发展区。

北京理工大学长三角研究院（嘉兴）、浙江大学嘉兴研究院被认定为省级新型研发机构，认定数量并列全市第一。

北京理工大学长三角研究院（嘉兴）、浙江大学嘉兴研究院、南方科技大学嘉兴研究院成功认定为市级新型研发机构，认定数量列全市第一。

北京理工大学长三角研究院（嘉兴）成功创建全区首家国家级博士后工作站，入选省“鲲鹏行动”计划专家2名，实现秀洲区“鲲鹏人才”零的突破。

新增国家高新技术企业87家、省科技型中小企业209家，全社会R&D经费占GDP比重3.26%，规模以上工业企业研发活动率95.7%、规模以上工业企业研发机构设置率87.44%，均居全市前列。

粮食产量稳定在2.98亿斤，秀洲区获评浙江省产粮大县。

稻渔综合种养面积增加至4.2万亩，成功创建省级渔业健康养殖示范县。

2020—2022年连续三年获评全国县域农业农村信息化发展先进县，入选全省高质量发展建设共同富裕示范区试点，火炬村入选全省强村富民乡村集成改革典型案例。

全年建设筹集保障性租赁住房7306套（间），完成率列全市第一。

秀洲区快递业务收入22.5亿元，约占全市21%，全市排名第一。

城乡教共体实现全覆盖，义务教育城乡学校校际差异系数小学0.152，初中0.179，列全市第一、全省前列。

全年新增体育场地面积18.92万平方米，累计157.4万平方米，人均面积2.62平方米，人均体育场地面积增速全市第一。

全年建成“15分钟品质文化生活圈”111个，全民艺术普及率列全市第一、全省第七。

秀洲区在嘉兴市文化和旅游促进人民精神生活共同富裕指数测评中，位列全市第一。

嘉兴市文化艺术中心建筑获评中国建设工程鲁班奖，为秀洲区首个鲁班奖工程。

市控及以上断面实现Ⅲ类水全覆盖，石臼漾饮用水水源地水质稳定在Ⅱ类水，实现大禹鼎“三连冠”，首获“大禹鼎”银鼎。

秀洲区获评全国智慧健康养老示范基地。

◎12月30日，中共嘉兴市秀洲区委十届四次全体（扩大）会议召开　　（区委宣传部提供）

◎12月3日，秀洲区举行“12·3”人大代表日系列活动——新塍镇人大代表联络站启用　　（张建太摄）

◎1月5日，北京理工大学长三角研究院（嘉兴）一期项目开工　　（秀拓集团提供）

◎5月25日，秀洲区先进制造业高质量发展大会召开　　（区经商局提供）

◎8月25日至26日，2022第十一届中国创新创业大赛（浙江赛区）暨第九届浙江省“火炬杯”创新创业大赛行业总决赛生物医药行业颁奖典礼在秀洲区举行　　（嘉兴国家高新区提供）

◎6月13日，浙江远江生物科技有限公司年产3万吨生物法植物肉建设项目开工奠基
（嘉兴国家高新区提供）

◎9月2日，佛吉亚（嘉兴）汽车部件系统有限公司智能舒适系统项目签约　　（嘉兴国家高新区提供）

◎6月18日，“秀水光谷”开工奠基仪式在洪合镇举行　　（洪合镇提供）

◎8月25日至26日，2022第十一届中国创新创业大赛（浙江赛区）暨第九届浙江省“火炬杯”创新创业大赛行业总决赛生物医药行业颁奖典礼在秀洲区举行　　（嘉兴国家高新区提供）

◎6月13日，浙江远江生物科技有限公司年产3万吨生物法植物肉建设项目开工奠基
（嘉兴国家高新区提供）

◎9月2日，佛吉亚（嘉兴）汽车部件系统有限公司智能舒适系统项目签约　　（嘉兴国家高新区提供）

◎6月18日，“秀水光谷”开工奠基仪式在洪合镇举行　　（洪合镇提供）

◎8月25日至26日，2022第十一届中国创新创业大赛（浙江赛区）暨第九届浙江省“火炬杯”创新创业大赛行业总决赛生物医药行业颁奖典礼在秀洲区举行　　（嘉兴国家高新区提供）

◎6月13日，浙江远江生物科技有限公司年产3万吨生物法植物肉建设项目开工奠基
（嘉兴国家高新区提供）

◎9月2日，佛吉亚（嘉兴）汽车部件系统有限公司智能舒适系统项目签约　　（嘉兴国家高新区提供）

◎6月18日，“秀水光谷”开工奠基仪式在洪合镇举行　　（洪合镇提供）

◎阿特斯阳光新材料智造车间　　（邱一梅摄）

◎福莱特玻璃智造车间　　（邱一梅摄）

◎12月13日，秀洲区成功创建省级特色产业农业（水稻）“机器换人”高质量发展先行县
（区农水局提供）

◎2022年，油车港镇胜丰村被列入浙江省未来乡村建设试点村　　（陆海根摄）

◎9月1日，秀洲区服务业高质量发展大会召开　　（区传媒中心提供）

◎12月8日，匈牙利海兰德瓷器艺术·中国穆益林帛画艺术展览开幕　　（新塍镇提供）

◎8月5日，杭州师范大学附属油车港中学揭牌（区教体局提供）

◎11月23日，“与一代文宗的时空对话”——2022朱彝尊文化论坛在王店镇镇中村的古藤书屋举行（区委宣传部提供）

◎6月16日，“喜迎二十大 奋进新时代”秀洲区微型党课大赛决赛暨“强国复兴有我”主题宣讲活动在秀湖音乐厅举行　　（区委宣传部提供）

◎2022年“七一”前夕，区委统战部组织各民族代表到南湖革命纪念馆开展“瞻红船、忆党史、铭初心”活动　　（沈宇伟摄）

◎11月19日，“初心启塍 幸福童享”研学活动在“中国最美童画之乡”洛东村举行　　（区妇联提供）

◎8月18日，区慈善总会举行子城“圆梦助学”活动慈善助学金发放仪式　　（区民政局提供）

◎6月1日，秀洲区人民法院“共享法庭”（秀洲区妇联服务站）启用　　（区妇联提供）

◎王江泾镇民和村原妇女委员王金珠入选第五届浙江省“最美文化礼堂人”，图为王金珠教学现场
（区委宣传部提供）

◎6月18日至19日，2022年秀洲区青少年田径锦标赛在秀洲区油车港镇中学举行　（区教体局提供）

◎6月19日，王店镇镇西村足球邻里节暨首届农民足球邀请赛开赛　（王振宇摄）

◎4月6日，油车港麟湖画乡非遗精品线路入选2022年“浙里田园”百条休闲农业与乡村旅游精品线路
（区农水局提供）

◎5月28日，健康家庭大奖赛在王店镇凤珍村举行　　（区计生协会提供）

◎9月7日，油车港镇胜丰村文化礼堂上演音乐剧　　（区委宣传部提供）

◎7月15日，王店镇文化分馆选送的小品《竹垞宝鸭》在第六届秀洲区戏剧小品比赛中获得金奖
（王店镇提供）

◎7月28日，第十一届中国儿童戏剧节嘉兴分会场暨秀洲儿童戏剧艺术季开幕式在秀湖音乐厅举行，图为儿童剧《马兰花》剧照　　（区委宣传部提供）

◎塘汇街道举行第七届“万封家书传亲情”公益活动　　（塘汇街道提供）

◎江南摩尔商圈新貌　　（区委宣传部提供）

◎杭州塘与北郊河东岸沿线绿道获嘉兴市红旗奖　　（高新集团提供）

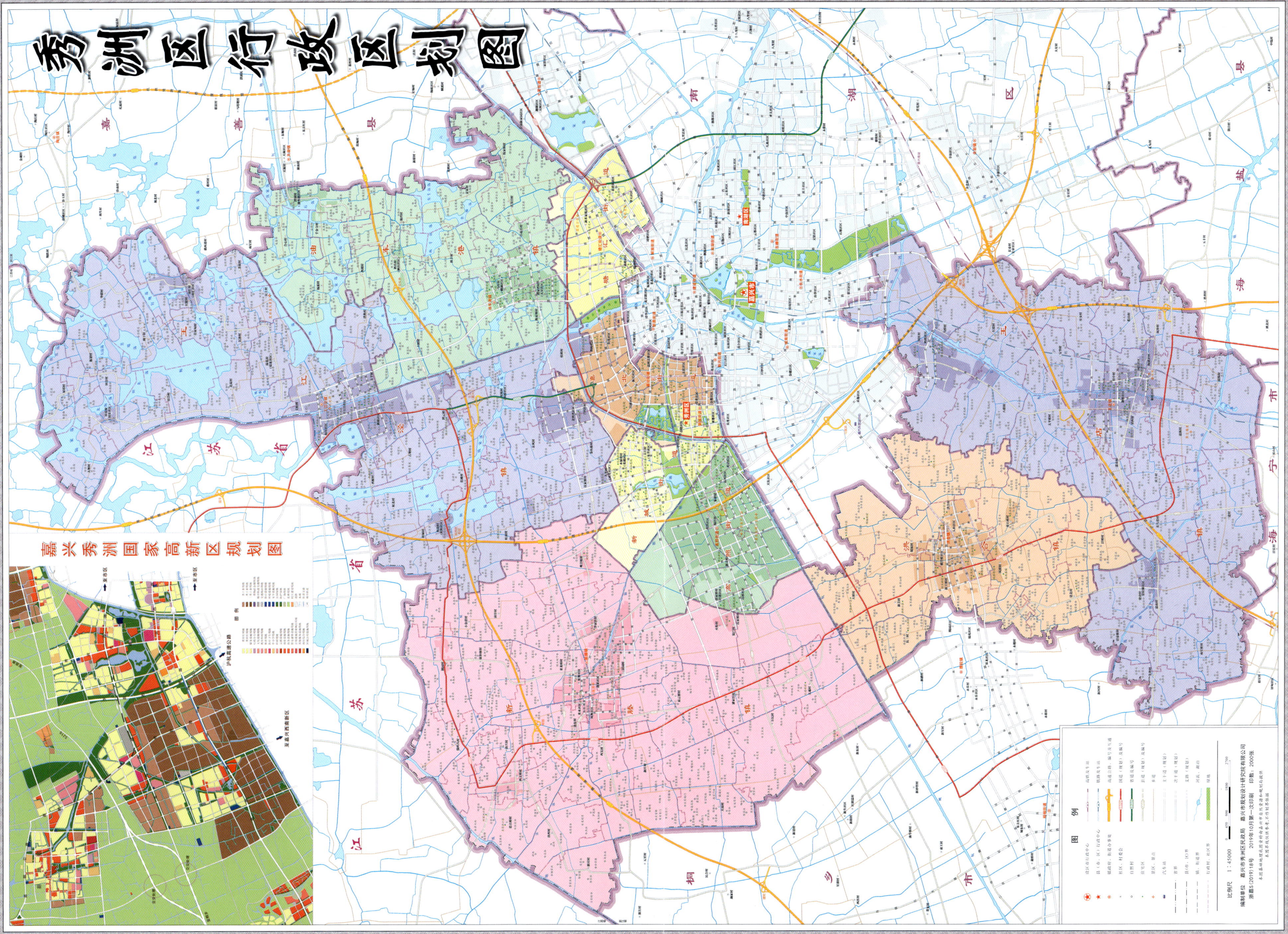
秀洲区行政区划图
嘉兴秀洲国家高新区规划图
图例
设区市行政中心
县（市、区）行政中心
镇政府、街道办事处
社区、村委会
自然村
住宅区
景区、景点
汽车站
省界
县(市、区)界
镇、街道界
行政村、社区界
高铁及车站
铁路及车站
高速公路、编号及互通
国道（规划）及编号
省道及编号
县道（规划）及编号
乡道
主干道（规划）
次干道（规划）
支路（规划）
河流、湖泊
绿地
比例尺　1：45000
编制单位　嘉兴市秀洲区民政局　嘉兴市规划设计研究院有限公司
浙嘉S(2019)18号　2019年10月第一次印刷　印数：2000张
本图基础地理底图资料由嘉兴市自然资源和规划局提供
本图界线仅供参考，不作划界依据

编辑说明

一、《秀洲年鉴》是由中共嘉兴市秀洲区委、秀洲区人民政府主办，秀洲区档案馆（区史志研究室）编纂出版的年度资料性文献。2019年首次出版，《秀洲年鉴（2023）》为第5卷。

二、《秀洲年鉴（2023）》以马克思列宁主义、毛泽东思想、邓小平理论、“三个代表”重要思想、科学发展观、习近平新时代中国特色社会主义思想为指导，坚持辩证唯物主义和历史唯物主义的立场、观点和方法，全面、系统地记述和反映秀洲区经济社会发展进程中所取得的新成就、新经验，为社会各界了解和研究秀洲提供翔实的基础资料。

三、《秀洲年鉴（2023）》采用分类编辑法，设栏目、分目、条目三个层次，以条目为基本记述单元。栏目依次为：特载、大事记、专文、秀洲概览、中共嘉兴市秀洲区委员会、嘉兴市秀洲区人民代表大会、嘉兴市秀洲区人民政府、政协嘉兴市秀洲区委员会、中共嘉兴市秀洲区纪律检查委员会　嘉兴市秀洲区监察委员会、民主党派·工商联、群众团体、法治·军事、农业·水利、乡村振兴、工业·经济开发区、开放型经济、商贸·旅游、财税·金融、经济管理与监督、城乡建设、生态环境保护、交通·电力·邮政·通信、科学技术、教育、体育、文化、卫生健康、社会生活、镇·街道、人物·名录和附录，共31个栏目、226个分目、1362个条目，表格63张，图片124张。为方便检索，书前有目录，书后有索引。

四、《秀洲年鉴（2023）》记述时限为2022年1月1日至2022年12月31日，特载部分提前收录2023年的政府工作报告。文中“是年”均指2022年。

五、根据行文需要，文中未具名的“省”“市”“区”，均指“浙江省”“嘉兴市”“秀洲区”。考虑到社会使用习惯，文中“亩”不作换算。主要数据和统计资料以《秀洲统计年鉴》为准，部分数据由各相关部门提供。行政口径数据为5个镇4个街道，管理口径为5个镇2个街道，部分数据不含嘉北、塘汇街道。

六、《秀洲年鉴（2023）》基础资料，由各镇（街道）、部门（单位）落实专人撰写，文后署作者姓名或单位名称，并经各部门（单位）领导审阅。因电力、气象、电信、保险、银行、水务等均由市属机构统一经营管理，有关这些部门的统计数字与设施建设等内容，市、区难以厘清的，只记其大概。

特　　载

踔厉奋发　勇毅奋进　团结奋斗　以主城区担当奋力谱写中国式现代化秀洲篇章
——在区委十届四次全体(扩大)会议上的报告
中共嘉兴市秀洲区委书记　徐鸣阳 ……（1）

政府工作报告
——在嘉兴市秀洲区第十届人民代表大会第二次会议上
嘉兴市秀洲区人民政府区长　刘德威 …（9）

大　事　记

1 月 ……（19）
2 月 ……（19）
3 月 ……（20）
4 月 ……（20）
5 月 ……（21）
6 月 ……（21）
7 月 ……（23）
8 月 ……（24）
9 月 ……（24）
10 月 ……（25）
11 月 ……（25）
12 月 ……（26）

专　　文

秀洲区高质量发展建设共同富裕示范区改革探索 ……（27）
秀洲区深化强村富民乡村集成改革 ……（31）

秀洲概览

基本地情 ……（33）
　概况 ……（33）
　地质地貌 ……（33）
　气候 ……（33）
　水文 ……（33）
建置　区划 ……（34）
　建置沿革 ……（34）
　行政区划 ……（34）
自然资源 ……（35）
　水资源 ……（35）
　土地资源 ……（36）
　矿产资源 ……（36）
　植物资源 ……（36）
　动物资源 ……（36）
自然灾害 ……（36）
　气象灾害 ……（36）
　生物灾害 ……（37）
居民 ……（37）
　概况 ……（37）
　人口变动 ……（37）
　人口密度 ……（38）

中共嘉兴市秀洲区委员会

综述 ……（39）
区委重要会议 ……（39）
　概况 ……（39）
　区委十届二次全体(扩大)会议 ……（40）

全区三级干部大会 ………………………… (40)
区委十届三次全体(扩大)会议 ………… (40)
区委十届四次全体(扩大)会议 ………… (40)
区委重要决策 …………………………… (40)
嘉兴运河湾新城建设 …………………… (40)
嘉兴市临空经济示范区建设 …………… (40)
嘉兴国家高新区更名 …………………… (41)
“平安建设年”攻坚行动 ………………… (41)
“项目建设年”活动实施 ………………… (41)
“作风建设年”活动实施 ………………… (41)
党建工作 ………………………………… (41)
概况 ………………………………………… (41)
党员发展 …………………………………… (42)
流动党员教育管理 ……………………… (42)
“两新”党建高地打造 …………………… (42)
非公经济和社会党组织建设 …………… (42)
机关党建 …………………………………… (42)
组织工作 ………………………………… (43)
概况 ………………………………………… (43)
干部任用 …………………………………… (43)
干部培养 …………………………………… (43)
干部教育培训 ……………………………… (43)
干部监督 …………………………………… (44)
公务员工作 ………………………………… (44)
人才工作 …………………………………… (44)
机构编制工作 …………………………… (45)
概况 ………………………………………… (45)
服务中心工作 ……………………………… (45)
“大综合一体化”行政执法改革 ………… (45)
基层管理体制改革 ……………………… (45)
机构编制管理 ……………………………… (46)
机构编制质效评估 ……………………… (46)
事业单位登记管理 ……………………… (46)
机构编制法定化建设 …………………… (46)
宣传工作 ………………………………… (46)
概况 ………………………………………… (46)
理论武装 …………………………………… (46)
对外宣传 …………………………………… (47)
文化发展 …………………………………… (47)
“扫黄打非”工作 ………………………… (47)
网络综合治理 ……………………………… (48)
网络安全 …………………………………… (48)
社科理论研究 ……………………………… (48)
社科宣传普及 ……………………………… (49)
统战工作 ………………………………… (49)
概况 ………………………………………… (49)
秀洲区“同心家园”启用 ………………… (49)
“秀水一家亲”石榴红工程 ……………… (50)
“侨助蝶变”共富品牌 …………………… (50)
招引乡贤助力乡村振兴 ………………… (50)
党外知识分子联谊会 …………………… (50)
对台工作 ………………………………… (50)
概况 ………………………………………… (50)
对台经贸 …………………………………… (50)
交流交往 …………………………………… (51)
维护台胞台属合法权益 ………………… (51)
宣传议政 …………………………………… (51)
侨联侨务工作 …………………………… (51)
概况 ………………………………………… (51)
“侨助共富”专项行动 …………………… (51)
嘉兴海燕创新创业学院成立 …………… (51)
入选省创新创业基地 …………………… (52)
“同心筑梦”暖侨工程 …………………… (52)
信访工作 ………………………………… (52)
概况 ………………………………………… (52)
区级领导下访接访 ……………………… (52)
信访积案化解清零专项工作 …………… (52)
老干部工作 ……………………………… (52)
概况 ………………………………………… (52)
政治生活待遇 ……………………………… (52)
学习活动阵地建设 ……………………… (53)
发挥老干部正能量 ……………………… (53)
思想政治建设和党支部建设 …………… (53)
党校工作 ………………………………… (53)
概况 ………………………………………… (53)
干部教育培训 ……………………………… (54)
科研咨政 …………………………………… (54)
社会宣讲 …………………………………… (54)
《大运河嘉兴史话》出版发行 …………… (54)
交流协作 …………………………………… (54)
档案史志工作 …………………………… (54)
概况 ………………………………………… (54)
档案服务 …………………………………… (55)
档案资源建设 ……………………………… (55)

档案开放审核 …………………………… (55)
档案信息化 ……………………………… (55)
行政监管 ………………………………… (55)
党史编研 ………………………………… (55)
党史宣传教育 …………………………… (56)
地方志工作 ……………………………… (56)
《秀水县志》点校 ……………………… (56)
《新塍镇志》出版发行 ………………… (56)
嘉兴地方党史陈列馆工作 ……………… (57)

嘉兴市秀洲区人民代表大会

综述 ……………………………………… (58)
人大重要会议 ………………………… (59)
概况 ……………………………………… (59)
区十届人大一次会议 …………………… (59)
人大常委会会议 ………………………… (59)
人大监督 ……………………………… (60)
概况 ……………………………………… (60)
人大代表视察与调研 …………………… (61)
推进法治建设 …………………………… (61)
推进民生实事项目 ……………………… (61)
人大数字化应用场景 …………………… (61)
基层单元建设推进全过程人民民主 …… (62)
人事任免 ……………………………… (62)
概况 ……………………………………… (62)
任免事项 ………………………………… (62)
代表活动 ……………………………… (62)
概况 ……………………………………… (62)
代表履职活动 …………………………… (62)
人大代表建议督办 ……………………… (63)
区人大代表选民联络员队伍 …………… (63)
专门委员会 …………………………… (64)
概况 ……………………………………… (64)
法制(监察和司法)委员会工作 ………… (64)
财政经济委员会工作 …………………… (64)
社会建设与民宗外侨委员会工作 ……… (64)
基层人大 ……………………………… (65)
概况 ……………………………………… (65)
人大代表联络站入驻工业社区 ………… (65)
“360”人大工作机制 …………………… (65)
“运河湾”区域人大工作联盟 ………… (65)
“新城 e 事” …………………………… (65)
人大“联企”议事厅 …………………… (66)

嘉兴市秀洲区人民政府

综述 ……………………………………… (67)
政府重要会议 ………………………… (68)
概况 ……………………………………… (68)
区政府常务会议 ………………………… (68)
区长办公会议 …………………………… (70)
区政府专题会议 ………………………… (72)
区政府其他重要会议 …………………… (73)
民生实事工程 ………………………… (73)
概况 ……………………………………… (73)
“无障碍出行”项目 …………………… (73)
“碧水秀洲”项目 ……………………… (73)
“冬暖夏凉”项目 ……………………… (74)
“美好颐养”项目 ……………………… (74)
“美好善育”项目 ……………………… (74)
“儿童之家”项目 ……………………… (74)
“停安心”项目 ………………………… (74)
“智安小区”项目 ……………………… (74)
外事工作 ……………………………… (75)
概况 ……………………………………… (75)
涉外便企服务 …………………………… (75)
服务高能级招商 ………………………… (75)
外事交流合作 …………………………… (75)
国际友好城市 …………………………… (75)
对口支援和山海协作 ………………… (75)
概况 ……………………………………… (75)
秀洲区与屏山县结对帮扶 ……………… (75)
秀洲区与龙泉市山海协作实施 ………… (76)
人力资源 ……………………………… (76)
概况 ……………………………………… (76)
企业人才专场招聘 ……………………… (76)
职称评聘 ………………………………… (76)
专业技术人员继续教育 ………………… (76)
博士后工作站建设 ……………………… (76)
政务服务及公共资源交易服务 ……… (77)
概况 ……………………………………… (77)
疫情防控精细化管理应用 ……………… (77)
电子证照社会化应用 …………………… (77)

公共数据平台秀洲仓 …………………… (77)
三个"掌上"应用平台 …………………… (77)
"不见面开标"模式 …………………… (77)
"无差别全科受理"改革 …………………… (77)
"1+7+N"政务服务能力提升项目 ……… (78)
多领域实现联办事项便利化 ………… (78)
机关事务管理 …………………… (78)
概况 …………………… (78)
智慧后勤建设 …………………… (78)
办公用房管理 …………………… (78)
公共机构节能 …………………… (78)
应急管理 …………………… (79)
概况 …………………… (79)
宣传培训 …………………… (79)
安全生产监督检查 …………………… (79)
抵御第11号台风"轩岚诺" …………… (79)
抵御第12号台风"梅花" …………… (79)
基层防汛防台体系建设 …………… (79)
安全生产与应急管理工作体系 ……… (79)
防汛防台应急指挥体系 …………… (80)
隐患动态清零工作机制 …………… (80)
安全生产系列行动 …………………… (80)
"开工第一课" …………………… (80)
驻镇防灾管家 …………………… (80)
应急物资保障 …………………… (80)
全省社区应急体系改革试点 ………… (80)
消防救援工作 …………………… (81)
概况 …………………… (81)
消防安全防范 …………………… (81)
消防宣传 …………………… (82)
消防安全专项整治行动 …………… (82)
落实消防安全责任 …………………… (82)
贯通区、镇两级消防体系 …………… (82)

政协嘉兴市秀洲区委员会

综述 …………………… (83)
政协重要会议 …………………… (84)
概况 …………………… (84)
政协秀洲区五届一次会议 …………… (84)
常委会会议 …………………… (84)
主席会议 …………………… (84)
协商议政 …………………… (86)
概况 …………………… (86)
区委书记与委员面对面协商会议题调研 …………………… (86)
界别协商 …………………… (86)
对口协商 …………………… (87)
基层民主协商 …………………… (87)
政协委员会客厅活动 …………………… (87)
提案办理 …………………… (88)
概况 …………………… (88)
优秀提案 …………………… (88)
调研与视察 …………………… (89)
概况 …………………… (89)
专项视察 …………………… (89)
民主监督 …………………… (90)
专门委员会 …………………… (90)
概况 …………………… (90)
提案委员会工作 …………………… (90)
经济与人口资源环境委员会工作 ……… (91)
农业和农村委员会工作 …………… (91)
教科卫体与文化文史学习委员会工作 …………………… (91)
社会法制与民宗港澳台侨委员会工作 …………………… (91)
委员工作委员会工作 …………………… (92)

中共嘉兴市秀洲区纪律检查委员会
嘉兴市秀洲区监察委员会

综述 …………………… (93)
纪委重要会议 …………………… (94)
概况 …………………… (94)
区纪委十届二次全体(扩大)会议 ……… (94)
纪检监察工作 …………………… (94)
概况 …………………… (94)
党风政风监督 …………………… (94)
监督检查和审查调查 …………………… (94)
党风廉政宣传教育 …………………… (95)
巡视巡察 …………………… (95)
基层纪检监察 …………………… (95)
概况 …………………… (95)
王店镇纪检监察工作 …………………… (95)

洪合镇纪检监察工作 …………………… (95)
新塍镇纪检监察工作 …………………… (96)
油车港镇纪检监察工作 ………………… (96)
新城街道纪检监察工作 ………………… (96)
高照街道纪检监察工作 ………………… (96)
嘉兴国家高新区纪检监察工作 ………… (96)
嘉秀集团纪检监察工作 ………………… (96)
秀宏集团纪检监察工作 ………………… (97)
高新集团纪检监察工作 ………………… (97)
秀拓集团纪检监察工作 ………………… (97)

民主党派·工商联

综述 ………………………………………… (98)
民革秀洲区基层委员会 …………………… (99)
概况 ……………………………………… (99)
参政议政 ………………………………… (99)
祖统工作 ………………………………… (99)
社会服务 ………………………………… (99)
民盟秀洲区基层委员会 …………………… (99)
概况 ……………………………………… (99)
参政议政 ……………………………… (100)
民主监督 ……………………………… (100)
社会服务 ……………………………… (100)
民建秀洲区基层委员会 ………………… (100)
概况 …………………………………… (100)
参政议政 ……………………………… (100)
民主监督 ……………………………… (100)
社会服务 ……………………………… (100)
民进秀洲区基层委员会 ………………… (100)
概况 …………………………………… (100)
参政议政 ……………………………… (100)
民主监督 ……………………………… (101)
社会服务 ……………………………… (101)
农工党秀洲区基层委员会 ……………… (101)
概况 …………………………………… (101)
参政议政 ……………………………… (101)
民主监督 ……………………………… (101)
社会服务 ……………………………… (101)
致公党秀洲区支部 ……………………… (101)
概况 …………………………………… (101)
参政议政 ……………………………… (101)
社会服务 ……………………………… (102)
九三学社秀洲区基层委员会 …………… (102)
概况 …………………………………… (102)
参政议政 ……………………………… (102)
民主监督 ……………………………… (102)
社会服务 ……………………………… (102)
秀洲区工商业联合会 …………………… (102)
概况 …………………………………… (102)
联企走亲助推发展 …………………… (102)
“亲清直通车”系列活动 ……………… (103)
民营企业法律服务 …………………… (103)
“金融助企”专项活动 ………………… (103)
民营经济基础数据调查研究 ………… (103)
对口支援工作 ………………………… (103)
民企兴村、共富工坊项目推进 ……… (103)
履行社会责任 ………………………… (103)

群众团体

综述 ……………………………………… (104)
秀洲区总工会 …………………………… (104)
概况 …………………………………… (104)
“六个一”举措关爱抗疫一线人员 …… (105)
“工会共建,建功共富”帮帮团 ……… (105)
“秀水工匠”职业技能大比武 ………… (105)
秀洲区工会第四次代表大会召开 …… (106)
产业工人队伍建设改革提质扩面 …… (106)
“守好红色根脉·班前十分钟”活动 …… (106)
“迎亚运 助共富”职工羽毛球比赛 …… (106)
户外职工爱心驿站 …………………… (106)
职工演讲比赛 ………………………… (107)
“新就业形态劳动者温暖服务季”活动 ……………………………… (107)
第九次全国职工队伍状况调研 ……… (107)
“访企业、解难题、促发展”大行动 …… (107)
助力争创全国文明典范城市六大行动 ……………………………… (107)
共青团秀洲区委员会 …………………… (107)
概况 …………………………………… (107)
共青团组织 …………………………… (108)
镇(街道)团组织换届 ………………… (108)
秀洲区第十三次团代会召开 ………… (108)

县域共青团基层组织改革 …………………… (108)
青年发展型县域建设 …………………… (108)
“五四”主题团日活动 …………………… (108)
“红领巾喜迎二十大 争做新时代
好队员”主题队日活动 …………………… (108)
“七一”主题团日活动 …………………… (109)
儿童青少年心理关爱 …………………… (109)
青年人才婚恋交友 …………………… (109)
大学生暑期社会实践活动 …………………… (109)
青年志愿者服务 …………………… (109)
秀洲区妇女联合会 …………………… (110)
概况 …………………… (110)
巾帼宣讲 …………………… (110)
妇女组织建设 …………………… (110)
妇儿维权 …………………… (110)
家庭家教家风建设 …………………… (110)
妇女儿童关爱行动 …………………… (110)
助推妇女创业创新 …………………… (111)
秀洲区科学技术协会 …………………… (111)
概况 …………………… (111)
基层科协组织 …………………… (112)
院士工作站建设 …………………… (112)
“千博助千企”专项行动 …………………… (112)
暖心扶企专项行动 …………………… (112)
科技人才服务 …………………… (112)
科普阵地提升 …………………… (112)
科普宣传活动 …………………… (112)
青少年科技活动 …………………… (113)
实施科教融合 …………………… (113)
秀洲区文学艺术界联合会 …………………… (113)
概况 …………………… (113)
朱彝尊文化传承与发展 …………………… (113)
联动开展文艺活动 …………………… (114)
“艺术乡建”助力共同富裕 …………………… (114)
文艺志愿者服务 …………………… (114)
文艺创作成果 …………………… (114)
秀洲区红十字会 …………………… (115)
概况 …………………… (115)
“三救三献”工作 …………………… (115)
人道救助工作 …………………… (115)
红十字青少年工作 …………………… (115)
志愿服务工作 …………………… (115)
秀洲区计划生育协会 …………………… (116)
概况 …………………… (116)
基层协会综合改革 …………………… (116)
家庭健康教育促进行动 …………………… (116)
计生特殊家庭帮扶 …………………… (116)
生育友好环境建设 …………………… (116)

法治·军事

综述 …………………… (117)
政法委与综治 …………………… (117)
概况 …………………… (117)
平安秀洲建设 …………………… (117)
维稳安保工作 …………………… (118)
打击整治养老诈骗行动 …………………… (118)
社会风险评估 …………………… (118)
数字法治建设 …………………… (118)
社会矛盾纠纷调处化解中心建设 …………………… (118)
全科网格治理 …………………… (118)
“立方众治”试点 …………………… (118)
“四治融合”建设 …………………… (119)
政法队伍建设 …………………… (119)
法治政府建设 …………………… (119)
概况 …………………… (119)
优化法治化营商环境 …………………… (119)
数字化改革 …………………… (120)
“大综合一体化”行政执法改革 …………………… (120)
公安 …………………… (120)
概况 …………………… (120)
中共二十大安保维稳工作 …………………… (120)
夏季治安打击整治“百日行动” …………………… (120)
执法办案管理中心工作 …………………… (121)
伤害类案件专项整治 …………………… (121)
“护航 2022”为企服务专项行动 …………………… (121)
打击刑事犯罪 …………………… (121)
反诈人民战争 …………………… (121)
禁毒工作 …………………… (121)
打击黄赌违法犯罪 …………………… (121)
打击食药环知领域犯罪 …………………… (122)
派出所轻装 PTU 建设 …………………… (122)
人口管理 …………………… (122)
治安管理 …………………… (122)

“一网通办”政务服务改革 …………………（123）
“四格融合”社区警务新模式 ……………（123）
“出租房屋管理一件事”应用 ……………（123）
“智付码”实名制监管迭代升级 …………（123）
交通安全管理 ………………………………（123）
出入境管理 …………………………………（124）
网上督察工作 ………………………………（124）
信访化解工作 ………………………………（124）
执法规范化 …………………………………（124）
创新“警云达”远程执法 …………………（124）
检察 ………………………………………（124）
概况 …………………………………………（124）
刑事检察 ……………………………………（124）
民事检察 ……………………………………（125）
行政检察 ……………………………………（125）
公益诉讼检察 ………………………………（125）
控告申诉检察 ………………………………（125）
刑事执行检察 ………………………………（125）
未成年人检察 ………………………………（126）
检务公开 ……………………………………（126）
数字检察 ……………………………………（126）
公务员平时考核数智系统 …………………（126）
督促整治违法从事医疗美容服务
行政公益诉讼案 …………………………（126）
法院 ………………………………………（126）
概况 …………………………………………（126）
立案（诉讼服务）工作 ……………………（126）
刑事案件审判 ………………………………（127）
民商事（含知识产权）审判 ………………（127）
行政案件审判 ………………………………（127）
执行工作 ……………………………………（127）
诉源治理工作 ………………………………（127）
净化诉讼环境 ………………………………（127）
司法公开 ……………………………………（128）
司法行政 …………………………………（128）
概况 …………………………………………（128）
普法宣传与阵地建设 ………………………（128）
矛盾纠纷调处 ………………………………（128）
公共法律服务管理 …………………………（128）
社区矫正工作 ………………………………（128）
行政复议 ……………………………………（129）
国防教育与国防动员 ……………………（129）
概况 …………………………………………（129）
全民国防教育 ………………………………（129）
学生军训 ……………………………………（129）
征兵工作 ……………………………………（129）
岗位练兵 ……………………………………（129）
民兵整组 ……………………………………（129）
双拥工作 …………………………………（130）
概况 …………………………………………（130）
双拥工作机构 ………………………………（130）
双拥活动 ……………………………………（130）
结对共建 ……………………………………（130）
执行急难险重任务 …………………………（130）
人民防空 …………………………………（130）
概况 …………………………………………（130）
人防警报管理 ………………………………（130）
人防宣传教育 ………………………………（130）
人防设施专项管控规划 ……………………（131）
人防工程产权制度改革 ……………………（131）

农业·水利

综述 ………………………………………（132）
种植业 ……………………………………（133）
概况 …………………………………………（133）
粮食作物生产 ………………………………（133）
粮食作物良种繁育和推广 …………………（133）
经济作物生产 ………………………………（133）
田乐村大麦—莲藕轮作试验 ………………（134）
陡门村利用稻草秸秆栽培菌菇 ……………（134）
测土配方施肥技术推广 ……………………（134）
农作物病虫害防治 …………………………（134）
藕鱼混养增产增效 …………………………（134）
果树蚕桑生产 ………………………………（134）
植物检疫 ……………………………………（135）
畜牧业 ……………………………………（135）
概况 …………………………………………（135）
稳产保供与绿色发展 ………………………（135）
畜禽粪污与病死动物无害化处理 …………（135）
畜产品质量安全保障 ………………………（136）
畜禽疫病防控 ………………………………（136）

水产业 …………………………………………… (136)
概况 ………………………………………………… (136)
水产养殖尾水全域治理 ……………………… (136)
秀洲区获评省级渔业健康养殖示范县 ……………………………………………… (136)
农业综合开发 ………………………………… (136)
概况 ………………………………………………… (136)
高标准农田建设 ……………………………… (137)
农田灌溉水有效利用系数测算 …………… (137)
新型农业主体培育 …………………………… (137)
概况 ………………………………………………… (137)
农业龙头企业 ………………………………… (137)
家庭农场 ………………………………………… (137)
农民专业合作社 ……………………………… (137)
农家乐休闲观光农业 ………………………… (137)
乡村产业发展 ………………………………… (137)
概况 ………………………………………………… (137)
秀洲区渔业特色农业产业集群列入市级创建名单 ……………………………… (138)
新塍镇天福农业创业创新孵化园入选市级创建名单 ……………………… (138)
秀洲区农业标准地改革列入省级试点 ……………………………………… (138)
政策性农业保险 ……………………………… (138)
农业产业化项目管理 ………………………… (139)
农业机械化 …………………………………… (139)
概况 ………………………………………………… (139)
农业“机器换人”高质量发展先行县创建 ……………………………………………… (139)
农业机械购置享受补贴资金 ……………… (139)
农业机械报废享受补贴资金 ……………… (139)
农业机械综合保险享受补贴资金 ………… (139)
水利 ………………………………………………… (140)
概况 ………………………………………………… (140)
圩区治理 ………………………………………… (140)
湖嘉申航道嘉兴段二期工程圩区设施改建工程 ……………………………… (141)
秀洲区河湖淤泥资源再利用工程暨低洼田改造 ……………………………… (141)
洪合镇 2021 年水毁修复工程 …………… (141)
美丽河湖创建 ………………………………… (142)
水利执法 ………………………………………… (142)
品牌建设与其他 ……………………………… (142)
概况 ………………………………………………… (142)
农业品牌标准化 ……………………………… (142)
“浙农优品”数字化应用 …………………… (142)
稻田退水“零直排” ………………………… (142)
农民素质提升工程 …………………………… (142)

乡村振兴

综述 ………………………………………………… (143)
农村基层党建 ………………………………… (144)
概况 ………………………………………………… (144)
村社干部队伍建设 …………………………… (144)
基层党建示范点扩面提质 ………………… (144)
基层治理数字化改革 ………………………… (144)
强村富民 ………………………………………… (144)
概况 ………………………………………………… (144)
强村计划 ………………………………………… (144)
农村集体“三资”管理 ……………………… (145)
巩固拓展脱贫攻坚成果 ……………………… (145)
低收入农户数字化帮扶 ……………………… (145)
低收入农户增收项目 ………………………… (145)
农村文化礼堂 ………………………………… (145)
概况 ………………………………………………… (145)
打造精品工程 ………………………………… (146)
丰富内容供给 ………………………………… (146)
中共二十大精神宣传教育进礼堂 ……… (146)
新时代美丽乡村创建 ………………………… (146)
概况 ………………………………………………… (146)
未来乡村建设 ………………………………… (146)
秀洲区入选省农村生活垃圾分类处理工作优胜县(市、区) ………………… (147)
农村环境全域秀美专项行动 ……………… (147)

工业·经济开发区

综述 ………………………………………………… (148)
工业经济运行 ………………………………… (149)
概况 ………………………………………………… (149)
经营体制 ………………………………………… (149)
规上工业企业产值首次突破千亿元 …… (149)
行业分类 ………………………………………… (149)

工业信息化 …………………………………… (151)
概况 ……………………………………………… (151)
数字经济核心产业 ………………………… (151)
数字经济重点平台 ………………………… (151)
智能光伏产业大脑 ………………………… (151)
工业项目管理 ………………………………… (152)
概况 ……………………………………………… (152)
工业项目准入 ……………………………… (152)
工业项目综合验收 ………………………… (152)
工业投资项目节点星级管理 …………… (152)
产业转型 ……………………………………… (152)
概况 ……………………………………………… (152)
“两化”改造 ………………………………… (152)
“亩均论英雄”改革 ………………………… (152)
技术创新 ……………………………………… (152)
首台(套) …………………………………… (153)
区域特色产业 ………………………………… (153)
概况 ……………………………………………… (153)
时尚纺织 ……………………………………… (153)
光伏新能源 …………………………………… (153)
智能家居 ……………………………………… (153)
高端装备制造业 …………………………… (153)
淘汰落后产能 ………………………………… (153)
概况 ……………………………………………… (153)
高耗低效企业整治 ………………………… (153)
小微企业园建设 …………………………… (154)
企业服务 ……………………………………… (154)
概况 ……………………………………………… (154)
先进制造业高质量大会 ………………… (154)
企业培育 ……………………………………… (154)
“一人一企”服务机制 …………………… (154)
企业家培训 …………………………………… (154)
企业减负 ……………………………………… (154)
重点企业选介 ………………………………… (154)
世源科技(嘉兴)医疗电子有限公司 …… (154)
浙江德康医疗器械有限公司 …………… (154)
浙江蓝特光学股份有限公司 …………… (155)
嘉兴沃尔德金刚石工具有限公司 ……… (155)
浙江川禾新材料有限公司 ……………… (155)
嘉兴国家高新区 ……………………………… (155)
概况 ……………………………………………… (155)
双招双引 ……………………………………… (156)
重点项目推进 ……………………………… (156)
科技企业培育 ……………………………… (156)
城市基础设施建设 ………………………… (156)
嘉兴隆基光伏年产 14GW 单晶组件
项目落地 ……………………………………… (156)
沃尔德 CVD 钻石及金刚石功能材料
项目签约落户 ……………………………… (156)
华章文旅项目增资 ………………………… (156)
重大项目网络云签约 ……………………… (156)
微瑞 VR 设备及光学模组项目线上
签约 …………………………………………… (157)
浙江远江生物科技植物基蛋白肉
项目开工奠基 ……………………………… (157)
亮兮柯新能源智能化增资扩产项目
云签约 ………………………………………… (157)
两企业获浙江省科技进步奖 …………… (157)
工业社区成立 ……………………………… (157)
圆通航空集团创新总部项目签约 ……… (157)
蓝京新能源动力电池及关键材料
项目签约 ……………………………………… (157)
2022 中国光伏绿色供应链大会
在秀洲区召开 ……………………………… (158)
五芳斋上市 …………………………………… (158)
佛吉亚新能源智能座椅项目签约暨
开业典礼 ……………………………………… (158)
两企业入选国家级专精特新“小巨人”
…………………………………………………… (158)
特雷通集团智能健康家居全球智造
及研发总部项目开工 …………………… (158)
隆基入选省级“雄鹰行动”培育名单 …… (158)
博尔玛创新园获评省五星级园区 ……… (158)
隆基乐叶入选国家智能制造优秀场景
名单 …………………………………………… (158)
同庆楼浙江首店签约落户 ……………… (158)

开放型经济

综述 ………………………………………… (159)
双向开放 ……………………………………… (159)
概况 ……………………………………………… (159)
进出口贸易 …………………………………… (159)
对外及港澳台经济技术合作 …………… (159)

业务培训与服务 …………………………（159）
招商引资 ………………………………（161）
概况 ………………………………………（161）
招商成果 …………………………………（161）
“双招双引”专题培训班 ………………（161）

商贸·旅游

综述 ……………………………………（165）
现代服务业 ……………………………（165）
概况 ………………………………………（165）
政策扶持服务业 …………………………（165）
消费券发放补助 …………………………（166）
楼宇经济 …………………………………（166）
商场（超市）零售业 ……………………（166）
供销商业 ………………………………（166）
概况 ………………………………………（166）
浙农嘉兴农事服务中心成立 ……………（166）
农资储备 …………………………………（167）
惠农金融服务 ……………………………（167）
山海协作特色产业提升项目 ……………（167）
电商 ……………………………………（167）
概况 ………………………………………（167）
农村电商 …………………………………（167）
跨境平台建设 ……………………………（167）
电商产业发展 ……………………………（167）
现代物流园区 …………………………（167）
概况 ………………………………………（167）
基础设施 …………………………………（168）
园区运营 …………………………………（168）
景区 景点 ……………………………（168）
概况 ………………………………………（168）
王店镇创建为省级AAAA级景区镇 ………………………………………（168）
胜丰村创建为省级AAA级景区村庄 ………………………………………（168）
康和桥村创建为省级AAA级景区村庄 ……………………………………（168）
旅游宣传 ………………………………（169）
概况 ………………………………………（169）
市场拓展 …………………………………（169）
省级品牌培育 ……………………………（169）
市级品牌培育 ……………………………（169）
旅游市场管理 …………………………（169）
概况 ………………………………………（169）
“微改造、精提升”行动 ………………（169）
旅游人才培养 ……………………………（169）
旅游区域合作 …………………………（170）
概况 ………………………………………（170）
项目建设 …………………………………（170）
长三角旅游一体化 ………………………（170）
山海协作 …………………………………（170）

财税·金融

财政 ……………………………………（171）
概况 ………………………………………（171）
组织财政收入 ……………………………（171）
支持经济稳进提质 ………………………（171）
保障民生事业发展 ………………………（171）
财政改革 …………………………………（172）
财政监督管理 ……………………………（172）
税务 ……………………………………（172）
概况 ………………………………………（172）
社会保险费和非税收入征收 ……………（173）
税务法治 …………………………………（173）
税费政策落实 ……………………………（173）
办税缴费服务 ……………………………（173）
税费征收管理 ……………………………（173）
大数据和风险管理 ………………………（173）
国际税收 …………………………………（173）
区域共治 …………………………………（173）
服务地方中心工作 ………………………（174）
银行业 …………………………………（174）
概况 ………………………………………（174）
浙江民泰商业银行股份有限公司嘉兴分行 ………………………………（174）
浙江禾城农村商业银行股份有限公司 ……………………………………（174）
浙江秀洲德商村镇银行股份有限公司 ……………………………………（175）
浙江稠州商业银行股份有限公司嘉兴分行 ………………………………（175）
北京银行股份有限公司嘉兴分行 ………（175）

中国工商银行股份有限公司嘉兴秀洲支行 …… (175)
中国农业银行股份有限公司嘉兴秀洲支行 …… (176)
中国银行股份有限公司嘉兴秀洲支行 …… (176)
中国建设银行股份有限公司嘉兴秀洲支行 …… (176)
交通银行股份有限公司嘉兴秀洲支行 …… (176)
中信银行股份有限公司嘉兴秀洲支行 …… (177)
上海浦东发展银行股份有限公司嘉兴秀洲支行 …… (177)
招商银行股份有限公司嘉兴秀洲支行 …… (177)
嘉兴银行股份有限公司秀洲支行 …… (177)
邮政储蓄银行嘉兴市秀洲支行 …… (177)
宁波银行股份有限公司嘉兴秀洲小微企业专营支行 …… (178)
杭州银行股份有限公司嘉兴秀洲小微专营支行 …… (178)
保险业 …… (178)
中国人寿保险股份有限公司嘉兴市秀洲区支公司 …… (178)
中国人民财产保险股份有限公司嘉兴市秀洲支公司 …… (178)
小额贷款和融资性担保业 …… (178)
小额贷款公司 …… (178)
融资性担保公司 …… (179)

经济管理与监督

经济社会发展与经济调控 …… (180)
概况 …… (180)
年度计划编制 …… (180)
固定资产投资 …… (181)
重要项目开工 …… (181)
重要项目竣工 …… (181)
省重点建设项目 …… (181)
省重大产业项目 …… (181)
市“551”重点项目 …… (181)
社会信用体系建设 …… (181)
长三角一体化经济发展 …… (182)
概况 …… (182)
交通一体化 …… (182)
产业一体化 …… (182)
生态一体化 …… (182)
公共服务一体化 …… (182)
社会治理一体化 …… (183)
国有资产管理 …… (183)
概况 …… (183)
嘉兴市嘉秀发展投资控股集团有限公司 …… (184)
竞争类国有企业改革 …… (184)
嘉兴市秀宏建设投资集团有限公司 …… (184)
秀宏集团政府投资项目管理 …… (184)
秀宏集团经营创收类项目管理 …… (184)
G524 一期工程(新塍至王店公路)通车 …… (185)
秀宏大楼启用 …… (185)
南片污水外排复线工程外排主线启用 …… (185)
蚂桥农贸市场改造 …… (185)
嘉兴市秀拓建设投资集团有限公司 …… (186)
浙江(嘉兴)长三角智慧产业园一期项目 …… (186)
秀洲区城乡融合新农村建设项目(新塍一期) …… (186)
嘉兴市秀拓燃气有限公司成立 …… (186)
物价管理 …… (186)
概况 …… (186)
粮食价格总体平稳 …… (186)
食用油价格小幅上涨 …… (186)
蔬菜价格小幅下跌 …… (186)
生猪及肉类产品价格呈下跌态势 …… (187)
禽肉、鸡蛋价格小幅上涨 …… (187)
液化石油气价格上涨 …… (187)
农资价格上涨 …… (187)
黑色金属价格整体下跌 …… (187)
价格收费管理 …… (188)
供热价格协调工作 …… (188)
价格补贴工作 …… (188)
重要民生商品保供稳价工作 …… (188)

审计工作 …… (188)
概况 …… (188)
政策执行审计 …… (188)
经济责任审计 …… (189)
财政审计 …… (189)
民生投资审计 …… (189)
内部审计指导 …… (189)
审计整改 …… (189)
统计工作 …… (190)
概况 …… (190)
数字化改革贯通 …… (190)
统计领域专项检查 …… (190)
城乡一体化住户调查大样本轮换 …… (190)
个体工商户经营状况监测试点 …… (190)
夯实统计基层基础 …… (190)
自然资源管理 …… (190)
概况 …… (190)
国土空间规划 …… (191)
耕地保护开发 …… (191)
全域土地综合整治与生态修复 …… (191)
土地执法监察 …… (191)
不动产登记“最多跑一次”改革 …… (191)
国土普法宣传 …… (192)
土地利用 …… (192)
土地储备 …… (192)
土地征收 …… (192)
审批改革创新行动 …… (192)
全域土地综合整治项目入选全省首批试点 …… (193)
市场监督管理 …… (193)
概况 …… (193)
企业登记管理 …… (193)
秀洲区办理全市首家歇业备案企业 …… (193)
助推小微企业提质增效 …… (194)
市场监管 …… (194)
经济合同管理 …… (194)
广告管理 …… (194)
商标与知识产权管理 …… (194)
消费者权益保护 …… (195)
个体私营经济及网络经营监督管理 …… (195)
药品医疗器械监督管理 …… (195)
特种设备安全监察 …… (195)
质量标准和计量监督管理 …… (195)
食品安全监督管理 …… (196)
食品生产与流通监督管理 …… (196)
餐饮监管 …… (196)
全省首个“个体工商户之家” …… (196)
嘉兴市首张个体工商户经营者变更营业执照 …… (196)
非标电动自行车淘汰置换 …… (197)

城乡建设

综述 …… (198)
城区基础设施建设 …… (198)
概况 …… (198)
城市道路设施提升 …… (199)
城市污水管网改造 …… (199)
节水型设施改造 …… (199)
农村生活污水治理 …… (199)
瓶装燃气使用管理 …… (199)
燃气规模化改革 …… (199)
燃气数字化监管 …… (199)
“温暖嘉”驿站改造 …… (199)
无障碍公厕改造 …… (200)
建筑业 …… (200)
概况 …… (200)
企业类型 …… (200)
行业分类 …… (200)
鼎宏荣业建设集团有限公司 …… (200)
建筑工程质量监管 …… (200)
施工安全监管 …… (201)
建筑领域专项整治 …… (201)
招投标管理 …… (201)
公共建筑项目 …… (201)
房地产业 …… (204)
概况 …… (204)
住房保障 …… (204)
物业管理 …… (204)
房地产开发 …… (205)
房地产销售 …… (205)
房地产管理 …… (205)
白蚁防治 …… (205)

园林绿化 ………………………………… (206)
概况 ………………………………………… (206)
国家森林城市创建 ………………………… (206)
国土绿化 …………………………………… (206)
园林绿化管理 ……………………………… (207)
绿化养护体制调整 ………………………… (207)
绿化养护专业管理 ………………………… (207)
城区环境综合治理 ……………………… (207)
概况 ………………………………………… (207)
“大综合一体化”行政执法改革 ………… (207)
“全员积分制”办案 ……………………… (208)
案件管理中心成立 ………………………… (208)
城市精细化管理 …………………………… (208)
文明养犬管理 ……………………………… (208)
建筑垃圾治理 ……………………………… (208)
省级街容示范街创建 ……………………… (208)
市容乱象整治 ……………………………… (208)
保洁精细化示范标杆创建 ………………… (209)
市政问题集中治理 ………………………… (209)
推进社会稳定和谐 ………………………… (209)
数字化城市管理 ………………………… (209)
概况 ………………………………………… (209)
“1+N”感知城管体系 …………………… (209)
建筑垃圾综合监管服务应用 ……………… (210)
城乡智慧停车系统 ………………………… (210)
垃圾分类 ………………………………… (210)
概况 ………………………………………… (210)
制度保障 …………………………………… (210)
工业园区创新实践示范片区创建 ………… (210)
非居民生活垃圾计量收费 ………………… (210)
垃圾分类专项执法行动 …………………… (211)
中转站计量改造 …………………………… (211)
垃圾分类信息化监管平台使用 …………… (211)
“三改一拆”工作 ……………………… (211)
概况 ………………………………………… (211)
精准拆违专项行动 ………………………… (211)
涉安违建专项整治行动 …………………… (211)
农民自建房违法建筑专项整治 …………… (211)
运河湾新城建设 ………………………… (211)
概况 ………………………………………… (211)
运河湾新城总体规划 ……………………… (212)
运河湾新城建设指挥部揭牌成立 ………… (212)
征迁腾退 …………………………………… (212)
嘉兴运河湾城投集团有限公司 …………… (212)
镇村建设 ………………………………… (213)
概况 ………………………………………… (213)
美丽宜居示范村建设 ……………………… (213)
自建房安全专项整治 ……………………… (213)
传统村落保护 ……………………………… (213)
农村建筑工匠管理 ………………………… (213)

生态环境保护

综述 …………………………………… (214)
生态环境质量监测 ……………………… (214)
概况 ………………………………………… (214)
水环境质量监测 …………………………… (215)
环境空气质量监测 ………………………… (220)
声环境质量监测 …………………………… (220)
辐射环境监测 ……………………………… (220)
土壤环境质量调查与监测 ………………… (220)
生态环境污染与治理 …………………… (221)
概况 ………………………………………… (221)
企业废水污染物排放量 …………………… (221)
企业废水污染治理 ………………………… (221)
饮用水水源保护 …………………………… (221)
企业环境空气污染物排放量 ……………… (221)
环境空气污染治理 ………………………… (221)
工业固体废物排放量 ……………………… (222)
固体废物环境污染治理 …………………… (222)
危险废物环境污染治理 …………………… (222)
“无废城市”创建 ………………………… (222)
土壤和地下水污染治理 …………………… (222)
清洁生产审核 ……………………………… (223)
生态环境损害赔偿 ………………………… (223)
建设项目环境影响评价审批 ……………… (223)
环评审批工作机制 ………………………… (223)
排污许可证核查与发放 …………………… (223)
排污权交易 ………………………………… (223)
挥发性有机物初始排污权核定与分配 …… (224)
污染物减排 ………………………………… (224)
生态环境保护宣传教育 ………………… (224)
概况 ………………………………………… (224)

环保宣传主题活动 …………………………（224）
生态环境保护民间监督员 ………………（224）
旧物 DIY 点亮绿色活动…………………（225）
环保政策法规宣传 ………………………（225）
生物多样性保护 …………………………（225）
生态环境执法监察 ………………………（225）
概况 ………………………………………（225）
生态环境行政执法 ………………………（225）
“双随机”执法检查 ………………………（226）
“绿剑蓝天”大气环境专项执法检查 ……（226）
印染企业专项整治行动 …………………（226）
“绿剑 2022”生态环境执法专项行动……（226）
污染源在线监控系统应用执法检查 ……（226）
生态环境保护督察及问题整改 …………（227）
环保设施安全评估 ………………………（227）
生态环境信访处置 ………………………（227）
“1+6+N”环境应急救援体系 …………（227）
辐射安全监督管理 ………………………（227）
柴油车污染防治专项行动 ………………（227）
“双碳”行动 ……………………………（228）
概况 ………………………………………（228）
“碳达峰”“碳中和”专项行动 …………（228）
低(零)碳村、镇试点 ……………………（228）
全市首个“炭管家”活性炭数字化
管理平台 ………………………………（228）
碳排放报告管理 …………………………（228）
节能降耗 …………………………………（228）
生态文明创建 ……………………………（228）
概况 ………………………………………（228）
“五水”共治 ……………………………（229）
“五气”共治 ……………………………（229）
“五废”共治 ……………………………（229）

交通·电力·邮政·通信

综述 ………………………………………（230）
公路运输 …………………………………（230）
概况 ………………………………………（230）
普通国道大中修工程 ……………………（231）
县道大中修及桥梁改造加固工程 ………（231）
除险保安活动 ……………………………（232）
公路车辆运营 ……………………………（232）
公交线网优化 ……………………………（232）
交通治堵 …………………………………（232）
智慧地下立体机械停车场 ………………（232）
数字化改革 ………………………………（233）
县道公路、桥梁检测 ……………………（233）
交通安全设施提升 ………………………（233）
公路非现场执法建设 ……………………（233）
道路安全隐患治理 ………………………（233）
交通流量设备建设 ………………………（233）
公路桥梁防护设施提升 …………………（233）
水路运输 …………………………………（234）
概况 ………………………………………（234）
湖嘉申航道嘉兴段(二期)改造工程 ……（234）
杭申线(嘉兴段)三级航道改造工程 ……（234）
船舶碰撞桥梁专项治理 …………………（234）
电力 ………………………………………（234）
概况 ………………………………………（234）
发电总量 …………………………………（234）
供电能力 …………………………………（234）
电网升级 …………………………………（235）
用电服务 …………………………………（235）
业扩报装 …………………………………（235）
营商环境优化 ……………………………（235）
电动汽车充电设施建设 …………………（235）
电力安全提升 ……………………………（235）
邮政 ………………………………………（236）
概况 ………………………………………（236）
区首届邮政行业职业技能竞赛 …………（236）
“宇你共富”驿站启用 …………………（236）
行业标杆服务创建 ………………………（236）
通信 ………………………………………（236）
中国电信股份有限公司嘉兴秀洲分局
……………………………………………（236）
中国联合网络通信有限公司嘉兴市
分公司 ………………………………（236）
中国移动嘉禾分公司 ……………………（237）

科学技术

综述 ………………………………………（238）
科技机构与队伍 …………………………（238）
概况 ………………………………………（238）

科研机构 …………………………………… (238)
浙江省德沃康智能家居系统企业研究院 …………………………………… (239)
浙江省中聚高分子材料高新技术企业研究开发中心 …………………… (239)
重点实验室 …………………………………… (239)
科技人才培育 …………………………………… (239)
科技交流与推广 …………………………… (239)
概况 …………………………………… (239)
科创湖区建设 …………………………………… (240)
科创路演 …………………………………… (240)
成果转化 …………………………………… (240)
科技成果 …………………………………… (240)
概况 …………………………………… (240)
科技企业培育 …………………………………… (240)
省科学技术进步奖 …………………………… (242)
新型研发机构 …………………………… (243)
概况 …………………………………… (243)
校地合作 …………………………………… (243)
浙江大学嘉兴研究院 …………………………… (243)
北京理工大学长三角研究院(嘉兴) …… (243)
南方科技大学嘉兴研究院 …………………… (244)
嘉兴未来食品研究院 …………………………… (244)
科技管理 …………………………………… (244)
概况 …………………………………… (244)
孵化器建设 …………………………………… (244)
科技计划管理 …………………………………… (244)
产业创新服务综合体建设 …………………… (245)
秀洲区纺织产业创新服务综合体 ……… (245)
嘉兴秀洲智能装饰产业创新服务综合体 …………………………………… (245)

教 育

综述 …………………………………… (246)
学前教育 …………………………………… (247)
概况 …………………………………… (247)
全国学前教育普及普惠区创建 ………… (249)
首届保教人员职业技能大赛 ………… (249)
“幼小衔接 秀洲在行动”学前教育宣传月 …………………………………… (249)
等级园建设 …………………………………… (249)
优化学前教育办园结构 ………………… (249)
幼儿园年审 …………………………………… (249)
义务教育 …………………………………… (249)
概况 …………………………………… (249)
推进城乡教育优质均衡发展 …………… (249)
中小学家庭教育 …………………………… (250)
中小学艺术教育 …………………………… (250)
特殊教育 …………………………………… (251)
中小学劳动教育 …………………………… (251)
“秀美好少年”评选 …………………………… (251)
打造“秀美德育”品牌 …………………………… (251)
首届中小学心理科普周 ………………… (251)
小学生综合评价改革 …………………… (251)
科教融合 …………………………………… (251)
儿童青少年近视防控 …………………… (252)
无疫校园创建 …………………………………… (252)
普通高中教育 …………………………… (254)
概况 …………………………………… (254)
教学质量稳步提升 …………………………… (254)
教师专业成长 …………………………………… (254)
学生全面发展 …………………………………… (254)
BOT 办学模式终止 …………………………… (254)
高等职业教育 …………………………… (254)
概况 …………………………………… (254)
入选教育部试点 …………………………… (255)
入选省深化教育评价改革综合试点 …… (255)
“杨樵院士展馆”揭牌 …………………………… (255)
成人(社区)教育 …………………………… (255)
概况 …………………………………… (255)
全民终身学习活动周开幕式 …………… (255)
成人学历提升培训 …………………………… (255)
社区教育创建 …………………………………… (256)
老年教育 …………………………………… (256)
区老年大学新校区启用 ………………… (256)
区老年电大 …………………………………… (256)
教师队伍 …………………………………… (256)
概况 …………………………………… (256)
秀·育先锋 …………………………………… (256)
师德师风提升年 …………………………… (257)
中小学储备教师 …………………………… (257)
高品质清廉学校建设 …………………………… (257)
教师培训 …………………………………… (257)

教育经费及设施装备 …… (257)
概况 …… (257)
教育经费 …… (257)
办学条件与设施设备 …… (258)
基础设施建设 …… (258)
“冬暖夏凉”工程 …… (258)
新型教学空间建设 …… (258)
午休课桌椅试点 …… (258)
教育督导 …… (259)
概况 …… (259)
省语言文字工作督导评估 …… (259)
心理健康教育工作督导评估 …… (259)
推进“两项”国家级创建 …… (259)
教育管理 …… (259)
概况 …… (259)
“双减”工作 …… (259)
校外培训机构监管 …… (259)
规范民办义务教育 …… (260)
校园安全管理 …… (260)
教育科研 …… (260)
数字化改革与智慧教育 …… (260)
退教工作 …… (260)

体　　育

综述 …… (261)
群众体育 …… (261)
概况 …… (261)
基层体育委员工作机制 …… (261)
承办省第二届智力运动会 …… (262)
国民体质监测首次面向企业职工 …… (262)
“体医融合”培训 …… (262)
长三角“环浙”智能骑行台挑战赛 …… (262)
秀洲区首届社区运动会 …… (262)
秀洲区第三届农村文化礼堂运动会 …… (262)
竞技体育 …… (263)
概况 …… (263)
杨皓楠入选国家队 …… (263)
晋级省少年儿童田径冠军赛甲组 …… (263)
秀洲小将摘得省运会嘉兴首金 …… (263)
学校体育 …… (265)
概况 …… (265)
“体教融合” …… (265)
青少年锦标赛 …… (265)
阳光体育运动会 …… (266)
老年体育 …… (266)
概况 …… (266)
第五届“乐龄杯”老年人运动会 …… (266)
桌上冰壶球项目培育 …… (267)
体育产业 …… (267)
概况 …… (267)
体育产业项目库 …… (267)
体育消费券定点场馆申报 …… (267)
体育产业企业惠企政策落地 …… (267)

文　　化

综述 …… (268)
群众文化 …… (268)
概况 …… (268)
第六届秀洲区戏剧小品比赛 …… (269)
区广场舞(排舞)大赛 …… (269)
秀洲儿童戏剧艺术季 …… (269)
朱彝尊文化标识 …… (269)
文艺精品 …… (269)
图书事业 …… (269)
概况 …… (269)
全民阅读月系列活动 …… (270)
省图书馆学会学术年会在秀举行 …… (270)
特殊群体服务 …… (270)
数字资源建设 …… (270)
秀洲农民画 …… (271)
概况 …… (271)
我们的小康生活美术作品展 …… (271)
全国现代民间绘画收藏作品展 …… (271)
秀洲农民画扇面文创大赛 …… (271)
全国农民画发展研讨会及作品展 …… (271)
喜迎二十大农民画交流展 …… (271)
文物保护 …… (271)
概况 …… (271)
长虹桥防撞保护工程 …… (271)
文物安全检查 …… (271)
文物维修 …… (272)

非物质文化遗产 …………………… (272)
概况 …………………… (272)
非遗分馆建设 …………………… (272)
文化和自然遗产日活动 …………………… (272)
非遗工坊 …………………… (272)
文化创意产业 …………………… (272)
概况 …………………… (272)
创新体制机制 …………………… (272)
规模以上文化企业发展 …………………… (273)
加强对外交流 …………………… (273)
服务文化企业 …………………… (273)
新闻传播 …………………… (273)
概况 …………………… (273)
“看秀洲”微信公众号 …………………… (273)
“看秀洲”客户端 …………………… (273)
秀洲新闻网 …………………… (273)
秀洲新闻网(微博) …………………… (274)
秀洲发布 …………………… (274)
“看秀洲”抖音号、视频号 …………………… (274)

卫生健康

综述 …………………… (275)
新冠疫情防控及医疗救治 …………………… (276)
概况 …………………… (276)
抗疫经费安排 …………………… (276)
新冠疫情防控 …………………… (276)
新冠疫苗接种 …………………… (276)
新冠病人医疗救治 …………………… (276)
医药卫生体制改革 …………………… (276)
概况 …………………… (276)
医疗费用控制 …………………… (277)
社会资本办医管理 …………………… (277)
区妇幼保健院迁建项目开工 …………………… (277)
卫生服务信息化 …………………… (277)
基本医疗 …………………… (277)
概况 …………………… (277)
医疗卫生机构 …………………… (277)
医疗服务能力提升 …………………… (277)
家庭医生签约服务 …………………… (278)
全面融入长三角一体化工作 …………………… (278)
东西部扶贫、山海协作工作 …………………… (278)
中医药事业发展 …………………… (278)
疾病控制 …………………… (278)
概况 …………………… (278)
急性传染病防控 …………………… (278)
重大传染病防控 …………………… (278)
预防接种 …………………… (279)
慢性非传染性疾病防控 …………………… (279)
卫生监测 …………………… (279)
公共卫生 …………………… (279)
概况 …………………… (279)
重大公共卫生 …………………… (280)
原基本公共卫生 …………………… (280)
其他基本公共卫生 …………………… (280)
地方公共卫生 …………………… (280)
健康秀洲建设 …………………… (280)
概况 …………………… (280)
高血压糖尿病全周期健康管理推进分级诊疗改革 …………………… (280)
社会心理服务体系建设试点 …………………… (281)
控烟限酒行动省级示范点建设 …………………… (281)
实施国民营养计划 …………………… (281)
卫生监督 …………………… (281)
概况 …………………… (281)
智慧卫监 …………………… (281)
“双随机、一公开”监管 …………………… (282)
疫情防控督查 …………………… (282)
医疗卫生综合监管 …………………… (282)
非法行医查处 …………………… (282)
学校卫生监管 …………………… (282)
职业病防治 …………………… (282)
生活饮用水及涉水产品监督检查 …………………… (282)
公共场所专项执法 …………………… (283)
餐饮具集中消毒监管 …………………… (283)
“一企一策”职业健康帮扶项目 …………………… (283)
人口家庭与妇幼健康 …………………… (283)
概况 …………………… (283)
生育友好型社会建设 …………………… (283)
婴幼儿照护服务 …………………… (283)
计划生育家庭扶助 …………………… (283)
母婴安全行动计划 …………………… (284)

儿童基本公共卫生服务项目 …………… (284)
出生缺陷综合防治 ………………………… (284)
妇女全生命周期健康服务 ……………… (284)
关爱老人活动 ……………………………… (284)
概况 ………………………………………… (284)
“敬老月”系列活动 ………………………… (284)
老年人心理关爱项目 …………………… (284)
医养结合 …………………………………… (285)
概况 ………………………………………… (285)
医养结合试点单位 ………………………… (285)
友善医院创建 ……………………………… (285)
医疗机构与养老机构合作 ……………… (285)
爱国卫生 …………………………………… (285)
概况 ………………………………………… (285)
卫生村镇创建 ……………………………… (285)
健康促进 …………………………………… (285)
第34个爱国卫生月主题活动 ………… (286)
病媒生物防制示范单位创建 …………… (286)
“病媒防治”小程序试点建设 …………… (286)

社会生活

社区、社团、社工建设 …………………… (287)
概况 ………………………………………… (287)
社区治理创新 ……………………………… (287)
社会组织管理工作 ………………………… (287)
社工人才队伍建设 ………………………… (287)
社会救助 …………………………………… (288)
概况 ………………………………………… (288)
特困人员供养 ……………………………… (288)
慈善募捐与救助 …………………………… (288)
社会福利 …………………………………… (288)
概况 ………………………………………… (288)
持续构建儿童福利服务体系 …………… (288)
残疾人“两项补贴” ………………………… (288)
社会事务管理 ……………………………… (289)
概况 ………………………………………… (289)
移民扶持 …………………………………… (289)
婚姻登记 …………………………………… (289)
殡葬管理 …………………………………… (289)
八字安息堂改造工程 ……………………… (289)
南汇安息堂新建工程 ……………………… (289)
区划地名管理 ……………………………… (289)
社会养老服务 ……………………………… (290)
概况 ………………………………………… (290)
居家服务“数字监管” ……………………… (290)
“秀e养”应用场景 ………………………… (290)
“民生食事”扩面行动 ……………………… (290)
“关爱空巢居·智慧助安行”项目 ……… (290)
城乡居民最低生活保障 ………………… (290)
概况 ………………………………………… (290)
“暖巢行动”3.0版帮扶活动 …………… (290)
就业创业 …………………………………… (291)
概况 ………………………………………… (291)
稳用工促生产政策兑现 ………………… (291)
就业优惠政策兑现 ………………………… (291)
就业创业服务 ……………………………… (291)
职业技能建设 ……………………………… (291)
劳动仲裁 …………………………………… (291)
养老保险服务 ……………………………… (291)
概况 ………………………………………… (291)
企业职工养老保险 ………………………… (291)
城乡居民养老保险 ………………………… (292)
机关事业养老保险 ………………………… (292)
工伤与失业保险 …………………………… (292)
概况 ………………………………………… (292)
工伤保险 …………………………………… (292)
失业保险 …………………………………… (292)
医疗保障 …………………………………… (292)
概况 ………………………………………… (292)
参保登记 …………………………………… (292)
待遇支付 …………………………………… (292)
医保扶贫 …………………………………… (292)
基金监管 …………………………………… (292)
医药服务 …………………………………… (292)
经办服务 …………………………………… (293)
残疾人事业 ………………………………… (293)
概况 ………………………………………… (293)
残疾人数量 ………………………………… (293)
残疾预防 …………………………………… (293)
残疾人康复服务 …………………………… (294)
残疾人就业 ………………………………… (294)
“残疾人之家”提质扩面 ………………… (294)
残疾人保障 ………………………………… (294)

残疾人文体活动 …………………………（294）
无障碍环境建设 …………………………（295）
退役军人事务 …………………………（295）
概况 …………………………（295）
崇军氛围营造 …………………………（295）
服务体系建设 …………………………（296）
优抚工作 …………………………（296）
安置就业 …………………………（296）
立功受奖 …………………………（296）
精神文明建设 …………………………（296）
概况 …………………………（296）
文明典范城市创建 …………………………（296）
系列文明创建 …………………………（297）
“浙江有礼·礼润秀洲”区域文明实践 …………………………（297）
新时代文明实践 …………………………（297）
区域道德品牌建设 …………………………（297）
乡风文明建设 …………………………（298）
志愿服务工作 …………………………（298）
民族　宗教 …………………………（298）
概况 …………………………（298）
思想政治引领 …………………………（298）
“除险保安”大排查大整治 …………………………（299）
宗教数字赋能 …………………………（299）
宗教工作法治化建设 …………………………（299）
宗教场所规范化管理 …………………………（299）
民族团结进步创建 …………………………（299）
民族团结一家亲文体活动 …………………………（300）
关心下一代工作 …………………………（300）
概况 …………………………（300）
青少年思想教育 …………………………（300）
青少年帮扶与服务 …………………………（300）
青少年服务品牌建设 …………………………（300）
居民生活 …………………………（301）
概况 …………………………（301）
农村居民生活 …………………………（301）
城镇居民生活 …………………………（301）

镇·街道

王店镇 …………………………（303）
概况 …………………………（303）
疫情防控 …………………………（303）
农业经济 …………………………（303）
工业经济 …………………………（303）
三产服务业 …………………………（304）
镇村建设 …………………………（304）
生态环境 …………………………（304）
科技创新 …………………………（304）
教文卫体 …………………………（304）
民生保障 …………………………（304）
社会治理 …………………………（305）
嘉兴隆基光伏项目落地 …………………………（306）
集成装饰创业创新园项目 …………………………（306）
梅里机电产业园项目 …………………………（306）
梅里物流综合产业园项目 …………………………（306）
梅梨梓乡共同富裕示范带（王店段）建设 …………………………（306）
农田退水“零直排” …………………………（307）
粮仓文旅街项目启动 …………………………（307）
承办第八届中国嘉兴集成吊顶展 …………………………（307）
共富奶牛棚 …………………………（307）
品重梅溪耕读精品线 …………………………（307）
王店镇中心幼儿园开园 …………………………（307）
梅里康养中心 …………………………（307）
朱彝尊文化 IP 动漫形象发布 …………………………（307）
洪合镇 …………………………（308）
概况 …………………………（308）
疫情防控 …………………………（308）
农业经济 …………………………（308）
工业经济 …………………………（308）
三产服务业 …………………………（308）
科技人才与研发 …………………………（309）
镇村建设 …………………………（309）
教文卫体 …………………………（309）
民生保障 …………………………（309）
生态环境 …………………………（310）
社会治理 …………………………（310）
民和社区成立 …………………………（311）
“秀水光谷”开工奠基仪式 …………………………（311）
毛衫产业基地入选省第三批内外贸一体化改革试点 …………………………（312）
320 国道洪合收费站撤销 …………………………（312）

"众创数字化供应链"项目运营发布会 …… (312)
全区首个乡镇药事服务站建成 …… (312)
新塍镇 …… (312)
概况 …… (312)
疫情防控 …… (313)
农业经济 …… (313)
工业经济 …… (313)
三产服务业 …… (313)
镇村建设 …… (313)
生态环境 …… (313)
科研人才 …… (314)
教文卫体 …… (314)
民生保障 …… (314)
社会治理 …… (314)
火炬社区成立 …… (316)
陡门社区成立 …… (316)
"城乡融合共富新社区"火炬样板 …… (316)
省级美丽城镇样板镇 …… (316)
省级低(零)碳乡镇试点 …… (317)
美丽乡村精品线 …… (317)
新塍绿道南线工程 …… (317)
首届"凤池雅集"文化旅游艺术节 …… (317)
火炬村入选标准地改革省级试点 …… (317)
新塍镇天悦湾托育园 …… (317)
全国智慧健康养老示范镇 …… (318)
健康管理中心项目改造 …… (318)
省级无障碍社区创建 …… (318)
能仁寺入选全省首批"宗教中国化场所" …… (318)
郝老师课堂 …… (318)
王江泾镇 …… (318)
概况 …… (318)
疫情防控 …… (319)
农业经济 …… (319)
工业经济 …… (319)
三产服务业 …… (319)
镇村建设 …… (319)
生态环境 …… (320)
科技创新 …… (320)
教文卫体 …… (320)
民生保障 …… (320)
社会治理 …… (320)
北圩园渔场入选省级数字农业工厂 …… (322)
"勤丰种业"被评为省级全程机械化农机中心 …… (323)
浙师大附属长虹实验学校挂牌 …… (323)
安置房建设 …… (323)
美丽城镇省级样板镇 …… (323)
"22闻川01"债券发行 …… (323)
"22闻川02"债券发行 …… (323)
"全过程人民民主"基层单元建设 …… (323)
"污水零直排"创建 …… (324)
"碧水绕村"工程 …… (324)
全省首支辅警版"轻装PTU" …… (324)
油车港镇 …… (324)
概况 …… (324)
疫情防控 …… (324)
农业经济 …… (325)
工业经济 …… (325)
三产服务业 …… (325)
镇村建设 …… (325)
生态环境 …… (326)
科研人才 …… (326)
教文卫体 …… (326)
民生保障 …… (326)
社会治理 …… (327)
撤销栖真社区建制 …… (328)
北理工长三角研究院(嘉兴)开工 …… (328)
马库老街提升改造工程 …… (328)
省未来乡村建设试点村 …… (328)
浙江恒威深交所上市 …… (328)
陈家坝安置房交房 …… (328)
产城融合高质量发展论坛 …… (329)
首届"共富消费节" …… (329)
杭师大附属油车港中学揭牌 …… (329)
央视介绍油车港南湖菱种植基地 …… (329)
秀水新区上海创新中心启用 …… (329)
麟栖汇项目竣工 …… (329)
新城街道 …… (330)
概况 …… (330)
疫情防控 …… (330)
三产服务业 …… (330)

社区建设 …………………………………… (330)
生态环境 …………………………………… (330)
城市品质提升 ……………………………… (331)
教文卫体 …………………………………… (331)
社会治理 …………………………………… (331)
社区应急体系改革试点 …………………… (332)
木桥港新村北区城市有机更新启动 ……… (332)
殷秀共同富裕展示地 ……………………… (332)
高照街道 ……………………………………… (333)
概况 ………………………………………… (333)
疫情防控 …………………………………… (333)
三产服务业 ………………………………… (333)
助企服务 …………………………………… (333)
城市品质提升 ……………………………… (333)
教文卫体 …………………………………… (333)
民生保障 …………………………………… (334)
洪高社区成立 ……………………………… (335)
秀洲区首个省级未来社区 ………………… (335)
洪高路人力资源特色街 …………………… (335)
中关村夜间经济圈 ………………………… (335)
北科建新业态经济圈 ……………………… (335)
党群服务中心提升改造 …………………… (335)
全国最美工会户外劳动者服务站点 ……… (336)
新义村"蓝领公寓" ………………………… (336)
全市首个省级医保基层服务示范点 ……… (336)
运河社区获评省级无障碍社区 …………… (336)
秀洪社区获评省五星级社区服务综合体 …………………………………… (336)
嘉北街道 ……………………………………… (336)
概况 ………………………………………… (336)
疫情防控 …………………………………… (336)
工业经济 …………………………………… (337)
三产服务业 ………………………………… (337)
城市品质提升 ……………………………… (337)
教文卫体 …………………………………… (337)
民生保障 …………………………………… (338)
生态环境 …………………………………… (338)
社会治理 …………………………………… (338)
嘉北街道第二届市民议事会 ……………… (339)
翠堤公园景观绿化提升改造 ……………… (339)
"金百灵"侨之家 …………………………… (339)
嘉北粮仓公园改造工程 …………………… (339)
阳海景怡北区污水零直排综合整治工程竣工 ………………………………… (340)
塘汇街道 ……………………………………… (340)
概况 ………………………………………… (340)
疫情防控 …………………………………… (340)
工业经济 …………………………………… (340)
三产服务业 ………………………………… (340)
科技创新 …………………………………… (340)
招商引资 …………………………………… (340)
城市品质提升 ……………………………… (341)
生态环境 …………………………………… (341)
教文卫体 …………………………………… (341)
民生保障 …………………………………… (341)
社会治理 …………………………………… (341)
第九届章氏古茶园茶文化节开幕 ………… (342)
融汇工业社区启用 ………………………… (342)
塘汇实验幼儿园开园 ……………………… (342)
新禾家苑社区入选省级第五批未来社区创建名单 ……………………………… (342)
茶香坊社区卫生服务站新址启用 ………… (343)
人大"联企"议事厅揭牌 …………………… (343)
"共享法庭"入驻基层单元 ………………… (343)
塘汇街道文学艺术界联合会成立 ………… (343)
塘汇街道残疾人协会成立 ………………… (343)
供销社综合大楼竞拍成功 ………………… (343)
章氏茶园及周边公园综合提升改造 ……………………………………………… (343)
和风路公园综合改造提升 ………………… (343)

人物·名录

2022年新任区级领导简介 ……………… (344)
史高翔 ……………………………………… (344)
包国伟 ……………………………………… (344)
李宇聪 ……………………………………… (345)
陈跃强 ……………………………………… (345)
冯小宁 ……………………………………… (345)
嘉兴市秀洲区主要组织机构及负责人 …… (346)
2022年中国(浙江、嘉兴)好人榜 ……… (352)
方美珍 ……………………………………… (352)
沈培荣 ……………………………………… (352)
简文昌 ……………………………………… (352)

包德全 …………………………………… (352)
孟岳仙 …………………………………… (352)
朱鸣雷 …………………………………… (353)
房海祥 …………………………………… (353)
谢金凤 …………………………………… (353)
严玉珍 …………………………………… (353)
王惠良 …………………………………… (353)
全国五一劳动奖章 ……………………… (354)
陈运杰 …………………………………… (354)
浙江工匠 ……………………………… (354)
徐芳正 …………………………………… (354)
黄顺华 …………………………………… (355)
夏修好 …………………………………… (355)
仇文臣 …………………………………… (355)
沈　伟 …………………………………… (356)

附　　录

获国家、省、市级先进表彰名录 …………… (357)
区级重点工作及年度先进表彰名录 ……… (367)
2022年度秀洲区重点工作考核结果…… (367)
2022年度“典范秀洲”建设先进集体和先进个人 …………………………… (371)
2022年度“实力秀洲”“幸福秀洲”“法治秀洲”建设突出贡献集体和个人 …………………………………… (373)
2022年度镇、街道、秀洲国家高新区和区级机关部门综合绩效目标考核结果 ……………………………………… (381)
2022年度秀洲区优秀公务员奖励人员名单 ……………………………… (382)
2022年度秀洲区优秀共产党员、优秀党务工作者和先进基层党组织 …………………………………… (385)
重要报道目录 ………………………… (389)
文件目录选编 ………………………… (396)
2022年秀洲区国民经济和社会发展统计公报 …………………………… (410)
综合 ………………………………………… (410)
农业和农村 ………………………………… (410)
工业和建筑业 ……………………………… (411)
固定资产投资和房地产 …………………… (411)
贸易和对外经济 …………………………… (411)
财政和金融 ………………………………… (411)
教育和科学技术 …………………………… (412)
文化和体育 ………………………………… (412)
生态环境和城乡建设 ……………………… (412)
人口、就业、居民生活和社会保障 ……… (413)

索　　引

汉语拼音索引 ……………………………… (415)

Special Records

Forge Ahead Bravely with Resolve and Fortitude, Strive with United Efforts, Assume Responsibility of the Main Urban District and Write A New Chapter with Modern Chinese Charanteristics in Xiuzhou
—Delivered at the 4th Plenary(Extended) Session of the 10th CPC Committee Congress of Xiuzhou District by XU Mingyang, Secretary of CPC Committee of Xiuzhou District, Jiaxing ······ 1

Government Work Report
—Delivered at the 2nd Session of the 10th People's Congress of Xiuzhou District by LIU Dewei, People's Government Head of Xiuzhou District, Jiaxing ······ 9

Chronicle

January ······ 19
February ······ 19
March ······ 20
April ······ 20
May ······ 21
June ······ 21
July ······ 23
August ······ 24
September ······ 24
October ······ 25
November ······ 25
December ······ 26

Features

Reform and Exploration of Xiuzhou District in Building a Demonstration Zone for Achieving Common Prosperity through High-quality Development ······ 27
Deepened Integrative Reform of Building Strong Villages and Enriching Ordinary People in Xiuzhou District ······ 31

Overview of Xiuzhou District

Basic Situation ······ 33
Area Division ······ 34
Natural Resources ······ 35
Natural Disasters ······ 36
Residents ······ 37

CPC Committee of Xiuzhou District

Overview ······ 39

Important Conferences ························ 39
Important Decisions ························ 40
Party Construction Work ························ 41
Party Building Work ························ 43
Organization Formulation Work ························ 45
Publicity Work ························ 46
Unified Front Work ························ 49
Taiwan-related Affairs ························ 50
Work Concerning Overseas Chinese ························ 51
Petition Work ························ 52
Work on Senior Cadres ························ 52
Party school ························ 53
Records and Party History ························ 54

People's Congress of Xiuzhou District

Overview ························ 58
Major Conferences ························ 59
Supervision ························ 60
Appointment and Removal ························ 62
Representatives' Activities ························ 62
Special Committees ························ 64
Grassroots People's Congress ························ 65

People's Government of Xiuzhou District

Overview ························ 67
Major Conferences ························ 68
Projects Concerning People's Livelihood ························ 73
Foreign Affairs ························ 75
Partner Assistance and Cooperation between Developed and Undeveloped Areas ························ 75
Human Resources ························ 76
Administrative Services and Services for Transactions of Public Resources ························ 77
Administrative Affairs Management ························ 78
Emergency Management ························ 79
Firefighting and Rescue ························ 81

CPPCC Committee of Xiuzhou District

Overview ························ 83
Major Conferences ························ 84
Consultation and Deliberation ························ 86
Proposal Work ························ 88
Investigation and Inspection ························ 89
Special Committees ························ 90

CPC Discipline Inspection Committee and Supervisory Committee of Xiuzhou District

Overview ························ 93
Major Conferences ························ 94
Discipline Inspection and Supervision ························ 94
Grassroots Discipline Inspection and Supervision ························ 95

Democratic Parties, and Federation of Industry and Commerce

Overview ························ 98
Jiaxing Xiuzhou District Committee of Revolutionary Committee of the Chinese Kuomintang ························ 99
Jiaxing Xiuzhou District Committee of China Democratic League ························ 99
Jiaxing Xiuzhou District Committee of China National Democratic Construction Association ························ 100
Jiaxing Xiuzhou District Committee of China Association for Promoting Democracy ························ 100

Jiaxing Xiuzhou District Committee of Chinese Peasants and Workers Democratic Party …… 101
Jiaxing Xiuzhou District Committee of China Zhi Gong Party …… 101
Jiaxing Xiuzhou District Committee of Jiu San Society …… 102
Jiaxing Xiuzhou District Committee of Federation of Industry and Commerce …… 102

Mass Organizations

Overview …… 104
Jiaxing Xiuzhou District Federation of Trade Unions …… 104
Jiaxing Xiuzhou District Communist Youth League Committee …… 107
Jiaxing Xiuzhou District Women's Federation …… 110
Jiaxing Xiuzhou District Science and Technology Association …… 111
Jiaxing Xiuzhou District Federation of Literary and Art Circles …… 113
Jiaxing Xiuzhou District Red Cross …… 115
Jiaxing Xiuzhou District Family Planning Association …… 116

Rule of Law and Military Affairs

Overview …… 117
Work of the Political and Legal Commission …… 117
Construction of Government in the Rule of Law …… 119
Public Security …… 120
Procuratorate …… 124
Court …… 126
Judicial Administration …… 128
National Defense Education and Mobilization …… 129
"Double-Support" Work …… 130
Civil Air Defense …… 130

Agriculture and Water Conservancy

Overview …… 132
Planting Industry …… 133
Animal Husbandry …… 135
Fishing Industry …… 136
Comprehensive Development of Agriculture …… 136
Construction of New Agricultural Entity …… 137
Development of Rural Industries …… 137
Mechanization in Agriculture …… 139
Water Conservancy …… 140
Brand Building and Other Works …… 142

Rural Revitalization

Overview …… 143
Grassroots Party Building in Rural Areas …… 144
Building Strong Villages and Enriching Ordinary People …… 144
Cultural Auditorium in Villages …… 145
Construction of Beautiful Countryside in A New Era …… 146

Industry and Economic Development Zones

Overview …… 148
Operation of Industrial Economy …… 149
Industrial Informatization …… 151

Management of Industrial Projects ………… 152
Industrial Transformation ………………… 152
Regional Characteristics industry ………… 153
Obsoletism of Backward Production Capacity ………………………………… 153
Service for Enterprises ……………………… 154
Introduction of Key Enterprises …………… 154
Jiaxing National Hi-tech Zone ……………… 155

Open Economy

Overview ……………………………………… 159
Two-way Open Model ……………………… 159
Investment Promotion ……………………… 161

Commerce, Trade and Tourism

Overview ……………………………………… 165
Modern Service Industry …………………… 165
Supply and Marketing Commerce ………… 166
E-commerce …………………………………… 167
Modern Logistics Zone ……………………… 167
Scenic Areas ………………………………… 168
Publicity for Tourism ……………………… 169
Management of Tourist Market …………… 169
Regional Cooperation in Tourism ………… 170

Finance and Taxation

Government Finance ………………………… 171
Taxation ……………………………………… 172
Banks ………………………………………… 174
Insurances …………………………………… 178
Small Loans and Financing Guarantee …… 178

Economic Management and Supervision

Economic Society Development, and Economic Regulation and Control ……… 180
Integrated Economic Development of the Yantze River Delta ………………… 182
Management of State-owned Assets ……… 183
Price Control ………………………………… 186
Audit ………………………………………… 188
Statistics …………………………………… 190
Natural Resource Management …………… 190
Market Supervision and Management …… 193

Urban and Rural Development

Overview ……………………………………… 198
Urban Infrastructure Construction ………… 198
Construction Industry ……………………… 200
Real Estate …………………………………… 204
Landscaping ………………………………… 206
Comprehensive Management of Urban Environment ………………………………… 207
Digital Urban Management ………………… 209
Garbage Sorting ……………………………… 210
"Three Changes and One Demolition" Work ………………………………………… 211
Construction of Canal Bay New Town …… 211
Development of Towns and Villages ……… 213

Ecological Environment Protection

Overview ……………………………………… 214
Environment Quality Monitoring ………… 214
Environmental Pollution and Governance ………………………………………………… 221
Publicity and Education of Environment Protection ………………………………… 224
Law Enforcement and Supervision on Environment ……………………………… 225
Carbon Peaking and Neutrality Action …… 228
Construction of Ecological Civilization …… 228

Traffic, Power Supply, Post, and Communication

Overview ········· 230
Highway Transport ········· 230
Waterway Transport ········· 234
Power Supply ········· 234
Post ········· 236
Communication ········· 236

Science and Technology

Overview ········· 238
Organizations and Talents ········· 238
Exchange and Promotion ········· 239
Scientific and Technological Achievements ········· 240
New-type Research and Development Institutions ········· 243
Scientific and Technological Management ········· 244

Education

Overview ········· 246
Preschool Education ········· 247
Compulsory Education ········· 249
High School Education ········· 254
Higher Vocational Education ········· 254
Adult(Community) Education ········· 255
Construction of Teaching Staff Team ········· 256
Educational Funds and Facilities ········· 257
Supervision on Education ········· 259
Educational Management ········· 259

Sports

Overview ········· 261
Mass Sports ········· 261
Competitive Sports ········· 263
School Sports ········· 265
Senior Sports ········· 266
Sports Industry ········· 267

Culture

Overview ········· 268
Mass Culture ········· 268
Books and Libraries ········· 269
Xiuzhou Peasant Paintings ········· 271
Protection of Cultural Relics ········· 271
Intangible Cultural Heritage ········· 272
Cultural Creative Industry ········· 272
News Communication ········· 273

Health

Overview ········· 275
Prevention and Control of Covid-19 and Medical Treatment ········· 276
Medical System Reform ········· 276
Basic Medical Care ········· 277
Disease Control and Prevention ········· 278
Public Health ········· 279
Building a "Healthy Xiuzhou" ········· 280
Supervision on Health ········· 281
Population, Family, Woman and child health ········· 283
Care for the Elderly ········· 284
Combination of Medical Treatment and Senior Center ········· 285
Patriotic Public Health Campaign ········· 285

Social Life

Communities, Social Groups and Social Workers ········· 287

Social Assistance …… 288
Social Welfare …… 288
Management of Social Affairs …… 289
Social Service for the Aging …… 290
Minimum Living Allowance for Urban and Rural Residents …… 290
Employment and Self-employment …… 291
Endowment Insurance …… 291
Employment Injury and Unemployment Insurance …… 292
Medical Security …… 292
Cause of the Disabled …… 293
Cause of Retired Serviceman …… 295
Construction of Spiritual Civilization …… 296
Nationalities and Religions …… 298
Care for the Next Generation …… 300
Lives of Residents …… 301

Towns and Streets

Wangdian Town …… 303
Honghe Town …… 308
Xincheng Town …… 312
Wangjiangjing Town …… 318
Youchegang Town …… 324
XinCheng Street …… 330
Gaozhao Street …… 333
Jiabei Street …… 336
Tanghui Street …… 340

Character Lists

Introduction to Newly-appointed District Leaders in 2022 …… 344
Major Organizations and Leaders in Xiuzhou District …… 346
List of Excellent People in China(Zhejiang and Jiaxing) in 2022 …… 352
National May Day Labor Medal Winner …… 354
Zhejiang Craftsmen …… 354

Appendix

List of Advanced Projects, Collectives and Individuals with National, Provincial and Municipal Honors …… 357
List of District-level Key Work, and Annual Advanced Collectives and Individuals …… 367
Catalogue of Important Media Reports …… 389
Catalogue of Selected Files …… 396
National Economic and Social Development Statistical Communique of Xiuzhou District in 2022 …… 410

Index

Index of Chinese pinyin …… 415

踔厉奋发 勇毅奋进 团结奋斗
以主城区担当奋力谱写中国式现代化秀洲篇章

——在区委十届四次全体(扩大)会议上的报告

中共嘉兴市秀洲区委书记 徐鸣阳

(2022 年 12 月 30 日)

一、实干担当、踔厉奋发,"五个秀洲"精彩开局

今年以来,区委坚决落实习近平总书记"疫情要防住、经济要稳住、发展要安全"的重要要求,全面贯彻中央、省委、市委决策部署,紧紧围绕区第十次党代会"123451"总体工作思路,实干担当、争先创优,全面开展"三年"活动,高效统筹疫情防控和经济社会发展,"五个秀洲"实现精彩开局。1—9 月,实现地区生产总值 433.4 亿元、增长 3.3%。1—11 月,实现规模以上工业总产值 975.4 亿元、增长 12.2%,即将突破千亿元,增加值 217.3 亿元、增长 9.2%、列全市第二。完成固定资产投资 188.6 亿元、增长 26.3%,8 月以来增幅始终保持全市第一。其中建安、交通、三产投资增幅均列全市第一;进出口总额增长 19.4%,其中出口额增长 19.1%;供应国有建设用地 4511 亩,完成率 137%、列全市第一,其中工业用地 1679 亩,增长 247%、列全市第一;争取政府专项债券额度 41.55 亿元、是 2021 年的 17 倍;市平安考核模拟测评列全市第二,省平安指数 3 次列全市第一、4 次进入全省前 20。

我们聚力打造实力秀洲,发展质效迈上新台阶。发展态势稳步向好。全市考核从一季度第八、半年度第五、前移至前三季度第四,全年有望"保五争三"。地区生产总值增幅从一季度的 1.2%、半年度的 1.5%提升到前三季度的 3.3%,其中第三季度当季增长 6.7%,全年预计增长 3.3%。服务业增加值扭负为正、增长 0.7%,其中第三季度当季增长 4%,成功入选国家物流枢纽,成为全省物流创新发展试点优秀区,嘉兴现代物流园获评省级现代服务业创新发展区,实现"零"的突破。产业质量全面提升。完成实际利用外资 3.56 亿美元,福莱特、阿特斯、隆基等持续增资扩产,光伏新能源产业实现产值 274 亿元、增长 73.7%,预计全年将超 300 亿元,秀洲光伏入选全省"415X"先进制造业集群[1]光伏产业核心区。恒威电池登陆创业板,五芳斋成为中国粽子"第一股",上市企业总数达到 7 家,中润光学科创板首发过会。新增国家级专精特新"小巨人"4 家,入围全省产业链协同创新项目 3 个、列全市第一。拥有"单项冠军"、专精特新"小巨人"、"隐形冠军"14 家,省级专精特新中小企业 20 家。创新动能持续迸发。1—9 月 R&D 经费支出占 GDP 比重 3.53%、列全市第三。高新技术产业投资占固定资产投资比重 33.4%、列全市第一,高新技术产业增加值占规模以上工业比重 77%、列全市第二。新增高新技术企业 87

家、省科技型中小企业209家,北理工长三院成功创建全区首家国家级博士工作站、校地合作模式获省委领导调研肯定,浙大嘉兴研究院、南科大嘉兴研究院、江南大学未来食品研究院等载体高效运作。

我们聚力打造品质秀洲,城乡建设呈现新形象。重塑城市空间布局。召开区委十届三次全会,作出《关于加快运河湾新城建设的决定》,明确"一主城一枢纽四城镇"总体布局,聘任城市总设计师、完成主城区总体城市设计,运河湾新城指挥部揭牌成立,城投集团按实运作,运河综保工程加快推进,谋划重点项目20个、总投资近500亿元,推动统一规划、整体设计、连片开发,全力打造嘉兴城市副中心。大抓交通枢纽建设。嘉兴机场主体工程4700亩用地于11月25日经国务院批准,圆通项目686亩农转用、征收报批即将完成,高规格成立临空经济示范区指挥部,启动编制临空经济规划,谋划嘉兴机场、湖嘉申航道、嘉湖高速铁路、G524、东升西路快速化改造等交通枢纽工程。加速推进城乡融合。连续三年获评全国县域农业农村信息化发展先进县,入选全省高质量发展建设共同富裕示范区试点,火炬村入选全省强村富民乡村集成改革典型案例,相关做法被中央党校共同富裕蓝皮书收录,农业标准地改革、水利监管一件事工作列入全省试点,"秀洲'三馆'融合社会化运营"入选省公共文化服务高质量发展典型案例。交出全国文明典范城市创建高分报表,城乡面貌焕然一新。

我们聚力打造美丽秀洲,生态品质取得新突破。推进节能降碳。推动全区165家重点企业执行用能预算化管理,加快淘汰落后产能,腾出用能8.04万吨标煤,特别是印染行业整治提质加速、签订腾退协议13家、兼并重组10家,全区规模以上工业增加值能耗下降3.6%、成功扭转不降反升的态势。擦亮生态底色。深入推进生态环境治理,市控及以上断面Ⅲ类水保持全覆盖,石臼漾饮用水水源地水质稳定在Ⅱ类水,成功捧回"大禹鼎"银鼎。完成71个"无废细胞"创建,五芳斋"链"上低碳循环工作入选省全域"无废之窗"。改善人居环境。农村生活垃圾分类智慧化收运实现行政村全覆盖,建成农村人居环境样板122个,"红旗""蜗牛"奖季度评选制度入选全省美丽乡村长效管护十大模式典型案例。

我们聚力打造幸福秀洲,民生福祉得到新改善。"健康秀洲"持续深化。区人民医院在建项目主体结顶,3个省级名医工作室在区人民医院挂牌,区妇幼保健院迁建工程全面开工。全面推进国家卫生镇量化分级管理,全区4个国家卫生镇、98个省级卫生村被命名为2021年省级健康村镇。加强"一老一小"服务保障,获评全国智慧健康养老示范基地。成功入选省先天残疾预防试点。教育品质持续提升。中考第一批上线首次突破千人、增长3.2%,入围省教师教育创新实验区、省学生综合评价改革和国家智慧教育平台应用省级试点,义务教育阶段城乡学校校际差异系数等指标全市第一、全省前列。规范民办义务教育发展工作平稳有序完成,秀洲现代实验学校回归公办、宏远教育集团完成"公参民"整治。文化高地持续推进。开展红色文化传承保护利用研究,开发"红色资源在线·红色润心"应用。举办第八届农民画艺术节、2022朱彝尊文化论坛,承接盛世修典——中国历代绘画大系展等高层级文化活动,组织开展各类群文活动1.2万余场。实施儿童戏剧普及"星·光"工程,成立中国儿童艺术剧院嘉兴实践基地。

我们聚力打造平安秀洲,社会治理实现新提升。确保和谐稳定。自主研发"秀险控"应用,实行"三色"分类管控,落实党政"一把手"带头包重点疑难信访积案,77件信访积案成功化解,再次信访率保持为零、列全省第一,全面打赢北京冬奥会、党的二十大等一系列重大活动维稳安保硬仗,探索"立方众治"基层治理新机制,实现"六个零发生"。抓实安全生产。持续开展安全生产大排查大整治,推动风险隐患动态清零、重大风险第一时间销号,1—11月各类生产安全事故发生起数、死亡人数较前三年平均数分别下降40%和43%。开展重点领域集中整治,出租房、出租厂房、"三合一"、煤气瓶隐患整改率分别达到99%、98%、99%和88%。筑牢疫情防线。创新"战时'181'、平时'161'"指挥体系,坚持"区四套班子领导齐上阵",构建"统、防、追、保、督"五位一体防控闭环体系,成功打赢17场疫情防控阻击战。12月5日,迅速调整防控措施,推动从"防传染"向"保健康、防重症"平稳转换,实现机关正常履职、企业正常经营、社会正常运行、群众正常生活。

与此同时，我们坚持党建统领，上下贯通、执行有力，确保各项决策部署落地生根。我们全面加强自身建设、淬炼绝对忠诚品格。深入学习宣传贯彻党的二十大精神，开展“六学六进六争先”学习实践活动，区四套班子全员进党校下基层宣讲，以上率下推动全区党员学习全覆盖。坚持“第一议题”，召开区委常委会议29次，及时跟进学习习近平总书记重要讲话、指示批示精神，专题举办区委理论学习中心组学习会，重温习近平总书记对秀洲重要指示精神。切实履行意识形态工作主体责任，牢牢掌握领导权。我们系统重塑干部队伍、提振实干担当作风。开展“新官理旧账”行动，梳理秀洲历史遗留问题72个，落实“一个问题、一个方案、一名领导、一个专班、一抓到底”，完全破解54件、基本破解18件，得到了省委组织部、基层干部、人民群众的一致肯定，“三讲三有”全能型干部队伍加快建设、初显成效。我们持续筑牢基层基础、打造坚强战斗堡垒。实行区委领导“第一书记”制度，直插基层、奔赴现场，一线问需解难，实现镇街与全区同频共振、同向发力。推动1147个基层党组织全面过硬，洪合村、沙家浜村成功创建全省红色美丽村庄，五芳斋实业、雅莹集团、新安国际医院成为省管“两新”企业。强化力量配置，每万城镇常住人口社区工作者20.4人、提高53%。做强村级集体经济，村均经常性收入、经营性收入分别达到320万元和165万元，分别增长49%和41%。我们深化全面从严治党、巩固风清气正生态。坚持以上率下、团结各方，齐心协力推进工作，确保政令畅通、高效落地。全力支持配合省委巡视，坚持边巡边改、立行立改。纵深推进清廉秀洲建设，引导党员干部既要干净、又有干劲，做到忠诚干净担当。

一年来，我们上下同心、合力合拍，疫情防控、信访维稳、全国文明典范城市创建等硬仗连连获胜，塑造了“区四套班子齐上阵”的鲜明特色。我们提振信心、奋勇争先，固定资产投资、规模以上工业、土地供应等指标步步登高，干出了经济发展低开高走的强劲势头。我们下定决心、攻坚克难，G524、嘉兴机场等工程滚滚推进，办成了许多长期想办未成的大事要事。我们保持恒心、常抓不懈，隆基、阿特斯、福莱特等项目源源而来，构建了主导产业集聚发展的优质生态。我们不忘初心、履职尽责，历史遗留问题个个破解，浓厚了苦干实干迎难而上的担当氛围。一年的实践充分证明，只要我们心往一处想，就没有秀洲过不去的坎；只要我们智往一处聚，就没有秀洲破不了的难；只要我们劲往一处使，就没有秀洲攻不下的关。

这些成绩，根本在于以习近平同志为核心的党中央坚强领导，根本在于习近平新时代中国特色社会主义思想科学指引，是省委、市委坚强领导的结果，是全区各级党组织和广大党员干部群众团结拼搏的结果，也是老领导、老同志关心支持的结果。在此，我代表区委，向全区各级党组织和广大党员干部群众，向一直以来关心支持秀洲高质量发展的老领导、老同志和社会各界，表示衷心的感谢！

同时，我们也要清醒地看到当前存在的问题和困难，主要有：经济总量规模还不够大，特别是服务业发展较为薄弱、支撑作用不够强；产业结构还不够优，特别是毛衫、印染、纺织等传统行业转型升级不够快；基础设施还不够全，特别是交通、医疗、教育等方面离老百姓的期望还有差距；风险隐患还比较多，特别是安全生产、消防安全、道路交通安全等领域的个别重大风险仍然存在。对这些问题，我们必须高度重视、精准施策，切实加以解决。

二、全面领会、勇毅奋进，努力谱写秀洲篇章

党的二十大是在全党全国各族人民迈上全面建设社会主义现代化国家新征程、向第二个百年奋斗目标进军的关键时刻召开的一次十分重要的大会，对凝聚和激励全党全国各族人民全面建设社会主义现代化国家、全面推进中华民族伟大复兴具有十分重大的意义。党的二十大精神博大精深、内涵丰富，学习党的二十大精神是一个常读常新、常学常悟、常用常进的过程，在接下来的学习中，要持续用力、久久为功、不断深化。

一要深刻领悟“两个确立”的决定性意义，全面筑牢政治根基。“两个确立”是党的十八大以来发生伟大变革、取得历史性成就的决定性因素，是新时代十年最大政治成果、最重要历史经验、最客观实践结论，是关乎党和国家前途命运、党和人民事业成败的根本性问题，对全面建设社会主义现代化国家、全面推进中华民族伟大复兴具有决定性意义。奋进新征程,我们要深刻领悟"两个确立"的决定性意义,增强"四个意识"、坚定"四个自信"、做到"两个维护",坚定自觉地忠诚核心、紧跟核心、捍卫核心,团结成"一块坚硬的钢铁",紧跟习近平总书记走好新的赶考之路、不断夺取新的伟大胜利。

二要深刻领悟习近平新时代中国特色社会主义思想的世界观和方法论,全面增强理论自觉。报告鲜明提出中国共产党为什么能,中国特色社会主义为什么好,归根到底是马克思主义行,是中国化时代化的马克思主义行,"两个结合"进一步深化了党对坚持和发展马克思主义的规律性认识,"六个坚持"系统阐明了习近平新时代中国特色社会主义思想的世界观和方法论,开辟了马克思主义中国化时代化新境界。奋进新征程,我们要学深悟透习近平新时代中国特色社会主义思想,深刻领会"两个结合",牢牢把握"六个坚持",为前瞻性思考、全局性谋划、整体性推进各项事业提供科学思想方法。

三要深刻领悟以中国式现代化全面推进中华民族伟大复兴的使命任务,全面把握战略主动。报告明确提出了以中国式现代化全面推进中华民族伟大复兴,阐述的使命任务、揭示的内涵特征、擘画的宏伟蓝图,从根本上解答了"中国式现代化是什么样的现代化、如何推进和拓展中国式现代化"等重大理论和实践问题,让强国复兴的路径更加明确、图景更加清晰、自信更加昂扬。奋进新征程,我们要主动对标"两个先行"、昂首挺进"两个率先",加快建设产城高度融合、城乡高度融合的现代化主城区,为中国式现代化贡献更多秀洲力量、创造更多秀洲经验。

四要深刻领悟以伟大自我革命引领伟大社会革命的重要要求,全面保持坚定清醒。报告坚持以自我革命引领社会革命,聚焦"解决大党独有难题"的重大挑战,告诫全党"两个长期存在""两个永远在路上",对坚定不移推进全面从严治党、深入推进新时代党的建设新的伟大工程作出部署。这些重要论断、重要部署,与"三个务必"相互呼应,是党的建设制度机制更加完善成熟的重要标志,也是推进新时代党的建设的新的伟大工程的必然要求。奋进新征程,我们要深入贯彻新时代党的建设总要求,以政治建设为统领,构建上下贯通、执行有力的组织体系,持续放大"三不腐"同时同向综合发力的效能,全域全面打造新时代党建高地。

五要深刻领悟团结奋斗的时代要求,全面汇聚奋进合力。报告指出党用伟大奋斗创造了百年伟业,也一定能用新的伟大奋斗创造新的伟业,并号召全党全军全国各族人民紧密团结在党中央周围,牢记空谈误国、实干兴邦,坚定信心、同心同德,埋头苦干、奋勇前进,为全面建设社会主义现代化国家、全面推进中华民族伟大复兴而团结奋斗。奋进新征程,我们要继承和发扬团结奋斗的优良传统,发挥党总揽全局、协调各方的领导核心作用,大力发展全过程人民民主,巩固和发展最广泛的爱国统一战线,最大程度凝聚各方面的合力。

我们要更加自觉增强"四个意识"、坚定"四个自信",切实把"两个确立"转化为"两个维护"的具体行动,把党的二十大精神转化为奋斗实干的实践指引,大力弘扬伟大建党精神和红船精神,实干担当、奋发有为谱写中国式现代化秀洲篇章。

根据党的二十大作出的全面建成社会主义现代化强国"两步走"战略安排,结合省委、市委及区第十次党代会部署要求,我区现代化建设总体目标安排为:从 2020 年到 2035 年,高水平完成基本实现社会主义现代化目标,基本建成均衡富庶发展、共同富裕典范;从 2035 年到 2050 年,高水平建成社会主义现代化强区,共同富裕美好社会的图景成为全国全省典范。

全区上下要自觉站位大局、主动融入大局、全力服务大局,努力把面上工作的共性、规律性与秀洲发展的个性、特殊性有机结合起来,把全面建设社会现代化国家的战略擘画、全省"两个先行"、全市"两个率先"的决策部署和区党代会明确的"五个秀洲"紧密结合起来,以主城区的奋进姿态和使命担当,奋力谱写好中国式现代化秀洲篇章。秀洲的明天,实力一定更强劲,成为全球先进制造业基地、全球航空物流枢纽,建成更有活力、更有动力的实力秀洲。秀洲的明天,品质一定更美好,成为世界级滨水人居文明典范,建成更富时代感、极具吸引力的品质秀洲。秀洲的明天,环境一定更靓丽,成为秀水泱泱的生态典范,建成"蓝天常在、绿水长流、鱼翔浅底、繁星闪烁"的美丽秀洲。秀洲的明天，生活一定更幸福，成为群众美好生活的向往之地，建成年年都有新变化、一年更比一年好的幸福秀洲。秀洲的明天，人民一定更安全，成为区域治理体系和治理能力现代化的排头兵，建成更好统筹发展和安全、富民与安民的平安秀洲。

三、稳中求进、团结奋斗，确保开好局起好步

2023年是全面贯彻落实党的二十大精神的开局之年，是实施“十四五”规划承上启下的关键之年，是建设长三角城市群重要中心城市的起步之年，也是秀洲建区四十周年。做好明年工作，责任重大、意义深远。2023年工作的总体要求是：坚持以习近平新时代中国特色社会主义思想为指导，深入学习贯彻党的二十大精神，全面落实中央经济工作会议、省委十五届二次全会暨省委经济工作会议、市委九届二次全会暨市委经济工作会议、区第十次党代会、区委十届三次全会决策部署，坚持稳字当头、稳中求进，大力弘扬伟大建党精神和红船精神，坚决拥护“两个确立”、坚决做到“两个维护”，忠实践行“八八战略”、坚决守好“红色根脉”，主动对标“两个先行”、昂首挺进“两个率先”，聚焦共同富裕，坚持党建统领，以“三大突破”为目标、“三大平台”为载体、“三年”活动为抓手、“十大行动”为重点，加快建设产城高度融合、城乡高度融合的现代化主城区、长三角城市群重要中心城市主城区，确保中国式现代化秀洲篇章开好局、起好步。

2023年全区经济社会发展的主要预期工作目标是：确保GDP增长6%以上，力争8%；规模以上工业增加值增长10%以上；服务业增加值增长8%以上；固定资产投资增长25%以上；完成实际利用外资3.8亿美元；供应国有建设用地4000亩以上；腾退低效用地4000亩以上。其中一季度，力争GDP增长10%以上；规模以上工业增加值增长10%以上；服务业增加值增长10%以上；固定资产投资增长30%以上；完成实际利用外资1.8亿美元。

（一）奋力实现“三大突破”

一是综合实力取得新突破。更好统筹经济质的有效提升和量的合理增长，GDP增速确保高于全市平均、力争前三。规模以上工业总产值增长15%以上、超1200亿元，亩均税收达到30万元。全社会R&D经费占GDP比重达到3.4%，科技创新能力明显提升。

二是城乡融合取得新突破。运河湾新城建设初具形象，主城区品质明显提升。推动天福万亩良田建成“嘉禾粮仓”，争创省级新时代美丽乡村示范县。城乡居民人均可支配收入增长6.5%以上，村经常性收入超180万元和经营性收入超60万元实现全覆盖。

三是民生福祉取得新突破。公共服务更加优质均衡，争创全国义务教育优质均衡发展区、全国学前教育普及普惠发展区，积极构建育儿友好型社会、老年友好型社会。推进区域治理体系和治理能力现代化，平安秀洲建设持续走在全省前列。

（二）全力做强“三大平台”

一是以运河综保工程为牵引，把嘉兴运河湾新城打造成世界级滨水人居文明典范。通过运河综保工程，串联文旅资源、建设大运河国家文化公园；连接天鹅湖、秀湖，集聚科创载体，建设世界级科创湖区；优化医疗、教育、商业等功能布局，提升人居品质，打造嘉兴城市副中心。全方位推进各项工作，重点聚焦、协同推进秀洲CBD、秀新未来社区、运河科创园区、高照未来社区、闻川科创园区、北理工科技社区等6大板块建设，主动对标世界一流，全面提升主城区的城市能级和品质。

二是以嘉兴机场为牵引，把嘉兴临空经济示范区打造成全球航空物流枢纽。全力保障机场建设，全面加快主体工程建设进度。全力推进圆通项目建设，力争3月份开工建设。全力加强基础配套，力争一季度完成配套工程1911亩用地农转用、征收报批工作，加快货运、河道、交通等配套工程建设，特别要大力推进机场大道建设，确保明年开工。高标准编制临空经济示范区规划，按照6月完成规划初步方案、10月完成成果编制与评审倒排时间、加压推进，力争能早则早，在国家物流枢纽基础上争创国家级临空经济示范区。

三是以光伏产业集群为牵引，把嘉兴国家高新区打造成全球先进制造业基地。抢抓“更名”契机，放大嘉兴国家高新区辐射作用，光伏新能源按照千亿级集群奋进壮大，推动福莱特、阿特斯、隆基等光伏龙头企业增资扩产、强链延链，加快光伏产业综合配套物流集散中心建设、达到配套100GW光伏组件玻璃、成品组件的吞吐能力，推动光伏新能源朝着“千亿产业集群”奋进，确保明年光伏全产业链产值超600亿元。

（三）大力深化“三年”活动

一是以平安为基石，全面深化“平安建设年”活动。聚焦“十九连冠、金鼎加星”，重点打好“三场战”：打好平安稳定主动战，突出全国“两会”、杭州亚运会等重要节点，全力聚焦劳资纠纷、房地产纠纷等重点领域，全量排查金融、房地产、信访维稳等重大风险，全面做好风险评估、初信初访、“控新化旧”等重要工作，牢牢掌握意识形态工作主动权，确保大局平安稳定。打好安全隐患歼灭战，强化“100－1＝0”的理念，紧盯消防、交通、安全生产等重点领域隐患排查整治，下大力气清零存量、压减增量、防范变量，最大限度遏制各类事故发生，牢牢守住安全底线。打好疫情防控科学战，以“保健康、防重症、遏病亡”为目标，做足最充分准备，做实最细致工作，全力加强防疫物资供应，尽最大努力保障群众基本用药、就医需求，加强重症病人救治力量，推进疫苗接种，强化宣传引导，做实社区服务，加强互助帮扶，确保人民群众生命安全和身体健康，高效统筹疫情防控和经济社会发展。

二是以项目为关键，全面深化“项目建设年”活动。坚持“项目为王”，以高质量项目推动高质量投资、助力高质量发展，确保固定资产投资增长25％以上，其中制造业投资100亿元以上、增长30％以上。全力谋划，实行“3119”工程，利用三年时间，谋划百个项目，带动千亿投资，实施九大攻坚。其中，制造业上落实“314”工程，谋划隆基、福莱特等重点制造业项目100个，实现三年投资超400亿元；民生上落实“321”工程，谋划嘉兴高级中学、区人民医院新院址、秀湖颐养中心等民生重点项目20个，实现三年投资超100亿元。交通上落实“312”工程，谋划G524、秀洲大道、秀水大道、东升路改造等重点工程10个，实现三年投资超200亿元。全力招引，坚持“大招商、招大商”，成立区委区政府招商办，举全区之力招引光伏新能源、智能大健康等项目，为重大项目量身定制控规图、产业布局图、效果图，推动项目早签约、早落地。全力推进，坚持“领导包联、挂图作战”，全面落实区四套班子领导包联重大项目制度，在谈抓签约、签约抓开工、开工抓投产，每月有项目开工竣工，构建梯次推进格局。全力保障，坚持“一切围着项目转、一切盯着项目干”，全面落实营商环境优化提升“一号改革工程”，确保土地、资金、能耗等各类要素快速、精准供给。

三是以作风为保障，全面深化“作风建设年”活动。高质量推进“新官理旧账”行动。树牢“问题发现靠党建、问题发生查党建、问题解决看党建”理念，推动“新官理旧账”行动向征地拆迁、安全生产、信访维稳等克难攻坚领域延伸，形成持续排摸、滚动化解的推进势头。高质量建强“全能型干部队伍”。发扬“区四套班子齐上阵”的优良作风，突出严管厚爱、实绩导向、奖优罚劣，坚持“干事且干净、干净加干事、干事能成事”的追求，深化“三讲三有”全能型干部队伍建设。高质量做好巡视“后半篇文章”。紧扣时间节点、整改要求，高标准制订省委巡视反馈问题整改方案，从严整治耕地“两非”、拆迁安置欠账等问题，逐一分解、明确责任，高质高效抓好整改、举一反三，确保“件件有落实、事事有回音”。

（四）聚力开展“十大行动”

一是高新区能级提升行动。增强辐射带动，深化“一区多园”模式，以国家高新区作为主体，辐射带动王店、洪合、王江泾、油车港四个分区，各分区建立若干个分园，构建“1+4+N”整体布局[②]，明确利益分成机制，形成分工明确、齐抓共管的格局。做大经济体量，加快推进隆基、阿特斯等重点项目，推动德康医疗、德沃康等一批项目一季度投产，全年规模以上工业总产值达到800亿元以上、其中光伏产业产值达到400亿元以上，实际利用外资2亿美元以上，固定资产投资100亿元以上，其中工业投资70亿元以上。深入实施数字经济“一号发展工程”，依托桃园数字产业谷，发挥中国电科36所等资源优势，力争数字经济核心产业产值增长20％以上、增加值占规模以上工业比重达到35％以上。强化争先进位，综合排名保持同批次新升级国家高新区第一、力争进入全国前50。

二是招大引强突破行动。加强招商引资，紧盯“高大上”“小精尖”项目，制订招商地图、专人全程盯引，力争完成实际利用外资4.3亿美元以上，招引高质量项目30个以上，其中世界500强、行业龙头、功能性总部或总投资超亿美元项目18个以上，总投资超100亿元项目确保1个、力争2个。坚持"一把手"带头招、主动招、精准招，主要领导50%的时间精力和镇街50%的干部用于专门招商，上半年力争完成全年目标任务的80%。加强招才引智，实施重大人才工程梯队培养计划，力争引育领军人才50名以上。

三是要素保障攻坚行动。加强土地保障，积极申报国家和省重大项目，推进土地集中连片开发，争取跨乡镇全域土地综合整治试点，力争完成复垦2000亩。加强"低散乱污"整治，完成印染行业整治提升，腾退低效用地4000亩。加快土地出让，供应国有建设用地4000亩以上。加强资金保障，积极争取专项债券，提升国企融资能力，确保发行债券50亿元。加强能耗保障，全力推进节能降耗，腾出用能15万吨标煤。

四是交通枢纽建设行动。确保全年交通投资增长20%以上。聚焦道路，确保G524二期6月底开工建设，东升路快速化完成下穿一级水源保护地环境评价、力争上半年开工，串联秀洲大道、秀水大道、茶园路，形成新的秀洲大道，力争上半年开工。聚焦水路，上半年完成湖嘉申航道二期主体工程，开工建设杭申线"四改三"工程，加快南虹码头建设，实现高新码头、桃园码头动工推进。聚焦铁路，积极融入共建"轨道上的长三角"，争取嘉湖城际、并设嘉兴机场站，推动沪杭铁路建设、并设王店站，加强与吴江、嘉善联系，推动东方路接苏州南站，争取S212升格为国道、连接嘉善北站。

五是科技创新登高行动。力争全年R&D占GDP比重3.4%以上。加快创新平台建设，连接秀湖、天鹅湖，谋划推进科创综合体建设，推动科研院所集聚发展，打造世界级科创湖区。推进产学研合作，针对北理工长三院等科创载体，按照每家载体不少于100家的要求推进对接企业，推动创新成果就地转化、产业化。加强创新主体建设，力争培育国家级专精特新"小巨人"2家、省"隐形冠军"2家、省"专精特新"中小企业25家，新增高新技术企业和省科技型中小企业250家以上，省级及以上企业研发平台5家。

六是服务业提振行动。加强系统谋划，按实运作服务业高质量发展机制化专班，依托三大平台建设，大力发展城市服务业、生产性服务业、文化旅游业，新增规模以上服务业企业50家以上，引进生产性服务业大项目10个以上，力争服务业增加值占GDP比重达到45%以上。全力扩大消费，推进房地产市场平稳健康发展，促进新能源汽车、智能家居等大宗商品消费，培育文化旅游、医疗健康、养老托育等消费热点，社会消费品零售总额增长10%，争创数字生活新服务样板县。

七是民生福祉增进行动。提质扩容教育资源，启动嘉兴高级中学迁建工程，加快推进上外秀洲西校区等8所中小学校、幼儿园建设，新增学位1080个。提升医疗卫生水平，加快区人民医院建设，开工建设秀湖颐养中心，确保健康浙江考核继续位列全省第一方阵，扎实推进省无障碍先行区试点和先天残疾预防试点工作。建设文化文明高地，充分挖掘红色文化、运河文化、朱彝尊文化内涵，推进秀洲农民画跨越发展，加强运河文化省级旅游度假区建设，大力推进千亩荡区域、朱彝尊文化园等文旅项目建设，深化新时代文化秀洲工程建设，打造具有秀洲辨识度的文化品牌。

八是城乡融合深化行动。加快运河湾新城建设，编制完成并公布运河湾新城总体规划方案，推动运河综保工程先行段、科技青山等项目开工建设，全力推进"六大板块"开发建设，建设好秀洲城市新中心、秀新未来社区、运河科创园区、高照未来社区、闻川科创园区、北理工科技社区，推动农民进城、人才进村，形成城乡融合发展的标志性成果。加快城市有机更新，全力推进王江泾工业南区腾退，确保上半年完成木桥港北区有机更新、嘉北二期腾退、王江泾南部村庄（金鱼桥村、沈家桥村、宇四浜村）拆迁，上半年启动东升西路以南区块有机更新。提升城市精细管理水平，创建"席地可坐"城市客厅精品点3个、精细化管理样板路4条、样板街区2个。持续推进"千万工程"，深入实施强村富民乡村集成改革，深化城乡融合社区管理模式改革试点，加快火炬二期项目建设，新增共富体项目3个以上，争创省级未来乡村3个。

九是生态品质提升行动。深化治气，提升空气质量，确保空气质量优良率达到83%以上，$PM_{2.5}$浓度降至28微克/米^{3}以下。深化治水，抓好水环境质量提升，确保市控及以上断面Ⅲ类水比例保持100%，石臼漾饮用水水源地水质保持Ⅱ

类，跨行政区域河流交接断面水质考核优秀。深化治废，深入推进"无废城市"建设，争创"四星级无废城市"。

十是党建统领强基行动。坚持政治引领，全面学习、宣传、贯彻党的二十大精神，层层压实意识形态工作责任制，深入开展主题教育，坚决拥护"两个确立"，坚决做到"两个维护"。坚持夯实基础，深入推进软弱涣散基层党组织整顿，切实增强组织凝聚力、队伍战斗力、保障推动力。严密组织体系、完善组织功能、激发组织活力。坚持建强队伍，深化"作风建设年"活动，加快打造"三讲三有"全能型干部队伍。坚持严的基调，驰而不息纠治"四风"，一体推进"三不腐"，巩固风清气正的政治生态。

名词解释：

1. 省"415X"先进制造业集群：指浙江省打造4个世界级先进产业群，提升15个特色产业集群竞争力，培育高成长性"新星"产业群。

2. "1+4+N"整体布局：指以高新区作为主体，辐射带动王店、洪合、王江泾、油车港四个分区，各分区建立若干个分园的整体空间布局。

政府工作报告

——在嘉兴市秀洲区第十届人民代表大会第二次会议上

嘉兴市秀洲区人民政府区长 刘德威

（2023年2月3日）

一、2022年工作回顾

2022年是极不寻常的一年，面对新冠疫情等超预期的多重冲击与压力，区政府坚持以习近平新时代中国特色社会主义思想为指导，深入贯彻党的二十大精神，在市委、市政府和区委的坚强领导下，在区人大、区政协的监督支持下，紧紧围绕区第十次党代会总体工作部署，全面落实“疫情要防住、经济要稳住、发展要安全”要求，经济社会发展取得了逆势增长、来之不易的业绩。实现地区生产总值622.31亿元（小口径，下同），增长4.3%，增速列全市第二，特别是规模以上工业总产值达1070亿元，首次突破千亿元大关。在超常力度为企补助3.6亿元、落实留抵退税17.18亿元、减免非税收入1.27亿元的背景下，完成财政总收入55.9亿元，下降13%，其中一般公共预算收入24.7亿元，下降15%，扣除留抵退税因素，财政总收入可与上年持平。实现城镇居民人均可支配收入65096元，增长3.6%、增速列全市第一，农村居民人均可支配收入44263元，增长6.2%、增速列全市第四。

这一年，我们全力稳住经济大盘，聚焦稳进提质攻坚，经济运行低开高走。面对年初开始疫情反复冲击对经济发展特别是企业运转造成的十分不利开局，区政府下非常之功、尽非常之责，及时制定“稳经济”系列十个方面40条一揽子政策，出台18个专项助企纾困政策，按顶格落实留抵退税和减免非税收入，要求涉企补助在6月底前兑现到位，最大限度为企业增加流动性、输血补血。以大抓产业的拼劲对冲经济下行的压力，工业发展专项资金从2000万元提升至1.3亿元，规模以上工业增加值238.46亿元、增长9%、增速列全市第二，其中战略性新兴产业增长22%、高新技术产业增长12.2%、装备制造业增长16.6%，均居全市前列，秀洲工业历史性地跻身了千亿俱乐部。大力提振三产服务业，启动服务业高质量发展三年倍增计划，成立机制化专班，实施服务业招引“三百行动”[①]，全面理顺高新区和新城街道、高照街道的服务业管理体制，全区新增规（限）上服务业企业65家；全年发放消费券3640万元，带动消费2.2亿元，实现社会消费品零售总额124.71亿元，最终实现服务业增加值260.57亿元，增速由一季度的-1.8%回升到全年的增长2%。狠抓农业稳产保供，圆满完成非粮化整治任务，调整优化粮食功能区16万亩，完成1个“万亩方”、5个“千亩方”建设，高标准农田建设获评全省乡村振兴创新实践优秀案例。稻渔综合种养面积增加到4.2万亩，粮食产量稳定在2.98亿斤，获评浙江省产粮大县；成功创建省级渔业健康养殖示范县，全年实现一产增加值19.18亿元，增长2.1%。出台专门政策激励和支持建筑业高质量发展，全区资质以上建筑业企业实现总产值172.4亿元，增长17.9%。推动重点企业外贸回归扩增量，完成进出口总额309亿元，其中出口271亿元，均增长16.2%。

这一年，我们全力扩大有效投资，切实做到项目为王，发展后劲愈发厚实。构建项目推进“181”工作体系[②]，谋划建立总投资超2000亿元的重大项目储备库；争取政府专项债券41.55亿元，是上年的17倍；供应国有建设用地6747亩，完成率204.5%、列全市第一，其中工业用地1664亩，是上年的2.7倍，增幅列全市第一。全年完成固定资产投资204.03亿元、增长23.5%，增速列全市第一，其中建安投资增长31.7%，服务业投资增长31.8%，民间投资增长12.8%，交通投资增长44.8%，投资结构与质量都十分过硬。隆基

10GW单晶组件项目等10个项目列入2022年省重点建设项目名单，数量列全市第一。省重大项目年度投资完成率达222.5%，列全市第一。524国道一期全线贯通，524国道二期、嘉兴至桐乡快速路工程节点开工，南虹码头开工建设。圆通嘉兴全球航空物流枢纽、启盈嘉兴跨境电商总部开工建设，新开工、新竣工亿元以上产业项目均达到40项，开竣工完成率100%。项目质量取得标志性提升，嘉兴市文化艺术中心项目成为今年全市唯一荣获“鲁班奖”的项目，实现了秀洲零的突破。全面重塑招商体系，成立区招商办，区投促中心、招商公司实体化运作，全区引进大项目11个，其中世界500强项目3个、国际行业领先企业3个。实际利用外资3.87亿美元，创历史新高，完成率列全市第一。

这一年，我们全力提升城市能级，重塑区域发展格局，城乡面貌破茧蝶变。立足“建设产城高度融合、城乡高度融合的现代化主城区”的目标，构建“一主城一枢纽四城镇”空间格局。运河湾新城全面开局，运河湾新城指挥部揭牌成立，城投集团实体化运作，谋划重大项目51个，总投资超750亿元。聘任中国城市设计领域著名专家匡晓明为城市总设计师，完成主城区总体城市设计。连接高新区与嘉兴快速路网的主通道东升西路快速化改造项目，已经完成穿越饮用水源地生态环境影响论证；借乍嘉苏高速改扩建之机推动穿越城区段道路的抬升、打破东西部阻隔，目前已经完成工可评审；贯通运河湾新城南北的运河综保工程，已经完成概念性方案设计。嘉兴机场主体工程全面动工，嘉兴机场货运工程、配套工程、圆通“东方天地港”等项目稳步推进。临空经济区启动规划建设，临空经济区指挥部揭牌成立，启动筹建空港集团，以争创国家级临空经济示范区为目标开展前期工作。树立“住在秀洲”的目标定位，出台房地产项目开发建设管理实施意见，建立设计标准审查清单，加强商品房、安置房品质管理，力争嘉兴品质最好的楼盘越来越多地出自秀洲。深化城市精细化管理，完成高新区城市管理职能向新城、高照两个街道的移交，中心城区环卫保洁和绿化市政养护预算分别增长30%、52%，新增城乡停车场46处、车位7037个。着力打造摩尔广场“席地可坐”城市客厅精品点、保洁样板街区，建设中山西路、秀清路精细化管理样板路，出色完成全国文明典范城市“国测”“省测”迎检任务，以秀洲之光为全局添彩。

这一年，我们全力推动转型升级，加快发展动能转换，创新驱动日益显现。锁定9个集中区块，完成“高耗低效”企业整治312家，腾出土地面积3108亩、完成率达135%，腾出用能空间8.04万吨标煤、完成率168.4%。以铁的决心开展印染行业整治，列入整治的32家企业中已签订腾退协议13家，关停4家，另推动10家企业兼并重组为3家。鼓励存量企业“零地技改”，范围拓宽至工业绩效评价C类企业。首次开展对服务业企业“亩产效益”综合评价。光伏产业主导地位更加凸显，实现产值302.6亿元、增长72.7%，规模以上工业占比达28.3%，增长了10个百分点；纺织业产值占比降至29.2%，产业结构更为均衡。企业上市蹄急步稳，恒威电池成为全区首家创业板上市企业，五芳斋成为中国粽子“第一股”，中润光学科创板注册待发。年度新增国家级专精特新“小巨人”、省“隐形冠军”4家；隆基乐叶获评省“雄鹰企业”，实现全区零的突破。数字经济核心制造业实现增加值65.96亿元，占规模以上工业增加值比重达27.7%，数字经济发展综合评价指数全省第七、全市第一，并获省政府督查激励。嘉兴全球航空物流枢纽入选国家级生产服务型物流枢纽；嘉兴现代物流园入围全省第二批现代服务业创新发展区。实施小微企业新三年成长计划，打造“小微主体共富赋能平台”，为1955家小个主体完成线上融资56.5亿元。创新活力显著增强，全区新培育国家级人才8名、省级人才7名，新增国家高新技术企业87家、省科技型中小企业209家，全社会R&D经费占GDP比重3.26%，规模以上工业企业研发活动率95.7%、规模以上工业企业研发机构设置率87.44%，均居全市前列，创新指数列全省第13位。科创平台加快建设，北理工长三角研究院成功创建全区首家国家级博士后工作站，入选省“鲲鹏行动”计划专家2名，实现秀洲区“鲲鹏人才”零的突破；浙江大学嘉兴研究院“光伏产业联合创新实验室”揭牌成立，高翔院士领衔的浙江省清洁能源与碳中和重点实验室获批全区首家省重点实验室；南方科技大学嘉兴研究院被授予“嘉兴软件领域关键技术研发基地”牌子；嘉兴未来食品研究院首个产业化项目——年产3万吨植物基蛋白肉项目开工建设。推进全省现代种业集成改革试点，与市农科院合作建立区农业种业研究中心，美之奥种业入选浙江省种业阵型企业。出台加强高技能人才引育政策，企业技能人才可按硕博人才同样的标准获得购房补助，以阶梯式补贴支持技能人才在同一企业长期稳定就业。全年新增技能人才7181人，其中高技能人才3674人。预计2022年度全区亩均税收将升至24万元/亩、增长11.1%；预计人均GDP10.9万元，增长3.2%；预计全员劳动生产率19.5万元，增长10.2%。

这一年，我们全力推进改革落地，奋进共同富裕典范，发展活力充分迸发。持续深化城乡融合发展体制机制创新，出台《秀洲区本地农民进城安置居住地登记备案实施办法》等集成改革政策方案9个，《县域城乡融合促进共同富裕的秀洲案例及启示》得到中央农办专职副主任吴宏耀批示。高标准打造融合共富新社区火炬样板，入选省高质量发展建设共同富裕示范区改革探索类试点，入选全省强村富民乡村集成改革典型案例。开展农业高质量发展改革，流转农业“标准地”3800亩，农业标准地改革列入省级试点并获得省委副书记黄建发点赞。加快推进新时代美丽乡村建设，嘉境一号最美公路样板段、西千亩荡环线风貌提升等项目完成建设。连续三年获评全国县域农业农村信息化发展先进县。建立“强村公司”8个，实施“飞地”抱团项目5个，村均集体经济经常性收入322.6万元、增长49.6%，经营性收入162.7万元、增长38.5%。纵深推进数字化改革，“建筑垃圾综合监管服务”系统获省住建厅“一地创新、全省推广”，“家庭养老床位”等23个应用列入省级试点。数字化、项目化推动无障碍建设试点经验获王文序副省长批示肯定。加快“大综合一体化”行政执法改革，探索“全员积分制”办案模式，获高兴夫副省长批示肯定。聚焦全面融入长三角一体化发展首位战略，推动跨区警务一体化建设，开展京杭大运河水域联合执法；深化政务服务“异地通办”，建立党政“1+X”管理互联共治机制；秀洲区联合中电科36所共建的“上海人才飞地”正式启用。深化东西部协作和山海协作，秀水屏山协同智造纺织产业园揭牌成立，秀水新城科技产业园、秀龙智造产业园等项目顺利推进。启动招投标领域改革，推行“不见面开标”新模式[③]，区镇两级政务服务“无差别全科受理”模式实现全覆盖。深化国资改革，启动嘉秀集团AAA评级，构建以嘉秀集团为核心、5大国资集团和N个专业化子公司为架构的“1+5+N”的国企运行体系。

这一年，我们全力践行“两山”理念，推动绿色低碳发展，生态环境持续改善。大力推进企业“数字化、绿色化”改造，114家企业执行“用能”预算化管理，全年规模以上工业单位增加值能耗下降3.3%，成功扭转不降反升的态势。全域分布式光伏规模化开发再上台阶，新增并网容量58兆瓦，累计336.6兆瓦。深化“五水共治”，投资8000多万元建成“碧水绕镇”“碧水绕村”河道37条，总长约51千米，建成水下森林面积12.4万平方米。油车港镇、新城街道成功创建“污水零直排区”市级标杆镇（街道）。市控及以上断面实现Ⅲ类水全覆盖，石臼漾饮用水水源地水质稳定在Ⅱ类水，实现大禹鼎“三连冠”，首获“大禹鼎”银鼎。针对臭氧浓度同比上升17.8%，空气质量优良率明显下降的问题，制定空气质量改善及大气污染防治工作方案，开展“涉气企业集群结构调整”等九大专项行动，建立全省首个“炭管家”活性炭数字化管理平台，实现细颗粒物和臭氧“双控双减”，$PM_{2.5}$平均浓度控制在27微克/米^{3}以内，全市治气现场会在秀洲举办。建立健全“无废城市”建设推进机制，完成71个“无废细胞”创建。污染物排放得到有力遏制，化学需氧量、氨氮、氮氧化物、VOCs等4项指标均超前完成“十四五”减排任务。

这一年，我们全力增进民生福祉，竭诚回应急难愁盼，群众生活日益美好。新增城镇就业人员15111人，城镇调查失业率控制在5%以下。新增无障碍道路15.3千米，完成69个重要公共服务场所无障碍改造，成功创建2个省级无障碍社区，“残疾人之家”建设在全省率先实现镇、街道全覆盖。推进“1+5+11”三级康养体系[④]建设，完成老年人家庭适老化改造117户，建成家庭养老床位323张，获评全国智慧健康养老示范基地。新增普惠性托育机构9家、托位600个，千人托位数上升至3.2个、全市第二；新建“儿童之家”138个。教育资源持续扩容提质，新增学位1260个。实现全区公办中小学幼儿园空调安装全覆盖。杭州师范大学与油车港镇中学达成战略合作，城乡教共体实现全覆盖，义务教育阶段城乡学校校际差异系数等指标全市第一、全省前列。规范民办义务教育工作平稳有序完成，获评省成绩突出集体。启用区老年大学新校区。加快提升公共医疗资源，2022年秀洲实际开放病床2287张，增长15.5%。区人民医院与省中医院的合作成效斐然，业务提升与人才引育不断开创新局面，在全省同等级医院排名上升到第12位，新建二期主体工程顺利结顶；区妇幼保健院迁建工程顺利开工。新建"15分钟品质文化生活圈"111个，与中国儿童艺术剧院合作举办"儿童戏剧节"，承接盛世修典——历代绘画大系展，举办朱彝尊文化论坛，全民艺术普及率全市第一、全省第七。全面加强文物保护工作。承接多项全国体育赛事，人均体育场地面积增速全市第一。支持米科军旅园打造国防教育基地，擦亮"军耀南湖·八一红"党建品牌。

这一年，我们全力做好疫情防控，扎实推进除险保安，社会大局和谐稳定。创新战时"181"、平时"161"指挥体系⑤，构建"统、防、追、保、督"五位一体防控体系，成功打赢17场疫情防控阻击战，未发生一起聚集性、扩散性疫情。12月5日，迅速调整防控措施，推动从"防传染"向"保健康、防重症"有序转段、平稳渡峰。深入开展"除险保安"排查整治，安全生产综合治理三年行动圆满收官，各类生产安全事故、死亡人数同比前三年平均数分别下降39.9%、42.9%。推进消防安全整治，全区火警数下降24.4%。接续开展交通安全大会战，交通事故亡人数下降32%。打好反诈人民战、总体战，电信网络诈骗发案下降11.3%，实现三年持续下降。完成25个"智安小区"建设。抓实信访维稳，成功化解77件信访积案，再次信访率保持为零、列全省第一。全面打赢党的二十大维稳安保等一系列硬仗，实现省级平安建设"十七连冠"。

这一年，我们全力提高履职能力，持续强化作风建设，政府效能显著提升。全面贯彻从严治党要求，每年坚持召开区政府廉政工作会议。认真开展巡视巡察、审计、统计、生态督察检查及"七张问题清单"反馈问题的整改，加强内部审计体系建设和公共工程项目监管。严格落实中央八项规定及其实施细则精神，坚持过紧日子，压缩非刚性、非必需支出。重视法治政府建设，主动公开各类政府信息，区政府常务会议集体学法11次，全年办理行政复议案件73件，行政诉讼案件数量全市最少。建成"E法审"应用，数字赋能推进合法性审查全域覆盖，纳入2022年度浙江省重大改革(重大应用)"一本账S2"。自觉接受人大法律监督和政协民主监督，办理人大代表建议141件、政协提案192件，办结率100%。健全府院、府检工作联席会议机制，推动司法与行政良性互动。积极支持社科联、工会、共青团、妇联、科协、文联、红十字会、慈善总会等开展工作，国防建设、人民防空、双拥优抚、统计等工作取得新成绩。

各位代表，过去一年，我们栉风沐雨、勠力同心，爬坡过坎、共克时艰，在决胜高水平全面建成小康社会进程中迈出了坚毅步伐。这些成绩的取得，是省委省政府、市委市政府和区委正确领导的结果，是区人大、区政协监督支持的结果，更是全区干部群众团结奋斗的结果。在此，我代表区人民政府，向全区人民，向人大代表、政协委员和离退休老同志，向各民主党派、工商联、人民团体和社会各界人士，向所有关心、支持秀洲发展的海内外朋友，表示衷心的感谢！

我们也清醒看到，当前我区经济社会发展还存在不少矛盾和问题，政府工作还存在一些短板和不足，主要是：受疫情影响，经济稳进提质的基础还不稳固，企业特别是中小微经营主体的困难较多，财政收入增长有阶段性的压力。传统产业转型升级还不够快，工业技改投资力度不明显，科技成果转化为现实生产力还不充分。现代服务业发展偏弱，体量还小，结构不优。主城区首位度不高，城市品质与群众期望还有差距，教育、医疗、养老、托育等优质公共服务供给仍有短板。政府系统现代化建设能力有差距，干部职工系统性思维、创造性张力还不足。对此，我们要坚持问题导向，采取有力措施，切实加以改进。

二、2023年工作任务

2023年是全面贯彻落实党的二十大精神的开局之年、实施"十四五"规划承上启下的关键之年、打造长三角城市群重要中心城市的加速推进之年，也是秀洲区建区四十周年。根据区委十届四次全会部署，今年政府工作的总体要求是：坚持以习近平新时代中国特色社会主义思想为指导，深入学习贯彻党的二十大精神，全面落实中央和省委、市委经济工作会议部署，聚焦做好创新深化、改革攻坚、开放提升三篇文章，全面实施数字经济创新提质“一号发展工程”、营商环境优化提升“一号改革工程”、地瓜经济提能升级“一号开放工程”，以“三大突破”为目标、“三大平台”为载体、“三年活动”为抓手，加快建设产城高度融合、城乡高度融合的现代化主城区，确保中国式现代化秀洲实践开好局、起好步。

结合我区实际，建议2023年全区经济社会发展的主要预期目标为：地区生产总值增长确保6％以上，力争8％；一般公共预算收入增长3％；城乡居民收入增长与经济增长基本同步。

围绕上述要求任务，我们要以“敢争一流、勇当先锋”的追求，以“大干项目、干大项目”的作为，踔厉奋发、勇毅前行。

一、锚定共富典范，奋力实现“三大突破”

新的一年，我们要紧扣“均衡富庶发展、共同富裕典范”目标，坚持以经济建设为中心，有效提振市场主体信心、稳定发展预期，奋力在综合实力、城乡融合与民生福祉三个方面取得新突破。

（一）聚焦实体经济，推动综合实力取得新突破

*着力推动“智造强区”建设。*以国务院批复嘉兴秀洲高新区更名为嘉兴高新区为新起点，启动秀洲全域高新区建设，深化“一区多园”模式，构建“核中核+联动区”的“1+4+N”空间格局。抓住省“415X”先进制造业集群培育契机，集中力量把智能光伏产业集群做大做强，统筹推动光电、高端装备、健康医疗等新兴产业快速发展，推动家居家具、纺织服装传统产品向智能产品、新型产品、高端产品升级，力争全年实现工业投资100亿元、规模以上工业总产值1220亿元，增加值增速9％。充分发挥中电科36所和北理工、浙大、南科大等研究院的资源团队优势，积极布局网络安全、软件设计、数字安防、创意设计等数字产业，力争全年数字经济核心产业产值达到400亿元以上。大力开展“数字化、绿色化”改造，新增省级智能工厂（数字化车间）3家、绿色工厂8家。加强企业全生命周期、多业态融合管理，健全工业用地长期租赁、先租后让等供应体系，探索增加混合产业用地供应，支持对符合相关要求的新建项目以创新型产业用地（M0）供地。设立精品小微园1000万元专项奖励资金，新建小微企业园10万平方米。建立“三雁”企业培育库[⑥]，力争培育国家级专精特新“小巨人”2家、省“隐形冠军”2家、省“专精特新”中小企业25家。

*狠抓现代服务业发展。*坚持把现代服务业的发展水平作为衡量秀洲城市能级的核心指标，加强顶层设计、政策供给、项目招引、人才集聚、企业扶持，争取积厚成势，与先进制造业并驾齐驱。重点围绕高新区、临空经济区做强生产性服务业，重视开展产业链配套企业靶向招引，培育形成一批集智能制造和增值服务功能为一体的标杆企业；加大服务业企业“小升规”力度，新增规模以上服务业企业50家；推进规模体量大、服务功能突出的企业实施主辅分离，力争全年新增主辅分离入规企业10家；鼓励企业通过并购、联合、控股等方式做大做强，涌现更多服务业龙头企业。依托运河湾新城建设，着力发展生活性服务业，精心打造秀湖CBD核心商圈，推动江南摩尔广场迭代重启、业态更新，规划建设若干条富有烟火味和人性化的特色商业街区。支持各镇引育“小而美”的服务业项目。支持科技研发、管理咨询、电子商务等知识密集型服务业引育高端人才，探索制定住房补贴、经费补助等有针对性的优惠政策。推动房地产业平稳健康发展，加快发展保障性租赁住房，解决新市民、青年人住房困难问题，加大对改善型品质住房的政策支持力度，吸引各类人才住进秀洲。

*激发消费市场活力。*持续落实促进新能源汽车、绿色智能家电消费政策，加快引进更多品牌的新能源汽车零售公司。推动餐饮业高质量发展，激励和扶持老字号创新发展。每年安排发放各类消费券不少于三次，持续激活和扩大消费，力争2023年社会消费品零售总额增长6％以上。加快中国（嘉兴）跨境电商综合试验集聚区二期建设，新引进跨境电商企业10家以上。以家具家居、毛衫为试点，推进形成“产业+电商”的直播发展新模式，支持洪合镇探索实施羊毛衫销售本地化结算纳统。引导各类文化创意工作室、制造类企业等开展文化创意产品设计，鼓励文博单位、文化场馆探索文创产品开发经营模式。支持企业拓市场抢订单引外资，鼓励开展公共海外仓业务，力争新培

育省级“出口名牌”企业2家以上，全年实现外贸回归15亿元，出口总额增长20%。

强化科技创新支撑。坚持把不断提高制造业、服务业的科技成色作为一项基本策略，作为秀洲的核心竞争力。确保北理工长三角研究院一期南区上半年交付、9月份投入使用；加快一期北区施工设计与用地、资金要素落实。充分整合北理工资源，深化天鹅湖未来科学城和“科创湖区”规划建设，积极打造科创综合体。依托浙大嘉兴研究院、南科大嘉兴研究院、未来食品研究院等科创平台，以“秀水光谷”为代表，谋划建设若干个省级及以上制造业创新中心、数字产业创新平台，孵化和集聚一批科技含量高、产业关联度高的好项目。深化“深根计划”，推进浙江清华长三角研究院秀洲创新中心建设。实施科技企业“双倍增”和“两清零一提升”专项行动[⑦]，新增国家高新技术企业和省科技型中小企业250家，新认定省级及以上企业研发平台5家。新培育市级以上领军型创业创新团队1个、省级以上“万人计划”专家1人。力争规模以上工业企业研发活动率、研发机构设置率分别达到95%、85%以上，全社会R&D经费占GDP比重达到3.4%。提升金融服务科创的能力，抓住嘉兴入选国家科创金融改革试验区的契机，推动嘉兴高新区打造产融一体化投融创新圈。深入实施新时代“秀水工匠”行动，全年新增高技能人才4500名以上。

（二）聚焦先行先试，推动城乡融合取得新突破

优化融合机制。围绕“1510”城乡融合发展新路径，稳妥推进城乡基本公共服务均等化等政策落地。加快火炬二期项目建设，完善推广火炬“共富十改”试点[⑧]经验，加快建成城乡融合体制机制创新集成改革样板和共富现代化基本单元展示窗口。深化以集体经济为核心的强村富民乡村集成改革，推进“飞地抱团”项目建设，确保实现村级经常性收入超180万元、经营性收入超60万元全覆盖。深化“两进两回”，全年新增共富体项目3个以上。建立低收入家庭共富资金，覆盖低收入农户85%以上，人均增收不低于1500元。

深化乡村振兴。以开展农业“双强”为主攻方向，依托农业产业平台大力开展农业招商引才，支持农业主体在数字（设施）农业、现代种业发展、农机研发制造等领域开展项目投资，支持农业综合服务、农业科技创新和农创客培育等公益性平台建设。启动建设区种业创新综合体，新引育种业企业5家以上。每年确保安排至少5%的年度新增建设用地专项用于乡村重点产业和项目，农开区新增亿元农业产业项目不少于2个，完成涉农投资7亿元以上。争创省级综合性农业“机器换人”高质量发展先行县，确保获评全国县域农业农村信息化发展先进县。新建绿色农田2250亩，改造提升高标准农田1.54万亩，农田退水“零直排”2.3万亩。支持粮油规模化生产，落实规模种粮补贴动态调整机制。争创省级新时代美丽乡村示范县，创建省级未来乡村3个，更大力度推动美丽乡村向美丽经济转化。

强化改革担当。以全面构建亲清政商关系为重点，着力优化营商环境。围绕大综合一体化执法落实落细，推动“综合执法+专业执法+联合执法”提质增效。深入推进国企分类改革，健全完善国资授权机制，提升国企安全运行能力。加快推进职业经理人制度试点建设，提升国企市场化运营能力。持续推进数字化改革，迭代升级“微交安”、出租房屋数管“一件事”等应用，加大“建筑垃圾综合监管服务”等已上线应用的推广力度，不断提升实战实效水平。稳妥推进跨乡镇全域土地综合整治试点。扎实推进首位战略，编制《全面融入长三角一体化发展协调区总体规划》及交通专项规划，加快524国道王江泾至新塍快速路、南虹码头建设，与嘉善县、吴江区就产业发展、生态环境等方面建立常态化沟通协作机制。继续谱写东西部协作和山海协作新篇章，助力屏山做优纺织产业生态圈，高质量运作秀洲—龙泉飞地产业园项目，打造全省“消薄飞地”产业园的典型样本。

（三）聚焦人民至上，推动民生福祉取得新突破

坚持教育优先发展。推进全国义务教育优质均衡发展区、学前教育普及普惠发展区创建攻坚行动，启动丽家路小学、浙师大附属高照实验学校二期等8所中小学校、幼儿园建设，建成启用绿城育华天鹅湖幼儿园等学校，新增学位1080个。深化区域合作交流，高质量推进8个合作办学项目，推动嘉兴高级中学迁建项目年内尽早开工建设。推进新建幼儿园配建托育席位，加强社区嵌入式

托育服务设施建设，推动全区千人婴幼儿托位数达到3.6个，普惠性托位数占比不低于60%。

丰富全民精神文化生活。围绕大运河、朱彝尊等文化资源谋划塑造具有秀洲辨识度的文化品牌。深化文物安全大排查大整治大提升，进一步“保护好、传承好、利用好”大运河。办好“竹垞有约·书香秀洲”“1+N”江南运河文化系列[⑨]等大型活动。深化与中国儿童艺术剧院的战略合作，高标准承办好第五届中国歌剧节活动。积极打造艺术乡村，培育省级美育示范村。深入实施婚俗改革省级试点，开展“礼润秀洲 文明十礼”市民文明新时尚行动，全力争创全国文明典范城市。推动与区域经济社会发展相适应的哲学社会科学工作建设，加强社科研究和普及。完善全民阅读体系建设，构建“十分钟阅读圈”。完善城乡10分钟全民健身圈建设，推进“社区运动家”覆盖率40%以上。

强化民生优享供给。全面落实促进就业政策，力争实现镇级人才市场全覆盖，城镇新增就业人数1.5万人以上。扎实推进省无障碍先行区试点和先天残疾预防试点工作。争创省级双拥模范城(区)，力争实现全国示范型退役军人服务站全覆盖，省枫桥式退役军人服务站达20%以上。健全完善多层次医疗保障体系，建立三级医保业务经办服务体系。建成运营区康养中心，开工建设秀湖颐养中心，改造提升镇养老院4个。启动王店镇建设卫生院、高照街道社区卫生服务中心、王江泾医院迁建工程，完成区康安医院和王店人民医院提升改造项目，确保区人民医院新院区年内早开工、尽早投入使用。依托省中医院推进区域数字医共体建设。推进智慧健康站建设，打造“15分钟健康服务圈”，确保健康浙江考核继续位列全省第一方阵。大力培育慈善组织，推进镇(街道)社区基金会建设，推动慈善信托加快发展。

践行绿色发展理念。鼓励企业开展新能源替代利用和节能改造，开展国家级绿色供应链管理企业、绿色设计示范企业创建，大力推进大运河水生态修复，打造秀湖生物多样性体验地。探索运用EOD模式[⑩]，形成城市与自然共生的空间风貌。高标推进“污水零直排区”建设和农村生活污水治理，确保市控及以上断面Ⅲ类水比例保持在100%，石臼漾饮用水水源地水质保持在Ⅱ类水。继续实施空气提升九大专项行动，确保$PM_{2.5}$均值不超过28微克/米^3，空气质量优良率达到83%。开展嘉兴市首个废品回收体系暨多网融合城乡环卫一体化项目，力争创成“三星级无废城市”。深化“碳普惠”应用，创新引导绿色低碳生产生活方式。严格落实“林长制”，完成2个“一村万树”示范村创建。

各位代表，民之所盼，政之所向。今年，我们将继续按照民生实事“群众提、委员议、代表定、政府办”的理念，扎实办好人代会票决的十件民生实事项目，确保将实事办好、好事办实。

二、锚定能级提升，全力做强“三大平台”

新的一年，我们要集全区之力建设运河湾新城、全球航空物流枢纽、全球先进制造业基地“三大平台”，推动秀洲城市能级实现大跃迁。

(一)高品质建设运河湾新城

以“打造嘉兴城市副中心”为定位，围绕“使城市更健康、更安全、更宜居”的要求，加快编制完成并公布运河湾新城总体规划方案，建设有特色、有温度、有韧性、可复制、可推广的新城样板。做优板块设计，围绕高新区运河板块、王江泾镇工业南区等六大重点区域，打造环秀湖城市副中心、闻川科创园区等六大特色板块。注重点上出彩，加快推动科技青山等城市标志性项目落地。加快城市有机更新，完成木桥港北区、嘉北二期板块腾退征迁工作。加快推动运河综保工程先行段开工，强化沿河生态堤岸、自然景观等建设，让大运河成为秀洲的市民河、景观河。以“填补嘉兴空白”的魄力，招引一批高能级的城市标杆型服务业项目落地秀洲。进一步提高城市精细化管理水平，持续加强主次干道、农贸市场等重点区域的市容管控，创建“席地可坐”城市客厅精品点3个。深化省级无障碍先行区试点，打造一批高品质的“友好出行”现代街区。

(二)高标准推进全球航空物流枢纽建设

以建设生产服务型国家物流枢纽为目标，全力配合机场主体工程、货运工程、配套工程建设，同步推进圆通国际货运项目于3月、多式联运中心项目于6月如期开工。加强以航空为特色、多式联运为特点的铁路、快速路、水运体系通盘规划与项目谋划，成立区铁路与轨道交通建设指挥部(铁办)。以建设高水平、现代化通关口岸为目标，加快做好海关特殊监管区域、保税监管场所、海关监管作业场所等海关监管区布点规划，同步向上申建国际邮件互换局等功能机构。积极招引多式联运、供应链等新兴服务业态，以及附加值高、时效性强、对航空物流有着较高依赖度的电子信息、新材料、医疗器械等制造业项目。加快临空经济区概念规划编制，按照6月完成初步方案、10月完成成果编制与评审的目标，倒排时间、加压推进。

（三）高能级打造全球先进制造业基地

以嘉兴高新区为新起点，更高标准优化园区道路、厂房、公共配套等基础设施。发挥平台更高能级优势，进一步坚定信心打造中国光伏科技城。围绕福莱特等行业链主型企业，在“光伏玻璃、电池、组件、新材料、研发、应用”全产业链发展上补链强链。成立攻坚推进专班，确保福莱特新能源汽车低辐射镀膜玻璃项目和通威高效光伏电池及组件等重点项目落地，尽早开工建设。加快光伏产业综合配套物流集散中心建设，推动光伏新能源企业降本增效，力争全年光伏新能源产业产值突破600亿元。

三、锚定攻坚突破，着力深化“三年活动”

坚持把平安稳定作为发展的根本前提，把项目建设作为发展的关键支撑，把务实作风作为发展的全面保障，扎实推动“三年活动”走深走实。

（一）紧盯大局稳定，全面深化“平安建设年”活动

夯实治理底座。探索建立“立方众治”模式，推动构建自治、法治、德治、智治“四治融合”的基层治理体系，力争乡镇“枫桥式司法所”创建率达100%。加快“智安城市”建设，推动五镇两街道全面建成“智安街道”。全面落实新冠病毒感染“乙类乙管”，持续推进全人群新冠疫苗接种工作。强化医疗救治体系建设，在区人民医院改造新增22张重症ICU病床，启动实施智慧化村社卫生服务站（卫生室）提升工程，着重增强在应对疫病方面“保健康、防重症、遏病亡”的能力。

抓实稳定底线。持续深化交通安全大会战，继续实施路口标准化改造三年计划，实现交通事故总量下降，死亡事故零增长。大力推进全民反诈工作，确保电信网络诈骗发案持续下降。扎实开展根治欠薪等专项行动，完善欠薪企业“黑名单”制度，严厉打击拖欠工资等违法行为。抓好源头治理，开展重大决策风险评估，确保应评尽评。加强公安警务支撑能力建设，建成高照派出所并投入运行。完善平战结合体制，做好平安护航亚运会维稳安保工作，建设更高水平的平安秀洲。

压实安全生产。加快推进应急管理站和消防工作站“一体化”运作，以全省社区应急体系改革试点建设成果为基础，推动全区村（社区）应急体系改革规范化建设全覆盖，规范区级专业救援队伍建设，推动镇街综合性应急救援队伍覆盖率达100%。持续推进重点领域安全整治攻坚，加强自建房出租安全管理，制定出台管理实施细则。强化安全生产中介机构监督管理，完善第三方机构评价体系。优化基层防汛防台体系标准化建设与管理，全面推广“星级避灾点”和“防灾管家”模式。健全“1+X”应急预案体系[11]和突发自然灾害事件应急处置体系，不断提升应急处置能力。

（二）紧盯有效投资，全面深化“项目建设年”活动

持续推进招大引强。加强区招商办（投促中心）对全区招商工作的统筹，建立“快速搜集、快速研判、快速推进”的工作机制，实现“从项目接洽到后续落地”的全流程管理。建立“链主企业家库”，培育光伏新能源、智能汽车等6条具有秀洲辨识度的标志性产业链。更加充分地运用“基金+招商”模式，实现基金赋能产业链招商，打好资本运作、金融创新组合拳。全年实到外资3.6亿美元、力争3.8亿美元，招引高质量项目10个、力争12个以上。

充分释放投资效能。以项目推进“3119”行动为抓手，通过三年时间，实施九大攻坚行动，集中力量推动百个重大项目，形成千亿投资实物量。优化投资月度“赛马”考核机制和“红旗”“预警”项目评定机制，推动特雷通等项目纳入省“4+1”项目，隆基10GW二期等56项重点项目纳入市“551”项目库，力争省重点新建项目、市扩投资清单项目上半年开工率达到80%、三季度实现100%，实现全年固定资产投资增长20%以上。

切实强化要素保障。优先抓好地方专项债争取，力争发行债券不少于50亿元，年储备专项债需求保持100亿元以上。积极争取制造业中长期贷款等政策性资金保障。强化存量资产盘活，探索开展基础设施领域不动产投资信托基金试点

(REITs)。进一步挖掘分布式光伏发电空间,新增分布式光伏并网容量不少于50兆瓦,更多地平衡新上项目用能需求。充分挖掘建设用地复垦、土地开发等潜力,力争完成建设用地复垦2000亩,获取增减挂钩指标1500亩。2023年继续从土地出让收入中提1%以上作为"腾笼换鸟"专项经费,重点用于盘活工业用地、企业整治提升。

(三)紧盯效能提升,全面深化"作风建设年"活动

锻造忠诚之魂。始终把政治建设放在首位,认真学习贯彻党的二十大精神,争做"两个确立"忠诚拥护者、"两个维护"示范引领者。坚决落实上级重大决策部署,持续抓好省委巡视反馈问题和"七张问题清单"整改。坚持在政府系统内部推动生成性学习,以学用相长克服"能力危机",用创新实践破解"本领恐慌"。完善科学高效的政务督查机制,坚持工作项目化、项目清单化、清单责任化,坚决治理"庸懒散""中梗阻""下搁浅"等现象,实现政府工作全面提速增效。

筑牢法治之基。认真执行人大决定,加强与政协协商互动,自觉接受人大依法监督、政协民主监督,快速高效办好建议提案。强化监察、司法、审计和统计等各类监督。加强府院、府检联动,规范行政决策程序和行政执法行为,提升科学民主决策水平。持续完善政府学法用法制度,严格执行重大事项决策公众参与、专家论证、合法性审查。完善行政复议和行政应诉工作机制,畅通多元化行政争议化解渠道。深化政务公开、重点领域信息公开,让权力在阳光下运行。开展"八五"普法中期督查,实施公民法治素养提升行动,上线法助小微企业应用,积极实现区级民主法治村社区全覆盖。扎实开展第五次全国经济普查工作。

恪守廉洁之本。坚决扛起从严治党主体责任,一以贯之抓好政府系统干部队伍作风建设,坚决守住政府工作人员清廉底线。加强公共资源交易、工程建设、土地出让等重点领域廉政风险防范,推进部门预算执行和领导干部经济责任审计全覆盖,进一步完善招投标工作规范,从源头上规范权力运行。坚持政府过紧日子、群众过好日子,确保一般性项目支出只减不增,努力把宝贵的财政资金用在刀刃上。坚持为民用权、廉洁用权,从严查处侵害群众利益的不正之风和腐败行为。

三分部署、七分落实,今年我们将重点开展三大攻坚战,破难点、通堵点、消痛点,努力把"说到了"变为"做成了"。一是全力推进征地拆迁攻坚战,奋力为建设运河湾新城拆出美丽大环境、拆出发展大空间、拆出群众满意度。二是全力推进腾笼换鸟攻坚战,全年确保腾退面积3000亩,其中连片面积2000亩以上,腾出用能空间15万吨标煤。三是全力推进营商环境攻坚战,以更高标准、更实举措、更严要求打造优化营商环境建设5.0版[12],真正做到在秀洲办事最快、服务最好、成本最低、企业最满意!

名词解释:

1.服务业招引"三百行动":指"百名"干部参与服务业项目招引,推动新引进落地具有一定规模的服务业企业(项目)"百个"以上,新增服务业营收"百亿"规模。

2.项目推进"181"工作体系:第1个"1"指1个项目推进办,"8"指8个工作组(招引组、审批组、先进制造业组、城市组、生态组、交通组、农业农村组、保障组),第2个"1"指1个督查组。

3."不见面开标"新模式:指打造一个场景式网上不见面开标大厅,运用互联网技术,将远程开标功能与视频互动技术相结合,推动远程在线实时开标,实现招投标活动"零次跑"。

4."1+5+11"三级康养体系:"1"指1家区康养中心,"5"指5家综合性养老服务中心,"11"指11家示范型居家养老服务中心。

5.战时"181"、平时"161"指挥体系:指构建"平战结合"的应对指挥工作体系,战时1个指挥部办公室(综合协调组)+8个工作组+1个纪律督查组构成的指挥体系;平时1个指挥部办公室(综合协调组)+6个工作组+1个纪律督查组构成的指挥体系。

6."三雁"企业培育库:指"雏雁""鸿雁""头雁"企业梯度培育库。

7."两清零一提升"专项行动:指1亿元以上制造业企业无研发活动清零、5亿元以上制造业企业无研发机构清零,全面提升企业自主创新能力。

8.火炬"共富十改"试点:指健全宅基地有偿退出机制、建立农户承包经营权活化机制、完善集体资产股权收益分配机制、实施农业"标准地"改革试点、探索"未来农场"标准体系、推进种业科技创新转化改革试点、重构城乡融合新社区管理服务体系、实施进城农民居住地登记备案、推进公共服务居住地优质共享、推进基层社会治理模

式创新等十个方面的改革试点。

9."1+N"江南运河文化系列:"1"是区级层面举办江南运河文化活动;"N"是各镇、街道围绕运河文化开展一镇一品活动。

10.EOD模式:指一种以生态环境为导向的开发模式,具体是以生态保护和环境治理为基础,以特色产业运营为支撑,以区域综合开发为载体,采取产业链延伸、联合经营、组合开发等方式,推动公益性较强、收益性差的生态环境治理项目与收益较好的关联产业有效融合、统筹推进、一体化实施,是一种创新性的城市开发方式。

11."1+X"应急预案体系:"1"是指区级防汛防台应急预案;"X"是指区防汛防台抗旱指挥部成员单位各自领域的子预案。

12.优化营商环境建设5.0版:指在优化营商环境建设4.0版的基础上,对标国家营商环境创新试点城市、市场需求和企业家期待,出台《秀洲区打造营商环境最优区专项提升实施方案》,重点从优化市场准入准营机制、提升营商办事便利度、强化资源要素保障和提升服务与监管效能等方面进行全面优化,推进营商环境建设从4.0到5.0的迭代升级。

1月

1日 “美丽中国 共同富裕”——2022全国现代民间绘画收藏作品展在秀洲·中国农民画艺术中心举办。

4日 秀洲区“朱彝尊文化·浙西词派”入选首批“浙江文化标识”培育项目,《食宪鸿秘》、网船会、五芳斋粽子3个项目被评为“优秀解码项目”。

5日 北京理工大学长三角研究院(嘉兴)在油车港镇开工。一期项目占地20.53万平方米,建筑面积18.75万平方米。

6日 油车港镇马厍老街改造提升基建工程开工,用地30353平方米,建筑面积38955平方米,总投资3.2亿元,工期18个月。

13日 秀洲区举行“秀未保·童赋裕”项目启动暨秀洲区未成年人救助保护中心揭牌仪式。

14日 全市公安派出所轻装PTU建设推广现场会在区公安分局举行。

17日 浙江省第五批创新型领军企业名单公布,秀洲区的福莱特玻璃集团股份有限公司和麒盛科技股份有限公司两家企业榜上有名。

20日 浙江省中医院高祥福、吕宾、童培建3个省级名中医工作室落户秀洲,在区人民医院(省中医院秀洲分院)建立秀洲区工作站。

23日 秀洲区组织企业到甘肃通渭、重庆奉节等地开展人力资源招聘活动。

25日 “新生活 新风尚 新年画”——我们的小康生活美术作品展示活动(嘉兴秀洲分会场),在秀洲农民画艺术馆开展,展出美术作品300件,展示活动至2月15日结束。

同日 嘉兴秀洲光伏小镇开发建设有限公司通过挂牌方式取得位于秀洲国家高新区,秀新路东侧、东升西路南侧的工业用地6.473公顷,年产1000万只电子价签及年产3000万片屏模组项目落地。

26日 秀洲区四套班子领导到嘉兴军分区走访慰问。

27日 浙江省交投控股集团嘉湖区域有限公司、嘉兴市秀湖发展投资集团有限公司(嘉兴交控秀湖房地产开发有限公司)通过拍卖方式取得位于秀洲国家高新区,高科路东侧、创新路北侧的城镇住宅用地6.4565公顷。

同日 嘉兴市文化艺术中心举行秀洲区群团艺术中心暨妇儿活动中心启用仪式。

30日 百亿级重大项目——嘉兴隆基乐叶绿能科技新能源项目落户王店。

1月 秀洲区对嘉兴锦丰纺织印染有限公司超总量排放废水违法行为查处,并实施按日连续处罚总金额417万元,为2022年嘉兴市生态环境案件处罚个案最大金额。

2月

8日 第二十三届新塍元宵民俗文化节“鳌山亮灯迎元宵”开幕仪式在新塍镇小蓬莱公园举行,开启“鳌山霞彩耀新塍”篇章。

9日 浙江远江生物科技有限公司通过挂牌方式取得位于秀洲国家高新区,中山西路北侧、洪福桥港西侧的工业用地5.9938公顷,年产3万吨生物法植物肉及原料制品项目正式落地。

9—12日 嘉兴市秀洲区第十届人民代表大会第一次会议召开。会议选举区人大常委会委员26名,选举秀洲区出席嘉兴市第九届人民代表大会代表42名。

9—12日　政协嘉兴市秀洲区第五届第一次会议召开。会议选举区政协常务委员会委员39名。

10日　油车港镇全域打造全国首个法治农民画小镇，获评2021年度全省“十大普法影响力事件”。

12日　塘汇街道被评为2021年度全省“五水共治”工作考核优秀乡镇(街道)，是全市唯一“五水共治”优秀街道。

17日　王店镇成立全市首个村级足球协会——嘉兴市秀洲区王店镇镇西村足球协会。

18日　浙江省高级人民法院党组书记、院长李占国一行到秀洲区调研法院工作。

同日　杭州塘(杭州塘闸至北郊河)段清淤工程开工。

22日　浙江特雷通家居科技集团有限公司通过挂牌方式取得位于秀洲国家高新区，兴园路北侧、恒诺路西侧的工业用地12.883公顷，年产100万座沙发、40万座智能沙发项目正式落地。

24日　圆通集团摘得第一期项目用地182.4亩，首期“查验仓”项目开工建设，于11月竣工。

26日　全市城乡社区养老嘉兴模式试点方案评审会在秀洲区召开。

2月　秀洲区获评“健康浙江建设先进县(市、区)”。

3月

1日　秀洲区开始实施非居民生活垃圾处理收费工作，各镇、街道分步实施，有序推进。

同日起　秀洲区全域推广外卖封签。

2日　秀洲区组织开展安全生产大排查大整治百日攻坚行动暨“除险保安”专项行动。至5月31日结束。

4日　嘉兴市聚营贸易有限公司向秀洲区企业登记窗口申请歇业备案申请，现场办理成功，成为全市首家进行歇业备案的企业。

9日　浙江恒威电池股份有限公司在深圳证券交易所创业板上市，募集净额资金7.56亿元。

同日　雅莹集团股份有限公司入选浙江省制造业重点行业亩均效益领跑者(现代纺织和服装类)，成为全省15家入选企业之一；中电科(嘉兴)智慧产业园、嘉兴光伏科创园入选浙江小微企业园亩均效益领跑者，在全省20家中占据两席。

10日　秀洲区四套班子领导在新塍镇潘家浜村524国道两侧，开展以“我为亚运种棵树”为主题的义务植树活动。

14日　王江泾闻川画舫试运行。

16日　区人民法院王店法庭、王江泾法庭、高新区人民法庭开展线上“法庭开放日活动”。

24日　2022年“科技赋能 助力共富”百场科普讲座进基层专项行动启动。

4月

2—8日　区退役军人事务局组织退役军人抗疫志愿者应急分队7批180余人次，分别完成物资包装和装车1万余份，并支援洪合镇良三村卡点防疫工作。

11日　秀洲区妇保院迁建工程开工。地址位于秀洲区西部，用地东侧为新义路、西侧为城市主干道嘉铜公路、南侧为创新路、北侧为火炬路。

同日　秀洲好人方美珍入围2022年第一季度“中国好人榜”点赞评议孝老爱亲类别榜单。

14日　塘汇实验幼儿园开园，该园位于长纤塘路，占地面积6000平方米。

21日　秀洲区图书馆与区委统战部(区侨联)共同创建“侨之家”服务阵地，在区图书馆地方文献阅览室揭牌。

22日　位于嘉兴市中山西路887号秀洲公园西侧的“嘉兴图书馆秀洲分馆”更名为“秀水图书馆”。

24日　秀洲区举行2022年重大项目网络云签约仪式，共签约项目7个，总投资约50亿元。

同日　油车港镇陈家坝未来社区拆迁安置小区(一期)交房576套，占地49亩，建筑总面积9.5万平方米，总投资3.3亿元。

26日　嘉兴极兔快递公司申请的第一张秀洲至海宁的《重点物资运输车辆通行证》已审核通过，这是秀洲区首张全国统一式样《重点物资运输车辆通行证》，由区邮政管理局审发。

27日　秀洲区首届中小学心理科普周活动闭幕，全区20所学校参与心理科普周活动。

28日　嘉兴市易嘉机械有限公司热处理车间

主任陈运杰被授予“全国五一劳动奖章”。

29 日 嘉兴市委农村工作暨粮食安全工作会议现场观摩活动在新塍镇举行。

4 月 《新塍镇志》由中国文史出版社出版发行，该志是在 1998 版《新塍镇志》的基础上重修而成，全书 150 万字。

5 月

5 日 秀洲区青少年第五届自然笔记大赛举行。

7 日 区人民政府、区退役军人事务局、王江泾镇政府等领导到王江泾镇新桥社区，为荣立二等功的现役军人李小龙家庭送去立功喜报。

9 日 秀洲区 AED 地图在微信小程序“AED 设备导航”正式上线。该地图接入秀洲区安装到位的 15 个 AED 点位，一旦发生紧急情况，市民便可通过使用 AED 地图查找急救现场附近的 AED 设备并快速获取，争取宝贵的抢救时间。

同日 秀洲区人民法院审结全市首例城市快速路危险驾驶案。

11 日 秀洲区首批 4 名养老护理员到舟山大洋山岛和花鸟岛养老机构开展为期半年的驻岛服务。

同日 秀洲籍体操运动员杨皓南入选 2022 年国家体操队，这是继杨金晶之后嘉兴籍第二位入选国家体操队运动员，也是秀洲区第六位入选国家队运动员。

13 日 秀洲区举行学习习近平总书记在庆祝中国共产主义青年团成立 100 周年大会上重要讲话暨“青春向党新时代 共同富裕谱新篇”五四主题团日活动。

16 日 在王店镇红联村举行“在希望的田野上”万亩方永久基本农田集中连片整治项目开工暨“在梅里 共富裕”兴村共富党建联盟成立仪式。

17 日 嘉兴市本级城乡社区“居民会客厅”建设现场推进会，在嘉北街道振兴社区党群服务中心召开。

同日 洪合镇民和社区成立，面积 1.35 平方千米。

18 日 秀洲区原创舞蹈《带你去远方》以排名第一的成绩，获 2022 年浙江省“群星奖”。

同日 “才遇秀美·对话书记”2022 秀洲人才面对面活动举行。

19 日 第十二个“中国旅游日”，嘉兴市在桐乡市濮院镇举行运河古镇建设现场会暨重大文旅项目推进会，同步启动“中国古镇看嘉兴”活动。秀洲区王店镇、新塍镇、王江泾镇、油车港镇亮相此活动。

同日 北京银行嘉兴分行(筹)落户签约。该项目为北京银行首次进驻嘉兴地区。

20 日 “五彩嘉兴行·第三季”大型融媒体新闻行动《大美嘉兴·共富走起》，在王店镇镇中村启动。

22 日 省总工会女职委联合团区委主办、36 所工会及团委承办“‘秀’美初夏，青情嘉科”营地趴主题交流活动，青年们在银杏天鹅湖相遇相识。

25 日 召开秀洲区先进制造业高质量发展大会暨产业转型升级推进会。会上表彰时代之星、荣耀之星、效益之星、成长之星、科创之星、智汇之星六个类别 52 家次企业，并向隆基乐叶等 10 家企业预兑付资金 1 亿元。

26 日 区委党校(区行政学校)举行 2022 年春季学期开学典礼。区委书记徐鸣阳出席并作专题报告暨“开学第一课”。

28 日 秀洲区在王店镇镇中村，举行朱彝尊文化 IP 动漫形象发布会暨第十七届朱彝尊文化节开幕式活动。

同日 王江泾商会大厦项目开工。该项目位于王江泾镇运河东路东侧、虹桥路南侧，占地面积 21841 平方米，建筑面积 57118.46 平方米。

30 日 区十届人大常务委员会第二次会议表决通过，任命李宇聪为副区长，免去张彬副区长职务。

31 日 2022 嘉兴端午民俗文化节端午裹粽大赛秀洲区预选赛，分别在油车港镇胜丰村文化礼堂、新城街道义庄村文化礼堂举办。

6 月

1 日 秀洲区以“全域派驻+精准赋权”相结合的形式，将 52 项执法事项赋权 7 个镇(街道)，推进全区镇(街道)实施“一支队伍管执法”。

同日 龙泉市党政代表团到秀洲区学习考

察，并在秀洲区召开山海协作联席会议。

同日 秀洲区中心城区市政绿化养护移交属地街道管理。

2日 秀洲区获评浙江省实施数字经济“一号工程”2.0版，深化数字经济系统建设，大力发展数字经济成效明显的县（市、区）。

同日 省委常委、统战部部长邱启文调研秀洲区。

3日 “浙江有礼·礼润秀洲”区域文明新实践行动启动仪式暨创建全国文明典范城市志愿服务活动，在秀洲区市民广场举行。

7日 秀洲区南片污水外排复线工程外排主线项目竣工，并通过验收。

11日 桐乡市党政代表团到秀洲区学习考察，实地走访北京理工大学长三角研究院一期项目、秀洲区现代城乡融合体验中心、天鹅湖未来科学城等项目。

15日 秀洲区入选全省共同富裕示范区第二批试点。

同日 18时54分，木桥港北区160号103室宣汉包面店因店主私自安装减压阀导致煤气泄露引发火灾，未造成人员伤亡。

同日 塘汇街道融汇工业社区启用，位于正原路167号，总面积1177平方米，总投资300余万元。

同日 开通新塍镇至桐乡乌镇县际毗邻公交线路367路。

同日 位于秀洲大道东侧、东升西路南侧的秀宏大楼项目竣工，并于当年启用。占地面积11427平方米，总建筑面积44802.78平方米，项目总投资3.14亿元。

同日 王江泾镇收藏村安置房项目开工建设，用地面积99.69亩，总建筑面积227140.17平方米，总户数1450户，由18幢20层高层住宅及配套用房组成。

16日 17时19分，木桥港北区254号2层一出租房因煤气软管连接处漏气引发火灾，未造成人员伤亡。

17日 嘉兴市首个“四格融合”（即党格+警格+网格+云格）示范村在王店镇国庆村举行揭牌仪式。该体系的建立，为全市推进基层社会治理网格化管理工作提供可复制经验。

18日 总投资8亿元的“秀水光谷”项目开工奠基仪式在洪合镇举行。

19日 王店镇镇西村足球邻里节暨首届农民足球邀请赛开幕。

20日 亮兮柯新能源智能化增资扩产项目云签约仪式在秀洲国家高新区举行。该项目将新增总投资5000万美元。

21日 区人民检察院组织召开王某某刑事申诉案互联网直播公开听证会。

22日 区公安分局部署夏季治安打击整治“百日行动”。开展集中统一行动5次，于9月30日结束。

同日 秀洲区召开府院府检联席会议暨法治政府示范创建动员大会。

23日 京杭运河浙江段三级航道整治工程思古大桥（连接秀洲—吴江）通过交工验收。

同日 浙江省第二届智力运动会电子竞技、象棋项目在秀洲区开赛。

24日 盛世修典——“中国历代绘画大系”嘉兴特展在嘉兴市文化艺术中心·嘉兴美术馆拉开帷幕。

25日 秀水新区（油车港镇）“产城融合高质量发展论坛”在银杏·天鹅湖举行，签约项目12个，协议总投资106亿元。

26日 秀洲区在米科军旅园举行领导干部军事日活动暨全区党管武装工作会议。区领导徐鸣阳、刘德威、马雪腾等出席。

28日 秀洲区举行524国道一期通车仪式和快速路机场射线、524国道二期（王江泾—新塍公路）节点开工仪式。524国道新塍—王店段主体试通车（陡门大桥路段除外）。

同日 秀洲区人民政府与浙江师范大学举行合作签约仪式，共建浙江师范大学附属嘉兴市长虹实验学校。这是秀洲区与浙江师范大学第三次携手合作办学。9月8日，举行浙江师范大学附属嘉兴市长虹实验学校揭牌仪式。

29日 全省巡特警支援派出所完善巡防处置机制现场交流活动在秀洲区举行，推广秀洲区派出所轻装PTU建设经验。

30日 新塍镇火炬社区、陡门社区成立，面积分别为0.31平方千米、0.3133平方千米。

6月 秀洲区城乡融合新农村建设项目（新塍

一期)开工建设,用地面积17.55万平方米,总建筑面积55.22万平方米。

7月

1日 空军嘉兴机场实施军民合用改扩建工程开工。

同日 秀洲农民画展示馆“流动美术馆”在浙江省美术馆正式授牌。

2日 以“槜美洪合 共富果香”为主题的2022“槜美洪合”文化节系列活动暨精品水果推介会,在洪合镇建北村水秀里举行。

4日 新疆沙雅县到秀洲区开展文化走亲活动,举办“喜迎二十大 共绘嘉沙新画卷”农民画交流展。

5日 省政协主席黄莉新到秀洲高新技术会客厅宣讲省第十五次党代会精神。

同日 ZSFL“特步”浙江省第十三届中小学生校园足球联赛小学女子甲组总决赛在秀湖学校开幕。

6—7日 秀洲区党政代表团到龙泉市学习考察,并在龙泉市召开山海协作联席会议。

8日 在全省建设新时代美丽浙江推进大会暨生物多样性保护大会上,秀洲区治水工作被表彰,并授予“大禹鼎”银鼎。

12日 “童心向党同逐梦,携手喜迎二十大”嘉兴市“假日学校”启动仪式暨秀洲区“青少年党史学习月”活动,在洪合镇洪创工业社区举行。

13日 2022年“秀燕归巢”大学生暑期社会实践活动启动仪式,在秀洲光伏科技馆举行。

同日 在全省数字经济高质量发展大会上,秀洲区获评“大力发展数字经济成效明显督查激励县(市、区)”;秀洲区企业嘉兴云切供应链管理有限公司获评全省首批数字工厂(培育类)。

14日 嘉兴市小微企业和个体工商户职业技能培训中心,在秀洲区未来科技广场举行揭牌仪式。

同日 位于高照街道运河路156号的秀洲区“同心家园”建成启用,面积1390平方米。

同日 共青团秀洲区委——浙江工业大学团委“校地共建 携手共富”长三角一体化打造“青创之城”实践活动签约仪式,在秀洲国家高新区举行。

14—15日 “共同富裕看秀洲”央媒秀洲行在油车港镇胜丰村、麒盛科技股份有限公司、王江泾镇古塘村、新塍镇火炬村、洪合镇人和社区、王店镇镇西居家养老服务中心、“品重梅溪”美丽乡村精品线等地采风。

17日 秀洲区省级高质量发展建设共同富裕示范区试点项目——“城乡融合共富新社区”火炬样板项目开工仪式在新塍镇火炬村举行。

19日 召开区委退役军人事务工作领导小组会议暨区双拥领导小组会议。会上表彰秀洲区第二届“最美退役军人”“最美拥军人物”“最美拥军单位”“最美退役军人工作者”。

同日 “泱泱秀水,常来屏山”文化交流活动在四川省屏山县举行。这是秀洲区首次组织文化交流代表团远赴屏山开展文化走亲活动。

20日 成立秀洲国家高新区汇创工业社区、数智工业社区、光伏工业社区。

21日 秀洲区文艺人才和文艺创作奖励评审会在区行政中心召开。经审定,对13名文艺人才和19件文艺作品进行奖励。

同日 秀洲区完成2022年普通国道大中修,单幅总长4.447千米,总投资755万元。

25日 “共富路上的诗与远方”秀洲区文旅摄影优秀作品展,在秀洲·中国农民画艺术中心举办。

同日 总投资33亿元的圆通航空集团创新总部项目落户嘉兴国家高新区。

同日 区人大常委会视察2022年民生实事项目进展情况,实地察看“美好善育”“碧水秀洲”“美好颐养”等5个项目,听取区政府关于全区民生实事项目进展情况汇报。

同日 秀洲区第八届残疾人运动会在浙师大附属秀洲实验学校举行。

28日 秀洲区被中国儿童艺术剧院授予“中国儿童剧院嘉兴艺术实践基地”;第十一届中国儿童戏剧节嘉兴分会场暨秀洲儿童戏剧艺术季,在嘉兴市文化艺术中心开幕。

29日 区四套班子领导到嘉兴军分区开展“八一”拥军慰问。

同日 嘉兴秀洲光伏小镇开发建设有限公司通过挂牌方式取得位于秀洲国家高新区,新塍大道东侧、兴园路南侧的工业用地 10.3408 公顷，年产 2500 套镜像医疗器材项目正式落地。

30 日 秀洲区首届邮政行业职业技能竞赛举行。

7 月 江南摩尔智慧地下立体机械停车场建成开放，总面积 1 万平方米，新增车位 600 个。

8 月

1 日 中央电视台农业农村频道《我的美丽乡村》栏目，播出秀洲区胜丰村的菱珑湾。

2 日 洪合镇卫生院与嘉兴市第一医院党建共建、紧密型医联体共建签约。

3 日 嘉兴市首届全民艺术普及月启动仪式暨“八馆联动”秀洲专场演出在秀湖广场举行。

4 日 嘉兴海燕创新创业学院在油车港镇银杏天鹅湖成立。

5 日 在嘉兴市文化艺术中心群团艺术馆，承办“禾你在一起——嘉‘七’如梦”主题活动暨嘉兴市高层次青年人才联谊会。

同日 秀洲区人民政府与杭州师范大学签订教育合作框架协议，同时举行杭州师范大学附属油车港中学揭牌仪式。

6 日 秀洲区举办全市首届法治农民画文创产品设计大赛。

15 日 “泱泱秀水”音乐舞蹈诗巡演在王店镇镇中村文化礼堂启动，先后到 15 个文化礼堂、学校等基层文化阵地巡演。

17—19 日 2022 中国光伏绿色供应链大会在秀洲区召开，。中国光伏绿色供应链联盟、福莱特玻璃、隆基绿能、阿特斯等 100 余家机构、500 余名业界、学者代表参会。

18 日 秀洲区光伏女性高峰论坛“RE100 姐姐说”亮相中国光伏绿色供应链大会，秀洲区光伏女性联盟揭牌。

19 日 秀洲区举行“邻里文明一家亲同心携手创典范”首届邻里节活动。

23 日 民政部培训中心全国社会组织负责人能力提升专题研修班在秀洲区开班，民政部培训中心嘉兴培训示范基地落户秀洲并举行揭牌仪式。

25 日 秀洲国家高新区承办 2022 年第十一届中国创新创业大赛浙江赛区暨第九届“火炬杯”创新创业大赛行业总决赛。

同日 浙农嘉兴农事服务中心启用，位于秀洲区新塍镇省级现代化农业综合区公共服务中心内。

28 日 王店镇中心幼儿园新园开园，占地面积 13320 平方米，开设班级 18 个。

29 日 新城街道金茂幼儿园开园，占地面积 7752 平方米，开设班级 15 个。

30 日 洪合毛衫产业基地入选浙江省第三批内外贸一体化改革试点产业基地名单。

31 日 浙江五芳斋实业股份有限公司（股票代码：603237）在上海证券交易所主板上市，成为嘉兴市首家食品类上市公司。

9 月

1 日 秀洲区成立运河湾新城建设领导小组，负责统筹协调运河湾新城范围内的规划研究、项目布局、征迁腾退、开发建设等重大决策，领导小组下设办公室、指挥部。

2 日 2022 全球新能源企业 500 强榜单发布，高新区企业福莱特玻璃集团股份有限公司继续强势登榜，位列榜单第 153 位，较上年上升 15 位。

同日 区委书记与政协委员“面对面”协商会召开。与会人员围绕“不断提升城市能级，加快推进秀洲区制造业高质量发展”议题开展协商，提出意见建议。

3 日 未来食品高峰论坛暨嘉兴未来食品研究院揭牌仪式在秀洲区举行。

4 日 中央广播电视总台编导和记者到油车港镇拍摄南湖菱种植基地。

6 日 秀洲区机关党群服务中心启用。

8 日 嘉兴市九八防空胜利纪念馆在米科军旅园开馆。

8—9 日 秀洲区工会第四次代表大会召开。

9 日 秀洲区首批文艺村长聘任仪式在王店镇镇中村文化礼堂举行。

同日 “才遇秀美·湖畔之约”——秀洲区高层次人才迎中秋活动暨秀洲区博士联谊会成立仪式在油车港镇天鹅湖举行。会上，秀洲区博士联谊会揭牌。

12—15 日 秀洲区防御第 12 号台风“梅花”，

区防指于13日21时将防台风Ⅱ级应急响应提升至Ⅰ级。台风期间,共转移人员12100人,集中安置8169人,农业经济损失200.72万元。

15日 秀洲区作为嘉兴市首批县(市、区)采用全省大集中模式,上线运行"浙江财政非税和票据管理平台"。

20日 2022年度秀洲区公民道德建设日主题活动暨第二届"秀洲好人节"活动举行。

21日 "暖巢行动"3.0版帮扶项目暨"善居暖巢"慈善冠名基金项目启动仪式举行。

22日 秀水新区(油车港镇)上海杨浦区湾谷科技园创新中心启用。

23日 秀洲区人民法院设立旅游巡回审判点。

25日 秀洲区戏剧曲艺家协会成立。

27日 特雷通集团智能健康家居全球智造及研发总部项目开工。

同日 召开区委十届三次全体(扩大)会议,并审议通过《关于加快运河湾新城建设的决定》。

28日 秀洲区通过浙江省语言文字工作督导评估。

29日 嘉兴市第一医院王店分院举行八大专家团队授牌仪式,开启医联提档升级2.0版本。

30日 在王店镇烈士陵园,区领导与社会各界群众一起,向革命烈士纪念碑敬献花篮。

9月 洪合镇"民法典"暖心小镇建成并投入使用。

9月 中科院老科学家科普演讲团刘大禾、林钢华走进秀洲区7所中小学校,为2800多名学生开展科普讲座。

10月

13日 副省长高兴夫到秀洲区调研嘉兴军民合用机场项目和圆通嘉兴全球航空物流枢纽项目建设。

17日 北京理工大学长三角研究院(嘉兴)获准设立国家级博士后科研工作站,地址位于油车港镇。

23日 秀洲区"秀娃儿童戏剧社"成立。

27日 秀洲区被省政府授予2019—2021年全省无偿献血先进集体。

同日 湖嘉申航道嘉兴段二期工程圩区设施改建工程完工,涉及王江泾、油车港、新塍3个镇,总投资5927.34万元。

29日 嘉兴市秀洲区残疾人联合会第八次代表大会召开。

31日 市委副书记、市长李军到王店镇人大代表联络站开展联系群众主题活动,与人大代表面对面交流。

10月 嘉兴市秀拓燃气有限公司注册成立。

11月

1日 承办2022中国浙江"星耀南湖·长三角精英峰会"秀洲子活动——"智碳未来"产才赋能高峰论坛。浙江大学碳中和研究院嘉兴科创基地揭牌。

8日 中外文化活动交流周启动暨嘉兴南洋职业技术学院外国人服务站揭牌仪式在学院举行。

9日 秀洲区发出嘉兴市首张个体工商户经营者变更营业执照。

10日 区长刘德威带队到四川省屏山县对接东西部协作工作。秀洲区与屏山县共建的秀水屏山协同智造产业园在屏山县揭牌。

同日 "奋进新征程、礼堂大学习"秀洲区中共二十大精神群众性宣传教育活动,在油车港镇胜丰村文化礼堂举行。

同日 世界互联网大会数字经济产业合作大会举行。秀洲区桃园数字产业谷项目入选全省数字经济十大优秀合作项目。

11日 在佳源四季酒店,秀洲区承办浙江省民族团结进步促进会第一届第一次会员大会和"学习贯彻二十大精神 铸牢中华民族共同体意识"全省微党课巡回宣讲活动(嘉兴站)。

12日 秀洲区老年大学新校区启用,位于洪高路1035号。

14日 经国务院批复同意,嘉兴秀洲高新技术产业开发区更名为嘉兴高新技术产业开发区。

17日 嘉兴市秀洲区运河湾新城建设指挥部、嘉兴市秀洲临空经济示范区建设指挥部揭牌。

同日 洪合镇民和社区民生药事服务站成立。此为秀洲区首个在乡镇设立的民生药事服务站。

18日 国家发展改革委发布2022年国家物

流枢纽建设名单，嘉兴生产服务型国家物流枢纽被列入25个国家物流枢纽之一，实现“国字号”新突破。

19日　秀洲区儿童青少年心理服务热线83171885开通。

同日　市委书记陈伟视察嘉兴市秀洲临空经济示范区建设。

20日　市委书记陈伟到乍嘉苏高速公路象贤西出入口调研疫情防控工作。

同日　2022长三角“环浙”智能骑行台挑战赛嘉兴站在秀洲区全民健身中心落幕。

21日　秀洲区党政代表团到嘉善县、湖州市德清县学习考察。

23日　嘉兴军民合用机场改扩建工程全面开工建设动员大会在洪合镇举行。

同日　2022嘉兴市“安全用药月”活动启动仪式暨现代社区药事便民服务站建设试点推广现场会，在秀洲区运河社区党群服务中心召开。

24日　省交通强省督查调研组到秀洲区524国道新塍至王店段工程开展实地督查与调研。

25日　《秀洲区运河湾新城交通规划》通过专家评审。

27日　秀洲区首届社区运动会暨第九届全民健身运动会农耕丰收节比赛，在王江泾镇古塘村举办。

28日　市委书记陈伟到塘汇街道调研体育工作。

30日　2022嘉兴市暨秀洲区全民终身学习活动周总开幕式在秀湖全民健身中心举行，主题为“深化全民学习 助力‘两个先行’”。

12月

3日　秀洲区举行“12·3”人大代表日系列活动——新塍镇人大代表联络站启用仪式。

4日　秀洲区第七届社会组织公益创投大赛举行。

5日　秀洲区调整优化新冠肺炎疫情防控政策，实现有序转段、平稳渡峰。

6日　市委书记陈伟到嘉兴隆基乐叶光伏科技有限公司、嘉兴中润光学科技股份有限公司调研企业生产。

8日　新塍镇与匈牙利赫伦镇结对友好小镇。

同日　秀洲区举行千亿级光伏新能源玻璃总部及生产配套基地建设项目签约仪式。

9日　西藏那曲市色尼区乡镇考察团一行45人到秀洲区开展为期一周的交流培训。

12日　高新区与A股主板上市的著名餐饮连锁企业——同庆楼餐饮股份有限公司签订《嘉兴秀洲高新区同庆楼项目合作协议》，同庆楼浙江首店落户嘉兴国家高新区。

同日　西班牙福赛集团新能源核心部件项目签约仪式在嘉兴国家高新区举行。

12—13日　第六届浙江省社会科学界学术年会分论坛暨浙江省图书馆学会第十七次学术年会，在秀洲区图书馆举行。

13日　秀洲区街舞运动协会成立大会在高照街道运河社区未来社区多功能厅举行。

同日　秀洲区被农业农村部信息中心评为全国县域农业农村信息化发展先进县。

14日　举行嘉欣丝绸“大病救助”慈善冠名基金项目暨妇女“两癌”救助金发放仪式。

16日　举行德沃康健康医疗产业基地一期投产暨二期开工仪式。

21日　秀洲核心街区成功创建为省级高品质示范街区，洪兴西路成功创建为省级街容示范街。

22日　撤销油车港镇栖真社区建制，原居民归属麟湖社区，委托栖真村事务性管理和公共服务。

同日　撤销王江泾镇荷花社区建制，原荷花社区居民户籍、事务性管理和公共服务纳入荷花村统一管理。

同日　成立高照街道洪高社区居民委员会，区域范围：东至乍嘉苏高速公路、加创路，南至洪高路，西至丝绸路，北至反修港，区域面积0.83平方千米。

23—24日　共青团嘉兴市秀洲区第十三次代表大会举行。

30日　16时起，320国道嘉兴段收费站（七星收费站、洪合收费站）终止收费。

同日　油车港镇麟栖汇置业基建项目竣工，占地面积10926平方米，建筑面积29960平方米，基建投资1.58亿元。

秀洲区高质量发展建设共同富裕示范区改革探索

2004年3月，时任浙江省委书记习近平在嘉兴蹲点调研时，对秀洲区提出“继续坚持以城带乡、以工促农，努力在城乡一体发展方面走在前列”的殷殷嘱托。近19年来，秀洲区始终牢记总书记嘱托，坚定不移推进城乡一体化、城乡统筹发展、城乡融合发展，取得显著成就，《统筹城乡发展，打造均衡富庶发展最佳典范》入选全省高质量发展建设共同富裕示范区典型案例。

2019年，嘉兴市全域入选国家城乡融合发展试验区。按照市委、市政府要求，秀洲区以“先行者”姿态，以“示范引领”为使命，以均衡富庶发展为目标，以“十大创新突破”(即创新建立农户承包经营权股份化机制、宅基地自愿有偿退出机制、本地搬迁农民权益保障机制、农村集体经营性建设用地入市机制、城乡居民基础养老金增长机制、平原湖荡生态产品价值评价机制、农业高质量发展机制、强村富民新机制、城乡公共服务优质共享机制、城乡融合新社区治理机制)为动力，全方位推进“十大融合”(城乡规划设计融合、城乡资源要素融合、城乡产业发展融合、城乡基础设施融合、城乡公共服务融合、城乡社会治理融合、城乡增收致富融合、城乡社区建设融合、城乡生态环境融合、城乡居民融合)，加快构建工农互促、城乡互补、全面融合、均衡富庶的城乡融合共富发展新格局，书写高水平城乡融合促共富的绚丽篇章。

一、高起点规划构建城乡“三生”新空间

坚持新型城镇化和乡村振兴双轮驱动，高起点规划城乡生产、生活、生态“三生”新空间，构建繁华都市主城区与特色新城镇和美丽新乡村融合发展新格局，加快向产城高度融合、城乡高度融合的现代化主城区迈进。

1. 全域优化城乡空间布局。以国土空间总体规划为指引，构建涵盖城、镇、村的规划体系，形成规划“一张图”。优化主城区规划，将五镇全面纳入主城区发展。按照嘉兴“长三角城市群重要中心城市”的新定位，高起点规划运河湾新城建设，推动秀湖新区、秀水新区连为一体、融合发展，形成“一湾带两区”的发展新格局。大力实施全域土地综合整治，优化城乡空间布局，至2022年末，实施农村土地整治项目178个。

2. 全力提升城市发展能级。基本形成15分钟“公共服务圈”“文化生活圈”和“健身圈”。秀湖板块精彩蝶变，建成以“一园四中心”(即秀湖公园、市文化艺术中心、全民健身中心、政务服务中心、秀湖邻里中心)为核心的高品质城市生活空间。加速建设秀湖、天鹅湖品质湖区，成功打造“科技”“生态”两张新名片。以王江泾镇省级小城市培育为起点，各镇相继开展城市核心区、商贸综合区、公共服务区等城市功能建设，加速由“镇”向“城”转变。

3. 全面完善城乡基础设施。构建一体化、科学化的城乡基础设施支撑体系。坚持“大干交通、干大交通”，G524一期通车、二期节点开工；东方路、东升西路开工建设。高质量推进“美丽农村路”建设，农村公路优良中等路率92%以上，城乡客运一体化达到交通运输部AAAAA级水平，获评省级“四好农村路”示范县、省级美丽经济交通走廊示范县。推进城乡供水、供电、供气基础设施

一体化，实现新农村电气化镇村、城乡一体化供水、城乡污水管网全覆盖，水电气“同网、同质、同价、同管理”。

4.全域美化城乡环境风貌。率先建立城乡风貌建筑师制度，全力打造“最特色”集镇、“最乡愁”村落、“最宜居”社区、“最江南”水乡、“最美丽”公路。获评省级小城镇综合整治先进县（市、区）、省级新时代美丽城镇建设优秀县（市、区），创建省级美丽城镇样板镇2个，实现省级美丽乡村示范镇全覆盖；王店镇建林村获评国家级美丽宜居示范村。加快“未来嘉乡”建设，入选省级未来社区创建名单11个、省级未来乡村建设试点7个。加强城乡生态环境建设，成功创建省级生态文明建设示范区，全省首创省际边界水域联防联治机制，夺得“大禹鼎”银鼎；成功创建国家级湿地公园1个、国家园林城镇2个，新塍塘生态绿道入选全省最美郊野型绿道。

二、高质量发展城乡融合新产业

加快建设城乡产业协同发展平台，促进一二三产融合发展、传统产业与新业态融合发展，打造城乡产业高质量融合发展的现代化经济体系。

1.全面做强“种业+”现代新农业。抓紧抓实“米袋子”“菜篮子”，获评省首届“河姆渡杯”粮食生产先进区金奖，入选2021年全国粮食绿色高质高效行动示范县、全省种植业重点县，秀洲青莲农业公司入选全省唯一的全国百个标兵养殖场。持续提升农业平台发展能级，成功创建省级现代农业园区、全省首批稻渔综合种养重点示范县、省级农业绿色发展先行区、省级渔业健康养殖示范县，油车港镇、新塍镇入选国家级农业产业示范强镇。加快推动农业全产业链和三产融合发展，粮食、青鱼、莲藕三条全产业链年总产值超50亿元，创建省级示范性全产业链1条。大力提升农业科技化、数字化、机械化水平，入选省级新时代现代种业集成改革试点，创建省级数字农业工厂2个，连续三年获评全国县域数字农业农村发展水平评价先进县；创建国家现代农业示范区、省级水稻产业“机器换人”高质量发展先行县。

2.全面做优“科创+”现代新智造。加速实施创新驱动发展战略，2022年，规模以上工业企业研发活动率95.7%，研发机构设置率87.44%，均居全市前列，创新指数列全省第13位。加速构建现代产业体系，新能源产业快速崛起，集聚福莱特玻璃集团股份有限公司、嘉兴隆基乐叶光伏科技有限公司、嘉兴阿特斯阳光能源科技有限公司光伏“三巨头”，是年，实现产值302.6亿元，增长72.7%。数字经济发展综合评价跻身全省前十名。加速打造科创平台体系，嘉兴国家高新区列全省第3位、全国第51位，11月，经国务院批复同意更名为嘉兴高新技术产业开发区，秀湖、天鹅湖两大科创湖区加速蝶变，北京理工大学长三角研究院（嘉兴）、浙江大学嘉兴研究院、南方科技大学嘉兴研究院、中国科协首个“科创中国”创新基地等高端创新载体落地运营，省级以上孵化器数全市第一。

3.全面做精“美丽+”城乡新业态。加快培育乡村新产业，运河湾湿地公园晋升为国家湿地公园，嘉兴运河文化省级旅游度假区获批设立，秀水田园·梅梨梓乡线入选全省首批共同富裕新时代美丽乡村示范带，入选省级休闲农业与乡村旅游精品线路3条，创建省级AAAA级景区镇2个，获评全国乡村旅游重点村1个。加速发展城市“美丽经济”，“秀水年华”摩天轮成为网红打卡地，嘉兴市文化艺术中心入选省公共文化服务高质量发展典型案例，创建省级工业旅游示范基地1个，嘉兴现代物流园建成全市首个跨境电商监管中心，嘉兴现代物流服务业创新发展区上榜浙江省现代服务业创新发展区。

三、高品质创造城乡无忧新生活

始终坚定践行人民至上理念，把增进民生福祉作为发展根本目的，不断提高全生命周期公共服务品质，推进城乡公共服务均衡普惠，努力推动实现城乡居民富裕富足、城乡服务优质优享，提升人民群众幸福感、获得感。

1.就业无忧。打造就业服务平台，建立农村劳动力信息数据库和企业用工需求信息数据平台，建立“双低人员”技能培训、就业帮扶协作机制，创建省级高质量就业村（社区）4个，市级高质量就业村（社区）15个。完善创业服务体系，培育上海交大科技园、人力资源产业园等5家市级创业基地，创建省级返乡入乡合作创业村3个。打造技能培训平台，与嘉兴职业技术学院、南洋职业技术学院等合作，开设家政、机械、电商等培训班。推进技能评价改革，实施“新时代万名禾城工匠培育工程”，全区技能人才占从业人员比例30.6%。

2. 就学无忧。推进秀洲"美好优学"品牌建设，打造教育均等化新典范。近五年，新建和改扩建学校、幼儿园 23 所，新增学位 1.25 万个，确保孩子就近"好上学"。义务教育段公办学校教育共同体覆盖率 90%以上，乡村和镇区公办义务教育学校实现教共体全覆盖，教共体建设群众满意度 98%以上。引进浙江师范大学、上海世外教育集团、上海外国语大学等知名学校合作办学，让孩子就近"上好学"，公办学校教育质量跻身市本级第一方阵，成功创建国家义务教育基本均衡发展区、省教育基本现代化区、省级社区教育实验区。

3. 健康无忧。全面优化三级医疗服务体系，新建区人民医院和区妇保院，完成新改扩建医院 6 家，"全国群众满意的乡镇卫生院"实现全覆盖，油车港镇卫生院成功创建"浙江省家庭医生签约服务培训基地"，全面完成村卫生室新一轮标准化改造，村级卫生室规范化率 100%，建成基本公共卫生服务"15 分钟服务圈"。2022 年，基层就诊率 76.48%，居全省先进水平。全面深化医联体建设，区人民医院挂牌省中医院秀洲分院，与上海市卫生基建管理中心签订战略合作协议，建成复旦大学病理诊断中心嘉兴分中心，医疗卫生机构全面融入长三角一体化发展，实现优质医疗资源共享。全面强化医疗保险保障功能，2003 年在全国率先开创合作医疗"秀洲模式"，开展长期护理保险制度试点。2022 年，基本医疗保险户籍人口参保率 99.7%；全力推动"嘉兴大病无忧"商业补充医疗保险参保。人群主要健康指标始终保持全省前列，成功创建省级健康促进区，获评全国基层中医药工作先进单位，健康浙江考核连续 4 年获评优秀。

4. 康养无忧。构建多层次养老服务体系，夯实以居家为基础、社区为依托、机构为补充、医养相结合的多层次养老服务体系。发布全省首个《老年人居家适老化改造管理规范》；建成 AAA 级以上村(社区)居家养老服务照料中心 112 家，镇(街道)居家养老服务中心 10 家；加速推进镇(街道)全覆盖的养老机构改造提升，拥有养老床位 300 张的区康养中心即将投入运营；扎实推进医养结合，试点国家级老龄健康服务能力建设项目 1 个。建立"安心养"智慧养老服务平台，服务覆盖全区 9.3 万名老年人、141 个居家养老服务中心和照料中心、5 家养老机构和近 800 户空巢独居老人，入选全国智慧健康养老示范基地，获央媒 10 余次报道点赞，获评浙江省政府数字赋能高质量发展优秀案例和嘉兴市数字赋能市域社会治理十大创新奖。

5. 保障无忧。实施城乡居民基础养老金五年倍增计划，基础养老金实现 10 连调，2022 年达到 320 元/人·月。2022 年全区基本养老保险参保率 98.4%，位居全市前列。推进社会救助应助尽助，最低生活保障 1070 元/人·月，打造"秀水 e 救"服务品牌，构建"邻里帮"模式，拓宽困难群众就业增收渠道。创新低收入家庭增收模式，通过"集体出一点、家庭掏一点、银行贷一点、党员干部募一点、慈善捐一点、结对扶一点、政府拨一点"，引导低收入家庭参与投资"飞地抱团"项目，4 年来，近 1600 余户低收入家庭累计分红 2020 万余元。

四、高效能推进城乡融合新社区治理

积极探索城乡融合新社区共建共治共享治理模式，建立"高效协同、整体智治"的现代社区治理体系，提升治理能力。

1. 突出党建引领，构建基层组织新体系。顺应城乡格局变化，推进村(社)组织体系、管理体系、服务体系重构。建立"社区大党委—党建联盟—社区党组织—家园支部—微网格党小组"党建统领体系。推进社区居委会、小区业委会组建全覆盖，强化社区居住地管理服务功能。健全"网格+"工作机制，强化新网格服务功能，落实"幸福满格"网格联心，充分调动群众参与社会治理的主动性和积极性。

2. 突出共建共享，建立社区治理新模式。创新"12345"工作模式，建立社区自治公约(居民公约)"一约"，优化社区居委会、小区业委会"两会"，扩充完善百姓参政团、道德评判团、百事服务团"三团"，构建"党格+警格+网格+云格"的"四格"治理体系，优化社区、社会组织、社会工作者、社区志愿者、社会慈善资源"五社"联动机制，推动社区治理迭代升级，优化社区管理服务，提升社区居民幸福指数。

3. 突出文明和谐，打造文明法治新高地。持续完善"15 分钟品质文化生活圈"，提升基层文化阵地。全面提升民主法治社区创建水平，营造尊法、学法、守法、用法氛围。强化新居民管理服务，推动“以新管新”，引导新居民广泛参与社区管理和服务，增强社区归属感和治理共同体意识。

4.突出精准高效，搭建社区数字化管理服务新平台。以数字化改革引领管理服务能力提升，迭代提升“一中心四平台”、推进“141”体系与社区连接贯通，搭建社区治理“云平台”。推进基层治理“一件事”集成改革，构建出租房管理系统，加快未来社区“邻系列”“享系列”应用服务场景落地。大力推进“未来智安小区”等智安单元建设，构建立体型、智慧型治安防控体系，提升群众安全感。

五、高水平打造城乡融合共富新单元

开展“城乡融合共富新社区”火炬样板试点建设，探索城乡融合社区增收共富、服务优享、社会智治新模式，推动改革措施落地，高水平打造共同富裕现代化基本单元，为全省乃至全国城乡融合促共富提供“火炬”样板。

1.农村权益激活改革示范。全域规划+土地整治，加速宅基地自愿有偿退出。2022年，在王店、新塍、王江泾、油车港4个镇15个村开展宅基地自愿有偿退出试点，累计退出农户4406户。其中火炬村率先完成全域土地综合整治，98.6%的农户自愿退出宅基地，户均住房用地从1.1亩减至0.35亩，人均耕地从1.87亩增至2.65亩，户均拥有安置房3套，年房租收益超4万元。不定位确权+承包权入股，首创农户承包经营权股份化改革。开展农户承包地“定量不定位”试点，组建火炬村土地股份合作社，推进承包经营权变股权、农民变股民，推动“保底+分红”活权增收，股权农户每亩增收100元以上。资产活化+服务深化，拓宽增收致富渠道，抱团入股强村富民产业园、高新区公寓等项目。是年，火炬村集体经济经营性收入502万元。开展村集体经济组织成员身份确认试点，完善村集体收益分配制度，探索“股权分红+积分奖励”模式，当年分红116万元。打造就业服务、创业辅导、技能培训平台，提供高质量就业创业服务，农民人均可支配收入6.6万元。建立创业帮扶机制，打造自强助残基地，带动低收入（残疾人）家庭400余户，户均年增收超万元。

2.共建共治共享美好家园改革示范。登记备案+居住地管理，加快转移农民市民化，首创进城农民登记备案制度，对全域土地整治退出宅基地实施公寓房安置的本区户籍农村居民，户籍住址不变、户口簿不换，原有农村权益不受影响，享受居住地全生命周期公共服务，实现“无感进城”。未来社区+共享服务，建设美好家园，以未来社区理念，实施火炬一期品质提升、二期未来社区新建，配套建设幼儿园、中小学、居家养老服务中心、公共文化运动设施等，总投资超30亿元。健全公共服务优质共享机制，打破跨行政区域就学壁垒，实现就近享受城市优质教育资源。协同共治+整体智治，探索社区治理新机制，创新打造“初心如炬，立方智治”体系，加快建设融合型大社区大单元，全面提升治理能力。

3.现代农业发展改革示范。万亩良田+生态农业，打造“最美田园”，高标准设计建设美丽田园“万亩方”，打造浙北最大、全省领先的高标准农田，成功创建市首批美丽田园示范区。新建农田“退水零直排”1万亩，打造市郊“三生”融合的稻田农民公园。标准农地+农业双强，打造“浙北粮仓”，实施农业“标准地”改革，实现土地流转3800余亩；推进农业“双强”行动，大力发展智慧农业，加快“无人农场”建设，实现稻米全产业链社会化服务，“种、管、收、烘”全程机械化率97%以上，亩均效益提升300多元。产学研+育繁推，打造“稻米芯片”，引进禾天下种业等科技型农业企业，联合中国农科院、市农科院等团队，开展稻米种业科技创新转化改革试点，建设高标准良种繁育基地，开展育繁推一体的稻米种业开发，育成稻米新品种4个，辐射整个长三角地区。

（陈罡峰）

秀洲区深化强村富民乡村集成改革

2021年10月28日，区委办公室、区政府办公室印发《关于实施“强村富民”计划深入推进村级集体经济发展的意见》，在全区深入实施强村富民工程。区委、区政府高度重视强村富民工作，支持村集体和低收入农户增强“造血”能力，推进村级集体经济壮大、低收入农户和农民增收工作高质量发展。2022年12月9日，秀洲区成立强村富民乡村集成改革工作专班及其办公室，内设综合协调、市场化改革+集体经济、标准地改革+农业“双强”、宅基地改革+乡村建设、数字化改革+强村富民5个功能组。建立强村富民乡村集成改革常态化工作机制，统筹发挥强村富民乡村集成改革在体制创新、资源整合、共同富裕等方面的优势，通过不断完善政策体系，联动推进“强村富民”集成改革，增强农村集体经济发展活力，促进农民收入持续、普遍、稳定增长，为高质量建设融合共富示范区夯实“三农”基础。

2022年，全区村级集体经济总收入3.98亿元，经常性收入3.65亿元，经营性收入1.84亿元，低收入农户人均可支配收入23760元，同比分别增长26.24%、49.64%、38.52%、14.6%，增幅均居全市首位；农村居民人均可支配收入44263元，增速6.19%，居全市第四，城乡居民收入比降至1.47。实现农林牧渔业总产值可比增速、村均集体经济收入、农村居民人均可支配收入、低收入农户人均可支配收入的“四增”和城乡居民收入比“一减”目标。高标准农田建设获评全省乡村振兴创新实践优秀案例，火炬村入选全省强村富民乡村集成改革典型案例，农业标准地改革、宅基地资格权自愿有偿退出试点、探索土地承包权变股权试点、农村集体资产股权流转试点4项工作列入市级强村富民乡村集成改革试点，秀洲区农业农村和水利局获评全省新时代乡村集成改革工作成绩突出集体。

一、打好“政策扶持+制度重塑”组合拳

强村富民乡村集成改革以来，秀洲区制定出台《嘉兴市秀洲区深化以集体经济为核心的强村富民乡村集成改革工作方案》，区委办、区政府办先后印发《关于实施“强村富民”计划深入推进村级集体经济发展的意见》《秀洲区2022年“强村富民”计划实施办法》《关于探索建立农村“三权”依法自愿有偿转让退出机制的工作方案》《秀洲区农村集体资产股权转让与退出管理办法（试行）》《秀洲区农村土地承包经营权有偿转让退出管理办法（试行）》《秀洲区农村宅基地自愿有偿退出转让管理办法（试行）》《关于进一步加快农业经济高质量发展的若干政策意见》等文件，构建“1+N”强村富民政策体系。成立由区委书记任组长、区委副书记任常务副组长的领导小组，将强村富民乡村集成改革作为加强党的战斗堡垒建设的重要抓手，纳入党组织书记抓基层党建专项述职评议考核的重要内容。区委书记多次在重要会议上强调强村富民工作，相关区领导牵头召开工作推进会3次。建立常态化联系、调度制度等“六项制度”，形成由区委组织部、区农水局、区财政局、区资规分局、区民政局等部门密切配合、通力协作的良好格局。

二、打好“市场化改革+集体经济”组合拳

积极构建强村公司、“飞地”抱团、共富联合体三大发展平台。至2022年，累计建立“强村公司”8个，完成农村集体资产股权有偿退出试点1个，开展股份分红35个村、分红金额0.19亿元；实施“飞地”抱团项目5个，总投资10.9亿元，其中村级投资2.88亿元，联动1589户低收入农户分红504.4万元，户均年增收3174元；鼓励以国有企业、集体企业、村集体以及农户（含低收入农户）等为主体组建共富联合体，建设共富大棚、共富奶牛场项目2个。落实村级闲置资金竞争性存放有关规定，将闲置资金统筹出借给国资平台或定存金融机构，获取更高利息收入。用好“共富贷”产品政策，从金融机构融资约10亿元（村均授信1000万元）投资到国资平台（项目），每年获取经营性收入8000万元左右，其中可计入经常性收入约3400万元。以打造农业特色产业亿元村为抓手，形成庄安葡萄种植、进知莲藕营销、稻渔综合种养等一批带动农民增收的新模式。推进低收入农户帮扶增收“一镇一模式”，通过多种途径为低收入农户劳动力创造就业岗位，促进

就业增收，户均年增收3000～9000元。

三、打好“标准地改革+农业‘双强’”组合拳

制定《秀洲区新塍镇火炬片区农业“标准地”改革试点方案》，农业标准地改革列入省级试点，完成土地流转签约3800亩，并获省委副书记黄建发点赞。突出科技强农、机械强农“双强行动”，加快推进农业高质量发展，列入2022年度省农业农村重大项目10个，计划总投资3.77亿元，全年完成投资3.94亿元，投资完成率104.7%；加快推进全省现代种业集成改革试点，建立秀洲区农业种业研究中心，在洪合镇筹建种业创新综合体，禾天下万亩数字农业产业示范园在全省农业高质量发展大会上作为16个农业“双强”重大项目之一进行现场签约。6月，承办全市农业“双强”工作推进现场会。

四、打好“宅基地改革+乡村建设”组合拳

以全域土地综合整治为抓手，大力推进农村宅基地自愿有偿退出和流转工作，对自愿放弃宅基地资格权、使用权的农户给予相应补偿，并进行公寓式安置。2022年，在4个镇15个村开展宅基地自愿有偿退出试点，累计退出农户4406户。其中：火炬村村民自愿退出宅基地568户，占比98.6%；户均拥有安置房3套，面积近300平方米，每户每年增加房租收益超4万元。高照街道新义村通过整合出租房、回收闲置房，积极打造“蓝领公寓”项目，村集体回收并改造闲置农房15幢，入住7户。集成“美丽乡村+数字乡村+共富乡村+人文乡村+善治乡村”建设，启动建设省级未来乡村试点4个，分别是王店镇镇中村、新塍镇洛东村、王江泾镇古塘村、油车港镇胜丰村。并同时启动“党建统领四治融合”综合应用试点。完成秀水田园·梅梨梓乡省级共同富裕新时代美丽乡村示范带建设，累计建成美丽乡村精品线7条、精品村31个，培育农家乐12家。

2022年秀洲区美丽乡村建设情况

表1

项目类别	名　　称
美丽乡村精品线	梅林果乡精品线、田园古镇精品线、湿地水乡精品线、麟湖画乡非遗精品线、初心践行·秀水田园精品线、品重梅溪·耕读研学精品线、初心启塍·幸福童享精品线
精　品　村	王店镇：建林村、庆丰村、三建村、南梅村、假山村、镇中村、宝华村 洪合镇：洪合村、建北村、泾桥村、凤桥村、良三村 新塍镇：潘家浜村、天福村、思古桥村、观音桥村、西吴村、康和桥村、洛东村 王江泾镇：古塘村、虹南村、洪典村、双塔村、市泾村、腾云村、田青村 油车港镇：池湾村、胜丰村、栖真村、麦家村、古窦泾村
农　家　乐	王店雅居阁饭店、王店香满园农家乐饭店、王店秀秀农家乐饭店、王店笑嘻嘻农家乐饭店(笑眯眯农家乐)、王店佬渔农家乐饭店、王店顾氏大院饭店、新塍夏村饭店、王江泾宅院农家乐饭店、王江泾闻湖渔庄、王江泾镇南缘饭店、王江泾虹南农家乐饭店、王江泾镇田也饭庄

资料来源：由区农水局提供

五、打好“数字化改革+强村富民”组合拳

建设秀洲数字农业大脑，构建“1+2+2+1”框架，即建立1个数字农业大脑、2个全产业链数字化平台、2个农业数字化监管和服务平台、1项公共品牌营销服务。推进“绿秀洲物联网”云平台应用，通过远程配置设备控制策略，实现设备自动运行，2022年，新建7个智慧农业建设项目统一接入，累计接入主体26家、农资店65家。加快推进4个“浙农”系列应用落地贯通，提高浙农优品、浙农经管、浙农帮扶、浙农牧等已上线运行应用的活跃度和覆盖面。运用“种粮宝”，抓好配方肥补贴，全年通过系统购买水稻配方肥778单，合计4429.34吨。秀洲区连续三年获评全国县域农业农村信息化发展先进县，列入全省首批“三农”统计监测、“浙里菜篮子”、产销一体化等数字化应用试点，王店镇南梅村获评第一届浙江数字乡村“金翼奖”。

（楼庆庆）

基本地情

【概况】 秀洲区隶属浙江省嘉兴市，地处杭嘉湖平原，长江三角洲核心地带，江浙交界处。东与嘉善县、南湖区毗邻，东南与海盐县相连，南接海宁市，西南、西与桐乡市接壤，西北、北与江苏省苏州市吴江区隔河相望，地理位置优越。域内沪杭、乍嘉苏、申嘉湖及嘉绍等高速公路和320国道、07省道贯穿境内，京杭大运河越境而过，洪合军民两用机场正在修建中，交通极为便捷。地理坐标北纬30°34′55″～30°58′26″，东经120°31′40″～120°49′01″。区域总面积547.73平方千米。东西跨度27.7千米，南北纵深43.5千米。

【地质地貌】 秀洲区地质构造位于扬子板块东南缘，为第四系覆盖区。地层无基岩出露，沉积物厚度一般为150～260米，最大可达316米。境内地势低平，呈南高北低、东南向西北和东北方向微微倾斜，属太湖边的浅碟形洼地平原地貌。平均海拔3.3～3.8米，部分低地为2.8～3.0米。经过数千年来的垦殖开发，被纵横交错的塘浦河渠分割，形成“六田一水三分地”的立体地形结构，构成地上栽桑、湖荡养鱼、田里种粮的格局，具有人工地貌多的特征。全区湖荡密布，河道纵横，河道分布密度为每平方千米3.5千米，河网率8.3%。

（杨根荣）

【气候】 辖区属亚热带季风气候，气候温和湿润，四季分明、水热同步、光温同季。呈现“春湿、夏热、秋燥、冬冷”的气候特征，冬夏季长，春秋季短，雨水充沛、光照充足，有利于农、林、牧、副、渔五业发展。2022年，年平均气温18℃，比常年（16.9℃）偏高1.1℃。全年35℃及以上高温天数50天，38℃及以上高温天数17天，较常年（18天和2天）分别偏多32天和15天。年极端最高气温40.4℃，出现在8月23日；年极端最低气温为-3.1℃，出现在1月14日。冬季（2021.12—2022.2）平均气温6.2℃，接近常年（6℃）。春季（2022.3—2022.5）平均气温17.1℃，较常年（15.8℃）偏高1.3℃。夏季（2022.6—2022.8）平均气温29.7℃，较常年（27.3℃）偏高2.4℃。秋季（2022.9—2022.11）平均气温19.4℃，较常年（18.8℃）偏高0.6℃。年总日照时数1584.1小时，较常年（1813.4小时）偏少229.3小时。冬、春、夏和秋季总日照时数分别为325.4小时、422.3小时、552.5小时和340小时，其中冬、春和夏季日照时数接近常年（常年分别为351.2小时、467.4小时和548.1小时），秋季较常年（447.8小时）偏少。降水量为1189.2毫米，接近常年（1265.1毫米）；全年雨日129天，较常年（135.4）偏少6.4天。冬季降水量165.4毫米，较常年（207.2毫米）偏少2成。春季降水量420.6毫米，较常年（304.4毫米）偏多近4成。夏季降水量284.4毫米，较常年（526.8毫米）偏少4成多。秋季降水量294.6毫米，较常年（224.6毫米）偏多3成。

（宋刘明）

【水文】 2022年，汛期降雨主要集中在3月下旬和4月中旬强降雨天气，梅雨期以及第12号台风“梅花”到来期间。其中，王江泾站最大日雨量出现于4月13日的强降雨天气期间，降雨量120.5毫米；台风“梅花”期间降雨集中于9月14日，当日降雨量99.0毫米。王江泾水文站最高水位1.99米(85高程,下同),出现日期为9月15日;最低水位0.80米,出现日期为1月15日,年平均水位1.16米。年降水量为1260.8毫米,降水日数115天。王江泾北虹桥断面水量,入嘉兴最大流量为94.8米^3/秒,出嘉兴最大流量为143米^3/秒。新塍水位站最高水位为9月15日1.94米,最低水位为8月23日0.87米,平均水位为1.18米。

(夏水舰)

建置 区划

【建置沿革】 秦王政二十五年(前222),定荆江南地,降越君,置会稽郡,辖长水地(一说长水县)。今区境在长水地(县)境内。秦始皇三十七年(前210),秦始皇南巡,乘舟过长水,斩马祭河神,改长水为由拳县。东汉永建四年(129)会稽郡分设会稽、吴郡,隶属吴郡。三国吴黄龙三年(231)改由拳县为禾兴县;赤乌五年(242)改禾兴县为嘉兴县。两晋及南朝,嘉兴县属吴郡。隋开皇九年(589),嘉兴县并入吴县,隶苏州[一说仁寿二年(602)曾复置嘉兴县]。唐武德七年(624),复置嘉兴县,隶苏州。武德八年(625)撤销嘉兴县,并入吴县,隶苏州。至唐贞观八年(634),再复置嘉兴县,隶苏州。唐天宝元年(742)至唐至德二载(757),嘉兴县分别隶吴郡、苏州。五代时期(907—960),嘉兴初时属杭州,后嘉兴升至州府级政区,属吴越国。明宣德五年(1430),析嘉兴县西北境十余乡置秀水县,与嘉兴县同城而治,隶嘉兴府。嘉兴府城亦归秀水县管辖。县治位于城区小西门,原嘉兴卫校旧址。清咸丰十年(1860)为避洪秀全讳改名绣水县。之后恢复原名。清宣统三年(1911)秀水县并入嘉兴县,辛亥革命爆发,未实施。民国元年(1912),嘉兴废府存县,秀水县并入嘉兴县,更名为嘉禾县,直隶浙江省。民国3年(1914),复称嘉兴县。此后,区境为嘉兴县之一部分。1949年5月嘉兴解放后,原嘉兴县辖区分设嘉兴市、嘉兴县。1950年5月嘉兴市并入嘉兴县。1951年5月,市、县分设,重置嘉兴市。1958年2月,嘉兴市与嘉兴县合署办公。同年11月,嘉善县并入嘉兴县,1961年7月,恢复嘉善县建制。同年7月,嘉兴市实体重建,但实际仍由嘉兴县统一领导。1963年1月3日,浙江省人民委员会决定,撤销嘉兴市,设嘉兴镇,受嘉兴县人民委员会领导。1979年9月10日,批准复置嘉兴市,但未实施。1981年1月14日,撤销嘉兴县,建立嘉兴市(县级市),隶属嘉兴地区行政公署。1983年7月,撤销嘉兴地区行政公署,建立省辖嘉兴市,原嘉兴市分设城区、郊区。同年10月9日,嘉兴市郊区人民政府建立并对外办公。1999年6月21日,嘉兴市郊区更名为嘉兴市秀洲区。2001年10月,秀洲区行政中心建成,区人民政府迁入新城街道洪兴路1765号,距嘉兴市区4.9千米。

【行政区划】 1983年9月20日,省政府发文确定嘉兴市郊区名称和范围,郊区下辖2个镇、26个人民公社。2000年5月15日,嘉兴市本级行政区划调整,6月19日秀洲区按新的行政区划运作,辖6个镇、7个乡、1个街道,共有156个村。2001年撤乡并镇,调整后,全区辖5个镇3个街道。2002年7月起,嘉北、塘汇两个街道委托嘉兴经济技术开发区管理。2007年4月增设高照街道。至2022年末,秀洲区辖王店、洪合、新塍、王江泾、油车港5个镇,新城、高照、嘉北、塘汇4个街道,共有54个社区、113个行政村。

2022年秀洲区辖各镇(街道)、村(社区)情况

表2 单位:个

镇/街道	村		社区	
	数量	名称	数量	名称
王店镇	22	凤珍 假山 庄安 宝华 镇中 南梅 建林 庆丰 建农 镇西 太平桥 红联 马桥 国庆 八联 三建 花鸟港 建南 南星桥 先锋 清泰桥 建设	6	常睦桥 蚂桥 塘桥 解放 四喜 梅溪

续表 2

镇/街道	村		社　区	
	数量	名　　称	数量	名　称
洪 合 镇	10	锦福 新美 大桥 新王桥 良三 凤桥 泰石桥 洪合 建北 泾桥	3	横泾桥 人和 民和
新 塍 镇	24	西文桥 观音桥 富园 潘家浜 大通 思古桥 庙云桥 陡门 小金港 康和桥 钱码头 来龙桥 沙家浜 南洋 西吴 新庄 天福 万民 洛东 洛兴 洛西 旗星 火炬 桃园	6	虹桥 秀水 蓬莱 凤舞 火炬 陡门
王江泾镇	33	东荷 民主 民和 荷花 北荷 长虹 太平 洪典 东风 双桥 范滩 腾云 古塘 西雁 虹南 虹阳 阳城 虹北 华联 南汇 红联 廊下 莫家甸 市泾 田乐 大坝 田青 双塔 栋梁 收藏 宇四浜 金鱼桥 沈家桥	8	王江泾 新桥 闻川 南汇 双桥 虹阳 田乐 北胜湾
油车港镇	16	澄溪 千金寺 杨溪 合心 池湾 西湖 栖真 胜丰 马厍 钱家桥 陈家坝 上睦 濮家湾 百花庄 古窦泾 麦家	3	油车港 天星 麟湖
新城街道	3	义庄 木桥港 九里	7	亚都 春晓 中山 东升 秀湖 成秀 殷秀
高照街道	5	象贤 陶泾 新义 荫家桥 高家桥	7	秀清 运河 高桥 秀洪 泾港 运秀 洪高
嘉北街道	—	—	8	金都 常秀 友谊 嘉州美都 阳光 振兴 阳海 昌盛
塘汇街道	—	—	6	新禾家苑 锦绣 永政 茶香坊 茶园 长纤塘
合　　计	113		54	

（王　玲）

自然资源

【水资源】 2022年，秀洲区年降水量1260.8毫米，折合水量6.9086亿立方米，较多年平均偏多5.2%，属平水年。水资源总量3.2215亿立方米，较多年平均偏多5.3%。其中，地表水资源量2.7734亿立方米，浅层地下水资源量为0.9254亿立方米，地表水资源量与浅层地下水重复计算量0.4773亿立方米。人均水资源量460立方米（按年平均常住人口）。全区年用水总量2.5072亿立方米（含再生水0.1286亿立方米，雨水利用0.0003亿立方米）。其中，农业用水量1.2114亿立方米，工业用水量0.6715亿立方米，居民生活用水量0.3962亿立方米，城镇公共用水量0.1985亿立方米，生态环境用水量0.0296亿立方米。全区万元GDP用水量29.2立方米（扣除非常规水为27.7立方米），较上年下降8.5%（扣除非常规水为8.6%）；万元工业增加值用水量16.2立方米（扣除非常规水为13.1立方米），较上年下降12.5%（扣除非常规水为13.2%）。

（陈　炯）

【土地资源】 2022年，开展土地年度变更调查，但成果尚未公布，数据沿用2021年的资料。全区土地总面积54772.57公顷，其中国有土地面积15493.57公顷，占土地总面积的28.29%，比上年净增加3.8公顷，同比增长0.1%。国有土地中，农用地1120.91公顷，占国有土地面积的7.23%，比上年净减少29.68公顷，同比减少2.58%；建设用地8902.8公顷，占国有土地面积的57.46%，比上年净增加41.87公顷，同比增长0.47%；未利用地5469.86公顷，占国有土地面积的35.31%，比上年净减少8.39公顷，同比减少0.15%。

（祝国瑾）

【矿产资源】 秀洲区矿产资源主要是地热。2022年，全区有探矿权1宗，采矿权1宗。探矿权为位于新塍镇新热2号地热井（探矿权证2022年9月6日到期）。采矿权为位于运河农场的运热1号地热井，水温64℃，“探明的”可开采量为2000米³/天，“探明的+控制的”可开采量为2500米³/天，是目前浙江省境内钻深2003米水温最高、获水量最大的地热井。

（杨根荣）

【植物资源】 秀洲区记录到的陆生维管束植物共有92科191属230种，其中，蕨类植物门2科3属3种，种子植物有90科188属227种；裸子植物门共有4科7属7种，被子植物门共有86科181属220种。根据公布的国家重点保护野生植物名录（第一批）（2021年），秀洲区记录到的保护植物仅有4种，为国家Ⅰ级保护的银杏（Ginkgo biloba）、水杉（Metasequoia glyptostroboides）和Ⅱ级保护的舟山新木姜子（Neolitsea sericea）、野大豆（Glycine soja）。

【动物资源】 秀洲区重点区域鉴定出4种哺乳动物，分属劳亚食虫目（猬科）、食肉目（鼬科）、兔形目（兔科）、翼手目（蝙蝠科）。共记录到鸟类103种，隶属于15目39科。其中，国家Ⅰ级重点保护鸟类1种，为黑脸琵鹭；国家Ⅱ级重点保护鸟类共7种，分别为白琵鹭、水雉、白腹鹞、红隼、燕隼、游隼、云雀；浙江省级重点保护鸟类15种，包括雁鸭类，以及大杜鹃、棕背伯劳等；列入中日保护协定的有49种，中澳保护协定的有16种；列入《中国生物多样红色名录—脊椎动物卷》濒危（EN）等级的鸟类有1种，为黑脸琵鹭；列入易危（VU）等级的鸟类有2种，分别为红头潜鸭和田鹀；列入易危（NT）等级的鸟类有4种，分别为鹌鹑、白眼潜鸭、凤头麦鸡和红颈滨鹬。共记录到两栖动物1目4科6种，其中被列入中国红色名录受威等级（近危）的有1种，为黑斑侧褶蛙Pelophylaxnigromaculatus；6种蛙类均列入浙江省一般保护动物名录。记录到爬行动物1目3科10种，其中被列入中国红色名录受威等级（易危、濒危、极危）的有5种：王锦蛇Elaphecarinata、黑眉锦蛇Elaphetaeniura、乌梢蛇Ptyasdhumnades、赤链华游蛇Sinonatrixannularis、滑鼠蛇Ptyasmucosus。秀洲重点区域分布的昆虫有14目107科250属273种。目下科级阶元中，鳞翅目昆虫最多有20科，占总科数的18.69%；其次是鞘翅目有19科，占总科数的17.76%；直翅目15科，占总科数的14.02%。这三个类群是秀洲重点区域陆生昆虫种群结构的优势科。

（林　琴）

自然灾害

【气象灾害】 2022年，主要灾害性天气有台风、寒潮、低温雨雪、夏季酷热高温等。年初持续低温雨雪，日照时数异常偏少：年初（1月21日至2月23日）出现持续低温雨雪天气，主要阴雨（雪）时段出现在1月22日至30日和2月7日至13日，累计雨（雪）量127.9毫米，是常年的3.6倍；雨（雪）日15天，为常年的2倍；总日照时数仅1小时，较常年异常偏少。夏季持续酷热高温，强度创历史纪录：夏季出现历史罕见持续酷热高温天气，高温日数和高温强度远超常年，经评估，高温强度达有气象记录以来最强。35℃以上高温天数达50天，列有气象记录以来第一位，38℃以上高温天数17天，为有气象记录以来第二多。台风影响时间偏晚，影响较重：台风影响时间偏晚（常年为7—8月），但影响时间集中，影响较重。9月2—5日、12—15日先后受11号台风“轩岚诺”和12号台风“梅花”影响，全市出现暴雨到大暴雨天气。寒潮冷空气影响频繁，气温持续走低：受强寒潮影响，11月28日至12月2日，出现一次剧烈降温和明显降雪过程，日平均气温过程降温幅度达14.9℃；

11月30日至12月1日出现明显降雪天气，主要道路无积雪，部分草坪、车棚、屋顶等有积雪；11月30日入冬后，寒潮冷空气影响频繁，气温持续走低。

（宋刘明）

【生物灾害】 2022年，秀洲区无重大植物疫情发生。加拿大一枝黄花全区发生面积745亩，其中轻发生面积占比70%以上。

（李　渊）

居　民

【概况】 2022年，秀洲区有5个镇4个街道，总户数141214户，总人口435681人，其中，男性209902人、女性225779人。城镇人口252740人，占比58.0%；农村人口182941人，占比42.0%。其中，新城、高照、嘉北、塘汇4个街道城镇人口比率为100%。

2022年秀洲区人口统计情况

表3

名　称	总户数（户）	总人口（人）	性　别		城镇人口	
			男（人）	女（人）	人数（人）	占比（%）
全　区	141214	435681	209902	225779	252740	58.0
王店镇	19385	62866	30505	32361	20479	32.6
洪合镇	8103	30206	14669	15537	16969	56.2
新塍镇	23230	77408	37618	39790	26991	34.9
王江泾镇	23465	81050	39218	41832	27914	34.4
油车港镇	17327	54604	25886	28718	30840	56.5
新城街道	11177	31481	15101	16380	31481	100
高照街道	14824	40637	19737	20900	40637	100
嘉北街道	16373	39503	18852	20651	39503	100
塘汇街道	7330	17926	8316	9610	17926	100

资料来源：由区公安分局提供

说明：表中统计为户籍人口数，时点为2022年11月30日

【人口变动】 2022年，全区出生人口2823人，出生率6.52‰；死亡人口3158人，死亡率7.29‰；自然增长率-0.77‰。省内迁入1086人，省外迁入5648人。迁往省内605人，迁往省外553人。

2022年秀洲区人口变动情况

表4

名　称	总人口（人）	出生		死亡		自然增长率（‰）	迁入（人）		迁往（人）	
		人口数（人）	出生率（‰）	人口数（人）	死亡率（‰）		省内	省外	省内	省外
全　区	435681	2823	6.52	3158	7.29	-0.77	1086	5648	605	553
王店镇	62866	363	5.77	566	9.00	-3.23	69	645	102	40

续表 4

名　称	总人口（人）	出生		死亡		自然增长率（‰）	迁入（人）		迁往（人）	
		人口数（人）	出生率（‰）	人口数（人）	死亡率（‰）		省内	省外	省内	省外
洪合镇	30206	199	6.59	202	6.69	−0.10	30	222	41	11
新塍镇	77408	473	6.10	731	9.42	−3.32	42	428	67	31
王江泾镇	81050	444	5.47	737	9.08	−3.61	50	642	42	46
油车港镇	54604	421	7.76	441	8.12	−0.37	97	811	61	56
新城街道	31481	282	9.10	103	3.32	5.78	183	497	63	70
高照街道	40637	274	6.99	103	2.63	4.36	340	646	127	141
嘉北街道	39503	230	5.86	181	4.61	1.25	194	939	87	104
塘汇街道	17926	137	7.87	94	5.40	2.47	81	818	15	54

资料来源：由区统计局提供

【人口密度】 2022年，全区每平方千米人口795人，比上年增加10人。全区5个镇4个街道每平方千米人口密度分别为：王店镇543人，洪合镇551人，新塍镇581人，王江泾镇673人，油车港镇863人，新城街道3400人，高照街道1539人，嘉北街道2623人，塘汇街道1422人。其中，新城街道人口密度最高，王店镇人口密度最低。

（赖镕榕）

综　　述

2022 年，中共嘉兴市秀洲区委员会坚持以习近平新时代中国特色社会主义思想为指导，深入学习贯彻中共二十大精神，全面贯彻中央、省委、市委决策部署，紧紧围绕区第十次党代会"123451"总体工作思路，全面落实"疫情要防住、经济要稳住、发展要安全"要求，"五个秀洲"实现精彩开局。

聚力打造实力秀洲，发展质效迈上新台阶。实现地区生产总值 622.31 亿元（管理口径，下同），增长 4.3%，增速列全市第二，规模以上工业总产值 1079 亿元，首次突破千亿元大关。实际利用外资 3.87 亿美元，创历史新高，完成率列全市第一。秀洲光伏入选全省"415X"先进制造业集群光伏产业核心区。恒威电池成为全区首家创业板上市企业，五芳斋成为中国粽子"第一股"，嘉兴中润光学科技股份有限公司科创板注册待发。嘉兴全球航空物流枢纽入选国家级生产服务型物流枢纽，嘉兴现代物流园入围全省第二批现代服务业创新发展区。北京理工大学长三角研究院（嘉兴）成功创建全区首家国家级博士后工作站，浙江大学嘉兴研究院"光伏产业联合创新实验室"揭牌成立，高翔院士领衔的浙江省清洁能源与碳中和重点实验室获批全区首家省重点实验室。

聚力打造品质秀洲，城乡建设呈现新形象。运河湾新城全面开局，运河湾新城建设指挥部揭牌成立，城投集团实体化运作，谋划重大项目 51 个，总投资超 750 亿元。嘉兴机场主体工程全面动工，嘉兴机场货运工程、配套工程、圆通"东方天地港"等项目稳步推进。连续三年获评全国县域农业农村信息化发展先进县，入选全省高质量发展建设共同富裕示范区试点，火炬村入选全省强村富民乡村集成改革典型案例。

聚力打造美丽秀洲，生态品质取得新突破。全年规模以上工业单位增加值能耗下降 3.3%，成功扭转不降反升的态势。油车港镇、新城街道成功创建"污水零直排区"市级标杆镇（街道）。市控及以上断面实现Ⅲ类水全覆盖，石臼漾饮用水水源地水质稳定在Ⅱ类水，实现大禹鼎"三连冠"，首获"大禹鼎"银鼎。农村生活垃圾分类智慧化收运实现行政村全覆盖，"红旗""蜗牛"奖季度评选制度入选全省美丽乡村长效管护十大模式典型案例。

聚力打造幸福秀洲，民生福祉得到新改善。"残疾人之家"建设在全省率先实现镇、街道全覆盖。获评全国智慧健康养老示范基地。成功入选省先天残疾预防试点。入围省教师教育创新实验区、省学生综合评价改革和国家智慧教育平台应用省级试点，义务教育阶段城乡学校校际差异系数等指标全市第一、全省前列。举办第八届农民画艺术节、2022 朱彝尊文化论坛，承办盛世修典——中国历代绘画大系展等高层级文化活动。

聚力打造平安秀洲，社会治理实现新提升。创新战时"181"、平时"161"指挥体系，构建"统、防、追、保、督"五位一体防控体系，成功打赢 17 场疫情防控阻击战。全面打赢中共二十大维稳安保等一系列硬仗，实现省级平安建设"十八连冠"。

（张　帆）

区委重要会议

【概况】　区委重要会议主要包括区委常委会会

议、区委全委会议等。2022 年，共召开各类会议 151 场次，其中，召开区委常委会会议 29 场次，区委全委扩大会议 3 次。

【区委十届二次全体（扩大）会议】 1 月 13 日，召开区委十届二次全体（扩大）会议暨区委经济工作会议。会议由区委副书记、区长刘德威主持，区委书记徐鸣阳代表区委常委会向全会作报告。会议深入贯彻中共十九大和十九届历次全会以及中央、省委、市委经济工作会议精神，全面落实区第十次党代会要求，研究部署 2022 年主要任务，进一步动员全区上下改革创新、实干担当，奋力打造均衡富庶发展、共同富裕典范，以优异成绩迎接中共二十大胜利召开。

【全区三级干部大会】 2 月 14 日，以视频会议形式召开全区三级干部大会暨“三年”活动动员大会。主会场设在区会展中心二楼秀洲会堂，各镇、街道、秀洲国家高新区设分会场。会议由区委副书记、区长刘德威主持。会议议程主要有表彰先进，相关先进单位代表表态发言，区委书记徐鸣阳作主题报告。会议聚焦“123451”总体工作部署，大力开展平安建设年、项目建设年、作风建设年“三年”活动，加快实现均衡富庶发展、共同富裕典范，以优异成绩迎接中共二十大胜利召开。

【区委十届三次全体（扩大）会议】 9 月 27 日，召开区委十届三次全体（扩大）会议。会议由区委副书记、区长刘德威主持。区委书记徐鸣阳代表区委常委会作报告。会议深入学习贯彻中共十九大和十九届历次全会精神，贯彻习近平总书记在浙江工作期间对秀洲的重要指示精神，全面落实省第十五次党代会决策部署，忠实践行“八八战略”、奋力助推“两个先行”，系统总结前一阶段工作，全面部署下一阶段任务，动员全区上下加压奋进、跨越发展，继续坚持以城带乡、以工促农，扎实开展城乡新社区建设，推进城乡居民合作医疗工作，努力在城乡一体化发展方面走在前列，奋力打造均衡富庶发展、共同富裕典范，以优异成绩迎接中共二十大胜利召开。会议审议《坚持“以城带乡”，加快运河湾新城建设行动方案》。

【区委十届四次全体（扩大）会议】 12 月 30 日，召开区委十届四次全体（扩大）会议。会议由区委副书记、区长刘德威主持，区委书记徐鸣阳代表区委常委会向全会作报告。会议大力弘扬伟大建党精神和红船精神，坚决拥护“两个确立”、坚决做到“两个维护”，忠实践行“八八战略”、坚决守好“红色根脉”，主动对标“两个先行”、奋力推进“两个率先”，坚定扛起长三角城市群重要中心城市主城区责任担当，总结全年工作，部署明年任务，踔厉奋发、勇毅奋进、团结奋斗，以“三大引擎”带动“三大平台”，全面推动高质量发展，加快建设产城高度融合、城乡高度融合的现代化主城区，努力打造均衡富庶发展、共同富裕典范。

（徐海雷）

区委重要决策

【嘉兴运河湾新城建设】 6—7 月，召开秀湖新区、秀水新区两区融合规划设计会议及城市总设计师聘任仪式，谋划运河湾新城规划定位与框架，提出并确定以运河为发展轴，带动秀湖新区、秀水新区发展，推动秀洲迈入新的“运河湾时代”。9 月 27 日，召开中共秀洲区委十届三次全体（扩大）会议，审议通过《关于加快运河湾新城建设的决定》，明确“一主城一枢纽四城镇”（“一主城”，指运河湾新城；“一枢纽”，指以嘉兴机场为核心的交通枢纽；“四城镇”，指王店镇、洪合镇、新塍镇、王江泾镇 4 个现代化城镇）的总体布局。9—12 月，先后多次召开运河湾城市设计规划专题学习会、研讨会，就运河湾新城总体规划进行多方论证、征求意见、反复修改，初步形成规划设计成果。11 月 17 日，嘉兴市秀洲区运河湾新城建设指挥部揭牌成立，城投集团按实运作，运河综保工程加快推进，推动统一规划、整体设计、连片开发，全力打造嘉兴城市副中心。

【嘉兴市临空经济示范区建设】 10 月 13 日，副省长高兴夫主持召开会议，专题研究推进嘉兴军民合用机场项目和圆通嘉兴全球航空物流枢纽项目建设。会议听取嘉兴市政府关于嘉兴军民合用机场项目及配套工程和圆通集团关于圆通嘉兴全球航空物流枢纽项目建设的汇报，并进行研究和讨论。11月14日，嘉兴市军民合用机场建设领导小组办公室出台《关于落实省政府长三角航空物流枢纽建设专题会议精神工作方案》文件。同日，区委办、区政府办印发《关于成立秀洲临空经济示范区(空港新城)开发建设领导小组的通知》，成立秀洲临空经济示范区(空港新城)开发建设领导小组，领导小组下设指挥部，采取指挥部与交投集团公司合署办公的模式，临空经济指挥部负责嘉兴市秀洲临空经济示范区开发建设相关工作，统筹推进总体规划、项目开展、招商运营、交投筹建等工作；区交投集团承担临空经济区的基础设施、交通运输、综合物流等的投融资、开发建设、经营和管理工作。11月17日，嘉兴市秀洲临空经济示范区建设指挥部成立。11月25日，经国务院批复同意，嘉兴机场主体工程建设用地4700亩。委托中国民航工程咨询有限公司开始编制临空经济规划，谋划嘉兴机场、湖嘉申航道、嘉湖高速铁路、G524、东升西路快速化改造等交通枢纽工程一体化发展。确保2025年6月底全面建成并及早投入运行，建设长三角航空物流枢纽，打造国家级临空经济示范区。

【嘉兴国家高新区更名】 11月14日，国务院发函批复同意嘉兴秀洲高新技术产业开发区，正式更名为嘉兴高新技术产业开发区。秀洲区抢抓“更名”契机，放大嘉兴国家高新区辐射作用，光伏新能源按照千亿级集群奋进壮大。福莱特玻璃集团股份有限公司、嘉兴阿特斯阳光能源科技有限公司、嘉兴隆基乐叶光伏科技有限公司等持续增资扩产，2022年光伏新能源产业实现产值302.6亿元、增长74.6%。秀洲光伏入选全省“415X”先进制造业集群光伏产业核心区。

【“平安建设年”攻坚行动】 3月23日，印发《秀洲区平安建设补短板百日攻坚行动实施方案》，聚焦安全生产、疫情防控等重点领域，推进高水平平安建设。落实党政“一把手”带头包重点疑难信访积案，77件信访积案成功化解，全面打赢北京冬奥会、中共二十大等系列维稳安保硬仗。持续开展安全生产大排查大整治，各类生产安全事故发生起数、死亡人数分别下降40%和43%。创新“战时‘181’、平时‘161’”指挥体系，坚持“区四套班子领导齐上阵”，构建“统、防、追、保、督”五位一体防控闭环体系，成功打赢17场疫情防控阻击战。

【“项目建设年”活动实施】 2月14日，印发《秀洲区“项目建设年”活动实施方案》，紧扣建设产城高度融合、城乡高度融合的现代化主城区目标，聚焦产业转型升级、城市能级提升两大重点，牢固树立“项目为王、要素为先、落地为实、绩效为重”的理念，坚持“以项目看发展论英雄”，把“项目建设年”活动作为“扩大有效投资，抓好重大项目”的重要抓手，以高质量投资推动高质量发展。2022年，实际利用外资3.87亿美元，完成率133.6%，列全市第一。完成大项目17个，其中，总投资超亿美元项目5个，世界500强项目3个，国际行业领先企业项目3个，新引进10亿元以上备案内资工业项目6个。

【“作风建设年”活动实施】 3月23日，印发《秀洲区“作风建设年”暨“六问六争”主题实践活动实施方案》，坚持以习近平新时代中国特色社会主义思想为指引，围绕“找差距，补短板，争一流”这一目标，发扬自我革命精神，坚决破除制约秀洲高质量发展的思想和作风弊病，形成“人人敢担当、人人谋变革、人人抓落实”的浓厚氛围。推进“新官理旧账”行动，梳理秀洲历史遗留问题72个，逐一破解、基本清零，得到上级领导、基层干部、人民群众的一致肯定，“三讲三有”(“三讲”指讲学习、讲创新、讲自律，“三有”指有责任、有激情、有能力)全能型干部队伍加快建设。

(张　帆)

党建工作

【概况】 2022年，秀洲区各级党组织深入实施“红色根脉强基工程”和新时代基层组织先锋工程，紧扣高质量党建引领高质量发展主题，夯基础、打品牌、办实事，为打造均衡富庶发展、共同富裕典范贡献组织力量。党建工作分村(社区)党组织建设、“两新”党组织建设和机关党建工作，其中村(社区)党组织建设资料详见“乡村振兴”栏目。至2022年末，全区有中国共产党党员19328人。

【党员发展】 2022年，全区发展党员195人，其中女性84人，占比43.08%；35岁以下106人，占比54.36%；本科及以上学历93人，占比47.69%；在岗职工158人，其中，党政机关工作人员12人，企事业单位、"两新"组织管理人员26人，企事业单位、"两新"组织专业技术人员53人，工勤技能人员67人。

【流动党员教育管理】 实施"秀巢有爱 流动有家"流动党员管理服务十大行动，对流动党员采取"支部逐个筛查、党员逐个登记"，共排查出流入党员3176人，流出党员151人。开展"一呼百应·流动先锋"系列主题活动，广大流动党员积极参与"红马甲"巡防、疫情防控、文明创建等主题支援活动，从流动党员中评选年度"流动先锋"70余人。

【"两新"党建高地打造】 深化"一企业一载体""一行业一特色"品牌建设，依托本地产业基础、资源禀赋，深挖律师、建筑、小个专、医药医保、光伏5大优势领域，围绕产业链建好党组织，充分发挥浙江蓝特光学股份有限公司、麒盛科技股份有限公司等6家"链主"企业优势，带动上下游产业破难发展。

【非公经济和社会党组织建设】 加强非公经济和社会党组织建设，确定27个区委"两新"工委成员单位领办项目，健全完善13项"两新"工委运行机制。推进工业社区建设，已建光伏工业社区、洪创工业社区、数智工业社区、汇创工业社区4个工业社区，筹建王江泾与油车港的2个工业社区(暂未定名)。建成全区首个CBD楼宇党群服务中心。6月，承办全市医保系统党建工作会议暨"幸福医保"党建联建现场会。7月，秀洲区在全市律师行业党建高地建设推进会上作交流发言。

2022年中共嘉兴市秀洲区基层组织建设情况

表5 单位：个

名称	合计	企业(两新)	事业(含国企)	机关	其他(村社)
党委	62	5	7	10	40
党总支	124	3	12	11	98
党支部	958	314	83	125	436

资料来源：由区委组织部提供

(劳羽成)

【机关党建】 贯彻落实《中国共产党党和国家机关基层组织工作条例》的若干意见，以"双建(即建设清廉机关、创建模范机关)争先"工程为总牵引，持续推动机关党的建设高质量发展。"双包一访"(即机关部门包小区、党员干部包楼道、经常性入网走访)工作机制获全省机关党建工作创新成果，3家单位入围全市"双建"示范点创建名单，1家单位上榜全市"双建"晾晒比拼擂台赛先锋榜，4家单位获评市级机关服务品牌。2021年11月，出台《秀洲区机关单位纵深推进清廉机关模范机关建设重点任务及评价办法(试行)》。2022年5月，召开"双建"成果交流展示会，命名首批11家"双建"工作先进集体。开展第二批争创"五强"先锋支部、"五好"先锋书记评比工作，相关信息被省委组织部《时代先锋》录用。5月，举办"喜迎二十大 奋进新时代"秀洲区机关微型党课比赛暨理论宣讲大赛。6月6日，举行"书香机关智慧公仆"主题读书活动启动仪式暨"8090"悦读分享会。开展"替岗轮值、共护家园"行动，机关党员干部全员下沉一线，分层替补轮换。印发"无疫机关"实施方案，落实机关干部全员定期核酸检测。创新"双包一访"机制，51个区级机关部门1967名党员干部在所联系的微网格开展志愿服务活动60余场次，服务群众5390人次；开展"8090"机关青年助力全国文明典范城市创建志愿服务活动。参与省工委"破百难、助共富"活动，"光伏玻璃生产能耗难题"入选省级破难清单。全面推进"一人一企""一包到底""一周清零"三个"一"服务举措，287名助企干部下沉重点企业375家，收集问题1694个，协调解决问题1646个。强化责任落实，夯实基层基础。落实“积分制”管理，开展“三级责任”专项督查，修订机关服务品牌创建实施办法，命名第四批、评创第五批区级机关服务品牌。制定机关党建信息管理办法，年度入选省工委网站信息20篇。表彰2021年度区直机关先进基层党组织13个，优秀党员96人，优秀党务工作者15人；表扬战“疫”秀水先锋基层党组织50个和先锋个人129人。8月，出台《关于进一步加强和改进新时代区直机关党务干部队伍建设的若干意见》。6月、8月，分别举办区直机关党务干部培训班、党组织书记培训班。全年共指导31个基层党组织完成换届选举工作，吸收预备党员25人，转正45人，新备案入党积极分子22人。加强机关文化和队伍建设。5月，承办市直机关“追寻总书记足迹 争当共富路先锋”主题团日青享悦活动。9月，出台《秀洲区关心关爱机关干部十项举措》。启动12支文体俱乐部队伍培训计划；启用机关党群服务中心，举办中秋联谊、红色观影、新春游园会等活动，提升群团活动质量。实施“香樟树下”心理健康关爱项目，举办心理健康讲座、心理团辅等活动12场，参与人数536人次。

（王润成）

组织工作

【概况】 2022年，秀洲区共调整领导干部14批次261人次。评选出勇猛精进担当作为好干部15名。全年开设各类主体培训班32期，培训人员2364人次，全面提高干部队伍专业素养和实际工作能力。开展选人用人巡察和选人用人专项检查，完成6个机关单位、2个主体的选人用人巡察工作。全年招录公务员32名，选调生6名。出台《秀洲区新录用公务员“青蓝工程”导师帮带实施办法》，为新录用公务员入前两年配备“双成长导师”。建立区高层次人才服务中心，筹建秀洲科创人才集团。

【干部任用】 2022年，全区共调整领导干部14批次261人次，其中，提任正科级领导干部11人、副科级领导干部25人，转任重要岗位13人，平职交流72人，人大、政协常务委员更替、增补和群团换届等实际工作需要任免68人，挂职任免7人，因年龄、身体等原因自愿提前退出领导岗位13人，试用期满正式任用19人，区领导兼任职务任免19人次，提拔交流调离10人。组建6支考察队伍，先后20余次深入基层，创新开展“领导班子领导力和领导干部胜任力”指数评价，掌握正科级与副科级干部、优秀年轻干部、专业化干部人选40余人。坚持把在重大斗争一线中的表现作为考察识别干部的重要渠道，综合运用日常了解、调研谈话、分析研判等方法，研究细化政治表现正负面清单，将政治素质考察融入平时，把政治表现考察纳入选拔任用全过程，全面深入考准、考实干部政治表现，真正把树牢“四个意识”、坚定“四个自信”、坚决做到“两个维护”的忠诚干净担当的好干部选出来、用起来。

【干部培养】 切实抓好年轻干部培养，优化年轻干部成长路径。选派230余名年轻干部参与区级各类工作专班，20余名年轻干部到省、市平台和外地挂职锻炼，全区具备基层一线或重点工作平台经历的年轻干部超过70%。中层干部“全体起立、全员竞岗”，248人走上中层岗位，25人跨部门履新，31人调整退出，推动形成“能者上、庸者下、劣者汰”的用人导向。围绕“五必带”（帮带导师思想必带、学习必带、工作必带、能力必带、作风必带）“六必争”（年轻干部政治忠诚必争先、学习赋能必争先、变革创新必争先、实干担当必争先、团结协作必争先、严以律己必争先）要求，建立500余人包含党政领导干部、产业发展专家、专业技术能手等各类人员的“师资库”，形成示范帮带团7个、师徒结对853组，举办帮带交流赛2场，参与解决历史遗留问题12个，开展微党课宣讲68次，11名表现优秀的年轻干部被提拔至领导岗位。通过单位推荐、组织考察、公示公告等流程，着重在经济招商、城镇建设等条线选树优秀典型，评选秀洲区勇猛精进担当作为好干部15名，1名干部当选省担当作为好干部。

【干部教育培训】 4月，区委办出台《秀洲区2022年度干部教育培训意见》，全年开设多类型主体班32期，培训人员2364人次，建立“理论+实践+帮带”培训机制，全面提高干部队伍专业素养和实际工作能力。启动“浙里学习”嘉兴分院网络学习平台，深入推进干部教育培训数字化改革。选派5名专业技术人才到四川省宜宾市屏山县开展访学研修，选派1名领导干部到西藏那曲市色尼区挂职。坚持“七个一”（一个教学方案、一套教学资料、一本阅读书籍、一次专题展览、一支讲解队伍、一组教学场所、一套管理机制）的标准，重点打造“殷秀社区”“洪合卫生院”等总书记在秀洲的足迹现场培训教学点。深化教学课程研发，挖掘研创6篇“三个要”（疫情要防住、经济要稳住、发展要安全）攻坚克难教学优秀案例。

【干部监督】 1月，出台《秀洲区口碑考察工作实施办法（试行）》，组建25人口碑考察员队伍，全面、立体、透视了解各级干部在德能勤绩廉方面的日常表现。抓实关键事项、关键环节专项监督，组建由区委组织部、区委编办、区人社局组成的专项检查组，开展选人用人巡察和选人用人专项检查，完成6个机关单位、2个主体的选人用人巡察并形成反馈意见；全覆盖开展干部违规兼职、因私出国（境）管理，以及干部人事档案管理“三大”问题专项行动，重点对102名领导干部的兼职情况、2688名干部档案、268名领导干部的367本护照证件开展专项检查。4月，会同区审计局修订《秀洲区党政主要领导干部和国有企业主要领导人员离任经济事项交接办法》，发出《离任经济事项交接通知书》9份，开展“一把手”离任交接工作。严格落实领导干部个人有关事项报告制度，开展领导干部个人有关事项填报业务培训，全面核查609名领导干部的个人有关事项报告。完成64家单位和平台的552名区管领导干部的年度考核测评工作。

（程良梦）

【公务员工作】 2022年，秀洲区组织开展《中华人民共和国公务员法》及配套法规培训7次。全年招录公务员32名，选调生6名。进一步优化公务员学历、男女性别比例，新考录人员本科及以上学历占比100%，男性占比59.4%。是年，调出区外公务员5名，区外调入公务员6名。1月，组建选调生“青苗”宣讲团。落实公务员考核及奖惩制度，2月，印发《秀洲区公务员平时考核实施细则（试行）》，区综合执法队伍平时考核“全员积分制”相关做法获时任副省长高兴夫批示肯定。做好公务员工资津补贴改革后半篇文章，落实奖金审批及福利待遇保障等工作。6月，举办“讲村情、话发展、助共富”选调生村情调研擂台赛，推出“秀水泱泱催奋进，调查研究践初心”——秀洲区驻村选调生村情调研系列展，区选调生工作在全市公务员重点工作推进会上作典型经验交流发言。7月，组织策划浙江大学实践团“黄土地计划”实习活动，推出《创意青春，筑梦远航 浙江大学“黄土地计划”秀洲实践团走访嘉兴高新区》宣传片。突出基层实践锻炼，提升新录用公务员能力水平，8月，出台《秀洲区新录用公务员“青蓝工程”导师帮带实施办法》，为新录用公务员入职前两年配备“双成长导师”，并安排多部门、多岗位锻炼。坚持公务员“选育管用”全链条管理，注重打造先进典型，区科协顾玉凤获评省“人民满意的公务员”称号。全年组织开展公务员职务与职级晋升工作4次，共晋升148名。至年末，全区有公务员1732名。其中，党委工作机构、各级行政机关1379名，参照公务员法管理的群团机关25名，事业单位328名。区直单位1440名，镇292名。年龄结构：35岁以下457名，36至45岁607名，46至60岁668名。学历结构：研究生学历205名，大学本科学历1381名，大学专科学历137名，中专及以下学历9名。其他情况：女性529名，少数民族11名，非中共党员318名。

（王钟涛）

【人才工作】 2022年，区委组织部（区委人才办）深化党管人才工作体系建设，获批建立区高层次人才服务中心，筹建秀洲科创人才集团，形成“三位一体”人才工作格局。8月，明确区委人才工作领导小组工作规则，建立重点人才工作推进例会制度，有效破解许多人才“关键小事”。人才集聚势头强劲，新入选省级以上重点工程人才22名，全职在岗高层次人才48名，同比增长23%。深化打造“秀水泱泱·智汇秀洲”招才引智品牌，制定“青创之城”大学生新政和“秀水工匠”高技能人才新政，构建更全面、更精准的基础人才政策体系，全年开展“云端之约”“云聚英才”“独具匠心”

"招才引智高校行"等活动 20 余场，在沪苏皖等地院校聘任引才大使、高校荐才官 35 名，新引进全职青年博士 48 名、比上一年实现翻番，引进大学生完成率全市领先；新增高技能人才 6753 名，是上一年的 3.9 倍。人才平台能级跃升，北京理工大学长三角研究院、浙江大学嘉兴研究院、南方科技大学嘉兴研究院等高能级科创平台建设快速推进，成功获批全区首家国家级博士后工作站、省级新型研发机构、省级重点实验室，产才融合赋能体系不断健全。人才服务精准有效，创新推出"才遇秀美·近悦远来"人才服务品牌，9 月，成立秀洲区博士联谊会，开展"对话书记""一人一企纾困解难"等活动。结合传统佳节，举行"新春花艺""元宵喜乐""情有独粽"等人才联谊活动，参与人数约 3000 人，增强人才在"秀"的归属感和幸福感。

（关聪威）

机构编制工作

【概况】 2022 年，中共嘉兴市秀洲区委机构编制委员会办公室（以下简称区委编办）以共同富裕、服务聚才引才为首任，保障一线和重点部门的编制使用。全年核准高层次人才用编 51 名。优化"大综合一体化"行政执法改革，调整各部门专业执法机构，推进"一支队伍管执法"。实行镇（街道）管理体制分类管理，确定王店镇、洪合镇、新塍镇、王江泾镇为综合引领类，油车港镇、新城街道、高照街道为特色发展类，优化镇（街道）机构设置。出台《区级党政部门职责管理办法》和《编外聘用人员管理实施细则》，全面统筹使用编制资源。全年受理办结事业单位法人设立登记 4 家、变更登记 83 家，注销登记 2 家，法人证书换领 21 家，受理办结机关群团变更 22 家。

【服务中心工作】 服务共同富裕。设立区委社会建设委员会，优化区发改局（区委社建委）内设机构和领导职数，切实加强区委对社会建设的全面领导；设立区贸促会机关，与区经济信息商务局合署办公，促进秀洲区外贸、外资和外经业务发展。服务民生事业。完成教育"双减"、人民意见征集、未成年人保护等机构挂牌和职能调整；创新公办幼儿园教职工人员编制管理，推进公办幼儿园设立登记工作；优化教育资源配置，新设金茂幼儿园、长虹实验学校，持续完善学校、医院机构编制动态调整机制，保障教育系统事业用编 56 名、劳动合同制教职工 114 名，卫生系统用编 165 名，助力秀洲"美好优学""美好健康"品牌建设。服务聚才引才。积极发挥机构编制职能作用，全力配合做好"全员竞岗、揭榜挂帅"等工作；强化编制资源供给，保障一线和重点部门的编制使用，以更大力度支撑服务重大招才引智工作，保障人才强区"首位战略"，全年核准高层次人才用编 51 名。

【"大综合一体化"行政执法改革】 优化综合行政执法机构设置，在区综合行政执法局增挂区综合行政执法指导办公室牌子，承担本行政区域综合行政执法的统筹协调指挥、规范指导等工作。调整部门专业执法机构，撤销区节能行政执法队、区民政行政执法队、区劳动保障行政执法队和区统计行政执法队，继续保留农业、市场监管、文化市场、生态环境、应急管理、卫生监督 6 个领域执法队伍，同步完成队伍名称规范、人员编制划转以及"三定"修订等工作。设置镇（街道）综合行政执法队，与区综合行政执法队派驻机构整合运行，推动执法力量下沉，推进"一支队伍管执法"。依法加强行政监督，确保权力事项库监管事项认领率和行政检查事项覆盖率"双 100%"。

【基层管理体制改革】 实行镇（街道）分类管理，按照市级确定的分类标准，确定王店镇、洪合镇、新塍镇、王江泾镇为综合引领类，油车港镇、新城街道、高照街道为特色发展类；健全区镇综合指挥体系，推进镇（街道）平台化运行，优化镇（街道）机构设置，原则上统一设置综合信息指挥室（党政综合办公室）、党建工作办公室、经济发展办公室、社会治理办公室、社会事务办公室、应急管理与消防安全办公室、财政管理办公室、政务服务中心等机构，各镇另外设置农业农村办公室、城镇建设办公室，街道另外设置社区建设办公室等机构，严格控制挂牌机构数量，工青妇等群团组织按有关规定设置。建立健全镇（街道）岗位管理机制，统一编制岗位指导目录，科学合理设置工作岗位，推动镇（街道）人员从身份管理向岗位管理转变。

【机构编制管理】 7月，印发《秀洲区区级党政部门职责管理办法》，建立健全部门职责动态管理机制，明确部门职责边界，强化部门协同配合；拟定《秀洲区机关事业单位编外聘用人员管理实施细则》，进一步规范编外聘用人员管理；推行镇（街道）人员编制和中层职数统筹使用，建立镇（街道）编制和中层职数“周转池”，全面统筹使用编制资源，重点保障党委政府重大阶段性任务用编用职需求。

【机构编制质效评估】 2022年，开展镇（街道）机构编制运行质效评估，将评估结果作为改进镇（街道）机构编制管理、优化编制资源配置的重要依据，提升编制资源使用效益。创新谋划“乡编评”机构编制评估应用场景建设，打造以镇（街道）机构职责、人员编制、运行机制、履职成效、规定执行等为指标，集信息采集、单位自评、评估赋分、报告生成、结果反馈等功能于一体的全方位机构编制评估应用场景。

【事业单位登记管理】 承担省事业单位公益指标体系建设试点县（市、区）工作，在全区范围内对29家教育类和医疗卫生类事业单位进行2021年度数据归集和测试，协助嘉兴市事业单位登记管理局编制事业单位公益指标年度发展报告。制定《秀洲区级登记设立事业单位工作规程（试行）》，《校地共建科研院所发展模式研究》入围市、区社科联调研课题。全年受理办结事业单位法人设立登记4家、变更登记83家、注销登记2家，法人证书换领21家，受理办结机关群团变更22家。开展全区192家事业单位法人信息年度公示工作，受理核准事业单位年度报告书，核准、备案18家事业单位章程。推进6家事业单位法人公示信息“双随机”抽查扩面提质。

【机构编制法定化建设】 学习贯彻《中国共产党机构编制工作条例》（以下简称《条例》），将《条例》纳入区委党校主体培训班课程2次。常态化开展机构编制事项合规性审查，配合选人用人专项检查、条条干预问题自查自纠等工作。依托全省机构编制数字化监管平台，开展机构编制问题预警线索专项核实整改工作，累计整改493条。机构编制实名制管理，开展全区实名制数据质量核查、年报等工作，与机关事业养老保险系统、浙政钉客户端建立数据比对核查机制，全年实名制信息维护审核7877条。

（林越琪）

宣传工作

【概况】 2022年，秀洲区宣传思想文化工作以服务保障和宣传贯彻中共二十大为主线，坚持围绕中心、服务大局，聚力“两个率先”，启动新时代文化秀洲工程，实施主城区文化高地建设，切实担起举旗帜、聚民心、育新人、兴文化、展形象的使命任务。理论武装更加走实走心，“秀水大讲堂”覆盖党员干部1.8万余人次，“街边闹市小讲台”等理论宣讲品牌覆盖群众8.2万余人次，《完善基层公共文化服务体系建设的对策建议》被省委书记袁家军批示。对外宣传成效显著，秀洲新闻报道26次登上央视，其中，《新闻联播》8次；《人民日报》刊登10次，其中头版1次。文化供给更加优化，承办盛世修典——历代绘画大系展等高层级文化活动，举办各类群文活动700余场，新增五星级文化礼堂3家，原创舞蹈《带你去远方》获得2022年浙江省“群星奖”，3个作品获得嘉兴市“五个一”工程奖。继续扶大育强文化企业，嘉兴中润光学科技股份有限公司入选浙江省第六批成长型文化企业，并在上交所科创板注册待发。“好人之城”建设更加深入，入选“浙江好人”5人、“嘉兴好人”8人，连续十年上榜“中国好人”。“红色资源在线·红色润心”应用入选省委宣传部“红色资源在线”系统建设试点，成为省市重大改革（重大应用）项目，获评全省数字文化系统优秀应用。《画好“三幅农民画”以文艺力量助力共富道路》入选2022年度浙江省宣传文化领域共同富裕最佳案例名单。“郝老师课堂”志愿服务项目获得浙江省青年志愿服务项目大赛铜奖。8月10—18日，省委巡视意识形态第三专项检查组对秀洲区落实意识形态工作责任制情况开展巡视。

（顾美凤）

【理论武装】 秀洲区深化“秀水大讲堂”品牌建设，落实贯彻“第一议题”制度，围绕省第十五次党代会精神、总体国家安全观等重点内容，分级分类举办“秀水大讲堂”专题讲座12次，区委理论学习中心组学习研讨会7次。持续加强基层宣讲阵地建设，设立“郝老师”名师工作室、杨开颜名师工作室等首批10家宣讲名师工作室，打造“般秀学堂”等一批特色宣讲点，开展“音乐党课”“画说党史”“跟着电影学党史”等特色宣讲260余场次，吸引群众5.2万余人次。创新性打造“街边闹市小讲台”，充分运用商业街区、公园广场、社区休闲场所等居民群众参与度高的地方，全年开展街边闹市宣讲110余场，覆盖受众1.8万余人次。全面启

6月28日，首场秀洲区“街边闹市小讲台”理论宣讲活动暨省第十五次党代会精神宣讲活动在嘉兴市文化艺术中心举行（区委宣传部提供）

动“强国复兴有我”群众性主题宣传教育活动，实施“红润秀洲”红色基因传承教育活动等6大行动，累计开展学习贯彻中共二十大精神“六学六进六争先”学习实践活动65场，宣传教育群众1.2万余人。举办“喜迎二十大 奋进新时代”秀洲区第十二届微型党课大赛，通过身边故事、旋律（音乐术语）、影片等，讲述群众共同富裕美好生活、数字化改革创新与新时代拼搏奋斗故事。充分挖掘红色资源优势，实施“136”（制定一个规划；突出新城街道新时代共同富裕展示地、新塍镇红色小镇、洪合镇革命基因传承地三大重点；实施建设一个红色应用、推进一批项目建设、建设一支红色宣讲团、打造一批红色精品课程、探索一种红色研学运营模式、开展一系列红色形象宣传六项工作）行动，进一步挖掘秀洲文化基因，推进红色文化传承样板地建设。开发建设“红色资源在线·红色润心”应用，构建“1251”（一个数字驾驶舱，治理端、服务端“两端”协同，红色资源、红色管家、红色讲堂、红色游学、红色研创五大应用场景，一个红色润心指数评价指标）应用体系，应用入选省委宣传部“红色资源在线”系统建设试点，获评全省数字文化系统第三批优秀应用，服务群众2.8万余人次。

（朱昱宁）

【对外宣传】 秀洲区围绕中共二十大、共同富裕等重大主题和重点工作策划主题宣传，深化高层级外宣平台拓展，开展高规格、高频次宣传报道，全年在中央级、省级主流媒体平台及刊物上发表稿件736篇，其中，中央电视台播出26次（含央视《新闻联播》8次），《人民日报》报道10篇，《光明日报》报道8篇，《每日电讯》报道2篇；《浙江日报》头版刊发稿件10篇；在《嘉兴日报》前版刊发稿件213篇，其中头版头条稿件17篇，头版倒头条稿件10篇。

（史 意 凌宇伦）

【文化发展】 2022年，秀洲区召开区委文化工作会议，全面启动新时代文化秀洲工程建设，持续擦亮大运河、秀洲农民画、朱彝尊·浙西词派三张文化“金名片”，进一步彰显主城区文化高地。全年建成“10分钟品质文化生活圈”111个（说明：浙江省政府“浙文惠享”民生实事工程提出“15分钟品质文化生活圈”建设，嘉兴市提出10分钟的标准），先后举办朱彝尊文化论坛、“幸福小康美好生活”全国农民画作品展，承办盛世修典——历代绘画大系展、中国儿童戏剧节、第十届中国·嘉兴国际漫画双年展等多项高层级活动。实施儿童戏剧艺术普及“星·光”工程，与中国儿童艺术剧院开展院地合作，成立中国儿童艺术剧院嘉兴实践基地。不断深化全民艺术普及活动和“三百”工程文化进万家行动，全民艺术普及率全市第一。原创舞蹈《带你去远方》获2022年浙江省“群星奖”，3个作品获市“五个一”工程奖。

（戚金祥）

【“扫黄打非”工作】 2022年，秀洲区严密查堵各类非法出版物侵权盗版行为，开展“扫黄打非”八大专项行动，深入排摸涉民族宗教有害网络直播和短视频、电商平台销售非法出版物、网络游戏

和网络文学传播有害内容等行为。办理1起网络搜索引擎非法链接案件和2起涉宗教类行政案件。区"扫黄打非"办会同区文旅执法大队、消防、公安、应急管理、市场监管等职能部门，在节假日、"两会"、开学季、寒暑期等重要时间节点对印刷企业、出版物零售单位、电影院等重要点位开展执法检查。以多种形式开展"护苗"行动，《油车港镇麟湖小学开学季唱响"扫黄打非"三字经》信息被"扫黄打非"、绿书签等多个国家级平台录用。1月11日，嘉兴市版权服务工作站在秀洲揭牌，同日承办浙江省第十届"知识产权杯"创意设计大赛启动仪式。

（顾　青）

【网络综合治理】　秀洲区建立健全职责清晰、协调顺畅、管理高效的基层网络综合治理体系，召开全区依法治网体系建设工作推进会，印发《秀洲区互联网信息内容"分业分层监管联合联动执法"工作机制（试行）》和《秀洲区涉网违法案件会商工作机制》，强化多部门联动联处。9月，新建网信执法办案中心，制定举报受理、案件流转交办等一体化流程制度。先后开展"清朗""之江净网"等专项行动，整治网络传播秩序，打击网络违法违规行为，共处置各类有害、虚假信息7547条，受理涉及辖区内企业网络举报件18件，协调处理违法违规网站8家，整改违规微信公众号14家，打击涉网犯罪案件58起，抓捕犯罪嫌疑人122人。11月1—20日，全面排摸全区169家网络直播主体，召开直播企业行政指导会，签订直播倡议书，规范网络直播行为。全年推出"抖in共富，醉美秀洲"短视频大赛、"共同富裕看秀洲"网络微展、"共同富裕看秀洲"主题摄影（短视频）大赛、"礼润秀洲·文明有你"网络公益项目等网络文化活动，参与网民1.3亿人次。开展网络正向引领宣传活动，"秀水泱泱共赴共富"重点网络文明话题阅读量超3700万人次，讨论量超1.8万条。

（胡胜展）

【网络安全】　秀洲区围绕护航中共二十大网络安全和数据安全工作要求，制定《秀洲区关于中共二十大网络安全保障工作方案》，召开护航中共二十大网络安全保障工作暨全区首席网络安全官培训会议。开展护航中共二十大网络安全和数据安全专项检查，发现并整改漏洞隐患41项。开展全区"护网2022"网络安全攻防演练，累计发现并督促整改高危漏洞64个。组织开展网络安全"回头看"，1家单位因隐患整改不到位被约谈。坚持网络安全与信息化建设"同步建设、同步规划、同步使用"，完成新建信息化项目网络安全预审31个。9月5—11日，举办2022年秀洲区网络安全宣传周活动，编写网络安全歌曲《知网善用》，编排网络安全小品《"信"福一家人》；举办网络安全和个人信息安全主题展，制作各类宣传展板60余块，发放宣传折页1.5万余份，发送安全宣传短信覆盖手机用户10余万人；举办网络安全讲座"身边的幽灵：漫谈信息安全意识"、网络安全知识网上有奖答题竞赛等活动，参与人数5万余人次；

9月5日，2022年秀洲区网络安全宣传周启动（沈培忠摄）

组织LED显示屏滚动播出网络安全宣传标语。区财政局的《主动防护智能联动安全防护体系》案例获得嘉兴市数字化改革网络安全入围奖。

（沈培忠）

【社科理论研究】　2022年，秀洲区社会科学界联合会（简称区社科联）聚焦高质量发展、城乡融合、共同富裕、数字化改革等重点领域，开展社科课题研究96项，获省级规划立项2项，市级入围33项，市级规划立项4项，区级规划立项45项，其中一类课题10项、二类课题15项、三类课题20项。"共同富裕背景下'一肩挑'政策对农村社会治理有效性研究——以浙江省嘉兴市为例"立项为2023年度浙江省哲学社会科学规划课题，"书香秀洲建设助力精神富有的实践研究”等4项课题立项为嘉兴市哲学社会科学规划课题。“完善基层公共文化服务体系建设的对策建议”被立项为2022年度浙江省哲学社会科学规划应用对策类(第一批)重点课题。出版著作《翰墨秀水——秀洲历代书画百家选》,理事单位编纂的《大运河嘉兴史话》获浙江省哲学社会科学重点研究基地“文化发展创新与文化浙江建设研究中心”项目资助3万元,《浙西词派研究》《大古浜口述史》分获嘉兴市第二十七届社会科学优秀成果著作类一、二等奖,推进《秀水桥影》《梅里诗综》《梅里词综》等著作编纂。深入探索校地合作模式,与浙江工商大学合作完成《秀洲打造江南运河文化带样板段的对策研究》和《江南运河秀洲段文化标识构建的建议研究》课题2项。

【社科宣传普及】 全面开展红色资源普查和系统化研究,编制《秀洲区红色文化高地方案》,按照统一规划、统一标识、统一管理、统一宣传的原则,着力打造“红润秀洲”社科品牌。“红船领航·爱我国防”米科军旅园国防科普文化基地项目获评2021年度“浙江省红色科普基地精品项目”。开展社科普及月活动,各理事单位围绕“喜迎二十大·奋进共富路”主题,开展线上线下各类社科普及主题展示活动200余场。积极开展社科普及基地培育,秀洲区图书馆、胜丰村社会科学普及基地2家获评市级社科普及基地称号,新塍古镇通过省级社科普及基地工作评估,秀洲·中国农民画艺术中心等3家基地通过市级复评。

(钱蓓莉)

统战工作

【概况】 2022年,中共秀洲区委统战部全力构建大统战工作格局。民主党派领域:制定《2022年度民主协商工作计划》,完成专题座谈协商7次、调研座谈1次;建立17名区党政领导与60名党外人士交友联系名单,广交党外挚友诤友;支持民主党派发挥智库作用,积极参政议政,组织参加区委常委会、工作情况通报会等18次,形成市、区两级人大建议26条、政协提案117件。民族宗教领域:实施民族团结“秀水一家亲”石榴红专项工程,培育建设石榴红家园、石榴红驿站、石榴红工作室等;成功承办省级民族团结进步促进会第一次会员大会和全省微党课巡回宣讲活动,唱响秀洲石榴红品牌;深化“十百千万”普法工程,全年开展普法教育培训6场次,能仁寺成功创建为省级普法教育基地;建设上线“秀洲E宗治”应用场景,推进数字综治进宗教场所。民营经济领域:举办“金融助企”专项行动,联合6家银行金融机构发布“秀商领创贷”“秀商丰收卡”等金融产品,向区工商联所属商协会企业总授信金额69.54亿元,助力经济稳进提质;开展“法律护企”专项行动,设立3家商会“共享法庭”,做好经济领域纠纷调处工作;实施“清廉润企”专项行动,创建清廉民企规范化建设先行单位42家。海外统战和侨务领域:联合

8月16日,秀洲区举办以“打通金融活水最后一公里”为主题的金融助企专场“亲清直通车·政银企恳谈会”(王伟杰摄)

禾城农商银行签订“同心金融服务”项目,为侨企新侨提供授信1000万元及多项精准金融服务;邀请侨界精英组建“侨助共富”专家团,开展专题讲座、提供政策咨询等服务20余场次;承办嘉兴海燕创新创业学院成立仪式暨2022年第一期海燕培训班开班典礼;建立“侨创园”“海创园”等人才项目双创示范基地,博尔玛创新园、上海交大嘉兴科技园成功入选“浙江省侨联侨界创新创业基地”。

【秀洲区“同心家园”启用】 7月14日,位于高照街道运河路156号的秀洲区“同心家园”建成启用。总建筑面积1390平方米,总投资500万元。“同心家园”内设同心家园展厅、会议室、书画室、

7月14日，秀洲区“同心家园”启用（徐佳摄）

阅览室、交流室等功能区块，打造各领域统战人士、统战团体办公、联络联谊以及举办各种活动的主阵地。同日，以“同心家园”为中心，全区“党派之家”“石榴红家园”“侨之家”等5类34处统战阵地为分布点的“1+5X”数字统战地图发布，“秀云同心家”数字化综合服务平台上线运行，致力共建共育共享全区统战阵地。是年，“同心家园”累计开展各类爱国主题教育、业务培训、各类会议等35场，成功入选全市“十佳”同心阵地。

【“秀水一家亲”石榴红工程】 2022年，秀洲区实施民族团结“秀水一家亲”石榴红专项工程。全年培育建设石榴红家园3个、石榴红驿站6个、石榴红工作室3个、石榴红志愿服务队4支、石榴红宣讲团4支，持续扩大铸牢中华民族共同体意识覆盖面。“秀水一家亲”石榴红专项工程入选全市十佳“同心实践案例”。11月，秀洲区承办省民族团结进步促进会第一次会员大会和全省微党课巡回宣讲活动，唱响秀洲石榴红品牌。

【“侨助蝶变”共富品牌】 5月，联合禾城农商银行签订“同心金融服务”项目，为侨企新侨提供授信1000万元及多项精准金融服务。建立“侨创园”“海创园”等人才项目双创示范基地，博尔玛创新园、上海交大嘉兴科技园成功入选“省侨联侨界创新创业基地”。邀请侨界精英组建“侨助共富”专家团，开展专题讲座、提供政策咨询等服务20余场次。7月，参加全省侨联经科工作交流暨新侨创新创业研讨活动并作交流发言，撰写的《秀洲区多举措打造“侨助蝶变”共富品牌》信息被省委办《每日简报》录用。8月，承办嘉兴海燕创新创业学院成立仪式暨2022年第一期海燕培训班开班典礼，领衔建立交流培训实践平台。

【招引乡贤助力乡村振兴】 2022年，秀洲区发挥新乡贤带头致富、带领创富、带动共富“三带”示范引领作用，推动乡村特色产业做大做强，如：新塍镇举办首届卫生与健康发展论坛，打造“医在新塍”特色品牌；王店乡贤朱水源与嘉兴南湖希望小学签订“十年之约”等。全年成功培育“新乡贤带富”示范项目2个，分别是嘉兴运河文化省级旅游度假区内莲泗荡水上智慧书屋项目、数字化云仓供应链项目。新乡贤为基层治理建言献策36条，参与社会矛盾纠纷调解17起，为社会公益事业捐助205万元。

（徐　佳）

【党外知识分子联谊会】 2022年，秀洲区党外知识分子联谊会（简称区知联会）有会员77人，其中新发展会员2人。7月，举行区知联会王店分会“会员之家”揭牌暨“文化惠民共富同行”公益课堂启动仪式，王店分会组建4支队伍，分别开展以“送文化”“送健康”“送技术”“送关爱”为主题的“四送”实践服务活动；8月，洪合镇分会“会员之家”揭牌，为洪合的学生赠送相关书籍。

（王惠萍）

对台工作

【概况】 2022年，秀洲区台办积极应对台海局势的新变化、新挑战，依托省台办刊物、嘉兴市台办网站开展对在秀台商、台企的宣传，同时组织在秀台商、台企参加各类社会活动，加强两岸民众的交流交往，促进对台经贸活动，维护台胞台属的合法权益。组织涉台干部50余人参加各级台办举办的培训班及南湖讲坛，进一步提高新形势下处置各类涉台突发事件的应急管理能力和水平。全年新增台资项目6个（其中，新设企业3家、增资项目3个），实到台资2.2亿美元，占全市比例近70%，位居全市第一。

【对台经贸】 锚定秀洲主导优势产业，坚持“招大引强”“好中选优”，持续放大台资企业在纺织服装、机械制造等领域的集聚效应，加快发展新兴信息电子、新能源、新材料、新兴产业和现代服务业。开展全区台资企业调查摸底工作，更新台资企业信息，录入掌握全市台资企业信息系统，为落实“东引台资”战略夯实基础。抓好2021浙江·台湾合作周签约项目的跟踪服务工作。7月，总投资1亿美元的智能汽车产业链项目在合作周杭州主会场签约。

【交流交往】 围绕争取台湾民心主线，加强秀台两地联络联谊。组织在秀台胞亲子家庭、区台联会理事到新塍古镇小蓬莱共赏鳌山灯会，制作“同心”汤圆，获《光明日报》公众号刊发点赞。在银杏天鹅湖组织“奋楫启新程 同心创未来”——秀洲区港澳台侨界巾帼庆祝“三八”国际妇女节主题活动。组织开展秀洲区台胞台属迎中秋、迎国庆联谊活动。向岛内基层民众寄送新年挂历、“秀洲八景”台历300份，进一步联络感情、宣传秀洲，讲好秀洲故事。

【维护台胞台属合法权益】 2022年，秀洲区坚持“亲商、安商、富商”的服务理念，不断完善软环境建设，切实为在秀台胞提供权益保障、政策咨询等优质服务。深入开展“三服务”2.0版，贯彻落实国家、省、市各项惠台政策。做好涉台突发事件和投诉求助调处工作，政府重视服务台商台胞生活。秀洲区有台胞台属198人，当年走访慰问台胞台属20多户，关注台胞在秀洲的生活状况，在就学、就医、就业等方面提供便利服务。全年协调解决4名台商台胞子女入学事宜，最大限度保障台胞享受“同等待遇”。

【宣传议政】 2022年，区台联会利用区委党校统战理论培训主体班、区委统战部理论学习中心组学习扩大会等平台，开展多场“台海形势”专题讲座。先后推荐5名理事担任市、区政协委员，其中市政协委员1名、区政协委员4名。台联界别政协委员围绕党委、政府中心工作，高效资政建言，先后形成高质量调研报告1篇，撰写政协提案4件，社情民意7件，为秀洲发展贡献更多政协智慧和力量。

（田勇杰）

侨联侨务工作

【概况】 2022年，秀洲区归国华侨联合会（简称区侨联）有秀洲籍海外华侨236人，外籍华人69人，主要分布在美国、英国、德国、法国、日本、韩国、澳大利亚、新加坡、西班牙、新西兰、丹麦、瑞典、意大利、匈牙利、荷兰、阿联酋、越南、巴西、波兰19个国家；港澳同胞195人，归国留学人员249人，海外留学人员287人，留学人员数排名前八的国家分别是美国、加拿大、英国、德国、日本、澳大利亚、韩国、法国。重点侨资企业约40家，总投资约10亿美元，注册资本约5亿美元。主要集中在先进制造业、生物医药、服装纺织、高端材料等10多个行业。是年，秀洲区侨联召开七届四次、五次全委会，领衔成立嘉兴海燕创新创业学院，启动“侨助共富”专项行动，助力优化秀洲银商环境。申报的嘉兴粽子文化博物馆入选“浙江省华侨国际文化交流基地”，博尔玛创新园、上海交大嘉兴科技园入选“浙江省侨联侨界创新创业基地”。在嘉兴市文化艺术中心、秀洲区同心家园成立“侨之家”。

【“侨助共富”专项行动】 5月12日，秀洲区五届政协侨联界别活动周暨“侨助共富”专项行动启动仪式，在长三角（嘉兴）纳米科技产业发展研究院举行。会上，下发《“侨助共富”专项行动方案》，举行“侨助共富”签约仪式。全面推进“千个侨企帮千村”专项行动，逐步将“侨企结对”工作向纵深推进。三和机电股份有限公司向新塍镇洛兴村捐赠4辆绿源电动车，鑫森纺织有限公司向腾云村捐赠3辆电动车，用于网格员村务工作。区侨联牵头区红十字会举办相应的捐赠仪式。

【嘉兴海燕创新创业学院成立】 8月4日，在油车港镇银杏天鹅湖，嘉兴市侨联和秀洲区侨联联合成立嘉兴海燕创新创业学院，围绕“回得来、引得进”“留得住、干得好”“组织得起来”的原则，邀请党政相关部门负责人、高校创业学院教师、知名侨商和优秀海归企业家等组建专家导师团，对海外留学生开展思想政治引领、爱国主义教育、职业规划发展、创新创业分享等方面的专题培训，致力搭建新侨人才思想引领、学习培训、创新创业、实习实践新平台，打造一支具有全球视野、家国情怀、勇于创新、面向未来的高素质海外归国人才队伍。

【入选省创新创业基地】 5月5日，浙江省侨联《关于命名第三批"浙江省侨联侨界创新创业基地"的通知》发布，秀洲区的博尔玛创新园入选浙江省侨联侨界创新创业基地（双创驿站），上海交大嘉兴科技园入选浙江省侨联侨界创新创业基地（海智园）。

【"同心筑梦"暖侨工程】 2022年，实施联络联谊"同心筑梦"暖侨工程，开展"侨企开门红""侨商服务月"等活动，调研走访麟湖建设、锦源实业、良友制衣、嘉民新材料、中科奥度新材料等15家重点侨资企业。建立侨界代表人士联络联谊"六必访"机制，常态化开展"侨爱帮扶"送温暖、"侨心相印"促团结、"侨界新风"送祝福活动，全年累计走访侨资企业200多家，解决相关问题86个，慰问侨界代表人士、困难侨眷385人。区侨资企业浙江汇信实业股份有限公司、嘉兴超唯环保科技股份有限公司捐赠价值11万元的医用等离子体空气消毒净化机22台，定向捐赠给秀洲区妇幼保健院、秀洲区王江泾医院以及各镇（街道）卫生院等。

（王亦琳）

信访工作

【概况】 5月1日，中共中央、国务院《信访工作条例》施行。秀洲区聚焦信访工作系统性重塑，以"一图一指数"为工作载体，加强访源治理，深入开展积案化解清零专项行动。全区信、访、网的诉求总量3761件（批）次，同比下降14.55%；信访积案全部清零，再次信访率零，全省排名并列第一。连续5年成功创建全省"无信访积案区"。秀洲区信访局获评全省信访工作先进集体。

【区级领导下访接访】 2022年，秀洲区持续推行区级领导每月15日信访接待和每月不少于1次定点值守接待群众、阅批来信和网信、到12345政务热线中心接听来电不少于1次等工作制度，落实重点约访、专题接访、带案下访等精准下访接访，压紧压实信访工作责任，较好地形成"领导干部下去多，信访群众上来少"的良好信访秩序。全年区级领导共接待来访群众151批246人次，批阅来信69件，接听来电20件，办结率100%；初信初访事项平均化解率97.09%。

【信访积案化解清零专项工作】 2022年，秀洲区持续开展信访积案化解清零专项行动，出台《秀洲区信访积案化解清零行动实施方案》，对89件信访积案逐一落实区级领导包案，实行"一人一案一档"，落细"五个重新"（重新明确工作责任、重新接待信访群众、重新梳理问题情况、重新制定解决方案、重新开展化解工作）责任。压实属地和事权部门的工作责任，落实"一案一策一专班"，加强实地走访，深入分析研究案情，精准制定化解方案。区信访工作联席会议定期会商研判，并邀请区级相关部门组成"智囊团"逐案研究，合力推动问题解决，实现上级要求在5月底前全部清零的目标。

（魏晶晶）

老干部工作

【概况】 2022年，秀洲区有离休干部12人，其中县（处）级3人、科（局）级以下9人，含易地安置1人，嘉兴经济技术开发区委托秀洲区代管1人。有退休干部2748人，其中县处实职退休干部33人。离退休党支部26个。秀洲区委老干部局抓实抓好党建引领跃升、作用发挥创优、服务管理提质等工作，用心用情，精准服务，为全面打造"五个秀洲"贡献银色力量。

【政治生活待遇】 组织老干部参加重要会议、阅读文件等各项政治活动，召开老干部座谈会，及时传达党和国家政策精神。省第十五次党代会召开后，组织老干部深入学习省党代会精神。10月16日，组织老干部收看中共二十大开幕盛况。召开老干部读书会，及时通报全区阶段性重点工作进展情况，让老干部第一时间了解和关心关注全区经济社会发展情况。深化离休干部关爱机制，坚持"四季四送"（春送温暖、夏送清凉、秋送健康、冬送祝福）服务，推进"六必访"，组织开展干部离退休制度建立40周年大走访、大调研活动，进一步完善数据库信息。定期为老同志开展上门“三服务”，针对身体不好需要特殊服务的老同志，开展上门送药等个性化服务。结合暑期走访活动，开展“送慰问、送学习、送技能”等活动，帮助老干部上网使用“浙里老干部”“银龄云支部”。组织老同志开展“走、看、守、促”（走基层、看变化、守初心、促发展）活动，定期听取老同志意见建议，全年收到建议70余条。

【学习活动阵地建设】 4月，创办《秀银家园》报刊。6月，举办“秀银展风采·喜迎二十大”老干部书画、摄影、征文活动，网上展出书画作品102件。持续推进老干部活动中心（室）、党群服务中心、文明实践站（点）等阵地共享机制，打造新城街道殷秀社区为示范的社区老干部活动综合体。发挥区老干部活动中心优势，做实做强“老党员驿站”，为老干部活动提供优质服务，开展“喜迎二十大红歌会”等活动18场次；开展线下实景式、线上体验式活动和“迎重阳”等系列活动。依托嘉兴老年大学教学点，贯彻“老年素质教育”办学理念，持续提升办学质量，推出“秀色可餐”“嵌入式党课”等特色教程32个、视频18个。11月，组建秀洲老年教育联盟，形成党委领导、政府负责、部门协同、社会参与、普惠共享的老年教育新格局。11月12日，启用区老年大学新校区，进一步扩大全区老年教育的影响力。

【发挥老干部正能量】 成立“五彩同心路、秀银助共富”志愿团等特色团队，有120余名老干部参与活动。完善“银色人才”数据库，全区有红色宣讲、农技服务、矛盾调解等银色人才210余人。是年，组织“秀银共富宣讲团”，围绕生活富裕、精神富有等主题，开展进机关、进企业、进村社、进学校、进阵地、进云端“六进”活动。做强“银耀秀水”志愿品牌，引导老同志主动融入新时代“网格连心、组团服务”，在居住社区、村担任微网格长、楼道长；老干部认领垃圾分类“桶长”、爱绿护绿“林长”、水域治理“河长”等志愿服务岗位，助力基层治理；高照街道秀清社区的离退休干部疫情期间成立志愿服务队，新城街道殷秀社区离退休干部参与“幸福来敲门”志愿服务。培育“老吴红色文化工作室”，进一步提升“姚法官工作室”“严大姐调解工作室”“老姚工作室”等老党员工作室品牌效应。“红心56”爱心助学团队持续开展贫困山区、革命老区、少数民族助学活动，至年末，共助学280人。开展银色人才推荐工作，寻访银色人才39人；培育“银耀共宣”品牌工作室（团队）9家；深化“银尚乐活”品牌建设，选树“银尚达人”16人。

【思想政治建设和党支部建设】 强化“初心行动”政治功能，提高“秀水银晖”离退休干部党建工作质量。召开全区离退休干部党支部工作会议，贯彻落实中办《关于加强新时代离退休干部党的建设工作的意见》，以“银领云支部”全面应用、示范引领为抓手，完善和加强银领“双指数”评定工作。8月，召开“浙里老干部”应用推进会，通过云课堂的录制、公众号学习资料的推送，提高“浙里老干部”“银领云支部”应用软件的安装使用。至年末，全区有998名老干部注册使用“浙里老干部”，使用率36.32%。推动离退休干部党建工作向社区延伸，全区有332名老党员到社区报到。推进社区“离退休干部之家”规范化建设，突出“强化政治引领、开展党建活动、服务基层治理、关心关爱老同志”四项基本功能。高照街道秀清社区“正青春”党支部组织老党员参加社区学习活动，参与疫情防控、全国文明典范城市创建等工作。新城街道殷秀社区建立银晖讲堂、银晖志愿者团队，发挥离退休干部作用。

（刘佳玲）

党校工作

【概况】 2022年，秀洲区委党校聚焦主业，强化主课，守好理论武装重要阵地，全年举办各类培训班54期，培训党员干部3443人次。全年申报课题立项34项（结题32项），其中省级课题立项13项（结题6项），在省委党校课题立项数量跃居嘉兴县（市、区）党校第一。英文微党课《一座禾城驿，温暖千万家》获全省党校系统“浙江外宣好故事”英文微党课宣讲交流会“最佳课程”。5月，区委党校推广“秀培训”系统，学员签到、教学测评、电子课表、请销假和辅导资料等方面，均实行无纸化办公、无感化、数智化管理。12月19日，举行庆祝秀洲区委党校建校70周年活动暨《大运河嘉兴史话》新书发布会。是年，招考并聘用3名硕士研究生。全校教师中研究生学历占比92%。

【干部教育培训】 2022年，举办各类培训班54期，培训党员干部3443人次。重点举办换届后新提拔科级领导培训班、区人大代表履职能力提升班、区政协委员履职能力提升班、新生代企业家革命传统教育专题研讨班、区纪检监察干部业务培训班、机关基层党组织书记及“两新”组织党组织书记培训班、区第17期中青班暨年轻干部能力提升班、区机关事业单位新录（聘）用人员初任培训班、村（社区）党组织书记培训班、习近平新时代中国特色社会主义思想及中共二十大精神宣讲培训班、退出领导岗位干部及党务红领培训班、群团工作能力提升班等32期主体班，培训区内党员干部2364人次。承接来自西藏那曲，浙江丽水、嘉善、海盐、嘉兴经开区等地对外培训班22期，受训人数1079人次。

【科研咨政】 2022年，申报各类课题立项34项，其中省级课题立项13项，包括省社科联年度规划课题1项，省委党校课题8项，省妇女研究会课题1项，环太湖发展研究中心课题3项；市级及以下课题立项21项，包括市委党校课题5项，市委党校共同富裕案例课题7项，区社科联课题9项。至年末，各类课题结题32项，其中，省级课题6项，市级课题17项，区级课题9项。4篇文章入选环太湖发展研究中心年会，其中，2篇获得优秀奖，3篇文章入围市委党校系统理论研讨会并获奖，1篇入围省民族宗教事务委员会、丽水学院举办的研讨活动并作交流发言，1篇入选省委党史和文献研究室举办的研讨会，1篇入选《中国经济时报》优秀实践案例评选，1篇入选中央党校共同富裕蓝皮书。“以智咨政”效应持续扩大。报送决策咨询件5篇，得到区委、区政府领导肯定性批示11次。

【社会宣讲】 加强“求是”宣讲团建设，通过新课试讲、集体备课、教学比武等活动锻炼师资，提高教师宣讲能力。实施“宣讲领域拓展行动”，在机关单位、镇（街道）、村（社区）、企业、学校、部队等传统宣讲领域的基础上，推动党课走进工地，让一线建筑工人也同时接受教育，助推红色工地创建。全年开展社会宣讲118场次，受众人数7000余人次。

【《大运河嘉兴史话》出版发行】 10月，区委党校首次编纂出版《大运河嘉兴史话》。全书分嘉兴运河的历史、嘉兴运河的流域、嘉兴运河的文化、嘉兴运河的风物4个篇章，共27万字。该书立足于嘉兴运河文化资源，全方位收集整理嘉兴运河的历史变迁、沿河发展、风俗人情、文物古迹和运河文化等内容，系统性再现嘉兴运河沿线的文化风貌，整体性地呈现嘉兴运河在经济社会发展中的作用。12月19日，《大运河嘉兴史话》新书发布会在王江泾镇举行。

12月19日，庆祝秀洲区委党校建校70周年活动暨《大运河嘉兴史话》新书发布会在王江泾镇举行（区委党校提供）

【交流协作】 加强与四川省屏山县委党校和浙江省龙泉市委党校的深度协作，谋划的“教学设施改造”“教学科研咨询对口资助”两个项目通过验收。1名党校教师到四川省屏山县援助7个月，两地党校联合开发有关协作共富课程，开展对口协作研究等，共同获得有益的理论实践成果；2名教师到浙江省龙泉市、四川省屏山县开展送教活动，进一步深化两地的教育培训协作。

（洪燕青）

档案史志工作

【概况】 2022年，秀洲区档案史志工作继续推进“异地查档、跨馆服务”工作。参与数字化改革，谋划推进“档案中介服务评价”应用，获批省档案局试点项目。对全区各机关部门、镇(街道)、村(社区)开展档案年检工作，实地走访138个村(社区)指导基层档案收集整理归档和数字化工作。召开全区档案年报集中办公会，应邀对禾城农商银行进行档案管理专项培训。组织开展国际档案日系列活动，营造学习宣传贯彻档案法的良好氛围。编印《红色场馆》宣传册，启动党史口述史采编，开展践行“八八战略”全纪录专题编写。启动明万历《秀水县志》点校工作；开展《秀洲年鉴(2022)》编纂工作，12月通过中华书局验审，次年出版发行；举办秀洲区村志编纂业务知识培训班，全力推动村志编纂工作。区档案馆“兰台资秀”机关服务品牌被命名为秀洲区第五批机关服务品牌。秀洲区首部党史正本《中国共产党秀洲历史(1983—2002)》获评浙江省党史和文献部门优秀科研成果三等奖。

(何雪芳)

【档案服务】 继续推进“异地查档、跨馆服务”工作，着眼“互联网+公共服务”，实现人民群众查档少跑甚至不跑。查阅中心午休时间安排人员值班，设置无障碍服务窗口，确保群众查档更便利。全年现场接待利用者409人次，利用档案1594卷(件)次，提供证明704件，提供材料1386份；民生档案远程利用6162人次，提供证明2841件，查档满意率99.5%，在线查档成为新常态。

【档案资源建设】 2022年，组织人员到区民政局、区人社局、区卫健局等5家单位，对婚姻档案、出生医学证明档案、退休档案等民生类档案提供接收前的业务指导。全年接收王店镇人民政府、区委办等12家单位的文书及民生档案79091件，实物档案37件，海报档案7979件。收集归档2021年度新冠肺炎疫情防控文件档案760件。全面开展高质量建设共同富裕示范区档案、数字化改革档案和实施碳达峰碳中和行动档案的接收、归集工作。加大档案征集力度，在《嘉兴日报》、看秀洲公众号等公共平台发布《档案征集公告》，向社会公众征集各类秀洲辖区内的珍贵档案资料，全年征集到档案资料11件。协办“共同富裕看秀洲”摄影(短视频)作品征集活动。

【档案开放审核】 2021年9月，成立档案馆档案开放审核领导小组，制定《秀洲区档案馆档案开放鉴定工作实施细则》，对馆藏满25年的档案全宗进行梳理，确定王店乡、蚂桥乡等5个全宗档案先行开展开放审核工作。2022年，完成5个全宗82626件档案开放审核。

(张　晔)

【档案信息化】 做好护航中共二十大网络安全保障工作，制定网络安全应急预案，开展网络安全应急演练和数据安全专项检查，提升网络安全防护等级。围绕数字化改革“两年大变样”的总体目标，突出实战实效，谋划建设“档案中介服务”应用。该应用被列入“浙里数字档案”应用场景省级试点。继续做好政务服务行政权利事项电子化归档工作，优化数字档案室与电子文件接收处理系统，全年归档平台接收电子文件91331件，接收42家单位的档案登记备份、容量352GB。

(袁　琦)

【行政监管】 4月，出台《秀洲区档案外包服务机构考评办法》，从基础指标、业绩指标和诚信指标三个方面制定中介服务机构的考评细则，规范秀洲区档案中介服务。6月，举办“档案日——走进乡镇档案馆”档案协作组活动。召开座谈会、开展档案知识竞赛、观摩区档案馆油车港档案分馆和胜丰村档案室，16家单位档案员参加活动。实施数字档案室建设。建立“一对一”档案工作制，强化档案管理体系，完善档案管理制度，突出档案重点工作，制定各单位档案个性方案，推动全区档案工作提档升级。依托“秀洲区数字档案馆(室)一体化平台”，集中统一管理文书、业务、特载等数字档案资源，实现档案利用便捷化。至年末，秀洲区创建省级“示范数字档案室”33家，完成率60%；市级规范化数字档案室创建实现全覆盖；共有80万件50万卷，约200余万页的实体档案完成数字化转换。

(陈莎莎)

【党史编研】 收集整理地方党史文献、党代会资料、党史大事记、有纪念意义的历史照片等资料，为党史研究与编写做好积累。6月，启动党史口述历史征编工作。制定“口述史”征编方案和工作安排，组建编写组，确定采访人选和采访内容，拟定采访提纲。对1983年建区以来至2002年的历任区委书记、区长进行上门拜访、现场采访、录制视频，至年底完成采访工作与口述录音、视频拍摄。同时，征集老领导在秀洲区（郊区）任职期间的老照片、报纸、个人回忆录、实物等，作为档案资料进行扫描整理。8月，启动《一张蓝图绘到底——忠实践行“八八战略”全纪录》编写工作，梳理2003年以来秀洲实践的内容，确定专题写作题目，拟写纲目，至年末初稿基本完成。专题全面反映各级党委在“八八战略”的指引下，一张蓝图绘到底，一任接着一任干，体现秀洲城乡统筹到城乡融合发展所取得的历史性成就，为忠实践行“八八战略”存史立言。

【党史宣传教育】 挖掘秀洲区红色场馆、党史教育基地、爱国主义教育基地等相关史料，6月，编印《红色场馆》宣传册，并将书籍赠予图书馆、爱国主义教育基地、旅行社等单位，打造红色教育阵地，助力开展红色旅游；11月，开展《红色场馆》进校园宣教活动，拓展红色场馆社会教育的深度和广度。10月，联合团区委、各镇（街道）、嘉兴地方党史陈列馆等，开展以新时代“十年变化”为主题的青年团员短视频征集活动，通过青年的视角、党史的元素，以小见大展现秀洲近十年的新貌。最终选送省参赛视频作品3个。积极挖掘党史资源，编写党史资料，讲好党史故事，投稿“学习强国”省级平台“浙里有史”栏目，当年被录用文稿3篇。

（陆慧芬）

11月10日，区党史宣讲员在浙江师范大学附属秀洲实验学校开展“红色宣讲进校园”活动（区档案馆提供）

【地方志工作】 2022年，秀洲区地方志工作在完成一年一鉴的基础上，编研重心向基层镇志、村志转移。年鉴编纂：4月，区委办印发《秀洲年鉴（2022）》编纂实施方案及分工意见，全面启动年鉴编纂工作。全区共有77家承编供稿单位，6月基础稿征集基本结束，8月开始总纂，10月将初稿提交出版社审查验收，12月通过中华书局验审，获取准印书号。全书87万余字。镇志、村志编纂：全国二轮修志时，秀洲区5个镇全面参与镇志编纂工作，其中4个镇的镇志已公开出版，仅有《油车港镇志》为内部编印。是年，油车港镇重新启动镇志编纂质量提升工程，重新聘请主编，对镇志原有的资料进行全面的调整和修改，计划3年内出版发行。至年末，全区有54个村启动村志编纂工作。9月22日、27日，区里分两次组织召开村志编纂业务知识培训班，使大家知晓村志编纂的重要意义、地方志基础知识和如何修好一部村志，全区各村志编纂主体及外包公司的项目负责人等共90余人参加培训。此外，秀洲区积极地推进方志成果转化应用，强化修用并重理念，在守好“红色根脉”、打造“重要窗口”、高质量建设共同富裕示范区上，配合区委宣传部、区发改委、区文旅局等部门，编研《嘉兴运河古镇》《运河画卷》以及相关秀洲特色、经济文化等研究，提供基础性资料，发挥地方志应有的资政作用。

【《秀水县志》点校】 2022年，秀洲区启动明万历《秀水县志》点校工作。进一步梳理秀洲区与秀水县的历史渊源，研究秀水县的人文历史，聘请专业的老师点校明万历《秀水县志》。原稿为明万历二十四年的影印本、民国十四年铅字重刊本，为李培修、黄洪宪等纂，全书约30万字。至年末，点校稿初稿基本完成，计划次年进行原志稿与点校稿复核、点校稿复审和出版社审查验收及出版发行工作。

【《新塍镇志》出版发行】 4月，《新塍镇志》由中国文史出版社出版发行。主编钱宝云。这是在1998版《新塍镇志》基础上重修而成。重修编纂工作于2014年3月全面启动，历时8年完成。全志设专志28编114章392节，收录图片129幅、地图9幅。该志上限追溯至事物的发端，下限至2012年。全面记述时限内新塍镇的自然、政治、经济、文化、社会的历史与现状，重点突出中共嘉兴地方党组织在新塍镇开展红色革命运动和改革开放以来新塍镇从一个纯农业经济镇向工业制造业、三产服务业跨越式发展所取得的重大成就。全书共150万字。

（吴海红）

【嘉兴地方党史陈列馆工作】 2022年，嘉兴地方党史陈列馆统筹推进爱国主义宣教、党史学习教育、展陈提升、文明创建、课题研究等各项工作。开展党史学习教育活动，着力挖掘嘉兴、秀洲、新塍“红色文化”的深层内涵，丰富讲解方式和展示形式，并录制微党课视频，参与红色资源在线平台建设。注重收藏红色革命实物，并深入挖掘文物背后故事。成立党史研究工作小组，聘请老革命老专家当顾问。着眼新塍地区红色革命故事，制作完成《八件小“SHI”》红色电子书、音频，丰富宣传形式，助力新塍红色文化之旅。加强合作共建，6月，党史馆与嘉兴市红船精神教育实践中心开展合作共建，实施“红船精神铸魂育人”工程。10月，嘉兴地方党史陈列馆获评嘉兴市廉洁文化教育基地。是年，陈列馆共接待市内外党政机关、企事业单位等人员参观学习745批次3.3万余人。

（陈　晨）

综　述

2022年，秀洲区人大常委会坚持党的领导，守护“红色根脉”。起草《关于深入贯彻中央人大工作会议精神推动新时代人大工作高质量发展的意见》和任务分解清单。善于使用决定权和任免权，使区委推荐的74人次人选通过法定程序成为国家政权机关的领导人员。在落实“疫情要防住 经济要稳住 发展要安全”工作要求中，全区各级人大代表和人大工作者主动投身疫情防控一线，常委会班子成员在全区“181”工作体系中分别担任小组指挥长。制定区人大助力“十大百日攻坚”工作方案，通过“七个一”重点任务举措，积极推动全区经济稳进提质。班子成员领衔推动美丽秀洲建设、城乡融合发展、项目推进、消防安全等一批重点工作。

保障公平正义，维护法治社会。上下级人大联动，开展节约能源“一法一办法”（即《中华人民共和国节约能源法》和《浙江省实施〈中华人民共和国节约能源法〉办法》）、乡村振兴“一法一条例”（即《中华人民共和国乡村振兴促进法》和《浙江省乡村振兴促进条例》）、《中华人民共和国就业促进法》、《浙江省综合行政执法条例》等执法检查，在就业促进法执法检查中引入第三方评价机构。举办全区备案审查工作专题培训，共审查“一府一委两院”报送的规范性文件29件，提出意见建议6条，备案审查经验做法被省人大信息专刊录用。持续做好基层立法联系点阵地建设、机制建设、队伍建设等工作，人大新城街道工委、新城街道亚都社区两个基层立法联系点成为嘉兴市九届人大常委会基层立法联系点。

履行监督职能，聚焦共同富裕。持续推动预决算监督全口径，修订完善《秀洲区预算审查监督办法》。开展2023年部门预算初审工作，梳理形成问题清单及意见建议61条。迭代升级财经联网监督系统，上线“秀洲人大财经联网监督——浙政钉手机端”应用。制定《秀洲区政府重大投资项目监督办法》，跟踪监督总投资3000万元以上政府重大投资项目和国有企业项目。专题听取全区政府性债务和国有企业债务管理情况的报告，根据实际情况及时审查调整地方政府债务限额。听取和审议全区国有资产管理情况的报告，连续第三年跟踪监督教文卫体系统事业单位国有资产特定问题调查整改工作。开展城乡融合发展、共同富裕示范区创建，交通重点项目建设，圩区建设和城乡风貌整治提升等视察。审议和讨论高标准农田建设、国家湿地公园建设等工作报告。《秀洲区人大全力助推城乡融合促共富》工作专报得到省、市人大领导批示肯定。

发展人民民主，建设基层单元。深化全区“1（区总站）+9（镇、街道联络站）+34（村、社区联络室）”三级代表联络站（室）体系建设，全面推动代表联络站（室）“下楼出院”“临路沿街”，使联络站（室）更加便民亲民，更接地气。安排全区730余名四级人大代表就近就便入站。完善基层单元工作职责、代表轮值、建议交办等运行机制，做到月月有主题、周周有活动，保障基层单元活动常办、内容常新，全年开展联系接待选民活动190次，参与代表和接待群众1710人次，收集社情民意1554条。

发挥代表作用，服务代表履职。深化“双联系”制度，常委会组成人员联系区人大代表实现“全覆盖”，区、镇代表每人联系8～10名选民联络员。120 余人次制度化列席常委会会议,参加执法检查、视察、调研等活动。组织全体区代表到绍兴市上虞区开展履职能力提升培训。规范代表活动经费管理,规定代表任期内每年口头或书面向选民述职、接受选民评议。依托"代表嘉"应用,生成履职活跃度指数。开展先进代表小组、优秀代表和优秀议案建议评选活动。

加强自身建设,打造"四个机关"(即全面加强自身建设,自觉坚持中国共产党领导的政治机关、保证人民当家作主的国家权力机关、全面担负宪法法律赋予的各项职责的工作机关、始终同人民群众保持密切联系的代表机关)。以建立区人大开发区工作委员会模式,形成开发区人大工作实施方案。深入开展调查研究,高质量撰写各类课题论文 32 篇,形成工作专报 9 件,承办"嘉兴人大发展全过程人民民主创新实践"理论研讨会。唱响人大好声音,人民代表大会制度在秀洲的生动实践在《人民代表报》《浙江人大》等媒体上得到展示。

人大重要会议

【概况】 2022 年,区人大常委会召开区人民代表大会 1 次,常委会会议 8 次,主任会议 12 次。

【区十届人大一次会议】 2 月 9—12 日,秀洲区第十届人民代表大会在佳源四季酒店召开。应到代表 241 名,实到代表 234 名。会议听取和审议《区政府工作报告》《区人大常委会工作报告》《区法院工作报告》《区检察院工作报告》《关于嘉兴市秀洲区 2021 年国民经济和社会发展计划执行情况的报告与 2022 年国民经济和社会发展计划》《关于嘉兴市秀洲区 2021 年财政预算执行情况的报告和 2022 年财政预算》,并通过相应决议。会议选举区人大常委会委员 26 名,选举王永法为区人大常委会主任,陈虎培、徐玉良、沈顺华(女)、王建良、陈云忠、包国伟 6 人为副主任;选举刘德威为区长,李陈源、李刚、张镁利(女)、张彬、张富强、姚林飞 6 人为副区长;选举王志军为区监察委员会主任,赵阳为区法院院长,钟益民为区检察院检察长;选举出席嘉兴市第九届人民代表大会代表 42 名。会议收到代表 10 人以上联名提出的议案 5 件(其中 4 件转为建议),代表建议、批评、意见共 137 件。会议对嘉兴市秀洲区 2021 年度民生实事项目完成情况进行满意度测评,票决通过嘉兴市秀洲区 2022 年度民生实事项目,通过嘉兴市秀洲区第十届人民代表大会法制(监察和司法)委员会、财政经济委员会、社会建设与民宗外侨委员会组成人员名单。

【人大常委会会议】 年内,召开区人大常委会会议 8 次。

1 月 18 日,区九届人大常委会第四十三次会议召开。听取和审议并通过区第十届人民代表大会代表资格审查的报告(草案)、召开区第十届人民代表大会第一次会议的决定(草案)、本届规范性文件备案审查工作的报告(书面)。

1 月 27 日,区九届人大常委会第四十四次会议召开。听取和审议区政府关于 2021 年国民经济和社会发展计划执行情况与 2022 年国民经济和社会发展计划(草案)的报告、区政府关于 2021 年总投资 3000 万元以上政府性投资项目建设情况和 2022 年政府性投资项目计划安排情况的报告、区政府关于区本级及秀洲国家高新区 2021 年财政预算执行情况和 2022 年财政预算(草案)的报告、区政府关于 2020 年财政预算执行和其他财政收支审计结果整改落实情况的报告、区司法局关于 2020 年财政预算执行审计结果整改落实情况的报告、区生态环境分局关于 2020 年财政预算执行审计结果整改落实情况的报告、区住建局关于 2020 年财政预算执行审计结果整改落实情况的报告、区政府关于 2021 年民生实事代表票决项目完成情况的报告、区政府关于 2022 年民生实事代表票决候选项目有关情况的报告。听取关于秀洲区街道市民议事会议事员民主推荐办法(草案)、关于确定新一届各街道市民议事会议事员名额的决定(草案)、区人大常委会工作报告(审议稿)、区十届人大一次会议议程(草案)、区十届人大一次会议大会主席团和秘书长名单(草案)、区十届人大一次会议列席人员名单(草案)、区十届人大一次会议选举办法(草案)、区十届人大各专门委员会组成人员人选通过办法(草案)、区十届人大一次会议民生实事项目人大代表票决和满意度测评办法(草案)、区十届人大一次会议其他有关事项,表决通过秀洲区街道市民议事会议事员民主推荐办法(草案)、确定新一届各街道市民议事会议事员名额的决定(草案)、区人大常委会工作报告(审议稿)、区十届人大一次会议议程(草案)、区十届人大一次会议大会主席团和秘书长名单(草案)、区十届人大一次会议列席人员名单(草案)、区十届人大一次会议选举办法(草案)、区十届人大各专门委员会组成人员人选通过办法(草案)、区十届人大一次会议民生实事项目人大代表票决和满意度测评办法(草案),对区司法局、区生态环境分局、区住建局2020年财政预算执行审计结果整改落实情况进行满意度测评。

4月12日,区十届人大常委会第一次会议召开。听取和审议区政府关于全区公共法律服务工作情况的报告、区政府关于2021年总投资3000万元以上国有企业投资项目建设情况和2022年项目计划安排情况的报告、区政府关于2021年度环境状况和环境保护目标完成情况的报告、各人大街道工委关于2021年度工作情况和2022年度工作计划的报告,区政府、区监委、主任会议提请有关人事事项和决议草案,表决通过区十届人大常委会代表资格审查委员会名单、区十届人大常委会各工作委员会委员名单、关于批准秀洲区2021年地方政府债务限额的决议、关于各人大街道工委工作报告的决议、关于切实加强自身建设的决定、任免国家机关工作人员办法。

5月30日,区十届人大常委会第二次会议召开。听取和审议区政府关于《中华人民共和国节约能源法》和浙江省实施办法执行情况的报告、区政府关于国有资产管理情况的报告、区政府关于高标准农田建设工作情况的报告,表决通过区政府提请的关于李宇聪任嘉兴市秀洲区副区长、免去张彬的嘉兴市秀洲区副区长职务的人事事项。

7月4日,区十届人大常委会第三次会议召开。审议并通过张金良请求辞去区第十届人民代表大会代表职务的报告、关于补选嘉兴市秀洲区第十届人民代表大会代表的决定。

7月29日,区十届人大常委会第四次会议召开。听取和审议区政府关于2022年上半年全区经济社会发展情况和下阶段主要工作安排的报告、区政府关于2022年1至6月国民经济和社会发展计划执行情况的报告、区政府关于2022年1至6月财政预算执行情况的报告、区政府关于2021年度财政总决算和区级财政决算的报告、区政府关于2021年度财政预算执行与其他财政收支情况的审计工作报告、区政府关于《浙江省综合行政执法条例》贯彻实施情况的报告。书面审议区政府关于嘉兴市秀洲区教文卫体系统事业单位国有资产特定问题调查整改报告;听取和审议区监委、区法院、区检察院、主任会议提请的有关人事事项和决议草案;表决通过关于批准京杭大运河(嘉兴秀洲段)综合治理与保护工程等十个项目列入《秀洲区国民经济与社会发展第十四个五年规划和二〇三五年远景目标纲要》的决议、关于批准将浙江(嘉兴)长三角智慧产业园一期等四个项目调整列入2022年度政府投资计划的决议、关于批准嘉兴市秀洲区2021年财政总决算和区本级财政决算的决议。

9月28日,区十届人大常委会第五次会议召开。听取和审议区人大常委会执法检查组关于检查《中华人民共和国就业促进法》实施情况的报告、区政府关于《中华人民共和国就业促进法》贯彻实施情况的报告、区政府《关于区十届人大一次会议代表建议批评意见办理情况的报告》,区法院提请的有关人事事项、决定和决议草案。表决通过关于补选嘉兴市秀洲区第十届人民代表大会代表的决定、关于批准高照实验学校二期工程调整列入2022年政府投资项目计划的决议、关于政府重大投资项目监督暂行办法和嘉兴市秀洲区人民代表大会常务委员会预算审查监督办法。

11月29日,区十届人大常委会第六次会议召开。听取和审议区政府关于高质量推进公共文化服务建设情况的报告,区监察委员会关于整治群众身边不正之风和腐败问题工作情况的报告,书面审议区人大社会建设与民宗外侨委员会关于区十届人大一次会议《关于推动共同富裕,促进秀洲区低收入群体就业工作的议案》办理情况的报告;听取和审议区监委、区法院、主任会议提请的有关人事事项和决议草案。表决通过关于批准2022年区财政预算调整的决议和嘉兴市秀洲区人民代表大会常务委员会议事规则。

人大监督

【概况】 2022年,区人大常委会立足新阶段,坚持精准有效监督，找准依法有效行权的切入点和发力点，不断践行全过程人民民主。听取、审议“一府一委两院”工作报告28项，作出决议、决定15项，组织开展执法检查和视察活动9次。

【人大代表视察与调研】 4月19日，市九届人大代表秀洲中心组开展会前视察，实地察看秀洲区现代城乡融合体验中心（油车港镇）、G524秀洲新塍段、嘉兴市文化艺术中心（秀洲大道），听取区政府介绍相关情况。

5月19日，区人大常委会对秀洲区退役军人服务保障工作进行视察，实地察看高照街道秀清社区退役军人服务站、区退役军人创业孵化实训基地，听取区政府关于全区退役军人服务保障工作的情况汇报并进行座谈。

5月19日，区人大常委会视察退役军人服务保障工作（张建太摄）

7月4日，区人大常委会对全区城乡风貌整治提升工作情况进行视察，实地察看油车港镇胜丰未来乡村、高照街道运河未来社区项目建设提升情况，听取区政府关于全区城乡风貌整治提升工作的情况汇报并进行座谈。

7月25日，区人大常委会对2022年民生实事项目进展情况进行视察，实地察看“美好善育”“碧水秀洲”“美好颐养”等5个项目，听取区政府关于全区民生实事项目进展情况的汇报并进行座谈。

8月30日，区人大常委会对秀洲区推进医疗机构建设情况进行视察，实地察看区人民医院（新塍医院二期）项目、区康安医院建设提升情况，听取区政府关于近年来秀洲区医疗机构建设工作推进情况的汇报并进行座谈。

10月10日，区人大常委会对秀洲区交通重点项目建设情况进行视察，实地察看G524秀洲王店至海宁海昌（秀洲段）和陡门大桥（G524一期），听取区人民政府关于秀洲区交通重点项目建设情况的汇报并进行座谈。

11月4日，区人大常委会对秀洲区城乡融合发展、共同富裕示范区创建工作情况开展视察，实地察看新塍镇火炬村城乡融合共富展示馆，听取区政府关于全区城乡融合发展、共同富裕示范区创建工作情况的汇报。

【推进法治建设】 首次点题对2019年以来全区公共法律服务体系建设情况进行专项监督。首次监督区监委专项工作，常委会听取和审议区监委关于整治群众身边不正之风和腐败问题工作情况的报告。对区法院的行政审判工作情况开展监督，区法院“共享法庭”全面入驻基层单元。对区检察院公益诉讼工作进行“回头看”监督。组织新一届区政府组成部门负责人集体参加任前法律知识考试，“12·4”宪法日前夕，要求各地各单位组织一次宪法宣誓。

【推进民生实事项目】 全力推进2022年度民生实事人大代表票决项目，形成年初选好题、平时问进度、年底问成效的监督工作链。年内组织民生实事项目监督活动28次，提出整改意见84条，确保8项民生实事项目办好办实。首次开展“人民满意的民生实事项目”评选，11463人次通过“线上+线下”的方式参与，评选出2件人民满意的民生实事项目。

【人大数字化应用场景】 根据市人大“一舱二屏二码八应用”（1+2+2+8+N）的“基层单元”建设方案，优化建设区级基层单元驾驶舱。将绿盾生态环境、财经联网、乡村振兴等监督场景链接至督政议事模块，试点单位新城街道人大建设“新城e事”特色模块。“代表嘉”代表履职应用场景在全区范围内推广使用，9个基层单元和全体区、镇人大代表常态化制度化做好数据采集录入，省人大数据亮晒指标全部达标。代表浙政钉注册率、激活率均为100%，征集立法监督事项意见建议8556条。

【基层单元建设推进全过程人民民主】 组织好“党政重大决策进站问计”活动，21名区级领导分赴各代表联络站，主动问计于民、问需于民，收集到关于运河湾新城建设等区委重大决策的建议意见36条。将人大核心业务及“一府一委两院”主要业务按月清单化下达每个基层单元。常委会组成人员和专工委、政府部门共接待代表选民411人次，收到代表选民反映的问题132件，办理答复117件，推动解决问题85件，部分建议吸收至常委会审议意见中，部分建议作为问题清单交至区政府办理。国家机关负责人采取“点单式”和“集中式”相结合的方式进基层单元听取代表选民意见。相继制定出台《基层单元功能定位清单》等制度，确保基层单元科学、规范、有序、高效运行。

人事任免

【概况】 2022年，区人大常委会依法行使人事任免权，依法任免国家机关工作人员153人次，接受代表辞职1人。

【任免事项】 收录标准为正科级及以上领导的任免事项，换届选举资料归口至“重要会议”分目。

4月12日，区十届人大常委会第一次会议决定任命陈之超为嘉兴市秀洲区人民政府办公室主任，俞春明为嘉兴市秀洲区发展和改革局局长，朱晏秋为嘉兴市秀洲区经济信息商务局局长，金国中为嘉兴市秀洲区教育体育局局长，曹立青为嘉兴市秀洲区科学技术局局长，高峰为嘉兴市秀洲区民政局局长，章为群为嘉兴市秀洲区司法局局长，成海明为嘉兴市秀洲区财政局局长，王其方为嘉兴市秀洲区人力资源和社会保障局局长，郭华为嘉兴市秀洲区住房和城乡建设局局长，陶春明为嘉兴市秀洲区交通运输局局长，卜忠伟为嘉兴市秀洲区农业农村和水利局局长，山振华为嘉兴市秀洲区文化和旅游局局长，计俊为嘉兴市秀洲区卫生健康局局长，王建惠为嘉兴市秀洲区退役军人事务局局长，吴晓强为嘉兴市秀洲区应急管理局局长，范春鹃为嘉兴市秀洲区审计局局长，叶光为嘉兴市秀洲区市场监督管理局局长，赵平为嘉兴市秀洲区统计局局长，周海祥为嘉兴市秀洲区综合行政执法局局长。

4月12日，区十届人大常委会第一次会议决定任命叶鹏裕为嘉兴市秀洲区人大常委会办公室（研究室）主任，张卫荣为嘉兴市秀洲区人大常委会监察和司法工作委员会主任，孙艳斌为嘉兴市秀洲区人大常委会预算工作委员会主任，张蕾为嘉兴市秀洲区人大常委会社会建设与民宗外侨工作委员会主任，姚福祥为嘉兴市秀洲区人大常委会教育科学文化卫生工作委员会主任，吕辉为嘉兴市秀洲区人大常委会农业与农村工作委员会主任，张金良为嘉兴市秀洲区人大常委会城乡建设与环境资源保护工作委员会主任，郭元春为嘉兴市秀洲区人大常委会代表与选举任免工作委员会主任，杜智恩为嘉兴市秀洲区人大常委会新城街道工作委员会主任，张立忠为嘉兴市秀洲区人大常委会高照街道工作委员会主任，张士强为嘉兴市秀洲区人大常委会嘉北街道工作委员会主任，张珏为嘉兴市秀洲区人大常委会塘汇街道工作委员会主任。

5月30日，区十届人大常委会第二次会议决定任命李宇聪为嘉兴市秀洲区人民政府副区长，同时免去张彬的嘉兴市秀洲区人民政府副区长职务。

7月29日，区十届人大常委会第四次会议决定任命季翔为嘉兴市秀洲区人大常委会城乡建设与环境资源保护工作委员会主任；免去张金良的嘉兴市秀洲区人大常委会城乡建设与环境资源保护工作委员会主任职务。

代表活动

【概况】 2022年，秀洲区第十届人民代表大会共有代表241名，其中，男性代表163名，占67.6%；女性代表78名，占32.4%。人大代表中汉族238人，苗族1人，白族1人，满族1人。区人大常委会注重发挥代表主体作用，积极探索代表工作新方式，为代表依法履职创造条件、优化服务、提供保障。

【代表履职活动】 全年发动各级人大代表979人次参加“六访六促”“助力十大百日攻坚”等主题活动，收集各类意见建议265条。全面推进“五进五亮"["五进"即进联络站(室)、进选区、进市民广场、进单位、进家门;"五亮"即亮姓名、亮工作单位、亮联系方式、亮二维码、亮履职承诺]代表亮身份制度,实现群众联系代表、代表服务群众"一扫即进、码上说事、线上解决"。在秀洲"12·3"人大代表日活动当天,开展"六个一"(即一次主题宣讲活动、一次联系选民活动、一次国家机关负责人进站活动、一次述职评议活动、形成一份高质量议案建议、启用一批新的基层单元)系列活动,全体区人大代表进选区与1900余名选民联络员见面,发放选民联系卡。制定出台区人大代表小组活动意见,组织代表小组赴区政府部门开展定向调研,指导各镇(街道)每季度组织一次区人大代表小组活动。

2022年度秀洲区人大代表优秀议案、建议名录

表6

代表姓名	所在单位	议案建议名称
吕照荣等	油车港镇	关于推动共同富裕,促进我区低收入群体就业工作的议案
贾晓进	王店镇	关于集成智装产业发展的建议
顾冻兴	王店镇	关于发展农业产业,营造共同富裕良好局面的建议
朱隆华	洪合镇	关于建设524国道快速路的建议
陆卫忠	新塍镇	关于全域土地综合整治带来的就学问题的建议
齐　晋	王江泾镇	关于嘉兴市北部湖荡及河湖连通工程整治后综合开发利用的建议
方雪明	王江泾镇	关于常态化疫情防控下加强医务人员关心关爱的建议
王　华	油车港镇	关于切实完善在村、社区管理中共享数字化信息的建议
王舒琪	新城街道	关于加强基层人民调解员业务培训的建议
康雪莉	新城街道	关于切实加大住宅、企业消防通道整改,保障生命救援大动脉畅通的建议
马卫方	高照街道	关于加快实施高家桥片区主干道路建设的建议
朱丽萍	嘉北街道	关于基层医疗机构配备医养结合病床及费用的建议
许方方	塘汇街道	关于加强居住房屋出租安全管理的建议

资料来源:由区人大办提供

【人大代表建议督办】 区十届人大一次会议期间,共收到代表提出的议案1件、建议意见141件,其中《关于嘉兴市北部湖荡及河湖连通工程整治后综合开发利用的建议》等8件列为年度重点建议,由区政府领导领办,区人大领导督办。通过组织建议意见办理面商会、召开建议意见办理座谈会、常委会会议审议等方式,进一步提升建议意见的办结率、解决率。全部建议中已经解决或基本解决的占61%,代表对办理过程和办理结果的满意率均为100%。

【区人大代表选民联络员队伍】 选民联络员是代表联系选民的重要纽带,每名代表选择8～10名选民作为选民联络员,密切日常沟通联系。选民联络员主要职责为向选区群众宣传国家法律法规及地方性法规,宣传党的路线方针政策,以及区人大及其常委会的相关决议决定;主动联系群众,了解和收集社情民意,并做初步核实;保持与联系代表的经常性沟通,及时向代表反馈群众关注的热点难点问题,并协助代表进一步摸清实情;协助代表走访、约访和接待选民,了解社情民意;协助代表向群众反馈相关问题的解决情况,并做好必要的解答工作;参加上级组织的培训学习,定期参加活动。代表应加强与选民联络员的日常联系,在走访选区时把选民联络员作为重点走访对象;主动收集选民联络员的意见建议,邀请选民联络员参加代表联络站（室）接待选民等活动；注重向选民联络员宣传国家方针政策，引导选民联络员向身边选民传递党情、政情、区情和社会正能量；至少每季度走访或组织一次选民联络员活动。

专门委员会

【概况】 2022年，区人大专门委员会在区人大及其常委会的领导下，切实履行宪法和法律赋予的职责，为统筹推进全区经济社会高质量发展作出积极贡献。区人大法制（监察和司法）委员会首次对区监委整治群众身边不正之风和腐败问题工作开展专项调研；专题听取区人民法院关于行政审判工作的情况报告，征集15个部门和律师代表的意见建议39条；对区检察院公益诉讼工作进行回头看监督，确保人大审议意见落实到位；审查“一府一委两院”报送的规范性文件29件。财政经济委员会全年组织开展专项调研23次，向区政府及有关部门反映问题87个、提出意见建议86条。社会建设与民宗外侨委员会组织开展《中华人民共和国就业促进法》的执行情况检查，形成“1+3”的工作报告，提出建议意见26条；开展退役军人服务保障视察，通过实地走访村、召开座谈会、组织视察等方式，针对问题提出意见建议。

【法制（监察和司法）委员会工作】 人大新城街道工委、新城街道亚都社区作为新一批市人大常委会基层立法联系点，持续做好基层立法联系点阵地建设、机制建设、队伍建设等工作。首次对区监委整治群众身边不正之风和腐败问题工作开展专项调研，召开由区发改局、区经商局、区教体局、区公安分局等部门领导参加的座谈会，先后到王店镇、高照街道代表联络站等地调研，通过座谈、发布二维码小程序等征求有关意见建议，撰写调研报告。调研区人民法院行政审判工作，专题听取2021年以来区人民法院工作情况汇报和2019年以来行政审判工作情况报告。组织召开征求意见建议座谈会，征集15个部门和律师代表的意见建议共39条。区人大常委会第五次主任会议听取和讨论区人民法院《关于行政审判工作情况的报告》，提出意见建议4条。强化监督实效，对区检察院公益诉讼工作进行回头看监督，确保人大审议意见落实到位。坚持“有件必备、有备必审、有错必纠”的原则，收到“一府一委两院”报送的规范性文件29件，审查规范性文件29件，提出意见建议6条，审查发现2件规范性文件存在法定不适当情形，向区政府办书面发出审查意见，与起草部门沟通后，区政府办对不适当的规范性文件进行修改，并出具书面回复意见。及时做好提炼总结，备案审查经验做法刊登在省《人大信息专刊》第37期，得到市人大法制委领导的肯定。

【财政经济委员会工作】 2022年，财经委归口提请上会议题共19项，全年组织开展专项调研23次，向常委会及主任会议提交审查报告及决议草案12份，梳理形成审查意见及问题清单6份，向区政府及有关部门反映问题87个、提出意见建议86条。突出关注重点、热点、难点问题，对中央直达资金、专项债支出情况、稳经济“一揽子”政策落实情况等进行专题调研，深入开展秀洲区壮大培育“专精特新”中小企业课题研究，提出意见建议，服务全区经济转型发展。按照省市人大统一部署，联动开展节约能源“一法一办法”执法检查。协助常委会起草出台《秀洲区政府重大投资项目监督暂行办法》，除依法监督总投资3000万元以上政府重大投资项目外，将2022年全区国有企业总投资3000万元以上投资项目纳入监督范围，审查区政府提出的调增年度政府投资计划和将相关项目纳入“十四五”规划等事项，督促政府不断完善制度机制、加强对投资项目的全过程监管。协助常委会起草修订《秀洲区预算审查监督办法》，进一步细化预算监督的程序和内容。连续第三年跟进监督全区教文卫体系统事业单位国有资产特定问题调查整改工作，推动区政府特定问题调查发现问题的整改落实。

【社会建设与民宗外侨委员会工作】 开展《中华人民共和国就业促进法》的执行情况检查，第一时间成立领导小组，印发实施方案，明确指导思想、检查重点和工作进度。5月，组织开展专题学习培训会，区人大常委会正副主任、区人大各专工委以及相关机关部门等40余人参加培训。以问题为导向，多次组织召开相关部门负责人会议，严格对标促进法9章69条款开展逐条逐项检查，坚持边督边改、立行立改。引入第三方评价机构从4个维度8个方面对就业促进法贯彻落实情况进行全面评估,最终形成"1+3"的工作报告,即1个区人大常委会就业促进法执法检查报告和3个专项调研报告(即残疾人、退役军人、新业态群体3个专项报告),提出建议意见26条。开展退役军人服务保障视察,对秀洲区退役军人服务保障工作进行调研,先后到区退役军人事务局、新塍镇等单位听取工作汇报,实地走访村(社区)和退役军人创业基地,并召开座谈会,组织区人大常委会视察,针对问题提出要统一思想认识,切实增强做好退役军人工作的责任感、使命感;要突出工作重点,扎实增强做好退役军人工作的系统性、有效性,要建机制、谋长远,夯实工作基础,要抓重点、攻难点,支持就业创业,要防风险、补短板,做好矛盾化解;要加强组织领导,切实增强做好退役军人工作的凝聚力、向心力等意见建议。

基层人大

【概况】 2022年,秀洲区各镇(街道)人大突出实效实用,体现特长特色,一批新建代表联络站(室)正式启用,新塍镇代表联络站新址由市人大常委会主任高玲慧、区委书记徐鸣阳共同揭牌启用。全过程人民民主在基层得到生动实践,取得良好社会效益。

【人大代表联络站入驻工业社区】 洪合镇人大为洪创工业社区量身打造政企沟通的新舞台,成立洪合镇工业社区人大代表联络站,助力洪合镇经济社会高质量发展。洪合镇人大充分挖掘各级代表自身优势,同时结合园区内行业特点、性质及所需,选取教育、医疗、反诈等专业领域的代表入住联络点,通过分工合作,凝聚工作合力,切实发挥人大代表助力企业发展的专业作用。驻站代表与社区工作人员采用线下"接访+走访"和线上"码上扫+掌上办"模式,主动了解、及时反映企业存在的问题和困难,倾听来自生产一线工人的心声,充分考虑工人的合理诉求,并将其反馈到政府部门。同时,通过数字赋能,实现问题迅速处理,打破时空限制,加快问题发现、上报、解决、反馈,办结时间缩短80%,90%的问题在网格内解决,进一步畅通政府、企业之间的沟通,优化洪创工业社区营商环境。

【"360"人大工作机制】 新塍镇人大坚持以全过程人民民主为指引,通过数字化手段促进代表作用发挥常态化,着力打造"三化、六强、零距离"("三化"指:常态化出站走访、进站接待,常态化交流学习、建言献策,常态化监督检查、评议工作;"六强"指:强联系、多方"联",强发展、全面"商",强推动、深化"督",强助力、拓展"促",强实效、升级"智",强提升、持续"学";"零距离"指:零距离沟通、零距离服务)的"360"人大工作机制。采取"线上+线下""站内+站外""固定+流动"等多种方式,试行《新塍镇人大代表、选民联络员轮值驻站制度》,率先建立选民联络员队伍,促进联络活动丰富开展。围绕人大主责主业,进一步深化夜访民情、纳凉晚会、圆桌会议等经验做法,夯实人大履职行权强大民意基础。固化人大代表小组联系民生实事项目制度,将全域土地综合整治项目纳入本届人大持续监督的重点,推进意见建议闭环处理,提升人民群众对代表履职和基层单元建设的获得感和满意度。积极对接"共享法庭"进代表联络站工作,组织代表、群众在联络站观摩案件审理过程,倡导全民学法、用法,促进基层治理。依托省、市人大应用场景,实现线下活动、线上履职双管齐下,让场景在具体工作中用起来、跑起来,让代表履职步入数字化新模式。坚持"重学习"与"重实践"相结合,给每位人大代表订阅《浙江人大》《嘉兴人大》和《人民代表报》等报刊,通过微信、浙政钉、代表群等开辟代表"'塍'读""每日一句话"专栏,开展代表履职培训,强化代表全方位履职求精求深。

【"运河湾"区域人大工作联盟】 持续深化"运河湾"区域人大工作联盟合作,与塘汇街道开展交界区域联合督查活动,对两地交界地方渣土车乱停、养殖家禽污染较重等5件意见建议移交两地政府联手办理,督查发现的问题已得到解决。

【"新城e事"】 人大新城街道工委以数字赋能为支撑,创新推出"新城e事"应用场景,通过建设"e主题、e恳谈、e现场、e成果、e督办、e评价"六大应用模块，设置“请你提、请你议、一起议、金点子、码上办、请你评”六大功能，形成“主题征集—民意提交—建议办理—过程监督—结果反馈—满意度测评”的闭环管理体系，切实打造便捷高效的民意“快车道”，被评为嘉兴市十佳基层单元建设实践案例。按照小区、社区(村)、街道三个不同层面进行议事恳谈，在倾听民意、汇聚民智上做到全方位、全覆盖。是年，开展小区治理、居家养老、交通出行等议事活动25次，收到意见建议38条、民生小事95条。按照“内容高质量、办理高质量”的要求，采取人大街道工委副主任领衔督办、党工委书记批办的形式，从建议的提、交、办、督等环节发力，通过跟踪督办、代表回访、办结销号等闭环措施，实现“办好一项议事意见、解决一个方面问题、促进一个领域工作”的目标。全年共办理各类议事意见109条，解决率81.2%，群众满意度98.6%。

【人大“联企”议事厅】 6月，人大塘汇街道工委成立人大“联企”议事厅，通过主动优化、持续改善、创新探索，走出一条有塘汇特色的人大服务工作新路径。议事厅实行代表轮值工作机制，每月10号由区人大代表及市民议事员实行轮流值班，实现代表进站“全覆盖”，并通过闭环全链条的工作机制，切实做好人大联企惠企服务。依托工业社区开展助企政策宣传、惠企服务、劳动纠纷调解等工作，通过议事厅的常态化服务，发挥精准对接代表、精心开展活动、精细服务群众等作用，切实加强企业与代表的沟通联系。在线上工业社区平台开辟“人大联企”专栏，定期公布民生实事项目及进程，不定期发布民生主题活动以及招聘岗位信息等；在线下不断加强企业的走访，及时掌握企业发展动态、发展需求，发挥好人大“联企”议事厅的平台窗口作用、桥梁纽带作用。

(舒　阅)

综　述

2022年，秀洲区人民政府在区委的正确领导下，坚持以习近平新时代中国特色社会主义思想为指导，深入贯彻中共二十大精神，把党的政治建设摆在首位，按照“疫情要防住、经济要稳住、发展要安全”要求，全力以赴推进经济稳进提质。

坚持以实体经济为着力点建设现代化产业体系，制造业投入力度持续加大。嘉兴秀洲高新技术产业开发区经国务院批复，更名为嘉兴高新技术产业开发区，平台能级实现跃升。召开全区服务业高质量发展大会。制定区级“稳经济”一系列助企纾困奖补政策。持续推进减税降费政策落实。

构建项目推进“181”工作体系，谋划建立总投资超2000亿元的重大项目储备库。聚焦大招商，建立全区“一盘棋”招商工作体系，成立区招商办，区投促中心，招商公司实体化运作。立足“建设产城高度融合、城乡高度融合的现代化主城区”的目标定位，优化国土空间规划，加速构建“一主城一枢纽四城镇”的空间格局，全方位提升城市能级。运河湾新城全面开局。嘉兴机场主体工程全面动工，嘉兴机场货运工程、配套工程和圆通“东方天地港”等项目稳步推进。临空经济区启动规划建设。全面启动综合立体交通运输网，谋划建设“一环五射”快速路网。深化城市精细化管理，聚力打造保洁样板街区、江南摩尔广场“席地可坐”城市客厅精品点，建设中山西路、秀清路精细化管理样板路。

全力推进新旧动能转换，锁定9个集中区块实施重点攻坚，整治“高耗低效”企业330家，腾退土地面积3200亩。出台《关于加快建设秀洲区科创高地若干政策意见》，推动企业创新能力不断提升。科创平台加快建设。重视种业强区建设，出台现代种业发展五年行动计划。

聚焦融合共富，持续深化城乡融合体制机制创新，出台《推进城乡融合新社区农业转移人口市民化试点方案》等，推进共同富裕现代化基本单元建设，入选省高质量发展建设共同富裕示范区改革探索类试点。加快推进新时代美丽乡村建设，重点推进城乡风貌整治提升。深入农村“三权”改革。纵深推进数字化改革。加快推进“大综合一体化”行政执法改革，探索“全员积分制”办案模式。在全市率先完成秀洲未来社区一体化平台建设。深化国资改革，构建以嘉秀集团为核心、5大国资集团和N个专业化子公司为架构的“1+5+N”的国企运行体系。全面推行“不见面开标”新模式。

全面完成2021年省委专项生态环境保护督察整改销号。深入推进生态环境治理，深化“五水共治”碧水行动，推进“污水零直排区”提质扩面，首获“大禹鼎”银鼎。探索建立全国首个平原湖荡水生态产品价值实现机制。全力开展“企业大气污染防治绩效水平提升”等九大专项行动，VOCs治理能力显著提升。建立健全“无废城市”建设推进机制。

推进文物保护利用工作。“残疾人之家”建设在全省率先实现镇(街道)全覆盖。获评全国智慧健康养老示范基地。持续加大普惠性托育服务供给。实现城乡教共体全覆盖，义务教育阶段城乡学校校际差异系数等指标全市第一、全省前列。规范民办义务教育发展工作平稳有序完成。启用区老年大学新校区。承办多项全国赛事，人均体育场地面积增速全市第一。全民艺术普及率列全市第一、全省第七。加快充实医疗资源，区人民医院（二期）主体工程项目结顶，区妇幼保健院迁建工程项目开工。

筑牢疫情防线，成功打赢疫情防控阻击战17场。12月5日，迅速调整防控措施，实现社会面平稳有序。深入开展“除险保安”大排查大整治。推进消防安全整治。连续开展交通安全大会战。打好反诈人民战、总体战。抓实信访工作，信访率保持为零、列全省第一。全面打赢中共二十大维稳安保等一系列硬仗，实现省级平安建设“十八连冠”。

深入学习宣传贯彻中共二十大精神，开展“六学六进六争先”学习实践活动。全年学习习近平总书记关于政府工作的重要论述11次，重视法治政府建设。严格落实巡视巡察、审计、统计、生态督察检查及“七张问题清单”中反馈发现问题的整改，加强内部审计体系建设和公共工程项目监管，全方位扎紧制度笼子。加强专班化运作、清单式管理。

政府重要会议

【概况】 区政府重要会议包括常务会议、区长办公会议、专题会议和其他重要会议。2022年，区政府共召开常务会议17次、区长办公会议29次、专题会议21次、其他重要会议4次。

【区政府常务会议】 2022年，区政府共召开常务会议17次。

1月10日，召开九届区政府第63次常务会议，会议审议《秀洲区2022年50万元以上政府（国有企业）投资项目计划》《秀洲区区级3000万元以上政府投资项目2021年实施情况和2022年计划安排情况报告》；审议《关于秀洲区2021年国民经济和社会发展计划执行情况与2022年国民经济和社会发展计划（草案）的报告》；审议《关于嘉兴市秀洲区2021年财政预算执行情况和2022年财政预算（草案）的报告》；研究《秀洲区与浙江清华长三角研究院共同推进“深根计划”合作协议》；听取2022年民生实事代表票决候选项目的情况汇报；审议《2022年春节期间稳用工促生产12条意见》；审议《关于秀洲区2020年财政预算执行和其他财政收支审计结果整改落实情况的报告》；讨论《政府工作报告》。

4月11日，召开十届区政府第1次常务会议，会议学习《行政处罚法》；讨论《秀洲区“大综合一体化”行政执法改革实施方案》；审议《秀洲区建设高质量制造强区跃升版实施方案（2022—2026年）》；讨论《秀洲区2021年法治政府建设情况报告》；研究关于兑现企业股改挂牌上市奖励资金有关事宜；听取关于嘉秀集团本级及下属子公司2022年上半年公司债券申报计划的情况汇报；书面听取关于秀洲区第三次全国国土调查的情况汇报；书面传达学习《河南郑州“7·20”特大暴雨灾害调查报告》精神。

5月5日，召开十届区政府第2次常务会议，会议学习《浙江省公共数据条例》；审议《秀洲区新一轮制造业“腾笼换鸟 凤凰涅槃”攻坚战实施方案（2021—2023年）》；讨论《秀洲区印染行业专项整治方案》；审议《关于全面推进镇（街道）综合行政执法工作的方案》；审议《秀洲区公共租赁住房管理实施细则》；审议《秀洲区关于鼓励备案非标电动自行车提前淘汰置换实施方案》；讨论《秀洲区有关单位生态环境保护责任清单》；审议《秀洲区人民政府2022年重大行政决策事项目录》。

5月10日，召开十届区政府第3次常务会议，会议讨论《嘉兴市秀洲区事业单位管理岗位职员等级晋升制度实施方案》；审议《秀洲区进一步深化工业企业“亩均论英雄”评价实施意见》；学习《中华人民共和国节约能源法》和《浙江省实施〈中华人民共和国节约能源法〉办法》；审议《秀洲区关于促进服务业领域困难行业恢复发展的政策意见》；审议《关于进一步加快秀洲区服务业高质量发展的若干政策意见》；审议《秀洲区扶持个体工商户纾困发展若干政策》；审议《秀洲区本地农民进城安置居住地登记备案实施办法（试行）》；讨论《秀洲区打造“融合共富新城乡”火炬样板实施方案（2022—2025年）》；书面传达学习《中共中央办公厅、国务院办公厅印发的关于更加有效发挥统计监督职能作用的意见》及秀洲区贯彻落实情况。

5月19日，召开十届区政府第4次常务会议，会议讨论《秀洲区安全生产信用评价管理办法》；讨论《秀洲区规范民办义务教育发展专项工作实施方案》；审议《秀洲区城市市政基础设施配套费收取与使用管理细则》；听取关于嘉兴高新集团有限公司注册发行债券的情况汇报。

5月30日，召开十届区政府第5次常务会议，会议讨论《关于加强引进高校毕业生全力打造“秀水泱泱·智汇秀洲”青创之城的若干意见（2022—2024年）》；审议《关于加快建设秀洲区科创高地的若干政策意见》；审议《秀洲区关于支持企业绿色稳定发展的若干政策意见》；审议《秀洲区助企纾困政策实施意见》；审议《关于进一步加快农业经济高质量发展的若干政策意见》；审议《关于促进秀洲区建筑业高质量发展的若干奖励政策意见》。

6月24日，召开十届区政府第6次常务会议，会议学习《中华人民共和国乡村振兴促进法》《浙江省乡村振兴促进条例》；审议《嘉兴市秀洲区人民政府工作规则》；审议《秀洲区关于加快发展保障性租赁住房的实施意见》；审议《浙江秀洲经济开发区整合提升方案》；审议《实施“三雁”工程推进秀洲区“专精特新”企业梯度培育专项行动方案》；讨论《秀洲区贯彻落实2021年省委生态环境保护专项督察报告整改方案》；审议《关于秀湖创业创新投资基金有关议事规则和管理办法》；听取关于组建文化数字产业子基金的情况汇报；讨论《秀洲区国资公司改革方案》；审议《嘉兴市秀洲区扎实稳住经济的一揽子政策措施》。

7月22日，召开十届区政府第7次常务会议，会议学习《浙江省消防条例》；讨论《关于嘉兴市秀洲区2022年上半年国民经济和社会发展执行情况的报告》；听取关于将“京杭大运河（嘉兴秀洲段）综合治理与保护工程项目”等10个项目纳入《秀洲区国民经济和社会发展第十四个五年规划和二〇三五年远景目标纲要》的情况汇报；讨论《关于嘉兴市秀洲区2021年财政总决算和区级财政决算情况的报告》《嘉兴市秀洲区2022年1—6月财政预算执行情况的报告》；讨论《关于秀洲区2021年度财政预算执行和其他财政收支的审计工作报告》；讨论《关于今年以来全区经济社会发展情况和下一阶段主要工作安排的报告》。

8月22日，召开十届区政府第8次常务会议，会议传达学习习近平总书记关于统计工作重要指示批示精神，听取秀洲区统计工作情况的汇报；传达学习关于全国、全省安全生产电视电话会议精神及全市安委会会议精神，听取秀洲区贯彻落实情况的汇报；审议《秀洲区深入推进农业“双强行动”全力打造农业高质量发展先行区实施意见》；审议《秀洲区2021年度工业企业“亩均论英雄”评价结果》；审议《秀洲区既有住宅加装电梯实施方案》；审议《秀洲区人防工程产权制度综合改革实施办法》；审议《关于提升公办幼儿园和公益普惠性民办幼儿园覆盖率的实施意见》；书面研究秀洲区“七张问题清单”有限空间安全问题整治工作；书面传达学习《浙江省人民政府关于深化数字政府建设的实施意见》。

8月24日，召开十届区政府第9次常务会议，会议学习习近平总书记关于生态环境保护和大气污染防治重要论述，学习《中华人民共和国大气污染防治法》；传达省生态环境厅关于秀洲区大气污染防治工作短板和整改要求，研究秀洲区空气质量问题和工作举措。

9月8日，召开十届区政府第10次常务会议，会议学习习近平总书记关于政府过紧日子的重要论述，学习《机关团体建设楼堂馆所管理条例》；听取秀洲区项目建设百日攻坚行动考核评比情况，讨论《关于秀洲区项目建设百日冲刺行动实施方案》；听取秀洲区委党校（警务技能训练基地、执法办案管理中心）项目自查报告的汇报；听取嘉禾牧歌项目有关情况汇报。

9月22日，召开十届区政府第11次常务会议，会议传达学习习近平总书记关于就业的重要论述；学习《中华人民共和国就业促进法》，听取秀洲区贯彻实施情况的报告；审议《新时代“秀水工匠”行动方案》《秀洲区新时代“秀水工匠”技能人才引育政策意见（试行）》；审议《秀洲区环境空气质量改善及大气污染防治工作问题整改方案》；讨论《坚持“以城带乡”，加快运河湾新城建设实施方案》；审议《秀洲区渣土消纳磋商机制实施办法（试行）》；审议《秀洲区稳外贸稳外资促消费实施意见》；听取关于区委党校（警务技能训练基地和执法办案管理中心）有关情况的汇报。

10月8日，召开十届区政府第12次常务会议，会议讨论《秀洲区服务业高质量发展三年倍增计划（2022—2024年）》；讨论《秀洲区服务业招引“三百行动”工作方案》；讨论《嘉兴市秀洲区服务业高质量发展机制化专班工作方案》；讨论《关于明确新城街道、高照街道与秀洲国家高新区服务业工作机制体制的方案》;审议《2022年秀洲区老年人微交安闭环管理工作实施办法》;审议《关于健全完善特困人员救助供养制度的实施意见》;审议《嘉兴市秀洲区公平竞争审查会审试点工作方案》;听取关于嘉秀集团2022年下半年公司债券申报计划的情况汇报。

11月2日,召开十届区政府第13次常务会议,会议学习习近平总书记关于个体工商户发展工作的重要论述,学习《促进个体工商户发展条例》;讨论《嘉兴市秀洲区深化以集体经济为核心的强村富民乡村集成改革实施方案》;审议《秀洲区农村宅基地自愿有偿退出转让管理办法(试行)》;审议《秀洲区关于进一步加强房地产项目开发建设管理的实施意见》;讨论《关于嘉兴运河湾城投集团有限公司实体化运作实施方案》;传达学习关于全市老年教育资源整合工作会议精神,听取秀洲区贯彻落实情况的汇报;审议《2022年秀洲区印染行业主要污染物排污总量差别化管控方案》;书面研究秀洲区推进长三角一体化工作及对口工作任务完成情况。

11月22日,召开十届区政府第14次常务会议,会议讨论《秀洲区"扩中""提低"行动方案》;学习习近平总书记关于审计工作的重要论述,学习《中华人民共和国审计法》;审议《秀洲区人民政府关于秀洲区禁止燃放烟花爆竹的通告》;审议《秀洲区关于推进农业转移人口市民化改革的实施方案》;讨论《秀洲区关于深入推进法治社会建设的实施意见》;讨论《秀洲区创建浙江省食品安全示范区工作方案》;听取关于参与嘉兴银行增资扩股的报告。

12月12日,召开十届区政府第15次常务会议,会议听取关于省统计督察反馈意见秀洲区整改建议的情况报告;审议《秀洲区服务业企业"亩产效益"综合评价实施办法(试行)》;讨论《秀洲区婚俗改革试点工作实施方案》;审议《关于进一步推动社会组织高质量发展的实施意见》;讨论《秀洲区关于加快律师行业高质量发展的实施意见》;听取关于高新集团本级及下属子公司2023年第一批债券申报计划的情况汇报;书面听取关于全省岁末年初安全生产和消防安全工作推进会会议精神和秀洲区贯彻落实的情况汇报。

12月26日,召开十届区政府第16次常务会议,会议审议《秀洲区2023年稳岗服企十二条意见》;审议《秀湖创业创新投资基金跟投办法(试行)》;听取关于秀湖基金投资浙江德康医疗器械有限公司的情况汇报;讨论《秀洲区2021年财政预算执行和其他财政收支审计结果整改落实情况的报告》。

【区长办公会议】 2022年,区政府共召开区长办公会议29次,其中研究有关城乡建设项目规划以及各月份主要工作的不作详细记载。

1月20日,听取关于秀宏集团东方路建设资金分摊方案的情况汇报;听取《关于福莱特玻璃集团股份有限公司涉嫌太阳能装备用超薄超高透面板制造项目未批先建案不予行政处罚》《浙江嘉福玻璃有限公司年产2800万平方米光伏背板玻璃项目涉嫌建设项目未批先建案不予行政处罚》的情况汇报;研究2021年度秀洲区行政中心广场旗帜企业名单有关事宜;研究2021年度重点工作考核结果有关事宜;研究供地(出让)方案(2022年度第1批)。

1月24日,研究2021年"双百·比学赶超四季赛"专项行动第四季度及全年考核结果;审议《秀洲区"项目推进年"活动实施方案》《秀洲区2022年度扩大有效投资年度考核及月度"赛马"指标体系》。

2月17日,研究供地(出让)方案(2022年度第2批)。

2月21日,听取关于合作开发2021嘉秀洲—031号地块事项的汇报;听取关于合作开发2021嘉秀洲—032号地块事项的汇报;审议《秀洲区防洪薄弱环节提升工程建设三年行动计划(2022—2024)》。

3月18日,研究供地(出让)方案(2022年度第3批);听取2022年春节留"秀"员工消费券使用情况的汇报;审议《秀洲主城区餐饮场所"瓶改管"工作实施方案》;审议《秀洲区建立产业精准招商机制的实施方案》;听取关于2022年秀洲区先进制造业高质量发展暨产业转型升级推进会方案及表彰名单的汇报;听取关于解决秀洲区建筑材料再生利用中心项目两个遗留问题的情况汇报;审议《油车港镇陈家坝未来社区全过程咨询管理方案》；审议《嘉兴市秀洲区妇幼保健院医院迁建工程项目方案》；审议《秀洲区核酸检测基地建设方案》；听取关于2021年度全区行业协会（商会）、基层商会评价工作的情况报告；审议《秀洲区“民主法治村（社区）”动态管理办法》。

4月12日上午，审议王店镇3—11单元（工业地块）控规局部调整等14个议题。

4月12日下午，研究供地（出让）方案（2022年度第4批）；听取关于收购嘉兴市广电创意产业发展有限公司股权情况的汇报。

4月24日，审议《秀洲区新增建设用地指标使用管理办法》；研究供地（出让）方案（2022年度第5批）；听取关于王店镇园区基础设施提升项目等4个项目新增列入2022年国有企业投资项目计划的情况汇报。

4月28日，审议王江泾镇2021嘉秀洲—32号地块住宅项目设计方案等4个议题。

5月5日，研究高照街道办事处搬迁项目有关事宜。

5月27日，审议嘉兴市法警训练基地项目规划选址和王江泾镇商会大厦建筑设计方案等2个议题。

6月10日，审议《秀洲区无障碍环境改造经费补助办法》；审议《秀洲区高层住宅二次供水集中整治专项行动实施方案》；审议《2022年“消费在秀洲”活动方案》；听取关于王店镇集成装饰创业创新园（二期）等5个项目计划调整的情况汇报；研究2022年秀洲区第一批科技发展资金补助有关事宜；听取关于引进戴梦得入驻江南摩尔的情况汇报；听取关于参与嘉兴川山甲物资供应链有限公司不动产和机器设备等资产竞拍的情况汇报。

6月24日，审议王店镇垃圾中转站项目选址论证选址报告等18个议题。

6月24日，研究供地（出让）方案（2022年度第6批）；听取关于调整嘉兴未来食品研究院项目相关内容的说明；研究2021年秀洲区跨境电商资金补助方案。

7月18日，审议《秀洲区城市总设计师制度实施办法（试行）》；审议《秀洲区瓶装燃气企业规模化改革实施方案》；听取关于组建秀拓燃气合资公司的情况汇报，研究供地（出让）方案（2022年度第7批）；研究大运河文化展示馆建设思路及《〈京杭大运河〉大型木雕组创作项目合作框架协议》；研究《2022年中国儿童艺术剧院与嘉兴合作方案》；研究《解除〈嘉兴高级中学特许办学协议〉的协议书》；研究《嘉兴市秀洲区人民政府和浙江师范大学教育发展合作协议》；书面研究《2021年嘉兴市秀洲区食品药品安全考核评议结果》《2022年嘉兴市秀洲区食品药品安全工作要点》，书面传达贯彻上级安全生产工作会议精神。

7月26日，审议《秀洲区关于进一步加强内部审计工作的意见》；研究《2022年“消费在秀洲”第二期活动方案》；研究关于2022年春节期间鼓励企业稳岗促产服务业企业拟奖励资金有关事宜，听取关于秀洲区工业污水处理工程项目重大变更的情况汇报；研究《秀洲区人民政府和杭州师范大学教育合作框架协议》；听取关于浙江（嘉兴）长三角智慧产业园一期项目等20个项目新增（调整）政府投资项目计划的情况汇报。

8月23日，审议王店镇嘉绍连接线南侧长水塘西侧存量工业用地优化方案等11个议题。

8月24日，研究2022年秀洲区留秀稳用工鼓励企业稳岗促产资金补助有关事宜；研究2022年秀洲区助企纾困政策实施意见、奖励资金二季度兑现有关事宜；听取关于AAA主体信用评级有关情况的汇报；研究2021年度秀洲区建筑业奖励资金有关事宜；研究供地（出让）方案（2022年度第8批）；审议《秀洲区项目建设百日冲刺行动实施方案》；研究《秀洲区项目建设百日攻坚行动考核评比结果》；听取2022年度秀洲区高新技术企业申报推荐情况的汇报；研究2021年度秀洲区文艺人才和文艺创作奖励有关事宜；听取有关支持龙泉市村级集体经济发展的情况汇报；研究《秀洲区现代农业社会化服务体系战略合作框架协议》。

8月25日，研究秀洲区服务业高质量发展大会方案和大会拟表彰对象评选结果有关事宜；传达市安委会安全生产公开约谈有关精神。

9月6日，研究秀洲区2022年“优秀校长（园长）”、“最美教师”及提名奖、“农村教师耕耘奖”和“绿叶奖”拟推荐名单有关事宜；研究《麒盛科技股份有限公司、秀洲区人民政府、中国睡眠研究会战略合作框架协议》；听取关于高照实验学校二期工程等3个项目新增政府、国资投资项目计划的情况汇报；审议《嘉兴市秀洲区创建浙江省全域旅游示范区实施方案》。

9月22日，听取关于富云圩区整治工程调整政府投资项目计划的情况汇报。

10月10日，听取关于秀洲区新塍镇火炬样板打造的情况汇报；研究秀洲区农村生活污水治理项目验收及资金补助有关事宜；审议《秀洲区高速公路出口防疫检查点激励办法》；听取关于年产10GW单晶组件厂房及配套设施项目（二期）等3个项目新增国有企业投资项目计划的情况汇报；研究供地（出让）方案（2022年度第9批）；研究《秀洲区人民政府与中国美术学院美丽中国研究院院地共建中国美术学院美丽中国研究院（秀洲）协作中心合作协议》。

10月26日，研究关于2021年度企业一般规范性股改奖励兑现有关事宜；听取关于理顺江南摩尔商圈管理体制的情况汇报；听取关于要求明确北理工长三院项目（一期）北区块规划建设有关事项的情况汇报；研究《嘉兴市秀洲区人民政府嘉兴学院战略合作框架协议》；研究《关于成立嘉兴市秀洲区人民医院方案》；听取高照街道办事处搬迁项目有关事宜的情况汇报；研究《嘉兴市秀洲区人民政府 浙江师范大学共建研究生联合培养基地的框架协议》。

11月7日，研究听取关于全区行政诉讼案件情况的报告；审议《秀洲区被征地农民安置补助有关政策实施细则（试行）》；听取关于研究置信公司重整方案的有关事项的汇报；听取运河湾新城建设指挥部关于要求明确公章使用、开设账户等相关事宜的汇报；研究关于兑现2022年企业股改挂牌上市奖励资金（第二批）有关事宜。

11月9日，审议秀洲国家高新区2022嘉秀洲—018号地块（圆通住宅项目）建筑设计方案和王江泾镇秀洲大道西北安置小区建筑设计修改方案两个议题。

11月14日，研究2022年秀洲区第二批科技发展资金补助方案有关事宜；研究2022年秀洲区投资类第一批项目资金补助方案有关事宜；研究供地（出让）方案（2022年度第10批）。

11月29日，专题研究有关城乡建设项目规划方案。

11月30日，审议《秀洲区优质企业多跨协同服务项目建设实施方案》；研究供地（出让）方案（2022年度第11批）；听取关于"佳源锦绣府项目"收购方案的情况汇报，听取关于收购秀洲区培训交流中心相关资产的情况汇报；听取关于智能化电气设备制造项目等5个项目新增国有企业投资项目计划的情况汇报；研究《乍嘉苏高速公路改扩建工程秀洲区境内投资建设框架协议》；审议《秀洲区交通卡口防疫检查激励办法》；审议《关于深化财政支持养老服务体系建设的若干意见》；审议《秀洲区数字门牌项目建设方案》。

12月29日，专题研究有关城乡建设项目规划方案。

【区政府专题会议】 2022年，共召开专题会议21次。

2022年秀洲区人民政府专题会议召开情况

表7

召开时间	主持人		会议内容
	姓　名	职　务	
1月18日	李　刚	副区长	专题研究加快524国道秀洲王江泾至新塍公路前期工作推进有关事项
1月20日	李　刚	副区长	专题研究嘉兴军民合用机场改扩建工程征地补偿安置方案有关事项
1月25日	沈顺华	副区长	专题研究嘉兴巨麦贸易有限公司等4家企业5宗土地开发违约处置等有关事项
2月25日	俞明峰	区政府办副主任	专题研究全区调整城镇土地使用税政策促进土地集约节约利用工作有关事项
3月7日	姚林飞	副区长	专题研究高照派出所筹建有关事项
3月12日	李陈源	常务副区长	专题研究隆基乐叶光伏科技年产10GW单晶组件项目建设有关事项
3月15日	刘德威	区　长	专题研究城市保洁绿化市政养护费用有关事项

续表 7

召开时间	主持人		会议内容
	姓名	职务	
5月10日	沈武艳	区政府办副主任	专题研究全区调整城镇土地使用税政策促进土地集约节约利用工作有关事项
6月1日	姚林飞	副区长	专题研究刘家远死亡善后有关事项
6月14日	李　刚	副区长	专题研究王江泾镇宇四浜村花甲圩新社区二期等2宗土地开发违约处置等有关事项
6月20日	刘德威	区　长	专题研究进一步提高卫生和教育专技人才住房保障水平等事项
6月20日	卢俊敏	区政府办副主任	专题研究秀洲区“智安街道”项目变更有关事项
8月11日	李宇聪	副区长	专题研究秀洲区中小学储备教师有关事项
8月16日	李　刚	副区长	专题研究嘉兴瑞银置业有限公司等6宗土地开发违约处置等有关事项
9月9日	俞明峰	区政府办副主任	研究秀洲区康养中心整合相关养老服务资源有关事项
9月16日	施孙科	区政府办副主任	专题研究公安遗属生活困难补助费发放有关事项
11月12日	李宇聪	副区长	专题研究秀湖颐养中心项目建设有关事项
11月14日	李　刚	副区长	专题研究区行政中心广场地下车库、江南摩尔立体停车库有关事项
11月21日	刘德威	区　长	专题研究南虹大桥改建工程有关事项
11月29日	钱　泳	区政府办副主任	专题研究全区调整城镇土地使用税政策促进土地集约节约利用工作有关事项
12月12日	李　刚	副区长	专题研究消化批而未供边角地处置开发有关事项

资料来源：由区政府办提供

【区政府其他重要会议】 2022年，以区政府名义召开其他重要会议4次。1月10日，召开全区安全生产和消防工作会议。5月9日，召开全区自建房安全专项整治、自建房出租消防安全、安全生产和防汛防台工作会议。5月25日，召开2022年秀洲区先进制造业高质量发展暨产业转型升级推进会。9月1日，召开秀洲区服务业高质量发展大会。

民生实事工程

【概况】 2022年，秀洲区人民政府全力办实事，民生福祉有效增加。全年实施民生实事工程8项，即“无障碍出行”项目、“碧水秀洲”项目、“冬暖夏凉”项目、“美好颐养”项目、“美好善育”项目、“儿童之家”项目、“停安心”项目、“智安小区”项目。

【“无障碍出行”项目】 目标任务：完成城市核心区内道路6条、政务办事机构4个、司法建筑3个、学校16家（含公办、私立）、体育建筑1个、文化建筑2个、医院4家（含社区卫生服务站）、村（社区）党群服务中心10个、农贸市场2个、公园绿地3个、广场1个、银行6家、酒店2家、公共厕所15个等无障碍设施建设改造。

完成情况：全部完成目标任务的69个重要公共服务场所无障碍改造。

【“碧水秀洲”项目】 目标任务：建设“碧水河道”14千米以上，水下森林面积5万平方米以上，水体透明度0.8米以上，全力打造水清岸绿、人水和谐的水生态空间，实现水环境质量由类别改善向生态健康的蝶变跃升。

完成情况：建成碧水河道15.7千米，完成率112%，建成水下森林面积12.4万平方米，完成率

248%。建成后的碧水河道水体透明度提升到0.8米以上，水质提升到Ⅲ类及以上。

【“冬暖夏凉”项目】 目标任务：完成14所小学650间普通教室、250间专用教室，以及3所初中280间学生宿舍的空调安装（含电力扩容和线路改造）。

完成情况：空调安装总间数1344间（普通教室710间、专用教室305间、学生宿舍329间），空调1878台，包含线路改造及电力扩容，实际落实资金3037.6万元，完成率113.9%。

【“美好颐养”项目】 目标任务：围绕“如厕洗澡安全、室内行走便利、居家安全改造、智能监测跟进、辅助器具适配”五个方面功能，完成全区100户以上老年人家庭适老化改造；聚焦基本养老服务，释放养老机构辐射效应，推动“秀颐养·家庭养老床位”试点建设，建设家庭养老床位100张以上，将专业服务延伸到家庭，为老年人提供居家上门、康复期护理、稳定期生活照料等服务，确保人人享有多样化的基本养老服务。

完成情况：老年人家庭适老化改造117户，完成率117%；建成家庭养老床位323张，完成率323%。

【“美好善育”项目】 目标任务：为贯彻落实三孩政策，解决百姓“幼有所育”难题，扩大普惠托育服务有效供给，通过挖掘农村村级阵地、社区综合服务设施及企事业单位等资源，完成全区婴幼儿托育机构建设布点规划。各镇新增普惠性托育机构不少于1家，新增托位数40个，各街道新增普惠性托育机构不少于2家，新增托位数60个。创建省级示范婴幼儿托育机构1家，形成典型引领示范作用。

完成情况：新建普惠性托育机构9家，新增托位数600个。

【“儿童之家”项目】 目标任务：依托村（社区）服务中心、新时代文明实践站、农村文化礼堂等设施，推动与乡村学校少年宫、“春泥计划”实施点、农家书屋等阵地资源共建共享，统筹规划、合理布局，优化模式、提质增效，加快“儿童之家”规范化建设步伐。全区村（社区）按照有活动场地、有设施设备、有工作队伍、有基础服务、有常态管理“五有”建设标准建成138个“儿童之家”，同时重点培育10个有特色品牌的示范型“儿童之家”，形成典型引领示范作用。

完成情况：依托村（社区）党群服务中心、健心客厅等阵地资源共建共享，全区建成138个“儿童之家”。同时，在秀清社区、运河社区、火炬社区等10个村（社区）重点培育特色品牌的示范型“儿童之家”，形成一家一品，起到典型引领示范作用。以“儿童之家”为载体，开展游戏、手工、绘画、阅读、科普讲座、心理疏导等形式多样的关爱活动，2022年，累计开展活动2000余次，惠及未成年人2万余人次。

【“停安心”项目】 目标任务：持续增加停车位数量，提高停车资源供给，打通城乡智慧停车平台，实现全区停车资源共享。通过新建、改建市区停车场7处，乡镇停车场39处，不少于6000个场内公共停车泊位纳入全区智慧停车平台。新增30个以上商务楼宇、商超等社会停车场，5个以上对外开放小区停车位，300个以上乡镇道路停车位数据纳入全区智慧停车平台。新增3家以上企事业单位的内部停车场实行错时共享，新增车位不少于100个。

完成情况：建成城乡智慧停车平台互通，形成区级智慧停车平台，实现全区停车数据实时可见、一网通查。完成市区停车场建设7处，新增车位1297个。建成乡镇停车场39处，新增车位5740个。6908个公共停车泊位，36个商务楼宇、商超等社会停车场，384个乡镇道路停车位泊位，5个对外开放小区停车位数据纳入管理系统。全区智慧停车平台共有144个停车场（道路）、21423个停车泊位的实时数据。新增区公安分局、区住建局和秀清社区3处夜间错时共享场所，为周边居民提供135个错时共享车位。

【“智安小区”项目】 目标任务：完成10个已建成商品住宅小区“智安小区”建设，覆盖率100%；完成10个城镇区域内拆迁安置或集聚小区“智安小区”建设，完成5个农村安置或集聚小区“智安小区”试点建设，进一步提升全区居民小区智慧安防水平，夯实区域治理现代化基础。

完成情况：建成10个商品住宅小区、10个城镇区域内拆迁安置或集聚小区、5个农村安置或集聚小区的“智安小区”，完成率100%。

（李　杰）

外事工作

【概况】 2022年，秀洲区开展以外事助力经济稳进提质和营商环境建设，传达部署秀洲在外人员安全工作。充分利用在秀外籍人士资源，多措并举开展“以商引商”活动，以高质量外事工作服务全区高质量发展。在新塍镇穆益林帛画馆举办赫伦手工艺瓷器展览，新塍镇与匈牙利赫伦镇结对友好小镇。

【涉外便企服务】 邀请市外办为区内20多家企业进行APEC商务卡业务培训和现场办理工作，让企业享受外事出入境便利政策实惠，促进秀洲社会经济交流发展。调研企业在疫情影响下的发展难题，协助解决麒盛科技股份有限公司人员到墨西哥出境事宜。

【服务高能级招商】 充分利用在秀外籍人士资源，多措并举开展“以商引商”活动，通过入驻企业的背书、政府和投资企业的良性互动，实现项目和产业的高效聚集。通过德沃康公司董事长的介绍，引进总投资超亿美元的特雷通家居项目。

【外事交流合作】 配合市外办做好“嘉兴·V4国际人文交流周”之嘉欣丝绸博物馆行活动和基里巴斯留学生到秀洲区油车港镇银杏天鹅湖短视频拍摄活动，提升秀洲的国际知名度和影响力。做好“2022年度嘉兴市成绩突出外国专家”申报工作，增强外籍人员的归属感、荣誉感和幸福感。

【国际友好城市】 12月8—30日，在新塍镇穆益林帛画馆举办匈牙利海兰德瓷器艺术·中国穆益林帛画艺术展览。活动由秀洲区人民政府主办，新塍镇人民政府承办。开幕式上，新塍镇和赫伦镇结为友好小镇。此次展览，共展出中国帛画代表性传承人穆益林的帛画30幅，匈牙利的赫伦瓷器16套，吸引上千人参观。同时，促进与匈牙利的文化艺术交流。

（李　杰）

对口支援和山海协作

【概况】 2022年，秀洲区重点推进与屏山县、龙泉市的结对帮扶，双方党政领导互访交流，开展多途径产业经济合作和民生服务项目，积极推动东西部交流和山海协作工程。

【秀洲区与屏山县结对帮扶】 2022年，秀洲区与四川省宜宾市屏山县持续深化全方位、多层次、宽领域的东西部协作帮扶体系。1月24日，屏山县县长赵丹带队走访、考察秀洲企业。4月14日，秀洲区、海盐县、嘉兴港区、屏山县东西部协作2022年第一次视频会议召开。会上通报《屏山县2022年东西部协作项目资金计划》和《屏山县东西部协作2022年工作任务清单》，对接落实屏山县2022年打造东西部协作“五张金名片”需求清单。6月29—30日，屏山县委书记代军率党政代表团到秀洲区实地考察秀洲光伏科技馆、嘉兴隆基乐叶光伏科技公司、嘉兴市文化艺术中心；29日，在秀洲召开2022年秀洲区—屏山县东西部协作联席会，会上，秀洲区企业浙江味德丰食品科技有限公司与屏山县签订《浙川白鹅产业发展合作协议》，浙江雨露空间果品有限公司、秀洲区农业农村和水利局、屏山县宇桂农业发展公司、屏山山海情劳务合作社签订《茵红李产销及消费帮扶合作协议》。7月18日，秀洲区组织文化交流代表团到屏山开展文化走亲活动。11月10日，秀洲区委副书记、区长刘德威带队到屏山学习考察。两地举行秀水、屏山协同智造产业园揭牌仪式，签订文旅、党建联盟合作协议。秀洲区向屏山县捐赠“红船映初心秀屏一家亲”文化交流书画。是年，秀洲区拨付东西部协作财政资金2315万元，用于屏山县基础设施项目、产业项目、劳务协作项目、教育文化配套项目的建设；社会帮扶资金340万元，用于促进屏山县的相关民生项目建设；秀洲出资补助45万元，帮助屏山县开展实施“山海携手·至臻至善”社会组织参与乡村振兴项目、“衣暖人心”残疾儿童园服捐赠项目、屏山县委党校教学科研咨询对口资助项目等公益项目。全年新派5名技术人才到屏山挂职，组织开展党政干部培训737人次（秀洲、海盐两地），专业技术人员开展培训1373人次（秀洲、海盐两地），通过交流先进的发展理念、工作思路，助力屏山县高质量发展。

【秀洲区与龙泉市山海协作实施】 6月1日，龙泉市委书记王忠宝率党政代表团到秀洲区参观考察。7月6—7日，秀洲区委书记徐鸣阳率党政代表团到龙泉市学习考察，共叙山海情，携手谱新篇。两地政府召开党政联席会议，签订《2022年度秀洲—龙泉实施山海协作工程协议书》《秀洲—龙泉特色产业提升项目合作协议》《秀洲区—龙泉市山海协作工程共建乡村振兴示范点合作协议（安田村）》和《秀洲区—龙泉市山海协作工程共建乡村振兴示范点合作协议（河坑塘村）》，迈向造血帮扶、双向互动、合作共赢的共富之路。同时，秀洲区选派优秀师资到龙泉市为干部授课培训，秀洲中青班干部专程到龙泉交流培训。开展劳务培训26期，完成劳动力培训1576人次。秀洲—龙泉山海协作"消薄飞地"产业园投资收益1720.39万元，由秀洲返至龙泉，助力当地98个村级集体经济。2022年，秀洲区拨付援建资金584.89万元，其中，财政援建资金260万元，计划外财政援建资金309.89万元，社会帮扶资金15万元。

（全欣燕）

人力资源

【概况】 2022年，秀洲区深入实施人才强市、创新强市战略，大力引进高校毕业生，开展"秀水泱泱·智汇秀洲"招才引智高校行校园招聘行动，出台《关于加强引进高校毕业生全力打造"秀水泱泱·智汇秀洲"青创之城若干意见》，新引进博士51人、硕士515人、大学生9500人。继续实施在事业单位强化岗位评聘结合制度。深化职称改革，在全区22所中小学校开展秀洲区中小学教师学校自主评聘工作。加强博士后工作站平台建设，新建国家级、省级博士后工作站3家。

【企业人才专场招聘】 2022年，秀洲区通过"秀水泱泱·智汇秀洲"招才引智高校行校园招聘行动，先后在湖南长沙、湖北武汉、四川成都等地开展校园招聘活动，通过三次系列专场招聘活动，秀洲区企业共收到简历2152份，达成初步就业意向735人。是年，全区新引进大学生人才9500人。全区累计举办"秀水泱泱·智汇秀洲"人才专项招聘会89场，参加企业1453家，推出岗位26918个，达成人才入职意向3286人。为深入实施人才强市、创新强市战略，大力引进高校毕业生，助力嘉兴市"青创之城"建设，印发《关于加强引进高校毕业生全力打造"秀水泱泱·智汇秀洲"青创之城若干意见》，加大引才力度，进一步激发高校毕业生来秀工作的积极性，为人才引进招聘奠定政策基石。

（叶群超）

【职称评聘】 2022年，秀洲区新增专业技术资格人员1406人，其中，高级192人、中级450人、初级764人。继续在事业单位强化岗位评聘结合制度的实施。继续进行职称改革，在全区22所中小学校开展秀洲区中小学教师学校自主评聘工作，通过学校自主评审取得专业技术资格人员166人，其中，高级3人、中级65人、初级27人、初定初级71人。明确将浙江蓝特光学股份有限公司、福莱特玻璃集团股份有限公司、麒盛科技股份有限公司、嘉兴中润光学科技股份有限公司和浙江五芳斋实业股份有限公司5家企业作为试点单位，开展工程技术中级及以下职称自主评审工作，通过企业自主评审取得工程师专业技术资格人员100人，其中，中级37人、初级63人。

【专业技术人员继续教育】 继续做好专技人才继续教育工作，全面推进继续教育网上登记平台推广和运用。全年完成继续教育学分的验审申报审核2250项，近11250人次。实现专业技术人员验审学时"零次跑"。举办审批业务主体培训班1期，受训人数19人。

【博士后工作站建设】 2022年，秀洲区加强博士后工作站平台建设，新建国家级、省级博士后工作站3家，其中北京理工大学长三角研究院（嘉兴）为国家级博士后工作站，浙江大学嘉兴研究院、德和科技集团股份有限公司为省级博士后工作站。

（邢丹丹）

政务服务及公共资源交易服务

【概况】 2022年，秀洲区继续深入贯彻落实省、市全面推进数字化改革的工作要求，全面撬动各方面各领域改革落地生效。上线“防疫物资精细管理”应用平台，获省委改革办《数字化改革（抗疫篇）》刊登推广。秀洲区41项便民利企事项均实现“一件事一次办”，全年总办件量9.14万件。是年，共实现公共资源交易领域不见面开标163场，减少投标单位“跑腿”33465次，共实现开评标471场，全部实现网上报名，成交价19.17亿元。

【疫情防控精细化管理应用】 1月，秀洲区作为全省首批两家试点单位之一，开展精密智控线上线下一体化实战演练。3月，上线“防疫物资精细管理”应用平台，获省委改革办《数字化改革（抗疫篇）》第6期刊登推广，并被省委改革办列入“重点应用推进情况”之一。

【电子证照社会化应用】 10月，秀洲区依托嘉兴市人力人才网，对接一体化智能化公共数据平台上的企业营业执照、高校毕业证书等证照，完成电子证照社会化应用省级试点任务，是嘉兴唯一试点单位。

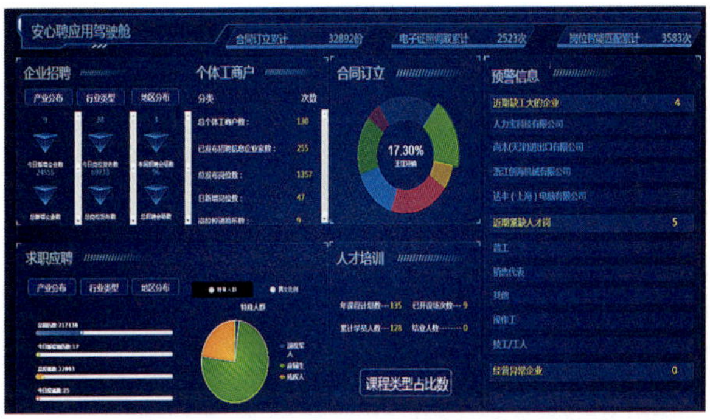

12月19日，秀洲区“安心聘”电子证照社会化应用列入省级试点（区政务数据办提供）

【公共数据平台秀洲仓】 2022年，秀洲区依托嘉兴市一体化智能化公共数据平台，在IRS系统上规范申请数据、组件、云等各类数字资源，共编制目录数据1597项，归集数据1108万条，实现数据协同归集、一体治理、跨层级共享、有序开放。完成4个省级试点应用专题仓建设，稳步提升数据资源有效利用率。

【三个“掌上”应用平台】 2022年，秀洲区推进“掌上”应用平台建设，其内容包括掌上办事、掌上办公、掌上治理。掌上办事：为加快推进全区5个“浙里办”存量服务，同源发布至“浙里办”微信小程序，挖掘高频服务上架“浙里办”，日活跃用户数逐步上升至2.3万户。完成线上线下“一网通办率”90%的年度目标。掌上办公：强化浙政钉运营运维，常态化监测浙政钉应用，搭建本地工作台门户，加强对涉疫工作等内部敏感信息的严格管理。掌上治理：加强业务协同，依托“互联网+监管”平台，实现整体处置率100%。

【“不见面开标”模式】 2022年，秀洲区公共资源交易中心进一步深化“不见面开标”模式，解决日常开标中存在的投标成本高、投标流程烦琐、投标公正性不强、标书制作与印刷保存难度大等多个问题。投标人通过互联网足不出户实现实时加密投标。全年共实现公共资源交易领域不见面开标163场，减少投标单位“跑腿”33465次，共实现开评标471场，全部实现网上报名，成交价19.17亿元。

【“无差别全科受理”改革】 2022年，持续深化“无差别全科受理”改革，按照“应纳尽纳”的原则，将社保医保事项整合至无差别受理范围，实现除公安服务、婚姻登记等涉密或特殊要求事项以外所有依申请政务服务事项“一窗通办”。通过认领政务服务2.0事项，改造区级业务审批系统并与政务服务2.0平台对接互通实现“一网通办”。至年末，有26个部门的1771个事项实行“无差别全科受理”；公安事项创新突破警种壁垒，实现139个事项“专区无差别受理”。同时，深化“一窗受理、集成服务”改革向基层延伸，在镇（街道）完成民生实事工程硬件改造基础上，统一前台办事窗口设置，打通业务壁垒，进一步拓展村级便民服务事项，助力惠民利企事项再下沉，特别是贴合群众急需的社保、医保事项，实现区镇两级“无差别全科受理”模式全覆盖。5月，以“幸福医保+未来社区”为品牌，高照街道运河社区成功创建“省级医疗保障基层服务示范点”。是年，全区办理医保事项4941件，获益群众3500余人次。

【“1+7+N”政务服务能力提升项目】 2022年，持续推进“1+7+N”(指1个区行政服务中心、7个镇(街道)便民服务中心和N个办理点)政务服务能力提升项目，强化政务服务县乡统筹，全面构建“10分钟政务服务圈”。6月，实现“市民之窗”自助终端在全区5个镇2个街道便民服务中心全覆盖，并向村(社区)、重点企业、重点公共场所延伸。至年末，全区建成自助服务终端76台，年度使用量超6万次，本地可办事项数149项，跨省通办事项覆盖16个省(直辖市、自治区)115个县(市、区)。

【多领域实现联办事项便利化】 2022年结合便民利企一件事专项督查，梳理秀洲区“一件事一次办”工作开展情况，至年末，便民利企“一件事”事项清单共75项，其中除部分事项存在条线系统关闭无办理入口或系统事项已经无需单独申请外，秀洲区有41项均实现“一件事一次办”，总办件量9.14万件。个人全生命周期“一件事”高频事项前三的有：义务教育阶段学校学生入学一件事联办，计11549件；幼儿园儿童入园一件事联办，计4603件；二手房办理不动产证及电水气联动过户一件事联办，计4230件。企业全生命周期“一件事”高频事项前三的有：网络报装(移动)一件事联办，计43305件；网络报装(电信)一件事联办，计13000件；企业开办一件事联办，计2012件。

(王佳丽)

机关事务管理

【概况】 2022年，秀洲区机关事务管理中心强化服务保障，会务活动保障3637场次，完成区“两会”、区第十次党代会等大型活动保障任务，做好省委巡视组驻点后勤保障工作。启用改造后的秀洲园2号包厢，提升接待环境，全年共接待各类来宾181批次2738人。加强机关运行保障，完成行政中心无障碍设施改造、食堂大厅改造、会展中心吊顶改造等工程，更新公务用车8辆，全年出车1849次，安全行驶407354千米。加强风险防控，新招年轻保安，完善安保队伍结构，开展反恐消防综合演练，组织安全隐患排查巡防，改造行政中心消防系统，修缮行政中心大楼北墙面。着力解决历史遗留问题，成功办理5处无证房屋产权，实现中心名下所有无证存量房产清零。开展东西部协作及山海协作消费帮扶工作，全年销售高山蔬菜等17万元。是年，区机关事务管理中心获“全省机关事务工作先进集体”称号。

【智慧后勤建设】 动态升级区行政中心智能进出识别系统，联动嘉行码、行程码、核酸检测。在市“智慧禾勤”平台框架下，初步建立区级智慧后勤平台，配合市级主管部门基本实现市区后勤业务数据互联互通。推进区会展中心硬件设施数字化改造，王江泾厅投入使用无纸化会议终端，建设无纸化会议智能交互系统，更新升级王店厅、新塍厅、油车港厅等会议室电子显示屏。完成14个区级机关食堂人脸识别消费系统建设，实现无卡刷脸支付就餐和线上无接触式自助充值。区行政中心超市启用电子价签系统。

【办公用房管理】 开展党政机关办公用房信息测绘工作，摸清党政机关和与党政机关同址办公的事业单位办公用房和业务用房底数。贯通全省办公用房管理“一张网”平台，进一步提升全区办公用房管理科学化、制度化、规范化水平。联合区纪委区监委开展全区党政机关办公用房专项巡检，做好区退役军人事务局、区医保分局办公用房调整。收回大树18号楼办公用房产权，完成楼堂馆所专项整改工作。

【公共机构节能】 结合“世界地球日”“全国低碳日”，组织全区各级公共机构开展节能宣传活动，常态化开展垃圾分类、制止餐饮浪费等专项宣传工作。开展全区党政机关节能巡查，联合区分类办开展季度区级机关部门生活垃圾检查。机关在绿色生活创建活动中的示范引领作用发挥显著，全区党政机关生活垃圾分类示范单位及节约型机关创建均达100%。

(全　洁)

应急管理

【概况】 2022年，秀洲区深入推进安全生产“除险保安”行动，全力防范化解重大安全风险，成功抵御台风、雨雪冰冻等自然灾害，及时处置各类突发事件，全区安全生产态势总体平稳，共发生各类生产安全事故8起，死亡4人，同比前三年平均数分别下降39.85%和42.86%。成功抵御11号台风“轩岚诺”和12号台风“梅花”，启动防汛防台Ⅳ级响应2次，Ⅲ级2次，Ⅱ级1次，Ⅰ级2次，累计转移群众12128人，其中集中安置8171人，达到“不死人、少伤人、少损失”的目标，为全区发展提供安全稳定环境。全年修订完善区级预案31个，推动8个主体编制完善综合应急预案，指导136个村（社区）编制“多案合一”应急手册。

【宣传培训】 2022年，秀洲区结合“万名员工安全大培训”、安全培训“走过场”专项整治、安全生产宣传月等活动，统筹推进工贸企业“三类人员”（生产经营单位主要负责人、安全管理人员、特种作业人员）培训工作。全年举办普通工贸企业主要负责人和安管员培训40场次，培训学员4317人。组织线上学习，全区共有4.6万余名学员参训；线上线下通过总人数1.86万余人次，完成年度任务200%。充分发挥安全教育宣传阵地作用，组织辖区3000余名产业工人参观嘉兴市安全教育互动体验馆。

【安全生产监督检查】 2022年，以安全生产“除险保安”大排查大整治工作为抓手，紧盯道路交通、消防、危险化学品等8个易造成群死群伤的重点领域，通过区领导带队督查、安委办暗访暗查、各部门联合执法、第三方机构专业检查等方式，实现多资源整合、多部门联动、全方位排查，全力做好重大安全生产风险防范化解工作。成立区安全专项整治工作专班，深化居住出租房、“厂中厂”等专项整治。围绕“雷霆”执法年活动，严格查处安全生产非法违法行为，全年共立案867起，罚款974万元，追究刑事责任14人。

【抵御第11号台风“轩岚诺”】 2022年9月2日12时，启动防台Ⅳ级应急响应。2日19时提升响应至Ⅲ级，5日15时降至Ⅳ级，6日8时结束响应。全区共转移人员28人，其中，王店镇10人、洪合镇4人、新塍镇14人。主要为老旧房或工棚人员，其中，2人入住村避灾点，其余26人为投亲靠友。出动抢险队96支，队员2312人次。

【抵御第12号台风“梅花”】 2022年9月12日13时，启动防台Ⅳ级应急响应。13日10时提升至Ⅲ级，13日15时提升至Ⅱ级，13日21时提升至Ⅰ级。15日3时降至Ⅱ级，15日7时降至Ⅲ级，15日15时降至Ⅳ级，15日18时30分结束响应。全区共转移人员12100人，集中安置8169人，农业经济损失200.72万元。落实抢险队223支，队员5607人次。排摸整改隐患377处。

【基层防汛防台体系建设】 作为基层防汛防台体系标准化建设重点推进县（区），于7月底前初步完成，8月底前通过区级验收，10月初通过市级验收。全区137张村级防汛防台形势图全部完成危险区域、转移线路、防汛网格和责任人员等信息更新。区、镇两级累计开展基层防汛责任人业务培训15场次、受训人数1639人次。全区各镇、村累计开展各类防汛演练（含桌面推演和技能操作）144场次。

防汛应急演练（区应急管理局提供）

【安全生产与应急管理工作体系】 2022年，对原安全生产与应急管理委员会组织架构进行提档升级，推行安委会“双主任”制，建立安全生产与应急管理“1+8+8+1”工作体系，由区委书记和区长共同担任安委会主任，由区委常委、常务副区长担任区安委办主任,应急管理局局长任区安委办常务副主任。通过建立一贯到底应急管理责任体系,继续深化道路交通、危险化学品、消防、工贸、特种设备、建设施工、文旅、城市运行8个重点领域专委会运行和8个主体责任落实。同时将安全生产检查工作纳入每轮区委常规巡察工作中,由区委巡察办负责统筹,由各巡察组和区安委办组织实施。

【防汛防台应急指挥体系】 2022年,对区防汛防台抗旱指挥部成员进行调整,实行党政主要领导双牵头制,即区委书记、区长共同担任防指部总指挥长,由区委常委、常务副区长和农业分管领导担任常务副总指挥长。区防指部下设办公室,由区委常委、常务副区长担任办公室主任,区应急管理局局长担任常务副主任。防指部下设12个工作组,分别为综合协调组、监测预警组、人员转移组、农业水利组、城市运行组、交通运输组、抢险救援组、供电通信保障组、应急物资保障组、卫生防疫组、宣传报道组和后勤保障组;"8"指8个主体,即5个镇2个街道和秀洲国家高新区。

【隐患动态清零工作机制】 秀洲区自2022年1月起实施隐患动态清零"五个一"(每月一例会、每周一督办、每周一通报、每周一点评、每周一曝光)工作机制,确保责任落实到位、风险管控到位、问题隐患整改到位,实现"存量隐患整改到位,增量隐患动态清零",形成全区上下联动、条抓块统、齐抓共管的工作局面。

【安全生产系列行动】 10月起,秀洲区成立消防专项整治专班,开展全区安全生产"八个一"系列行动(组建一个安全整治专班,召开一次安全生产大会,开展一期履职能力培训,发动一波宣传教育攻势,挂牌一批重点隐患区域,打处一批隐患顽瘴痼疾,研发一个数字管理平台,完善一套安全评价体系),加快推进自建房出租房、三合一场所、瓶装燃气、"一厂多租"企业等重点领域安全整治工作。在油车港镇马库村麟湖社区探索推行"出租房屋数管一件事"平台应用,共录入出租房屋6491家,排查发现不符合出租条件374家,需整改提升55家。

【"开工第一课"】 2月,为进一步抓好企业春节假期后复工复产安全生产工作,在全区范围内集中开展"开工第一课"活动。主要内容:对员工开展一次岗前安全教育培训,观看一次复工复产安全生产指南和教育警示片,强调一次安全生产工作要求,共有1365家企业开展"开工第一课",参与职工67827人。

【驻镇防灾管家】 3月,在王店镇率先试点实施"驻镇防灾管家",引入专业力量推进基层防汛防台体系标准化建设,协助驻地开展防灾减灾各类台账建设、各类职责知晓抽查检查,每月定期进行隐患排查巡查、督促整改,协助组织镇、村开展桌面推演、技能实操等演练,定期对镇、村物资仓库进行整理和盘库,协助机械保养。试点地区在2022年汛期前完成对驻地28个村(社区)的二轮防汛防台形势图更新,开展隐患排查168次,上报隐患问题75个,协助完成整改73个;组织村级防汛防台工作组236人,开展防汛防台桌面推演;协助开展基层防汛责任人业务培训6场次,受训人数412人次;指导28个村(社区)开展防汛基层体系台账编制和应急物资防潮防虫保养工作。

【应急物资保障】 2022年,采购150万元应急物资,包括抢险物料、受灾人员应急生活保障物品、抢险人员人身防护用品、抢险人员生活保障物品及抢险器械,以及8台总价值440余万元的排水车和1辆价值90万元的应急指挥车。指导全区各村(社区)按省级标准配足防汛物资。全区多灾易灾村按照"6个一"(一张责任表格、一套监测预警设备、一批防汛救灾物资、一套应急通信设备、一台应急发电机、一台排水泵)要求实现物资配备全覆盖。

【全省社区应急体系改革试点】 7月,秀洲区入选全省社区应急体系改革试点,系嘉兴市唯一。建立应急体系,建立社区党组织主要负责人任组长的应急管理工作组,选优配强专职应急管理员,以社区班子及网格员为主力,整合公安、城管、消防、医疗、民兵及退伍军人5支队伍,融合联社党员、志愿者、物业等多方力量,指导每个社区组建不少

防汛应急演练（区应急管理局提供）

于30人的应急突击队，按照“五有”标准（有会商指挥室、宣教培训室、物资存储室、避灾安置点、微型消防站），推进社区应急设施标准化建设，鼓励社区用好辖区内物业服务点、城市驿站、学校培训机构、工业园区等资源，指导建立小区应急站、园区应急点和公共区域救援点。至年末，秀洲区41个社区均组建应急突击队，总人数超1300人。全年共开展针对社区应急管理的业务实训48场，组织应急演练104次，在55个居住小区设立应急救援站。承办全市社区应急体系改革推进现场会，在全省社区应急体系改革推进会作经验交流。相关做法经验被《浙江应急管理简报》《浙江省现代社区建设工作简报》录用。

（阎　旭）

消防救援工作

【概况】 2022年，秀洲区消防工作实现“三个最”（即融合地方最紧密、站点布局最合理、经费保障最有力），并取得“三大突破”（即消防体系建设、职业荣誉保障、营区环境改善突破），消防工作和队伍建设实现全方位的发展。全年共有24名指战员参与省、市级各类技战术培训，在全市比武中，获得指挥中心岗位信息报送操第二名、接警调度操第二名、态势标绘操第三名，指挥中心科目总分第二名。注重专职消防队伍建设，采取“1+X”建队模式，建成乡镇专职消防队6个，分站8个，基本实现全区消防救援力量“15分钟到场”全覆盖。坚持每月举办“比一比，赛一赛”活动，举办比武竞赛6次，全员体能普考1次，组织联合实战演练43次，实地拉动微站843次。11月初，联合区相关部门（单位）举办2022年全区消防综合演练，提升队伍应急救援和联勤联动能力。

【消防安全防范】 2022年，秀洲区消防救援大队共接警1398次，出动消防指战员22443人次，出动车辆4012辆次，抢救被困人员14人，疏散被困人员10人，抢救财产价值763.95万元。其中火警524起（成灾51起），死亡2人，直接财产损失493.36万元，成功处置“一·八”逸鹏化纤导热油

1月8日，“一·八”逸鹏化纤导热油爆炸泄漏火灾救援现场（区消防救援大队提供）

爆炸泄漏火灾、“八·六”沪杭高速王店出口危化品泄漏等事故。开展单位“六熟悉”（熟悉单位的建筑结构和使用情况，周边道路和消防水源情况，内部消防设施和消防组织情况）消防演练192次。全年检查单位2143家，督促整改隐患1840处，下发行政处罚决定书142份、查封7家、“三停”（停

8月6日，“八·六”沪杭高速王店出口危化品泄漏救援现场（区消防救援大队提供）

产停业、停止使用、停止施工)18 家、罚款 172.48 万元。共办理开业前检查 88 起。

【消防宣传】 2022 年,构建多维消防宣传矩阵,实施"千屏联动"行动,依托辖区 1000 余处户外大屏、LED 滚动屏等阵地,滚动播放消防安全提醒,在"119"消防宣传月期间,在全区 3 个标志性建筑举办"秀水泱泱消防主题灯光秀"。持续深化消防"五进"工作,打造 25 个示范点,联合区教育体育局举办消防宣传进校园示范创建现场会。拓展消防宣传阵地,拍摄"浴霸安全性"实验节目,在省、市级等主流媒体广泛刊播,协调区文明办和各乡镇主体,增设消防主题造型、消防主题文化墙、流动消防宣传车等宣传阵地,培育"平哥打更""火凤凰"两支消防宣传队,携手嘉兴广播电台"看秀洲·在线访谈"节目举办消防专题访谈,发动专(兼)职消防队员、综治网格员、社区民警、消防志愿者等群体开展"敲门入户"行动,联合移动、联通、电信三大运营商即时推送火灾事故警示信息,确保消防宣传有阵地、有队伍、有声势、有效果。是年,全区开展隐患曝光 40 余次、曝光单位 300 余家;消防救援站接待参观人员 300 余批次,开展宣传活动 1100 余次、发放宣传资料 5 万余份、播放科普视频 3.5 万余条(次)、受教人数 30 万余人,消防学习云平台人均学习分数 190 分,位列全市第一。

【消防安全专项整治行动】 2022 年,结合辖区火灾形势特点,开展全区消防百日攻坚行动,在洪合镇良三村幸福小区召开全区消防安全整治现场会。持续深化除险保安、"畅通生命通道"风暴行动、平安建设补短板等专项工作,落实"空巢独居老人"等特殊人群场所"七个一"措施,在完成省、市挂牌任务前提下,大队主动加压,提请政府增挂重大火灾隐患单位(区域)24 宗,其中,省级 1 宗、市级 3 宗。是年,全区共挂牌整治"三合一"、出租房区域 12 处,完成整治 21194 户,拆除影响消防安全的违章建筑 599 处,合计 12.52 万平方米,拆除防盗窗或开启逃生出口 1.61 万个,安装烟感、防火门、充电桩等 1.8 万余个,配备逃生四件套、灭火器等 3 万余套,整改电气线路 16 万余米,粘贴消防安全标识标语 6.96 万份。

【落实消防安全责任】 2022 年,在全市范围内率先实施区级消安委办专班实体化运作,健全区消安委办"1+6+6"(1 名区领导分管、6 名行政编制干部、6 名编外人员)编配,并与大队合署办公,建立"指令+清单""检查+通报""挂牌+督办""考评+奖惩"等运行机制。是年,区消安委办专班开展 16 轮次镇(街道)全覆盖督查检查和调研活动,发现隐患 1283 个,下发整改通知 33 份、警示函 3 份、督查通报 14 期。行业部门严格履行消防安全主体责任,将消防工作与业务工作同部署、同落实、同研判,联合区卫健局、区教体局、区民政局、区民宗局、区住建局、区经商局、区应急管理局等部门,开展医疗机构、学校、养老服务场所、宗教活动场所、建筑工地、餐饮、燃气、电动车等行业系统专项检查。全年组织联合检查、执法共 80 余轮次。通过检查督落实、通报压责任、考评提质效、制度促常态的方式,压实主体、行业部门和社会单位的消防安全责任。

【贯通区、镇两级消防体系】 3 月 23 日,区委办、区政府办印发《秀洲区平安建设补短板百日攻坚行动实施方案》,5 月 6 日,区消安委办印发《关于明确平安建设补短板百日攻坚行动消防安全整治相关要求的通知》,明确镇(街道)消防所按照不少于"1+8"人员配置标准建设,所长必须由主体分管消防安全工作的领导担任。鼓励镇(街道)聘请第三方机构参与开展消防工作,解决基层基础力量薄弱的问题。自主研发集办公、执法、督察、培训于一体的数字化办公系统,进一步打通区、镇两级消防工作平台。全面实施委托执法,24 项消防监督行政执法权全部下放至镇(街道),组织消防所工作人员培训 3 次,防火业务理论考核 2 次,对网格员消防业务培训 2 次。强化消防责任追究,全区召开典型火灾复盘会 2 次,约谈镇(街道)相关责任领导 4 人,特别是洪合镇"9·10"火灾后,会同区纪委即时开展责任倒查,对涉及的镇、村两级 10 余人拟作出责任追究,待火灾原因明确后实施问责,倒逼各级严格落实消防责任。

(黄薇莲)

综　　述

2022年，政协嘉兴市秀洲区委员会认真履行政治协商、民主监督、参政议政职能，为助力“两个先行”，加快打造均衡富庶发展、共同富裕典范作出积极贡献。是年，深入开展“贯彻落实中央和省委、市委政协工作会议精神情况‘回头看’”，全力以赴参与疫情防控、全国文明典范城市创建等中心工作，通过向政协委员发出倡议书、动员政协机关干部下网格等，体现政协担当。进一步完善学习制度体系，坚持把理论学习、理想信念教育同政协主责主业相结合，深化“书香政协”建设，启用“书香秀水”学习在线场景应用。落实党对政协工作全面领导制度，健全完善政协系统党的组织体系，充分发挥区政协党组把方向、管大局、保落实的作用，落实党员委员联系党外委员制度，切实发挥好党员委员的先锋模范作用。

深入调研协商，着力把人民政协的制度优势转化为助力秀洲高质量发展的强大动能。高质量开展“区委书记与政协委员面对面”协商，积极探索政协省际跨区域协商新机制，精心组织常委会议协商，高标准开展主席会议协商、主席视察活动和界别协商活动，全年有13件（次）专题协商报告获区委、区政府主要领导批示肯定。深入推进“民生议事堂”、委员工作室、社情民意信息联系点“三位一体”建设，实现“协商驿站”向村（社区）延伸，结合市政协“嘉里共富・禾你来议”协商议事月活动总体部署，多层次开展“秀水泱泱话共富”基层协商活动，全年累计开展协商活动42场。做好提案征集、审查立案和交办工作，对区政协五届一次会议收到的以提案形式提出的201件意见建议，经过严格审查，立案192件，转社情民意办理9件。其中区委、区政府领导阅批提案36件，10件提案列为重点提案。健全反映社情民意信息的工作机制，制订《政协嘉兴市秀洲区委员会关于加强和改进反映社情民意信息工作的意见》，广泛收集反映社情民意，促进有关民生问题的解决。全年被全国政协录用信息6条，省政协录用信息12条，获市领导批示7次。

注重发挥各民主党派、工商联和无党派人士在政协履行职能中的骨干作用，重视加强沟通交流，加强与各党派团体、各界别牵头单位及委员所在单位的联系。搭建参政议政平台，广泛开展协商座谈、联络联谊，营造团结合作、和衷共济的良好氛围。在区政协五届一次全会上，各党派团体、界别入选大会的发言材料有15篇，占68.2%。着力发挥委员联系群众的纽带作用，聚焦民计民生，回应群众关切，助力共同富裕。加强文史队伍建设，创新组织开展“秀洲文史故事会”活动，全年编辑出版《秀洲文史》4期，编印完成《文史研究员文史集》第三辑。

建立科学规范的委员履职考核评价体系，设置委员履职数字化管理模块，实现委员履职管理数字化。多元化推进委员工作室创建，开设委员工作室10个，累计开展线下活动12次，收到线上咨询33条。精品化打造秀洲高新技术政协委员会客厅，成功晋升为省政协四星级委员会客厅，全年开展活动9次，其中主题活动4次，制度化推进民主监督平台建设，选派58名委员担任民主监督员，建立5个民主监督小组，分到33个部门单位，实现对各主体、各政府部门民主监督的全覆盖。全年围绕院士工作站、农房审批、数字化改革等工作开展监督活动12次，发放民主监督建议书2

份，收集意见建议 40 多条，其中“秀洲区‘退非还粮’落实情况”民主监督报告得到区领导批示。扎实开展多层次培训教育，启动新一轮委员集中轮训计划。通过召开政协全体委员会议，组织听取区委副书记、区长刘德威通报全区经济社会发展情况，以会代课，把握区情、了解民情。各镇（街道）、高新区联络室紧密结合基层实际，结合基层阵地建设，开展内容丰富的学习培训活动，增强全体政协委员做好本职工作和政协工作的“双主业”意识，充分调动委员履职的积极性。

政协重要会议

【概况】 2022 年，秀洲区政协共召开全体会议 1 次、常委会会议 4 次、主席会议 13 次。

【政协秀洲区五届一次会议】 2 月 9—12 日，政协第五届嘉兴市秀洲区委员会第一次会议在区会展中心召开。应到委员 230 名，实到 215 名。会议听取和审议区政协四届委员会常务委员会工作报告和提案工作报告。会议期间，共收到提案 201 件，经审查立案 192 件。大会选举产生区政协常务委员会委员 39 名，选举马雪腾为区政协主席，杨摄智、陆志芬、孙薇、陈跃强、冯小宁 5 人为副主席，陈明根为秘书长。会议还表彰区政协 2021 年度先进联络室、优秀政协委员、民主监督员工作先进小组及个人、优秀提案、撰写提案积极分子、反映社情民意工作先进单位及个人。

【常委会会议】 2022 年，政协第四届嘉兴市秀洲区委员会召开常委会会议 1 次，政协第五届嘉兴市秀洲区委员会召开常委会会议 3 次，会议地点均在区会展中心。

1 月 19 日，政协第四届嘉兴市秀洲区委员会第二十次常务委员会会议召开。会议协商讨论区政府工作报告（书面），区 2021 年国民经济和社会发展计划执行情况与 2022 年国民经济和社会发展计划草案的报告（书面）。听取区纪委、区监委关于全区党风廉政建设和反腐败工作情况的通报；听取区法院 2021 年度工作情况，区检察院 2021 年度工作情况，区财政局关于 2021 年全区预算执行情况及 2022 年全区预算（草案）的汇报。审议通过区政协有关人事事项，区五届政协委员名单及区政协五届一次全体会议有关事项。

4 月 14 日，政协第五届嘉兴市秀洲区委员会第一次常务委员会会议召开。会议传达学习习近平总书记重要讲话精神和省政协《同心迎亚运 同行向未来——致全省政协组织、政协委员的倡议书》精神，通报中共政协嘉兴市秀洲区委员会党组和政协嘉兴市秀洲区委员会主席会议关于加强自身建设的意见，政协嘉兴市秀洲区委员会关于贯彻区“三干会”精神全面投身“三年”活动的若干意见，区政协 2022 年工作要点等有关事项。审议通过政协第五届嘉兴市秀洲区委员会常务委员会关于加强自身建设的意见，五届区政协“一办一室六委”专兼职主任、副主任名单，区政协主席讲话。

7 月 26 日，政协第五届嘉兴市秀洲区委员会第二次常务委员会会议召开。会议围绕“基层应急管理体系和能力建设”议题，开展“请你来协商”专题协商，并通报重点提案办理情况，学习《中国共产党政治协商工作条例》，审议通过《政协嘉兴市秀洲区委员会关于委员履行职责的若干规定》。

11 月 9 日，政协第五届嘉兴市秀洲区委员会第三次常务委员会会议召开。会议对区政府通报 2022 年度政协提案办理工作情况，区经济信息商务局、区教育体育局 2022 年度政协提案办理工作情况进行集中民主评议，传达学习中共二十大会议精神，审议通过《中国人民政治协商会议嘉兴市秀洲区委员会全体会议工作规则（草案）》《中国人民政治协商会议嘉兴市秀洲区委员会常务委员会工作规则（草案）》（书面）。

【主席会议】 2022 年，政协第四届嘉兴市秀洲区委员会召开主席会议 1 次，政协第五届嘉兴市秀洲区委员会召开主席会议 12 次。

1 月 18 日，政协第四届秀洲区委员会第 75 次主席会议召开。会议审议区五届政协委员名单、区政协五届一次会议有关事项。

2 月 24 日，政协第五届秀洲区委员会第 1 次主席会议召开。党组会议传达学习习近平总书记在 2022 年春节团拜会上的重要讲话精神，研究区政协领导班子分工事项，审议《中共政协嘉兴市秀洲区委员会党组和政协嘉兴市秀洲区委员会主席会议关于加强自身建设的意见》《政协嘉兴市秀洲区委员会关于助推"三年"活动的若干意见》。主席会议审议《政协嘉兴市秀洲区委员会2022年工作计划安排》《政协嘉兴市秀洲区委员会2022年度重点工作安排》《2022年秀洲区"关注森林"活动方案》《区五届政协各界别活动组组成人员及组长、副组长建议名单》《政协第五届嘉兴市秀洲区委员会各专委会、联络室组成人员建议稿》《区政协领导、专委会联系界别活动组建议稿》《区政协领导联系各联络室建议稿》《向区政府有关部门(单位)选派民主监督员建议名单》。

3月4日,政协第五届秀洲区委员会第2次主席会议召开。会议传达学习习近平总书记在中央党校中青年干部培训班开班式上的讲话精神,审议《政协第五届嘉兴市秀洲区委员会常务委员会关于加强自身建设的意见》,通报部署月度工作。

4月12日,政协第五届秀洲区委员会第3次主席会议召开。会议传达学习习近平总书记最新讲话精神,审议五届区政协"一办一室六委"专兼职主任、副主任名单,《2022年区政协各镇、街道、高新区联络室10期"民生议事堂"重点现场协商会安排》《2022年区政协各镇、街道、高新区联络室"民生议事堂"一季一协商现场协商会安排》《区委书记与政协委员"面对面"协商会方案》《关于开展"请你来协商——推进教育'双减' 营造良好教育生态"主席视察活动初步方案》《"请你来协商"常委会协商——"基层应急管理体系和能力建设"议题方案》《政协嘉兴市秀洲区委员会关于进一步完善民主监督员工作的实施办法》《秀洲区政协民主监督员工作会议方案》《九届市政协委员在秀洲联络组的名单及专委会安排》《秀洲高新技术政协委员会客厅团队名单》,通报部署月度工作。

5月6日,政协第五届秀洲区委员会第4次主席会议召开。会议传达学习习近平总书记最新讲话精神,审议《区政协第十五届"界别活动周"活动安排》《区政协五届一次会议重点提案、重要提案名单》《关于开展2022年提案办理工作民主评议的通知》《关于开展"请你来协商——加大文化遗产保护和利用力度,赋能城市发展能级"主席会议协商方案》《政协嘉兴市秀洲区委员会关于加强和改进反映社情民意信息工作的意见》,通报部署月度工作,开展"书香政协话共识"专题学习。

6月9日,政协第五届秀洲区委员会第5次主席会议召开。会议传达学习《中共浙江省委办公厅印发〈关于加强和改进新时代市县政协工作的实施意见〉的通知》,审议《关于成立"秀洲数字政协"建设领导小组的通知》并操作演示,审议《围绕数字化改革推进情况开展三级政协联动专项民主监督的实施方案》《区委、区政府领导阅批区政协五届一次会议提案情况汇总表》《五届区政协文史研究员推荐人选名单》,通报部署月度工作。通报《关于同意嘉兴市秀洲区政协机关工会委员会补选结果的批复》,推荐区政协机关党总支、党支部委员会委员候选人。

7月12日,政协第五届秀洲区委员会第6次主席会议召开。会议传达学习《中国共产党政治协商工作条例》,各委室就《区委关于贯彻落实省委〈关于加强和改进新时代市县政协工作的实施意见〉的具体举措》提出起草意见,审议《区政协2022年各镇、街道、高新区"协商驿站"示范点建设安排》《秀水泱泱话共富 秀洲区政协"助力共同富裕示范区建设专题协商议事月"活动方案》《关于"请你来协商——加快推进秀洲农业机械化推广工作"的主席会议协商暨第2号重点提案督办协商活动的方案》《政协嘉兴市秀洲区委员会关于委员履行职责的若干规定》《政协嘉兴市秀洲区委员会关于加强与各民主党派、工商联、无党派人士、人民团体和政协委员联系的意见》《秀洲区政协拟创建委员工作室名单》,通报部署月度工作,补选区政协机关党总支、党支部委员。

8月10日,政协第五届秀洲区委员会第7次主席会议召开。会议传达学习习近平总书记在中央政治局第四十次集体学习时的讲话精神,习近平总书记在省部级主要领导干部"学习习近平总书记重要讲话精神,迎接党的二十大"专题研讨班上讲话精神。审议《秀洲区政协党组成员联系党员委员 党员委员联系党外委员工作制度》《秀洲区政协拟创建委员工作室名单》《政协第五届嘉兴市秀洲区委员会委员履职考评实施办法(试行)》,通报部署月度工作。

8月29日,政协第五届秀洲区委员会第8次主席会议召开。会议传达学习习近平总书记在中央统战工作会议上的讲话精神,《习近平谈治国理政(第四卷)》,全省政协“委员会客厅”“委员工作室”工作推进会精神,审议《政协嘉兴市秀洲区委员会关于“协商驿站”建设的实施办法(试行)》。

9月7日,政协第五届秀洲区委员会第9次主席会议召开。会议传达学习《习近平谈治国理政(第四卷)》,审议《中国人民政治协商会议嘉兴市秀洲区委员会全体会议工作规则(草案)》《中国人民政治协商会议嘉兴市秀洲区委员会常务委员会工作规则(草案)》《“请你来协商”区政协第18号重点提案办理协商会议方案》《秀洲、吴江两地政协关于大运河生态环境保护联合主席视察活动方案》《关于开展“请你来协商——助力残疾人家庭共同富裕,推进秀洲均衡富庶发展”主席视察活动的方案》《关于开展“加强秀洲区农业产业主体培育”主席视察活动的方案》《政协秀洲区委员会关于建立一领二联三服务机制推进政协委员更好联系服务群众的意见(征求意见稿)》,通报部署月度工作。

10月10日,政协第五届秀洲区委员会第10次主席会议召开。会议传达学习习近平总书记重要文章《新时代中国共产党的历史使命》《习近平谈治国理政》第四卷,审议通过《秀洲区政协五届三次常委会议方案(民主评议提案办理工作)》《关于先进联络室和优秀政协委员评选表彰办法》《关于民主监督员工作评选表彰办法》,关于《联谊报》征订和微信公众号合作运营费用,通报部署月度工作。

11月7日,政协第五届秀洲区委员会第11次主席会议召开。会议审议通过《关于组织开展“委员调研月”活动的通知》,通报部署月度工作。传达学习二十届中共中央政治局会议精神,《关于组织开展秀洲区2022年平安“三率”集中宣传活动的通知》《秀洲区党员违纪典型案例及部分纪法规定摘要汇编》。

12月6日,政协第五届秀洲区委员会第12次主席会议召开。会议传达学习《深刻领会二十大党章修正案的重大意义与重要内容》,审议《2023年度区政协项目预算(一下数)》《关于公布秀洲区政协理论文章获奖名单的通知》《关于公布秀洲区政协“界别调研月”活动获奖调研报告的通知》,通报部署月度工作。

协商议政

【概况】 充分发挥专门协商机构的独特优势和作用,推动协商格局向更高层次迈进。2022年开展区委书记与委员面对面协商会议1次,界别协商4次,对口协商3次,基层民主协商40次。

【区委书记与委员面对面协商会议题调研】 年初,区政协将“提升城市能级、推进制造业高质量发展”议题,作为当年政协“请你来协商”区委书记与政协委员“面对面”重要协商活动。在政协主席会议的领导下,由经济与人资环委牵头,拟定课题调研方案、调研提纲,并指导各子课题组成员修改材料。9月2日召开协商会,5名政协委员代表课题组分别作专题发言,5名群众代表与职能部门负责人现场交流互动,区委书记徐鸣阳作重要讲话。此次协商会通过禾点点进行网络图文直播,得到广大网民朋友热烈响应,会前、会中参与人数9万余人次,留言评论1362条,取得良好效果。会后,区政协形成《关于“提升城市能级、推进制造业高质量发展”专题协商活动的情况报告》,报送区委、区政府,为加快提升秀洲区城市能级,推进以制造业为根基的产业高质量发展,把秀洲区建设成为产城高度融合、城乡高度融合的现代化主城区出谋划策。

【界别协商】 5月26日,秀洲区政协社法委会同区人社局及相关联系界别,开展“深化全民参保,助力共同富裕”界别协商活动。区侨联、台联、少数民族、社科、社福与社保等界别组部分成员参加活动。区人社局通报有关工作,着重介绍全区在落实全民参保计划的工作进展、存在问题及推进思路。围绕在推进全民参保扩面、落实新业态从业人员工伤保险政策、提升企业和就业人员参保意识等方面存在的困难和问题,与会委员作深入交流建言。

6月28日,秀洲区政协会同区红十字会及相关联系界别,围绕“关注生命健康,加强应急救援”议题开展协商活动。区红十字会、区应急管理局等相关部门及教科卫体文史委、农业农村委部分委员参加活动。会议邀请浙江省红十字会一级救护培训师、浙江新安国际医院急诊科主任肖辉就心肺复苏和AED使用进行详细授课和现场演示，委员们进行实操练习。听取区红十字会关于“践行红十字宗旨·守护生命和健康”的情况汇报和区应急管理局关于应急救援的情况介绍，传达学习习近平总书记关于把人民健康放在优先发展战略地位的重要论述。与会委员围绕如何进一步关注生命健康，加强应急救援工作开展协商，提出意见建议。

8月9日，秀洲区政协围绕“推动家庭教育促进法落实落地”议题召开界别协商会议。区政协妇联界、共青团界、教育界、医卫界、社科界、科技界有关政协委员以及民盟秀洲区基层委员会副主委、浙江师范大学附属秀洲实验学校校长黄水林，区社会心理服务中心负责人、区康安医院院长、区妇联兼职副主席沈明芳等参加会议。与会人员实地考察区社会心理服务中心，听取社会心理服务中心面向市民开展亲子关系、婚姻家庭、职场减压、睡眠调适等系列社会心理科普服务的情况，并进行座谈交流。座谈会上，区妇联介绍全区家庭教育开展情况。与会政协委员分别围绕议题作充分交流发言。

10月20日，秀洲区政协开展“农业循环经济的应用”界别协商活动。区政协农业农村委，区政协农业界别全体成员，区科技局、区农水局相关负责人参加会议，会前，与会人员视察金秋生态农业有限公司；会上，听取区农水局有关秀洲农业循环经济应用情况，与会委员发言提出意见建议。

【对口协商】 4月26日，区政协社法委与区司法局开展对口联系交流，围绕“律师参与矛盾纠纷化解”议题开展专题协商。会上，区司法局介绍全区司法工作情况和律师调解工作情况，围绕2022年全区司法工作争先创优目标，力争形成律师调解工作的秀洲经验并进一步推广，与会政协委员积极开展建言献策。

10月18日，区政协副主席孙薇带领社法委相关委员，与区检察院开展对口联系交流活动，围绕“贯彻落实认罪认罚从宽制度”进行专题调研协商。区检察院作关于落实认罪认罚从宽制度工作情况的通报，与会委员提出有针对性的意见建议。

11月16日，区政协教科卫体文史委与区科技局开展对口联系交流，围绕“高新技术企业评选”议题开展专题协商。会上，区科技局局长介绍全区高新技术企业发展情况，针对当前高新技术企业发展面临的困难和问题，与会政协委员进行深入交流，提出意见建议。

【基层民主协商】 2022年，区政协深化“民生议事堂”协商平台建设，指导各镇（街道、高新区）委员履职小组，以“六有”标准完善“民生议事堂”布置，按照协商“六步法”规范开展现场协商会，制定“民生议事堂”全年协商计划40次，每位区政协领导至少参加一次联络室“民生议事堂”现场协商会。在“共富协商月”期间，秀洲区10个民生议事堂开展协商活动12次，委员参加86人次，界别群众与有关专家参加60人次，提出意见建议443条，协商纪要获党政领导签批5次。高照街道围绕“新义村企共富典范·蓝领公寓项目建设”开展协商，定向解决秀洲国家高新区部分企业产业工人的安居难题，并争取到秀洲国家高新区200万元启动资金，助推该项目在试点的基础上加快推进，相关做法得到省政协副主席陈铁雄的批示。王店镇“推动美丽乡村‘共富线’打造”协商活动后，计划投入2000万元打造共富线路，以朱彝尊文化为主线，推动美丽乡村向共富乡村迈进。油车港镇“推进生态建设，打造幸福河湖”协商活动，在《浙江日报》《中国青年报》头版报道，并登上“学习强国”学习平台。

【政协委员会客厅活动】 6月1日，秀洲高新技术政协委员会客厅举办“政企同心，共推经济发展”专题协商活动，学习贯彻全国稳住经济大盘电视电话会议精神和省委省政府决策部署。省市区政协有关领导参加活动。区经商局有关负责人详细解读秀洲区惠企纾困相关政策，区发改局、科技局、人社局等部门负责人与政协委员、企业家代表面对面协商交流，了解企业发展痛点难点，现场回应相关问题。

8月25日，秀洲高新技术政协委员会客厅举办“政企同心，共推经济发展”专题协商活动。与会政协委员、企业代表纷纷提出意见建议，区经济信息商务局等相关部门现场作政策解答。

8月25日，秀洲高新技术政协委员会客厅举办"政企同心，共推经济发展"专题协商活动（计益婷摄）

9月21日，秀洲高新技术政协委员会客厅以"建功示范区，喜迎二十大"主题开展"专精特新"企业发展之路专题协商活动。市区政协有关领导、政协委员代表、企业代表以及政府相关部门负责人等应邀参加活动。会前，大家实地参观嘉兴沃尔德金刚石工具有限公司、浙江兴土桥梁专用装备制造有限公司2家获评国家级专精特新"小巨人"企业。会上，大家围绕企业如何"争创小巨人，勇攀高精尖"走专精特新发展之路建言献策。

提案办理

【概况】 区政协五届一次会议以来共收到以提案形式提出的意见建议201件，经提案委员会审查，立案192件，转社情民意办理9件，立案率95.5%，归并为170件，交由区部门办理，已经解决或采纳的155件，占80.7%；纳入规划或计划逐步解决的36件，占18.8%；因条件所限未能采纳或留作参考的1件，占0.5%。提案者对提案办理工作表示满意的178件，占92.7%；基本满意的14件，占7.3%。对办理结果表示满意的170件，占88.5%；基本满意的22件，占11.5%。

【优秀提案】

区政协五届一次会议以来优秀提案名录

表8

单位或委员	提　案　名　称
民建秀洲区基层委员会	关于推进秀洲区工业经济数字化改革的几点建议（18号）
民进秀洲区基层委员会	新形势下秀洲区产业绿色转型的建议（15号）
民革秀洲区基层委员会	关于加快建设现代版科技孵化之城的建议（13号）
民盟秀洲区基层委员会	加速构建秀洲区数字经济引领的智能家居（装饰）产业体系（25号）
九三学社秀洲区基层委员会	扶持培育现代农业经营主体助推我区农业高质量发展（1号）
农工党秀洲区基层委员会	关于加快推进人民医院建设，为实现区域医疗服务优质共享提供保障的建议（8号）
致公党秀洲区支部	完善0～3周岁托育服务体系建设秀洲"美好善育"的建议（12号）
区政协社会法制与民宗港澳台侨委	关于加强基层应急管理运行保障的建议（10号）
区政协经济与人口资源环境委	深化产城融合，完善城市功能，将秀湖新城打造成高品质高能级现代化主城区的提案（4号）
区政协教科卫体与文化文史学习委	关于加大文化遗产保护利用力度推进秀洲文化高地建设的建议（3号）
区政协农业和农村委	关于推广农业全程机械化生产模式的几点建议（2号）
区政协提案委员会	关于加强村社区医疗防疫能力建设的建议（9号）
王江泾镇联络室	秀水新区打造"中国睡谷"的建议（5号）
新塍镇联络室	加快推进城乡融合发展做好共同富裕高分答卷（19号）
国家高新区联络室	关于加快培育健康经济，提升经济发展新动能的建议（23号））

续表 8

单位或委员	提　案　名　称
金华明	集中政府资源要素，高效推进区人民医院建设的建议(109 号)
王曦东	关于完善现代城市交通体系，提升秀洲城市能级的建议(68 号)
沈　煜	关于深入落实“双减”政策，助力秀洲“美好优学”建设的建议(39 号)

资料来源：由区政协办公室提供

调研与视察

【概况】 2022 年，秀洲区政协深入践行人民政协为人民理念，扎实推动各项调研与视察工作，助推中心工作发展。全年开展专项视察 5 次，民主监督 5 次。

【专项视察】 5 月 24 日，秀洲区政协开展“请你来协商——深化‘双减’营造良好教育生态”主席视察活动。区政协主要领导、区政府分管领导出席。会前，与会人员视察秀洲实验小学和唯优课外教育培训机构，实地了解“双减”工作推进情况。会上，区教体局作关于秀洲区“双减”工作落实情况、存在问题和下一步打算的情况通报，区文旅局、区科技局对全区非学科类培训机构转型发展管理工作做情况介绍，委员代表和家长代表围绕相关问题进行交流并提出意见建议。

9 月 21 日，秀洲区政协开展“加强秀洲农业产业主体培育”主席视察活动。区政协主席会议成员、区政协“一办一室六委”负责人，区政协机关有关人员参加，邀请区政府分管领导，区政府办、区委宣传部、区科技局、区财政局、区资规分局、区供销总社分管负责人，区农水局主要领导和分管领导，各镇(街道)分管负责人及政协委员代表参加会议。与会人员视察美之奥种业股份有限公司，实地了解农业产业主体培育工作情况，听取区农水局有关秀洲农业产业主体培育情况通报，美之奥相关负责人和两名政协委员围绕相关问题进行交流并提出意见建议。

10 月 27 日，秀洲区政协开展“请你来协商——助力残疾人家庭共同富裕，推进秀洲均衡富庶发展”主席视察活动。区政协主席会议成员、区政协“一办一室六委”负责人，区政协机关有关人员，部分政协委员，各民主监督小组组长，群众代表参加，邀请区政府分管领导，区政府办公室负责人，区残联主要领导和分管领导，区工商联、区经商局、区人力社保局、区税务局、区民政局分管领导，各镇、街道分管领导参加。与会人员实地视察残疾人特色文化基地、“残疾人之家”，听取区残联对全区助力残疾人家庭共同富裕工作情况的通报，政协委员、群众代表围绕相关问题进行交流并提出意见建议。

11 月 4 日，秀洲区召开“关注森林”会议暨创建国家森林城市工作推进会，总结部署全区“关注森林”和绿化工作，加快推进嘉兴市国家森林城市创建工作。会前，与会人员参观嘉绍连接线绿化工程项目。会上，区资规分局通报 2021 年“关注森林”活动以来全区绿化工作和嘉兴国家森林城市创建推进情况，王店镇作表态发言。

11 月 23 日，秀洲区政协会同江苏省苏州市吴江区政协召开“请你来协商”——秀洲－吴江两地联合治水主席视察协商会议。区政协主席、分管副主席、秘书长，区政协办公室、研究室、经济与人资环委、王江泾镇联络室负责人，区政协委员代表和群众代表参加，邀请区政府分管副区长，区政府办、区农水局、区生态创建办有关负责人，区生态环境分局主要领导、分管领导，王江泾镇主要领导、分管领导参加会议。与会人员参观“联合河长制”发源地展示馆，乘船视察巡河麻溪港，参观长虹桥，考察王江泾镇古塘村沈家浜水质治理成效、长效管理情况。会上，观看视频《秀洲区水环境治理成效片》《吴江区联合河长制成效片》，听取秀洲区、吴江区政府工作情况通报，两地政协委员、群众代表围绕相关问题进行交流并提出意见建议。

【民主监督】 5月30日，秀洲区政协开展"秀洲区农房审批制度改革实施情况"专项民主监督。区政协农业农村委、农业界别、第一监督小组委员参加，邀请区农水局、区住建局、区资规分局和王店镇有关领导参加。区农水局通报农房审批制度改革实施情况，区住建局、区资规分局围绕各自职能交流发言，与会委员和第一监督小组深入协商交流和建言献策。

7月27日，秀洲区政协开展水运物流建设专项民主监督。区政协副主席、区政协经济与人资环委，第五民主监督小组部分委员参加，邀请区交通局、区发改局、区农水局、区文旅局、区资规分局、新塍镇、王江泾镇有关领导参加。会前，到王江泾镇南虹码头、新塍镇桃源码头开展实地视察，区交通局和相关部门通报秀洲区内河航道公共作业区规划建设情况，与会委员提出意见建议。

9月15日，秀洲区政协开展秀洲区数字经济发展专项民主监督，与区政协第25号提案《加速构建秀洲区数字经济引领的智能家具(装饰)产业体系》督办协商会合并举行。区政协副主席、区政协经济与人资环委部分委员，区政协第五民主监督小组部分委员，民盟基层委部分委员参加，区经商局、区发改局、王店镇、王江泾镇、秀洲国家高新区有关领导应邀参加。会前，到桃园数字产业谷、王江泾麒盛科技股份有限公司开展实地视察，区经商局通报相关情况及提案办理情况，与会委员提出意见建议。

9月20日，秀洲区政协开展秀洲区民族团结进步创建工作。区政协副主席、区政协社法委、第三民主监督小组及少数民族界委员，会同相关部门开展专项民主监督活动。监督组实地视察洪合镇"石榴红家园"，座谈听取区委统战部(区民宗局)关于全区民族团结进步创建工作的情况通报，与会委员提出意见建议。

9月21日，秀洲区政协对"美好善育"民生实事项目开展专项民主监督。区政协副主席，教科卫体文史委、第一民主监督小组成员等参加，邀请区卫健局、区发改局、区财政局、区住建局、区市场监管局、区民政局、区税务局、新城街道、高照街道有关领导参加。会前，监督组实地视察高照街道运河社区托育园、新城街道秀仁托育园，会上，听取区卫健局、区住建局、区财政局关于"美好善育"民生实事项目推进情况通报，与会委员提出意见建议。

专门委员会

【概况】 政协秀洲区第五届委员会下设6个专门委员会，分别是提案委员会、经济与人口资源环境委员会、农业和农村委员会、教科卫体与文化文史学习委员会、社会法制与民宗港澳台侨委员会、委员工作委员会。2022年，各专委会坚持发扬民主和增进团结相互贯通、建言资政和凝聚共识双向发力，围绕区委区政府的相关工作要求，认真履行政治协商、民主监督、参政议政职能，为产城高度融合、城乡高度融合的现代化主城区建设作出新的积极贡献。

【提案委员会工作】 2022年，区政协提案委收到集体和联名提案63件，以提案形式提出的意见建议201件，经提案委员会审查，立案192件，转社情民意办理9件，立案率95.5%，归并为170件，交由区部门办理。区委、区政府领导阅批区政协五届一次会议提案36件，经区政协五届四次主席会议审议通过，10件提案列为2022年重点提案，由区委书记、区长、副区长领办，区政协主席、副主席协办，4件提案列为2022年重要提案，由区政协各专门委员会分工协办。创新开展"委员调研月"活动，组织相关委员深入调研。深化"民生议事堂"协商平台建设，制定"民生议事堂"全年协商计划40次。探索打造"三屏联动・码上商"协商应用场景，协商期间共收到395条意见建议。围绕"嘉里共富・禾你来议"主题，制定"共富协商月"活动方案，组织安排"4+4+N"协商活动，即4场重点协商活动、4场精品协商活动和N场各民生议事堂自主安排活动。油车港镇"推进生态建设，打造幸福河湖"协商活动，在《浙江日报》《中国青年报》头版报道，并登上"学习强国"学习平台。《人民政协报》在报道浙江政协开展"助力共同富裕示范区建设专题协商议事月"活动时，采用高照街道民生议事堂协商案例，该协商案例《蓝领公寓的共富共治之路》，在全市第二届民生议事堂案例展示活动决赛中获评优秀案例。

【经济与人口资源环境委员会工作】 2022年，秀洲区政协经济与人资环委召开“请你来协商·区委书记与政协委员面对面”协商会议，专题协商“不断提升城市能级，加快推进秀洲区制造业高质量发展”议题。会同江苏省苏州市吴江区政协就联合治水情况开展跨区域主席视察协商，建立政协省际跨区域协商机制。指导高照街道开展民生议事堂协商，把群租房打造成企业蓝领公寓，相关专题汇报先后得到省政协经济委主任陈月亮、省政协副主席陈铁雄的批示。以“做精小微企业园助力企业梯度培育”为主题开展调研活动，工商联界别与民进党派合作以“双碳背景下秀洲光伏产业绿色发展的思考”主题开展调研活动，组织开展水运物流建设和数字经济发展专项民主监督活动。到江苏省盐城市大丰区开展“走秀商”活动，更好发挥人民政协联络联谊作用。更新完善议事厅功能，组织召开新生代企业家科技投资座谈会，助力企业“纾困解难”。修订出台《经济与人资环委委员考核办法》，制订《经济与人资环委加强社情民意信息报送工作方案》，推进“书香政协”委员读书活动等，进一步加强队伍建设。

【农业和农村委员会工作】 2022年，秀洲区政协农业农村委承接市政协书记与委员面对面协商活动子课题《重构生态循环新模式，数字化集成助推“肥药两制”综合改革首批试点市创建》，承接市政协九届三次常委会会议子课题《关于加快推进我市机械强农工作》，组织开展“加快推进秀洲农业机械推广工作”主席会议协商活动。协助指导油车港镇“推进生态建设，打造幸福河湖”民生议事堂、新塍镇围绕“聚焦‘一老一小’助推火炬共富大管家服务体系建设”开展共富协商活动，案例成果在市政协展示参赛，获特色奖。围绕全区“关注森林”工作，完善“关注森林”委员会组成名单，召开全区“关注森林”会议暨巩固国家森林城市创建成果会。组织开展“加强秀洲区农业产业主体培育”主席视察活动，开展“秀洲区农房审批制度改革实施情况”、秀洲区“退非还粮”落实情况、“秀洲区新型农技推广体系建设”专项民主监督活动，举办界别活动周“强抓种业发展，助推共同富裕”“秀洲区农业循环经济的应用”协商议事活动。组织开展委员专题调研活动，会同农业界别共同承担调研课题《关于加快实现秀洲区农业现代化目标的建议》，该调研报告在区政协调研报告评比中获一等奖。报送社情民意22篇，其中，报省政协5篇，市政协2篇，2篇获市领导批示，1篇专报送省政府领导参阅。

【教科卫体与文化文史学习委员会工作】 2022年，秀洲区政协教科卫体文史委围绕“加大文化遗产保护和利用力度，赋能秀洲城市发展”开展主席会议专题协商；围绕“深化‘双减’工作·营造良好教育生态”议题开展主席视察活动；围绕“关注生命健康、加强应急救援”开展界别协商活动；围绕“高新技术企业评选”议题开展专题对口协商；聚焦“美好善育”开展专项民主监督。集体提案《关于加大文化遗产保护利用力度，推进秀洲文化高地建设的建议（3号）》被列为2022年重点督办提案。共报送反映社情民意信息83件，其中12篇报省、2篇获市领导批示。编辑出版《秀洲文史》4期，其中综合文稿2期和文化遗产、政务服务改革专辑各1期，挖掘珍贵文史资料114篇32.9万字、照片162幅。编印《文史研究员文史集》第三辑。征集的3篇史料被省市政协录用，《秀洲区政协以‘四字诀’推动文史工作创新发展》分别获省政协副主席裘东耀、市政协副主席王登峰批示肯定。选聘第五届政协文史研究员34名。创新开设“秀洲文史故事会”，交流文史资料4200册，推送文史精品故事25期。

【社会法制与民宗港澳台侨委员会工作】 2022年，秀洲区政协社法委承接省政协、农工党省委会“全面提升生活垃圾分类处理质量、推进无废城市建设”专项民主监督，市政协社法委“送法律下乡·助共同富裕”活动；组织开展常委会“基层应急管理体系和能力建设”、主席视察“助力残疾人家庭共同富裕，推进秀洲均衡富庶发展”等“请你来协商”重点活动；围绕“民族团结进步创建工作”开展专项民主监督；推进“界别活动周”“界别调研月”相关联系界别活动，开展“深化全民参保，助力共同富裕”专题界别协商；开展围绕“律师参与矛盾纠纷化解”“推进‘大综合一体化’行政执法改革工作”、贯彻落实认罪认罚从宽制度等议题与相关联系部门对口协商；参与督办重点提案1件、重要提案1件；社情民意市级以上录用21篇，1篇得到市领导批示；全市政协2021年度“请你来协商”案例评比中，《构建养医护智慧康养服务体系，推进未来养老社区建设》协商案例被评为优秀案例。工会界委员围绕《加强技能型产业工人队伍建设，助力打造均衡富庶发展共同富裕典范》，在五届一次会议上作大会发言。会同致公党、侨联界开展调研，形成《以高质量招引推进服务业高质量发展》《加快培育农创客推动秀洲农业经济高质量发展》2篇调研报告，在区政协“界别调研月”调研课题评比中获一等奖。

【委员工作委员会工作】 2022年，秀洲区政协委员工作委就新一届政协委员名单进行委员分组。选派58名委员担任民主监督员，建立5个民主监督小组，分到33个部门单位，开展监督活动16次，发放民主监督建议书2份，收集意见建议40多条，其中“秀洲区‘退非还粮’落实”民主监督报告得到区领导批示。出台《政协嘉兴市秀洲区委员会委员关于委员履行职责的若干规定》《政协嘉兴市秀洲区委员会委员履职量化考核实施办法（试行）》，以制度规范委员的履职行为。启动新一轮委员集中轮训计划，组织48名新任委员到湖州市委党校参加第一期为期5天的集中轮训。抓好高新技术委员会客厅建设，开展活动9次，其中主题活动4次，省、市政协领导做客会客厅。抓好委员工作室创建工作，开展活动12次，设立委员接待日，线上委员工作室在数字政协“同心在线”上线，收到咨询33条。坚持区政协主席会议成员带队集中走访看望委员制度，收集意见建议50多条。完成2件重点提案的督办工作，围绕“区委书记面对面”协商子课题《当好城市管家，推进城市精细化智慧化管理》开展调研。完成“市长面对面”协商子课题《完善嘉兴市地下管线数字化综合管理平台》，在协商会上发言。

（陈丽娟）

综　　述

2022年，秀洲区纪委监委主要围绕共同富裕示范区建设、十大百日攻坚专项行动等重大决策，制定《2022年度政治监督工作实施方案》，实施靶向监督。紧盯疫情防控、除险保安、抗台防汛等中心重点工作，赴一线督查607次，推动整改问题857个。开展印染行业整治提升专项监督，督改问题10项。定期发送“履责提醒单”，落实“双责双月”口头报告机制，听取29名新提任“一把手”和班子成员落实“一岗双责”情况，保障“五张责任清单”履行到位。

全年处置问题线索341件，立案134件，党纪政务处分119人，移送司法机关12人，涉案金额1600余万元。紧盯工程建设、园林绿化等领域腐败问题，严肃查处张某某、董某某、钱某某等职务犯罪案件。运用“四种形态”处置338人次。率先探索“走读式”谈话心理医疗保障工作，筑牢办案安全防线。围绕建章立制、堵塞漏洞、完善治理，发出纪检监察建议60份。加强警示教育常态化制度化建设，拍摄新塍镇原党委副书记、镇长徐某案件警示教育片《由“好”生腐　梦碎古玩》，举办第十一届“微型廉课”大赛。协助区委召开清廉建设推进会，推动打造清廉单元示范样板。

扎实推进漠视侵害群众利益问题专项治理，查处教育医疗、养老社保、“三资”管理等领域问题9个，党纪政务处分5人。关注民生热点焦点，针对人社部门热线问题、“秀泊车”智慧停车、洪合镇民房火灾等事件，追责问责21人。深入实施基层监督“巩固深化年”活动，全区镇（街道）纪检监察机构共立案72人，王店镇纪委（监察办）成功创建全市首批基层监督示范点。

落实《纪检监察机关派驻机构工作规则》，全年监督“三重一大”事项2909个，提出意见建议426条次，处置问题线索49件，党纪政务处分14人。打造检察院系统公权力大数据监督应用省级试点——“浙廉检”系统，工作做法被《浙江信息》《市纪委领跑专刊》刊发；利用“大综合一体化”行政执法、开发区（园区）等10个公权力大数据监督应用场景，处置红色预警信息122个，查实率80.3%。推进公职人员防逃省级试点，优化人防、物防举措，完善制度机制4项。

11月30日，区纪检监察干部在区检察院开展公权力大数据监督平台分析研判工作（区纪委提供）

落实“第一议题”制度，开展工作研讨、基层宣讲等13场次。创新“以干代训”“青蓝结对”等干部培养工作机制，开展“8090”系列活动。通过竞争上岗方式选拔中层干部10人。开展“讲政治、提能力、强作风、赛业绩”队伍建设深化年和“以案为鉴严约束、护航‘窗口’铸铁军”警示教育等活动，督促严格遵守“九个严禁”规定并签订承诺书。聘请15名社会各界人士担任新一届特约监察员，向区人大常委会报告专项工作，接受市委巡察监督。

纪委重要会议

【概况】 区纪委重要会议主要包括区纪委全体会议、区纪委常委会（区监委委务会）会议等。2022年，共召开区纪委全体（扩大）会议1次，区纪委常委会（区监委委务会）会议36次。

【区纪委十届二次全体（扩大）会议】 2月18日，中国共产党嘉兴市秀洲区第十届纪律检查委员会第二次全体（扩大）会议召开。会议由区委常委、区纪委书记王志军主持。区委书记徐鸣阳出席会议并讲话；区委常委、区纪委书记王志军作《奋进新征程 谱写新篇章 为打造“五个秀洲”提供坚强保障 以优异成绩迎接中共二十大胜利召开》报告。报告强调：2022年是党的第二十次全国代表大会召开之年，也是打造“五个秀洲”、纵深推进清廉秀洲建设的关键之年，区纪委将以习近平新时代中国特色社会主义思想为指导，深入贯彻中共十九大和十九届历次全会精神，坚持党的全面领导，坚持以人民为中心的根本立场，坚持稳中求进工作总基调，坚持全面从严治党战略方针，以清廉秀洲建设为总抓手，以高质量发展为主题主线，认真履行党章和宪法赋予的职责，围绕现代化建设大局发挥监督保障执行、促进完善发展作用，一体推进不敢腐、不能腐、不想腐，为加快实现均衡富庶发展、共同富裕典范、开展“三年”活动、打造“五个秀洲”提供坚强保障，以优异成绩迎接中共二十大胜利召开。

纪检监察工作

【概况】 2022年，秀洲区纪委监委积极探索赋能监督，组建数字化监督工作专班，共处置红色预警信息122个，问责64人次，12条区域性问题被省纪委采纳。全年处置问题线索341件，立案134件，党纪政务处分1119人。打造新时代重温党史路和农民画乡访廉路两条精品红廉路线，组织开展体验“红廉之路”5次。拍摄微电影《一壶千金》《破局》两部。接受省委巡视和市委巡察工作，协助开展基层调研、线索核查等事项。

【党风政风监督】 组建数字化监督工作专班，出台《秀洲区公权力大数据监督红色预警管理及处置工作规则（试行）》和《注意事项》，构建全面覆盖、上下贯通、运行高效的基层数字化监督体系，共处置红色预警信息122个，查实率80.3%，问责64人次，转问题线索4条，12条区域性问题被省纪委采纳。紧盯重要时间节点、薄弱环节，强化交叉式、联动式监督检查，共开展市区级正风肃纪检查7次，其中围绕清明、端午、中秋、国庆等节假日，开展区级正风肃纪检查4次，发现问题112个，其中查实63个，均完成整改，问责14人次。加强政治监督，开展“防疫情、稳经济、保安全”、“十大百日行动”、防汛防台、全国文明典范城市创建等系列专项监督，严肃查处疫情防控、安全生产、漠视侵害群众利益等领域腐败和作风问题，查处问题73件，党纪政务处分11人次，尤其是针对区人力社保局“热线遇冷”问题问责4人；养老服务专项监督工作成效获省纪委肯定。大力推进清廉建设，区检察院等11个区级机关党组织获评区级清廉机关示范单元，王店镇庆丰村等47个村达到区清廉村居建设标准。秀洲实验小学被命名为首批浙江省清廉学校建设示范校，秀洲区税务局、秀洲区廉政农民画教育基地被命名为“嘉兴清廉单元建设示范单位”，嘉兴地方党史陈列馆被命名为“嘉兴市廉洁文化教育基地”。

【监督检查和审查调查】 2022年，共处置问题线索341件，立案134件，党纪政务处分119人，其中党内警告60人，严重警告22人，撤销党内职务1人，留党察看6人，开除党籍16人；政务警告5人，记过1人，撤职1人，开除公职4人，连续24年实现“零申诉”。移送司法机关12人，涉案金额1600余万元，至年末有2人获有罪判决。紧盯工程建设、园林绿化等领域腐败问题，严肃查处张某某、董某某、钱某某等职务犯罪案件。运用“四种形态”处置338人次，第一、第二种形态占比90.2%。聚焦重点个案和共性问题，发出纪检监察建议60份，通过以案促改堵塞漏洞、完善治理。举办信访举报政策宣传月活动，畅通问题反映渠道，全区检举控告量同比上升22.7%、重复举报量同比下降30.8%。完成重复检举控告件"清零"行动,化解群众关注的陈年积案5件,党纪处分2人,谈话提醒2人,澄清正名4人。"双满意"率100%,"清零指数"居全市第一。

【党风廉政宣传教育】　实施《关于加强警示教育常态化制度化建设的意见》,编印《警示教育材料选编》,召开工程领域、教育系统、编外人员等分层分类警示教育活动。聚焦本地特色文化、全面从严治党成果等内容,打造新时代重温党史路和农民画乡访廉路两条精品红廉路线,组织开展体验"红廉之路"5次;培育"大道至剪"清廉剪纸、"清风一刻"清廉篆刻等特色廉洁文化创作技艺,形成廉洁文化作品库;创编推送24节气廉政农民画主题海报、错误政绩观系列以及植树节、端午节等廉洁文化视频。创新运用上级和本级"一网一端两微一抖"["一网"即嘉兴市秀洲区人民政府网站(清廉秀洲网站);"一端"即"看秀洲"客户端;"两微"即"看秀洲"(清廉秀洲)微信和"看秀洲"微博;"一抖"即"看秀洲"抖音]融媒体阵地,做好全面从严治党年度综述系列、正风肃纪、围绕中心工作开展监督等方面的宣传,全年原创并推送微信195条,廉政短信8万余条。拍摄微电影《一壶千金》,获中国·扬州"运河清风"微电影大赛二等奖;拍摄制作微电影《破局》,参加全国"玉琮杯"大赛。

【巡视巡察】　2022年,接受省委巡视和市委巡察的全面检视,协助开展基层调研、线索核查等事项11次,上报相关工作材料118份。制定十届区委巡察五年规划,对57个机关部门、镇(街道)和村(社区)开展第一、第二轮常规巡察,发现问题743个,移交问题线索17件,党纪政务处分4人,清退、挽回经济损失159.5万元,推动收回应收未收款476.8万元,督促建章立制94项。用好"七张问题清单",推动以巡促治,1项巡视反馈问题整改纳入省委"重大巡视问题清单"示范案例库,"清单指数"排名位列全省第14位。

基层纪检监察

【概况】　2022年,秀洲区各镇(街道)、国资部门积极探索创新监督模式,拓展廉洁教育方式。王店镇启动纪检监察工作片区联动协作工作机制;洪合镇打造廉洁文化建设"五色教育",包括红色党性教育、蓝色制度教育、绿色文化教育、黄色警示教育、黑色警示教育;新塍镇创新构建微巡查、微公开、微教育"三微一体"工作机制;油车港镇在胜丰村菱珑湾打造秀洲区廉政农民画教育基地,以"干部清正、民风清朗、家风清廉"为主题,打造区域清风线路;新城街道建立网格民情恳谈会、网格议事、月报季评等制度;高照街道组建"高照廉音"宣讲团,全年推出系列短视频50余条;嘉兴国家高新区开展公权力大数据监督应用场景建设,嘉秀集团推行阳光融资模式,秀宏集团开发以农民画为主题的"助廉家书"活动,高新集团利用"大数据"对房屋出租合同到期和租金欠缴等问题进行动态监督,秀拓集团利用各项目不同的监理单位实施交叉式监督检查。

【王店镇纪检监察工作】　2022年,王店镇制定《纪检监察工作片区联动协作工作机制》,将全镇28个村(社区)分设4个协作区,每个协作片区配备2名镇级纪检监察干部负责联系指导,2名村居监察工作联络站站长分别担任组长和副组长,有N名村居监察工作联络站成员,形成"2+2+N"的基层监督队伍工作格局。分片区整合各级监督力量,最大范围将"分散作战"变"协同作战",提升监督工作质效。至年末,配备镇级纪检监察干部8人,村居纪检委员28人,其他联络站成员128人。是年,镇纪委组织开展各类例会、培训会6次,组织交叉检查4轮次,其中围绕漠视侵害群众利益"村经济合作社运行问题专项治理"项目,发现各类问题6个,转问题线索1条,发出纪检监察建议书2份,谈话提醒3人。

【洪合镇纪检监察工作】　洪合镇打造廉洁文化建设"五色教育"。一是开展红色党性教育,依托理论中心组学习会、"三会一课"及干部在线教育平台,在全镇党员干部中广泛开展学习勤廉楷模活动,全年开展学习活动80次;二是开展蓝色制度教育,从完善制定规章制度出发,重点针对新制定的制度,开展学习教育,全年镇纪委组织开展制度讲习培训4次;三是开展绿色文化教育,构建当地廉洁文化，结合美丽乡村建设打造“清廉洪合”，使廉洁文化的引力波发射更广；四是开展黄色警示教育，以基层小微权力监督平台为依托，开展黄色、红色预警提示，有针对性地确定重点谈话对象，适时提醒警示，全年开展红色预警调查2次，查实1件；五是开展黑色警示教育，加强警示教育常态化、制度化，用好《忏悔录选编》《基层党员违纪案例汇编》，探索开展“主题式”“释纪式”警示教育，全镇开展警示教育46次。

【新塍镇纪检监察工作】 新塍镇围绕清廉村居建设目标，创新构建微巡查、微公开、微教育“三微一体”工作机制，完善对村居权力运行的监督和制约。开展“微巡查”，在天福村试点推行民主理财小组和村务监督小组“微巡查”活动日，重点巡查“三资”管理、“三务”公开等执行情况。实施“微公开”，结合村民小组长会议、村级党组织会议等，把村级财务、“三农”政策、惠民补助、村级重大建设项目等公开，请群众评议，收集群众意见。推行“微教育”，刊发《蓬莱清风》月刊12期，并在每次会前安排集中学习其中的典型案例、反面教材，全年累计学习案例40余例，传达学习3000余人次。

【油车港镇纪检监察工作】 油车港镇将“农民画”与廉洁文化宣传相结合，在胜丰村菱珑湾打造秀洲区廉政农民画教育基地，以“干部清正、民风清朗、家风清廉”为主题，打造“两馆两廊一桥”（“两馆”指百年纪律建设史农民画展馆、顾作之史料展陈馆；“两廊”指廉政长廊、家风长廊；“一桥”指莲心桥）清风线路。10月26日，秀洲区廉政农民画教育基地被评为全市清廉单元建设示范单位。打造“清风话事”馆，建立监察联络站成员值班制度，在馆内放置“监督一点通”二维码摆台，通过“线上+线下”收集村民的急难愁盼问题以及各类监督举报问题。2022年，各村（社区）共处置群众诉求113条，其中胜丰村监察工作联络站撰写的《高云良：架起“连心桥” 及时解民愁》在省级刊物《反腐败导刊》刊登报道。

【新城街道纪检监察工作】 新城街道探索党风廉政建设与网格化管理的全面对接，在中山、亚都社区聘请网格党小组成员、微网格长、老党员、居民代表为网格廉情员，制定《关于加强新城街道网格廉情员管理的实施意见》，建立网格民情恳谈会、网格议事、月报季评等制度，充分运用数字化平台加强对群众意见的征集反馈，提升“监督一点通”、基层公权力大数据平台的监督作用，开展“清风进网格、廉情系民情”大走访活动，将监督立在网格上，把监督触角延伸到清廉村居建设的各个领域。

【高照街道纪检监察工作】 高照街道做深做实廉政教育。从村社干部、监察联络员、党员青年干部中挑选20人组建“高照廉音”宣讲团，依托“知行高照”直播间推出“高照廉播”短视频，2022年，共推出“高照廉播”系列短视频50余条，每期时长1～3分钟，用心打造廉政教育“精讲小课”，累计点击4万余次。举办街道第一届“微型廉课”教育活动，以小品、演讲为主要节目形式，打造沉浸式廉情教育课堂，使党纪法规、警示教育真正走心。

【嘉兴国家高新区纪检监察工作】 嘉兴国家高新区针对高新区权力比较集中、资金富集、廉政风险程度相对较高的工程建设、招商引资和土地收购三大核心领域，开展公权力大数据监督应用场景建设，实现公权力监督工作与大数据技术深度融合，精准监督，提升监督质效。2022年，完成三个板块数据输入，共输入数据71条，产生31条红色预警、50条黄色预警、1条区域性领域性预警，并完成预警信息流转处置，其中2条红色预警在省级平台处置完成。

【嘉秀集团纪检监察工作】 嘉秀集团为规避一对一融资谈判廉政风险，推行阳光融资模式，督促业务部门主动对接银行并公开融资意向和需求，组织开展融资推荐会，向各大银行和金融机构发出融资需求，再由各受邀单位在融资推荐会上给出各自的融资方案，集团纪委全程参与推荐会，杜绝融资过程中的“悄悄话”。2022年，集团共组织2次流贷融资专题推荐会和1次项目融资（片区开发）专题推荐会，共邀请近20家银行参与；组织2次超短期融资二次比价，共有7家银行参与报价，有效推动融资谈判更加阳光。

【秀宏集团纪检监察工作】　秀宏集团依托本土传统艺术秀洲农民绘画，将艺术创作与反腐倡廉建设有机结合，突出廉洁主题和本地文化优势。邀请秀洲农民画画家周美宝，创作廉政主题农民画《纪检人的一天》，用5连图的形式诉说纪检人员一天的业务工作内容；开发“助廉家书”，家书以《话青莲·颂清廉》为信纸、信封，以画传廉、以画助廉，向全体党员干部及家属邮发；设计制作以廉政为主题的秀洲农民画24节气海报，以廉政农民画为主图，搭配人物IP“廉娃”，以“廉娃说廉”“二十四节气”为切入点，融合廉洁文化，引导党员干部修身养性、精行俭德。

【高新集团纪检监察工作】　高新集团借助“智慧园区数字化管理平台”，利用“大数据”对房屋出租合同到期和租金欠缴等问题进行动态监督，督促资产管理部对逾期企业进行分类处置，通过专人对接、发送租金催缴函等方式做好催缴。2020—2022年，应收租金收缴率84%，应收履约保证金收缴率92%。

【秀拓集团纪检监察工作】　秀拓集团引入“他项”监督，利用各项目不同的监理单位实施交叉式监督检查，弥补外行监督内行的短板，排查项目中存在的问题，督促落实整改，推进工程进度。2022年，公司承建的长三角智慧产业园一期和“城乡融合共富新社区”火炬样板两大项目首次实现监理间交叉互查，通过监理交叉检查，共梳理问题12项，现场及时整改8项，督促下发《监理通知单》2份，实现问题精准反馈、项目专业化监督。

（吕春林　王沁园）

民主党派·工商联

综　　述

2022年，秀洲区委统战部组织各民主党派、知联会、新联会、网联会班子成员及骨干代表共50人，参加在广东省中山大学举办的党外代表人士能力提升班。举办党外新成员能力提升班，各民主党派、知联会31名新成员参加培训。制定《2022年度民主协商工作计划》，按计划开展专题座谈协商7次、调研座谈1次，将共同关心的问题达成共识，把政治协商的原则落到实处。支持各民主党派围绕全区中心工作开展调研，积极撰写提案建议，形成市、区两级人大建议26条、政协提案117件，涉及产业经济、转型提升、社会创新治理等领域，为秀洲区经济社会发展建出良言、献出好策。建设"建言直通车"平台，各民主党派、知联会共上报直通车平台建言32篇，全部获得区委书记的点赞与批示，有效引领党外人士参政议政和建言献策职能向纵深发展。以"美丽乡村共富行"为主题，组织各民主党派开展"党派智富·美好安居"系列活动，分别与7个村(社区)结对，以点扩面，扩大服务区域，深化服务内涵，为打造乡村美好安居环境献计献策，为做共富路上的"好帮手"竭智尽力。

组织召开区政协换届人事安排工作部署会，推荐、考察区五届政协委员人选。做好特约人员工作，组织发动全区43名党外人士加入区检察院特约检察员、"益心为公"志愿者、区监委特约监察员队伍，参与到党政部门各项工作中，更好地发挥党外人士民主监督职能。建立党外干部发现储备培养全链条工作机制，深化实施党外干部培养计划，切实加强党外人才队伍建设。是年，全区党外代表人士推荐安排市、区人大代表、政协委员共257人；全区副科级及以上党外干部28人，其中副处5人、正科6人、副科17人。

是年，秀洲区有民革秀洲区基层委员会、民盟秀洲区基层委员会、民建秀洲区基层委员会、民进秀洲区基层委员会、农工党秀洲区基层委员会、致公党秀洲区支部、九三学社秀洲区基层委员会7个民主党派，成员总数282人。

2022年秀洲区各民主党派组织情况

表9　　　　单位：人

名称	成员总数	当年新发展成员	担任社会职务						在民主党派市委任职
			省		市		区		
			人大代表	政协委员	人大代表	政协委员	人大代表	政协委员	
民革秀洲区基层委员会	40	2	0	0	0	3	2	12	0
民盟秀洲区基层委员会	69	5	0	0	1	3	3	14	0

续表 9

名称	成员总数	当年新发展成员	担任社会职务						在民主党派市委任职
			省		市		区		
			人大代表	政协委员	人大代表	政协委员	人大代表	政协委员	
民建秀洲区基层委员会	45	2	0	0	1	1	0	11	1
民进秀洲区基层委员会	33	0	0	0	0	3	1	16	0
农工党秀洲区基层委员会	37	4	0	0	0	2	2	7	0
致公党秀洲区支部	19	3	0	0	1	0	2	7	0
九三学社秀洲区基层委员会	39	3	0	0	0	2	1	9	1
合计	282	19	0	0	3	14	11	76	2

资料来源：由区委统战部提供

民革秀洲区基层委员会

【概况】 2022年，民革秀洲区基层委员会深入学习贯彻中共二十大精神和中共省委、市委、区委全会精神，及时向党员传达民革嘉兴市委会历次会议精神，从理论上进一步增强全体党员的政治把握能力，党员的思想觉悟、理论水平和政治素质得到进一步提升。组织拥有政协委员、人大代表身份的党员深入学习政府工作报告，提出意见建议，坚持将围绕中心、服务大局与关注民生、服务社会并举。朱芳黎获评2022年度全国检察宣传先进个人，张晔获评2022年民革全国思想宣传工作先进个人，吴海红获评2022年浙江省地方志先进工作者。是年，基层委员会共有党员40人，其中新发展党员2人。

【参政议政】 2022年，民革秀洲区基层委员会上报提案14件，其中，集体提案1件；社情民意11篇，内容包括数字化转型、外资招引、适老化改造、婴幼儿照护等经济和民生热点话题。赵平为民革市委会课题组主笔的《关于打造长三角软件交付基地的几点建议》课题，在市政协九届二次常委会上发言。张建平聚焦招商引资，提出《关于打造高质量外资集聚地的建议》，李利聚焦运河湾新城建设，提出《发挥区位优势提升大运河带秀洲文化旅游的建议》等。

【祖统工作】 2022年，民革秀洲区基层委员会关注台海形势，积极开展对台工作，组织党员多次参加市委会组织的台海形势报告会。组织党员集中收看周志怀教授作的祖统沙龙讲座，开展涉台服务。盛超持续和台湾亲友联系，交流大陆发展情况。基层委员会班子和区委统战部领导走访台企，开展“一人一企”服务企业活动，打造两岸亲对台服务基地。

【社会服务】 2022年，组织全体党员全力抗击疫情。党员张佳伟、朱应彦等医务工作者在一线抗击疫情。凌国强、符小园、曹莉持续开展慈善活动。深化社会服务，积极参与“党派智富·美好安居”行动，与秀清社区结对，在平安嘉兴建设、文明城市创建、防台防疫等方面做好党派服务。党员邓丽玲、崔婷为秀清社区开展法律咨询便民服务等。

民盟秀洲区基层委员会

【概况】 2022年，民盟秀洲区基层委员会组织盟员参加秀洲区党外人士能力提升班、"同心讲堂""重走一大路"等各类讲座培训和实践活动。积极参与民盟省委会"双十佳"基层组织创建工作,文化科技支部被民盟浙江省委会评为"双十佳""特色基层组织"。是年,基层委员会共有盟员69人,其中新发展盟员5人。

【参政议政】 2022年,基层委共上报提案25件,其中集体提案3件,社情民意50余件。《推动秀洲乡村文化振兴,加快实现精神富裕》为区政协五届一次大会发言稿。《关于秀洲区农业全产业链发展的建议》获区级优秀集体提案。全年撰写民盟市委会调研课题6个;撰写区政协"界别调研月"调研文章2篇。

【民主监督】 民盟秀洲区基层委员会围绕"文物安全大整治项目"课题到王店镇、王江泾镇现场察看、督查,召开由区主管部门和相关人员参加的调研监督座谈会,形成专项民主监督报告。在区委召开的专题民主协商会上,蔡琴梅就专题民主监督项目建设情况与区委书记进行面对面协商交流。

【社会服务】 2022年,民盟秀洲区基层委员会继续开展"康康悦心·爱嘉留秀"志愿关爱服务活动,为留秀人员写福字、写春联,进行健康咨询、快乐亲子等志愿服务,获得市民好评。依托"名师服务站"持续开展教育服务,为河南省省级名师班学员和秀洲区社会学科教师开设讲座,与高照街道运河社区签订结对协议,组建一支教育共富服务队。6月,秀盟"康康·悦心服务站"英语角开讲,为广大市民提供一个练习英语的机会,推动"康康行动"服务品牌深入发展,全年共举办12期。参与民盟市委会名医服务站活动30余次,为失独、病重老人上门义诊、慰问10余次。盟员廖敏英获评浙江省思想政治建设先进个人。

民建秀洲区基层委员会

【概况】 2022年,民建秀洲区基层委员会面对复杂严峻的疫情防控形势,积极投身战"疫",为筑牢疫情防控"铜墙铁壁"贡献力量。同时,当好区委的好参谋、好帮手、好同事,精准调研,精准建言,为秀洲经济数字化转型、高质量发展贡献智慧。是年,基层委员会共有会员45人,其中新发展会员2人。

【参政议政】 2022年,民建秀洲区基层委员会共上报提案17件,其中集体提案1件;社情民意7篇;通讯报道13篇,其中4篇被省委会录用。《关于推进秀洲区工业经济数字化改革的几点建议》被列入区政协五届一次会议重点提案,并获评优秀提案。陆志芬撰写的《关于做好新时代基层政协文史资料工作的实践与思考》获区政协理论文章二等奖,基层委员会撰写的《双循环背景下关于建设嘉兴机场打造物流黄金节点的建议》获区政协"界别调研月"调研文章二等奖。

【民主监督】 2022年,民建秀洲区基层委员会聚焦"三年活动"、打造"五个秀洲",认领"瓶(瓶装燃气)安惠民"专项民主监督工作。组建监督小组,分别到区住建局、区应急管理局、各镇(街道)等单位、部门调研,撰写监督报告。9月2日,基层委员会以"提升专业化招商水平,推进制造业高质量发展"为题,在区政协书记委员"面对面"专题协商会上作专题发言,对区委、区政府拓展思路、改进工作,为推动全区制造业高质量发展起到促进作用。

【社会服务】 民建企业家会员积极参与各类扶贫帮困捐助活动。基层委员会班子履新以来,共捐款1.6万元。同时,响应民建省委会号召,开展会内互助,深化"暖心行动",对老会员开展精准帮扶活动。

民进秀洲区基层委员会

【概况】 2022年,民进秀洲区基层委员会切实履行参政职能,积极建言经济社会发展,民主监督民生实事工程,帮扶困难家庭,全体在职会员双岗建功显风采。是年,顾玉凤获评浙江省"人民满意的公务员";朱嘉琦被浙江省建筑业行业协会授予2022"长三角建筑业十大青年法律菁英"称号。是年,基层委员会共有会员33人。

【参政议政】 2022年,基层委共上报提案17件,其中集体提案3件;社情民意32篇。《新形势下秀洲区产业绿色转型的建议》和冯小宁撰写的《关于推进秀洲区主城区服务业高质量发展的建议》被列入区政协五届一次会议重点提案。在区委书记与政协委员"面对面"协商活动中,傅梦飞、朱嘉琦等会员积极参与,为秀洲区不断提升城市能级、加快推进制造业高质量发展建言献策。

【民主监督】 2022年,民进秀洲区基层委员会对区政府"停安心"民生实事项目开展民主监督。组建由主委担任组长的专项民主监督课题组。9月19日,召开由区政协社法委、区综合执法局、区公安分局、高新集团、嘉秀集团、新城街道、高照街道分管领导参加的调研监督座谈会,听取各方面意见,对具体实施情况进行走访了解,形成民主监督工作情况材料,并与区委书记徐鸣阳面对面进行报告。

【社会服务】 2022年,继续深化"结对共建"活动,持续做好结对帮困工作,一年至少3次为油车港镇澄溪社区失独孩子送去学习用品和生活用品等。9月25日,民进教育支部关心孤独症孩子家庭,在秀湖全民健身中心召开特殊教育座谈交流会,就孤独症孩子的教育开展调研。同时,积极为结对共建的洪兴实验学校开展向困难家庭捐款活动,共募集捐款2800元。9月28日,民进秀洲区综合支部与高照街道荫家桥村联合举办"共富乡村路"——金融知识进乡村活动,邀请宁波银行秀洲支行为村民普及金融知识,同时在宁波银行秀洲支行举办主题为"新发展 新金融 新实业"的"共富金融论坛",就如何推动共同富裕进行深入的探讨。

农工党秀洲区基层委员会

【概况】 2022年,农工党秀洲区基层委员会鼓励党员通过线上学、集中学、讨论学等多种方式开展学习,并积极参加省市区党派、统战部门的各类学习实践培训,提升党员履职能力。基层委员会被农工党市委会评为五星级基层组织;王炜被农工党省委会评为省级社会服务先进个人。是年,基层委员会共有党员37人,其中新发展党员4人。

【参政议政】 2022年,基层委共上报提案13件,其中集体提案1件;社情民意22篇。《加快推进人民医院建设,为实现区域医疗服务优质共享提供保障》为区政协五届一次会议发言稿。

【民主监督】 基层委员会承担与区委书记面对面调研课题,开展专项民主监督,实地察看秀洲区"儿童之家"建设推进情况。参加"以数字化改革为抓手,高质量推进政务服务"、"大综合一体化"行政执法改革、"秀洲区水运物流建设"等专项民主监督,并提出中肯的意见建议。

【社会服务】 基层委员会继续开展"幼草计划"行动,关心、爱护特困学生,资助湖南省凤凰县高级中学吴同学4000元,帮助他完成学业。6月5日环境日,组织农工党党员参与健康科普,在王店镇建林村开展以"环境与健康"为主题的集中宣传活动。多名党员奋战在抗疫一线,组织带领人员开展流调排查、守好医疗阵地、督导发热门诊规范运行以及岗位呼吸科门诊核酸采集等工作。多位党员多次积极对接学校,提供应急医疗救护培训,提升中学生急救技能。

致公党秀洲区支部

【概况】 2022年,致公党秀洲区支部积极参政议政,开展社会服务,创新海外联谊。是年,支部被致公党省委会评为宣传思想工作先进集体,获得2022年度履职先进集体一等奖,主委徐珍被致公党中央评为宣传思想工作先进个人,副主委陈丽娟被致公党省委会评为参政议政工作先进个人。是年,支部共有党员19人,其中新发展党员3人。

【参政议政】 2022年,支部共上报提案9件,其中集体提案4件;社情民意21件;调研报告13篇,《实现"幼有所育"全覆盖 打造嘉兴托育金名片》为市政协九届一次会议发言稿,《关于"大综合一体化"改革执法力量方面的思路与建议》在市长与委员"面对面"协商会上为书面发言稿,《加快培育农创客 推动秀洲农业经济高质量发展》《以高质量招引推动服务业高质量发展》获评区政协调研文章一等奖。承接区政协应急管理体系和能力建设调研课题。

【社会服务】 2022年，支部组织开展“致爱社会服务基地”第二轮签约，深化“致爱六共行动”内容，联合新塍镇商会在爱心企业筹集资金，共筹集爱心资金14万元。5月13日，秀洲区政协侨联界别联合致公党在新塍镇虹桥社区，开展政协界别活动周暨“不忘合作初心，助力共同富裕”活动，会上表彰在疫情期间表现突出的志愿者，并分别在“残疾人之家”，东北大街，孤寡老人家中，棋牌室、饭店等场所开展致爱共增、致爱共享、致爱共惠、致爱共治等社会服务活动。全年开展社会服务活动30场，受益群众2000余人。

九三学社秀洲区基层委员会

【概况】 2022年，九三学社秀洲区基层委员会认真履行参政议政职能，探索创新社会服务方式方法，各项工作有序开展。九三学社秀洲区基层委员会获评浙江省2022年社会服务先进基层组织。是年，共有社员39人，其中新发展社员3人。

【参政议政】 2022年，基层委共上报提案12件，其中集体提案(调研报告)7篇；人大建议9篇；社情民意20余篇。《统筹农业农村现代化总体部署，科学梯度推进农村公共基础设施均衡发展》为区政协五届一次大会发言稿。《整合交通资源 发挥水乡优势加快水路运输建设助力区域经济发展》获评区政协五届一次会议优秀集体提案。王曦东撰写的《车辆预警防控预警系统亟待加强建设》获区委书记徐鸣阳批示肯定。

【民主监督】 2022年，基层委员会承担区委书记与区政协委员面对面协商议题子课题《关于加强专精特新企业培育，推进制造业高质量发展的建议》，为秀洲区加快建设产城高度融合、城乡高度融合的现代化主城区凝聚智慧和力量。

【社会服务】 2022年，迭代升级社会服务品牌，建立“九三三农共富工作站”，开展“美丽乡村共富行 科技赋农向未来”主题活动，做好助农惠农工作。开展“科技赋能促发展，九三助力奔共富”主题活动，走进油车港天鹅湖未来科学城，通过实地走访、宣讲培训、云服务等多种方式，助推企业、产业转型升级和科研发展，累计兑现科技资金6917万元，助力企业纾困解难。结合社员本职工作优势，以“法助共富”为主题，开展系列社会服务活动10场次，惠及群众2000余人次。设立秀洲区基层委“九三·辅成奖学金”，与教育部门合作，选择嘉兴市户籍品学兼优、家庭经济困难的大学生1～2名，给予每人每年5000元的资助。8月，资助嘉兴市第四高级中学1名准大学生。

(王惠萍)

秀洲区工商业联合会

【概况】 2022年，秀洲区工商联举办“品质秀商”民营企业家培训班。完善商会党组织建设，新建王江泾商会、油车港商会、新城街道商会党支部，高照街道商会成立联合党支部。修订《秀洲区行业协会商会、基层商会工作评价办法(修订)》，召开区行业协会(商会)、基层商会述职评议工作会议，提升区商协会建设制度化、规范化、标准化水平。区工商联与检察院沟通联系机制入选全国100对典型事例，顶墙协会获评全国“四好”商会、江西鄱阳商会获评市“四好”商会。执委企业浙江恒威电池股份有限公司成为全区首家创业板上市企业，浙江五芳斋实业股份有限公司成为中国粽子“第一股”。全区新增专精特新“小巨人”“隐形冠军”4家，嘉兴隆基乐叶光伏科技有限公司获评“雄鹰企业”，4名执委企业家获“嘉兴市新时代中国特色社会主义事业优秀建设者”称号。

【联企走亲助推发展】 8月，在秀洲区同心家园举办“军号嘹亮赞盛世 坚守初心促共富”“九九重阳节 殷殷统战情”2场重要节日暖企庆祝活动，构建亲不逾矩、清而有为新型政商关系。9月27日，区工商联、总商会组织实施“两个健康”(非公有制经济健康发展和非公有制经济人士健康成长)主题活动，组织会员企业到安徽六安、凤阳等地，开展为期3天的“联企走亲，助推发展”友好交流，了解秀洲籍企业家在外发展现状和需求，送去区委、区政府的关心关爱，维系秀商家乡情。

【"亲清直通车"系列活动】 9月，区工商联联合区人社局、区税务局、区经信局，分别举办以"人社政策解读""便民办税春风行动""稳外贸拓市场"为主题的政企恳谈会6期，参会企业75家，收集解决涉企问题63项，进一步畅通政企沟通渠道，推动"三服务"工作走深走实。

【民营企业法律服务】 6月，实施"清廉润企"专项行动，召开区清廉民营企业建设工作联席会议，审议通过《联席会议机制》，举办百家清廉民企创建培训会，创建2022年度清廉民企规范化建设先行单位42家，构建清明、清朗、清新的良好民营经济生态。9月，区工商联开展"法律护企"专项行动。设立3家商会"共享法庭"，做好经济领域的纠纷调处工作。全年共开展诉前调解29件，调解成功率79%，涉及标的4645万元。

【"金融助企"专项活动】 11月，区工商联邀请受疫情影响较大的服务业企业、文旅企业、科技型中小企业和商协会代表，与6家银行金融机构座谈商洽，发布"秀商领创贷""秀商丰收卡"等金融产品，提升民营企业融资可得性和便利度，助企纾困渡过难关。是年，6家金融机构向区工商联所属商协会企业总授信金额69.54亿元。金融助企活动受到新华网客户端的转载报道，点击量500余万人次，扩大秀洲构建亲清政商关系、助力经济稳进提质的影响力。

【民营经济基础数据调查研究】 12月，开展2022年度民营企业运行状况调研、上规模民营企业调研、民企社会责任调研，数据填报300余家次。组织工商联界别政协委员，围绕秀洲区在双碳背景下，打造千亿级光伏产业集群目标，开展主题讨论，形成提交社情民意、政协提案和课题研究，并获得区政协一等奖课题调研成果，为政府部门制定惠企政策提供决策依据。

【对口支援工作】 12月，以共富商会建设为抓手，组织所属商协会到龙泉开展"山海情、促发展、共富裕"交流对接活动，引导会员企业开展产业合作、消费帮扶，购买龙泉农副产品400余万元。协助徐珍斋食品有限公司在龙泉投资8000万元矿泉水项目。开展奶牛代养、粽叶种植项目，带动当地村民增收200余万元。持续深化东西部协作，组织10家会员企业结对屏山县10个重点帮扶村，执委企业味德丰在屏山投资1800万元"东鹅西养"项目，助力当地乡村振兴、村民共富。

【民企兴村、共富工坊项目推进】 6月，区工商联深入开展"万企兴万村"行动，制定《秀洲区开展"万企兴万村"行动，助力均衡富庶发展共同富裕典范实施方案》，深化村企结对，开展会员企业嘉兴市元和农产品有限公司与油车港镇胜丰村结对帮扶项目，年支付胜丰村土地流转费70余万元，年吸纳农村剩余劳动力1000余人次，年支付农民工工资15万余元。推进定向招工式"共富工坊"建设，嘉兴市真真老老食品有限公司企业设置粽叶清洗共富车间，吸纳油车港镇天星社区剩余劳动力、低收入农民50余人就业，推动农民月增收2000余元。

【履行社会责任】 2月，区工商联根据"疫情要防住，经济要稳住，发展要安全"要求，发出《疫情防控倡议书》，号召会员企业积极支援抗疫一线，会员企业捐款捐物800余万元。8月，联合区慈善总会，发动所属商协会企业参加2022年"情暖秀洲"慈善献爱心募捐活动，25家企业积极响应，共募集企业慈善意向资金2220万元。

（范洪祥）

群众团体

综　　述

2022 年，秀洲区各群众团体根据各自的工作职能，聚焦服务中心大局，以迎接和学习宣传贯彻中共二十大为主线，继续发扬优良传统，充分发挥各自优势，开展丰富多彩的活动，带领所联系群众，为推动秀洲高质量发展作出积极贡献。

区总工会牢牢把握“维护职工合法权益、竭诚服务职工群众”基本职责，加强职工政治引领，组织职工建功立业，维护职工合法权益，深化工会改革创新，在嘉兴市工会重点工作考核中获评优秀等次。

团区委坚持全面深化改革，全域推进县域共青团基层组织改革工作，在“五四”“七一”等重大节日开展主题团日活动，继续在关心关爱青少年心理健康、青年人才婚恋交友、大学生暑期社会实践等方面加强组织和引导，全力打造具有秀洲特色的共青团，秀洲区获评浙江省县(市、区)青年发展综合指数(2022)优秀等次。

区妇联聚焦妇联组织建设、巾帼建功、家庭家教家风、维权保障等重点，团结带领全区各级妇联组织和广大妇女群众继续奋发有为、建功立业，3家妇儿驿站获评嘉兴市示范性妇女儿童综合服务驿站，姜瑾华家庭获第十三届全国五好家庭。

区科协团结凝聚全区广大科技工作者，自信自强、守正创新，踔厉奋发、勇毅前行，组织开展“爱上科学”科技冬令营、“银龄跨越数字鸿沟”科普专项行动、“科技赋能 助力共富”百场科普讲座进基层专项行动、暑期“科学奇异果”科普活动、“萤火虫科学绘本故事会”、“红船少年 走进360行”等科普活动400余场，新增省级院士工作站2家、省级博士创新站1家、省级科普教育基地3家。

区文联充分发挥文联组织、联络、协调、服务的职能，全域推进“艺术乡建”助力共同富裕，油车港镇胜丰村入选浙江省首批“艺术乡建”示范村名单，组织开展丰富多彩的文艺活动、人才培训和文艺志愿服务走基层活动，普及艺术知识，让群众在家门口能享受到高质量的文艺志愿服务。

区计生协会以助力建设育儿友好型社会、促进人口长期均衡发展及家庭和谐幸福为主线，围绕生育关怀和家庭健康促进两大主题，开展地方计生协会综合改革，在全市率先将镇(街道)、村(社区)计生协会更名为人口家庭协会。

区红十字会牢固树立“人民至上、生命至上”理念，大力弘扬“人道 博爱 奉献”的红十字精神，开展应急救护名师工作室创建，组建红十字志愿者机动队伍和红十字应急救援队，区红十字会获评2022年度浙江省红十字应急救护工作成绩突出集体，《嘉兴日报》主版头版连续3年对区红十字会的基层组织建设、人道救助进行综合性报道。

区残疾人联合会围绕助力残疾人圆好“保障梦、康复梦、就业梦、出行梦、展示梦”，用“暖心服务、助残圆梦”的实际行动，奋力推进残疾人共同富裕和全面发展。

秀洲区总工会

【概况】 2022 年，秀洲区获评全国五一劳动奖章1人，嘉兴市五一劳动奖状1家，嘉兴市五一劳动奖章1人，浙江省工人先锋号1个，嘉兴市工人先锋号4个，浙江工匠5人，浙江省高技能人才(劳模)创新工作室1家，评选秀洲区工人先锋号26个，先进职工之家13家、职工小家12家、优秀工会工作者45人，秀洲区高技能人才（劳模工匠）创新工作室9家。春节期间，慰问全区各级劳模90人，发放慰问金6.9万元。“五一”期间，选取8名劳模代表拍摄“致敬新时代最美劳动者”宣传短视频1个，在“秀洲工会”公众号上推送各级劳动模范、最美职工的先进事迹20篇。组织开展“朵朵鲜花送劳模”、劳模座谈会及疗休养活动，参加劳模80人次。建立名师档案库，全区师徒结对178对。深化“安康杯”竞赛活动，学习宣传新修订的《中华人民共和国安全生产法》，发动2000余名职工参与全国“新安法知多少”网络知识竞赛。组织600余名职工参加CAD制图、西式面点师等14项免费技能培训。举办叉车工、钳工上岗证培训班，200名职工享受免费培训。全年帮扶救助困难职工121户，发放帮扶救助和慰问资金46.49万元。高温期间，走访企业437家，发放防暑慰问款物190万元，惠及职工4万余人；安排37.4万元专项经费慰问城管、快递站、工地等高温作业一线职工3441人。70名优秀农民工参与“求学圆梦行动”获得补助。继续开展“工‘惠’返乡 一路顺‘丰’为留秀职工把‘心意’带回家”活动，出资近80万元，购买30元、50元不等顺丰代金券，为全区18000多名外来职工提供春节邮寄服务。举办“春风送岗”招聘活动11场，提供岗位16833个，达成就业意向1906人次。新建和谐劳动关系室13家。获评省级“妈咪暖心小屋”1家、市级“妈咪暖心小屋”3家。依托“美好生活能量站”，选送“瑜伽”“摄影”等10场文化项目到企业。举办“缘起嘉工 遇见美好”青年职工交友活动，50余人参加，成功牵手6对。开展2021年度非公企业工会主席分级管理认定工作，认定高级25人，中级67人，初级141人。深入开展“新就业形态劳动者入会集中行动”，聚焦辖区内头部货运企业，依法推进司机群体建会入会工作。是年，新建基层工会21家，新增会员1286人，区总工会获嘉兴市工会重点工作考核优秀等次。

【“六个一”举措关爱抗疫一线人员】 区总工会全体干部职工下沉一线，参与卡点值守、流调溯源、点上隔离、驻企指导、核酸检测志愿服务等105人次。出台并落实“六个一”举措：发出一份倡议；设立一笔抗疫专项资金50万元，用于疫情防控保障；慰问一批抗疫一线职工，慰问2500余人次；牵头成立一支企业工人志愿者服务队100余人，作为疫情防控战时志愿者备勤队伍；开通一条职工心理健康服务专线，为防控一线工作者提供心理服务240余次；宣传一批抗疫先进事迹，在秀洲微信公众号推送19篇，“看秀洲”1篇，“读嘉”6篇，《嘉兴日报》6篇。

【“工会共建，建功共富”帮帮团】 工会帮帮团以“共建”为媒，为企业联姻，开展“工会手拉手，一起向前走”活动，不断推动基层工会改革向纵深发展，激活基层工会组织“神经末梢”。帮帮团以组织建设共抓、思想素质共提、人才队伍共育、文化活动共办、职工权益共享、产改工作共推6大机制，实现基层工会有效联动、同向发力、共建共富，产生1+1>2的叠加效应。是年，镇级总工会按照各镇、嘉兴国家高新区总工会优势互补的原则，确定结对单位，以“一对一”的形式进行结对，全区建立3对6家镇级总工会联盟。基层企业工会按照地域相邻、产业相同、规模相近，自觉自愿、双向选择的原则，根据工会组织隶属关系，以“一对一”或“一对多”的形式进行结对，54家企业结成30对企业工会联盟，开展共建活动41场，参与职工1万人次。

【“秀水工匠”职业技能大比武】 围绕区委、区政府重大工程、重大项目、重要活动组织开展立功竞赛，不断扩大竞赛的覆盖面和职工参与率。协同人社等部门组织开展秀洲区“秀水工匠”职业技能大比武活动，从中挖掘、培养、选树具有高超技艺、

6月28日，2022年“秀水工匠”职业技能大赛启动仪式暨叉车司机技能大赛在恩龙实业（嘉兴）有限公司举行（区总工会提供）

职工认可的一线劳动者，并对获前三名且为职工身份的选手，认定为“秀洲区技术操作能手”，带动全区广大劳动者争做高技能人才。6月28日，2022年秀洲区“秀水工匠”职业技能大赛启动仪式暨叉车司机技能大赛在恩龙实业（嘉兴）有限公司举行。是年，全区开展钳工、电工、车工、电子商务师等区级技能竞赛7场，选拔900余人参赛，获评秀洲区技术操作能手21名。

【秀洲区工会第四次代表大会召开】 9月8—9日，秀洲区工会第四次代表大会召开，来自全区各行各业、各条战线的198名工会代表参加会议。大会审议通过《工会工作报告》《工会财务工作报告和经费审查委员会工作报告》。选举产生秀洲区总工会第四届委员会委员、秀洲区总工会第四届经费审查委员会委员；选举包国伟为区总工会主席，许雁军、袁音、冯燕侠为副主席，余建平为挂职副主席，廖洪德、郭宗峰为兼职副主席，冯燕侠为区总工会第四届经费审查委员会主任。

9月8日至9日，嘉兴市秀洲区工会第四次代表大会召开（区总工会提供）

【产业工人队伍建设改革提质扩面】 先后出台《新时代秀洲产业工人队伍建设改革实施方案》《年度产改任务清单》等系列文件，层层落实工作责任，形成党委统一领导、工会牵头抓总、部门各司其职的工作格局。以推进全区规模以上企业开展产改工作达到50%为目标，以培育小微企业园区产改试点为突破，以实现试点企业红船精神进企业、党建服务中心建设、劳模工匠工作室和名师带徒、校企合作产教融合、企业技能人才自主评价“五个全覆盖”为抓手，明确目标任务，选树区非公企业和小微企业园区产改工作五大样板和五大案例，五大做法入选推进新时代嘉兴产业工人队伍建设改革阶段性成果榜单。至年末，全区培育非公企业产改试点省级2家、市级3家、区级40家，培育小微企业园市级试点3家，嘉兴国家高新区列入市级试点工业园区，开展产改规模以上企业204家。

【“守好红色根脉·班前十分钟”活动】 深化“红船精神进企业”主题教育实践活动，持续做好职工思想政治工作，在全区企业广泛开展“守好红色根脉·班前十分钟”活动，围绕“喜迎二十大、建功新时代”，结合产业工人队伍建设改革，突出红色基因传承和先进典型示范引领，宣讲党的创新理论和“四史”，宣讲共同富裕示范区深刻内涵，宣讲体现企业文化特别是企业精神和价值观的小故事，宣讲劳模工匠事迹、职工身边温暖励志故事等，团结引领全区广大职工听党话、跟党走，积极投身高质量发展建设共同富裕典范城市，奋进新征程、建功新时代。是年，全区40家企业开展活动100场次，参与职工1800人次。

【“迎亚运 助共富”职工羽毛球比赛】 6月18日，“迎亚运 助共富”秀洲区第六届职工羽毛球比赛在上海世外教育附属嘉兴秀湖学校开赛。比赛项目为男单、女单、混双、男双、女双，13支代表队130余名职工选手参赛。比赛充分展示红船旁职工们奋力拼搏、团结奋进的精神面貌，进一步提升职工的文化素养，助力共同富裕示范区建设。经过紧张激烈的角逐，区教育工会代表队获第一名，洪合镇总工会代表队和油车港镇总工会代表团分别获得第二名、第三名。

【户外职工爱心驿站】 3月3日，区总工会印发《秀洲区户外职工爱心驿站建设管理办法（试行）》，对9家驿站给予三星级及以上评定，并给予相应运行费用补助，有效缓解快递员、送餐员、网约车司机等新就业形态劳动者喝水难、休息难等现实问题，不断提高广大职工在共同富裕中的获得感、幸福感。至年末，全区建有户外职工爱心驿站99家，其中高照街道象贤村“红哨驿站”获国家级“最美工会户外劳动者服务站点”称号。

【职工演讲比赛】 10月14日,"喜迎二十大 建功新时代"秀洲区劳模微党课展示暨秀洲区职工演讲比赛,在高新区光伏小镇科技馆举行。22名各级劳模选手紧扣"喜迎二十大 建功新时代"主题,讲述劳动者奋斗的精彩故事,描绘用劳动书写新时代的精彩篇章。在演讲过程中,选手们用真挚情感和朴实无华的语言与大家分享自己的故事,充分展示全区职工团结奋进、昂扬向上、实干创新的工作作风。最终评出一等奖2名,二等奖3名,三等奖4名,优秀奖6名。

【"新就业形态劳动者温暖服务季"活动】 11月28日,秀洲区总工会联合新城街道总工会、区快递物流行业工会联合会等部门,开展"新就业形态劳动者温暖服务季"活动,为忙碌在一线的快递员、外卖小哥、环卫工人等群体,提供技能提升、法律援助、心理咨询、交通安全宣传等多样化、精细化的暖心服务。开展"暖蜂"慰问活动,为快递小哥送上500余份"暖心大礼包",让工会成为他们可以信赖的温馨之家,进一步提升新就业形态劳动者群体的获得感、幸福感、安全感。

【第九次全国职工队伍状况调研】 4月21日,配合市总工会做好2022年第九次全国职工队伍状况调研工作。通过线上线下的方式在全区抽取10家企业、106名职工(含工会主席)样本,围绕新就业形态劳动者入会和权益状况、职工劳动经济权益状况、职工技术技能素质状况等课题开展调研。

【"访企业、解难题、促发展"大行动】 在全区范围内开展助力经济稳进提质攻坚行动,分6个工作组深入各镇(街道)、高新区企业开展调研,了解企业疫情防控、复工复产等情况,收集企业反映问题8条。落实省市纾困减负政策,助力企业稳进提质,全年缓减660家企业上缴工会经费1391.09万元,全额返还472家小微企业工会经费176.73万元,助推实体经济健康发展。

【助力争创全国文明典范城市六大行动】 7月,为助力争创全国文明典范城市,区总工会实施"文明传播、美丽家园、志愿服务、排忧解困、美好生活、创先争优"六大行动。开展"工会人讲文明创建"活动,号召干部职工向身边先进学习,自觉投入文明典范城市创建工作。开展"提升职工生活品质 塑造美好家园环境"创建活动,通过美丽厂区、文明车间、文明班组创建,提升企业软环境,推动职工美好生活共建共享。发挥工会志愿服务队作用,大力开展反诈宣传、安全生产、志愿服务等活动,用文明行动展现新时代劳动者甘于奉献的精神风貌。深化"秀工惠"服务品牌,充分发挥"一镇一品"工会服务品牌作用,唱好工会"四季歌"(春送岗位、夏送清凉、金秋助学、冬送温暖),加大困难职工精准帮扶力度。深化"美好生活能量站"文化普惠活动,开展职工"点单式"文化项目进企业,开设茶艺、瑜伽、美妆等兴趣课程,开展职工羽毛球、篮球、乒乓球比赛等文体活动。深化"中国梦·劳动美"主题宣传教育,大力弘扬劳模精神、劳动精神、工匠精神,实施秀洲工匠培育工程,开展全区职工素质提升工程。

(陈　燕　沈佳丽)

共青团秀洲区委员会

【概况】 2022年,中国共产主义青年团嘉兴市秀洲区委员会(简称"团区委")以迎接和学习宣传贯彻中共二十大为主线,全面深化改革,12月24日,区委办印发《秀洲区县域共青团基层组织改革实施方案》,成立秀洲区县域共青团基层组织改革工作领导小组,加强组织保障,推进县域共青团基层组织改革工作。在"五四""七一"等重大节日开展主题团日活动,继续在关心关爱青少年心理健康、青年人才婚恋交友、大学生暑期社会实践等方面加强组织和引导,全力打造具有秀洲特色的共青团。9月30日,组织团员青年到王店镇祭扫革命烈士陵园。秀洲实验小学孙晨语登榜2022年浙江省"新时代好少年";上海外国语大学秀洲外国语学校方墨言获2021—2022年浙江省少先队"红领巾奖章"四星章认定;油车港镇团干部朱嘉欢获评浙江省优秀共青团员;南湖希望小学蒋一鸣获评浙江省希望工程30周年"突出贡献者";"郝老师课堂"志愿服务项目获市级志愿服务项目大赛银奖。成功申报2022年"返家乡"社会实践全国重点发展县(市、区),省级"亲青恋基地"落户嘉兴市文化艺术中心。承办嘉兴市高层次青年人才联谊会、嘉兴市首届党规青年说微党课大赛。

【共青团组织】 2022年,全区有共青团基层组织643个,其中,基层团委22个、团总支3个、团支部618个,团员10380名。新发展团员395名,其中学校领域346名,社会领域49名。秀洲区税务局团支部被团省委评为浙江省"五四"红旗团支部。

【镇(街道)团组织换届】 团区委贯彻落实《中国共产主义青年团章程》和《中国共产主义青年团基层组织选举规则》有关要求,1月,启动基层团委换届工作。至1月24日,各镇(街道)、高新区团委(团工委)高标准、高质量完成换届选举。此次换届选举或经党组织任命团(工)委委员92人,其中党员60人,占65%;大专及以上学历91人,占99%。8名新任团委书记,学历均为本科及以上。配备专职副书记7人,挂(兼)职团委副书记16人。

【秀洲区第十三次团代会召开】 12月23—24日,共青团嘉兴市秀洲区第十三次代表大会在秀洲会堂举行。娄正坤代表共青团嘉兴市秀洲区第十二届委员会作工作报告。大会审议通过《中国共产主义青年团秀洲区第十三次代表大会关于工作报告的决议(草案)》。大会选举产生共青团秀洲区第十三届委员会委员40名、候补委员10名。在共青团秀洲区第十三届委员会第一次全体会议上,选举产生常委13名,娄正坤当选为书记,计亲、张翔、沈慧博、姚哲凡、包丽艳为副书记。

【县域共青团基层组织改革】 12月24日,区委办印发《秀洲区县域共青团基层组织改革实施方案》,成立秀洲区县域共青团基层组织改革工作领导小组,区委书记任组长;区委副书记、政法委书记任常务副组长;区委常委、组织部部长,区政府副区长任副组长,区级机关相关部门主要负责人为成员。改革以共青团区域强化政治功能、形成社会功能为基本目标,创新团干部选用、团组织设置和运行、团员教育管理、领导保障等体制机制,实现团员先进性明显增强、团干部队伍素质明显增强、团的基层基础明显增强和组织机制全面创新。完成区级团委换届工作,选配兼挂副书记3名;建立区级团委直属事业单位1个(秀洲区青少年发展中心);成立区教育团工委;实现快递物流行业、互联网企业团组织全覆盖;非公企业建立团组织330家,新建"小哥驿站"等服务阵地20家。

【青年发展型县域建设】 团区委牵头编制《秀洲区青年发展型县域建设实施方案》,聚焦红色根脉、就业创业、宜居环境、护航成长4个方面,全域推进青年发展型县域建设。10月13日,秀洲区召开青年工作联席会议第三次全体(扩大)会议,就《秀洲区青年发展型县域建设实施方案》的起草和意见征求采纳情况进行说明,区教体局、区人社局、区卫健局3家成员单位结合实际,围绕青年发展型县域建设作交流发言。是年,秀洲区获评浙江省县(市、区)青年发展综合指数(2022)优秀等次。

【"五四"主题团日活动】 5月13日,举行"青春向党新时代 共同富裕谱新篇"秀洲区"五四"主题团日活动。内容包括:区委书记徐鸣阳向全区广大青少年、共青团员和各级团干部致以诚挚问候并发表讲话;观看青春战"疫"、青年宣讲、共青团助力共同富裕等活力四射的秀洲青年品牌主题微视频——《青春向党 团旗飘扬》;表彰一批在共同富裕康庄大道上展现秀洲的青春力量,区委书记徐鸣阳、团市委书记田凯为秀洲区十大杰出青年颁奖;嘉兴市秀洲区孝慈社会工作服务中心总干事王罗那、嘉兴市绿能环保科技有限公司总经理助理李洋洋、浙江嘉民新材料有限公司总经理沈芳3名区十大杰出青年代表分享奋斗故事;"秀雁·青年说"新时代青年理论宣讲员讲授《绝非偶然》和《真理的味道》微团课。

【"红领巾喜迎二十大 争做新时代好队员"主题队日活动】 6月1日,由团区委、区教体局、区少工委主办的"红领巾喜迎二十大 争做新时代好少年"秀洲区"六一"主题队日活动,在浙江师范大学附属秀洲实验学校举行。内容包括:观看舞剧《一朵红的花》,聆听4名优秀少先队员代表活动献辞;"秀雁·少年说"宣讲员讲述夏明翰为真理而凛然献身的故事;区教体局副局长张爱林与团区委副书记计亲共同为党团队薪火链品牌揭牌；优秀青年辅导员代表计烁嘉交流学习习近平总书记讲话精神的心得体会；为2022年秀洲区“新时代好少年”代表颁奖；浙师大附属秀洲实验学校静庐合唱队献唱最美红色之声《萱草花》《不忘初心》。

【“七一”主题团日活动】 6月30日，团区委开展“喜迎二十大、永远跟党走、奋进新征程”“七一”主题团日活动。团干部、团员青年和区青联委员们一起参观嘉兴市党群服务中心以“峥嵘百年史·砥砺中国行”为主线的名家书画展览；共同参与红船剪影环节，体验用剪纸技艺缓缓剪出红船作品。

【儿童青少年心理关爱】 以省级“青少年零犯罪零受害社区(村)”试点工作为抓手，着眼青少年成长发展新需求，探索有效服务新模式。开设青少年健心客厅11个，实现区、镇、村三级全覆盖。采取“专家+咨询师+志愿者”服务模式，推进青少年心理健康服务体系建设。全年开展青少年心理测评5万余人次，12355热线平台累计接听青少年电话咨询1187个。组织24所中小学开展心理、法治第一课活动，覆盖青少年6000余人次。7月11日，为期两天的“心帆领航 筑梦未来”暑期青少年心理夏令营开营。以“心理团辅+课堂”的模式引导同学们参与心理团体互动，学会在活动中体会和领悟心理学知识。活动在未来两个月陆续开展，区域内50余名学生报名参与，夏令营提供心理健康知识教育、暑期安全常识教育、技能提升及符合学生身心发展特征的兴趣培养等内容，为全区切实推进“医教融合”，构建未成年人心理健康体系起到极大的推动作用。

【青年人才婚恋交友】 积极推进“青恋之城”幸福工程建设，着力解决青年群体在禾交友难、婚恋难等突出问题，助力“青年友好型城市”建设。打造“大美秀洲 亲情之恋”2.0版青年人才婚恋交友品牌，启动爱享学院嘉兴分院，成立亲青恋梦飞婚恋工作室。推出“秀水泱泱 青春专列”单身青年疗休养活动，开辟单身青年职工疗休养专线5条，吸引优质青年500余人次参与，成功牵手20对。“好柿塍双”青年交友社团建立单身青年人才资料库，开展“青小二”点对点服务100余次。7月30日，开展秀洲区“清塍之恋”青年联谊会，在秀洲工作、生活的单身男女青年近30名参加，活动有“自我介绍、脱单心愿盲盒、巧解千千结、心动300秒”等，为单身青年交友提供优质服务，提升青年人幸福感。秀洲区首个省级“亲青恋基地”落户嘉兴市文化艺术中心。

【大学生暑期社会实践活动】 7月13日，秀洲区2022年“秀燕归巢”大学生暑期社会实践活动启动仪式，在秀洲光伏科技馆举行。活动现场，为让大学生了解秀洲，播放“秀水泱泱·圆梦之洲”宣传片；大学生代表发言，立志以实际行动勇做新时代中国的奋进者、开拓者、奉献者，成为行知合一的时代新人。7月20日，团区委组织浙江大学“黄土地计划”31人团队、“秀燕归巢”暑期实践返乡学子和优秀少先队员们开展“守红色根脉 访秀美新村”暑期社会实践活动，前往南湖“重走一大路”，走进油车港镇开展教学实践。7月21—22日，团区委、秀洲区群团艺术馆联合组织“秀燕归巢”大学生、浙江大学“黄土地计划”实践团22名学生，在嘉兴市文化艺术中心群团艺术馆进行快递物流行业子女暑期托管志愿服务活动。8月18日，2022“秀燕归巢”大学生暑期社会实践结营仪式暨助力大学生返乡创新创业座谈会举办。在为期近2个月的时间里，“秀燕”大学生们通过在不同岗位工作，锻炼自己的能力，参加团区委组织的“守红色根脉 访秀美新村”“秀燕助文明”主题活动、秀洲区第八届残疾人运动会志愿者活动、“盛世修典”观展等活动，真正走近家乡，深入了解家乡建设，为家乡的建设和发展出自己的一份力。

【青年志愿者服务】 深化“我为群众办实事”实践活动，弘扬奉献、友爱、互助、进步的志愿精神，不断强化志愿服务实践育人功能，以制度化、专业化、常态化为引领，积极探索青年志愿服务路径，打造“秀·青益”青年志愿者联盟品牌，激活其在重大赛会展陈、城市精细化管理、“双减”托管、除险保安等场景中的效能。组织人员参加世界互联网大会志愿者招募工作。疫情期间，组建2万余名志愿者到各类卡口、关键场所开展24小时志愿服务，累计服务时长6万小时。聚力低碳绿色发展，组织“河小青”、垃圾分类、生物多样性保护等环保志愿服务活动。

（俞　能）

秀洲区妇女联合会

【概况】 2022年，秀洲区妇联聚焦妇联组织建设、巾帼建功、家庭家教家风、维权保障等重点，全力实施巾帼红、巾帼创、巾帼和、巾帼家、巾帼爱“五大行动”和赋能强基“一项工程”，打响“共同富裕·WOMAN在行动”品牌，团结带领全区各级妇联组织和广大妇女群众继续奋发有为、建功立业。

【巾帼宣讲】 发挥巾帼宣讲员和妇联执委作用，打造巾帼红色领学思想高地。线上推出“巾帼云领学·姐姐说”专栏，线下会同区委宣传部因地制宜开展闹市街边小讲堂、庭院荟、红船享学会等“行走的课堂”，通过妇联干部、学校老师、企业高管等各行各业女性代表，带领全区妇女学习中共二十大精神，分享家庭家教家风、女性创业创新等方面的理解和感悟，引领广大妇女在共同富裕中展现巾帼向党的政治热情。全年共推出“姐姐说”专栏8期，其中3期登上学习强国嘉兴学习平台，1期登上学习强国浙江学习平台；线下开展巾帼宣讲60余场，参与人数6000余人。

【妇女组织建设】 2022年，实施镇（街道）基层妇联组织换届工作，选优配强基层妇联干部。新一届镇（街道）妇联主席全部为大学及以上学历，85后干部占比71%。承办嘉兴市“5+X”［市县妇联+团体会员+高校妇联+企业妇联+市属妇委会+X（多个符合各地特色的妇联组织）］区域化妇联组织建设轮值活动，发布“通达全城，一路生花”五大暖心行动（即铸魂强基、组团服务、岗位创优、成长赋能、暖心关爱），形成区域内共同参与、开放互动、全面覆盖的妇联组织建设和妇女工作新格局。

【妇儿维权】 继续擦亮“秀阿姨”工作品牌，推出“平安秀阿姨解纷计划”，整合全区妇联干部、热心公益法律从业者、专业社工等，帮扶家庭矛盾处理50人次，宣传对象500组家庭。与区人大常委会等17个部门建立联席会议制度，携手法院设立“共享法庭”，并落户区妇联中心服务站和秀洲妇儿综合服务驿站；加强与区检察院的协同协作，推进妇女儿童权益保护合作项目清单，建立完善妇女儿童保护救助、涉案未成年人观护帮教、信息线索移送反馈、预防排查和矛盾化解、法治宣传教育和工作会商“五项机制”，主动防范化解妇女儿童领域重大风险。深入开展“关注困难妇女群体，加强专项司法救助”活动，加大在司法办案过程中对困难妇女的救助帮扶力度，向区检察院移送线索15条，发送信访事项及国家司法救助线索移送函1份，其中，涉及妇联移送案件3起，救助金额5万元。落实“八五”普法要求，“三八”妇女节期间联合区司法局为社区、企业带去《民法典婚姻家庭篇》解读、妇女健康知识讲解等，受益群众3000余人。将妇女儿童相关法律法规融入洪合民法典公园、油车港镇胜丰村法治农民画小镇。

【家庭家教家风建设】 贯彻落实《中华人民共和国家庭教育促进法》，推出公益性家长成长团体辅导课——21天家长成长训练营，面向社会公开招募秀洲区家庭教育讲师团成员40名。在“家庭教育宣传周”期间，组织学校教师代表、优秀家长、妇女代表讲述科学教子故事，邀请权威专家进行在场答疑，开展家庭教育微讲堂130余场，受益家长近6万人。申报省级爱国主义教育基地2个（米科军旅园、新塍镇沙家浜村）。开展最美家庭、无疫家庭、绿色家庭等评选，评选出孝老爱亲家庭、教子有方家庭、移风易俗家庭、创业创新家庭、敬业奉献家庭、抗疫防疫家庭、清正廉洁家庭、最美新居民家庭8个类别55户，姜瑾华家庭获评第十三届全国五好家庭。开展最美读书空间、最美读书瞬间、最美读书声音评选活动，联合嘉广集团举办“书香飘万家——看见幸福，阅读梦想”亲子阅读云上启动仪式，展现家庭书香文化传承历史。组织开展“共富香囊迎端午”活动，充分挖掘嘉兴民俗传统文化内涵，弘扬中华优秀传统文化。

【妇女儿童关爱行动】 出台《嘉兴市秀洲区妇女儿童发展“十四五”规划》和《嘉兴市秀洲区家庭教育工作发展规划（2021—2025年）》。制定秀洲区《关于打造妇女儿童综合服务驿站实施方案》，打造妇儿驿站"一站一品"，洪合镇"石榴花开"妇儿驿站、新塍镇虹桥社区"虹之韵"妇儿驿站、高照街道秀洪社区连心妇儿驿站3家妇儿驿站获评嘉兴市示范性妇女儿童综合服务驿站，另外建成基础型驿站30家。推进妇女"两癌"防治等实事项目。联合圣托医院开展"巾帼爱·温暖她"巾帼手牵手项目，倾力打造女性呵护、护幼成长、幸福护航、礼遇最美、情暖疫线和再生育关怀"六大计划"。依托"益·美画乡"公益服务项目，开展妇联"代理妈妈"困境儿童帮扶等关爱项目。加强与女企业家

10月23日，秀洲区妇联开展"代理妈妈"帮扶项目活动（区妇联提供）

协会联系，在"三八"妇女节期间开展"爱分享"特困妇女关爱行动，同时区妇联作为成员单位，开展助残日慰问、困境儿童慰问、困难母亲慰问等，帮扶40余人次，发放慰问金和慰问品3万余元。开展"康乃馨"公益健康险行动，为贫困妇女购买保险100人次。"六一"儿童节期间为全区26所学校送上书籍、体育用品等慰问品，价值12.8万元。疫情期间，联合区社会心理服务中心开展云上心理咨询课程的辅导，为"三区"内的小区居民实时提供情绪疏导、关心关爱等便捷化服务，为全区隔离点的妇女儿童提供446次心理服务。

【助推妇女创业创新】 聚力服务乡村振兴，打造"妈妈的味道"示范街区，向全市推介"溯根源·文明家风"巾帼旅游路线，激发乡村振兴中的女性力量。秀洲区新塍镇泽林生态农场（王春芳）被评为嘉兴市巾帼农创共富基地。聚力服务科技创新，成立秀洲区光伏女性联盟，组织光伏女性高峰论

1月7日，嘉兴市秀洲区女企业家协会三届一次会员大会召开（区妇联提供）

坛"RE100姐姐说"，并亮相2022中国光伏绿色供应链大会，构建政府与女企业家、女科技工作者交流平台。秀洲嘉民新材料有限公司研发中心（沈芳）被评为嘉兴市巾帼科技创新工作室。聚力服务经济发展，建立"一人一企、一包到底"重点企业常态化服务机制，组织86名机关女干部成立巾帼助企服务队，下沉基层助企纾困。女企业家协会换届，举办"共同富裕我们在行动""巾帼聚势谋远，共话智造未来"等主题座谈会。在浙江省女企业家协会上，福莱特玻璃集团股份有限公司副董事长兼常务副总裁姜瑾华获魅力女浙商·科技创业先锋奖，浙江迈兴途智能设备有限公司董事长陈玲瑛获魅力女浙商·数智赋能示范奖。聚力服务疫情防控，开展"同心战疫·巾帼助力"关爱行动，发动区各级妇联干部、妇联执委、巾帼志愿者等参与到关爱行动中来。积极做好医疗救治工作，坚持救治端口前置原则，实现靶向发力，为因疫情纳管人员协调就医购药140起。疫情期间，开展妇联帮帮团助力行动，为农产品滞销农户广搭平台，助力30家农户销售蔬菜50吨，帮扶金额23万元。

（章晓菁）

秀洲区科学技术协会

【概况】 2022年，秀洲区科学技术协会团结凝聚全区广大科技工作者，自信自强、守正创新，踔厉奋发、勇毅前行，为秀洲区打造均衡富庶发展、共同富裕典范贡献科协力量。新增省级院士工作站

2家，市级院士工作站2家。新建省级博士创新站1家，市级博士创新站16家。新增省级科普教育基地3家。开展“爱上科学”科技冬令营、“银龄跨越数字鸿沟”科普专项行动、“科技赋能 助力共富”百场科普讲座进基层专项行动、暑期“科学奇异果”科普活动、“萤火虫科学绘本故事会”系列活动、“红船少年 走进360行”系列活动400余场。至年末，全区共有镇（街道）、高新区、企业科协68家。

【基层科协组织】 2022年，新增嘉兴翼波电子有限公司科协、嘉兴道一传感科技有限公司科协、浙江欣融电子有限公司科协等企业科协8家，吸纳会员159人，开展企业科协活动18场。4月，开展优秀企业科协评选活动，博尔玛创新园科协、嘉兴新嘉爱斯热电有限公司科协等8家单位被评为“秀洲区优秀企业科协”。12月，美之奥种业科技股份有限公司科协获评嘉兴市企业科协建设示范单位。

【院士工作站建设】 中科环境科技研究院（嘉兴）——朱永官院士工作站、南方科技大学嘉兴研究院——徐政和院士工作站，于2021年签订建站协议并正式建站，2022年，先后被认定为市级、省级院士工作站。至年末，全区有省级院士工作站3家、市级9家。是年，美之奥——刘耀光院士工作站、宏业检测——叶建乔院士工作站获市级院士工作站年度考核优秀。

【“千博助千企”专项行动】 3月，启动“千博助千企”专项行动，开展中小企业与博士间的对接活动，大力建设博士创新站，全年新建浙江嘉科电子有限公司博士创新站、浙江鼎美智装股份有限公司博士创新站、浙江蓝特光学股份有限公司博士创新站等市级博士创新站16家，其中嘉兴新嘉爱斯热电有限公司博士创新站被评为省级博士创新站。征集企业需求32个，开展博士入企服务30余次。

【暖心扶企专项行动】 疫情期间，走访企业，了解企业复工复产情况及科技工作者需求，开展院士专家秀洲行、战略咨询会、院地对接等活动8次，举办科技路演等活动15场。以中国科协“科创中国”平台为依托，汇聚辖区科创要素资源，全年发布科技成果160条，促进资源整合。麒盛科技有限责任公司入选中国科协2021“科创中国”新锐企业榜。

【科技人才服务】 1月，组织开展科技工作者子女科技冬令营活动7场，指导科技人才子女开展科技小制作活动，受益人数200余人。3月，举办“致敬科技她力量”“三八”妇女节活动，30名女性科技工作者现场聆听心理健康讲座，学习插花艺术。4月，同步开展2022年“秀洲区优秀科研论文”和“秀洲区优秀科普志愿者”评选活动，10篇论文获评优秀科研论文，11人获评优秀科普志愿者。5月，麒盛科技董玉安博士获评嘉兴市“最美科技工作者”。7—8月，组织开展科技人才子女科技夏令营活动2场，带领科技人才家庭参观湿地公园、时尚纺织中心等地，参与人数50余人。

【科普阵地提升】 浙师大附属秀洲实验学校入选首批“浙江院士科普基地”；嘉兴安全教育互动体验馆、长三角（嘉兴）纳米应用技术研究院、嘉兴国防科普文化馆被认定为第八批浙江省科普教育基地；嘉兴国防科普文化馆、五芳斋粽艺长廊等8家科普教育基地，入驻浙里办“群团助力‘双减’”平台，发布科普活动97场，参与人数7500余人次。开展2022年科普重点项目评选，评出“大手小手共建光伏未来家园”等8个项目，支持各主体、各单位打造特色科普品牌活动。

【科普宣传活动】 4—10月，举办2022年“科技赋能 助力共富”百场科普讲座进基层专项行动，推出“银龄数智课堂”“双碳环保课堂”“健康养生课堂”“平安生活课堂”4个系列科普讲座32场，受益群众1500余人次。9月，邀请中科院老科学家科普演讲团成员刘大禾、林钢华走进秀洲区7所中小学校，为2800多名学生开展科普讲座。是年，开展“银龄跨越数字鸿沟”科普专项活动177场，培训老年学员12400余人次。全国科普日期间，围绕“喜迎二十大，科普向未来”主题，组织各主体、多部门联合开展全国科普日活动22场。秀洲区全国科普日活动获评省科协2022年全国科普日优秀活动。

【青少年科技活动】 5月，举办第五届区自然笔记大赛，收到作品420件，评选出小学组一等奖5名、二等奖10名、三等奖15名，中学组一等奖5名、二等奖10名、三等奖15名，优秀辅导老师10名。9月，举办秀洲区第二十一届青少年科技节，开展大型科技嘉年华1场，内容包括科学秀表演、科技游园打卡等活动，1000多名学生体验到科学乐趣。是年，开展“红船少年 走进360行”活动9期，组织青少年体验蓝莓采摘、参观沈荡酿造博物馆等，近300人次参与；开展“萤火虫科学绘本故事会”8期，组织低幼龄儿童在老师指导下开展“星空灯”“幻灯机”等简易实验，参与人数200余人次。

8月28日，区科协举办“红船少年 走进360行”人才子女专场活动（区科协提供）

【实施科教融合】 2月，开展趣味科学冬令营、遥控汽车大比拼等活动10场。3月，在微信公众号推出“‘疫’起实验”“‘疫’起共读”栏目，指导家庭亲子科学实验，普及防疫知识。7—8月，开展暑期“科学奇异果”系列活动153场，服务村（社区）青少年6000余人次。8月，开展首次科教融合试点学校年度绩效考核，浙江师范大学附属秀洲实验学校等6所学校获评“优秀”等次。

（郭 敏 吴 栋）

秀洲区文学艺术界联合会

【概况】 2022年，秀洲区文联充分发挥组织、联络、协调、服务的职能作用，大力实施文艺精品“双高”工程，成果丰硕；全域推进“艺术乡建”助力共同富裕，形成具有辨识度的秀洲模式；加强区文联与区级各部门、镇文联的合作联动，组织开展丰富多彩的文艺活动和人才培训，提升基层文艺队伍和文艺创作水平；深度挖掘朱彝尊文化的内涵精义，推进朱彝尊文化的传承与发展；开展文艺志愿服务走基层活动，普及艺术知识，让群众在家门口能享受到高质量的文艺志愿服务，在全力打造均衡富庶发展、共同富裕典范中奋力扛起文艺担当。9月，秀洲区戏剧曲艺家协会成立。2022年，区文联所属协会新增国家级会员2人、省级会员17人、市级会员37人。

【朱彝尊文化传承与发展】 充分利用国内高层级研究朱彝尊文化的学术成果，深度挖掘朱彝尊文化的内涵精义。11月23日，与嘉兴学院联合在王店镇干四村的古藤书屋举办“与一代文宗的时空对话——2022朱彝尊文化论坛”，南京大学教授张宗友、赣南师范学院教授王利民、华中师范大学文学院副教授李程等5名专家学者围绕“朱彝尊文化的历史地位和影响力”展开深入对话、线上线下广泛交流，共话传承发展。论坛活动中，还举行朱彝尊诗词演绎，发布朱彝尊文化研究论文征集评奖成果。与市书协、王店镇人民政府联合开展第三届“朱彝尊奖”全市书法大赛，作为秀洲区“朱彝尊名人文化品牌”系列项目活动之一，此次大赛收到作品254件，评出优秀作品11件，入展作品70件。结合朗诵、书法等再创作，通过“文艺秀洲”公众号连续刊登徐志平教授解读的朱彝尊诗词120首，丰富朱彝尊诗词的传播形式。

7月27日，秀洲区文联和嘉兴市书法家协会联合主办“朱彝尊奖”全市书法大赛，图为大赛现场评审（区文联提供）

【联动开展文艺活动】 加强区文联与部门、乡镇文联联动，开展丰富多彩的文艺活动，提升基层文联队伍建设和文艺创作、文艺活动水平。11月，与区教体局联合举办第二届“画乡新苗——秀洲区十佳文学少年现场文学创作大赛”，240名参赛选手，分中小学两组进行比赛，各评出十佳文学少年10名、提名奖40名和优秀辅导老师10名。6月1日，与区纪委、洪合镇共同举办“赏梨花春色、刻清廉秀洲”刻字大赛，经过初评和终评，评出一等奖2名，二等奖4名，三等奖6名。8月26日，与区委宣传部、王江泾镇、嘉兴市美术家协会共同举办“艺助共富、润心在嘉”嘉兴市运河水乡古诗词美术作品展，评出入展作品77件，其中优秀奖21件，入选21件，出版王江泾古诗词集《运河闻川诗画集》，并向省委宣传部申报宋韵文化传统弘扬活动项目。7月18日，与区司法局共同举办“剪出美好生活、走向共同富裕”剪纸大赛，评出优秀作品44件，其中，一等奖1件，二等奖3件，三等奖5件，优秀奖12件。12月18—28日，在“嘉兴文艺之家”展厅，区文联与市文联共同主办陈治良、陈玉峰美术作品展，展出两位画家近年来倾力创作的40余件优秀作品。

【“艺术乡建”助力共同富裕】 开展艺术村落创建工作规划，对镇（街道）文联上报的创建培育村（社区）进行择优遴选，确定11个村（社区）入选区艺术村落创建培育名单，培育一批具有标志性的“农民画村”“书法村”“摄影村”“音乐村”“舞蹈村”“中国书画社区”等艺术村落。与区委宣传部联合出台《关于建立“文艺村长”制度推进艺术乡建的实施意见》，推进艺术家驻村计划，首批11名具有较强组织协调能力和奉献精神的文艺志愿者驻村（社区）担任“文艺村长”，常态化、陪伴式开展主题创作、艺术培训、展览展演和专业指导。是年，油车港镇胜丰村入选浙江省首批“艺术乡建”16个示范村名单，油车港镇胜丰村、洪合镇横泾桥社区入选市级艺术村落培育名单，并被授牌“文艺之家”。

9月9日，秀洲区首批文艺村长聘任仪式在王店镇镇中村文化礼堂举行（区文联提供）

【文艺志愿者服务】 参与省委宣传部、省文明办、省文联联合开展的“文艺送万家、文明助共富”万名文艺志愿者、万场文艺志愿服务活动、送万家新时代文明实践中心“三万”工程。在“5·23”中国文艺志愿者服务日，与市文联联合举办致敬延安文艺座谈会80周年“艺助共富、润心在嘉”文艺志愿服务进基层活动，组织市、区两级艺术家30余人，分别到王店镇南梅村、新塍镇虹桥社区等地开展“送全家福、送作品、送培训、送书籍”活动，现场参与的居民群众200多人。普及艺术知识、努力实现让群众“看得懂”“喜欢看”，让群众在家门口能享受到高质量的文艺志愿服务。在春节期间，深入基层一线开展送福、送春联、拍全家福、为广大群众和留秀过年人员送温暖等活动。

（李　利）

【文艺创作成果】 继续实施《秀洲区文艺人才和文艺创作奖励办法》，组织开展文艺人才和文艺创作奖励申报工作，收到申报国家级、省级文艺人才13人，文艺创作成果18件，奖励金额21.2万元。图书《秀水泱泱》丛书和歌曲《城市驿站》获嘉兴市第十五届精神文明建设“五个一”工程奖。作家邹汉明《塔鱼浜自然史》获第四届三毛散文奖；梅晓民《朱彝尊一唱三叹〈水村图〉》（外二篇）获全国朱彝尊理论研究文章征集一等奖；吕红娟（简儿）的《小方圆》获市委宣传部、市妇联和嘉报集团主办的“百年芳华”主题征文大赛一等奖，散文《日日是好日》在《浙江作家》杂志2022年第5期发表，《秋日闲笔》在《文学港》2022年第8期发表；李建明的《葡萄亦向低碳行》获嘉兴市环保联合会“南湖儿女心向党 喜迎党的二十大”征文比赛二等奖；李爱娟（远山含黛）的小说《永远的旋转木马》和《两瓶赵王酒》，分别获“塞罕坝酒”杯首届全国微型小说金喜鹊奖征文优秀奖、喜迎“二十大” 奋进新征程首届“赵王杯”全国小小说征文大奖赛优秀奖。文艺活动“第三届秀湖朗诵音乐会”成功入围嘉兴市文化精品项目库，区舞协的舞蹈《带你去远方》获2022年浙江省“群星奖”，区舞协主席苏丹获评嘉兴市文化名家工作室领衔人；区美协21名农民画作者的作品入选全国农民画展。

（李　利　梅易雯）

秀洲区红十字会

【概况】　2022年，秀洲区红十字会牢固树立“人民至上、生命至上”理念，大力弘扬“人道　博爱　奉献”的红十字精神，重点突出“三救三献”（应急救援、应急救护、人道救助，捐献造血干细胞、捐献人体器官及组织、宣传推动无偿献血）核心业务，开展应急救护名师工作室创建，组建红十字志愿者机动队伍和红十字应急救援队，全年有4686人考取“红十字救护员证”，18000人参加急救普及性培训。继续深化和省、市主流媒体的公益合作，《嘉兴日报》主版头版连续3年对红十字会的基层组织建设、人道救助进行综合性报道。秀洲区红十字会被评为2022年度浙江省红十字应急救护工作成绩突出集体，涌现浙江省工作成绩突出红十字志愿服务团队1个（王店人民医院“阳光”志愿者服务团队）、工作成绩突出红十字会员1名（濮丽琴）、工作成绩突出红十字志愿者1名（沈燕），中国红十字会“会员之星”1名（高照实验学校学生周馨）。

【“三救三献”工作】　2022年，建立完善1个开放式救护体验室、3家救护师工作室，新增一级师资2名、二级师资25名。4月，选派1名优秀师资参与全国总会的培训工作并担任培训班班主任。探索实行“线上+线下”相结合的培训模式，应急救护知识进文化礼堂率100%，全年有4686人通过考核取得红十字救护员证，18000人参加急救普及性培训。加强应急救灾救援基础设施建设和部门联动协调合作，组建1支53名多行业志愿者组成的红十字志愿者机动队伍；新建1支红十字应急救援队——秀洲世合救援服务队，在疫情防控、台风洪涝等灾害性事件中发挥积极作用。在人群密集的公共场所配置AED（自动体外除颤器）73台，及时更新发布AED电子分布地图，抓好使用人员的培训，新设点位培训415人，确保让“救命神器”发挥最大作用。全年有77人通过抽血采样成为造血干细胞捐献志愿者，1人成功捐献造血干细胞，1人捐献遗体，1人登记成为遗体（器官）捐献志愿者。江斌获全国无偿献血造血干细胞奖奉献奖。

【人道救助工作】　深入实施“秀红爱家”2.0升级版，拓展筹资渠道，扩大受益群体，募集善款50余万元，50余名困境青少年学生得到生活、学习、心理等全方位的资助和帮助。会同区工商联、区卫健局累计筹措善款214.2万元，专门针对一线医务工作者设立“秀红卫家”爱心项目。组织参与上级部门开展的网络筹资活动，全区有1000余人次参与网上捐赠，筹资额5.96万元，位列全市红十字会系统第一。全年累计募集款物423万余元，完成市定目标任务的252%。全年在门户网站和微信公众号主动公开捐赠款物信息2次，主动接受第三方对上一年度捐赠款物的审计和检查，打造更加透明公开的“阳光红会”。

【红十字青少年工作】　开展青少年应急救护培训，普及应急救护知识技能，全年有1500多名中小学教师参加心肺复苏（CPR+AED）培训，获证率大幅度提升。高照实验学校于佳老师代表全市参加中国红十字总会的“探索人道法项目师资微课大赛”获三等奖。会同区教体局在全区中小学校开展“保护生命维护尊严、当好红十字青少年”系列征文活动，以弘扬中国红十字精神、宣传红十字文化和生命教育安全为主线，引导广大青少年塑造积极向上的生活态度和正确的世界观人生观价值观。活动共收到征文40余篇，红十字青少年们用质朴纯真的语言讲述自己身边的故事，解读对红十字精神的理解。经筛选，最终评选出一等奖3篇、二等奖5篇、三等奖7篇。

【志愿服务工作】　在全区镇（街道）、村（社区）、医院、学校红十字会系统继续开展“两万”（万名会员进万家、万名志愿者助攻坚）活动，结合世界红十字日、世界急救日、嘉兴红十字服务日等开展各类主题活动和志愿服务，至年末，全区红十字会系统组织开展各类服务活动455场，参与人数8000余人次，受益群众超2万人。红十字志愿者机动队始终活跃在疫情防控一线，人均服务时间超过100小时，全面助力严控疫情形势、疫情科普宣传、复工复产复学等各项工作。

（濮丽琴）

秀洲区计划生育协会

【概况】 2022年，秀洲区计划生育协会全面贯彻《中共中央国务院关于优化生育政策促进人口长期均衡发展的决定》和《浙江省人口与计划生育条例》精神，以助力建设育儿友好型社会、促进人口长期均衡发展及家庭和谐幸福为主线，围绕生育关怀和家庭健康促进两大主题，主动抢抓地方计生协会综合改革发展机遇，做实"六项重点任务"。在全市率先将镇（街道）、村（社区）计生协会更名为人口家庭协会。

【基层协会综合改革】 根据省计生协综合改革精神和《嘉兴市实施中国计生协地市综合改革试点市项目工作方案》文件要求，出台《秀洲区基层计划生育协会改革工作实施方案》，在全市率先将镇（街道）、村（社区）计生协会更名为人口家庭协会，明确改革任务和内容。在镇村两级综合改革后，举办全区镇（街道）、村（社区）人口家庭协会秘书长培训班，共有150余人参训。

【家庭健康教育促进行动】 5月28日，结合省计生协家庭健康教育促进行动，在王店镇凤珍村文化礼堂举办秀洲区健康家庭大奖赛活动。新冠肺炎疫情防控期间，区计生协会倡导全区各级计生协工作人员、会员和志愿者参与社区群防群控，做好群众性健康教育宣传工作，做群众身边的健康指导员。组织46人参加省计生协家庭健康指导员线上培训班学习。

【计生特殊家庭帮扶】 贯彻落实省卫生健康委和省计生协会联合印发的《关于开展"暖心行动"的通知》精神，依托社会组织和志愿者等力量，为计生特殊家庭提供精神慰籍、生活照料、互助帮扶、家庭健康、交流联谊等个性化、精细化的扶助关怀服务，出台《关于开展"暖心行动"实施方案暨推进"三叶草"计生特殊家庭帮扶工作的通知》，在区社会心理服务中心建立区级"暖心家园"，由专业人员常态化开展心理帮扶活动。2022年，出资21.216万元，为832名特扶对象购买重大疾病意外险，为7728名18周岁以下独生子女购买平安保险。联合中国人寿保险公司嘉兴市秀洲区支公司开展"圆梦微心愿"活动，为计生困难家庭实现微心愿37个。在"5·29"计生协会会员活动日期间，区计生协会组织39家理事单位结对走访计生困难特殊家庭39户。

【生育友好环境建设】 学习贯彻《中共中央国务院关于优化生育政策促进人口长期均衡发展的决定》精神，开展《婚育新风进万家倡议书》宣传培训。倡导新型的婚育文化观念，清理完善全区144个村（社区）的计生村规民约。新建"向日葵亲子小屋"32个，助力"美好善育"建设。推进青春健康

7月23日，新塍镇虹桥社区举办向日葵亲子小屋活动（区计生协会提供）

教育，在新塍镇磻溪教育集团建设青春健康教育基地。是年，全区开展青少年培训班20多次，受益学生3000多人次。

（李雅芬）

综　　述

2022年，秀洲区政法工作以平安护航中共二十大维稳安保为主线，扎实开展"平安建设年"活动，不断推动区域社会治理现代化，全力抓好数字法治系统改革，统筹推进队伍建设，有效维护全区社会和谐稳定，较好保障全区经济社会高质量全面发展，平安区建设实现"十八连冠"，成功捧回全省首批"二星平安金鼎"。

秀洲区公安分局坚决履行好捍卫政治安全、维护社会安定、保障人民安宁的职责使命，为谱写中国式现代化秀洲篇章创造安全稳定的政治社会环境，为秀洲区高质量建设长三角城市群重要中心城市主城区持续贡献公安力量。秀洲区人民检察院充分履行"四大检察"职能，助力保障平稳健康的经济环境、国泰民安的社会环境、风清气正的政治环境，为打造实力秀洲、品质秀洲、美丽秀洲、幸福秀洲、平安秀洲，建设成为产城高度融合、城乡高度融合的现代化主城区贡献检察智慧和力量。秀洲区人民法院围绕"努力让人民群众在每一个司法案件中感受到公平正义"的目标，统筹提升审执质效、纠纷化解、除险保安等重点工作成效，以高质量司法为秀洲区高质量发展保驾护航。秀洲区司法局牢固树立利民为本、法治为基、整体智治、高效协同的理念，以增强人民群众法治获得感、幸福感、满意度为目的，奋力谱写法治秀洲、法治政府、法治社会建设新篇章，为全区打造均衡富庶发展、共同富裕典范添砖加瓦。

秀洲区人民武装部牢牢把握练兵备战，着眼应急功能向为战功能转型，全面推进人武部建设高质量发展。围绕主题主线，加强思想政治建设，开展"忠诚维护核心、矢志奋斗强军"主题教育，广泛开展"学思想、铸忠诚、担使命"实践活动和庆祝建军95周年等活动，举旗铸魂意识进一步增强。聚焦备战打仗，全面提升军事训练水平，以首长机关训练为抓手，突出民兵转型训练。着眼体制改革，提升国防动员能力，落实党管武装制度，持续以大学生为重点推进征兵工作，大力推进军民融合，加强新兴领域民兵编建和新质力量建设，坚持不懈抓好国防教育。突出规范秩序，不断夯实基层建设基础。

政法委与综治

【概况】　2022年，秀洲区政法工作以护航党的二十大召开为主题主线，以打造平安秀洲为统领，将维稳安保工作列为头等大事和首要政治任务。加强数字法治应用场景建设，实现社会治理"一屏掌控、一图作战"。建立"1+5+X"调解组织网络，进一步培育打造特色调解品牌，全年区矛盾调解中心调解成功率72%。推进全科网格治理，建立健全"五项制度"，打造基层治理一张网。探索构建社会治理"立方众治"模式，推进"四治融合"走深走实。

【平安秀洲建设】　2022年，印发《"平安建设年"考评实施细则》，实施条块责任捆绑考核制度，每月晾晒各地各部门平安建设推进情况，累计发出通报8期，组织开展"全覆盖式"暗访检查6轮，发现问题2815个，全部限时整改到位，三轮省对区平安暗访，发现问题数、扣分数均为全市最少。是年，全区衡量社会平安的各项客观指标持续向好：交通亡人数同比下降24.5%，火灾起数同比下降

16.12%，各类安全生产事故数、亡人数分别下降40%和43%，电信网络诈骗每万人平均发案量全市第二少，实现电诈发案“三年连降”，反诈指数排名全省县（市、区）第六位、同类地区第一位，经济金融、安全生产、食品药品、生态环境安全、网络信息安全形势持续平稳，破获历年积案1起，实现命案连续26年全破，保持全市最长纪录。是年，秀洲区连续18年被省委、省政府命名为“平安区”，继续保持全市最长“平安区”纪录，成功捧回全省首批“二星平安金鼎”，油车港镇、王店镇平安考核进入全市前10，新城街道进入全市前15。

【维稳安保工作】 2022年，秀洲区围绕中共二十大等重要时间节点，始终将维稳安保工作列为头等大事和首要政治任务。全面开展“大巡查大宣传”行动，实施“全警出动、全面下沉、全员进格、全车上路、全民动员”“五全”工作措施，首次实行指令单制度，全区维稳安保重点部门共出动人员1.4万余人次，发现隐患946个，立即整改868个，督促整改78个，发出指令单5张、具体指令23条，打赢二十大、互联网大会等系列维稳安保硬仗。

【打击整治养老诈骗行动】 5月，印发《秀洲区打击整治养老诈骗专项行动实施方案》和相关配套文件，做好线索排查、案件打击、规范整治和宣传教育各项工作。是年，共破获养老诈骗案件6起，抓获犯罪嫌疑人104人，打掉团伙2个，涉案资金124.05万元，追赃挽损率100%，为全市最高。

【社会风险评估】 2022年，秀洲区贯彻落实省市社会风险评估“扩面、提质、增效”的工作要求，服务保障全区招商引资、重大项目、重大政策推进，全年累计完成社会风险评估57项，其中重大工程建设6项、征地拆迁42项、重大政策7项、其他事项2项，全区初步实现由事后处置向事前预防、末端治理向源头预防的转变。

【数字法治建设】 秀洲区不断加强数字法治应用场景建设，优化提升“秀险控”“数智普法”“微交安”“E法审”等本地应用，全面加强浙江解纷码、智慧诉服等10余个重大应用贯通推广工作，动态更新“社会治理一张图”数据，实现社会治理“一屏掌控、一图作战”。同时，聚焦数字法治系统内涵，不断加强基础理论和应用对策研究，先后印发《秀洲区行政规范性文件合法性审查规范指引》《政法一体化办案流程监控多跨协同工作机制》等文件，从立法、执法、司法、守法各环节，推动组织、流程和机制变革。

【社会矛盾纠纷调处化解中心建设】 2022年，秀洲区建立以区级矛盾调解中心为龙头、各镇矛调中心为主导、村（社区）调委会为基础、专业性行业性调解组织为支撑、调解工作室为补充的多层次、宽领域的“1+5+X”调解组织网络，充分发挥全区47名调解专家、83名专职调解员、720名网格员和8439名微网格长的作用，实现“小事不出村、大事不出镇，矛盾不上交”的工作目标。持续发挥律师调解中心作用，强化对律师调解工作的规范化建设，引导律师在调解过程中开展释法普法、研判分析，为矛盾纠纷源头治理提供更多的法律支撑。进一步培育打造特色调解品牌，在实施双向派驻的基础上，实施村居调解员到镇级矛调中心和人民法庭轮训制度，增强基层矛盾纠纷化解能力。是年，区矛调中心受理调解案件2164件，调解成功1558件，成功率72%。

【全科网格治理】 2022年，秀洲区对全区网格进行调整，重新划分网格828个，配备专职网格员743名，兼职网格员1067名。建立健全网格事务准入、网格责任捆绑、网格数据更新、星级网格员评定、网格员职级晋升等“五项制度”。完善网格工作事项清单，将涉及基层社会治理的35个条线工作全部纳入网格，划定信息采集内容115项，细化网格员八方面职责，全年共收集上报信息81512条。融合网格与警格，更优打造基层治理一张网，建成联勤警务室27个、主题“警务驿站”11个、智慧公安检查站3个，进一步强化基层社会治理能力。

【“立方众治”试点】 2022年，秀洲区探索构建社会治理“立方众治”模式，以新塍镇火炬社区为试点，分析问题需求，创新模块思维，规范建设路径，将“四治融合”协商治理的内涵，有效融入红立方、智立方、安立方、医立方等多个“治理立方”中，并明确每个“治理立方”的建设要求、建设标准和评价方式，构建“治理问题群众提、治理方式群众选、治理工作群众推、治理成效群众评”的群众参与社会治理格局。试点工作以来，新塍镇火炬社区信访走访总量同比下降11.76%，电信网络诈骗发案率同比下降77.78%，交通事故数同比下降57.02%。火炬社区“立方众治”模式入选浙江强村富民集成改革典型案例。

【“四治融合”建设】 2022年，秀洲区不断推进“四治（即自治、法治、德治、智治）融合”走深走实，成功创建全市第一批“四治融合”示范村（社区）12个。在自治方面，健全党组织领导下的村（社区）自治机制，建立完善自治章程、村规民约、社区公约，推行村级重大事项民主决策“五议两公开”工作法，切实保障群众的知情权、参与权、决策权、监督权，提升基层自治组织管理服务的能力。在法治方面，与禾城农商银行联合推出“守法贷”金融惠民产品，助力“两人一户”走上共富路；全区累计创建民主法治村（社区）137个，创建成功率99.28%；全区各村（社区）共有法治带头人414人，法律明白人690人，学法用法示范户690户。在德治方面，深入打造“15分钟品质文化生活圈”，加强“德治文化阵地”建设，深化各类典型选树，是年，共上榜中国好人1人，浙江好人5人，嘉兴好人8人，连续十年成功推荐好人上榜中国好人榜。在智治方面，承接省级6大重要应用贯通落地，加快推动“社会治理一张图”标准地址库建设与深度应用，以“微嘉园”为载体，建立平台报事、议事、评事处置反馈机制，搭建永不打烊的百姓议事平台，是年，共接收群众上报事件35036条，处理回复率98.7%。

【政法队伍建设】 组织开设2022年度科级政法干部政治轮训班1期，43人参训，建立“分级、分类、分层次”的教育培训机制，促进政法队伍常态化学习教育。进一步巩固政法队伍教育整顿成果，推进八个跨部门跨领域突出问题专项整治工作，强化政法部门与纪检部门联动，开展多轮政法单位巡察。坚持从优待警，出台《秀洲区加强政法干警依法履职保护工作实施方案》；3月，成立政法干警依法履职保护委员会，启动秀洲区政法干警“健心”服务体系建设；6月，成立区政法干警心理健康保护中心，策划并举办全区政法系统首届“最美政法人”评选活动，选树政法典型。

（施祺炜）

法治政府建设

【概况】 2022年，秀洲区坚持以习近平新时代中国特色社会主义思想为指导，全面贯彻落实中共二十大精神，深学笃行习近平法治思想，不断推进法治政府建设各项工作取得新进展、新成效。召开区委全面依法治区委员会第四次会议、秀洲区府院府检联席会议暨法治政府示范创建动员大会、全区法治镇（街道）建设推进会。落实党政主要负责人履行推进法治建设第一责任人职责，坚持把法治素养和依法履职情况作为考核评价干部的重要内容。区委、区政府印发《嘉兴市秀洲区法治政府建设实施纲要（2021—2025年）》，制定《法治政府建设100项指标责任分解书》。组织区政府常务会议集体学法11次，组织科级领导干部36人参加任职前法律知识考试。举办全区法治政府建设培训班，参加培训61人次。全年成功调处社会矛盾纠纷9189起，涉及标的金额5.29亿元。《秀娃说法》累计发布普法视频112期，不断扩大受众覆盖面。是年，油车港镇、王江泾镇、新城街道获评嘉兴市法治镇（街道）创建优秀单位。推进民主法治村（社区）建设全方位融入“四治融合”基层治理体系，累计建成全国民主法治示范村（社区）2个，省级民主法治村（社区）57个，全区民主法治村（社区）覆盖率99.28%。

【优化法治化营商环境】 2022年，秀洲区持续加大税务“网上办”“掌上办”推广力度，推广“无接触”办税。全面推行“不见面开标”招投标领域政务服务新模式，实现电子评标率100%，区镇两级实现“无差别全科受理”模式全覆盖。全区推行歇业备案制，3月4日，嘉兴市聚营贸易有限公司拿到全市第一张《准予歇业备案通知书》。持续提升企业全生命周期便利化水平，实现营商环境建设从3.0到4.0迭代升级。创新信用修复工作机制，助力企业“零次跑”修复信用。全年有3项全省营商环境指标(开办企业、注销企业、登记财产)成为标杆指标。提升专业市场知识产权纠纷处理能力,4月,成立秀洲区人民法院版权服务工作站联络点。至年末,建成8个行业性专业性调解委员会,即劳动争议调委会、医疗纠纷调委会、交通事故纠纷调委会、物业纠纷调委会、婚姻家庭纠纷调委会、集成装饰(顶墙)行业知识产权纠纷调委会、金融纠纷调委会、房地产行业纠纷调委会。全年为企业法治体检1489次,解决问题困难1207个。

【数字化改革】 1月,区综合执法局建筑垃圾综合监管服务系统建成并试运行,入选全省县乡法治政府"最佳实践"项目。区司法局打造"法助小微"企业应用,为小微企业提供全方位法律服务;建成"E法审"政府法律事务合法性审查应用,数字赋能推进合法性审查全域覆盖,两项应用均被纳入全省重大改革(重大应用)"一本账S2"。

【"大综合一体化"行政执法改革】 整合执法队伍,形成"1+4+2"的"综合执法+专业执法+联合执法"区级执法架构,组建镇(街道)综合行政执法队,锁定区级执法队伍171名编制下沉镇(街道)。采取"全域派驻+精准赋权"方式实施镇(街道)"一支队伍管执法",将52项行政处罚事项赋权至各镇(街道),开展"综合查一次"高效执法。创新推行"全员积分制"办案模式,办案数量与质量齐升。至年末,全区共有执法人员1037人,执法证持证率97.45%。深化"双随机、一公开"监管,掌上执法率100%。推出《秀洲区轻微违法行为不予行政处罚与减轻行政处罚事项清单》,涉及事项113项。严格行政执法监督,全年接受人大、政协监督,办理人大代表意见建议141件、政协提案192件。加强媒体监督,区政府门户网站共发布政府信息12955条,政务热线共受理各类服务需求19567件。

(顾凯丽 吴亦衡)

公　安

【概况】 2022年,秀洲区公安分局经受安保任务重、风险隐患多、疫情防控紧等多重考验,全力战安保、防疫情、清风险、保发展,先后6次启动公安高等级勤务响应,圆满完成中共二十大、冬奥会和冬残奥会、世界互联网大会等安保工作;持续推进反诈人民战争、交通安全大会战;先后发起"百日提升"、"除险保安"百日攻坚、夏季治安整治百日行动等多个专项行动,有力维护全区社会大局持续稳定。是年,分局辖区共发生刑事警情1535起、治安警情4075起、交通警情4.75万起,同比分别下降0.45%、11.07%、3.34%;立电信诈骗案件825起,同比下降7.18%;刑事打击1052人,行政处罚1141人,命案实现连续26年全破;侦破各类经济犯罪案件21起、打击52人,挽回损失6000余万元。是年,有2个集体、2名民警、1名辅警受到省委、省政府表彰;2个集体荣立二等功,2名民警荣立个人二等功,20名民警荣立个人三等功,58名个人受到嘉奖。在全省首创派出所轻装PTU建设,并承办全省巡特警支援派出所完善巡防处置机制现场交流活动;创新"微交安"老年人精准宣传智治应用,进入省数字法治"一本账";高标准建成政务服务"网办中心",并在全市推广;"智安园区建设""新居民治理"等先进经验先后3次登上省委办《浙江信息》。

【中共二十大安保维稳工作】 9月25日至10月22日,区公安分局紧盯"四个全、五个严防、三个确保"工作目标,成立"一把手"局长任组长的领导小组,制定出台"一办十组"安保总方案、"1+7"基地指挥部分方案以及10个牵头警种子方案。其间共投入警力2100余人,破获区域内侵财案件39起,打掉黄赌团伙13个,查处打架斗殴、寻衅滋事等案件23起,发现并整改重点场所安全隐患86处,先后组织4次"135"(指核心区域1分钟内到达现场、重点区域3分钟内到达现场、其他区域5分针内到达现场)快反演练,以最高标准、最严要求、最实举措,圆满完成中共二十大安保工作。

【夏季治安打击整治"百日行动"】 6月22日至9月30日,区公安分局根据公安部夏季治安打击整治"百日行动"有关部署,成立由局长任组长、各部门及派出所主要负责人为成员的"百日行动"领导小组,制定《全区公安机关夏季治安打击整治“百日行动”实施方案》，进一步明确行动目标、内容及要求，细化各项工作措施。其间，组织开展集中统一行动5次，在辖区开展集中式清查、重点区域大巡防、巡逻设卡盘查、安全防范宣传，共出动警力8368人次，检查场所2227个次，巡查重点部位1815个，排查整改各类安全隐患323处。

【执法办案管理中心工作】 2022年，区公安分局深入推进执法办案管理中心运行工作，在专业办案、集中办案、一站式服务等方面深入拓展，针对法医送检、刑拘直诉、财物鉴定、中心场所预约等事项，研发和使用“协同服务系统”。全年累计进管理中心办理2704人次，中心刑事办案率93.57%，涉案财物登记保管调用419件次；法律文书统一送达（代办各种鉴定等）256人次；统一代办保证金367件次，统一代办延长羁押执行154件次；电子数据（通信话单）统一调取244件次；交易流水统一查询613件次；陪审力量统一调配134人次，统一体检250人次，统一送押241人次。

【伤害类案件专项整治】 2022年，区公安分局对辖区各派出所伤害类警情进行梳理汇总，对如实受立案、规范调解、及时取证和适格处罚等问题进行巡查和通报，并督促各办案部门落实整改。全年共制作“伤害类案件每周通报”52期，筛查伤害类警情3896起，其中行政受案344起，刑事立案31起，行政案件中嫌疑人身份明确的案件317起，结案288起，结案率90.85%。

【“护航2022”为企服务专项行动】 区公安分局以“护航2022”为企服务专项工作为抓手，创新建立“项目警官制”，对全区197个重大项目，落实“一项目一警官”联挂责任和“一月一走访”服务机制，保障项目平稳落地。深入开展“云端”“惊雷”等专项行动，侦破各类经济犯罪案件21起，打击52人，挽回损失6000余万元，有力维护企业合法权益。结合省厅“公安大脑”建设，打造具有秀洲特色的“优质企业多跨协同服务平台”，在企业园区建设为企服务警务站，通过“一个窗口”“五个中心”为企业在合规经营、知识产权服务、人口管理、便民服务、纠纷化解、行政审批等方面提供组团式、一站式服务。

【打击刑事犯罪】 2022年，区公安分局以深入开展铁拳、钱潮等专项行动为抓手，强化破案追逃和刑侦基础工作，严厉打击刑事犯罪。全年共破获命案积案1起、现发命案1起；摧毁新型犯罪团伙23个，打击新型犯罪嫌疑人190人；打击传统侵财犯罪嫌疑人226人，摧毁传统侵财团伙14个，抓获各类在逃人员76人，研判在逃人员线索30条，战果认定7个。

【反诈人民战争】 2022年，区公安分局纵深推进反诈人民战争工作，区域内累计发案1164起，同比下降7.18%，损失金额2139.7万元，同比下降46.46%，万人均发案15.76起，全市正向排名第三。依托一线反诈宣传员、网格员、协管员持续开展“面对面”反诈宣传，累计宣传2500余场次，受宣群众12万余人次，因宣传工作突出，被国家级媒体报道13次，省级媒体报道14次；同时，创新探索线上宣传模式，开展反诈直播10次，反诈脱口秀20余期，累计观看人数20万余人次，拍摄反诈宣传短视频，被省公安厅录用30余条，其中2条视频被国家反诈中心视频号录用，并被多家国家级新媒体转发宣传。开展预警反制，全年累计收到预警信息51252次，成功劝阻潜在受害人618人次，共拦截资金1520万元。全年打击新型犯罪团伙23个190人。

【禁毒工作】 2022年，区公安分局共破获毒品案件11起，包括全市首例涉毒洗钱案，摧毁涉毒犯罪团伙案1个，提供跨省市情报产品1条，并开展2022年“廿镇百村”治理工作，在油车港镇胜丰驿站举办“健康人生，绿色无毒”——2022年秀洲区禁毒农民画暨国际禁毒月活动，有效遏制毒品违法犯罪活动，确保辖区社会的进一步稳定。

【打击黄赌违法犯罪】 区公安分局依法从严从重从快对黄赌违法犯罪实施精准打击，营造辖区风清气正的治安环境。全年共破获黄赌刑事案件40起，采取强制措施111人，依法提请逮捕20人，移送起诉黄赌案件40起112人；涉黄赌行政处罚

2月4日，多名涉及开设赌场案的违法犯罪嫌疑人在王江泾镇南方市场被抓获（区公安分局提供）

195起605人。侦破跨境网络赌博及其衍生违法犯罪案件29起92人，冻结资金1000余万元。

【打击食药环知领域犯罪】 区公安分局围绕“剑锋、钱潮、昆仑”等食药环知领域违法犯罪打击行动，对辖区食药环知犯罪进行全环节、全要素、全链条打击。全年共侦破食药环知案件14起，刑事打击53人，其中，办理食药类案件8起13人（其中省厅督办1起），环境类案件1起1人，知识产权类案件5起39人，移送起诉食药环知案件21起70人。

【派出所轻装PTU建设】 2022年，区公安分局稳步推进区、镇两级轻装PTU队伍建设，成立6支88人的派出所轻装PTU队伍，高效处置各类治安警情4337起，出动警力18650人次，抓捕人数206人，帮助群众84起，处警8分钟到场率提高近30%，突发暴力警情处置及时率、成功率均达100%，街面盗窃类、伤害类警情分别下降35%和40%，巡特警增援处置次数下降近70%。1月14日，全市公安派出所轻装PTU建设推广现场会在秀洲区召开；6月29日，全省巡特警支援派出所完善巡防处置机制现场交流活动在秀洲区举办。

6月29日，全省巡特警支援派出所完善巡防处置机制现场交流活动在秀洲区举行（区公安分局提供）

【人口管理】 区公安分局贯彻落实《嘉兴市人民政府办公室关于进一步加快推进全市户籍制度改革的通知》《嘉兴市人民政府关于进一步放开我市落户条件的意见》等文件精神，加快推动在城镇稳定就业和生活的农业转移人口来秀洲落户，并逐步实现全省范围内户籍业务“跨市通办”“全省通办”，长三角区域内户籍业务“跨省通办”。全年共办理长三角区域跨省户口迁移675人，居民身份证首次申领218张和新生儿落户72人；全国范围内6个户籍事项跨省通办270人；居民身份证换领、补领12418张；挂失申报登记6494人。

【治安管理】 2022年，区公安分局围绕冬奥会、中共二十大等重大安保任务，加强人力情报体系建设，制定出台《全区涉稳人力情报体系建设实施办法》，健全公安机关涉稳信息全量报送机制，物色人力情报人员1693人，提供重点人员预警2300人次。严格落实“护校安园”“高峰勤务”“三见警”（见警察、见警车、见警灯）等常态巡逻防控机制，全年巡逻里程50.29万千米，巡逻时长13.18万小时，巡逻人次5.18万人次。会同13个区级部门，对情感类矛盾纠纷、司法纠纷、邻里纠纷、医疗纠纷等各类“民转刑”矛盾纠纷开展常态化滚动排查，命案发案率下降80%。加快推进全区治安防控体系建设，完善“一圈两网三队四站二十七室”（“一圈”即位于大通村、320国道、07省道的三个智慧公安检查站，所形成的秀洲周界治安防控识别圈；“两网”即视频监控网和人脸识别网；“三队”即以维稳处突力量为主的专职巡防队、以社会单位保安为主的警保联防队、以辖区志愿者为主的“红马甲”巡防队；“四站”即位于江南摩尔、中关村、洪合泰旗路口、王江泾宇四浜的四个智慧联勤警务站;"二十七室"即位于全区范围内的27个公安社区警务室)的立体防控体系,助力嘉兴市获得首批全国社会治安防控体系建设示范城市第四名。

【"一网通办"政务服务改革】 2022年,区公安分局为契合群众网办需求转变和数字化转型新要求,试点网办中心建设,打破警种壁垒,坚持党建统领,网办中心6名民警编制全部转入出入境大队统一管理,全局201项对外政务服务事项以"一个口子进出、一个标准审批"原则,受理权和审批权全部收归网办中心,人工窗口收件量减少32.8%,网办率提升29.5%。强化"一个中心"统领,6个基层窗口、93名工作人员的个人考核、日常管理、评优评先全部统归网办中心。8月24日,全市公安机关政务服务网办中心试点建设现场会在秀洲区召开。

【"四格融合"社区警务新模式】 2022年,区公安分局聚焦推进基层社会治理,探索推出集"党建统领、警网融合、共建共治、社会参与、云端衔接"为一体的"四格("党格+警格+网格+云格")融合"警务工作机制。在党建统领的前提下,切实将警务工作融入线上、线下的社区网格治理,在实践中建立"1131"(即"一心一站三网一平台")组织体系、"十联十到"机制,推动社区警务与社区事务一体化运作,总结提炼的《创新"四格融合"警务 推动基层社会治理的实践与探索》调研文章入选"枫桥经验"警务论坛优秀论文。

【"出租房屋管理一件事"应用】 2022年,区公安分局针对自建出租房屋实际管理中存在的主体责任落实难、管理触角覆盖难、隐患治理联动难、问题处置闭环难四大难点,围绕"人要管牢、房要安全,人房匹配"的总体目标,构建集"信息采集、安全检查、审核审批、综合管理"等功能于一体的"出租房屋管理一件事"平台,实现流动人口多元化管理,总结提炼的工作经验《秀洲区深化流动人口治理助力社会稳定》刊发于中共浙江省委办公厅主办的《浙江信息》。

【"智付码"实名制监管迭代升级】 2022年,在烟花爆竹"智付码"应用场景的基础上,区公安分局进一步破解重点物品实名制监管难题,开发应用重点物品"智付码"风险管控系统。7月,该软件全面上线,实现"智付码"的迭代升级。该场景被列为2022年度全市治安条线重点工作。

【交通安全管理】 区公安分局深入推进交通安全大会战,持续强化道路交通管理和安全保障,开展

5月24日,秀洲区"珍爱生命·铁拳护航"交通安全大会战推进会召开(区公安分局提供)

路面秩序安全大整治,严查交通安全违法。2022年,全区累计查处各类交通违法17.85万起,其中现场查处5.5万起,查处酒驾787起、醉驾281起、电动三轮车违法载人216起;累计办理交通刑事案件266起、行政拘留案件117起。高标准完成民生实事工程——224个路口的标准化改造,整改道路安全隐患1098处,建成绿波道路19条,安

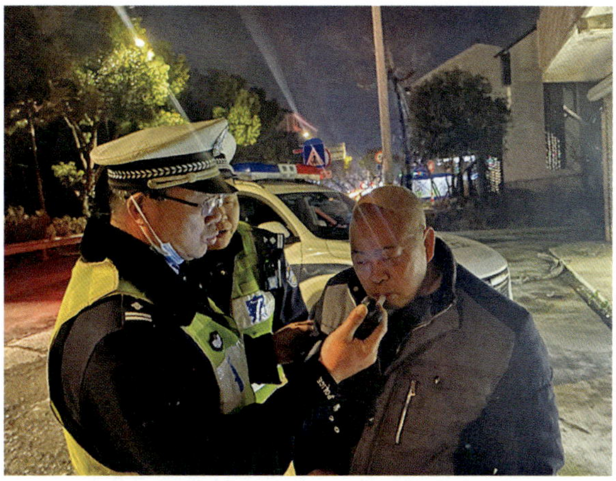

3月8日,秀洲区交警大队在王店镇太平桥村开展查酒驾行动(区公安分局提供)

装抓拍电子设备违停 426 套、礼让行人 37 套、货车限行 69 套。

【出入境管理】 区公安分局持续深化"最多跑一次"改革工作，创新探索窗口工作。全年共受理出国(境)证照 306 人次；查处行政类出入境案件 18 起，查获"三非"外国人 10 人；牵头完成经上海口岸入境来浙人员转运至秀洲隔离转运工作 49 批次；办理外国人邀请接待单位登记备案 53 家；国家工作人员新增报备 2142 人，撤销报备 362 人；法定不准出境人员新增报备 989 人，撤销报备 498 人，证件处理 354 本。

【网上督察工作】 坚持数字赋能，依托"公安大脑"建设推进数字化监督应用，探索建设"秀警威视智督中心"，整合可视化督察、指挥、检查等职能，开展全域可视化监督检查，实现对内、对外执法的全方位、可视化督察巡查。全年共进行网上巡查 3865 次，巡查基层所队 40375 个次，查听音频 116.8 万条，视频巡查量 4015 万条，点对点实时提醒纠正问题人员 2526 人次。

【信访化解工作】 积极构建良好信访生态，全力推进信访疑难问题的攻坚化解，成效显著。全年累计完成"四轮"共 22 件上级交办的信访积案化解工作，提前实现信访积案化解动态清零，实体化解率 60%以上，局领导以各种形式接访 44 批次 45 人次，阅信 5 件，并依法打击 4 名在信访过程中涉嫌违法犯罪的信访人。

【执法规范化】 2022 年，区公安分局优化执法质量考核办法，推行"无感考评"，构建"警种+法制"齐抓共管的执法监督管理体系。是年，分局审核刑事案件 767 件次，其中 684 件次为评分案件(报捕、直诉)，83 件次为不评分案件(二次审核或同案犯已决的)；审核行政案件 638 件次，行政处罚准确率 100%；开展每日巡查 365 期(1 天/期)、案管中心巡查 246 期，公布执法监督周报 43 期、执法办案管理中心巡查通报 11 期。

【创新"警云达"远程执法】 区公安分局针对辖区警情多、非警务类警情占比大、警务资源紧张现状，从实战需求出发，探索建立非紧急、非警务类警情"线下辅警+线上民警"的"警云达"远程接处警新模式，深挖民警和辅警潜力，盘活自身警力资源。全年通过"警云达"处置"双非"警情 2987 起，其中会同各职能部门联动处置警情 2596 起，参与率 86.9%，现场处置率 93.7%，回访群众满意度 98.5%，"双非"警情平均处置用时下降 80%。

(朱　枫　黄怀宇)

检　察

【概况】 2022 年，秀洲区检察院受理审查逮捕案件 144 件 174 人，同比分别下降 53.2%和 61.5%，受理审查起诉案件 1053 件 1487 人，同比分别下降 1.1%和 7.6%；批准和决定逮捕 177 人，提起公诉 883 人，同比分别下降 47.6%、上升 4.7%。是年，区检察院获评全国检察宣传先进单位等区级以上集体荣誉 26 项，获全国检察宣传先进个人、全省十佳公诉人、全省法律监督成绩突出个人记功或嘉奖等各类表彰和荣誉称号 76 人次，各项创新亮点工作被上级检察院、区委主要领导批示肯定 8 件次。

【刑事检察】 区检察院严厉打击影响政治安全、社会安定、人民安宁的各类刑事犯罪，保持对黑恶势力违法犯罪从严惩处的高压态势，依法批捕 4 人、起诉 9 人。全链条纵深打击电信网络诈骗犯罪，依法办理电信网络诈骗及其关联犯罪案件 119 件 262 人。打击危害金融管理秩序犯罪活动，依法办理非法吸收公众存款、虚开增值税专用发票等经济类犯罪案件 65 件 170 人。打击侵犯民营企业合法权益犯罪，依法起诉破坏市场经济秩序、侵害市场主体合法权益犯罪 106 人；平等保护企业财产权和企业家人身权，对涉罪民营企业人员依法不批捕 4 人、不起诉 80 人。突出惩治黄赌毒、盗抢骗、食药环等犯罪，依法起诉 338 人。扎实推进打击整治养老诈骗专项行动，依法办理涉养老诈骗案件 5 件 36 人。积极参与反腐败斗争，依法受理职务犯罪案件 8 件 10 人，已起诉 8 件 9 人。加强刑事检察监督，揭牌启用侦查监督与协作配合办公室，实现监督端口前移，依法提前介入疑难复杂案件 35 件，监督立案 13 件、监督撤案 35

4月15日，区人民检察院与区公安分局侦查监督与协作配合办公室揭牌（黄爱丽摄）

件，对侦查活动违法提出纠正意见4件。是年，持续深化诉源治理，全面准确贯彻宽严相济刑事政策，依法不批捕26人、不起诉488人；加强羁押必要性审查，变更羁押强制措施11人次，诉前羁押率降至21.97%；依法适用认罪认罚从宽制度1224人，适用率88.25%，量刑建议采纳率91.43%，一审服判率98.57%。

【民事检察】 区检察院开展民事检察监督，加大“套路贷”虚假诉讼案件查处力度，对认为确有错误的民事生效判决、裁定，提请抗诉3件，提出再审检察建议9件，法院均已改判。加强民事审判程序及执行活动监督，开展不动产执行、查封车辆执行、公积金执行、司法网拍等专项监督工作，共发出检察建议36件，均被法院采纳。对5件不支持监督申请案件，做好释法说理，维护审判权威。

【行政检察】 区检察院开展行政检察监督，发挥行政检察“一手托两家”的专业优势，促进审判机关依法审判，推进行政机关依法履职，办理行政非诉执行监督案件3件、行政生效裁判监督案件2件、行政违法行为监督案件4件。深化行政争议实质性化解，综合运用上下联动、监督纠正、促进和解等方式，主动介入、参与化解行政诉讼背后的矛盾争议，携手行政、审判机关实质性化解一起长达12年的行政争议案件，促进案结事了政和。

【公益诉讼检察】 区检察院办理行政公益诉讼诉前程序案件24件，其中以发检察建议方式结案11件，以磋商方式结案13件；办理民事公益诉讼案件2件、刑事附带民事公益诉讼案件1件。其中，3个案例分别获评最高检、省级典型（精品）案例，2个案例被省检察院公益诉讼办案指引录用刊发。成立“益心为公”检察云平台志愿者服务团队，聘任各领域志愿者33人，聘请特邀检察官助理6人，全年志愿者提供专业化咨询10余次，参与办案4件次。

【控告申诉检察】 区检察院落实信访息诉息访工作，全年受理群众来信来访142件，其中，控告类事项40件，刑事申诉类事项30件，民行申诉类事项15件，其他事项57件，继续保持涉检赴省进京访零记录。重大信访案件落实检察长带头接访、带案下访、包案息访工作，出台领导包案办理首次信访案件工作规定，全年带头包案办结31件，降低再次申诉率和重复信访率。以司法救助助力共同富裕，全年共向60人发放司法救助金66.4万元，同比分别上升1.7%和169.9%。联合区妇联开展“关注困难妇女群体，加强专项司法救助”专项活动，专项司法救助困难妇女和儿童共38人，救助金额45.4万元，占救助总额的68.37%。与四川省若尔盖县检察院联合印发《关于建立对口援建跨区域综合救助与矛盾化解联动协作机制的意见》，司法救助涉案藏族同胞2人，救助金额14万元。推进公益损害与诉讼违法举报中心工作，收到举报及备案线索60件，审查后移送线索39件，其中，诉讼违法线索32件，公益损害线索6件，职务犯罪线索1件，均妥善处置。

【刑事执行检察】 区检察院强化刑事执行法律监督，办理暂予监外执行审查案件11件，收监执行审查案件1件。参与对强制医疗场所、指定居所监视居住场所、看守所、社区矫正机构的巡回检察40余次，对社区矫正、财产刑执行等监外执行活动开展专项监督，全年共发出检察建议书17份，均得到回复采纳，纠正社区矫正脱漏管13人次。全年办理讯问合法性核查案件3件，均向公安机关出具核查意见书。侦查办理司法工作人员职务犯罪案件1件2人，年内获区法院判决并生效。

【未成年人检察】 区检察院坚持守护未成年人健康成长，依法批捕侵害未成年人权益犯罪 8 人、起诉 22 人。对涉嫌轻微犯罪并有悔罪表现的未成年人依法不起诉 6 人、附条件不起诉 16 人。严格落实未成年人刑事案件诉讼程序，针对监护人管教不严、监护缺位等发出“督促监护令”7 份。加强未成年人民事检察监督，就抚养费、抚养权纠纷支持起诉 3 件，均获法院支持；就抚养费执行问题发出检察建议 3 件，均已执行到位。落实检察长和检察官担任法治副校长制度，就反校园暴力、防电信诈骗、远离“校园贷”等内容开展普法宣讲 10 余场，受教学生 5000 余人。

【检务公开】 区检察院加强与代表委员联络，向区人大专题汇报落实区人大常委会对公益诉讼工作的意见建议情况，开展检察长进人大代表联络站、政协对口联系交流等活动，走访联络代表委员 50 余人次，协助办理人大代表提案建议 2 件。全年举办检察公开听证 16 件次，选聘各界代表 20 名担任检察听证员。营造良好司法环境，“两微一端一网”发布检察动态信息 1000 余条，其中在省级以上媒体刊发宣传稿件 150 余篇，推送微信 380 期。

【数字检察】 区检察院继续落实数字化改革重大部署，在办理违法骗取基本医疗保险基金案中，通过数据建模、融合审查、类案监督等方式，精准打击医保诈骗犯罪 17 人，协同追回应由第三人承担的医疗费用 16 万余元。同时，通过行政公益诉讼诉前检察建议督促区医保分局开展专项核查，联合出台《关于建立医疗保障基金监管行政执法与基层检察院检察职能长效协作机制的实施意见》，守好人民群众的“看病钱”“救命钱”，《基本医疗保险基金监管之第三人负担类案监督》获得嘉兴数字检察实战时效案例评比二等奖。

【公务员平时考核数智系统】 区检察院在全市率先搭建并上线运行公务员平时考核数智系统，围绕工作质量、效率、效果设置共性和个性指标 35 项，设置争先创优指标 11 项、否定性指标 12 项，作为年度考核等次重要评价指标。依托上述指标，经考核产生年度考核优秀人员 10 人次，实现工作提速和基层减负双赢目标。

【督促整治违法从事医疗美容服务行政公益诉讼案】 区检察院在履职中发现，辖区新城街道某美学美业工作室、嘉兴某美容服务有限公司两家生活美容机构，在无“医疗机构执业许可证”、从业人员无“医师资格证书”和“医师执业证书”的情况下，违法使用 OPT 脱毛仪、滚针（微针）、Timeless3D 驻颜刀、光谱仪等医疗器械为消费者进行脱毛、收缩毛孔、面部提拉等医疗美容服务；辖区内另有多家美容机构在大众点评网上公开兜售脱毛业务，未在网上公示“医疗机构执业许可证”。区检察院审查认为：无资质医疗美容机构违法从事医疗美容行为，存在威胁人民群众身体健康的重大隐患，损害社会公共利益，卫健部门对此应当加强监管。7 月 29 日，区检察院向区卫健局发出公益诉讼诉前检察建议，建议其对上述两机构依法处理，并对非法从事医疗美容服务行为开展专项整治。区卫健局采纳建议，及时制定专项行动方案，立案查处违法行为 12 起，作出卫生行政处罚决定 7 件，移送秀洲区公安分局追究刑事责任 4 人。

（朱芳黎）

法　院

【概况】 2022 年，秀洲区人民法院以“三个建设年”（思想建设年、质量建设年、作风建设年）活动为抓手，扎实推进“四项建设”（政治建设、规范化建设、智能化建设、基层基础建设），忠实扛起服务大局、司法为民、公正司法使命担当，全年共受理各类案件 8863 件，办结 9018 件，各项工作均迈上新台阶。

【立案（诉讼服务）工作】 2022 年，区法院运用“人民法院在线服务”微信小程序、浙江解纷码等线上诉讼服务平台，累计网上立案 7917 件、开庭 1220 次、送达文书 72463 份。完善基础服务建设，投入 86.7 万元进行数字化、无障碍化等便民改造，着力为百姓提供更多便利。加大司法关怀力度，为 48 名经济困难的当事人减免诉讼费 5.7 万余元。妥善处理化解信访案件，共处理涉诉来电、来信、来访74件88人次，办结上级交办信访积案5件。灵活运用“共享法庭”延伸司法触角，建成特设“共享法庭”42个，通过“共享法庭”调解的案件数和成功率均居全市首位。

【刑事案件审判】 2022年，区法院共审结刑事案件570件，依法判处罪犯847人，其中判处5年以上有期徒刑57人，适用缓刑428人，缓刑适用率55.9%。常态化开展扫黑除恶专项斗争，妥善审结骆某某等13人恶势力犯罪集团案件，对2名主犯判处10年以上重刑。着力强化未成年人保护，《中华人民共和国家庭教育促进法》实施后，发出家庭教育指导令3份。深入开展反腐败斗争，依法惩治贪污、受贿、渎职犯罪，审结职务犯罪案件6件6人。严惩违反人身保护令施暴者，作出全市首例违反人身保护令处罚决定。

【民商事(含知识产权)审判】 2022年，区法院共审结各类民商事案件5096件。发挥司法助企纾困重要作用，着力打造营商环境“最优地”，共审结买卖合同、借款合同等商事案件2175件，解决争议标的9.5亿元。深化家事审判工作改革，审结婚姻、继承等案件333件。关注未成年人健康成长，常态化开展“送法进校园”活动，以司法建议形式规范校园安全管理；将家庭责任教育引至庭审环节，督促监护人履行责任义务。助力房地产市场平稳健康发展，审结涉及房屋买卖、房屋租赁、建设工程等纠纷428件。高质量服务创新驱动发展，设立版权服务工作站联络点，持续推进知识产权“三合一”审判机制，提高知识产权司法保护的整体效能，共审结涉知识产权案件120件。注重发挥破产审判“积极拯救”和“及时出清”功能，审结破产案件30件，化解不良资产10.99亿元，释放土地资源238.15亩，处置厂房面积18.17万平方米。保护劳动者合法权益，服务保障共同富裕，审结劳动争议案件121件，帮助农民工追回“血汗钱”758万元。

【行政案件审判】 完善行政争议诉前化解工作机制，全年受理行政诉讼案件48件。健全行政争议实质性化解工作机制，审结行政诉讼案件56件，其中协调化解案件占35.7%。充分发挥行政审判司法监督职能，判决行政机关败诉3件，败诉率5.36%。依法支持合法行政行为，审查行政非诉执行案件72件，准予执行率98.53%。推动行政机关负责人出庭应诉制度实质化，出庭率连续多年保持100%。推进“府院联动”常态化，促进行政与司法有机衔接。延伸行政审判职能，发布行政审判白皮书，发送司法建议6件，邀请行政机关负责人旁听行政案件庭审80余人次。办理国家司法救助案件11件，给予13名申请人司法救助金34.93万元。

【执行工作】 2022年，共执结案件2966件，执行到位金额3.53亿元。对被执行人名下财产查控3万余次，纳入失信名单2186人次，限制高消费2726人次，罚款32.69万元。开展凌晨集中执行等专项执行行动6次，执行到位金额1.02亿元。进一步健全“自动履行为主、强制执行为辅”长效机制，持续深入推进执行规范化建设，实现执行事务分类集约管理、多跨协同联动，切实提升执行质效。注重兑现效率，通过淘宝网、司法拍卖平台挂拍房屋、车辆、有价证券等物品159件，成交金额1.04亿元；执行案款平均发放天数3.95天，列全省第一。

【诉源治理工作】 在全市首创九大类型化(即买卖合同、民间借贷、婚姻家庭、道路交通事故、金融、劳动争议、知识产权、物业、建筑行业)纠纷源头治理机制，构建诉前化解过滤网，全年诉前化解案件2694件，诉前化解率同比上升11.33%，一审民商事案件收案数同比下降0.86%，万人成讼率长期保持低位，相关工作排名全市前列。联合区委政法委、区司法局构建“法官+律师调解员+人民调解员”会商协作机制。

【净化诉讼环境】 深化防范和打击虚假诉讼专项行动，查处虚假诉讼案件36件，对15人处以罚款28.8万元，移送公安机关立案侦查1件2人。严厉打击抗拒、规避、逃避执行的行为，移送公安机关侦查26件31人，判处拒不执行判决、裁定罪8件9人。加大打击扰乱诉讼秩序行为力度，对当事人恶意侮辱、诽谤员额法官事件启动依法履职保护程序。加大宣传力度，“PS技术伪造证据”和“老赖给儿买婚房”等案例被《法治日报》刊登。

【司法公开】 区法院把接受人大监督作为正确履行司法职能的重要保障，主动向区人大常委会报告工作，接受区人大常委会对行政审判等工作的监督，办结人大代表建议 4 件，推动“共享法庭”入驻全区 9 家人大代表联络站。认真接受政协民主监督，办结政协委员提案 3 件。依法接受检察机关法律监督，邀请检察长列席审委会 5 次，办理检察建议 10 件。大力推进司法公开，互联网庭审直播 2591 场，公开裁判文书 7606 篇，通过微信公众号等发布工作信息 121 条，充分保障群众对法院工作的知情权、参与权和监督权。落实律师与法官互评机制，促进律师与法官相互监督、良性互动。上线“司法公正在线”应用，推进构建当事人监督、审判管理监督和纪检督察监督的完整闭环。

（刘尚秋）

司法行政

【概况】 2022 年，秀洲区司法局围绕建设更高水平“平安秀洲”“法治秀洲”，以数字化法治化改革为动力，以全力实施“法助共富、法护平安”专项行动为主线，全年开展法治宣传活动 70 余次，成功调处各类矛盾纠纷 9189 起，办理刑事、民事法律援助案件共 1067 件，化解行政争议 54 起。

【普法宣传与阵地建设】 7 月，油车港镇胜丰村和“法助共富”小微企业应用入选浙江省首批“公民法治素养观测点”。8 月，秀洲区举办全市首届法治农民画文创产品设计大赛。9 月，洪合镇《民法典》暖心小镇建成并投入使用。10 月，秀洲法治农民画获评浙江省法治文化标识培育对象（全省仅 7 家）。12 月，油车港镇胜丰村“学法宝”数字应用获评浙江省首批观测点十大最佳实践案例；油车港镇胜丰村被命名为第九批“全国民主法治示范村”；王店镇南梅村、梅溪社区，洪合镇良三村、洪合村，新塍镇小金港村，王江泾镇民主村，油车港镇澄溪村、上睦村、天星社区，高照街道陶泾村被命名为 2022 年度省级民主法治村（社区）。新城街道殷秀社区被命名为 2022 年度区级民主法治社区。是年，成功创建国家级民主法治村（社区）1 个、省级 10 个、区级 1 个。全年开展法治宣传活动 70 余次，举办各类法治讲座 36 场，悬挂各类标语、横幅 35 条，印发宣传资料手册 1.2 万份。

【矛盾纠纷调处】 4 月，调整完善由国土、建设、交通、医疗、法律等 15 个领域专业人士组成的调解专家库，调整后有专家 48 名。5—7 月，开展全区人民陪审员选任工作，会同区人民法院、区公安分局依照法定程序，选任人民陪审员 80 名。11 月，王店司法所创建“枫桥式”司法所，秀洲区“枫桥式”司法所增加至 3 家，创建比例 43%，高于全省 13.9%的平均值。

【公共法律服务管理】 3 月，联合区法院、区检察院、区公安分局开展法官、检察官、人民警察与律师不正当接触交往问题专项整治，共开展专题学习 5 次，累计完成律师与法官互评 4619 次，建立法官与律师、检察官与律师共同办案预警提醒机制。6 月，《打造公共法律服务体系建设，共建共享共富典范》案例入选秀洲区打造均衡富庶发展、共同富裕典范最佳实践案例；首次与禾城农商银行联合开展“金融指导员+法律特派员”助企共富活动。7 月，深化“法援惠民生”品牌活动，开展“法律援助 法进百村”宣讲活动 70 余场次。8 月，2 名青年党员律师被评为第四届“浙江省优秀青年律师”；在全市首创开展律师党支部星级评定，印发《秀洲区律师事务所党组织星级评定实施办法（试行）》，全区律师党支部形成十大子品牌（子城先锋、秀鸿心、德律锋、君行法度、三利律心、秀源星火、秀法指南针、秀律宣研、红心源、秀企秀美）并持续迭代升级。11 月，全区 4 名律师在第十二届浙江省律师论坛分别获得一等奖和二等奖。全年办理刑事法律援助案件 361 件，比上年同期增加 59 件；民事法律援助案件 706 件，比上年同期减少 18 件；帮助挽回经济损失 1133 万元，受援人数 380 人；提供认罪认罚法律帮助 1172 件；接待来电来访 1 万余人次。

【社区矫正工作】 2022 年，开展实地查访 1769 人次,完成社区矫正调查评估 35 件。共组织集中教育 1979 人次,公益活动 3120 人次。累计开展社区矫正对象心理健康讲座 12 场次,个别谈话教育 2667 人次,心理辅导 1299 人次,团体沙盘治疗及团辅活动 4 场。至年末,全区在册社区矫正对象 237 人;新接收归正人员 69 人,解除帮教 127 人,在册归正人员 340 人,帮教率 100%,就业安置率 100%。

【行政复议】 2022 年,秀洲区司法局进一步巩固提升行政复议"最多跑一次"成果,行政争议实质性化解取得显著成效。12 月,编制秀洲区行政许可事项清单(共 212 项)。全年办理行政复议案件 83 件,纠错 2 件。全年代理区政府行政诉讼案件 21 件,无败诉。全年共化解行政争议 54 起。对区政府文件、合同协议等作出合法性审查 80 件。

(吴亦衡)

国防教育与国防动员

【概况】 2022 年,秀洲区人武部转换思路,转型升级传统国防教育方法,着力构建适合中小学生特点的国防教育课程体系,积极推进国防教育进校园,在培养青少年的军人情结上下功夫,深入持久地筑牢征兵基础。是年,组织区四套班子及"两委"成员在王店米科军旅园参加"军事日"暨党管武装工作会议,打造沉浸式硝烟环境,进一步提高各级领导的国防意识。按照"向战转型"思路调整优化民兵队伍,在参加新冠疫情防控中锤炼队伍。组织民兵骨干参加嘉兴市红船民兵岗位练兵比武,并取得优异成绩。以大学生群体为重点,高质量落实一年两征,以"征优争先"为目标打开征兵工作新局面,国防动员能力和后备力量建设进一步高质量提升。

【全民国防教育】 区人武部着力拓展国防教育渠道、拓宽国防教育阵地。人武部领导带头送课进企业、进学校,先后到秀洲区委党校、秀州中学、浙师大附属秀洲实验学校、殷秀社区等单位宣讲国防教育课 4 次。承担秀洲区委党校第 17 期中青班国防教育训练,尝试建设中青年干部国防教育标准化课程,国防教育社会效益进一步显现。组织力量系统挖掘梳理区内现(退)役人员的军旅故事,总结出"兵龄最长""军衔最高""驻地最偏""技术最精""枪法最准""立功最多""飞行最久""情怀最深"八个方面最有代表性的军人事迹,最终被陆军评为"狙击精英"的应晓杰等现(退)役人员光荣上榜,成为征兵开局一道亮丽的风景线,广受应征青年崇拜和敬仰。

【学生军训】 区人武部将专职教练员集训与军训任务相结合,军训前开展为期一周的岗前培训,聘请资深教官设置专业培训课程。先后到嘉兴高级中学、秀州中学、南洋职业技术学院、浙江师范大学附属秀洲实验学校,完成 4700 余名学生的军事训练任务,为学校国防教育注入新的活力。

【征兵工作】 协调区政府出台应征青年视力矫正费用补助和退役士兵安置补助,推出 2 个事业单位和 2 个国企工作岗位专项招聘退役大学生士兵等政策,大学生应征热情高涨。全年征集新兵大学学历比例 94.7%,应届大学毕业生比例 67.4%,秀洲区征兵工作受到市领导肯定和表扬。

【岗位练兵】 5 月 27 日、6 月 2 日,秀洲区民兵分队分别接受嘉兴军分区和浙江省军区拉动点验和检查验收。7 月上旬,组织应急基干民兵,参加嘉兴市第八届红船民兵岗位练兵比武,取得热食保障团体第一、射击和个人防护两个单项第一的好成绩。8 月下旬,网络、通信、情报 3 个专业分队的骨干分别到杭州、绍兴、湖州参加区域联训,选派民兵骨干参加工程抢修、无人机、操舟机、战场救护等专业的区内联训。全年组织专武干部集训 108 小时,民兵连长训练 96 小时,基干民兵训练 416 小时。11 月上旬,组织民兵专职教练员开展为期 7 天的专业集训,专职教练员队伍整体素质进一步提高。

【民兵整组】 3 月初,区人武部启动年度民兵组织整顿工作,至 5 月末,整组工作完成。此次整组,全区基干民兵按编制全部调整落实到位。根据上级要求,为进一步落实新质力量达到基干民兵总数 20%的要求,扎实推进编组布局从行政地域向行业系统、从传统产业向高新技术领域拓展延伸。

(徐子彦)

双拥工作

【概况】 2022年，秀洲区退役军人事务局增设双拥科，落实区、镇、村三级层面的双拥议事机构和人员队伍。继续开展传统的拥政爱民活动，在“八一”建军节、“烈士公祭日”等传统节日开展慰问和祭扫活动，创新军民共建，开展话粽子双拥情、红色故事宣讲、领导干部带头讲党课、开放式国防教育等活动，营造特色拥军氛围。

【双拥工作机构】 2021年12月，区退役军人事务局增设双拥科，负责指导开展全区拥军优属、拥政爱民工作，协调地方和军队等工作。2022年8月，根据《关于调整部分区级议事协调机构和临时机构组成人员的通知》，确定成员单位45个，将双拥工作纳入经济社会发展规划和党政目标责任制考核，列为党管武装专项指标重要内容。落实区人武部1名副部长兼任区退役军人事务局副局长；镇级层面，7个镇(街道)中由人武部长分管退役军人工作的增加至3个；村(社区)层面，138个基层村(社区)有43个实现退役军人工作由民兵连长牵头负责。

【双拥活动】 5—8月，开展建军95周年系列纪念活动，如“粽子飘香进军营，共话双拥鱼水情”等。7月，举办红色故事讲解员大赛。同月，走访慰问嘉兴军分区、空军嘉兴场站、秀洲区人武部、洪合雷达连等驻地部队；开展军地交心座谈活动，巩固发展“同呼吸、共命运、心连心”的新型军政、军民关系。9月30日“烈士公祭日”，在王店烈士陵园，区领导马雪腾、史高翔等与社会各界群众一起向烈士敬献花篮。是年，全区更新15块固定点位双拥宣传牌，营造双拥氛围。

（吴佳锋）

【结对共建】 区人武部与新城街道殷秀社区结对共建，探索军民共建放大社会效益、带动军地共进的思路办法；挖掘时任浙江省委书记习近平视察殷秀社区的故事，打造“沿着习总书记足迹学习党的二十大”思政课题，组织开展党课共享、开放式国防教育等活动；发挥区人武部政委熊银波有驻港部队经历的优势，将驻港部队元素融入该社区陈列馆并开设国防专区。协调社会资源与驻地部队共建，为现役部队解决实际困难，也为提高地方群众精神生活品质贡献力量。坚持“八一建军节”、春节走访驻区空军部队，组织军地“庆八一”晚会等。协调妇联等群团组织和部队单身军官开展“相亲会”，协调嘉兴汇顺纺织染整有限公司与空军相关单位结对共建，打造军民共育的典范等。

【执行急难险重任务】 2022年，秀洲区民兵队伍坚决执行党中央、中央军委的命令，遵照地方党委、政府的指示，在17场疫情防控战役中，完成设卡、发放救援物资、转移群众等任务。尤其是4月份上海疫情大爆发期间，民兵听从命令，到嘉善执行跨区驰援新冠疫情防控任务，表现出“不怕苦、不怕难、不怕死”的过硬军政素质，受到人民群众高度赞扬。

（徐子彦）

人民防空

【概况】 2022年，秀洲区人防工作聚焦“战时防空、平时服务、应急支援”职能使命，创新思路，真抓实干，“十四五”现代人民防空体系建设取得新成绩。是年，调整秀洲区人民防空指挥部，由分管副区长任指挥长。指挥部下设综合组、抢险抢修组、人口疏散组、社会治安组、消防防化组、物资保障组、医疗防疫组、政治工作组、通信保障组9个工作组。12月，根据国防动员体制改革要求，人民防空职能从区住建局划转至区发改局。

【人防警报管理】 4月29日，秀洲区人防办组织各镇(街道)人防办主任和警报点管理员，召开防空和防灾警报试鸣任务部署暨操作技能培训会。在“5·12”防灾减灾日、“9·18”纪念日和江泽民同志哀悼日，试鸣防空防灾警报。是年，秀洲区新增人防警报器3台。

【人防宣传教育】 以“3·1”国际民防日和“5·12”防灾减灾日为重要宣传时间节点，秀洲区人防办组织动员镇(街道)人防办及社区开展人防宣传系列活动。2月28日，市、区人防办联合在运河社区举行主题为“人防事关你我他、利国利民利大家”的国际民防日系列宣传教育活动；8月24日，组织运河社区“小禾苗”开展国防（人防）宣传教育暑期夏令营活动；9月16日，组织开展“9·18”中小学生人员疏散掩蔽演练暨人防工程设施现场教学活动。全年共征订中学生《人民防空与防灾》教材4145册，《小学生防空防灾知识》教材5125册。

【人防设施专项管控规划】 5月5日，秀洲区5个镇2个街道人民防空设施专项管控规划，通过区政府批复并落地实施。该规划获全省十佳“城市控规单元落实人防设施配置典型项目”。该规划的实施，为产权改革应用场景中落实人防配建指标提供法定依据，确保指标精准化、权责一致，也确保产权国有化和建收并举，以及效益的最大化。

【人防工程产权制度改革】 8月22日，由区住建局（人防办）牵头制定的《秀洲区人防工程产权制度综合改革实施办法》，经十届区政府第8次常务会议审议通过，并于9月27日发文实施。该办法明确秀洲区人防工程产权归国家所有，在产权明晰情况下，既能让老百姓充分享受人防发展成果，又解决因权属不明而导致的社会矛盾，促进社会和谐，提升人防服务民生的水平。

（夏雨晨）

综　述

2022年，秀洲区农业农村和水利局以新时代浙江“三农”工作“369”行动为统领，扎实做好“三农”领域各项工作，全面推动高质量乡村振兴和农业农村现代化。是年，全区农林牧渔业总产值29.11亿元，增长2.2%；增加值20.23亿元，增长2.1%，列全市第七。实现农业产值13.66亿元，增长1.2%。其中粮食作物播种面积33.99万亩，增长3.5%，粮食作物产量14.92万吨，增长0.3%。实现牧业产值3.24亿元，增长3.8%。生猪存栏数2.98万头，减少37.13%，出栏数4.63万头，增长11.3%；羊存栏数1.46万只，增长1.68%，出栏数1.6万只，下降19.61%；家禽存栏72.32万羽，增长0.75%，家禽出栏数184.02万羽，减少4.7%；禽蛋产量1772吨，下降37.38%。水产品总产量3.22万吨，增长6.5%。

聚焦农业产业发展。调整优化粮食功能区16.04万亩，累计推广稻渔综合种养面积4.2万亩。高标准农田建设获评全省乡村振兴创新实践优秀案例，连续三年获全市粮食安全县(市、区)长责任制考核优秀。成功创建省级渔业健康养殖示范县，启动建设莲藕精品绿色农产品基地，当年列入省级精品绿色农产品基地创建单位1个，建成高品质绿色科技示范基地3个，累计获得绿色农产品认证18个，完成农田退水“零直排”1万亩。组织油车港镇申报认定国家农业产业强镇，推进新塍镇国家农业产业示范强镇建设。列入省级重点农业项目10个，其中禾天下万亩数智农业产业示范园在全省农业高质量发展大会上现场签约。农业标准地改革列入省级试点并获得省委副书记黄建发点赞。推进全省现代种业集成改革试点，美之奥种业股份有限公司入选浙江省种业阵型企业。推进人才振兴，入围“浙江省农业技术推广贡献奖”1人。认定高素质农民4人，培育农创客204人。

聚焦新时代美丽乡村建设。全面建成省级共同富裕新时代美丽乡村示范带——秀水田园·梅梨梓乡精品线、新塍镇初心启塍·幸福童享精品线。建成省级未来乡村3个。入选市本级美丽乡村示范创建项目8个、市级历史文化传统村落重点村项目2个、嘉兴市首批艺术村落培育计划2个。油车港镇麟湖画乡非遗精品线路和王店镇品重梅溪耕读精品线路成功入选2022年“浙里田园”百条休闲农业与乡村旅游精品线路。实施“三化三园”(“三化”即绿化、洁化、美化；“三园”即花园、果园、菜园)共建行动，打造农村人居环境样板村5个、样板点152个，新建、提升“秀圾分”(秀洲垃圾分类的简称)展示馆10个，实现垃圾智慧化收运行政村覆盖率100%，获评全省农村生活垃圾分类处理工作优胜县(市、区)。建成秀洲数字农业大脑，推进“绿秀洲物联网”云平台应用，当年新建7个智慧农业建设项目统一接入，累计接入主体26家、农资店65家。王店镇南梅村获评第一届浙江数字乡村“金翼奖”。秀洲区连续三年获评全国县域农业农村信息化发展先进县。是年，秀洲区列入全省首批“三农”统计监测、“浙里菜篮子”、产销一体化等数字化应用试点。

聚焦共同富裕。是年，全区建立“强村公司”5个，实施“飞地”抱团项目5个。全年村级集体经济总收入3.98亿元，村均352.65万元，增长26.24%；村级经营性收入1.84亿元，村均162.68万元，增长38.52%。宅基地资格权自愿有偿退出试点、探索土地承包权变股权试点、农村集体资产股权流转试点3项工作列入市级强村富民乡村集成改革试点,启动集体资产股权有偿退出试点1个、宅基地自愿有偿退出试点1个。新塍镇火炬村入选全省强村富民集成改革典型案例。启动建设特色农业产业亿元村5个,其中王店镇庄安村葡萄种植模式入选全区首批均衡富庶共同富裕发展典范最佳实践。鼓励以国有企业、农业龙头企业、村集体以及农户(含低收入农户)等为主体组建共富联合体,新建共富大棚、共富奶牛场项目2个。

全年完成水利投资3.62亿元,水利管理业投资1.02亿元。编制《秀洲区防洪薄弱环节提升三年行动计划》,各镇年度防洪薄弱环节提升工程全部完成,实际完成投资8520万元。扩大杭嘉湖南排后续(秀洲区林舍港连通)工程和京杭大运河(嘉兴秀洲段)综合治理与保护工程成功列入省重大水利工程,并获省发改项目赋码。列入省级水域监管"一件事"试点。秀洲区西千亩荡被评为2022年省级美丽河湖。王店镇南如桥港被评为市级美丽河湖。

种　植　业

【概况】 2022年,全区农作物播种面积48.21万亩,其中粮食作物播种面积33.99万亩,比上年增加3.5%;经济作物播种面积14.22万亩,比上年减少0.9%。桑园面积0.98万亩,同比减少0.21万亩,减少17.6%。

【粮食作物生产】 2022年,粮食作物播种总面积33.99万亩,增幅3.5%;亩产439千克,减少14千克/亩;总产14.92万吨,增加0.04万吨,增幅0.27%。水稻播种面积20.25万亩,减幅1.07%;亩产540.24千克,减少12.31千克/亩;总产10.94万吨,减少0.37万吨,减幅3.27%。小麦播种面积13.27万亩,增加1.3万亩,增幅10.86%;亩产292千克,增加4千克/亩;总产3.88万吨,增加0.43万吨,增幅12.46%。11月12日,全区秋收冬种工作现场会在油车港镇召开。是年,创建省级水稻(小麦)绿色高产高效千亩示范片4个,优质常规稻产量最高田块为713千克/亩;继续"稻稻""两熟制"种植模式,提高粮食复种指数;浙江古禾烁田农业科技有限公司送选的"婧王府"新塍大米"嘉禾香1号"获评"2022浙江好稻米"金奖,嘉兴市秀洲区王店元五家庭农场送选的"谷秀园"虾田稻米"南粳46"获评"2022浙江好稻米"优质奖,嘉兴市华中粮油专业合作社送选的"民农"优质稻米"浙禾香2号"和嘉兴市秀洲区王江泾长溪桥家庭农场送选的"嘉禾墩"优质稻米"嘉禾香1号"获评"2022禾城好米"优质奖。

(张建英)

【粮食作物良种繁育和推广】 2022年,全区推广应用的常规晚粳(糯)稻以秀水系列、嘉系列、嘉禾系列为主,品种主要有秀水14、秀水121、秀水519、嘉67、浙粳100、嘉禾香1号、浙禾香2号、南粳46、祥湖13等,占秀洲区晚稻总种植面积的93%。杂交晚粳稻以甬优系列、浙优系列、浙粳优系列、秀优系列和嘉优系列为主,品种主要有甬优1540、甬优7850、浙优18、浙粳优1578、秀优4913和嘉优中科3号等,占全区晚稻总种植面积的7%。域内浙江禾天下种业、嘉兴市登丰种业,及域外浙江勿忘农种业、台州市台农种业、永富农业科技有限公司、嘉兴市勤丰种业、嘉兴市嘉丰种业等种业公司,根据市场需种实际,在秀洲区共繁殖早籼稻、晚粳(糯)稻、小麦品种18个,总面积9085亩,生产商品种子294.6万千克,可供种植面积70余万亩。

(徐建良)

【经济作物生产】 2022年,全区经济作物有油菜、蔬菜、瓜果等。其中,油菜播种面积10909亩,增加829亩,增幅8.22%;总产量1684.32吨,增幅6.87%;亩产156千克,减幅9.8%。全年蔬菜及食用菌播种面积124923亩,产量223644吨(其中食用菌产量1690吨);中药材1212亩,产量132吨;果用瓜播种面积3790亩,产量7015吨;设施蔬菜播种面积14166亩。引进瓠瓜浙蒲903、番茄桃太郎、莲藕赛珍珠、红山荠、奉化芋头、丝瓜翡翠香6号、豇豆之豇618、南瓜香芒2号、绿贝贝、冬瓜黑马等新品种。推广使用诱捕器、性信息素、黄板等绿色防控设施,减少农药使用量。

【田乐村大麦—莲藕轮作试验】 2022年，王江泾镇田乐村开展大麦—莲藕轮作试验示范，实施规模200亩，大麦12月上旬种植，品种为浙啤10号，5月上旬采收，亩产量430千克，平均价格为每千克0.475元。亩产值817元，粮补每亩300元。莲藕5月中下旬种植，品种采用鄂莲新三五，9月中旬至11月开始分批采收上市。莲藕亩产量2250千克，亩产值6750元。麦藕两茬作物合计亩产值7867元，去除成本后每亩净效益3867元。

【陡门村利用稻草秸秆栽培菌菇】 新塍镇陡门村利用稻草秸秆栽培双孢蘑菇和草菇，菌渣提供周边农业主体用作种植蔬菜、水果等有机肥，实现生态循环利用。创新食用菌生产模式，实现菇棚一年六茬食用菌的生产，分别为一茬双孢蘑菇和五茬草菇。2022年，基地面积52.5亩，年产双孢蘑菇424吨，草菇355吨，年产值1200万元，年利润360万元。年生产菌渣6600吨，年利润105万元。

（严冬晖）

【测土配方施肥技术推广】 2022年，全区建立化肥减量增效、秸秆还田、有机肥和耕地质量提升等示范方4个，累计推广稻渔综合种养4.21万亩，启动配方肥补贴政策，推广稻麦油补贴配方肥8000余吨，建有国家级和省级土壤肥力长期定位点4个，开展耕地质量定位监测点位91个，为规模农业主体开展免费测土580个，对耕层厚度、有机质、有效磷、速效钾、缓效钾、全氮、CEC、容重、全盐量、pH等指标进行分析监测。是年完成省市下达的受污染耕地安全利用任务，受污染耕地安全利用率100%，完成土壤污染防治监测工作，实施综合监测点12个、常规监测点15个。

（朱日清）

【农作物病虫害防治】 2022年，小麦赤霉病中等偏重发生，推广丙硫·戊唑醇或氟唑菌酰羟胺防治，配合兼治小麦蚜虫、锈病等，其他春花作物病虫害如油菜菌核病、油菜蚜虫等轻发生，推广多菌灵、戊唑·福美双等防治；推广氰烯菌脂、异噻菌胺·肟菌酯、甲霜·种菌唑或乙蒜素进行稻种浸种，减轻水稻恶苗病发生；由于连续使用品种相对单一的除草剂品种，直播稻田的杂草草相也在演变，稗草、千金子等恶性杂草的抗药性风险明显上升，推广"二封一杀"除草技术，适当辅以人工除草，减轻草害发生；"二迁"（即稻飞虱、稻纵卷叶螟）害虫、二化螟中等偏重发生，推广氯虫苯甲酰胺、阿维·茚虫威、吡蚜酮等防治；纹枯病中等偏重发生，稻曲病中等发生，杂交品种偏重发生，推广戊唑·嘧菌酯、肟菌·戊唑醇或苯甲·嘧菌酯等防治。全年集成推广农业防治、生物防治、物理防治等绿色防控技术，应用面积17.2万亩，统防统治面积16.3万亩，全年减少农药使用量1吨。是年，经测算应产生农药包装废弃物53.4吨，实际回收118.37吨，回收率221.67%；年度处置任务48.06吨，实际无害化处置105.8吨（含往年库存），处置率220.1%，超额完成省、市考核任务，并实现常态化管理，不断改善农村生态环境。

（曹雅芸）

【藕鱼混养增产增效】 2022年，全区藕鱼混养面积9660亩，套养的种类有泥鳅、龙虾、鲫鱼、黑鱼、甲鱼等9大类，套养每亩增收2000～7000元，主要分布于王江泾镇、油车港镇；莲藕种植面积16713亩，产量32739吨，产值12416万元，主要分布于王江泾镇、油车港镇和新塍镇北部；香水莲花80亩，产量21吨，产值246万元，主要分布于王江泾镇；籽莲130亩，产量13吨（纠正：2021年的产量为27吨），产值104万元，主要分布于王江泾镇。

（严冬晖）

【果树蚕桑生产】 2022年，全区果树种植面积2.59万亩，总产量4.21万吨。其中葡萄种植面积1.64万亩，产量2.93万吨；梨种植面积0.46万亩，产量0.68万吨；桃种植面积0.20万亩，产量0.26万吨。主要推广翠玉梨、中晚熟品系槜李等品种和水果避雨设施栽培技术、葡萄控产提质技术、果品智能化分级技术、果蔬水肥一体化技术等技术。继续开展柿子新品种太秋36号试种试验。与市农科院开展梨病虫害监测和绿色防控技术合作，在洪合镇全镇域覆盖梨小食心虫绿色防控，取得显著效果。制定《秀洲区桃设施生产技术规范》《秀洲区翠冠梨绿色生产技术规程》两个地方团体标准。全区共实养一代杂交蚕种秋丰白玉 2416.85 张，同比减少 2748.15 张，减幅 53.2%；生产蚕茧 110.106 吨，同比减少 160.544 吨，减幅 59.32%；千克茧价格 43.71 元，同比减少 3.53 元，减幅 7.47%，总茧款 481.32 万元，同比减少 796.98 万元，减幅 62.35%。全区年报桑园面积 0.98 万亩，养蚕户数 1056 户。全年饲养春蚕、夏蚕、晚秋蚕三期，全面实施政策性养蚕保险。

（俞云庆　贾怀志）

【植物检疫】 2022 年，根据主要产业带分布，全区设重大农业植物疫情监测点 5 个。4—11 月，在监测点定点定期定人开展亚洲梨火疫病、葡萄根瘤蚜、黄瓜绿斑驳花叶病毒病、扶桑绵粉蚧等疫病的普查和监测。5—6 月，植物检疫站全面开展梨树病害、甘薯茎腐病、黄瓜绿斑驳花叶病毒病、瓜类果斑病等普查监测工作。6—11 月，委托第三方对全区农水条线 45 个红火蚁重点监测区域开展监测调查，调查总面积 10209.796 亩次，完成重点监测区域销号 30 个，未发现红火蚁疫情。9—11 月，对区内水稻制(繁)种田块进行产地检疫。全年踏查小麦、水稻、蔬菜良种繁育田 9493.65 亩、检疫种子 332.07 万千克；进一步健全产地检疫保障措施，充分利用实验室检测，对葫芦科作物、水稻制种等辅以分子水平检测出具产地检疫合格证。开展种子种苗专项执法工作，出动执法人员 52 人次，检查农资店 22 家次、花卉苗圃 10 家次，重点调查农作物种子和花卉种苗，确保来源合法、调运合法。

（李　渊）

畜　牧　业

【概况】 2022 年，全年实现牧业产值 3.24 亿元，同比增长 3.8%，占农业总产值 11.49%。肉、蛋、奶产量分别为 7835 吨、1772 吨、7660 吨，同比增长 4.52%、下跌 37.38%、增长 13.65%。年末有规模生猪养殖场 5 家，共存栏 2.98 万头，同比减少 37.13%；全年累计出栏 4.63 万头，同比增长 11.3%。家禽存栏 72.32 万羽，同比增长 0.75%；全年累计出栏 184.02 万羽，同比减少 4.7%。年存栏 1 万羽以上蛋禽场 1 家；年出栏 3 万羽以上肉鸡场 12 家。羊存栏 1.46 万只，同比增长 1.68%，其中湖羊存栏 1.07 万只；累计出栏 1.6 万只，同比减少 19.61%；年出栏 500 头以上规模养羊场 6 家。奶牛存栏 1403 头，同比增长 3.54%，年产奶量 7660 吨。蜜蜂存栏 652 箱，蜂蜜产量 30 吨。生猪、奶牛已持续多年实现规模养殖率 100%。全区有畜禽、水产、宠物饲料企业共 4 家，总产值 3.2 亿元。生猪定点屠宰企业 1 家，日屠宰能力 0.1 万头。家禽定点屠宰企业 1 家，日屠宰能力 1 万羽。建有无害化集中处理中心 3 个。

【稳产保供与绿色发展】 压实责任，扎实做好生猪稳产保供。至年末，全区生猪总存栏 2.98 万头。其中，能繁母猪 0.36 万头，超额完成省市下达的出栏 4.2 万头任务及能繁母猪年维持保有量 0.32 万头的双向指标。牧场的设施设备、数字化、智能化等进一步完善，实现自动喂料喂水、室内环控，臭气治理、粪污治理设施设备配套率均为 100%，管理智能化水平显著提升。至年末，拥有省级数字化牧场 2 家，省级美丽牧场 5 家，二级种猪场 1 家。

【畜禽粪污与病死动物无害化处理】 2022 年，全区有大型规模畜禽养殖场 12 家，其中大棚肉鸡养殖户 5 家，生猪养殖户 5 家，奶牛养殖户 2 家，分别实行干清粪无害化处理后达标排放和农牧对接两条消纳粪污途径。其对接消纳农田合计 7055 亩。开展 23 家规模养殖户生态环保部门资源化利用的备案，农牧结合和生态消纳融合逐年深入。全区规模养殖场污染治理及综合利用主体责任全面履行，畜禽粪污资源化利用配套设施基本建成，区域内种养殖业布局趋于优化。全年畜禽产污总量 18.14 万吨，畜禽粪污综合利用率 99.05%，其中大型规模养殖粪污处理设施装备配套率 100%。据测算，规模畜禽粪污产生量 16.99 万吨，综合利用量 16.99 万吨，实现规模粪污资源化利用率 100%。推进病死动物“统一收集、集中处理”的无害化收集运行机制，完善全覆盖收运网络，全年养殖环节统一收集集中处理病死猪 7549 头，计重 356.72 吨；其他病死畜禽处理 210.52 吨。屠宰环节收集处理病死猪 207 头，计重 18.604 吨，实现畜禽病死无害化处理率100%。

【畜产品质量安全保障】 继续推进畜产品安全保障工程，严格落实禁调措施，暂停辖区生猪养殖场、屠宰场及各大超市、农贸市场从风险区调入生猪及产品。严格调入备案审核、落地报告、检疫核查等制度落实。全区省外调入的畜禽及其产品登记备案涉及主体28个5113批次，其中动物产品5099批次，总量2.2万吨。全年共完成各类畜禽及其产品抽检821批次，其中包括饲料兽药、畜禽产品，生猪养殖、屠宰环节的尿样等抽检，以及部省市级监督和飞行检测，抽检结果均合格。

【畜禽疫病防控】 组织开展重大动物疫病和犬类狂犬病的集中免疫行动，共免疫家禽禽流感265.52万羽次，免疫牲畜口蹄疫12.01万头次（其中猪8.98万头次、羊2.61万只次、奶牛0.42万头次），免疫小反刍兽疫和羊痘2.19万头次，狂犬病免疫1.2082万只次。5个规模养猪场实行"先打后补"政策，涉及生猪7.5万头。全区应免畜禽重大动物疫病免疫率100%，全年未发生禽流感、牲畜口蹄疫、猪瘟、非洲猪瘟、高致病性蓝耳病等重大动物疫情。

（张菊芳）

水　产　业

【概况】 2022年，秀洲区全面完成水产养殖尾水全域治理工作。成功创建省级渔业健康养殖示范县。是年，全区水产品总产量32236吨，同比增长6.52%；渔业总产值81094万元，同比增长4.33%；春季鱼种放养面积73170亩，同比下降1.6%。

【水产养殖尾水全域治理】 2022年，秀洲区全面完成水产养殖尾水全域治理工作。全区面上25个水产养殖尾水治理示范点全部完工，开展水产养殖尾水治理腾退面积40868亩，其中治理面积34087亩、腾退面积6781亩。是年，完成全区最后一批水产养殖尾水治理腾退补助面积的镇级验收和区级抽验工作。各镇共上报养殖尾水治理腾退补助面积9406.17亩，核算养殖尾水治理补助资金330.72万元。区治理办成立由区农业农村和水利局、区自然资源和规划分局、区生态环境分局和区生态创建办组成的联合抽验组，对各镇验收通过的养殖尾水治理补助点进行抽验，共抽验补助点10个。开展水产养殖尾水治理监督销号工作。为确保建成水产养殖尾水设施的运转实效性，计划把尾水运维不到位纳入对各镇目标责任制考核进行反向扣分，要求各镇做好辖区内尾水治理设施的运维工作监督，鼓励各镇把尾水运维责任落实到村、到人，确保尾水治理设施造得好更要运转得好。针对二轮央督举一反三问题"开展温室甲鱼养殖尾水治理设施不完善问题整治"，完成温室甲鱼养殖专项整治扫尾和销号工作，共完成温室甲鱼大棚腾退面积20760.5平方米，治理温室甲鱼二段法养殖面积25008平方米。全面实现温室甲鱼养殖尾水零直排。

【秀洲区获评省级渔业健康养殖示范县】 2022年11月2日，秀洲区以96分的高分成功通过省级渔业健康养殖示范县挂牌验收。2021年6月起，秀洲区开始创建省级渔业健康养殖示范县。实施过程中以项目为抓手推进示范县建设，着力开展省级渔业高质量发展项目、省级渔业特色强镇项目、市级美丽渔场项目和健康养殖示范补助等涉渔项目的组织实施及绩效评价工作。全区先后建成1万亩青鱼、1万亩生态鳖、5万亩淡水虾、4万亩稻渔种养四大渔业主导产业基地。创建嘉兴市秀洲区杨溪生态鳖有限公司、嘉兴市秀洲区李强生态农场、嘉兴市秀洲区王江泾北圩园生态农场、浙江嘉兴长江四大家鱼原种场4家省级水产健康养殖示范场，嘉兴市诚兴水产养殖服务有限公司、嘉兴鱼翔生态农业有限公司2家省级用药减量示范基地，嘉兴市秀洲区王江泾北圩园生态农场获评市级美丽渔场，嘉兴丰源农业科技有限公司获评市级水产良种场。

（陆文燕）

农业综合开发

【概况】 2022年，秀洲区完成2020年王店镇高标准农田建设项目的竣工验收和2021年度9个高标准农田（新建项目和改造提升项目）的区级验收，是年，新塍镇高标准农田建设项目主体工程完工，完成农田灌溉水有效利用系数测算工作，当年系数为0.667。

【高标准农田建设】 2022年，全区新建高标准农田项目1个，建成高标准农田1001亩（其中高效节水灌溉面积300亩，与农田退水"零直排"结合面积1001亩），共投入资金545.64万元。新建农田退水"零直排"项目5个，整治退水面积1.3401万亩，其中，王店镇农田退水"零直排"项目整治面积5358亩，总投资1398.23万元；洪合镇农田退水"零直排"项目整治面积1445亩，总投资455.03万元；新塍镇农田退水"零直排"项目整治面积2650亩，总投资792万元；王江泾镇农田退水"零直排"项目整治面积2765亩，总投资999.88万元；油车港镇农田退水"零直排"项目整治面积1183亩，总投资566.73万元，工程形象进度为90%。

【农田灌溉水有效利用系数测算】 2022年，秀洲区选取沈家兜东灌区、倪家扇东灌区、蒋姑庙桥灌区、汤家浜灌区、禾天下灌区5个灌区，作为当年度秀洲区样点灌区，开展农田灌溉水有效利用系数测算。经测算，当年秀洲区农田灌溉水有效利用系数为0.667。

（顾银燕）

新型农业主体培育

【概况】 2022年，秀洲区推动新型农业主体高质量发展。鼓励农业龙头企业强化自主创新，提升辐射带动和精深加工能力。继续培育"农创客""新农人"等新型职业农民，组建农业领创人才联盟。健全农业社会化服务体系，推进农业生产全程社会化服务。至年末，累计培育区级以上龙头企业49家，纳入区级管理的农民专业合作社115家，累计建成示范性家庭农场省级22家、市级9家、区级42家。

【农业龙头企业】 2022年，全区新增区级农业龙头企业2家。累计培育区级以上龙头企业49家，其中，国家级2家、市级17家、区级30家。按产业类别分：种植业15家、畜牧业5家、水产业9家、林业1家和其他19家。全区农业龙头企业固定资产总值11.95亿元，实现销售收入32.00亿元，利润2.35亿元，带动农户6.51万户，带动生产基地规模种植业1.31万亩、牲畜饲养量1.22万头、养殖水面面积2.21万亩。

（郭美珍）

【家庭农场】 2022年，全区继续推进家庭农场名录库录入工作，进一步规范区级示范性家庭农场的认定管理，加强家庭农场培育工作。至年末，全区纳入名录库管理家庭农场1534家，其中种植业1196家、畜牧业26家、渔业218家、种养结合47家、林业10家、其他37家。当年新增示范性家庭农场省级2家、市级2家、区级10家。

【农民专业合作社】 2022年，纳入区级管理的农民专业合作社115家，成员1641人，经营收入18168.62万元。其中，种植业及相关62家，林业1家，畜牧业及相关11家，渔业及相关12家，服务业21家，其他8家。是年，全区继续开展示范性农民专业合作社培育工作，嘉兴市油车港马厍家禽专业合作社等28家规范化农民专业合作社，通过监测，继续保留区级规范化农民专业合作社称号；嘉兴市进知莲藕营销专业合作社等18家示范性农民专业合作社，通过年度监测，继续保留区级示范性农民专业合作社称号。

（胡红煜）

【农家乐休闲观光农业】 2022年，全区共有各种不同类型的农家乐休闲农业基地57家。其中，四星级农家乐1家；三星级农家乐11家；休闲农业基地45家，总面积11160.3亩。全年旅游接待288.56万人次，实现营业收入32978.84万元，吸纳就业人数810人。油车港麟湖画乡非遗精品线路和王店品重梅溪耕读精品线路成功入选2022年"浙里田园"百条休闲农业与乡村旅游精品线路。

（于佳凤）

乡村产业发展

【概况】 2022年，秀洲区加快推进主导产业集群发展，持续增加农民收入。秀洲区渔业特色农业产业集群成功列入第二批嘉兴市特色农业产业集群创建名单，秀洲区新塍镇天福农业创业创新孵化园入选市级农业创业创新孵化园创建名单。

【秀洲区渔业特色农业产业集群列入市级创建名单】 11月3日，市农业农村局公布《第二批嘉兴市特色农业产业集群创建名单》，秀洲区渔业特色农业产业集群被列入嘉兴市第二批创建名单。秀洲区渔业特色农业产业集群建设地点为王江泾镇、辐射区为油车港镇和新塍镇，主要培育青鱼、加州鲈鱼2个主导产业，生产布局为"一核一区两园四基地"(以王江泾镇梅家荡为核心建设渔业特色农业产业集群核心区；以新塍镇和王江泾镇南片为重点建设稻鳖共生、稻虾共生、稻田养鱼、鱼塘种稻等生态稻渔综合种养产业集群示范区；以青鱼干为加工企业集聚和浙江嘉兴长江四大家鱼原种场等水产种苗企业为依托建设产业集群水产加工产业园和水产种业产业园；发挥特色基地和农业龙头企业示范引领，建设万亩青鱼、万亩生态鳖、万亩淡水虾和万亩稻渔种养四大渔业主导产业集群基地)。建设任务：开展液氮冰鲜青鱼片加工建设、共富低碳100万斤加州鲈鱼循环水养殖、生态稻渔综合种养示范区建设，以及完成省级渔业健康养殖示范县创建验收工作和国家级长江四大家鱼原种场复评。通过3年创建，到2025年末，秀洲渔业特色农业产业集群养殖面积保持在7万亩以上，水产品总产量3.7万吨以上；全产业链总产值14亿元，比创建前2021年产值10.88亿元增加3.12亿元。其中，一产水产养殖和稻渔综合种养产值约增1.5亿元，达10亿元；二产鱼制品加工约增1.5亿元，达3.5亿元；三产休闲渔业力争达0.5亿元。

【新塍镇天福农业创业创新孵化园入选市级创建名单】 12月27日，市农业农村局公布《第二批嘉兴市农业创业创新孵化园创建对象名单》，秀洲区新塍镇天福创业创新孵化园被列入嘉兴市创建名单。天福创业创新孵化园将采用"党建引领，市场导向，企业运营，农民参与"的创建方式，以深入遵循"非农化""非粮化"规定为前提，围绕创业孵化、科技创新、培训教育、集成示范、推广应用等多重功能，合理布局农创园空间，建设成为标准高、服务优、示范好、带动强的嘉兴市级农业创业创新孵化园。孵化园规划建成面积348亩，建成"互助共享型"办公用房、教室等服务用房400平方米以上，提供创业创新孵化工位30个、柔性引进导师20人；孵化示范项目10个；支持引导有情怀的工商企业、乡贤、大学生等返乡下乡人员15人创业创新。计划重点建设项目4个，分别为核心区农创中心建设项目、核心区数字葡萄产业孵化园建设项目、核心区稻渔共生产业孵化园建设项目、示范区葡萄产业创业园建设项目，总投资1080万元。

【秀洲区农业标准地改革列入省级试点】 12月16日，浙江省农业农村厅印发《关于开展农业标准地改革试点工作的通知》，秀洲区被列为33个省级农业标准地改革试点县之一。省级试点期限为2年。根据《秀洲区农业标准地改革试点实施方案》要求，将按照积极稳妥、分类指导、依法依规、属地管理的原则，选择新塍镇为区级农业标准地改革试点，以提高土地产出率和劳动生产率为核心，加强要素保障，提升农业经营质效，积极探索"全域土地综合整治+集中流转+标准地"开发模式、"整村整组流转+强村抱团公司+标准地"拎包入住模式、"园区核心区'低小散弱'腾退+'双非'整治+标准地"招商模式、"创业创新孵化园+农创客+标准地"共富模式等多种改革模式。力争到2024年6月，农业标准地改革实现全区各镇全覆盖，农业劳动生产率、土地亩均产出率、农业科技进步贡献率、农业机械化率显著提高；全区新建成农业标准地1.5万亩，创建农业标准地高质量示范项目5个，储备农业标准地1.5万亩，将农业标准地打造成"功能布局科学、基础设施完善、资源要素集聚、设施装备精良、农艺技术先进、田园整洁优美、产品优质安全"的农业高质量发展示范区。

（姚国强）

【政策性农业保险】 2022年，政策性农业保险围绕保障粮食安全、重要农产品供给，以保障农业灾后恢复生产、稳定农民收入为目标，持续推进农业保险“扩面、提标、增品”，坚持传统险种和创新险种统筹推进，在做好中央和省定险种的基础上，积极开展地方特色险种和市本级商业性农业保险，不断完善以政策性农业保险为基础的农业保险保障体系。共开展水稻等15个政策性险种和农业机械综合保险等2个市本级商业性农业保险。全区累计参保11929户，总保费2180.71万元，各级财政承担2057.68万元。全年理赔案件总数784件，理赔总金额1421.9961万元。

【农业产业化项目管理】 针对现代农业发展、数字农业、农业“双强”、现代种业、主体争优创先、品牌培育和社会化服务等重点环节，5月30日，《关于进一步加快农业经济高质量发展的若干政策意见》通过十届区政府第5次常务会议审议，并发文实施。2022年，收到储备项目申报48项，经踏勘审核，44个项目纳入储备库，计划总投资4.77亿元；全年完成立项13个，计划总投资9821万元；列入省级重点农业项目12个，计划总投资8.08亿元，2022年计划投资3.87亿元，当年完成投资4.05亿元，投资完成率105%。“禾天下万亩数智农业产业示范园项目”入选全省16个农业“双强”重大项目，并在9月16日召开的全省农业高质量发展大会上签约。

（王　森）

农业机械化

【概况】 2022年，秀洲区有农机总动力17.09万千瓦，主要包括农田作业大中型拖拉机(含履带自走式旋耕机)455台，水稻插秧机、穴播机等种植机械172台，谷物联合收割机65台，植保机械1168台，粮食烘干机245台，植保无人驾驶航空器169台；全区主要农作物耕种收机械化率90.76%，水稻耕种收机械化率92.4%。全区有粮食烘干中心23家，批处理能力4819吨，水稻育秧中心10家，农机维修网点20家。

【农业“机器换人”高质量发展先行县创建】 12月13日，浙江省农业农村厅公布全省农业“机器换人”高质量发展先行县等名单，秀洲区成功创建特色产业农业“机器换人”高质量发展先行县（水稻），同时成功创建省级农机服务中心4个、全程机械化应用基地4个、农机创新试验基地1个，形成水稻生产全程机械化、水稻机插同步侧深施肥、稻虾种养全程机械化、油菜机直播全程机械化等技术模式。

12月13日，秀洲区成功创建省级特色产业农业“机器换人”高质量发展先行县（水稻）（区农水局提供）

【农业机械购置享受补贴资金】 2022年，全区新增各类补贴机具849台套，享受财政补贴资金1014.85万元。其中，中央补贴资金642.45万元，省级补贴资金42.7万元，市区两级配套资金28.8万元，区级累加资金300.90万元，受益农民和农业生产经营组织198个，补贴机具集中在植保无人机、大型拖拉机、增氧机、辅助驾驶系统等。

【农业机械报废享受补贴资金】 2022年，全区享受报废更新补贴的农业机械6台。其中：纯农田作业拖拉机2台，联合收割机4台，享受财政补贴资金4.8万元（中央补贴资金4.8万元）。

【农业机械综合保险享受补贴资金】 2022年，全区符合政策性农机综合保险补贴的农业机械共57台，享受财政补贴资金2.98万元，由市、区财政各承担50%。

（郑　颖）

2022 年秀洲区主要农业机械拥有量

表 10

农业机械动力（千瓦）	拖拉机及配套机械动力（千瓦）	其中：大中型拖拉机（台）	耕整地机械（台）	播种（栽植）机械（台）	其中：水稻插秧机（台）	排灌机械（台）	田间管理机械（台）	其中：机动植保机械（台）	收获机械（台）	其中：谷物联合收割机（台）	农产品初加工机械（台）	其中：谷物烘干机（台）	畜牧机械（台）	水产机械（台）	农用航空器（台）
170947	28701	455	1618	172	122	7213	1383	1168	284	65	596	245	423	7120	169

数据来源：由区农水局提供

水　　利

【概况】　2022 年，秀洲区水利工程实施项目 18 个，完成投资 36201 万元。湖嘉申航道嘉兴段二期工程圩区设施改建工程（水利补偿项目）、秀洲区河湖淤泥资源再利用工程（暨低洼田改造）、洪合镇 2021 年水毁修复工程等 6 个项目完工；王店镇长水塘镇东圩区整治工程持续推进中，大坝圩区、腾范圩区、双西圩区、泾桥圩区和各镇防洪薄弱环节提升工程等 7 个项目开工建设，麟湖圩区完成施工招标工作。是年，全区累计完成水利投资 3.62 亿元，水利管理业投资 1.02 亿元。扩大杭嘉湖南排后续（秀洲区林舍港连通）工程和京杭大运河（嘉兴秀洲段）综合治理与保护工程成功列入省重大水利工程，并获省发改项目赋码。列入省级水域监管“一件事”试点。出台《秀洲区防洪薄弱环节提升三年行动计划》，各镇年度防洪薄弱环节提升工程全部完成，当年实际完成投资 8520 万元。打造美丽河湖先行样板，秀洲区西千亩荡被评为 2022 年省级美丽河湖。王店镇南如桥港被评为市级美丽河湖。

【圩区治理】　2022 年，王江泾镇丁家浜圩区整治工程、王店镇长水塘镇东圩区整治工程均完工。王江泾镇大坝圩区、腾范圩区、双西圩区整治工程和洪合镇泾桥圩区整治工程开工建设。新塍镇富云圩区整治工程和油车港麟湖圩区整治工程处于开工前期准备阶段。

丁家浜圩区，位于王江泾镇，北至钱东连接港、西荡、东荡，东至京杭运河，南至大沙河荡、保富桥港、荷花塘，西至小沙河港，涉及双桥村，面积 0.38 万亩，主要建设内容：新建及加高加固堤防 1.95 千米，新建水闸 3 座、闸站 4 座、排涝泵站 2 座，总装置排涝流量 4.45 米^3/秒，河道清淤 1.02 千米，总疏浚土方量 4000 米^3，建设创标工程 1 项。批复概算投资 2371.47 万元。项目于 2020 年 6 月 20 日开工，2022 年 5 月 23 日通过质量核备。

长水塘镇东圩区，位于王店镇，北至红联村，南至南梅村大横港，西至长水塘，东至南湖区、海盐县交界。圩区总面积 3.70 万亩，包围圈总长度 33.8 千米。主要建设内容：建设堤防 6.5 千米；新建改建口门建筑物 21 座；水系连通河道长度 12 千米，其中河道清淤 0.8 千米；圩区数字化工程，包括自动化控制系统、数据遥测系统和智慧应用系统等。批复概算投资 8129.06 万元。项目于 2021 年 9 月 28 日开工，至 2022 年底主体工程建成。

大坝圩区，位于王江泾镇，北至陆家荡，东至陆家荡、大坝水路，南至京杭古运河，西以大坝村界河与江苏省汾湖高新区为界，圩区面积 0.26 万亩，包围圈总长度 3.97 千米。主要建设内容：新建圩堤总长 3537.99 米，其中，防洪墙 493.84 米，土质圩堤 3044.15 米；拆建改建口门建筑物 6 座；整治河道 1 条长度 576 米，新建护岸 830.04 米，疏浚土方 7169 立方米；圩区工程创建标准化建设。批复概算投资 2210 万元。项目于 2022 年 9 月 11 日开工，至 2022 年底完成投资 800 万元，总体形象进度 36%。

腾范圩区，位于王江泾镇，西至六灯荡、钱家溪，南至钱东连接港、西荡、东荡，东至京杭运河，北至湖嘉申二期，圩区面积 1.27 万亩，包围圈总长度 15.8 千米。主要建设内容：新建圩堤总长 2.8 千米；拆建改建口门建筑物 9 座；整治河道 5

条，新建护岸6.3千米，疏浚土方8.3万立方米；圩区工程创建标准化建设。批复概算投资4956万元。项目于2022年9月21日开工，至2022年底完成投资1200万元，总体形象进度24%。

双西圩区，位于王江泾镇，北至湖嘉申二期，东至六灯荡、钱家溪，南至新农港，西至沙银港、怀思桥河、陈家桥河，圩区面积1.87万亩。包围圈总长度18.8千米。主要建设内容：新建圩堤总长10689.51米，其中，防洪墙1620.73米，土质圩堤9068.78米；新建拆建口门建筑物17座；整治河道2条长度1716米，新建护岸2242.96米，疏浚土方3.8万立方米；工程创建标准化建设。批复概算投资8516万元。项目于2022年10月11日开工，至2022年底完成投资1700万元，总体形象进度20%。

泾桥圩区，位于洪合镇，北至樟木桥港、陈家桥港，南到建设港，西濒濮院港，东临五灵泾港，圩区面积1.68万亩，包围圈总长度19.9千米。主要建设内容：建设圩堤10.1千米；新建改建口门建筑物21座；水系连通共计河道长度14.8千米，其中河道清淤12.9千米（清淤土方5.9万立方米）；圩区管理用房1座；标准化工程1项。批复概算投资7440.25万元。项目于2022年10月26日开工，至2022年底完成投资1200万元，总体形象进度16%。

富云圩区，位于新塍镇，北至二里桥港—新塍塘—乌镇港，南至横塘港—濮院港—桐家桥港，西靠八字港，东濒新塍塘，圩区面积3.26万亩，包围圈总长度24.2千米。主要建设内容：建设圩堤17.5千米；新建改建口门建筑物30座；镇区河道清淤17条，长度10.96千米，清淤土方11.76万立方米，新建护岸2.15千米、水生态处理1项；圩区标准化建设配套设施。批复概算投资16835.39万元。至年末，项目处于开工前期准备阶段，计划于2023年初开工建设。

麟湖圩区，是秀洲农业经济开发区基础设施建设项目。项目位置北至红旗塘，西至苏州塘，南至北郊河、三店塘，东至应家港、杨庙港以及油车港镇域边界。圩区面积7.75万亩，包围圈总长50.65千米。主要建设内容：建设堤防31.2千米；新建改建口门建筑物45座；圩区管理中心办公楼1座；工程信息化1项。批复概算投资29137万元。至年末，项目处于开工前期准备阶段，计划于2023年初开工建设。

【湖嘉申航道嘉兴段二期工程圩区设施改建工程】 湖嘉申航道嘉兴段二期工程圩区设施改建工程（水利补偿项目）涉及王江泾、油车港和新塍3个镇，项目批复总投资5927.34万元。其中：王江泾段主要建设内容为改建堤防5263米，护岸667米，改建涵闸、闸站、套闸、排涝站共18座，建设河埠53处、落河缺13处、人行上堤踏步8处，批复投资4948.49万元；油车港段主要建设内容为防洪墙加高加固1191.5米，建设河埠30座，河埠封堵4座，批复投资557.77万元；新塍段主要建设内容为改建建筑物2座，建设堤防304.58米，防洪墙732.90米，建设河埠13处、落河缺5处，批复投资421.08万元。项目于2021年3月20日开工建设，至2022年10月27日完工。

【秀洲区河湖淤泥资源再利用工程暨低洼田改造】 秀洲区河湖淤泥资源再利用工程暨低洼田改造项目位于油车港镇杨溪村、钱家桥村、澄溪村。主要建设内容为河湖淤泥再利用91.6万立方米，低洼田改造879亩，新建低压管道灌溉面积558亩，新建灌排泵站2座、排水沟8.014千米，新（改）建田间机耕路15.089千米，新建河道生态护岸5.695千米，生态修复面积14.15万平方米，项目批复总投资为5508.98万元。项目于2020年7月10日开工建设，至2022年10月27日完工。

【洪合镇2021年水毁修复工程】 洪合镇2021年水毁修复工程涉及凤桥村、洪合村、建北村、泰石桥村。主要建设项目涉及10条河道，分别为越家桥港、泗元浜、高家桥港、殳家桥港、长春桥港、施家浜、祝庚桥港、桥头港（东）、桥头港1（西）、油车浜，总整治长度5120米，新建护岸长度8642.85米（含落河缺、河埠长度48.4米），包括生态砌块护岸6262.83米，劈裂块贴面护岸1610.45米，木桩护岸724.91米，现状护岸加栏杆44.66米，清障面积17285.7平方米；落河缺40处，其中生态砌块落河缺29处，劈裂块贴面落河缺11处；河埠14处，其中，生态砌块河埠8处，劈裂块贴面河埠6处；拆除老桥1座；堤防加高加固313.96

米;建设配套工程带状水生植物2079.02米,景观节点2处,增设曝气机5套。项目批复概算总投资1434.92万元。项目于2022年2月18日开工建设,至2022年11月20日完工。

(熊锡琼)

【美丽河湖创建】 10月18日,秀洲区2022年度省级美丽河湖西千亩荡接受省、市两级同步验收,并被评为2022年省级美丽河湖。西千亩荡位于油车港镇栖真村和胜丰村,属栖北圩区、栖南圩区、池湾圩区及附宿圩区的圩外湖荡,东接东千亩荡,西经鳗鲡港与南官荡相通。湖荡水域面积0.83平方千米,岸线总长3.78千米,水域容积393万立方米。是年,王店镇南如桥港被评为市级美丽河湖。

(郁晨晨)

【水利执法】 2022年,秀洲区水利系统有综合行政执法证(监察证)持证人员82人。全年共组织开展各种水政执法巡查90次,累计巡查河湖长度约200千米。全年共查处水行政违法行为24起,发出责令整改通知书24份,其中移送区综合行政执法局立案处罚案件4起,共处罚金11万元。

(李晓阳)

品牌建设与其他

【概况】 2022年,秀洲区以肥药两制改革综合试点县成功创建为契机,以"浙农优品"数字化应用提质扩面和"绿秀洲"区域公用品牌打造为抓手,深入推进农业绿色生态建设和农业品牌标准化建设。王店镇建南村倪曹保"零直排"工程被评为市级农田退水"零直排"示范工程。同时进一步提高农培实效,是年完成各类农业普及性培训4318人。

【农业品牌标准化】 2022年,秀洲区启动秀洲区莲藕省级标准化基地创建工作,制定《秀洲区莲藕省级标准化基地建设("一县一品一策")2022—2023年实施方案》。组织开展秀洲区农业地方标准规范制修订工作,批准发布《三园鸡绿色养殖技术规范》《"翠冠"梨绿色生产技术规范》《桃设施生产技术规范》《一稻两虾种养技术规范》《鲈鱼草鱼流水槽轮养技术规范》5项秀洲区地方标准规范。嘉兴市进知莲藕营销专业合作社、秀洲区忠保农产品专业合作社、王江泾甸上人家生态农场、王江泾香水莲生态农场4家主体通过标准化生产绩效C级认定。嘉兴市诚兴水产养殖服务有限公司的"梅家荡青鱼"首次被认定为嘉兴市名牌农产品。

(沈锡贤)

【"浙农优品"数字化应用】 制订秀洲区"浙农优品"主体清单、事项清单、协同清单和政策清单,数字化应用提质扩面,"浙农优品"主体覆盖率、激活率均为100%,实现功能对口、数据互通,信息链接浙里菜篮子、农废回收等平台,数字应用发挥更大作用。

(胡　钰)

【稻田退水"零直排"】 2022年,市下达秀洲区农田退水"零直排"治理任务1万亩,实际完成农田退水"零直排"面积1.0642万亩(含结转项目),完成率100%;新建农田退水"零直排"1.44万亩,总体进度80%;王店镇建南村倪曹保"零直排"工程被评为市级农田退水"零直排"示范工程。

(周　晗)

【农民素质提升工程】 2022年,秀洲区农民素质提升工程共开班16个,参加培训686人。其中,高素质农民164人(部级资金),农村实用人才362人,农业技能160人。完成各类农业普及性培训4318人。

(魏雪涛)

综　　述

2022年，秀洲区贯彻落实中央一号文件精神和五级书记抓乡村振兴责任清单总要求，高质量推进农业农村现代化。是年，全区实现农村居民人均可支配收入44263元，增长6.2%；村级集体经济总收入3.98亿元，村均352.65万元，增长26.24%；村级经营性收入1.84亿元，村均162.68万元，增长38.52%。

深化农村改革助推乡村振兴。县域城乡融合发展工作先后两次获得中农办专职副主任吴宏耀批示肯定。《建设城乡融合现代社区 打造共富基本单元》入选省高质量发展建设共同富裕示范区改革探索类试点。农业标准地改革列入省级试点并获时任省委副书记黄建发点赞。成功列入浙江省首批跨乡镇全域土地试点项目，富园村全域土地综合整治与生态修复工程获选省级精品工程。火炬村入选全省强村富民乡村集成改革典型案例。全区新增农创客204人，培育"新乡贤带富"示范项目2个。列入年度省农业农村重大项目10个，完成投资3.94亿元，完成率104.5%。在全省农业高质量发展大会上，禾天下万亩数智农业产业示范园项目入选全省16个农业"双强"重大项目并现场签约。

聚焦"农业双强"推动农业高质高效。落实粮食安全党政同责，调整优化粮食功能区16.04万亩，区高标准农田建设获评全省乡村振兴创新实践优秀案例。创建省级渔业健康养殖示范县，农田退水"零直排"工作列入省级试点，启动建设省级莲藕精品绿色农产品基地，累计推广稻渔综合种养面积4.2万亩。实施省级现代种业新时代乡村集成改革试点，现代种业年产值突破3亿元。美之奥种业股份有限公司入选浙江省农作物种业阵型企业。创建全省特色产业农业"机器换人"高质量发展先行县，引进嘉兴市首条水稻智能化育秧流水线和高性能水果无损检测分级设备。入选2022年"浙里田园"百条休闲农业与乡村旅游精品线路2条。

深化"千万工程"全面实施乡村建设。油车港—王江泾"秀水新区"县域风貌区成功创建2022年省级风貌样板区，新塍镇、王江泾镇获评2022年度美丽城镇省级样板镇，样板镇覆盖率80%。美丽城镇建设获副省长高兴夫批示肯定。高质量完成省级新时代美丽乡村共同富裕示范带建设，新增省级乡村旅游重点镇2个、省级乡村旅游重点村2个、全省首批AAA级景区村庄培育名单1个。连续三年荣获全国县域农业农村信息化发展先进县，打造省级未来乡村3个、农村人居环境样板点145个、新时代乡村电气化村12个。城乡道路客运一体化发展水平持续保持AAAAA水平。

搭建抱团发展平台加快强村富民步伐。创新实施"飞地抱团"低收入家庭帮扶增收计划，户均年增收3174元。总结庄安葡萄种植、稻鳖共生等农民增收模式8个。与龙泉市联合共建乡村振兴示范点2个，秀洲—龙泉山海协作"飞地"产业园固定投资收益累计返至龙泉5160万元。实现区域内教育共同体农村学校全覆盖，新建"残疾人之家"2家，村级卫生室规范化率100%。"家庭养老床位"连续两年被列为"浙里康养"子场景试点，健康养老示范基地建设获副省长王文序批示肯定。

做好"四治融合"健全基层治理体系。是年，评定首批区级清廉村居47个，"浙江解纷码"贯通运用率100%。洪合镇、王店镇庆丰村获评省级清廉村居建设示范单位，王店镇获评“浙江孝贤”慈孝之乡，王江泾镇古塘村获评“浙江省首批美育示范村”。创建省文化礼堂建设示范镇1个、省级非遗旅游路线1条。“艺管家”项目入选全省文化和旅游数字化改革第二批试点应用名单。秀洲“四馆”（即秀洲区图书馆、秀洲农民画艺术馆、秀洲区非物质文化遗产馆、秀洲区文化馆）融合社会化运营获评“浙江省公共文化服务高质量发展典型案例”。秀洲区法治农民画获评“首批浙江省法治文化标识”培育对象，秀洲区农民画作品展入选第一批浙江省公共文化国际交流项目。《画好“三幅农民画” 以文艺力量助力共富道路》入选全市唯一的浙江省宣传文化领域共同富裕最佳案例。

农村基层党建

【概况】 2022年，秀洲区深入实施“红色根脉强基工程”和新时代基层组织先锋工程，启动红色根脉强基示范镇（街道）、村（社区）创评工作，推进109个三级示范点集群建设。落实村社党组织带头人“一会一赛一训练”制度，组织开展“村社书记交流会”“比学走看悟”等活动。深化基层治理数字化改革，优化调整全区网格，搭建好“镇（街道）—村（社区）—网格—微网格—户”的五级基层治理体系。

【村社干部队伍建设】 2022年，秀洲区不断强化共同富裕城市建设组织保证，育强明星领雁队伍，推进村社党组织带头人“一会一赛一训练”制度，共召开“村社书记交流会”3场，开展村社干部“比学走看悟”训练营5次，选派6名优秀村社党组织书记到衢州市常山县开展为期两个月的挂职锻炼，培育一批想干事、能干事、干成事的“明星”书记。开展村社组织换届“回头看”，对村社班子运转情况及工作实效进行全面评估，调整党组织书记9人，公开比选城市社区党组织副书记后备人选4名。

【基层党建示范点扩面提质】 实施“红色根脉强基工程”和新时代基层组织建设先锋工程，持续推进基层党组织全领域建强、全方位跃升。启动红色根脉强基示范镇（街道）、村（社区）创评工作，推进109个三级示范点集群建设，新城街道殷秀社区为老服务工作受到省委常委、组织部部长王成调研肯定，殷秀社区“家园支部”志愿服务队获《人民日报》专题报道。

【基层治理数字化改革】 制定出台《关于领导干部包镇街进村社入网格持续深化新时代“网格连心、组团服务”的通知》等5个文件，优化调整全区网格828个，微网格5084个，进一步选优配强“1+3+N”（“1”指1名网格长，一般由村（社区）干部担任；“3”指1名专职网格员、1名兼职网格员和1名包联干部担任的网格指导员；“N”指网格内的其他包联干部、基层党员干部和志愿者等）网格力量。实施“幸福满格”专项行动，明确微网格长7项重点工作职责及积分计算规则。创新“平时五包、战时五定”管理机制，按照区级领导包镇（街道）、镇（街道）领导包村（社区）、村（社区）干部包网格、网格长包微网格、微网格长包群众的“五个包联”机制，搭建好“镇（街道）—村（社区）—网格—微网格—户”的五级基层治理体系，建强疫情防控、保产保供等最小作战单元，在全市率先实现区域73万人全员核酸检测。

（劳羽成）

强村富民

【概况】 2022年，秀洲区全面完成集体经济收入考核任务，实现村级集体经济总收入3.98亿元，村均352.65万元，增长26.24%。是年，全区有低收入农户1903户3024人，人均可支配收入23760元，排名全市第一。

【强村计划】 12月11日，区委办、区政府办印发《秀洲区深化以集体经济为核心的强村富民乡村集成改革实施方案》。全区落实1个“飞地抱团”项目——秀水新城科技产业园项目。全区全面完成集体经济收入考核任务，实现村级集体经济总收入3.98亿元，村均352.65万元，增长26.24%。全区113个村村级经常性收入实现150万元以上全覆盖；村级经营性收入1.84亿元，村均162.68

万元，同比增长38.52%。全区113个村村级经营性收入实现50万元以上全覆盖。全区集体经济发展质量进一步提高，35个村（计划）实施股份分红，分红（计提）金额1905.35万元。

【农村集体“三资”管理】 2022年，围绕纵深推进清廉村居建设和漠视侵害群众利益专项治理行动要求，出台《秀洲区村经济合作社运行问题专项治理方案》，制定社员（村民）重大事项表决决议书（模板）供镇村参考，开展村级应收款清理、村级闲置资金定期监测，扎实开展专项治理工作。按照上级要求做好“浙农经管”平台数字化改革工作，新系统效能进一步发挥。联合区审计局出台《关于做好2022年农村集体经济审计工作的通知》，完成35个村的审计工作。开展清廉村居标杆建设，打造清廉村居样板。洪合镇入选省级清廉村居建设示范乡镇（街道），王店镇庆丰村入选省级清廉村居建设示范村（居）。开展区级清廉村居评定工作，确定王店镇庆丰村等20个村达到省、市级清廉村居建设标准，认定王店镇庆丰村等47个村为区级清廉村（居）。

（胡红煜）

【巩固拓展脱贫攻坚成果】 2022年，秀洲区不断巩固拓展脱贫攻坚成果，做好与乡村振兴有效衔接，扎实推进共同富裕，低收入农户收入持续稳步提高。至年末，全区共有低收入农户1903户3024人，其中，低保户1444户2192人、低边户209户582人、特困户250户250人。是年，全区低收入农户人均可支配收入23760元，同比增幅14.6%，排名全市第一位。实施新一轮低收入农户医疗补充政策性保险，扩大赔付范围，尽可能不设起付线，共为全区3152名低收入农户购买保险，保费合计48.28万元，由市区两级财政全额承担。

【低收入农户数字化帮扶】 “浙农帮扶”应用贯通至镇村农户。2022年，秀洲区继续落实“一户一策一干部”制度，全区有584名干部，帮扶结对低收入农户1903户，全年走访23825人次，实现每月一次全覆盖。结对率、走访率和“浙政钉”使用覆盖率均为100%。同时，利用每月走访对农户基本信息进行核对，完善系统数据。及时处理农户诉求和风险预警，帮扶干部收到诉求和预警信息后，24小时内初询了解，72小时内确认处理。浙农帮扶系统每月数据更新后，及时做好空间数据采集、“两不愁三保障”照片采集、结对干部调整、行政村数据维护、农户端应用推广等工作。

【低收入农户增收项目】 2022年，筹集低收入家庭帮扶增收资金5043.8万元，投资到“秀洲区强村光伏产业园”抱团项目，带动全区1589户低收入家庭，户均增收3174元。推进低收入农户帮扶增收“一镇一模式”，如：王店镇东兴奶牛场共富车间项目，东兴奶牛场拿出近百头奶牛组成“共富奶牛棚”，针对低收入农户，以劳动力入股，或资金入股、银保护航、定期分红等方式让农户增收。红联村有1名低收入农户在奶牛场工作，奶牛场每月发放固定工资。11户低收入农户以资金形式入股，入股的农户一年为一周期，到期后可续约也可拿回本金。每年收益为入股资金的15%。

（怀红飞）

农村文化礼堂

【概况】 2022年，秀洲区围绕“打造百姓精神共富新家园”的要求，以提升人民群众满意度为目标，大力推进农村文化礼堂提档升级、提质增效。是年，秀洲区新增四星级文化礼堂4家，即凤珍村文化礼堂、康和桥村文化礼堂、千金寺村文化礼堂、双桥村文化礼堂；新增省文化礼堂建设示范镇1个，即王江泾镇。新城街道木桥港村礼堂适老服务项目、新塍镇观音桥村“文化礼堂全家福”活动分别入选省农村文化礼堂赋能共同富裕引领计划首批项目名单和提名项目名单，王江泾镇民和村文化礼堂王金珠获评省“第五届最美文化礼堂人”，洪合镇建北村文化礼堂曾修权棕编手工艺品入选2022年浙江省农村文化礼堂“我们的村礼”，“最美”人物李金红等3个项目入选全市文化礼堂“最美”项目。9月，加强农村文化礼堂常态化数字化管理。是年，嘉兴市财政局、市委宣传部下达2022年度宣传文化发展专项区级配套资金165万元，用于保障2021年度农村文化礼堂、社区文化家园工作性奖励，四星级文化礼堂奖补、精品村和重点村补助。

【打造精品工程】 秀洲区坚持高质量发展理念，持续推进各农村文化礼堂开展硬件改造、软件提升工作。是年，提升王店镇庆丰村、洪合镇新美村等文化礼堂7家，新增社区文化家园2家、提升1家，提升企业文化中心1家，新增文化公园2个，使文化礼堂等基层文化阵地更大程度满足当地居民文化需求。按照省、市要求，完成洪合镇凤桥村文化礼堂，王江泾镇民和村文化礼堂、民主村文化礼堂数字化微提微改工作，满足群众更高层次文化需求。

【丰富内容供给】 2022年，秀洲区不断强化文化礼堂内容供给，积极举办各类主题文化活动：6月，承办嘉兴市“强国复兴有我”群众性主题宣传教育活动，暨“红色资源在线·红色润心”应用上线启动仪式；7月，开展秀洲区“强国复兴有我”主题宣传教育活动；8月，开展“泱泱秀水”音乐舞蹈诗基层巡演；10月，启动“我在礼堂看共富”主题征文活动，共收集征文200余篇，评选出优秀征文56篇。持续丰富“我们的”系列活动：1月，发布“秀年味秀礼堂”秀洲区农村文化礼堂等你一起过大年虎年新春视频；5月，举办“万‘粽’一心 战‘疫’同行”秀洲区端午民俗文化活动，邀请援沪医疗人员家

5月28日，“万‘粽’一心 战‘疫’同行”秀洲区端午民俗文化活动在王店镇镇中村文化礼堂（古藤书屋）举办（区委宣传部提供）

庭15户到文化礼堂共同体验端午民俗；同月，在油车港镇胜丰村文化礼堂、新城街道义庄村文化礼堂举办全市端午裹粽大赛秀洲预选赛，16名选手晋级市总决赛，并取得二等奖2名、三等奖3名；11月，在王店镇凤珍村文化礼堂举办“我们的村运”活动。是年，全区文化礼堂累计开展文化惠民、便民志愿、传统民俗、科普宣传等各类活动5000余场，参与人数10万余人次，不断充实和丰富村民们的精神文化生活。

【中共二十大精神宣传教育进礼堂】 秀洲区坚持推动中共二十大精神宣传教育深入基层、深入群众。10月16日，组织群众在文化礼堂、文化家园等全区基层宣传思想文化阵地集中收看中共二十大开幕会；11月，启动开展“奋进新征程 礼堂大学习”中共二十大精神群众性宣传教育活动，融合理论宣讲、文明新风、便民集市、公益服务等丰富内容，让中共二十大精神在村民心中“落地生根”。

（劳佳欢）

新时代美丽乡村创建

【概况】 2022年，秀洲区持续深化“千万工程”，抓好美丽乡村示范创建、农村人居环境整治、农村生活垃圾分类等工作。是年，全区建成省级共同富裕新时代美丽乡村示范带1条、新塍镇初心启塍·幸福童享精品线1条，省级新时代美丽乡村25个（其中，新时代美丽乡村达标村14个、精品村11个）、未来乡村3个、特色精品村3个、高标准垃圾分类示范村6个、星级公厕18座（其中示范性公厕2座），入选2022年度全省农村生活垃圾分类处理工作优胜县（市、区）名单。

【未来乡村建设】 2022年，区发改委、农水局印发《秀洲区新时代美丽乡村建设“十四五”规划》，全面谋划“十四五”期间未来乡村建设任务，明确到2025年底，建设省级未来乡村12个以上，实现市级未来乡村建设全覆盖。先后启动4个省级未来乡村和16个市级未来乡村建设试点，以党建统领“秀水田园·未来嘉乡”品牌，以人本化、生态化、数字化为建设方向，以美丽乡村为基础，建设产业、风貌、文化等9个未来场景。其中新塍镇洛东村、油车港镇胜丰村、王江泾镇古塘村成功创建为

12月14日，新塍镇洛东村被省政府办公厅认定为2022年度创建省级未来乡村成效优秀村。图为洛东村一角（区农水局提供）

省级未来乡村，新塍镇洛东村被省政府办公厅认定为2022年度创建成效优秀村。

【秀洲区入选省农村生活垃圾分类处理工作优胜县（市、区）】 12月18日，省“千村示范、万村整治”工作协调小组办公室公布秀洲区入选2022年度全省农村生活垃圾分类处理工作优胜县（市、区）名单，王店镇建林村、洪合镇建北村、新塍镇洛东村和康和桥村、王江泾镇民和村、油车港镇千金寺村入选2022年度省级高标准农村生活垃圾分类示范村。是年，全区农村生活垃圾分类处理总投资2222万元，建有易腐垃圾资源化处理站点7座，农村可回收站点75个，全年累计处理易腐垃圾12457吨，产生有机肥1224吨。成功创建省级分类处理任务村6个、巩固提升村30个，站点技改提升1座、星级站点创建1个，实现农村生活垃圾回收利用率63%以上、资源化利用率100%、无害化处理率100%。

【农村环境全域秀美专项行动】 2022年，秀洲区围绕“三项重点工作”（农村厕所、生活污水、生活垃圾）、“三大重点区域”（房前屋后、田间地头、河塘沟渠），进一步加大全域秀美工作标准、力度，开展农村环境全域秀美专项行动。在完成全域美丽的基础上，推进村庄“三化”（绿化、美化、亮化）和美丽“三园”（菜园、果园、花园）建设，全年整治各类问题16872个，打造农村人居环境样板村5个、样板点152个，新建、提升“秀圾分”展示馆10个，评选出“红旗”村44个、“蜗牛”村22个，全面提升农村人居环境水平，实现全域美丽无死角。

（陈媛媛）

综　　述

2022年,秀洲区全面贯彻省市决策部署,按照"疫情要防住、经济要稳住、发展要安全"要求,围绕区委"123451"总体工作部署,培育壮大数字经济、低碳经济、健康经济三大新兴产业,进一步做优家居、纺织、毛衫三大传统产业,"五个秀洲"实现精彩开局。是年,全区工业经济保持平稳发展态势。全区有规模以上工业企业591家,实现总产值1079亿元,同比增长11.2%,规模以上工业增加值238.5亿元,同比增长9.0%;实现外贸进出口总额309亿元,同比增长16.2%;完成制造业投资70.6亿元,同比增长13.0%,其中,技改投资21.5亿元;合同利用外资4.77亿美元,增长20%;实际到位外资3.87亿美元,创历史新高,增长2.7%,完成率全市第一。完成"高耗低效"企业整治200家,腾退面积3108.2亩。

全区规模以上战略性新兴产业实现增加值132.32亿元,同比增长22.0%。规模以上高新技术产业实现增加值186.94亿元,同比增长12.2%。规模以上装备制造业实现增加值105.67亿元,同比增长16.6%。规模以上数字经济核心制造业实现增加值65.96亿元,同比增长7.2%。规模以上时尚制造业实现增加值49.46亿元,同比下降14.6%。

嘉兴市各县(市、区)主要经济指标及排名情况

表11

地　区	规模以上工业增加值(亿元)			规模以上工业利税(亿元)			规模以上工业利润(亿元)			制造业投资(亿元)		
	2022年	±%	排名	2022年	±%	排名	2022年	±%	排名	2022年	±%	排名
全　市	2815.6	3.9	—	981.6	-15.5	—	686.6	-20.1	—	933.6	18.4	—
南湖区	227.7	4.1	5	99.0	3.5	1	79.3	10.1	1	69.8	28.0	1
秀洲区	238.5	9.0	2	81.0	-4.0	3	58.9	-7.9	3	70.6	13.0	7
嘉善县	415.4	11.2	1	131.6	-1.5	2	94.9	9.2	2	140.5	24.5	2
平湖市	346.2	5.5	3	120.0	-19.7	7	77.5	-31.8	7	94.5	14.3	6
海盐县	311.4	-0.3	8	155.2	-9.4	4	115.1	-11.3	4	204.2	22.2	4
海宁市	472.8	0.0	7	172.0	-9.8	5	112.3	-13.5	5	101.7	22.8	3
桐乡市	468.5	3.5	6	137.4	-31.3	8	91.4	-42.0	8	161.1	3.5	9
经　开	157.5	4.8	4	58.8	-10.0	6	45.5	-14.6	6	32.4	6.0	8
港　区	171.5	-2.5	9	26.5	-62.8	9	11.7	-77.9	9	58.7	18.4	5

资料来源:由区经商局提供

说明:上表数据引用快报数据

(张　赟)

工业经济运行

【概况】 2022年，全区规模以上企业实现产值1079亿元、首次突破千亿元，同比增长11.2%；实现规模以上工业增加值238.5亿元，增速9.0%，列全市第二。其中，数字制造业增加值增长7.2%，列全市第六；高端装备制造业增加值增长4.1%，列全市第五；战略性新兴产业制造业增加值增长22%，列全市第二。

【经营体制】 2022年，全区规模以上工业企业（年主营业务收入2000万元及以上）共591家。其中，股份合作制企业4家，占0.7%；有限责任公司36家，占6.1%；股份有限公司14家，占2.4%；私营企业454家，占76.8%；港澳台商投资企业39家，占6.6%；外商投资企业44家，占7.4%。各类企业工业总产值、主营业务收入等主要经济指标见下表。

2022年秀洲区各类规模以上工业企业经营情况

表12

指标名称	企业单位数（家）	工业总产值	主营业务收入	利润总额	利税总额	平均用工人数
		本年（万元）	本年（万元）	本年（万元）	本年（万元）	本年（人）
秀洲区	591	10791212	11071384	588140	810284	89440
股份合作企业	4	26566	25617	816	1514	444
有限责任公司	36	821616	887570	94603	120528	6323
股份有限公司	14	910260	827544	105164	108926	5091
私营企业	454	6576910	6631973	158623	290789	52949
港、澳、台商投资企业	39	1508893	1555150	112751	147644	12549
外商投资企业	44	946968	1143530	116185	140884	12084

资料来源：由区经商局提供

说明：上表数据为年报数据，下同

【规上工业企业产值首次突破千亿元】 2022年，全区有规模以上工业企业591家，实现总产值1079亿元，同比增长11.2%，首次突破千亿元大关。其中，产值亿元以上企业166家、5亿元以上企业30家、10亿元以上企业14家、50亿元以上企业2家、100亿元以上企业1家。2018—2022年，全区年均产值增速12.6%、增加值增速5.3%，发展水平稳步提升，制造业增加值占全区GDP比重的48.6%，制造业成为带动全区经济增长的重要动力。

【行业分类】 2022年，全区有规模以上工业企业591家，按国民经济行业分类标准划分涉及28个行业。其中，纺织业214家，占36.2%；计算机、通信和其他电子设备制造业49家，占8.3%；电气机械和器材制造业51家，占8.6%；纺织服装、服饰业31家，占5.2%；非金属矿物制品业26家，占4.4%。上述五大行业共有生产企业371家，占全区规模以上企业总数的62.7%，为全区工业的主导行业。

2022年秀洲区规模以上工业企业按行业分类经营情况

表13

指标名称	企业单位数（家）	工业总产值	主营业务收入	利润总额	利税总额	平均用工人数
		本年（万元）	本年（万元）	本年（万元）	本年（万元）	本年（人）
总　计	591	10791212	11071384	588140	810284	89440

续表 13

指标名称	企业单位数（家）	工业总产值	主营业务收入	利润总额	利税总额	平均用工人数
		本年（万元）	本年（万元）	本年（万元）	本年（万元）	本年（人）
纺织业	214	1706237	1708939	49518	105128	24177
计算机、通信和其他电子设备制造业	49	1262047	1272610	88124	100738	12571
电气机械和器材制造业	51	2800283	2866737	73748	89427	9895
纺织服装、服饰业	31	540033	549872	59495	75813	5065
非金属矿物制品业	26	1017940	1048643	91890	122310	5018
金属制品业	27	225873	239194	16741	22356	3055
橡胶和塑料制品业	24	236323	240003	14288	21244	1988
通用设备制造业	23	190797	212751	10410	15935	2842
汽车制造业	17	241767	270709	23909	30885	2860
化学原料和化学制品制造业	13	176228	182793	9115	15303	1264
专用设备制造业	16	168193	192499	28903	36994	2233
化学纤维制造业	14	884122	825442	7888	26852	3948
食品制造业	13	244169	348205	29185	45396	3977
家具制造业	10	219707	221747	18955	21421	3318
农副食品加工业	9	112016	119480	2562	4670	619
皮革、毛皮、羽毛及其制品和制鞋业	8	54020	52627	−332	583	1159
印刷和记录媒介复制业	8	26743	26971	229	1397	426
造纸和纸制品业	7	51896	52027	−1388	1116	504
文教、工美、体育和娱乐用品制造业	5	40426	40950	2589	3275	700
有色金属冶炼和压延加工业	5	37075	35745	1558	2129	193
仪器仪表制造业	4	19572	21594	223	1173	468
电力、热力生产和供应业	4	204251	202127	40914	44648	553
医药制造业	3	73497	82137	8004	8691	883
铁路、船舶、航空航天和其他运输设备制造业	4	48385	50881	8638	9227	508
其他制造业	2	70499	70128	2035	2292	959

续表 13

指标名称	企业单位数（家）	工业总产值	主营业务收入	利润总额	利税总额	平均用工人数
		本年（万元）	本年（万元）	本年（万元）	本年（万元）	本年（人）
燃气生产和供应业	2	110702	110687	370	621	51
黑色金属冶炼和压延加工业	1	24665	22139	-73	-230	127
水的生产和供应业	1	3747	3748	643	895	79

资料来源：由区经商局提供

（张　赟）

工业信息化

【概况】　秀洲区以全省数字化改革为契机，紧扣“制造强区”和“数字赋能”两大关键，积极打造智能光伏全产业链，推动数字经济创新提质，成效显著。2022 年，在全省数字经济大会上，秀洲区被省政府评为“大力发展数字经济成效明显督查激励县（市、区）”；数字经济发展综合评价指数再创新高，位列全省第七，嘉兴市首位；全力推进数字化改革工作，数字经济系统建设年度考核位列全省第三，嘉兴市首位。持续发力智能光伏产业链打造，入围全省“新星”产业群培育名单和省级特色产业集群核心区，《打造“光伏全链”千亿级产业集群》获评全省“最佳实践”。

【数字经济核心产业】　数字经济产业规模持续壮大。是年，秀洲区规模以上数字经济核心制造业实现产值 395.2 亿元（区统计数据），同比增长 25.8%；增加值 65.96 亿元，同比增速 7.2%，占规模以上工业增加值比重的 27.7%，超全市平均 7 个百分点，列全市第三。数字经济制造业完成投资 28.77 亿元，同比增长 62.7%。全区累计开通 5G 基站 1433 座，完成率 159.22%，列全市第二。推进产业数字化，数字经济和实体经济深度融合，在 2022 年全省数字经济发展综合评价指数中，秀洲产业数字化指数列全省 12 位，全市首位。嘉兴云切供应链管理有限公司作为全市唯一企业入选 2022 年省级数字工厂（培育类）名单，并入选省级数字经济系统最佳应用；麒盛科技股份有限公司上榜浙江省第二批制造业“云上企业”；雅莹集团股份有限公司、嘉兴捷顺旅游制品有限公司、嘉兴中润光学科技股份有限公司 3 家企业入选国家级新型信息消费示范项目，数量全市第一。

【数字经济重点平台】　持续做强光伏特色小镇，全力推进建设成为国内领先光伏核心区和技术创新平台，2022 年产值 302.6 亿元，同比增长 72.7%。打造桃园数字产业谷。秀洲区与中电科集团共建的桃园数字产业谷以“人工智能”为核心，成功获评全省小微企业园亩均效益领跑者十强，2022 年数字经济核心制造业产值 272.97 亿元（桃园数字产业谷上报数据），数字经济产业占比 90.83%。加快推进“中国睡谷”建设。依托麒盛科技股份有限公司、顾家智能家居嘉兴有限公司等上市企业为代表的智能家居产业链，全面构建“科技、智造、生态”的睡眠大健康产业链，该产业链 2022 年实现产值超 150 亿元。

【智能光伏产业大脑】　强化数字赋能，围绕智能光伏行业产业大脑建设方向，大力提升技术研发和应用推广力度。秀洲区主导建设的智能光伏产业大脑是浙江省首个建成上线的信息业分区产业大脑，已覆盖全国 28 个省（市、自治区），服务光伏电站超 2.2 万座，其中，浙江省已接入实时数据监测的光伏电站 6500 多座。完成绿电交易的规模近 4000 万千瓦时清洁能源，为中小企业实现交易增值超 300 万元。

（韦李子）

工业项目管理

【概况】 对工业项目实施严格的准入评估、综合验收以及存量用地管理，建立工业项目全生命周期管理制度，以准入通知书和标准地协议为基础对项目开展事中、事后监管，确保工业项目质量，切实提高全区工业用地绩效水平。设立工业投资和技改项目库，建立工业投资项目主要节点星级管理和考核制度，根据工业投资项目建设全过程主要节点进展情况，实行六星分级、亮牌管理。

【工业项目准入】 2022年，秀洲区工业投资项目准入评估工作领导小组对85个工业建设项目进行准入评估，全部通过评审。其中，已准入新增用地项目13项，计划总投资77.8亿元，拟用地面积1150.9亩，预计新增产值72.9亿元，税收4.1亿元；已准入租赁厂房项目72项，计划总投资29.8亿元，租赁面积30万平方米。

【工业项目综合验收】 严格按照项目土地出让合同约定的产业类别和投资强度进行验收。是年，办理项目综合验收23项，验收总面积645.6亩，完成固定资产投资19亿元。

【工业投资项目节点星级管理】 2022年，全区列入工业投资项目节点星级管理项目库项目83个，6星已投产项目21个，占比20%；5星已竣工项目20个，占比22%；4星项目17个，占比14%；其余为3星及以下项目。其中，黄牌项目3个，王店镇1个，洪合镇1个，高新区1个；红牌项目2个，王江泾镇1个，油车港镇1个。

（朱　欢）

产业转型

【概况】 围绕“数字赋能”和“节能降碳”两大赛道，全力推进“两化”（指数字化和绿色化）改造工作，打造破局新引擎。2022年，全区规模以上工业增加值增速9%（列全市第二），能耗下降率3.3%，扭转上年不降反升态势，降幅放缓8.9个百分点，全面完成“两化”改造工作目标任务。麒盛科技股份有限公司成功创建国家级绿色工厂，嘉兴隆基光伏科技有限公司入围工业和信息化部智能制造优秀场景，嘉兴云切供应链管理有限公司成功入围首批省级数字工厂标杆企业名单（培育类）。印发《秀洲区进一步深化工业企业“亩均论英雄”评价实施意见》，进一步深化“亩均论英雄”改革。修订完善工业企业绩效评价体系，优化资源要素配置，加强高耗低效企业整治。秀洲区智能光伏产业集群入选省级“新星”产业群和省“415”先进制造业集群智能光伏核心区。

【“两化”改造】 成立秀洲区“两化”技改服务联盟，遴选创建秀洲区“两化”技改服务商库（第一批）。评选出首批秀洲区数字化、绿色化改造“十佳”标杆企业，分行业组织企业参观学习，加快全行业“看样学样”。建立“两化”改造项目库189个，60个重点“两化”改造项目完成投资28.61亿元，新增工业机器人220台，超额完成全年任务。2022年，秀洲区完成绿色化改造诊断54家（区级层面50家），完成率108%；完成节能减碳技术改造项目39项，节能3.08万吨标煤；完成创建市级绿色工厂10家、节水型企业5家、清洁生产15家（自愿3家）。

【“亩均论英雄”改革】 持续推动2022年工业企业“亩均论英雄”评价工作，落实差别化政策措施。2022年，全区A、B类企业正向激励财政资金补助9444万元，减免城镇土地使用税5192万元，新增供应土地42.19亩，末档倒逼企业征收差别化电费2409.75万元，削减用能指标80464吨标煤。

【技术创新】 为实施创新驱动战略，鼓励企业建立企业技术中心，完善技术创新体系，对经认定的国家级、省级、市级制造业企业技术中心分别给予150万元、50万元、20万元的奖励，全年技术中心共奖励企业11家，总金额270万元。是年，世源科技（嘉兴）医疗电子有限公司和浙江嘉兴福达建设股份有限公司被评为2022年浙江省级企业技术中心，11家企业被评为嘉兴市级企业技术中心。

【首台(套)】 首台(套)重大技术装备是指在国内和省内实现重大技术突破、拥有自主知识产权、用户初步使用或尚未取得市场业绩的装备产品。深入开展制造业首台(套)装备提升工程,是推动智能制造转型升级、打造工业强省的重要举措,对经认定的国际、国内、省内、市内首台(套)装备,分档给予200万元、150万元、50万元和20万元的奖励,全年共奖励企业11家,总金额220万元。是年,13项产品被认定为嘉兴市装备制造业重点领域首台(套)产品。

(朱 欢 吴 超 韦李子)

区域特色产业

【概况】 围绕打造实力秀洲,培育壮大数字经济、低碳经济、健康经济三大新兴产业,进一步做优家居、纺织、毛衫三大传统产业,加压奋进、跨越发展,高效统筹疫情防控和经济发展,加大项目招引力度,优化建立"雏雁""鸿雁""头雁"企业梯度培育体系,提升主导产业和龙头企业竞争力,全力推进经济工作稳进提质。

【时尚纺织】 2022年,全区有规模以上时尚纺织业企业265家,实现产值312.1亿元,同比下降1.0%,占规模以上工业比重29.2%、下降3.5个百分点。受疫情多点散发、原料成本上涨、市场需求疲软等影响,整体经营压力加大、利润空间被挤压,全年57家纺织企业亏损,占全区亏损企业总数(125家)的45.6%;亏损面21.5%,高于全区平均水平0.5个百分点。纺织业产值主要贡献来自于龙头企业浙江台华新材料股份有限公司、浙江嘉欣丝绸股份有限公司,2022年分别实现产值46.2亿元、22.3亿元,分别增长8.9%、26.1%。

【光伏新能源】 2022年,全区有规模以上光伏新能源业企业16家,实现产值302.6亿元、同比增长72.7%,占规模以上工业比重的28.3%、增长10个百分点。围绕打造千亿级光伏产业集群,2022年光伏新能源产业主导地位更加凸显,成功申报省级特色产业集群核心区,福莱特玻璃集团股份有限公司、嘉兴隆基乐叶光伏科技有限公司、嘉兴阿特斯阳光能源科技有限公司3家龙头企业带动效应明显,合计新增产值122.6亿元,拉动全区产值增长12.7个百分点。

【智能家居】 2022年,全区有规模以上智能家居业企业90家,实现产值150.4亿元,同比下降22.0%,占规模以上工业企业产值比重14.1%、下降6个百分点。主要受房地产市场下行、新冠疫情等影响,外贸需求疲软、订单量萎缩,智能家居行情持续低迷、发展遇冷,全年合计减少产值约42亿元,拉低全区产值下降4.4个百分点,20家企业亏损、亏损面22.2%。

【高端装备制造业】 2022年,全区有规模以上高端装备制造业企业119家,实现产值158.8亿元,同比增长16.5%,占规模以上工业企业产值比重14.8%、增长0.6个百分点。一方面,电子价签零售龙头企业汉朔科技延续良好的发展态势,全年实现产值32.2亿元,同比增长90.8%。另一方面,汽车制造业生产经营总体稳定,利润上下游结构持续改善,17家规模以上汽车制造业企业实现产值19.6亿元、增长3.2%,营收增长9.9%,利润增长37.6%。

(张 赟)

淘汰落后产能

【概况】 6月,印发《秀洲区印染行业专项整治提升方案》,制定新一轮印染整治方案,持续推进"高耗低效"企业整治,腾退连片低效用地,破除要素低效供给,加快新旧动能转换。以秀洲国家高新区为主平台,秀水新区、空港新区为北、南两个分片区,构建支撑秀洲区制造业高质量发展的核心平台,加快推进高质量小微企业园开发建设。

【高耗低效企业整治】 通过大力开展高能耗、高排放、低产出企业整治,强势推动印染行业整治提升,2022年签订印染企业腾退协议13家,签订兼并重组协议10家;完成高耗低效企业整治312家,腾退低效面积3108亩,连片50亩腾退占比66.5%,拉动工业用地有机更新。

【小微企业园建设】 承办全市小微企业园“提质创星”现场会，与各县(市、区)园区负责人现场交流小微企业园数字化建设、星级评定等相关内容。至年末，全区建成并通过省级审核认定小微企业园19家，建筑面积175.05万平方米，入驻企业774家；当年市评定三星级小微企业园1家，为王店集成装饰创业创新园；省评定五星级小微企业园1家，为博尔玛创新园。

(吴 超)

企业服务

【概况】 2022年，秀洲区创新实施“一人一企，一包到底”常态化服务机制，选派助企服务员233人，下沉企业643家，收到企业反馈问题1720个，协调解决问题1672个。多层次开展企业人才实训，举办第八届秀洲区企业顶层设计与人才强企专题研修班，共37家重点企业负责人参加。加速企业梯度培育，新增专精特新“小巨人”4家、雄鹰企业1家、隐形冠军1家、“专精特新”中小企业33家。深化企业降本减负，是年，全区直接或间接减免企业负担28.44亿元。

【先进制造业高质量大会】 5月25日，召开秀洲区先进制造业高质量大会暨产业转型升级推进会。会上发布《秀洲区建设高质量制造强区跃升版实施方案(2022—2026年)》，并分“时代之星、荣耀之星、效益之星、成长之星、科创之星、智汇之星”六个类别表彰52家次企业，向嘉兴隆基乐叶光伏科技有限公司等10家企业预兑付资金1亿元。

【企业培育】 2022年，秀洲区开展专精特新企业培育工作，制定《实施“三雁”工程推进秀洲区“专精特新”企业梯度培育专项行动方案》，全年新增专精特新“小巨人”4家、雄鹰企业1家、隐形冠军1家、专精特新中小企业33家、创新型中小企业136家。

【“一人一企”服务机制】 2022年，秀洲区开展“一人一企、一包到底、一周清零”企业常态化服务机制，从14个涉企部门选派233名中层以上干部担任助企服务员，从各主体中确定属地联络员54人，下沉规模以上企业643家，收到企业反馈问题1720个，协调解决问题1672个。

【企业家培训】 11月21—25日，2022年秀洲区企业顶层设计与人才强企专题研修班在北京大学信息技术高等研究院(杭州)举办。区相关领导及37家重点企业负责人共63人参加培训。

【企业减负】 2022年，全力推进减负数字化改革，线上线下全方位、多层次开展减负降本政策、“一指减负”应用等宣传活动，全区领码企业共16926家，切实提升企业知晓率和获得感。用足用好减税、降用工成本和减政府性基金等综合手段，全年共为企业减轻负担28.44亿元，有效降低企业运营成本。

(张 赟)

重点企业选介

【世源科技(嘉兴)医疗电子有限公司】 位于秀洲区洪高路1805号。成立于2003年，注册资本660万美元。为国家高新技术企业，是专业从事高端医疗器械和特种工业防护材料的研发与制造的公司。其主要产品系列有：医用防护系列、手术室耗材、生物降解医疗防护用品、工业用生物降解防护用品、医用塑料制品、医疗电子制品及家庭卫生护理用品等。公司自2014年起重点加强“世源科技医用降解产品及其废弃物处理技术研究院”(简称世源研究院)的建设工作。世源研究院主要从事生物降解的医疗器械产品及其废弃物处理技术和智能化装备的研发。研发团队共有76人，其中高级专业技术人员2人，海外留学归国人士2人，本科及以上学历人员占比74%。公司产品在全球近60个国家和地区核准注册，先后在美国FDA注册及通过ISO13485质量体系认证和欧盟CE认证，产品质量同时符合欧洲、美国、日本和中国药典标准，2011年9月通过“规范”(GMP)检查。2022年，公司获第二批国家级专精特新重点“小巨人”称号。

【浙江德康医疗器械有限公司】 位于秀洲区加创

路321号，上海交大(嘉兴)科技园7号楼。成立于2012年10月，注册资本8610万元。专注于高性能骨科植入物及手术系统的研发制造，是国内领先的骨科医疗器械厂商，同时也是国内少数具有研发核心能力和系统性研发平台的公司。产品包括脊柱内固定和融合、创伤和运动医学、人工关节置换三大类，覆盖95%以上的临床手术。2020年10月，与秀洲高新区管委会签订投资协议，投资年产25.8万套骨科植入物及人工器官生产项目，计划总投资5亿元，其中固定资产投入2亿元。项目选址于中山西路南侧、新塍大道东侧地块，用地面积约52亩。预留工业用地100亩作为二期用地。公司先后获国家专精特新“小巨人”和浙江省领军型创新创业团队等称号。

【浙江蓝特光学股份有限公司】 简称“蓝特光学”。位于秀洲区洪合镇洪福路1108号。成立于2003年，占地180亩。有员工800余人。注册资本40285万元。2020年9月21日，公司在上交所科创板挂牌上市(股票代码：688127)，成为嘉兴市第一家科创板上市企业。蓝特光学主要从事棱镜、透镜、玻璃晶圆、玻璃非球面透镜、汽车后视镜的生产、镀膜以及镜头组装，公司坚持在光学元件的多个细分领域设计研发和工艺创新，满足下游知名客户较高工艺指标要求和严格的供应商筛选标准，成为AMS集团、康宁集团、麦格纳集团、舜宇集团等国内外知名企业的优质合作伙伴，产品被应用于苹果、华为等知名企业的终端产品中。公司不断加强研发投入，建立以浙江蓝特高精度光学元件研究院、蓝特光学元件省级高新技术企业研究开发中心为平台的高效研发体系，有研发人员90多人，多种产品技术指标达到行业先进水平，先后承担国家火炬计划项目、工业和信息化部工业强基项目等重点科研项目，拥有主要专利46项。公司获国家专精特新“小巨人”称号，被认定为省级企业研发中心。

【嘉兴沃尔德金刚石工具有限公司】 位于嘉兴市秀洲区高照街道八字路1136号。成立于2016年，是北京沃尔德金刚石工具股份有限公司(首批科创板上市公司，股票代码：688028)的全资子公司。占地面积约118亩，注册资金39700万元。有员工200余人。“沃尔德”是专注于超高精密、高精密超硬刀具及高端复合超硬材料制品的研发生产和销售服务，同时致力于金刚石功能材料新兴应用领域产业化研究的高新技术企业。公司拥有“超硬材料激光微纳米精密加工技术”“真空环境加工技术”“PCD超薄聚晶片及复合片精密研磨及镜面抛光技术”“自动化设备研制技术”等多项核心技术，取得30余项专利证书。产品的终端用户包括美国卡特彼勒、韩国LG、京东方、华星光电、德国奔驰、宝马等汽车厂商的核心部件供应商。公司获国家专精特新“小巨人”称号，被认定为国家高新技术企业和省级高新技术企业研究开发中心。

【浙江川禾新材料有限公司】 位于秀洲区康和路950号。成立于2020年11月，注册资金5000万元。有员工200人，技术及管理团队本科以上学历50人。公司是一家太阳能导电连接技术公司，创业团队首创新型高效光伏焊带，在隆基批量应用，并不断开发新品，引领光伏焊带行业的技术发展。公司拥有国际专利1项，实用新型专利53项，发明公布类专利17项，发明授权类专利6项，外观设计类专利1项。公司先后被认定为国家高新技术企业、浙江省科技型中小企业。

(张　赟)

嘉兴国家高新区

【概况】 2022年，嘉兴国家高新区紧扣高质量发展目标任务，主动承担主平台担当，坚持“创新高地、智造基地、生态新城”三大定位，深入实施“创新强区、智造立区、服务兴区”三大战略，重点发展光伏新能源、高端装备制造、医疗大健康等特色产业，打造高质量产业集聚地，拥有规模以上工业企业168家。11月14日，经国务院批复，嘉兴秀洲高新技术产业开发区更名为嘉兴高新技术产业开发区。12月9日，嘉兴市发展和改革委员会公布第一批现代服务业创新发展区名单，嘉兴国家高新区科技商务创新发展区成功入围。至年末，建有省级重点企业研究院6家、省级企业研究院16家、省级研发中心32家。是年，高新区财政总收入16.17亿元，同比下降33.1%。实到外资(部口径)2.49亿美元，同比增长2.4%，完成区下达指标的99.9%，占全区64.4%。实现规模以上工业总产值612.28亿元，同比增长27.2%。工业增加值137.86亿元，同比增长27.4%。固定资产投资72.01亿元，同比下降4.6%，其中，工业投资37.44亿元，同比增长5.4%；服务业投资(含房地产)34.11亿元，同比下降12%。

【双招双引】 2022年，引进总投资超亿美元制造业项目2个，世界500强企业3家、行业龙头2家。全年引进外资项目26个，其中，新设立16个、增资扩产项目10个，在全市14个重大产业平台中获开放性经济考核一等奖。新增内资工业用地备案投资额约10亿元，完成亿元以上备案内资工业项目12个。国家"引才计划"人才拟入选3人，省"引才计划"人才拟入选6人；入选国家"万人计划"1人，为福莱特玻璃集团股份有限公司董事长阮洪良；入选省海外工程师4人；新引进青年博士20人；省级院士工作站获批1家，为中科环境科技研究院(嘉兴)有限公司；完成市级院士工作站申报1家，为嘉兴逸君辰科技有限公司。

【重点项目推进】 2022年，市"551"新建项目开工10个，含佛吉亚(嘉兴)汽车部件系统有限公司、恒诺微电子(嘉兴)有限公司、伟巴斯特电池包项目、"职工之家"等。区重点项目开工23个，含汉朔总部及智能制造基地项目、CVD培育钻石及金刚石功能材料项目、汉朔显示屏项目等。新开工亿元以上产业项目11个。新竣工亿元以上产业项目17个(含技改)。

【科技企业培育】 新获批省科技型中小企业93家，备案国家科技型中小企业178家、新增国家高新技术企业36家，获批浙江省首批科技"小巨人"企业2家(全市12家)，国家专精特新"小巨人"企业2家。新获批嘉兴耐通电子科技有限公司等11家企业为市级研发中心；新认定省级企业研究院2家(浙江省德康高性能医疗器械企业研究院、浙江省德沃康智能家居系统企业研究院)，省级企业研发中心1家(浙江省积成星芯片设计封装高新技术企业研究开发中心)。

【城市基础设施建设】 推进高照实验学校(二期)、智联健康产业园、秀洲大道道路提升改造工程、运河路拓宽及延伸段工程等项目建设。上海外国语大学秀洲外国语学校北校区教学楼项目竣工，占地面积2929平方米，建筑面积5930平方米，总投资3298.49万元；新塍大道垃圾中转站改建项目竣工并交付使用，建筑面积1598.11平方米，总投资1232.28万元。

【嘉兴隆基光伏年产14GW单晶组件项目落地】 项目位于王店镇，东至22万千伏高压线，南至军民路，西至白云桥路，北至吉祥西路。5月，厂房(一期)开工建设，11月，交付使用，实现"当年签约、当年开工、当年投产"的建设目标。嘉兴隆基光伏科技有限公司年产14GW单晶组件项目是隆基绿能目前规划最大的组件生产单元之一，产品性能将全面超越全国光伏领跑技术基地的要求。项目总投资约60亿元，用地面积约503亩，建设19条高效电池组件产线，主要建设自动化生产车间、智能化仓库、综合楼、展示中心及配套设施等。项目建成后，形成年产14GW单晶组件产能规模，预计年产值200亿元，带动就业近3000人次。

【沃尔德CVD钻石及金刚石功能材料项目签约落户】 3月7日，沃尔德CVD钻石及金刚石功能材料项目签约落户。该项目为北京沃尔德金刚石工具股份有限公司的子公司，计划总投资3.3亿元，将建设研发中心，采购先进研发和生产设备，引进优秀研发、管理人才。项目建成后，可年产20万克拉CVD培育钻石及金刚石功能材料和实现11万克拉培育钻石的生产能力。

【华章文旅项目增资】 3月25日，秀洲国家高新区与浙江华章文旅集团有限公司签订《华章文旅集团项目增资协议书》，约定由华章文旅集团增资1亿美元，用于文化旅游项目等的投资、开发和建设。该项目于2020年9月签约落户高新区，此次增资主要围绕高端文旅主业，开展系列优质项目投资。

【重大项目网络云签约】 4月24日，秀洲国家高新区举行2022年重大项目网络云签约仪式，共签约项目7个，涉及文旅、新能源、光伏、新材料等多个领域，总投资约人民币50亿元。签约项目中高端外资项目3个，总投资3亿美元，其中，超亿美元项目1个，全球行业龙头投资项目2个，项目投资方来自德国、西班牙等；内资项目4个，总投资约30亿元。

【微瑞VR设备及光学模组项目线上签约】 5月16日，秀洲国家高新区与江西微瑞光学有限公司微瑞VR设备及光学模组项目线上签约。微瑞光学专注于虚拟现实、汽车电子、手机等领域的光学和光电子应用，提供关键光学元器件和整体解决方案。该项目是高新区光电产业链上生力军的有力补充，将为高新区数字经济发展注入新的动能。

5月16日，秀洲国家高新区与江西微瑞光学有限公司微瑞VR设备及光学模组项目线上签约(嘉兴国家高新区提供)

【浙江远江生物科技植物基蛋白肉项目开工奠基】 6月13日，浙江远江生物科技有限公司年产3万吨植物基蛋白肉项目开工奠基仪式在秀洲国家高新区举行。项目将建设一座现代化工厂，运用江南大学国内领先的植物基蛋白肉技术生产全系列植物基蛋白肉制品，项目总投资4.6亿元，占地面积89.9亩，设计产能3万吨，达产后年产值超7亿元。

【亮兮柯新能源智能化增资扩产项目云签约】 6月20日，亮兮柯新能源智能化增资扩产项目云签约仪式在秀洲国家高新区举行。该项目新增总投资5000万美元，其中新增注册资本2000万美元，在亮兮柯电气(嘉兴)有限公司扩产新能源充电桩业务和新能源数字化路灯业务，计划5年内新投入设备1.5亿元，研发投入1亿元，信息化投入1500万元。

6月20日，亮兮柯新能源智能化增资扩产项目云签约仪式在秀洲国家高新区举行(嘉兴国家高新区提供)

【两企业获浙江省科技进步奖】 7月8日，2021年度浙江省科学技术奖名单公布，嘉兴中润光学科技股份有限公司研发的“超高清数字安防变焦镜头研发及产业化”项目获评省科学技术进步奖三等奖；由浙江大学牵头，浙江大学嘉兴研究院参与的“船舶尾气高效净化关键技术及应用”项目获浙江省科技进步奖一等奖。

【工业社区成立】 7月20日，经区人民政府批复同意，成立秀洲国家高新区汇创工业社区、数智工业社区、光伏工业社区。社区成立后将搭建“社区、网格、微网络”三级架构，打通服务企业的“最后一公里”。

【圆通航空集团创新总部项目签约】 7月25日，秀洲国家高新区与上海圆通蛟龙投资发展(集团)有限公司签订《圆通航空集团创新总部项目投资协议书》，项目拟建成一个平台、两个总部、三个中心。“一个平台”，指圆通航空板块业务平台，围绕圆通产业链和东方天地港项目，重点在航空、金融、货代、供应链、飞行员培训、跨境业务、关务等业务；“两个总部”，指圆通航空集团总部和圆通商贸板块总部；“三个中心”，指圆通集团在嘉兴的行政管理中心、人才中心和战略决策中心，总投资33亿元。

【蓝京新能源动力电池及关键材料项目签约】 7月30日，秀洲国家高新区与蓝京新能源(嘉兴)有限公司签订《蓝京新能源动力电池及关键材料项目合作协议书》，项目总投资4500万元，拟开发和生产动力电池及关键材料，达产后可实现年营收近1亿元。

【2022中国光伏绿色供应链大会在秀洲区召开】 8月17—19日，2022中国光伏绿色供应链大会在秀洲区召开。大会由中国绿色供应链联盟指导，中国绿色供应链联盟光伏专委会与浙江省嘉兴市秀洲区人民政府联合主办。大会的主题为“聚焦问题补链、协同合作强链、创新升级延链、清洁低碳绿链”，是嘉兴市首届“中国光伏绿色供应链大会”。会议以线上线下相结合的方式进行，来自政府机构、行业组织、光伏领域的专家及企业代表约300人线下参加会议。会上，颁发“2022 GREENPV技术创新奖”“2022 GREENPV菁英奖”“绿色高效组件奖”等奖项，举办“供应链圆桌派”“RE100 姐姐说”等圆桌对话。此外，大会还围绕“N型光伏技术与供应链趋势”“光电建筑应用BIPV”“光伏绿色供应链与碳排放管理”“多能互补和综合利用”“光伏回收与资源综合利用”“光伏发电与新型电力系统”等主题举办分论坛。大会深入探讨“双碳”背景下中国光伏产业创新发展新模式和新途径，推动光伏产业更好更快发展。

【五芳斋上市】 8月31日，浙江五芳斋实业股份有限公司在上海证券交易所上市(股票代码:603237)，成为嘉兴市首家食品类上市公司。五芳斋是全国首批“中华老字号”企业，主要从事以糯米食品为主导的食品研发、生产和销售，旗下产品包括粽子、月饼、汤圆、糕点、蛋制品等，上市后拟将募资金额用于三期智能食品车间建设、数字化产业智慧园建设、研发中心及信息化升级建设项目等。

【佛吉亚新能源智能座椅项目签约暨开业典礼】 9月2日，佛吉亚(嘉兴)汽车部件系统有限公司举行开业典礼，智能舒适系统项目同步签约引进。此次签约项目新增投资约1000万美元，达产后年产值20亿元以上，主要产品包括智能整椅、座椅扶手、座椅头枕等智能舒适产品。

【两企业入选国家级专精特新“小巨人”】 9月6日，工业和信息化部公布国家级专精特新“小巨人”企业名单，秀洲国家高新区企业浙江德康医疗器械有限公司、嘉兴沃尔德金刚石工具有限公司成功入围。

【特雷通集团智能健康家居全球智造及研发总部项目开工】 9月28日，丹麦特雷通集团智能健康家居全球智造及研发总部项目开工。该集团是全球最大的家居集团之一，北欧第二大家具制造商。项目拟建全球领先的产品数字化开发及实施平台、全功能国家级产品测试实验室，购置全供应链智能数字管理系统、沙发自动生产流水线、高智能椅套生产流水线、全自动裁剪生产线、仓库智能传送系统等主要生产设备和各类辅助设施，形成年产100万座沙发、40万座智能沙发的生产能力。

【隆基入选省级“雄鹰行动”培育名单】 10月27日，省级“雄鹰行动”培育企业名单公布，秀洲国家高新区企业嘉兴隆基乐叶光伏科技有限公司成功入围。

【博尔玛创新园获评省五星级园区】 12月1日，浙江省小微企业园工作联席会议办公室公布2022年浙江省四、五星级小微企业园名单，博尔玛创新园入选五星级小微企业园名单。博尔玛创新园在嘉兴发展20余年，主要从事对科技型初创企业的培育、孵化，满足企业全周期、员工全方位需求。截至年末，累计引进培育中小企业300余家，提供就业岗位1万余个次。

【隆基乐叶入选国家智能制造优秀场景名单】 12月2日，2022年度智能制造示范工厂揭榜单位和优秀场景名单公布，嘉兴隆基乐叶光伏科技有限公司入选国家智能制造优秀场景。

【同庆楼浙江首店签约落户】 12月12日，嘉兴国家高新区与A股主板上市的著名餐饮连锁企业——同庆楼餐饮股份有限公司签订《嘉兴秀洲高新区同庆楼项目合作协议》，项目拟投资9000万元，建设同庆楼秀洲富茂酒店，规划为以餐饮、宴会、客房为主的综合型酒店，将为嘉兴市民提供高性价比的大众聚会和一站式喜庆宴会服务，打造特色鲜明的嘉兴婚礼酒店标杆。

（张斌慧）

综　述

2022年，全区进出口总额309.03亿元，比上年增长16.2%，其中，出口270.97亿元，增长16.2%；进口38.06亿元，增长16%；全区新设外商及港澳台商投资企业26家，其中，总投资超亿美元项目5个，超1000万美元的项目有8个，世界500强项目3个，国际行业领先企业3个。合同利用外资4.77亿美元，增长20%；实际利用外资3.87亿美元，创历史新高，增长2.7%，完成率列全市第一。全区服务外包合同执行额14.71亿元，其中离岸服务外包执行额16627万美元，增长38.4%。

是年，秀洲区全力推进高质量外资集聚地建设，多次组织召开全区招商人员座谈会及例会、招商招才能力提升调研班等活动。8月17日，2022年秀洲光伏之夜在秀洲区希尔顿逸林酒店举行。9月6日，"双招双引"专题培训班在宁波大学举办，300余名重要嘉宾参会。鼓励"代参展"等新模式开拓市场，主办2场2022浙江嘉兴(秀洲)出口网上交易会，展会期间累计完成305次洽谈配对，意向采购合同超1200万美元。强化主体培育，全力推动嘉兴阿特斯阳光能源科技有限公司等重点企业外贸回归扩增量，实现外贸回归超15亿元。

(游雨君　张丽亚)

双向开放

【概况】　2022年，秀洲区围绕稳外贸任务要求，坚持稳中求进，积极应对复杂多变的国际形势，强化政策保障，针对RCEP、开拓市场服务等专题开展培训，推动贸易回归，推进外贸综合服务示范试点建设，进一步优化完善出口结构，助推外贸企业拓市场、保订单，稳住外贸基本盘。是年，全区进出口总额309.03亿元，其中出口270.97亿元。机电产品出口149.29亿元，比上年增长30.7%，占全区出口总额的55.1%；箱包类产品出口8.44亿元，比上年增长57.5%，拉动全区出口增长。

【进出口贸易】　2022年，全区外贸进口38.06亿元，增长16%。是年，与秀洲区有贸易往来的"一带一路"沿线国家61个，全年累计对"一带一路"沿线国家出口73.42亿元，同比增长21.4%，占秀洲区出口总额的27.1%。一般贸易出口仍占主要地位，加工贸易占比有所扩大。全区一般贸易出口228.8亿元，比上年增长11.1%，占出口总额的84.4%；加工贸易出口42.2亿元，增长55%，占出口总额的15.6%。

【对外及港澳台经济技术合作】　2022年，全区新核准境外投资项目6个，对外直接投资总额4639.9万美元，其中赴"一带一路"沿线国家投资项目1个，为嘉兴翼波电子有限公司在新加坡设立的维罗通科技有限公司项目。

【业务培训与服务】　加强企业培训指导，在全区范围内开展企业应对RCEP宣讲培训会、外贸拓市场服务对接会暨反走私系列活动，强化外经贸政策宣传培训和拓市场业务辅导，进一步普及反走私相关知识，推进全区外经贸向更高质量发展。组织预警点和企业参加"法律服务月"活动，及时了解各国对华贸易救济措施最新动向及具体调查方法，提高防范意识。强化"三服务"，走访覆盖区内龙头企业、出口下降企业、重点外贸回归企业等150家次，同时，针对疫情影响出口企业，组织企业参加各类国际物流需求对接会，缓解出口物流压力。

（游雨君）

2022年秀洲区对各大洲出口情况

表14

洲别	出口金额（万元）	同比（±%）	占总额比重（%）	洲别	出口金额（万元）	同比（±%）	占总额比重（%）
亚洲	872518	23.54	32.31	其中：欧盟	636924	30.97	23.59
其中：东盟	310447	0.96	11.5	拉丁美洲	224291	34.43	8.31
非洲	68472	43.27	2.54	北美洲	687433	−9.11	25.46
欧洲	740747	26.74	27.43	大洋洲	106712	64.06	3.95

资料来源：由区经商局提供

2022年秀洲区对主要国家（地区）出口情况

表15

排名	国别地区	出口金额（万元）	同比（±%）	占总额比重（%）	排名	国别地区	出口金额（万元）	同比（±%）	占总额比重（%）
1	美国	609185	−10.8	22.56	6	日本	126416	21.23	4.68
2	越南	196243	−6.88	7.27	7	巴西	112733	39.31	4.18
3	荷兰	194300	58.79	7.2	8	澳大利亚	93668	66.71	3.47
4	印度	187116	128.95	6.93	9	英国	87135	−20.39	3.23
5	西班牙	134172	134.83	4.97	10	加拿大	78248	6.62	2.9

资料来源：由区经商局提供

2022年秀洲区主要商品出口情况

表16

产品名称		出口金额（万元）	同比（±%）	占总额比重（%）	产品名称		出口金额（万元）	同比（±%）	占总额比重（%）
塑料、橡胶制品		67656	11.17	2.50	其中	纺织类	331365	5.53	12.23
箱包		84412	57.49	3.12	机电		1492873	30.65	55.09
纺织服装		510760	9.44	18.85	灯具		43712	6.26	1.61
其中	服装类	179395	17.48	6.62	家具		744399	−11.35	27.47

资料来源：由区经商局提供

2022年秀洲区主要进口市场情况

表17

排名	国别地区	进口金额（万元）	同比（±%）	占总额比重（%）	排名	国别地区	进口金额（万元）	同比（±%）	占总额比重（%）
1	澳大利亚	64926	189.08	17.06	2	中国台湾	52233	−0.36	13.72

续表 17

排名	国别地区	进口金额（万元）	同　　比（±%）	占总额比重（%）	排名	国别地区	进口金额（万元）	同　　比（±%）	占总额比重（%）
3	韩　国	36173	2.09 倍	9.5	7	日　本	18737	-27.38	4.92
4	马来西亚	31108	151.57	8.17	8	泰　国	15465	176.23	4.06
5	美　国	25646	15.99	6.74	9	巴　西	12267	49.08	3.22
6	意大利	22320	-26.08	5.86	10	西班牙	9936	9.17	2.61

资料来源：由区经商局提供

招商引资

【概况】　2022 年，区委办、区政府办印发《秀洲区建立产业精准招商机制的实施方案》、区招商办印发《秀洲区 2022 年度招大引强工作行动方案》等文件，建立“1166N”[第一个“1”为一个领导小组（战略投资决策委员会），第二个“1”为一个招商投资促进中心，第一个“6”为由六个主体分别建立的招商攻坚战队，第二个“6”为相关部门分别牵头组建的招商保障军团，“N”为若干个合作中介机构]招商工作体系，成立区招商投资促进中心。坚持招商选资“一号工程”不动摇，聚焦数字经济、低碳经济、健康经济三大经济领域，聚力培育光电信息、智能汽车、光伏新能源、绿色新材料、智能家居、健康医疗 6 大新兴产业，以世界 500 强、全球行业龙头企业、总投资超亿美元项目、国际国内尖端人才等为重点，立足已落户秀洲的优势企业，致力精准化招商选资。开展多批次、主体化、专业性的系列招商活动，组织开展 2022 年秀洲光伏之夜、2022 年“双招双引”专题培训班等活动。

【招商成果】　2022 年，全区新设外商及中国港澳台商投资企业 26 家，合同利用外资 4.77 亿美元，实际利用外资 3.87 亿美元。全区新批总投资 1000 万美元以上项目 8 个，合同利用外资 2.68 亿美元，实际利用外资 3744 万美元。引进大项目 11 个，其中总投资超亿美元项目 5 个，分别是浙江华章文旅集团有限公司、嘉兴海胜建筑科技有限公司、嘉兴海悦建设有限公司、嘉兴荣晖供应链有限公司、嘉兴敏秀控股有限公司；世界 500 强企业 3 个，分别是嘉兴交控秀湖房地产开发有限公司、嘉兴交控闻川房地产开发有限公司、嘉兴微瑞光学有限公司；国际行业领先企业 3 个，分别是嘉兴隆基光伏科技有限公司、嘉兴优固应用材料有限公司、嘉兴特联精密器件有限公司。

【“双招双引”专题培训班】　9 月 6—9 日，秀洲区 2022 年“双招双引”主题培训班在宁波大学举行。区人大办、区政协办、区委人才办、区招商投资促进中心等 19 个部门及各镇（街道）、嘉兴国家高新区、上海交大科技园、嘉欣西电产业园“双招双引”的一线负责人等 60 余人参加培训。培训班为期 4 天，内容涉及科创企业融资与资本运作、全球经济形势分析、商务谈判中的道与术、产业招商全过程梳理等各个方面，还包括 2 场现场教学，参观国家级宁波高新区产业园和宁波杉杉股份有限公司。通过学、议、问、答，推动秀洲招商干部打破思想桎梏、激发行动潜能，强化区域精准招商理念，共同建设一支储备过硬的招商队伍，实现更广更深层次地开展招商引资目标。

（张丽亚）

2022 年秀洲区新批外商和中国港澳台商投资项目情况

表 18 单位:万美元

序号	企业名称	地　址	投资者国别或地区	总投资额	注册资本	中外比例(%)		合同外资	到位外资	统计日期	领照日期(月·日)
1	嘉兴雅研贸易有限公司	高新区	中国香港	1.57	1.57	1	99	1.55	—	1.28	1.28
2	嘉兴咨谱信息咨询有限公司	高新区	中国台湾	1.57	1.57	40	60	0.94	—	1.13	1.13
3	嘉兴鸿驰企业管理合伙企业(有限合伙)	高新区	中国香港	79.05	79.05	88	18	2.82	—	1.11	1.11
4	欧菲新能源技术(嘉兴)有限公司	高新区	意大利	1500	600	0	100	600	—	2.27	2.25
5	杰柯国际贸易(嘉兴)有限公司	高新区	日本	15.82	15.82	20	80	12.65	—	3.6	3.4
6	蓝京新能源(嘉兴)有限公司	高新区	中国香港	251.16	251.16	87	13	31.58	21.66	3.14	3.19
7	嘉兴海胜建筑科技有限公司	油车港	中国香港	10913.94	2056.25	0	100	2056.25	2056	3.26	3.15
8	舜锋企业管理咨询(嘉兴)有限公司	高新区	中国台湾	30.22	30.22	60	40	12.09	—	4.30	4.28
9	嘉兴市嘉滕精密机械有限公司	高新区	中国香港	10	10	0	100	10	—	4.15	4.11
10	嘉兴鹰展新能源有限公司	王店镇	新加坡	1500	1500	0	100	1500	—	5.31	5.24
11	嘉兴市好望角水果有限公司	高新区	中国台湾	30.22	30.22	0	100	30.22	—	5.8	5.8
12	浙江实新控股有限公司	油车港镇	中国香港	750.67	750.67	70	30	225.20	—	6.13	5.8
13	萨麓(嘉兴)餐饮管理有限公司	高新区	西班牙	15.01	15.01	76	24	3.60	—	6.23	6.22
14	赫德碳素材料(浙江)有限公司	新塍镇	英国	150.13	150.13	95	5	7.51	3	6.22	6.20
15	佰亿极国际贸易(嘉兴)有限公司	高新区	韩国	10	10	0	100	10	—	6.29	6.28
16	瑞欧达(嘉兴)智能科技有限公司	王店镇	中国香港	4000	4000	0	100	4000	—	7.30	7.29
17	嘉兴索源至智企业管理咨询合伙企业(有限合伙)	高新区	美国	1.49	1.49	40	60	0.89	—	7.13	7.5
18	嘉兴普胜新能源有限公司	王店镇	新加坡	56.62	39.93	0	100	39.93	—	7.22	7.19
19	嘉兴大恩供应链管理有限公司	王店镇	中国香港	6005.36	2991.42	0	100	2991.42	—	7.10	6.16

续表 18

序号	企业名称	地　址	投资者国别或地区	总投资额	注册资本	中外比例(%)		合同外资	到位外资	统计日期	领照日期(月·日)
20	嘉兴得赛恩餐饮管理有限公司	高新区	韩国	7.41	7.41	20	80	5.93	—	8.13	8.12
21	浙江万豪光电科技有限公司	新塍镇	美国	148.29	148.29	70	30	44.49	—	8.30	8.29
22	嘉兴荣晖供应链有限公司	新塍镇	中国香港	11000	4500	0	100	4500	1688	9.15	9.8
23	瑞农云(嘉兴市秀洲区)农业科技有限公司	高新区	中国台湾	0.01	0.01	50	50	0.01	—	9.3	9.2
24	鑫奥(嘉兴)进出口有限公司	高新区	中国台湾	13.93	13.93	0	100	13.93	—	11.29	11.18
25	嘉兴敏秀控股有限公司	高新区	中国香港	20000	10000	0	100	10000	—	12.20	12.16
26	嘉兴冰耘供应链科技有限公司	王店镇	中国香港	1300	1200	0	100	1200	—	12.17	12.15
新批	26个项目			57792	28404			27301	3769		

资料来源:由区经商局提供

2022年秀洲区各镇、开发区利用外资及中国港澳台资情况

表19　　单位:万美元

单　位	新注册外资项目数	合同外资		实际外资					高技术实到占比	
		完成数	同比(%)	目标任务	已确认	未确认	完成进度(%)	同比(%)	高技术实到	占比(%)
嘉兴国家高新区	16	28707	50.0	25000	24968	0	99.9	2.4	9491	38.01
王江泾镇	5	3965	59.6	5600	4029	0	71.9	82.1	4029	100
王店镇	3	9731	−19.3	5600	2248	0	40.1	−27.3	2248	100.02
油车港镇	0	−225	−83.5	3600	3803	0	105.6	72.9	3449	90.70
新塍镇	0	4552	82.1	1200	1691	0	140.9	97.1	0	—
洪合镇	2	1003	−79.7	2000	2009	0	100.5	−59.9	1506	100
合　计	26	47734	20.0	43000	38747	0	90.1	2.7	20723	53.50

资料来源:由区经商局提供

2022年秀洲区各镇、开发区利用内资情况

表20

主体	内资新增工业用地备案投资额（亿元）			新增工业用地（亩）			工业内资备案项目用地（亩）			新引进亿元以上备案内资工业项目数					
	任务数	完成数	完成率（%）	任务数	完成数	完成率（%）	任务数	完成数	完成率（%）	任务数	完成数	完成率（%）	其中新招引项目数（非老企业）	其中10亿（含10亿）～50亿备案内资项目数	50亿（含50亿）以上内资项目数
王店镇	18	26.69	148.28	180	597.91	332.17	120	455.58	379.65	10	13	130	4	3	0
洪合镇	4	14.34	358.50	100	162.18	162.18	70	162.18	231.69	4	6	150	1	1	0
新塍镇	3	0	0	100	0	0	—	0	0	2	1	50	1	0	0
王江泾镇	11	6.75	61.36	180	20.19	11.22	120	20.19	16.83	10	5	50	0	2	0
油车港镇	4	3	75.00	100	50.01	50.01	70	50.01	71.44	4	3	75	0	0	0
嘉兴国家高新区	36	9.90	27.50	540	601.21	111.34	320	407.96	127.49	20	11	55	4	0	0
全　区	76	60.68	79.84	1200	1431.50	119.29	700	1095.92	156.56	50	39	78	10	6	0

资料来源：由区经商局提供

综　述

2022年，秀洲区加大服务业推进力度，建立服务业高质量发展机制化专班，制定服务业发展三年倍增计划，在完善工作机制、强化分析调度、企业培育纳统、项目招引等方面下功夫，全区服务业发展承压前行，发展态势总体向好。秀洲区成功创建生产服务型国家物流枢纽，系全省唯一。嘉兴现代物流园连续十年获评全国优秀物流园区。嘉兴国家高新区科技商务创新发展区获评全市首批现代服务业创新发展区。

是年，全区实现社会消费品零售总额124.71亿元，其中，批发零售业零售额109.21亿元、住宿餐饮业零售额13.67亿元。限额以上社会消费品实现零售总额31.67亿元。秀洲城区有大型超市1家，大型商场2家。全区有规模以上跨境电商企业43家，有省级电子商务专业村15个村。

秀洲区扎实推动旅游产业高质量发展，推进景区城、景区镇、景区村以及文旅IP品牌创建工作。在疫情影响逐步减轻的形势下，以营销活动、品牌培育、项目建设坚定文旅企业攻坚克难的决心。通过组织旅游业发展资金补助申报，开辟区域旅游新线路，加大旅游宣传推广，为旅游业发展创造良好环境。是年，全区有品质酒店4家，为嘉兴希尔顿逸林酒店、佳源四季酒店、清池温泉、汇龙酒店；旅行社24家，较上年新增3家。受疫情等因素影响，全区接待国内游客204.65万人次，同比下降8.54%；国内旅游收入30.29亿元，同比下降12.26%。

现代服务业

【概况】 2022年，秀洲区实现服务业增加值260.57亿元，同比增长2%，增速位列全市第五；规模以上服务业企业实现营收167.4亿元，同比增长28.1%；实现服务业税收11.2亿元，剔除房地产后实现税收9.2亿元。11月，成功创建生产服务型国家物流枢纽、全省唯一。12月，嘉兴国家高新区科技商务创新发展区获评全市首批现代服务业创新发展区。建立服务业高质量发展机制化专班，成立专班领导小组，下设综合协调办公室和6个专项组。制定《秀洲区服务业高质量发展三年倍增计划(2022—2024年)》，以现代商贸业、科技信息业、高端商务业、文化旅游业、航空物流业、品质地产业为六大重点发展行业。印发《关于明确新城街道、高照街道与秀洲国家高新区服务业工作体制机制的方案》，理顺新城街道、高照街道与嘉兴国家高新区服务业管理体制。全区建立规(限)上服务业企业月度预测机制。出台《秀洲区服务业招引“三百行动”工作方案》，实施服务业招引“三百行动”(即百名干部招商、百个项目落地、新增百亿规模)。举办服务业高质量发展专题研修班，提升服务业工作队伍业务水平。建立区领导联系重点服务业企业机制，排摸企业经营现状和困难，加大精准帮扶力度，限期解决企业发展问题。全力促消费，发放惠民消费券。

【政策扶持服务业】 2022年，制定《关于进一步加快秀洲区服务业高质量发展的若干政策意见》《秀洲区关于促进服务业领域困难行业恢复发展的政策意见》，对全区服务业企业加大政策扶持，帮扶企业稳经营、渡难关。全年累计兑现服务业补助资金2000余万元。建立区领导对口联系20家重点服务业企业制度，制定“一企一策”帮扶措施，限期解决企业发展难题。优秀干部一对一帮扶50家服务规模企业，建立“一人一企、一包到底”常态化包抓机制，及时为企业疏痛点、解难题。召开全区服务业高质量发展大会，表彰40家服务业优秀企业和楼宇，集中签约15个重点项目，营造全区合力支持服务业发展氛围。推进企业梯队建设，动态管理服务业规模以上企业培育库，当年新招引并实现当年月度上规(限)服务业企业23家，全年新增规(限)上服务业企业86家。

【消费券发放补助】 2022年，对春节期间在秀洲区规模以上企业和重大建设项目一线生产岗位坚持工作的外来员工发放消费券补贴，合计767.25万元。全力促进消费，发放惠民消费券800万元和新能源汽车消费券700万元，带动商场、超市、餐饮、住宿和新能源汽车等领域消费。

【楼宇经济】 2022年，发挥区楼宇管理系统作用，提升楼宇经济信息化管理水平。依托特色平台强化楼宇招商，围绕区域特色、自身优势和产业发展基础，找准项目招商方向。是年，全区建成商务楼宇63幢，总商务面积195.86万平方米，实现楼宇税收12.52亿元，同比下降24.3%，剔除房地产企业外实现楼宇税收13.12亿元，同比增长25.3%。

（裴洁艳）

【商场(超市)零售业】 2022年，秀洲城区有大型超市1家，大型商场2家。是年，全区实现社会消费品零售总额124.71亿元，同比增长2.6%。其中，批发零售业零售额109.21亿元，同比增长5.4%；住宿餐饮业零售额13.67亿元，同比下降13.4%。限额以上社会消费品实现零售总额31.67亿元，同比增长3.9%。

2022年秀洲城区各大型商场超市情况

表21

名　　称	营业面积(平方米)	员工人数(人)	开业时间	营业收入(万元)
大润发超市	6100	260	2000.11	28304
天虹商场	20000	240	2006.09	9553
中关村商场	34000	320	2015.12	9800

资料来源：由区经商局提供

（陈　杰）

供销商业

【概况】 2022年，秀洲区供销合作总社(简称秀洲区社，下同)重点开展为农服务，深化农产品产销对接，“绿秀洲”农业区域公用品牌推广。开展第五轮淡季农资储备，保障农资商品的有效供给。全年回收农药包装废弃物为68.5万个(约58吨)，回收率95%以上，农药废弃物收储运体系覆盖率100%，无害化集中处置率100%，助推美丽乡村建设。

8月25日，秀洲区社举办浙农嘉兴农事服务中心启动仪式(区供销合作总社提供)

【浙农嘉兴农事服务中心成立】 8月，秀洲区社举办浙农嘉兴农事服务中心启动仪式，省社副主任郭峻、副市长王慧琳参加。农事服务中心整合上下游产业链资源，以粮油等主要农作物全程机械化服务为重点，集成式提供农业产前产中产后服务、科技推广应用、农业数字化与智能化管理等综合农事服务解决方案。农事服务中心为秀洲及周边地区近300家农业主体提供智慧农机服务、无人机统防统治等农业综合服务，2022年，完成配方施肥面积30430亩次，统防统治面积168200亩次，农机作业468730亩次。

【农资储备】 2022年是应急储备落实的第一年，秀洲区社通过协调区政府办和区财政局，在全市供销系统中首家全额落实储备任务，全力保障农资供应充足、质量可靠、价格稳定，满足全区农业生产需要。2021年10月至2022年3月，完成农资淡季储备2446吨，已下达补助资金188313元，切实抓好农资稳价保供，促进农资市场的稳定和规范，为春耕备耕工作保驾护航。申请4—9月应急储备1820吨获区政府批复同意，8—9月正式落实应急储备，随后进行专项审计和下达补助资金。

【惠农金融服务】 2022年，加强与禾城农商银行的合作，拓宽惠农金融服务对象到农业、农村、农民"三农"领域，将服务内容拓宽到农民建房、民宿贷、电商贷等项目，当年为14家企业/个人提供担保贷款1280万元，解除担保贷款1700万元，在保责任余额1180万元，实现担保业务收入8.9万元。推荐省农担公司业务2笔，合计担保金额200万元。收到2021年省再担保公司的代偿分担款40万元，追回的代偿款的一半即20.28万元返还给省再担保公司。

【山海协作特色产业提升项目】 2022年，秀洲区投入山海协作专项资金100万元，用于支持龙泉市特色产业发展，包括竹笋产业提升工程项目、农产品新品种种苗引进试育及推广项目、特色中药材(铁皮石斛)生产原料及种苗购买补助项目、灵芝种植示范基地建设项目、灵芝原种及集中灭菌推广补助项目。推动龙泉市育苗、竹笋、食用菌、特色中药材等特色产业可持续发展，带动农民增收。

（王雅萍）

电　商

【概况】 2022年，秀洲区累计实现网络零售额271.8亿元，在嘉兴市排名第四，同比增长5.0%。至年末，秀洲区在重点监测第三方电子商务平台上共有各类活跃的网络零售网店约3000家，在嘉兴市排名第四，全省排名第41。直接解决就业岗位约8900个，间接带动就业岗位约23000个。是年，秀洲区跨境电商总交易额37.8亿元，增长26.7%。全区共有规模以上跨境电商企业43家，当年新增2家。开展各类产业跨境业务培训12场，各类跨境电商对接7次。

【农村电商】 2022年，洪合镇的凤桥村、建北村、良三村、新王桥村，王店镇的八联村、凤珍村、假山村、建林村、建农村、建设村、南海村、镇西村、镇中村、庄安村，新塍镇的富园村，共有15个村被评为省级电子商务专业村。

【跨境平台建设】 2022年，区跨境电商专班先后在上海、杭州等地开展招商对接7次，已入驻淘宝天猫(嘉兴)服务中心、阿里巴巴国际站一达通平台、启盈国际华东总部等电商产业链平台。淘宝天猫(嘉兴)服务中心于4月启用，启盈国际华东总部项目于3月在王店镇开工建设，预计2024年建成运营后报关值将超12亿元。

【电商产业发展】 2022年，排摸全区356家外贸企业和119家跨境电商企业情况，全年开展"百场千家"跨境电商转型宣讲活动12场，跨境电商集聚区集聚洁具、毛衫、箱包和厨具等项目6个。其中浙江澳霖家居、浙江易麦、浙江助翔等龙头跨境电商企业销售额超5000万元。

（陈　杰）

现代物流园区

【概况】 嘉兴现代物流园位于王店镇。园区占地面积7.41平方千米。建成以嘉海公路、盛安路、希望路为纵轴，以吉蚂路、吉祥路、瑞银路为横轴的"三横三纵"公路网，集聚320国道、沪杭高速、乍嘉苏高速和嘉绍高速的4个出入口,以及运河千吨级航道,与嘉兴港形成"海河联运"的独特优势。7月,嘉兴现代物流园获评省级现代服务业创新发展区。嘉兴现代物流园连续十年获评全国优秀物流园区。11月,秀洲区成功创建生产服务型国家物流枢纽,系全省唯一。12月,秀洲区通过省级物流示范县(市、区)综合改革创新试点验收,并获"优秀"等级。

【基础设施】 至2022年,园区分为物流服务区、储运区、创新区、配套区、协同区五大分区。物流服务区是园区综合服务基地;物流储运区是仓储物流、快递物流、智慧物流等产业功能区;物流创新区是智慧物流场景研究、创新基地;物流配套区主要提供居住、商贸等服务;物流协同区将加强物流产业与先进制造业协同联动布局,加快二、三产业融合,推动"五区联动"。申报建设园区智慧物流服务平台"嘉兴现代物流园数智化智慧大脑"。

【园区运营】 2022年,嘉兴现代物流园的资源整合能力明显提升,集聚物流总部型企业30余家,有沃尔玛、安博仓储、平安不动产、宝湾物流、招商路凯、DHL、德邦、顺丰、申通、圆通、京东等企业。全年各类货物吞吐量770万吨,快递包裹收发量7.2亿件;固定资产投资117.99亿元,税收总额2.38亿元,营业收入64.5亿元;物流从业人员6710人。物流运营面积151万平方米,其中高端仓储设施96.46万平方米。拥有高层立体库4万个泊位、输送设备5千米、自动化分拣系统5套,可调运车辆2858辆,装卸搬运设备699套。园区引进各类上下游企业959家,其中,世界500强6家,中国500强企业5家,AAAAA级物流企业6家,AAAA级物流企业9家,AAA级物流企业35家,国家级高新技术企业1家。

(陈　勍)

景区　景点

【概况】 2022年,秀洲区有国家AAA级景区5个,国家AA级景区2个,国家级工业旅游示范点2个,全国乡村旅游重点村1个;省级旅游度假区1个,省级AAAA级景区镇4个,省级AAA级景区镇1个(实现景区镇全覆盖),省级AAA级景区村庄11个,省级乡村旅游重点镇4个,省级工业旅游示范基地1个,省级中医药旅游养生基地1个,省级生态旅游示范区1个,省级采摘体验基地6个。是年,秀洲区"百城千镇万村"景区化创建工作持续推进,王店镇创建为AAAA级景区镇,油车港镇胜丰村、新塍镇康和桥村为AAA级景区村庄。

【王店镇创建为省级AAAA级景区镇】 王店镇古称"梅里",是一座历史文化底蕴深厚、颇具江南水乡风貌的千年古镇,辖区内有国家级文保单位王店粮仓群,省级文保单位朱彝尊故居曝书亭,市级文保单位大墩岗遗址,还有老火车站碉堡等老建筑和革命烈士王洪合、李乐楼之墓等众多历史遗存。近年来,王店镇以"共建未来梅里"为目标,以"品质梅里·品重梅溪"为主题,依托历史文化、自然风光、特色工业等优势,大力发展全域旅游,使得千年古镇有新变化,特色产业有新亮点,发展内涵有新拓展。2020年,王店镇成功创建美丽城镇省级样板和省AAA级景区镇。2022年12月,王店镇成功创建为省AAAA级景区镇。

【胜丰村创建为省级AAA级景区村庄】 油车港镇胜丰村拥有独特的湿地资源,水网密布、水色怡人,既有婉约曲折的河浜,又有烟波浩渺的湖荡,尤其是西千亩荡,水域面积1100亩,既是南湖菱原产基地,也是浙江秀洲麟湖省级湿地公园的主要组成部分。胜丰村以省级非遗秀洲农民画、市级非遗糖糕版雕刻技艺和造船技艺三项非物质文化遗产而负有盛名,获评浙江省文化示范村、省美丽乡村特色精品村、省首批"艺术乡建"示范村等称号。依托湿地、文化两大资源,胜丰村以"麟湖画乡非遗线"串珠成链,打造休闲公园、向日葵园、麒麟文化大地景观、西千亩荡、糖糕馆、大鱼公园、藕塘荷香、船匠工艺馆、梦想田园等一批凸显湿地特色、文化底蕴的乡村景点,形成集生态景观、文化展示、休闲体验为一体的游览线路。2022年7月,成功创建为省AAA级景区村庄。

【康和桥村创建为省级AAA级景区村庄】 新塍镇康和桥村红色基因浓厚,拥有凤仪桥、康和桥、知青宿舍(厂房)、张墩大礼堂4处市级文保点。康和桥村以"知青文化"为主题,培育"知青文化"特色活动品牌,传承知青战天斗地、自强不息、艰苦奋斗、无私奉献的精神。同时,依托村域农业种植资源,培育蔬果采摘、"快乐农场"等旅游业态,为游客提供沉浸式文旅融合体验。以建设"柿林水乡、青春康和"美丽乡村为目标,注重节点串联,全方位打造文化休闲与创业景点,为文旅融合发展增添新亮点。2022年12月,成功创建为省AAA级景区村庄。

(许建峰)

旅游宣传

【概况】 2022年,秀洲区加速开展全域旅游示范区创建工作。拓展市场、组织集市和旅游交易会,参与企业30余家。推动品牌培育创建行动,创建省级品牌9项,市级品牌10项。至年末,累计创建省级品牌48项,市级品牌27项。

【市场拓展】 8月,秀洲区组织20余家文旅餐饮企业开展"一起来嘉游 月河缤纷夜"文旅夜市(秀洲专场)活动;组织"一起来嘉游"乡村旅游公交首发,开赴油车港镇胜丰村。9月,"悠游秀洲"全域旅游全景平台和秀洲"文旅一张图"全新发布,线上串联秀洲文旅景点资源,方便市民游客查询阅览。11月,组织浙江张萃丰食品有限公司、嘉兴市运河文化省级旅游度假区和嘉兴市秀洲文化旅游投资发展有限公司,参加在四川省举办的2022浙江(四川)旅游交易会。

【省级品牌培育】 "悠游秀洲"IP入选浙江省2022年创建级文旅融合IP名录。浙江五芳斋实业股份有限公司、浙江嘉欣丝绸股份有限公司被列入浙江省文化和旅游企业梯度培育计划领军企业名单,浙江虎玩旅行社有限公司被列入浙江省文化和旅游企业梯度培育计划新锐企业名单。嘉兴市秀洲文化旅游投资发展有限公司入选浙江省首批"乡村文旅运营团队"培育名单。"青鸟海"露营四季通用款睡袋、方妮可旅游干湿巾系列、"五芳九州"粽子礼盒等旅游商品入选浙江省"2022文创产品和旅游商品"获奖名单。秀洲区麟湖画乡非遗精品线和品重梅溪耕读精品线,入选浙江省2022年"浙里田园"休闲农业与乡村旅游精品线路名单。

【市级品牌培育】 持续推进"诗画浙江·百县千碗"工程,以"秀味十碗"为依托,创建"百县千碗·嘉肴百碗"特色美食示范店3家——新塍镇鑫乐餐饮有限公司、新塍镇刘家饭店、洪合好日子酒店。嘉兴灵粮生态农业有限公司(银杏天鹅湖)、嘉兴运河文化省级旅游度假区(莲泗荡景区游客中心、闻川旅游服务中心、苏嘉铁路遗址公园游客驿站)获评嘉兴市优秀旅游咨询服务网点,嘉兴清池文化产业发展有限公司、嘉兴丝绸园(嘉兴丝绸博物馆)、浙江大雅家时尚生活有限公司获评嘉兴市良好旅游咨询服务网点。嘉兴市第七季旅行社获评三星级旅行社。

(许建峰)

旅游市场管理

【概况】 2022年,秀洲区通过持续实施"微改造、精提升"行动,不断优化旅游产品及旅游体验。开展各类旅游人才培训活动,培训人数150余人次。全年受理旅游饭店(景区)投诉28件,其中,涉及理赔类投诉6件,涉及退费金额2847元,投诉处理结案率100%。

【"微改造、精提升"行动】 持续实施"微改造、精提升"行动,实行清单化管理、项目化推进,不断做优"五精"(即体验精致、设施精良、环境精美、服务精心、运营精细)工程,提供"小而精""小而美"旅游产品。2022年,秀洲区在建"微改造、精提升"项目18个,年度计划投资5876万元,实际完成投资6067万元,完成率103%。潘家浜景区、新塍传统美食非遗馆、开元名庭酒店等15个项目列为省级示范点。

【旅游人才培养】 5月,秀洲区与嘉兴技师学院共同举办红色旅游产业发展与红色旅游人才培养专题研讨会,探索红色旅游发展新元素、新渠道、新市场,激发红色旅游产业发展新动能。9月,"迎亚运 讲文明 展风采"嘉兴市导游大赛开赛,秀洲区遴选和平国际、第七季、闻川旅行社导游参赛，获个人三等奖1名。是年，相继举办AAA级景区村庄培训班、2022乡村文旅品牌建设高级人才线上培训班、文旅资源普查培训班。是年，与嘉兴技师学院继续开展校地、校企紧密合作，发挥秀洲区乡村旅游人才培训基地职能作用。

（许建峰）

旅游区域合作

【概况】 2022年，秀洲区纳入全国旅游项目管理系统的旅游项目有14个，计划建设投资29.72亿元，完成投资37.15亿元。2022年长三角旅游企业合作大会在秀洲区清池温泉酒店召开，长三角旅游一体化工作持续进行。山海协作按照文化旅游战略合作框架协议继续深入推进。

【项目建设】 2022年，秀洲区度假区、景区、酒店等旅游重点项目计划投资29.72亿元，完成投资37.15亿元，完成率125%。秀湖文旅创意产业基地总投资12.5亿元，打造宜业、宜游的文旅创意产业集聚区，包括建设园林式建筑群、魔方式高层，营造更美、更江南、更文化的诗意环境。米科军旅园总投资5亿元，目标是创建国家级爱国主义国防教育基地和国家AAAA级景区，已于2021年9月试运营。朱彝尊故里项目主要是通过深化浙西词派、曝书亭、《食宪鸿秘》等文化元素的解码和转化利用工作，推进朱彝尊故居扩建及朱彝尊文化园建设，打造朱彝尊故居、美食一条街、研经博物馆等，总投资3亿元，项目预计2024年底完成。新塍塘绿道提升项目，全长约10千米，总红线面积约44.1万平方米，改造内容包括绿道、小品、桥梁、驿站、绿化种植、给排水、路灯亮化等，总投资2.88亿元，于2022年底完工。

【长三角旅游一体化】 6月15日，2022年长三角旅游企业合作大会在秀洲区清池温泉酒店召开，来自以长三角地区为主的全国200余家企业参会。会议旨在进一步加强长三角旅游一体化合作，加快文旅市场复苏，推动旅游高质量发展。浙青旅集团、嘉兴运河文化省级旅游度假区、银杏天鹅湖景区分别推介秀洲文旅资源及旅游产品，同时，长三角旅游企业与浙青旅集团签订战略合作协议。

【山海协作】 7月8日，秀洲区与山海协作对口单位浙江龙泉经济交流合作中心，在秀洲区召开秀洲—龙泉文旅交流合作会；10月，秀洲、龙泉两地共同签署《2022秀洲区—龙泉市文化旅游战略合作框架协议》，按照协议内容在建立交流机制、共享信息资源、开展文化走亲、促进市场合作方面继续开展交流合作；11月，龙泉市文旅局到秀洲区推介及考察秀湖及嘉兴市文化艺术中心场所场馆。全年继续深化两地疗休养串线互联。

（许建峰）

财　　政

【概况】　2022年，秀洲区实现地区生产总值622.31亿元，按可比价格计算，增长4.3%。其中，第一产业增加值19.18亿元，增长2.1%；第二产业增加值342.55亿元，增长6.6%；第三产业增加值260.57亿元，增长2.0%。三次产业结构比为3.1∶55.0∶41.9。按常住人口计算，人均生产总值10.87万元，增长2.8%。全区财政总收入55.91亿元，下降13.1%；一般公共预算收入24.70亿元，下降15.0%，其中，税收收入19.54亿元，下降21.5%。全区一般公共预算支出47.04亿元，增长10.9%。全年财政收支平衡。

【组织财政收入】　2022年，区财政局加强收入分析预测，准确把握经济发展形势，强化护税协税，加强重点行业、重点企业财源分析，及时掌握收入变动异常和重点税源纳税情况，提高收入运行质量。全区一般公共预算收入占地区生产总值的4.0%，占财政总收入的44.2%。税收收入占一般公共预算收入的79.1%。规范非税收入管理，坚持依法征收、规范执收，建立非税收入定期分析制度，根据实际情况及政策变动，每月分析非税收入增减变动情况和原因，推进非税收入精细管理。全区实现非税收入65.93亿元，下降9.8%，其中纳入一般公共预算管理的非税收入5.17亿元，增长24.4%。

【支持经济稳进提质】　2022年，落实财政扶持政策，加快落实浙江省“5+4”稳进提质政策，制定区级“稳经济”一系列助企纾困奖补政策，兑现各类涉企补助资金3.6亿元。累计发放消费券2852万元，带动全区实现社会消费品零售总额124.7亿元，增长2.6%。支持高质量发展，区财政局配合区政府出台《秀洲区建设高质量制造强区跃升版实施方案(2022—2026年)》《关于进一步加快秀洲区服务业高质量发展的若干政策意见》等产业扶持政策，完善政策“快兑快补”机制，优化审批流程，加快资金拨付和兑现。推进减税降费，落实中央和省出台的组合式减税降费政策，以及缓缴部分行政事业性收费政策，落实留抵退税17.18亿元，减免非税收入1.27亿元。开展国有房产租金减免，累计减免租金5097万元，惠及小微企业和个体工商户3576户。紧抓政策窗口期，组建工作专班，抓好专项债项目储备、组织发行、支出使用和资金监管等重点环节，全年争取新增专项债42.35亿元，重点推动22个重大项目落地。加快科创平台建设，统筹投入6.82亿元，支持加快建设北京理工大学长三角研究院(嘉兴)、浙江大学嘉兴研究院、南京科技大学嘉兴研究院等高端科研载体。北京理工大学长三角研究院(嘉兴)成功创建全区首家国家级博士工作站。

【保障民生事业发展】　2022年，全区民生支出36.36亿元，增长11.7%，占一般公共预算支出的77.3%。支持教育品质提升，全年教育支出9.82亿元，增长10.7%。保障秀洲实验小学扩建、高照实验学校二期等项目建设；投入3169万元推动学前教育优质均衡发展，落实与上海外国语大学、浙江师范大学、上海世外教育集团等合作办学经费1380万元；投入2843万元推进全区规范民办义务教育专项工作，秀洲现代实验学校回归公办，宏远教育集团完成“公参民”整治工作。助力健康秀洲建设，加快充实医疗资源，支出2.51亿元推进区人民医院、区康安医院二期、区妇幼保健院迁建等项目建设；落实疫情防控区级资金2.82亿元，支持防疫物资采购、核酸检测、隔离转运等。完善社会保障体系，全年社会保障和就业支出3.52亿元，增长16.4%；落实促进就业政策，为2853名就业困难人员发放灵活就业社保补贴1337万元，投入388万元用于疫情期间惠企稳岗政策兑现；完善社会救助服务体系，最低生活保障标准达到12840元/人·年。推进共同富裕，支持搭建秀洲区高质量发展建设共同富裕示范区系统架构图，组建共同富裕财政工作专班，围绕收入分配制度优化、公共服务优质共享等各领域推进共富工作。秀洲区养老服务财政保障体系项目列入全省财政系统“小切口”改革省级指导名单。推动城乡融合发展，支持交通枢纽建设，重点谋划保障524国道建设项目、东升西路快速化改造等交通枢纽工程。支持公共文化事业，投入3700万元支持全国文明典范城市创建。推进大运河诗路文化带建设，支持“文化进万家”活动。加强区融媒体中心建设，安排融媒体能力提升专项经费530万元。

【财政改革】 推进财政数字化改革，完善预算管理一体化系统，优化功能模块设置，实现“三保”预算和部门预算同步编报。优化非税收缴和财政电子票据管理，上线运行非税和票据管理一体化平台，成功申报全省首批“浙里捐赠”平台应用试点单位。深化全面预算绩效管理，出台《秀洲区预算绩效目标管理办法》，健全预算绩效管理“1+X”制度体系。推进部门整体绩效管理改革，实现项目绩效目标审核和部门整体绩效目标审核全覆盖。对4个新增重大政策和项目开展事前绩效评估，做到应纳尽纳。深化国资国企改革，新设运河湾城投集团，谋划组建交投集团，打造以新筹建AAA级资本运营平台、5大区属国资集团和N个专业化子公司为架构的“1+5+N”的秀洲国企运行体系。

【财政监督管理】 防范化解债务风险，完成隐性债务化解，实施政府投资项目立项前财政承受能力和债务风险评估，坚决遏制涉嫌新增隐性债务风险。兜牢兜实“保民生、保工资、保运转”“三保”底线，实施阶段性专项补助，确保基层财政平稳运行。开展基层财政资金安全专项检查，对财政资金使用情况开展跟踪问效。优化支出结构，压缩非重点、非刚性支出预算资金1.65亿元，加大存量资金盘活力度，清理存量资金2900万元，统筹用于项目建设、疫情防控等重点领域。强化监督检查，对各行政事业单位内部控制、三公经费、预决算公开、债务管理等实施多个专项检查，开展全区财经秩序专项整治自查和复查，强化财经纪律刚性约束。

（章娟宏）

税　务

【概况】 2022年，秀洲区税务局组织税费收入148.43亿元，同比增长19.3%，其中，税收收入59.42亿元，同比下降17.8%，还原留抵退税因素同口径下降4.9%；社保费收入33.74亿元，同比增长17.4%；非税及其他收入55.27亿元，同比增长136.3%。组织一般公共预算收入19.54亿元，对区一般公共预算收入的贡献度为79.1%，为全区经济高质量发展提供坚实的财力保障。各项工作获得浙江省税务局领导肯定批示1次，秀洲区委、区政府主要领导肯定批示6次，嘉兴市税务局主要领导肯定批示7次。

2018—2022年嘉兴市秀洲区税收收入情况

表22

年　份	2018年	2019年	2020年	2021年	2022年
税收(亿元)	67.33	71.32	66.60	72.24	59.42
增幅(%)	9.30	5.93	-6.62	8.47	-17.75

资料来源：由区税务分局提供

2022 年嘉兴市秀洲区税收收入分税种结构

表 23

税种	增值税	企业所得税	个人所得税	房产税	城市维护建设税	契税	其他税种
占比(%)	46.48	28.77	7.72	5.62	2.99	2.21	6.22

资料来源:由区税务分局提供

【社会保险费和非税收入征收】 做好社保费征管信息系统(标准版)上线相关工作和非税收入划转改革后的征收工作。是年,社会保险费收入 33.74 亿元,同比增长 17.4%;非税及其他收入 55.27 亿元,同比增长 136.3%。加强与区生态环境等部门联动,充分发挥非税收入智能辅助平台的作用,接收资料信息、反馈征缴情况、实现互联互通。

【税务法治】 全面实行税务轻微违法行为"首违不罚"清单,体现执法温度。持续加大执法督察力度,严格落实税收执法责任制。常态化做好增值税发票内部快反工作,对上级部门下发的快反疑点进行核实反馈。落实网格化内控机制,构建全面覆盖、全链防控、全员有责的内部风险防控体系。

【税费政策落实】 坚持"第一时间+顶格标准"原则落实落细新的组合式税费支持政策,持续贯彻落实好增值税"留抵退税""六税两费"减半征收、企业所得税"加计扣除"等各类税收优惠政策。至年末,共落实减负降本政策新增退税减税降费 22.12 亿元,是上年度留抵退税规模的 2.1 倍。其中,新增减税 20.93 亿元,占入库税收比重的 35.2%。分政策看,增值税留抵退税 17.14 亿元;"六税两费"政策减免 1.33 亿元。办理出口退(免)税 34.75 亿元,同比增长 25.9%。

【办税缴费服务】 秉承"智慧办税、真情服务"理念,持续推广"非接触式"办税,网办、掌办量 126 万余次,网上综合办税率 98%以上,征纳沟通平台活跃度稳步上升,稳居嘉兴市前列。税收宣传作品《立秋之日凉风起 税惠助企贴秋膘》获评嘉兴市纳税宣传辅导优质作品一等奖,纳税服务品牌"苏师傅 e 税工作室"获评嘉兴市纳税宣传最具影响力品牌。

【税费征收管理】 辅导麒盛科技股份有限公司、浙江台华新材料股份有限公司等企业进行税收遵从合作协议谈签和续签,全力完成出口退税企业分类管理评定工作,保持高位退税效率。规范事中欠税管理,按照欠税风险分类核算管理的要求,对欠税纳税人进行分类管理。做好 2021 年度个人所得税与企业所得税汇算清缴。

【大数据和风险管理】 利用浙江省税务局大数据平台 QuickBi 智能数据可视化分析功能,对辖区目前所涉及的基础信息进行数据整理、筛选,定制涵盖查询、分析、比对等多项功能于一体的秀洲区"智慧税务数据仓",提升干部查询、统计、分析速度,加强日常征管工作。加强风险项目统筹管理和应对,推进千户集团税收风险管理,完成 75 批次 336 户风险管理任务。落实好土地增值税风险防控,土地增值税管理模块全市率先上线,夯实土地增值税项目管理台账,落实好土地增值税业务指引和内部风险防控制度。

【国际税收】 为秀洲区 24 户"走出去"企业提供专业的税收服务,利用境外所得申报和税收抵免政策,为跨境业务保驾护航。全年协定待遇减免税款 1083.84 万元,落实境外投资者境内利润再投资递延纳税政策,递延税款 7223.43 万元,助力纳税人充分享受税收协定待遇,优化跨境营商环境。

【区域共治】 6 月,与吴江税务部门签订长三角一体化发展示范区关于建立智慧税务机制的合作备忘录,以视频的方式开展"喜迎二十大 同心共建"基层税务交流会。合力搭建跨区域征管服务协作机制,确定 4 类 15 项长三角一体化发展示范区涉税事项区域的通办清单,深入欠税企业信息、风险事项防范信息等涉税事项的沟通。

【服务地方中心工作】 举办政企恳谈会，深入各乡镇和重点税源企业进行调研走访，响应秀洲区“一人一企、一包到底”重点企业常态化服务机制，领导班子包干14户重点企业，中层以上干部累计走访服务企业200余户次。完善新的组合式税费

1月，秀洲区税务局青年干部到中国商飞客户服务训练基地为企业进行“滴灌式”服务，向企业讲解增值税加计抵减等税收优惠政策（徐炜摄）

支持政策直达快享机制，相关做法获得中央电视台报道点赞2次。

（李小雨）

银　行　业

【概况】 2022年，秀洲区有银行业金融机构17家。是年，秀洲区发改局（区金融办）坚持以服务实体经济为主线，以提升金融服务保障能力为核心，大力开展“融资畅通、金融赋能”行动，深入实施“213秀洲凤凰”行动，推进科创金融改革，防范化解金融风险，全方位助推经济稳进提质。出台稳经济一揽子金融政策，多措并举强化金融要素保障；建立秀洲区金融顾问团，搭建多层次的银政企融资服务平台；加强对接，积极争取各级各类政策性信贷资金；建立“七个一批”（孵化一批、招引一批、股改一批、报审一批、上市一批、并购一批、提升一批）上市培育库，推动龙头企业和专精特新企业积极对接资本市场；依托试点银行名单、试点投资机构白名单、科创企业白名单“三张清单”，创新银行+VC/PE模式（外部模式）、银行+子公司或银行+参股平台模式（内部模式）、银行+政府产业基金模式（政银模式）等“六种路径”，全链条服务科创企业融资，《秀洲区创新投贷联动模式 赋能科创企业加快发展》被评为嘉兴市县（市、区）优秀科创金融改革创新案例。至年末，市本级各银行业金融机构对秀洲区各项贷款余额1335.69亿元，同比增长17.5%；累计发放贷款1124.39亿元，同比增长0.53%。

【浙江民泰商业银行股份有限公司嘉兴分行】 分行下设营业网点14个（含2家社区支行），员工328人。全年存款余额56.36亿元，较年初增长7.50亿元，增幅15.35%；贷款余额46.66亿元，较年初增长8.68亿元，增幅22.85%；缴纳税款0.15亿元，总资产59.67亿元。结合“根据地5566”营销活动，加强伙伴村居建设，全面落实“三上墙”“三上门”服务，扩大农村小微企业金融覆盖率；根据科技型企业清单、专精特新企业清单，加强银企对接活动，宣传科技型企业支持政策，主动对接有融资需求的科技型企业；持续开展“进百园、走千村、访万户”活动，充分利用小微企业园、入园企业清单以及行内的营销雷达系统，加强小微园区实地走访，了解小微企业实际经营情况，精准对接小微企业融资需求；通过“金融指导员”“三服务”等工作机制，分行持续推动小微企业和个体工商户首贷户发展。至年末，普惠小微企业贷款客户3508户，较年初增加662户，增幅23.26%；普惠小微企业贷款余额32.50亿元，较年初增加6.52亿元，增幅25.10%，小微信用贷款余额1.92亿元，较年初增加0.66亿元，绿色信贷余额3.05亿元，较年初增加0.94亿元。

（邬笑敏）

【浙江禾城农村商业银行股份有限公司】 至年末，禾城农商银行各项存款余额655亿元，较年初增加74亿元，占市本级银行机构市场份额的14.4%；各项贷款余额471亿元，较年初增加43亿元，占市场份额10.83%；全年纳税3.06亿元。禾城农商银行全力以赴服务经济社会发展大局，在服务小微、服务大众上持续发力，推出“同心战疫，助企惠民”十项举措，以金融指导员、金融联络

员服务机制为基础，持续推进“百日攻坚”和“金融支持百万市场主体融资畅通”两大专项行动，用足用好央行再贷款及普惠小微贷款支持工具，全年为1418家小微企业节约成本3582万元，普惠小微贷款新增23.92亿元，占全部新增的55.05%。推动党建工作与业务发展同频共振、互促互进，与政府部门共同开展活动62场、战略合作8项，三季度启动“党建统领 共富创新 做实普惠金融”行动，与南湖区、秀洲区形成“总对总”工作合力，探索文明共富新路径，在辖区推开“政府服务+金融服务”全涵盖的“禾动力”普惠破坚共富大走访，将普惠金融之路走深走实。

（沈丹园）

【浙江秀洲德商村镇银行股份有限公司】 秀洲德商村镇银行设有10家分支机构，坚持“支农支小”市场本源，坚守“做小做散”业务定位，各项重点工作推进平稳有序。至年末，各项存款余额23.06亿元，较上年增长2.96亿元，增幅14.73%；各项贷款余额25.17亿元，较上年增长1.23亿元，增幅5.14%；贷款户数6445户，较上年增加8户，增幅0.12%；各项贷款户均39.05万元；实现利润总额3200.89万元。为支持个体工商户、小微企业(主)复产、复工开展金融助企大走访，推广自助放款业务，在秀洲区签约“创业贷款卡”302户，共授信金额2.22亿元；签发经营性“循环小额贷款卡”5228户，授信金额9.9亿元。发放支小再贷款0.45亿元，受惠小微企业共45家，带动相关小微企业让利优惠59万余元；对245家小微企业客户办理无还本续贷3.13亿元。围绕“三农”金融服务工作，深入开展普惠金融示范村建设，推进公议授信示范村27个，授信户数13696户。

（沈　婷）

【浙江稠州商业银行股份有限公司嘉兴分行】 分行下设营业网点6个，员工135人。全年存款余额27.73亿元，较年初增长2.41亿元，增幅9.52%；贷款余额30.45亿元，较年初增长3.84亿元，增幅14.43%。分行结合乡村振兴营销活动，加强授信村居建设，全面落实“三上墙”“三上门”服务，扩大农村小微企业金融覆盖率。扩大农村地区信用信息覆盖面，强化信用成果应用，大力开展整村授信。针对农户以“乡村振兴贷”作为拳头产品，“安心贷”“亲情贷”等产品为补充；针对新型农业主体主打“共富贷”，基本建立多层次、广覆盖、可持续、有序创新、风险可控的农村金融信贷服务体系。根据科技型企业清单、专精特新企业清单，加强银企对接活动。持续开展“进百园、走千村、访万户”活动，听取走访民营和小微企业融资的难点和痛点，提高金融服务水平，助力稳企业稳经济稳发展。通过“金融指导员”“三服务”等工作机制，主动寻找“关键人”，提高首贷户营销客户质量。至年末，普惠小微企业贷款客户1342家，较年初增加343家，增幅34.33%；普惠小微企业贷款余额18.48亿元，较年初增加3.12亿元，增幅20.31%。

（马金璟）

【北京银行股份有限公司嘉兴分行】 9月21日，北京银行嘉兴分行在秀洲区秀洲大道138号未来科技广场A座设立，对外营业。有营业网点1家。分行下设办公室、风险管理部、运营与科技部、公司银行部、零售银行部、公司业务部、零售业务部、营业室等，有员工51人。至年末，已获批大中型固贷项目授信2家，新增大中型客户授信5家，新增投放15.03亿元。完成31家集团计44.45亿元综合授信工作。为24家企业新增授信额度31.28亿元。至年末，分行制造业贷款余额1.19亿元；绿色贷款余额3.2亿元；普惠贷款余额0.95亿元；一般性存款余额1.70亿元，贷款余额15.03亿元。

（陆倍勤）

【中国工商银行股份有限公司嘉兴秀洲支行】 2022年，工商银行秀洲支行下设秀洲支行营业部、高新支行、新城支行、西马桥支行、东升支行、洪合支行、王江泾支行、油车港支行和王店支行9家二级支行。至年末，支行本外币各项存款余额114.02亿元，比年初增长16.76亿元；本外币各项贷款余额117.36亿元，比年初增长16.84亿元；全年新增实体经济投融资超19亿元；制造业公司贷款余额15.74亿元，当年净增2.07亿元；监管口径普惠贷款较年初新增5.11亿元，增幅41.48%，高于各项贷款增速24.73个百分点。

（俞人则）

【中国农业银行股份有限公司嘉兴秀洲支行】 2022年，农行嘉兴秀洲支行以精准高效的服务姿态助推区域全面打造“五个秀洲”，为秀洲区“项目建设年”活动提供金融支撑。与区市场监督管理局共同开展“百日攻坚”专项活动，助力企业纾困解难。合作承办首届长三角G60科创走廊(浙江)科技孵化企业创新创业大赛，参与组织多场科创企业专题培训。运用美丽乡村贷、美丽城镇贷、富村贷等“组合礼包”，全年发放涉农贷款8亿元，涉农贷款余额57亿元。南汇支行、新塍支行重装开业，梅里支行迁址开业，网点功能全面升级。设立王店常睦桥和油车港栖真两家驻人式“共富驿站”，加快打通金融服务“最后一公里”。为现役军人配套“军人住房公积金贷款、军人掌银、退役金专用卡、军人理财产品”等农行专属产品。至年末，拥有公司业务部、个人金融部、风险管理部/信用管理部/运营财会部、综合管理部4个部室及秀洲支行营业中心、秀洲新区支行、王江泾支行、王店支行、新塍支行、梅里支行、南汇支行、江南摩尔支行、油车港支行、洪合支行、秀洲区政府分理处11个营业网点，自助银行7家，在岗员工166人，银行本外币各项存款余额188亿元、贷款余额153亿元。

(钱　婧)

【中国银行股份有限公司嘉兴秀洲支行】 2022年，强化对秀洲区国际结算客户、新兴产业客户、科技专业客户的走访，通过授信切入争揽核心结算客户。面对疫情，开辟审批绿色通道，根据企业的信用记录、纳税情况以及企业抵押物情况，分别配套“首贷培育贷”“科技贷”“亩均英雄贷”“碳惠贷”“秀洲积分共富贷”等特色产品，采用信用、抵押等方式贷款，且均实现线上申请，线上提款，主要服务对象为小微企业或部分中小型企业。进一步落实“六稳”“六保”，长效化对接秀洲区市场监督管理局进行“三员服务”走访，以“金融服务指导员”等为载体，通过银企对接、组团帮扶等方式，为企业提供精准、专业咨询顾问服务，对秀洲区小微企业提供金融纾困服务，提升金融服务品质。抢抓“三大平台”发展机遇，深化“三年”活动，对标共同富裕先行，其中，嘉秀集团当年获批100亿元集团授信并实现全项目覆盖，集团内授信份额跃升至金融机构前三。是年，支行在职员工55人，内设公司业务部、个人金融部，下设秀洲支行(营业部)、王江泾支行、禾兴北路支行、凯旋支行、洪兴支行(轻型网点)5个经营机构。各项存款余额46.41亿元，贷款余额49.98亿元。

(裔伟君)

【中国建设银行股份有限公司嘉兴秀洲支行】 2022年，建行秀洲支行负责经营管理秀洲区辖内7家建行营业网点(秀洲支行营业部、王店支行、洪合支行、新塍支行、君特支行、洪兴路支行、时代广场支行)，下设综合管理部(党务工作部)、公司客户部、个人客户部、零售信贷经营中心，有员工91人。是年，支行加大项目贷款投放力度，推动业务高质量发展。国资公司贷款净增5.9亿元，对秀洲区政府融资余额合计20.01亿元(包括固贷及投债)。制造业客户授信敞口新增20.5亿元，新营销客户5户。嘉兴国家高新区、新塍镇的国资公司均实现首笔贷款业务落地。支行支持有序绿色转型和可持续金融发展，绿色信贷新增13.83亿元。聚焦中小微企业，稳固金融扶持，全年新增普惠贷款3.9亿元。至年末，秀洲支行一般性存款73.51亿元，较年初增加12.86亿元，增幅21.20%；各项贷款余额72.57亿元，较年初增加14.28亿元，增幅24.5%。

(张幸庆)

【交通银行股份有限公司嘉兴秀洲支行】 2022年，交行秀洲支行下设营运部、公司业务部、个人金融部，在编员工17人，无下设分支网点。至年底，人民币存款余额9.96亿元，外币存款1438万美元，贷款余额19.80亿元。根据上级行“百行进万企”、惠企活动政策宣讲、“百名金融顾问助万企”活动，走访秀洲区企业81家。加大信贷投入，助推专精特新“小巨人”企业创新发展，实现国家级企业全覆盖。全面实行一户一策，针对企业的差异化需求，给予不同的信贷产品。继续深化运河社区、秀清社区“夕阳红”理财室金邻推广，开拓社区金融业务合作新模式。进一步优化厅堂一体化转型，提升客户服务体验，加大总行、省分行线上平台产品的数据化管理营销推广，逐步推进“场景化服务”“平台化获客”等策略落地。以上门服务对接各类民工工资专户，为农民工兄弟开立工资卡等业务，运用党费管家、工程管家、费控报销等系统产品大力发展智慧金服。

（冯如阳）

【中信银行股份有限公司嘉兴秀洲支行】 支行内设公司银行部、零售银行部及营业部3个部门，正式员工22人。至年末，本外币各项存款余额43.82亿元，较年初增长15.89亿元，增幅56.89%，其中，对公存款余额34.76亿元、个人存款余额9亿元；各项贷款余额51.65亿元，较年初增长15.35亿元，增幅42.29%，其中，对公贷款32.97亿元、个人贷款17.61亿元。各项存贷款业务呈现量价齐升的态势，资产质量持续保持较优。超额完成实体经济重点领域投放任务，对公贷款投向更加聚焦实体、民营企业、制造业、绿色、战略新兴和涉农贷款，综合完成率超200%，当年新增投放多笔实体制造业固定资产贷款项目，并落地秀洲区首笔乡村振兴绿色项目贷款，无还本续贷、政采E贷、科创E贷等创新产品为实体企业带来融资便利；联合中信建投证券组建“中信旗舰队”，全年为秀洲区国有企业提供各类融资83亿元，助力秀洲区打造聚焦产业转型升级、城市能级提升两大重点项目建设年。

（祝先锋）

【上海浦东发展银行股份有限公司嘉兴秀洲支行】 2022年，浦发银行秀洲支行设行长室、综合部、营业部、业务发展部4个部门，在职员工16人。年末，本外币各项存款余额10.5亿元，贷款余额5.6亿元，全年对秀洲区企业发放贷款5.43亿元。支行动态梳理目标客户视图，每周梳理进度，对重点重大项目划分区域、落实专人、建立专班，联合推进，直至落地，并围绕嘉兴国家高新区、运河湾新城、乡镇园区等园区平台，坚定聚焦4类客户，聚焦“专精特新”科创企业，做大业务规模，做大客户底盘，加大信贷有效投放，服务实体经济。

（李欣春）

【招商银行股份有限公司嘉兴秀洲支行】 至年末，招商银行秀洲支行完成各项存款余额3.4亿元。支行深耕大学生客户，与嘉兴南湖学院开展共建活动，在南洋职业技术学院开设系列讲座，在嘉兴学院开展实习生培养计划，累计拓展大学生客户1355户，云缴费516户；开展公私融合、私私融合联动拓客，全年拓展私人银行客户10户、钻石客户11户；金葵花、金卡全年净增430户；全年拓展代发客户3662户；协同内置式卡部，开展厅堂拦截、代发进企进校园等信用卡获客方式，全年累计拓展信用卡用户2126户。

（李苏杭）

【嘉兴银行股份有限公司秀洲支行】 2022年，支行内设营业部、综合管理部、风险合规部、零售银行部和6个业务营销部门。除秀洲支行营业部外，下辖小微支行4家，分别为洪合支行、王江泾支行、王店支行、物流园支行；储蓄支行3家，分别为秀水支行、百花支行、嘉工支行；社区支行7家，分别为高桥社区支行、新盛社区支行、九里社区支行、蚂桥社区支行、麟湖社区支行、常睦社区支行和亚都社区支行。支行共有网点15个，员工160余人。至年末，各项存款余额91.06亿元，日均存款余额83.41亿元，分别较上年同期增加18.50亿元和13.26亿元，增幅为25.50%和18.90%；各项贷款余额75.06亿元，日均余额74.76亿元，分别较上年同期增加2.28亿元和3.50亿元，增幅3.13%和4.90%。其中，“两增两控”贷款余额36.76亿元，较上年同期增加3.68亿元，增幅11.12%；消费贷款余额4.77亿元，比年初减少0.83亿元，减幅为14.76%；存款付息率2.76%，较上年同期下降2BP（基点）；贷款平均利率5.72%，较上年同期下降40BP。

（朱菲月）

【邮政储蓄银行嘉兴市秀洲支行】 2022年，邮政储蓄银行嘉兴市秀洲支行各项存款结余57.47亿元，各项贷款结余28.61亿元。年末，涉农贷款结余5.2亿元，比上年增加0.8亿元，增速18.18%；普惠型涉农贷款结余2.46亿元，比上年增加0.35亿元，增速16.59%。支持小微企业复工复产，普惠型小微企业贷款余额13.65亿元，净增2.77亿元，与上年末余额相比增长25.47%。支行与秀洲区人民政府、运河湾新城签订战略合作协议，对秀洲贷款意向性融资支持不低于300亿元。其中，为运河湾新城的贷款意向性融资支持不低于100

亿元。落地系统内全国首笔票据贴现通业务，与同业共同助力票据业务创新发展。创新落地系统内全省首笔小微企业农业龙头贷、首笔保证类个人产业链经营贷款和首笔债务融资工具。

（胡　央）

【宁波银行股份有限公司嘉兴秀洲小微企业专营支行】　支行下设零售公司部、财富管理部、消费信贷部、运营部、交易银行部、办公室、业务管理部7个部门，在岗员工33人。至年末，支行本外币各项存款余额8.6亿元、贷款余额12.3亿元。支行以聚焦小微、下沉普惠为宗旨，不断深化小微服务，利用“容易贷”产品科技优势，帮助小微企业客户通过纯信用、全线上、随借随还的方式，充分实现小微企业融资需求，同时为小微企业提供现金管理、票据业务、国际业务，包括企业主财富管理等一系列综合金融服务。坚持资产配置理念，围绕客户需求，提供丰富的财富产品体系，形成现金管理、固收、权益、保障传承、另类资产、海外投资六大产品体系。是年，支行服务超350家小微企业和25000户个人客户。

（高菡晓）

【杭州银行股份有限公司嘉兴秀洲小微专营支行】

支行位于秀洲区新城街道秀洲大道138号，于2022年1月13日成立，1月15日开业。负责秀洲区的经营管理，辖内1家营业网点，下设营业室、办公室、小微金融一部、二部和零售金融部，有员工21人。至年末，一般性存款2.62亿元，较年初增加2.04亿元；小微贷款2.19亿元，较年初增加2.15亿元；贴现0.21亿元，较年初增加0.21亿元。是年，共服务小微企业232家，个体工商户231户，零售客户5521户，在助力乡村振兴、保障实体需求、服务小微三农、加强普惠金融等方面取得实效，符合服务区域经济、中小企业、城乡居民的市场定位。

（王　蓉）

保　险　业

【中国人寿保险股份有限公司嘉兴市秀洲区支公司】　2022年，支公司内设部门4个，有员工13人。规模期交保费4610.45万元，十年期及以上保费1540万元，大短险保费1716.42万元。全年共受理理赔（给付）案件5640件，支（给）付各类赔款、满期金2168.44万元。是年，公司完善保险产品体系，围绕助推乡村振兴和“三农”发展，将农村小额意外保险和农村男、女性安康保险宣传到户，完善城乡居民的健康保障计划，切实减轻居民看病负担，同时试点启动出租房火灾险推广。6月，成功中标洪合镇10个村保险购买入围项目标段1，做好洪合镇场地意外险和村民意外险的保险服务，其中，场地意外险保费5.06万元，村民意外险保费112.89万元，村民意外险参保人数2.8万人；7月，洪合镇新王桥村作为试点启动出租房火灾险推广，参保户数1397户，保费27.94万元。开展“我为群众办实事”活动，先后组织党员干部慰问计生特殊困难家庭。

（邱　冬）

【中国人民财产保险股份有限公司嘉兴市秀洲支公司】　2022年，公司内设19个部门，有员工170人，下设洪合、王江泾、王店、新塍、秀水新区5个营销服务网点。是年，实现保费收入35195万元，其中，车辆保险保费21674万元，个人非车辆保险保费2517万元，商业团体保险保费3512万元，农业保险保费825万元。是年，秀洲支公司联合区交警、区市场监督管理局等部门，推动非标电动车集中置换补贴政策落地，实现上牌网点全域百分之百覆盖；中标秀洲区农民工工资保证保险项目，助力区域“无欠薪”城市打造，提速共同富裕新赛道；充分推进“承保+减损+赋能+理赔”经营理念，主办新塍镇食品安全宣传周活动，协办秀洲区安全生产月活动、“人保杯”劳工法律法规知识竞赛，与多部门协同推进社会治理创新模式；深入辖内校园，开展交通安全、食品安全、隐患排查等安全服务，全方位助力风险减量管理，扩大校园保险服务内涵。

（唐菊稹）

小额贷款和融资性担保业

【小额贷款公司】　2022年，秀洲区有小额贷款公司4家，分别是嘉兴市秀洲区远方小额贷款股份有限公司、嘉兴市秀洲区天丰小额贷款有限公司、嘉兴市秀洲区嘉欣小额贷款有限公司、嘉兴市秀洲区王江泾小额贷款有限公司。12 月，省地方金融监管局印发《关于发布 2021 年度全省小额贷款公司监管评级结果的通知》，其中，王江泾小额贷款公司、嘉欣小额贷款公司和天丰小额贷款公司被评为 B 级，远方小额贷款公司被评为 C 级。做好小额贷款公司的日常监管，每季度委托会计师事务所协同开展现场检查，对小额贷款公司进行年度审计，对审计中发现的问题，要求小额贷款公司限期整改，确保小额贷款公司规范运营。是年，秀洲区 4 家小额贷款公司注册资本合计 4.79 亿元，实现营业收入 5045 万元，净利润 2993 万元。全年累计发放贷款 553 笔，总金额 6.96 亿元，年末贷款余额 3.8 亿元。

【融资性担保公司】 2022 年，秀洲区有融资性担保公司 3 家，分别是嘉兴市农信融资担保有限责任公司、嘉兴市汇生融资担保有限公司、嘉兴鼎信融资担保有限公司，注册资本合计 1.2 亿元。是年，秀洲区 3 家担保公司实现营业收入 580.72 万元，累计担保户数 364 户，担保总额 2.77 亿元。至年末，在保户数 1403 户，在保余额 3.56 亿元。

（杨春霞）

经济社会发展与经济调控

【概况】 2022年,面对内外部严峻形势,全区上下坚决贯彻习近平总书记"疫情要防住、经济要稳住、发展要安全"的重要指示精神,遵循区委"123451"和"三年"活动工作部署,以超常规举措应对超预期挑战。区委、区政府全面加强经济运行分析调度,出台一揽子政策助企纾困,狠抓项目谋划招引推进,深入推进各项改革攻坚,以超常规的力度和举措强势推进各项工作,全力以赴推动经济稳进提质。全区地区生产总值增长4.3%;实现农林牧渔业增加值20.23亿元,增长2.1%;实现工业总产值1079亿元,增长11.2%,历史首次突破千亿元大关;实现规模以上工业增加值238.5亿元,增速9.0%,居全市第二;实现服务业增加值260.57亿元,增长2.0%。加快资金拨付和兑现,全年兑现各类涉企补助资金3.6亿元;全年累计落实留抵退税17.18亿元,减免非税收入1.27亿元。有效投资稳步增长。全区固定资产投资204.03亿元,增长23.5%,列全市第一。其中建安投资增长31.7%,民间投资增长12.8%,公共服务投资增长60.1%,服务业投资增长31.8%,均列全市第一。争取专项债项目22个,新增专项债额度41.55亿元,为2021年全年规模的17.3倍,创历史新高。城乡居民收入比持续缩小。城乡居民人均可支配收入分别增长3.6%、6.2%。民生保障提质扩面,户籍人口基本养老保险、基本医疗保险参保率分别达到98.4%、99.12%。

【年度计划编制】 11月中旬开展计划草案编写,12月上旬形成2022年指标完成情况预测及2023年指标建议计划草案,整个计划草案分三大部分,第一部分是2022年计划执行情况,从计划的执行情况来看,14项指标达到或预计达到年度任务要求,4项指标受疫情反复及整体经济环境下行影响,预计较难完成全年任务。从整体而言,2022年全区经济运行和社会发展主要工作分以下几点:一是经济运行稳进提质。全面加强经济运行调度,落实稳经济系列政策,开展助企帮扶服务。二是三次产业克难奋进。农业经济质效提升,工业经济稳中向好,服务业增长回暖转正。三是项目投资跨越赶超。有效投资稳步增长,招商引资量质并举,要素支撑强劲有力。四是创新改革纵深推进。科创实力不断增强,共同富裕扎实迈进,数字化改革延伸突破。五是城乡融合提速增优。城市能级加快跃迁,城乡品质显著提升,生态环境持续改善。六是公共资源优质共享。民生保障提质扩面,社会事业均衡发展,社会治理精准智控。第二部分是2023年主要预期目标安排,地区生产总值增长6%,规模以上工业增加值增长9%,一般公共预算收入增长3%,亿元GDP生产安全事故死亡率控制在0.01人/亿元以内,固定资产投资增长10%以上,社会消费品零售总额增长6%,进出口总额增长8%,实际利用外资3.8亿美元,全社会研究与试验发展经费支出占地区生产总值比重3.4%,数字经济核心制造业增加值增速8%,人才资源总量12.7万人,城乡居民人均可支配收入增长率与GDP保持基本同步,城镇调查失业率控制在5.5%以内,河流Ⅰ~Ⅲ类水质市控断面比例达到100%,基本养老保险参保人数、空气质量优良天数比率、单位地区生产总值综合能耗下降率完成上级下达任务。第三部分是2023年经济社会发展七个方面重点任务措施。

(蔚龙祥)

【固定资产投资】 2022年,以扩大有效投资作为经济稳进提质坚实支撑,开展秀洲区深化项目建设年活动。全年固定资产投资204.03亿元,同比增长23.5%,增速列全市第一。按产业划分:第一产业投资0.82亿元;第二产业投资75.33亿元,同比增长14.4%;第三产业投资127.88亿元,同比增长31.8%,位列全市第一。建安投资增长31.7%,公共服务投资增长60.1%,增速均列全市第一。是年,编制秀洲区2022年政府投资项目计划。其中投资在50万元以上政府投资项目155项,总投资143.42亿元,当年计划投资26.67亿元。

2022年秀洲区固定资产投资完成情况

表24

指标名称	2022年(万元)	同比±(%)	指标名称	2022年(万元)	同比±(%)
固定资产投资	2040319	23.5	2.按三次产业分		
#工业投资	753268	14.4	第一产业	8217	
1.房地产开发投资完成额	630088	34.3	第二产业	753268	14.4
			第三产业	1278834	31.8

资料来源:区发改局提供

(潘勤妹)

【重要项目开工】 2022年,秀洲区新开工超亿元产业项目40个。其中,新开工超10亿元产业项目7个,为圆通航空投资发展有限公司东方天地港项目、嘉兴隆基光伏科技有限公司年产10GW单晶组件厂房及配套设施项目(一期)、北京理工大学长三角研究院(嘉兴)一期南区块建设项目、麒盛科技股份有限公司年产400万张智能床总部项目(二期)研发中心及生产配套厂房项目、浙江灏平物联网有限公司启盈嘉兴跨境电商智慧供应链总部项目、嘉兴秀洲国家高新区光电产业园开发建设有限公司秀水光谷园区项目、嘉兴秀洲智联健康产业园基础设施配套工程项目——医疗器械园区项目。

【重要项目竣工】 2022年,全区有嘉兴隆基光伏科技有限公司年产10GW单晶组件厂房及配套设施项目(一期)、德和科技集团股份有限公司年产15000吨聚氨酯深冷复合材料项目、浙江奥普家居有限公司奥普(嘉兴)生产基地项目、福莱特玻璃集团股份有限公司年产75万吨太阳能装备用超薄超高透面板制造项目、浙江五芳斋实业股份有限公司数字产业智慧园建设项目等重要项目竣工。

【省重点建设项目】 2022年,秀洲区列入省重点建设项目10项,总投资316.77亿元,年度计划投资31.1亿元,完成投资32.76亿元,完成年度计划的105.3%,项目开工率100%。

【省重大产业项目】 2022年,秀洲区列入浙江省重大产业项目1项,为圆通嘉兴全球航空物流枢纽(国际货站)项目,总投资19.3亿元。

【市"551"重点项目】 2022年,秀洲区列入嘉兴市"551"重点项目计划51项,当年计划投资86.7亿元,完成投资99亿元,完成年度计划的114.2%。

(谭丽霞)

【社会信用体系建设】 2022年,秀洲区推进社会信用体系建设。一是扎实做好"双公示"工作。落实"双公示"信息归集报送责任制,确保"双公示"信息报送的时效性。同时做好查漏补缺,及时核实上级部门退回的不合规信息。全年退回"双公示"信息2条,均完成核查,推送至上级并出具相关情况说明。二是强化服务和信用监管。通过线上申报、线上审核、文件快递等"互联网+快递"工作新模式,以"零接触"服务为企业开辟疫情防控期间信用修复"绿色通道",助力企业复工复产,全年累计为企业主体开展信用修复20项,企业信用核查4029项，自然人信用核查179项。协同区级部门持续推进信用监管多元化，将企业信用风险分类管理与“双随机、一公开”监管有机融合，根据企业信用风险分类结果，实施差异化监管。三是谋划建设特色应用。区市场监管局《探索构建“信用积分”评价指标体系，打造“信用积分+平台赋能+路径重塑”线上融资服务新模式》，在《浙江政研》《浙江信息》等刊物上发表。2022年3月3日，秀洲区参选的两个案例《秀洲区创建“企业家”打造“三服务”2.0版新典型》《秀洲区运用“信用家”平台模式破解小微企业（个体工商户）》入选2021年度嘉兴市优化营商环境“十佳实践案例”。

（钱浩冬）

长三角一体化经济发展

【概况】 2022年，秀洲区积极发挥作为全省唯一长三角生态绿色一体化发展示范区规划协调区优势，紧扣“一体化”和“高质量”两大主题，持续推进“五个一体化”（即交通、产业、生态、公共服务、社会治理），在科创平台、光伏产业协同、航空联运中心建设上实现新突破，以高质量一体化发展助力全市打造长三角城市群重要中心城市。

【交通一体化】 2月24日，圆通集团摘牌取得第一期项目用地182.4亩，首期“查验仓”项目于3月22日开工建设，11月竣工。6月23日，京杭运河浙江段三级航道整治工程思古大桥（连接秀洲—吴江）通过交工验收；7月25日，总投资33亿元的圆通航空集团创新总部项目落户嘉兴国家高新区。乍嘉苏高速改扩建项目通过工可评审。11月17日，临空经济示范区建设指挥部正式揭牌。11月18日，国家发展改革委印发《关于做好2022年国家物流枢纽建设工作的通知》，“嘉兴生产服务型国家物流枢纽”作为25个国家物流枢纽之一成功入选。11月23日，嘉兴军民合用机场改扩建工程全面开工建设动员大会在洪合镇举行。11月，联合中国城市规划设计研究院上海分院、嘉兴国土空间规划研究有限公司共同编制“嘉兴市空港新城概念规划”。至年末，嘉兴机场项目、圆通航空物流枢纽项目稳步推进中。

【产业一体化】 8月，依托长三角G60科创走廊光伏协同创新产业联盟，中国光伏绿色供应链大会在秀洲举行，500余位业界、学者代表参会。9月9日，“才遇秀美·湖畔之约”——秀洲区高层次人才迎中秋活动暨秀洲区博士联谊会成立仪式在油车港镇天鹅湖举行，揭牌成立秀洲区博士联谊会。9月22日，位于上海市杨浦区湾谷科技园

9月9日，秀洲区博士联谊会成立仪式在油车港镇天鹅湖举行（区发改局提供）

区内的秀洲“上海人才飞地”——秀水新区上海创新中心启用。10月，北京理工大学长三角研究院（嘉兴）获准设立国家级博士后科研工作站，实现秀洲零的突破。11月1日，2022中国浙江“星耀南湖·长三角精英峰会”秀洲子活动“智碳未来”产才赋能高峰论坛举行，浙江大学碳中和研究院嘉兴科创基地揭牌。

【生态一体化】 11月23日，秀洲区政协会同吴江区政协，就省际边界“五位一体”水域联防联治协同机制推进情况开展主席视察。强化秀洲、嘉善交界区域大气环境联防联治，通过联合巡查、执法、会商等工作，坚决遏制违法排污行为，成功解决嘉善华腾养猪场“邻避”臭气问题。

【公共服务一体化】 医疗资源进一步优化，秀洲区人民医院（新塍医院二期）项目加快建设。1月，浙江省中医院秀洲分院3个名医工作室揭牌；8月，秀洲区人民医院与浙江省中医院紧密合作一周年活动周举办，跨省异地就医扩面增容，新增2家机构，全区跨省异地就医实时结算定点医疗机构开通率40%以上。新安国际医院于10月中旬

开通5个门诊慢特病费用跨省直接结算权限。“美好优学”教育进一步提升，再度携手浙江师范大学，合作举办浙师大附属嘉兴市长虹实验学校；首度签约杭州师范大学，合作共建杭师大附属油车港中学，同步建立语、数、科、英、社5个名师工作室；与绿城教育投资有限公司签约共建嘉兴绿城育华天鹅湖幼儿园，王江泾镇成人文化技术学校与上海市金山区枫泾镇社区学校、苏州市吴江区盛泽镇成人教育中心校共建社区教育共同体。“悠游秀洲”促进文旅资源，6月15日，召开长三角文旅企业合作大会，长三角旅游企业和浙江清园旅游发展集团有限公司签订战略合作协议。打造“食尚秀洲·四季有味”美食品牌，“秀味十碗”的代表——“味德丰”，继续开拓长三角美食市场，先后在上海、江苏周边新增门店20余家。

【社会治理一体化】 依托与吴江区盛泽镇、黎里镇，嘉善县陶庄镇、天凝镇签订的“深化毗邻党建—助推长三角一体化共建共享”合作协议，建立党政“1+X”管理互联共治机制，合力解决疫情防控等各类难点问题15项，化解毗邻矛盾纠纷等问题240余起。助力上海疫情防控，4月12日，福莱特玻璃集团股份有限公司3000份物资连夜送往上海徐汇区漕泾河街道，真真老老食品有限公司为在沪抗“疫”第一线志愿者及上海居民提供“食”

4月12日，福莱特玻璃集团股份有限公司3000份物资连夜送往上海徐汇区漕泾河街道（区发改局提供）

力支持。建立省际边界村社民意联络群，建立联席会议制度，合力解决一般矛盾纠纷，设立边界调解工作室、村社民意联络群13个，全年开展联席会商16次，解决涉及邻里纠纷、沿岸环境整治等问题240余个。与吴江区率先联合推动跨区警务一体化建设，设立情报信息互通共享平台和联打指挥中心，全年与吴江区召开线索会商会、治安分析会12次，传递治安要情、案件线索18条，协作共抓获各类违法犯罪嫌疑人9人，破获案件15起。秀洲、吴江两地综合执法、港航、交通运输等部门多次于京杭大运河水域（苏嘉运河北虹大桥—常台高速苏嘉运河桥处）开展水上联合执法行动，重点检查工程船、运泥船等，6月，成功查获一起水运偷倒建筑垃圾的重大违法案件。在秀洲—苏州吴江区域推广卫生监督联动执法机制，开展工作互动两次，实现卫生监督执法信息互通、资源互用、常态互动。1月，王江泾税务所和盛泽税务分局签订关于建立智慧税务机制合作备忘录；10月12日，秀洲、吴江两地税务部门以云端视频的方式开展“喜迎二十大 同心共建”基层税务交流会，确定4类15项长三角一体化发票示范区涉税事项区域的通办清单。至年末，两地联合开展主题党日活动两次，“云端”共建活动两次。全区5个镇2个街道均设置“异地通办”专窗并完成系统使用培训，实现区级部门与镇、村同一事项无差别受理、同标准办理。全区自助服务终端76台，本地可办事项数146项，跨省通办事项数已覆盖16个省（直辖市、自治区）。

（魏　梁）

国有资产管理

【概况】 2022年，秀洲区企业国有资产管理不断优化，全区拥有信用评级AA+的国有企业两家，信用评级AA的国有企业8家。深入开展国企改革三年行动，全区国有经济布局和结构进一步优化。区委、区政府印发《秀洲区国资公司改革方案》，推动“1+5+N”国企体系（“1”指新筹建AAA级资本运营平台；“5”指区属五大国资集团；“N”指多个专业化经营公司，先行组建新能源公司、文旅投公司等）建设，启动嘉秀集团AAA评级工作。进一步健全完善国企监管体系，落实国企党建纳入行业监管，加强国企党委前置研究事项管理，印发《区属国有企业党建工作事项清单》。加强清廉国企建设，印发《秀洲区属国有企业领导人员配偶、子女及其配偶“禁业清单”》等三张清单。是年，全区有国有企业172家，资产总额1845.13亿元，负债总额1374.73亿元，所有者权益总额470.40亿元，实现营业总收入31.73亿元。

（邱　丰）

【嘉兴市嘉秀发展投资控股集团有限公司】　2022年，公司充分发挥集团本级AA+评级优势，推进下属6家AA主体一级子公司实体化运行，积极申报发行公司债券。全年新增债券批文160亿元，累计储备批文243亿元；下属子公司新增债券发行63亿元，发行量较上年同期增长2倍多，嘉塍集团、麟湖集团新注册发行私募公司债，实现直接融资零的突破。是年，嘉秀集团有下属子公司97家，其中一级子公司12家，集团资产总额975.61亿元，净资产370.40亿元。全年实现新增融资313亿元（银行贷款194.2亿元，发行各类债券118.8亿元）；债务结构不断优化，其中集团债券占比提升到36%，较上年同期增长5个百分点，非标准化产品合计降至1%；平均融资成本较上年末总体下降约30BP。

【竞争类国有企业改革】　围绕竞争类国有企业改革路线，切实履行公司职责，全面推进嘉兴市秀洲区金控投资管理有限公司、嘉兴市秀广数字产业发展有限公司开展竞争类企业改革，稳步推进子基金的组建及设立工作。是年，金控公司已接洽或在跟踪项目累计13个，项目涉及金额36.25亿元；推进秀洲区“停安心”民生实事项目，建成乡镇封闭停车场39个，道路停车位388个。

（邹思昀）

【嘉兴市秀宏建设投资集团有限公司】　2022年，秀宏集团狠抓重点民生项目建设、稳进提质主营业务、打造特色亮点、强化党建引领四大重点，加快构建国企改革发展新格局。是年，列入政府投资计划实施类项目21个，其中，交通实施类项目7个，房建类项目4个，环保类项目10个。全年计划完成总投资9.44亿元，至年末完成总投资9.51亿元，完成年度计划的100.74%。同时，积极培育优质经营项目，全年营业总收入6.04亿元，净利润0.12亿元，实际完成国有融资资金38.59亿元，融资成本加权平均后为4.6%，国有资产保值率99.27%。

【秀宏集团政府投资项目管理】　交通建设类项目：全年累计完成投资3.82亿元，分别是G524秀洲新塍至王店公路工程（一期）工程完成投资1.6亿元；G524秀洲王江泾至新塍公路工程完成投资0.3亿元；申嘉湖高速油车港连接线（茶园路跨北郊河段）工程完成投资0.38亿元；G524秀洲王店至海宁海昌公路工程完成投资0.52亿元；X313洛油线南虹大桥改造工程完成投资0.69亿元；G524（新塍至王店段）道路两侧及附属设施绿化工程完成投资0.18亿元；新增国道G524秀洲新塍至王店公路工程路灯及箱变工程项目（1、3标段）完成投资0.15亿元。

房建类项目：全年累计完成投资1.39亿元，分别是秀洲区康养中心项目完成投资0.8亿元；秀禾发展大厦项目完成投资0.57亿元；农业科技服务中心项目完成投资0.02亿元。

环保类项目：全年累计完成投资4.3亿元，分别是秀洲区王江泾工业污水处理工程完成投资2.75亿元；污水外排体系提升工程（秀洲北片）完成投资0.29亿元；秀污水外排体系提升工程（新桥泵站输送管）完成投资0.02亿元；2、3号泵站连通管工程完成投资0.04亿元；洪合镇企业污水接入工程完成投资0.02亿元；嘉兴市有机废弃物综合处理项目完成投资1.12亿元；南片污水外排复线工程秀洲支线工程，至年末完成初步设计，正在施工图编制；有机废弃物综合处理项目基础建设配套设施项目，已完成可研报告及备案工作；新福便民服务中心污水外排工程，已完成项目建设任务；杭州塘（杭州塘闸至北郊河）段清淤工程，全年施工全部完成。

【秀宏集团经营创收类项目管理】　绿色产业发展：拓展沼气发电、油脂提取等再生资源化利用实现创收，年内处理易腐有机垃圾约13.7万吨，沼气并网发电量194万度，提炼油量6507吨，完成居民小区、机关企事业单位生活垃圾可回收物回收量2050吨，实现营业收入8966.2万元。

主城区内涝治理：投入使用2台应急防涝排水抢险车，主要用于秀洲主城区以及各镇道路排涝，最大流量可达到 1000 米^3/小时；加强辖区内污水运营、河道(管道)疏浚保洁、管道检测业务管理，实现营业收入 3860 万元。

优质资产管理：落实房租减免政策，减免户数 124 户，减免房租约 415 万元，年内房租收入 2215 万元。

完善智慧化祭扫平台：建立网上祭扫平台，大力提倡网上祭扫，全年累计祭扫 8 万人次，销售墓穴 335 套，实现营业收入 1500.92 万元。

文旅产业化运营：持续做好农民画相关产品开发与创意输出工作，着力推广菱珑湾区域文化特色活动品牌，重点推进中国儿童艺术剧院在秀洲区的惠民演出活动，揭牌并运营嘉兴市首个版权服务工作站。年内景区村庄共接待团队 216 场次，接待拍摄工作 34 场，接待游客 14.08 万人次，版权登记完成 3140 件，成功调解案件 30 件，实现营业收入 1571.78 万元。

农业领域发展：在全力做好秀洲区学校食材配送的基础上，完成全区物资保供任务，累计配送物资 5.25 万份，支援海宁物资 1.5 万份，配合高新区支援上海交大采购并配送食材 15 吨，组建秀洲区蔬菜临时批发市场，从秀洲临批和市外紧急转运出蔬菜 85 吨，用于 5 个镇临批进货和支援海宁抗疫物资，实现营业收入 9785 万元。

【G524 一期工程(新塍至王店公路)通车】 该路段起自江浙两省交界的新塍镇思古大桥，终于王店镇凤珍村，与嘉绍高速王店互通连接线相接。是长三角地区南北向大通道，全长 34.7 千米，其中利用段 2.7 千米，实际建设 32 千米。采用一级公路双向四车道标准，路基宽 27 米。设有大桥 5 座，超限运输检测站、服务区、养护工区各 1 处，总投资 23 亿元。工程于 2017 年 3 月开工建设，2022 年 6 月 28 日建成通车，是秀洲区秀宏集团承建的第一条国道。

【秀宏大楼启用】 位于嘉兴国家高新区，秀洲大道东侧、东升西路南侧。项目总投资 3.14 亿元。该项目用地面积 11427 平方米，总建筑面积 44802.78 平方米，其中地下室建筑面积 16276 平方米，主楼建筑为地下 2 层，地上 16 层，结构形式为框架结构；独立裙楼为地下 2 层，地上 3 层，结构形式为框架结构。工程于 2019 年 12 月开工建设，2022 年 6 月 15 日通过验收，同年启用。

秀宏大楼落成(秀宏集团提供)

【南片污水外排复线工程外排主线启用】 该项目建设秀洲区南片污水外排泵站 1 座，外排污水量规模为 15 万吨/天，输送管线约 4.3 千米。起点位于王店镇瑞银西路南侧、纬七路东侧，管线由西往东铺设，途经王店镇国庆村、嘉兴现代物流园、红联村，终点为王店—余新行政界(嘉兴市污水处理扩容工程外排三期实施起点)，总投资约 1.3 亿元，该项目于 2020 年 11 月开工建设，2022 年 6 月通过验收，同年启用。

6 月，秀洲区南片污水外排复线工程外排主线建成并启用(秀宏集团提供)

【蚂桥农贸市场改造】 位于王店镇希望路 639 号。项目改造工程于 2022 年 7 月开工建设，2022 年 10 月竣工并启用，历时 3 个月，总投资 600 多万元。改造后，市场拥有 8 个岛屿、26 个商铺并引进智慧管理系统，在全市首创使用 AOE 消杀机、智能生鲜自提柜、扫地机器人、智能轨道巡检机器人等设备，全方位打造交易数字化、溯源一体化、信息透明化、渠道网络化、监管智慧化的星级农贸市场。此外，市场内配有商户显示屏、触摸查询屏、大数据显示屏，数据实时展示，有效建立起消费者、商户、管理方三方之间的信任环。

（谢芦云）

【嘉兴市秀拓建设投资集团有限公司】 2022年，秀拓集团聚焦“项目建设年”，重点项目投资稳步推进，浙江（嘉兴）长三角智慧产业园（一期）项目完成投资额6.4亿元，占总投资的38%。秀洲区城乡融合新农村建设项目（新塍一期）完成投资额2.8亿元，占总投资的11%。融资渠道不断拓宽，贷款授信、专项债融资、普惠金融融资、超短融贷款工作有序开展。至年末，秀拓集团完成银行融资授信10亿元，地方政府专项债券成功发行8.12亿元。其中秀鑫公司开发贷授信融资成本创本市同类产品最低值。集团公司（包含全域公司）营业收入合计9272.41万元，净利润771.74万元。（嘉兴）长三角智慧产业园一期项目和秀洲区城乡融合新农村建设项目（新塍一期）共申请政府专项债券32.8亿元。10月，注册成立嘉兴市秀拓燃气有限公司，助力秀洲区燃气企业规模化改革工作。

【浙江（嘉兴）长三角智慧产业园一期项目】 1月，北京理工大学长三角研究院（嘉兴）一期南区块建设项目浙江（嘉兴）长三角智慧产业园一期项目开工建设，总投资16.88亿元。用地面积20.53万平方米，总建筑面积18.75万平方米。至年末，除图书馆和南研究中心多域实验室8号楼项目未结顶以外，其余楼体主体建筑均结顶。项目完成投资额6.8亿元，占总投资的38%。该项目计划于2023年竣工。

【秀洲区城乡融合新农村建设项目（新塍一期）】 6月，秀洲区城乡融合新农村建设项目（新塍一期）开工建设，用地面积17.55万平方米，总建筑面积55.22万平方米（其中地下建筑面积17.75万平方米）。新塍一期项目总投资25亿元，至年末，项目完成投资2.8亿元，占总投资的11%。当年实施的桩基工程完成总工程的95%。该项目计划于2024年竣工。

【嘉兴市秀拓燃气有限公司成立】 10月18日，嘉兴市秀拓燃气有限公司注册成立，注册资金2000万元。该公司由嘉兴市秀拓建设投资集团有限公司、嘉兴市云东能源有限公司及秀洲区3家乡镇国资公司合资组建，将在秀洲区新建1个400立方米规模储配站，7个供应站，燃气供应覆盖全区5个镇4个街道，形成“1+N”瓶装燃气新布局，推动全区瓶装燃气高质量发展。

（刘文华）

物价管理

【概况】 2022年，物价管理以稳物价、惠民生为主要目标，做好定调价和收费备案管理。成立保供稳价专班并制定工作方案，完善价格监测分析预警机制，为秀洲经济持续健康发展和社会稳定营造良好的价格环境。是年，全区粮食价格总体平衡，粮油价格小幅上涨，蔬菜、禽肉、鸡蛋价格小幅下跌，生猪及肉类产品价格呈下跌态势，液化石油气、农资价格上涨。

【粮食价格总体平稳】 2022年，秀洲区粮食价格总体平稳。稻谷全年均价为1.40元/500克，同比跌幅4.29%，其中，一季度均价为1.40元/500克，二季度均价为1.41元/500克，三季度均价为1.40元/500克，四季度均价为1.37元/500克；粳米全年均价为2.50元/500克，同比涨幅4.51%。

【食用油价格小幅上涨】 2022年，列入秀洲区监测范围的各类食用油价格全部上涨。其中四级散装菜油年平均价格为10.21元/500克，同比涨幅7.46%；大豆油（一级浸出桶装）全年平均价格为66.81元/桶(5L)，上年度58.21元/桶(5L)，涨幅14.77%；色拉油（一级桶装）全年平均价格为75.77元/桶(5L)，上年度64.23元/桶(5L)，涨幅17.97%；花生油（一级压榨桶装）全年均价为161.35元/桶(5L)，上年度157.60元/桶(5L)，涨幅2.38%。

【蔬菜价格小幅下跌】 2022年，列入秀洲区价格监测范围的11种蔬菜每500克年平均价格为6.01元，同比跌幅3.06%。

2022年列入秀洲区监测的11种蔬菜价格

表25

品　名	全年均价(元/500克)	同比(%)	品　名	全年均价(元/500克)	同比(%)
芹　菜	7.33	−4.74	包心菜	3.08	−8.70
大白菜	2.70	7.55	西红柿	6.92	18.15
青　菜	4.70	−3.14	青　椒	8.29	3.24
黄　瓜	6.70	6.63	蒜　头	7.82	−4.94
萝　卜	2.63	0.32	老　姜	8.10	−20.45
茄　子	7.88	−8.92			

资料来源:由区发改局提供

【生猪及肉类产品价格呈下跌态势】 2022年,秀洲区生猪年平均价格为959.98元/50千克,同比下跌94.59元/50千克,跌幅8.97%。一至四季度生猪平均价格分别为720.00元/50千克、778.33元/50千克、1133.33元/50千克、1206.67元/50千克。鲜猪肉价格紧跟生猪价格曲线,一至四季度精瘦肉每500克季度均价分别为:15.58元、15.75元、20.58元、23.00元;肋条肉每500克季度均价分别为:15.67元、15.58元、20.50元、22.25元。

【禽肉、鸡蛋价格小幅上涨】 白条鸡全年平均销售价格为11.60元/500克,与上年全年均价10.67元/500克相比,涨幅8.79%。一至四季度分别为10.67元/500克、10.50元/500克、9.83元/500克、11.67元/500克。鸡蛋的全年均价为6.61元/500克,与上年全年均价5.82元/500克相比,涨幅13.64%。一至四季度鸡蛋平均零售价格分别为:6.46元/500克、6.42元/500克、6.34元/500克、7.23元/500克。

【液化石油气价格上涨】 2022年,秀洲区液化石油气价格总体涨幅较大,一至四季度全区液化石油气平均价格分别为(单位:15千克/瓶):135.96元、143.67元、144.50元、144.50元。全年的平均价格为142.16元,同比涨幅20.61%。

【农资价格上涨】 秀洲区农资价格涨幅较大。其中,农肥价格全部上涨。碳酸氢铵(国产,含氢17%以上,水分≤3.5%)、尿素(国产,含氮46%)、过磷酸钙(国产,含磷12%)、三元复合肥(国产,含P、N、K各15%)全年平均价格分别为:1.29元/千克、3.13元/千克、0.92元/千克、4.15元/千克,同比涨幅分别为28.64%、23.68%、22.33%、32.98%;农膜价格方面,高压聚乙烯棚膜(折径1米厚0.1毫米±0.02)、高压聚乙烯地膜(厚0.014毫米±0.002)的年度均价分别为15.00元/千克、15.58元/千克,同比涨幅分别为0.00%、11.31%;农药监测品种:草甘灵(含量30%)、井岗霉素(含量5%)的年平均价格分别为28.58元/千克、6.00元/千克,同比涨幅分别为55.91%、0.00%。

【黑色金属价格整体下跌】 2022年,列入秀洲区监测的10类黑色金属产品,价格持续下跌。

2022年列入秀洲区监测的10类黑色金属产品全年平均价格

表26

名　称	规　格	单　位	2021年均价	2022年均价	同比(%)
圆　钢	Φ16mm,Q235	元/吨	5410.42	4972.08	−8.10
螺纹钢	Φ22mm,HRB400	元/吨	5144.58	4579.17	−10.99

续表 26

名　称	规　格	单　位	2021 年均价	2022 年均价	同比(%)
螺纹钢	Φ12mm,HRB400	元/吨	5269.17	4714.58	−10.53
线　材	普通 Φ6.5mm,Q235A	元/吨	5383.75	4833.75	−10.22
热轧中厚板	10mm,Q235B 普板	元/吨	5605.63	4761.67	−15.06
热轧中厚板	6mm,Q235B 普板	元/吨	5600.83	4765.00	−14.92
热轧薄板	1mm,Q235B	元/吨	6410.21	5432.92	−15.25
冷轧薄板	1mm,Q195−Q235	元/吨	6348.54	5387.42	−15.14
镀锌板	0.75mm	元/吨	7382.50	7017.08	−4.95
镀锌管	DN15mm	元/吨	7497.92	7433.75	−0.86

资料来源:由区发改局提供

(王　斌)

【价格收费管理】 一是开展定调价工作。核定王店镇、新塍镇和王江泾镇共 30 个公共停车场机动车停放服务收费标准,车位共 3007 个。核定王江泾医院、油车港镇卫生院、王店人民医院机动车停放服务收费标准,车位共 563 个;调整嘉兴现代物流园临时公共停车场机动车停放服务收费标准,车位 600 个;核定王江泾镇莲泗荡风景区水上旅游观光项目“闻川画舫”暂时收费标准,散客每人每次 30 元。二是开展收费备案管理工作。幼儿园保教费和晚托管服务收费备案 58 次,前期物业服务收费备案 4 次,民办中小学学费收费备案 4 次。

【供热价格协调工作】 推进供热价格协调工作,煤热联动机制运行良好。全年调整供热价格 12 次,年均基准价 306.93 元/吨。

【价格补贴工作】 根据《嘉兴市本级困难群众基本生活价格补贴发放实施办法》要求,牵头做好困难群众基本生活价格补贴发放工作,在城镇低收入居民基本生活费用价格指数(SCPI)涨幅达到困难群众基本生活价格补贴发放条件时,及时启动价格补贴机制,全年共发放价格补贴 4 次,补贴总金额 187.14 万元,惠及人数 187 万余人。

【重要民生商品保供稳价工作】 牵头开展重要民生商品保供稳价工作,成立保供稳价专班并制定工作专班方案,分别出台《关于应对灾害性天气及突发事件重要生活必需品应急保供预案》《秀洲区市场价格异常上涨事件应急预案》,确定 15 家企业为区级生活必需品重点应急企业,6 家粮油生产企业为重点保供企业;区级农业部门对全区 29 个蔬菜基地、48 家养殖场做好协调指导工作。完善价格监测分析预警机制,设立粮油等物资供应监测点 4 个,及时掌握市场价格异常波动。

(陈必初)

审计工作

【概况】 2022 年,秀洲区审计局完成审计项目 10 个,查出主要问题金额 4942 万元,其中,管理不规范金额 4745 万元,违规金额 197 万元。审计处理处罚金额 4795 万元;移送司法机关、纪检监察机关和有关部门处理事项 2 件;审计促进整改落实有关问题金额 196 万元。出具审计报告、专项审计调查报告和综合报告 13 篇,被批示、采用 20 篇次;审计提出建议 31 条,被采纳 31 条;促进被审计单位制定、完善规章制度 12 项;提交审计专报 10 篇,被批示、采用 14 篇。向社会公告审计结果 10 篇。

【政策执行审计】 围绕重大决策部署,开展审计以推动政策落地见效。以义务教育学校建设、幼儿园建设以及体教融合发展为重点,开展教育均衡化建设情况审计。以秀洲区公共卫生服务资源分布、资金投入、政策落实等情况为重点，开展公共卫生服务体系建设情况专项审计调查。以共同富裕为重点，开展农村富民增收政策落实情况专项审计调查。围绕“投资审计+交通”的审计理念，开展“枢纽嘉兴”建设项目管理情况专项审计调查。

【经济责任审计】 召开秀洲区委审计委员会会议，调整区委审计委员会组织架构人员，印发《中共嘉兴市秀洲区委审计委员会成员单位工作协调制度(试行)》《中共嘉兴市秀洲区委审计委员会办公室审计工作重大事项督察督办办法(试行)》。按照秀洲区委审计委员会的要求，对区教体局、区人力社保局、区农水局、区民政局、秀湖集团主要领导实施任期经济责任审计，共涉及4个部门、1家国资公司的6名领导干部。根据秀洲区领导干部经济责任审计工作联席会议的要求，修订《秀洲区党政主要领导干部和国有企事业单位主要领导人员离任经济事项交接办法》，召开区管领导离任经济事项交接会议，组织10名领导干部做好任期内重要经济事项的清理工作。

【财政审计】 紧扣财政改革总基调，进一步加大预算执行和其他财政收支审计力度。开展秀洲区财政局具体组织的2021年度财政预算执行和决算草案情况审计，区经商局、区发改局、区应急局2021年度预算执行情况审计，王江泾镇2021年度财政决算情况审计及秀洲国家高新区2021年度财政财务收支审计，深入关注政府过“紧日子”，促进财政资金提质增效。以省厅同步审计项目和专题审计为落脚点，关注“5+4”稳进提质政策、重大招商引资政策、制造业转型升级等重点工作，推动区经商局出台《嘉兴市秀洲区支持跨境电商发展资金使用办法》，加强制造业专项资金、跨境电商专项资金的使用绩效。

【民生投资审计】 加大对秀洲区重大公共投资项目的审计监督，开展“枢纽嘉兴”建设项目管理情况专项审计调查和高照实验学校一期工程项目预算执行情况审计。撰写秀洲区2021年度和2019—2021年度公共工程项目投资审计综合报告，召开秀洲区公共工程审计工作会议，通报共性问题，提

9月7日，在洪合镇聚福景苑小区测量房前屋后的级配碎石配置(区审计局提供)

出审计建议，防范工程领域风险。完成遗留的6个工程结算审核，送审金额2.67亿元，审定金额2.30亿元，核减工程款0.37亿元，核减率13.69%，全面厘清建设单位的管理责任和国家审计的监督责任。

【内部审计指导】 开展内审调研工作，通过实地走访、座谈交流等形式，对秀洲区镇(街道)、区级国有企业、公安、教育、农业、卫生等行业主管部门内部审计工作开展调研与指导，全面了解秀洲区内审工作开展的现状和存在的问题与困境；强化组织领导，召开秀洲区内部审计工作会议，出台《秀洲区关于进一步加强内部审计工作的意见》，完善内部审计制度，扎实做好贯彻落实；成立秀洲区内部审计工作领导小组，配齐配强内部审计人员，召开内审工作季度交流会，加强内审工作人员业务培训，对各单位推荐的2021年度审计项目进行评审，共评出区级优秀项目3个、表彰项目4个，推动内部审计创优争先。

【审计整改】 召开秀洲区审计整改工作会议，通报审计发现的共性问题，剖析原因，进一步提出审计整改要求。出台《重大清单问题推送制度》《重大清单问题审批制度》《重大清单问题整改跟进制度》三项制度，规范重大审计问题清单工作内部管理，提高清单问题整改质量。加大审计发现问题研判力度，2022年新增纳入蓄水池问题13个，发布区级重大审计问题清单问题11个，上报市级主动发现问题8个，新增市级清单问题6个。整改

办结区级问题清单问题11个，新增市级示范案例1个。至2022年末，通过审计整改督促被审计单位上缴区财政198.62万元，上缴镇（街道）财政94.79万元，促进拨付或使用11032.99万元，收回至单位481.86万元，出台及完善制度5项。

（王思贤）

统计工作

【概况】 2022年，秀洲区统计局围绕高质量发展指标体系，提出各主体考核数据的合理化建议，做好数据监测工作。做好全区经济参谋助手，报送《秀洲区打造均衡富庶发展、共同富裕典范目标指标》统计数据。组建秀洲区第五次全国经济普查筹备领导小组及办公室。做好农业试点改革工作，辅导规模以上工业企业做好统计台账和原始依据的收集整理。全年执法检查企业44家，行政处罚4家，罚款合计14550元。制定《秀洲区关于国家统计督察反馈问题整改工作任务清单》，印发《秀洲区统计造假不收手不收敛问题专项纠治实施方案》，组织基层、有关单位开展清查。同时，抓住省级统计督察契机，整理防惩相关台账资料7册3300余页。编印发行《秀洲区社会经济发展成就回顾(2017—2021年)》。

【数字化改革贯通】 推进企业"一键报表"应用，建立"企业—乡镇专业人员—区局专业人员—软件公司专业人员"四级微信沟通群，采用"一级带一级"方式，指导企业完成操作。全区"最多报一次"活跃用户697家，活跃率99.15%，一键报送企业数689家，覆盖率98.01%。推广基层统计网格智治系统。建立区、镇、片区三级网格，网格人员1108人，做好政府系统、"四上"单位的激活和月度活跃，做好走访调研及信息发布。使用浙江民调在线，自主开展全面三孩配套支持政策网络调查，有效问卷418份；开展"一键报表"满意度调查，有效问卷310份；开展第五次经济普查基本知识调查问卷有奖竞答活动，有效问卷7675份。根据省局数字化改革相关要求，及时在数据浙江平台加载相关数据资料表格132张。

【统计领域专项检查】 开展利用外资、能源消费总量、政务服务"一网通办""三个领域"统计造假、弄虚作假问题专项治理，与区纪委区监委、区审计局联合制定跟进监督方案，做好合同外资金额、实际使用外资金额、能源消费总量数据核查。开展入库退库项目执法检查，抽取64家在库法人单位，对主要业务活动、行业代码等进行核查。研究制定《秀洲区统计奇异数据应急处置办法》，加强对统计数据采集工作全流程的质量管控。

【城乡一体化住户调查大样本轮换】 制定《秀洲区住户调查大样本轮换工作方案》，明确各阶段任务。落实调查小区20个，选聘调查员26名，开展多轮培训。启动集中宣传，在"看秀洲"微信公众号开展为期10天的有奖竞答。完成样本轮换摸底工作。

【个体工商户经营状况监测试点】 2022年，秀洲区为摸清全区个体工商户群体结构特征，助力"扩中""提低"行动，通过"浙里智调"平台，共完成个体户调查问卷4226份。通过研究方法制度，为调查员培训业务知识；做好业务审核，在线沟通做好解答；做好数据汇总。通过此次调研，深入细致分析存在问题，并结合共同富裕示范区建设，形成《浅谈个体工商户如何助推共同富裕示范区建设——以秀洲区为例》课题研究成果，获评2022年度秀洲区哲学社会科学规划立项一类课题。

【夯实统计基层基础】 印发《全区统计调查"千人培训、千企(户)走访"方案》，开展分类培训和小班化联审辅导，走访数据波动大、新更换统计人员的企业。全年走访企业(农户)716家，开展培训79次，培训1355人。举办统计"领头雁"素质提升班，区级部门与各主体分管领导、统计办主任、有关村(社区)书记40余人参加。做好新一轮镇、街道统计星级评价，新塍镇获评五星级、王店镇获评四星级。举办第十三届"中国统计开放日"暨"数说新时代奋进新征程"活动，邀请区级机关干部、部分两代表一委员、民盟会员等参加。

（朱晨晨）

自然资源管理

【概况】 2022年，嘉兴市自然资源和规划局秀洲分局坚持生态文明建设思想，守住粮食安全和生态底线，为秀洲区经济社会高质量发展提供资源要素保障。做到规划统筹更有力，保障发展再发力，深化改革激活力，保护生态显魅力，为奋力打造重要窗口最精彩板块中的“秀美新区”提供新动力。分局加强野生动植物保护，开展野生动植物检疫工作，严厉打击非法猎捕等违法行为，并做好违法用地和违章建筑案件移送工作，全年共移送案件 32 宗，其中移交综合执法 27 宗，包括 12 宗规划违法案件、15 宗土地违法案件。做好群众来信来访、信息公开、复议诉讼工作。全年受理群众来信来访 194 件，其中，来信 8 件、来访 2 批次 2 人次、网信 76 件、来电 108 件。

（张淳明）

【国土空间规划】 2022 年，“三区三线”（“三区”指生态空间、农业空间、城镇空间；“三线”指永久基本农田控制线、生态保护红线、城镇开发边界线）划定成果获自然资源部批复。启动区级和镇级国土空间总体规划编制。做好过渡期控制性详细规划局部调整的审查管理工作，审查、上报 10 个单元控制性详细规划局部调整。启动新塍镇康和桥村、桃园村、小金港村、钱码头村，王江泾镇古塘村，油车港镇胜丰村、栖真村的村庄规划试点，并上报村庄规划专家评审。启动“三个平台”空间规划设计，委托上海同济城市规划设计研究院有限公司和嘉兴国土空间规划研究院有限公司规划运河湾新城概念和总体城市布局，委托东南大学城市设计规划研究院段进院士团队城市设计所规划秀水新区城市布局，委托中国城市规划设计研究院上海分院和嘉兴市国土空间规划研究有限公司规划嘉兴空港新城概念和总体城市布局。完成 524 国道秀洲王江泾至新塍段公路工程、王店垃圾中转站等 9 项重大基础设施和公共服务设施用地选址论证。秀洲区 2022 年度地方规划额度使用共申报 15 个批次，涉及 183 个项目，使用 2022 年地方规划额度 218.2695 公顷，其中规划新增建设用地 168.7216 公顷；秀洲区 2022 年度省留规划额度使用共申报 2 个批次，第 1 批次为涉密项目，第 2 批次为沪杭高速公路嘉兴服务区增扩建项目，使用 2022 年度省留规划额度 4.8525 公顷，其中规划新增建设用地 4.5795 公顷。全年组织区长办公（规划设计专题）会议 8 次，审议或通报各类规划、规划建筑方案、预评估报告和选址方案 68 个。组织区专家组评审 19 次，评审各类项目、规划方案 33 个。

（任瑞芳）

【耕地保护开发】 2022 年，发放 2021 年度耕地保护补偿资金 4077.22 万元，涉及 106 个村。通过垦造耕地项目的实施和节余耕地指标的入库，2022 年获取补充耕地指标 610.485 亩。申请国家统筹补充耕地指标 1574.2845 亩，全力保障 524 国道王江泾至新塍段以及杭申线等国家重点项目的耕地占补平衡需求。

【全域土地综合整治与生态修复】 2022 年，新设立建设用地复垦项目 32 个，建设用地复垦市级验收项目 14 个，验收面积 699.249 亩，其中，水田 591.5745 亩、旱地 48.5205 亩、其他农用地 59.154 亩。农村土地综合整治（增减挂钩实施方案）验收项目 10 个，验收面积 649.296 亩，其中，水田 553.92 亩、旱地 27.1395 亩、其他农用地 68.2365 亩。合计建设用地复垦 1348.545 亩，超额完成市对区下达的 1300 亩任务。批准城乡建设用地增减挂钩实施方案（农村土地综合整治项目）28 个，申请增减挂钩指标 1771.6995 亩。

（曾龙海）

【土地执法监察】 2022 年，开展土地卫片执法监督检查，月度卫片共下发图斑 368 个。总面积 11585.41 亩，耕地 6317.36 亩，另 2021 年年度补充卫片，下发图斑 867 个，共拆分为 1161 宗图斑，总面积 6115.9 亩，耕地 3749.33 亩。是年，实施 2021 年度耕地保护督察，涉及全区 7 大类 24 个问题，至年末完成 17 个，完成率 70.8%。开展信访积案化解清零行动工作，成立信访积案化解清零行动领导小组，实行“一把手”工程，主要领导亲自抓，按照反映问题内容均由业务条线分管领导包案化解，16 件“一事双交”和 7 件省自然资源厅交办信访积案全部化解。

（杨根荣）

【不动产登记“最多跑一次”改革】 2022 年，秀洲区不动产登记分中心深化“不动产智治”建设，全面加速不动产登记数字化改革，完成不动产智治专题中服务端贯通工作；以便民利企为出发点，优化不动产登记营商环境，整合“住房公积金贷款管理”和“不动产抵押登记”两个服务事项，实现公积金贷款在线抵押“一件事”零次跑；启用不动产制证一体机，群众只需携带本人身份证到办事大厅

不动产制证一体机启用（区资规分局提供）

出件服务区，通过身份证识别和人脸比对后，就可以自助打印、领取不动产证书（证明）；以助力共富为目标，着力破解历史遗留问题，妥善处理王店人民医院、油车港镇卫生院、油车港镇徐家门安置小区、油车港镇马库四期安置小区、油车港镇丽苑五期安置小区、新塍镇蔬菜村农房确权等项目的办证问题，累计解决1600余户；以共享应用为导向，提升登记数据质量和共享应用能力，加强与税务部门的工作协同，实现申请人购买经济适用房、拆迁安置房和房改房等“一窗”办理缴费纳税登记事项。至年末，全区不动产登记50540件，其中，首次登记844件、转移登记16345件、变更登记914件、更正登记412件、抵押登记14979件、注销登记6409件、补换证登记374件、预告登记2256件、查解封登记594件、查询7413件。

（许　枫）

【国土普法宣传】　6月25日，在王江泾镇长虹村长虹公园开展“节约集约用地　严守耕地红线——第32个全国土地日”主题宣传活动，设立服务咨询台，发放宣传资料，向群众普及土地资源、城乡规划、林木和野生动物保护等法律知识。11月，油车港镇麟湖生态公园创建为第二批省自然资源普法阵地，该公园是嘉兴市唯一一个自然资源普法阵地。

（杨根荣）

【土地利用】　2022年，秀洲区供应各类土地184宗，面积7400亩。其中，供应国有建设用地83宗，面积6747亩，分别为住宅用地4宗，面积378亩；商服用地9宗，面积240亩；工业用地19宗，面积1679亩；公共管理与公共服务类用地544亩；拆迁安置用地678亩，其他用地3228亩。国有建设用地供应完成市下达任务3300亩的204%。收取土地出让金43.9亿元。供应集体建设用地类项目101宗，面积653亩。

【土地储备】　根据《秀洲区加强土地储备工作的实施意见》《秀洲区土地储备审查报批操作流程》《嘉兴市国有土地使用权出让收支管理办法》等文件规定和要求，开展土地储备，规范化运作、盘活土地资产，确保土地保值增值。2022年，秀洲区收储土地5宗，面积360亩；供应储备土地4宗，面积318亩。至年末，储备中心有存量储备土地15宗，面积698亩，累计支付土地收储款36650万元，区财政累计下拨土地收益基金28755万元。

（韩　阳）

【土地征收】　按照《浙江省土地征收程序规定》，进一步规范土地征收工作，维护被征地农民合法权益，下发批前公告94个、批后公告112个；完成14个农转用项目征收集体土地1567亩，其中耕地935亩、建设用地260亩，社保安置939人；完成12个农村土地综合整治项目征收集体土地930亩，其中耕地619亩、建设用地135亩，社保安置720人。

（曾龙海）

【审批改革创新行动】　推进一般工业企业投资项目竣工联合验收。遵循“一窗受理、一网通办、联合勘验、限时办结”的原则，将竣工规划核实、建设工程文件归档、建设工程消防验收（备案）、房屋建筑工程竣工验收备案等竣工验收环节进行重组，优化调整为并联验收，并在一般工业企业投资项

目中全面推行。2022 年,对 2020 年嘉兴美诚时装有限公司整体搬迁新建项目、上湖轩(1—15 号楼、地下室)项目、浙江嘉兴高速公路有限责任公司沪杭高速嘉兴服务区综合楼(两区)改造工程项目 3 个项目实施联合验收。

(施玲珺)

【全域土地综合整治项目入选全省首批试点】 秀洲区探索跨区域土地综合整治,构建集中连片、产业融合、生态宜居、集约高效的空间格局。是年,新塍镇和高照街道的全域土地综合整治项目入选全省首批跨乡镇全域土地综合整治试点项目。一

新塍镇全域土地综合整治标准农田(区资规分局提供)

是统一规划,联合整治。打破镇(街道)行政规划界限,统一规划设计耕地整治工程。在项目区内,允许跨镇(街道)间零散耕地、园地、林地、其他农用地进行空间置换,建立并完善耕地"进出平衡"制度,统筹推进农村田、水、路、林、河综合整治以及村存量建设用地、低效用地、未利用地等综合开发利用;一体推进农业空间内高标准农田建设、农村建设用地复垦、粮食生产功能区建设、高效节水灌溉等农田建设项目。二是分区建设,优化空间。以解决乡镇工业用地"低、小、散"和街道工业片土地利用低效化问题为重点,统筹开展低效工业用地整治和集中连片再开发,推进工业用地向高照街道高新技术开发区集中集聚,形成农业空间与工业空间分明、生活空间与生产空间分明的良好格局。该项目预计实现低效工业用地再开发 230 亩,零星工业集聚点消除 23 个。三是加速集聚,推进融合。依托跨乡镇全域土地综合整治,积极推动农民进城,重构村社共居、城乡融合的新社区管理服务体系,并组建村社共居社区居民委员会,完善社区居住地管理服务功能。实施进城农民居住地登记备案制度,将登记备案的居民纳入居住地基本公共服务保障范围,共享公共资源服务。

(夏文才)

市场监督管理

【概况】 2022 年,秀洲区市场监管局持续助力小微主体成长升级,推动个体户纾困政策落地,深化质量提升行动,优化知识产权生态,推进放心消费城市建设、农贸市场提升工程,加快社区药事服务站建设,着力构建公平竞争市场环境,以"助力经济发展、守护地方安全、提升民生福祉"的工作定位,充分履行监管与服务职能,同时,举行执法制服换装仪式,进一步展现行政执法队伍建设的良好形象。全年共查处案件 589 起,罚没款 394.4 万元,移送公安刑事打击 18 起,3 起案件被评为省局高质量涉疫案件,1 个被评为典型案例;1 件入选总局涉疫药品和医疗用品违法典型案例。是年,单位获评"实力秀洲""幸福秀洲""法治秀洲"建设突出贡献集体、全省综合绩效考评优秀等次、浙江省市场监管安全保障工作成绩突出集体、优化营商环境成绩突出集体、药品安全治理与技术赋能成绩突出集体等称号,全年累计获省、市、区各类集体荣誉 13 项,有 50 人次获评先进个人。

【企业登记管理】 深化企业开办"一日办",企业登记平均办结时间缩短至 23 分 55 秒;开展简易注销试点,持续推进"证照分离"改革,企业全流程网办率 95%以上,全区新登记市场主体 12990 家,同比增速全市第三。在全省首推村(社区)个体工商户集中登记模式,打造"15 分钟便民办照圈",工作经验以现场会形式在全市推广。2022 年,全区共新设市场主体 11631 户,其中,个体工商户 8750 户,农民专业合作社 4 户,各类企业 2877 家。其中新增小微企业 2654 家,属于八大产业类别的小微企业 550 家。

【秀洲区办理全市首家歇业备案企业】 3 月 1 日,《中华人民共和国市场主体登记管理条例》实施,

首设歇业制度降低市场主体维持成本，条例规定：因自然灾害、事故灾难、公共卫生事件、社会安全事件等原因造成经营困难的，市场主体可以自主决定在一定时期内歇业。按照《条例》规定，市场主体符合歇业条件决定歇业的，应当在歇业前向登记机关办理备案。可以法律文书送达地址代替住所（主要经营场所、经营场所）。市场主体办理歇业备案后，自主决定开展或者已实际开展经营活动的，应当于 30 日内在国家企业信用信息公示系统上公示终止歇业。3 月 4 日，嘉兴市聚营贸易有限公司向秀洲企业登记窗口申请歇业备案申请，现场办理成功，成为全市首家进行歇业备案的企业。至年末，秀洲区共办理歇业备案企业 57 家。

【助推小微企业提质增效】 扎实推进小微企业新三年成长计划，成立全省首个“小微企业和个体工商户职业技能培训中心”，打造助企纾困一条龙服务平台。2022 年，秀洲区被作为全市唯一优秀单位推荐上报省市场监督管理局（2018—2021 年连续 4 年获评全省优秀）。出台《秀洲区关于扶持个体工商户纾困发展的若干政策》等一系列扶持政策，打响政策组合拳，实施滴灌式融资纾困帮扶“百日攻坚”行动，同时，着力打造“小微主体共富赋能平台”，全年为 2939 户市场主体完成融资 54.7 亿元，成功率 56.5%，相关工作多次被浙江卫视新闻联播等主流媒体点赞，获评第四季度嘉兴市优化营商环境“十大案例”。打造“信用积分”融资服务新模式获评秀洲区最佳实践案例。

【市场监管】 2022 年，秀洲区申报 3 家农贸市场参与“放心市场”创建工作，以“消费环境放心、食品安全放心、管理服务放心、诚信经营放心和价格计量放心”为工作重点，全程跟进场容场貌、食品农产品安全管理、信息化建设、公共信息公示、信用管理等创建标准，督促创建单位及时整改不符合创建标准或有遗漏的项目。至年末，嘉兴市秀洲区秀中路农贸市场、嘉兴市洪合镇农贸市场、嘉兴市蚂桥农贸市场 3 家通过省级放心市场验收。此外，嘉兴市洪合镇农贸市场复创省四星级市场；嘉兴市蚂桥农贸市场新创三星级市场并通过省“五化”市场的验收；推进新塍农贸市场软硬件环境再改造再提升工作，通过省局五星级乡村农贸市场的预验收。

【经济合同管理】 2022 年，浙江省“守合同重信用”企业公示活动，秀洲区按要求上报公示“AAA/AA/A 守合同重信用”企业 64 家，其中 5 家新申报及 22 家续评 AAA 守合同重信用企业公示，6 家新申报及 20 家续评 AA 守合同重信用企业公示；11 家新申报 A 级守合同重信用企业首次公示。按照省市局合同监管工作重点，围绕消费热点，进一步巩固合同格式条款监管成果。严格执行《浙江省合同格式条款备案办法》，规范合同格式条款备案工作，当年合同格式条款备案数 176 份，检查指导企业 289 家。

【广告管理】 贯彻浙江省广告业服务“小微企业三年成长计划”，建立健全广告监管机制，落实小微企业发展广告创意活动作品 4 件。牵头负责医疗美容行业突出问题专项检查整治活动，区市场监管、卫健等部门共查处案件 22 起，其中罚款金额在 1 万元以上的 9 起，总罚没款金额 71.68 万元，打击一批非法行医、违法宣传等违法行为，维护消费者合法权益，保障群众身体健康和生命安全。

【商标与知识产权管理】 推动知识产权高质量创造，加大高新技术企业和科技型中小企业的培育力度，进一步提升科技型企业数量占比。2022 年，授权专利 5562 件，其中发明专利 514 件，PCT 专利申请量 60 件以上，全年共核查非正常申请专利 800 多件，申请撤回率 92%以上，检查代理机构 10 余家。鼓励金融机构开展知识产权质押融资业务，探索融资手续线上办理模式，全年实现知识产权质押登记额 17 亿元，缓解企业融资难问题。为鼓励创新，推动全区知识产权创新实力，区政府持续加强知识产权保护资金投入力度。是年，秀洲区知识产权保护经费区本级共投入 367.6 万元。至年末，秀洲区有效注册商标拥有量 31300 件，有效发明专利 3298 件，每万人高价值发明专利 12.8 件。全年组织指导申报省级以上知识产权示范企业 11 家，申报知识产权专利导航项目 1 个，申报省知识产权奖12家，新增获得知识产权管理体系认证的企业10家，新增地理标志证明商标1件。获得知识产权管理体系（贯标）认证企业累计50家以上，全区拥有国家知识产权优势企业9家；专利示范企业省级知识产权示范（专利示范）企业17家、市级34家、区级88家。

【消费者权益保护】 2022年，区市场监管局根据市市场监管局部署构建具有秀洲特色、可借鉴可复制可推广的放心消费城市创建工作体系，行业创建工作向金融、通信、交通、农业等多行业纵深推进，全年放心消费后评价2533家，其中，无理由退货单位1115家、放心工厂269家；打造全覆盖多要素培育社会维权新格局，建成油车港镇胜丰村菱珑湾、王江泾镇天润发玛特、油车港镇马厍村、王江泾镇古塘村、新塍镇蓬莱路5处放心消费商圈，138家村级消费维权联络站、异地异店无理由退货单、ODR企业维权网络等消费维权要素；与秀洲区人民法院建成共享法庭，支持消费者提起消费诉讼，进行诉调对接工作；全年受理消费者投诉举报6908件，其中，投诉5081件，举报1827件，为消费者挽回损失297.5万元，全区消费环境向好改善明显。

【个体私营经济及网络经营监督管理】 深化“双随机、一公开”监管，双随机抽查事项覆盖率100%，掌上执法率100%，信用规则应用率95.65%，跨部门监管率34.18%。开展网络直播营销专项治理工作；探索创新柔性监管（触发式监管）方式，全年累计按照“免罚轻罚”要求予以减轻处罚23起，并纳入全市工作试点。

【药品医疗器械监督管理】 2022年，开展涉药单位日常检查1780余家次，其中，新开办药店现场检查15家，药店变更现场检查42家，医疗器械经营许可检查23家。完成药品监督抽检100批次，医疗器械监督抽检15批次。推进药品监管“黑匣子”、浙里药店和浙药检查等应用的推广贯通，推动药品全领域风险闭环管控。开展药品不良反应监测。秀洲区为全市唯一成功列入省级“社区药事服务站”试点单位，相关经验以现场会形式在全市推广。

11月23日，2022年嘉兴市“安全用药月”活动启动仪式暨现代社区药事便民服务站建设试点推广现场会在秀洲区运河社区召开（区市场监管局提供）

【特种设备安全监察】 2022年，共组织出动检查人员1455人次，检查企业680家次，开具安全监察指令书55份，排查各类隐患694项，全部隐患均落实整改，实现闭环，高效高质完成“省级七张问题清单”——导热油锅炉隐患治理。责令51家使用单位停止使用94台（套）未经检验或检验不合格的设备，查封设备8台（套）。全年共立案查处违法行为21件，罚没款70.66万元。充分运用“特种设备在线”系统，实时掌握全区在用设备动态信息。

【质量标准和计量监督管理】 紧扣“品质秀洲”主线，根据《秀洲区质量发展“十四五”规划》，围绕质量提升、标准提档、品牌增效、计量为民开展各项工作。组织25家重点企业开展《卓越绩效评价准则》标准培训。浙江恒威电池股份有限公司、浙江嘉越建设有限公司、嘉兴沃尔德金刚石工具有限公司3家企业获评区长质量奖，浙江索纳塔建筑材料有限公司、恒宏建设集团有限公司2家企业获评区长质量奖提名奖。推广企业首席质量官制度，全年培育企业首席质量官28名。发布“浙江制造”标准2项，认证“品字标”企业5家，嘉兴市东方不锈钢制品有限公司等8家企业的17个产品获工业产品“绿色产品”认证。组织辖区500余家规模以上工业企业参与标准化统计监测。推进实施“千企创牌”计划，将15家企业纳入各级政府质量奖企业培育库，9家企业纳入“品字标”企业培育库。共开展工业产品监督抽查 259 批次，合格 239 批次，合格率 92.28%。

【食品安全监督管理】 2022 年，秀洲区落实基层食安委双主任制全覆盖，并继续推进食安办星级创建，全区有三星级食安办 3 家、四星级食安办 3 家、五星级食安办 1 家；巩固基层食安能力建设，组织 817 名基层协管人员参加省级在线培训考试，参考率、优秀率均为 100%，在全市市场监管执法人员食品抽样技能比武中获团体二等奖。落实食安“两个责任制”，由区委书记、区长牵头负责，1470 名包保干部签订承诺书，包保关系建立率、承诺书签订率、督导完成率均为 100%；强化食安共治，完成食安责任险、公益险全覆盖，参保商业险 141 家，任务完成率 117.5%；严管严治农业源头，全区 105 个村配备 92 个网格协管员，完成各级抽检 753 批次，合格率 98.8%，完成 8 项标准编制；全年通过国抽系统开展食品安全抽检监测 1864 批次（含农产品 645 批次），核查处置率 100%，信息公示率 100%。

【食品生产与流通监督管理】 全面推进食品安全“守查保”专项行动；强化食品全链条安全监管，充分利用“浙食链”系统，重点立足秀洲地方特色粽子行业，全区 14 家粽子生产企业累计完成上链 114 个品种，实现 GM2D（即全球二维码迁移计划 GlobalMigrationto2D 的简称）工作全企业覆盖；完成 722 家食品生产流通企业“两员”（指食品安全员、食品安全总监或企业负责人）的配置工作，9 家食品安全员配备率 100%，共发放宣传手册 1500 余份，实现冷链食品“一键溯源”。

【餐饮监管】 对辖区内餐饮单位实施日常监管，开展“双五”竞赛（即全省市场监管系统“五新月赛、五星月晒”竞赛活动），外卖餐饮、防疫餐饮在线、校园食品安全守护等多项工作名列全市、全省前列。10 月，全区所有学校（幼托）机构食堂实现智能阳光厨房 100%安装；11 月，建成嘉兴市中关村广场“阳光餐饮”街区并通过省局验收；全年发布网络餐饮检查、反餐饮浪费检查“红黑榜”14 期，红黑榜单位 150 余家，其中黑榜 50 家。浙江外卖在线年底“阳光厨房”正常经营 1295 家，覆盖率 90%，在线率超 85%，商户端活跃度超 80%；全年检查网络餐饮单位超 2000 家次，查处网络餐饮案件数 11 起。防疫餐饮在线供餐单位均安装“阳光厨房”并接通省平台，建立“1+1+N”（即 1 个主要领导，1 个分管领导，N 个监管人员）机制，持续开展线上线下检查。开展校园守护行动。反餐饮浪费，发布全省首个真人动漫“光盘侠”IP 宣传形象。

【全省首个“个体工商户之家”】 11 月 2 日，位于未来科技广场的“个体工商户之家”开业，面积 1200 平方米。“个体工商户之家”为线下实体打造一站式服务中心，以提供亲情式、精细化的一站式服务，助力个体工商户高质量发展。一楼为秀洲

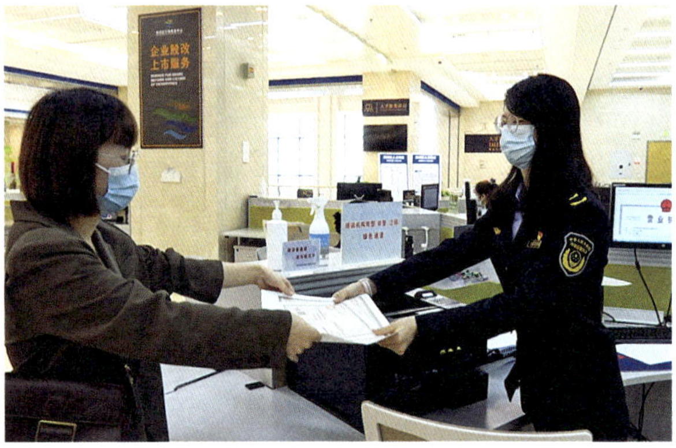

11 月 9 日，秀洲区发放嘉兴市首张个体工商户经营者变更营业执照（区市场监管局提供）

区人力资源市场，在春节、应届大学生毕业季等重要时间节点，为经营主体免费开设专场招聘会；二楼开设三个咨询窗口，设立个体工商户开办、银行开户融资、法律援助等专业区域，每周安排业务人员轮岗并提供咨询服务。同时，二楼作为嘉兴市职业技能培训中心，面向全市小微企业个体工商户实施就业培训援助，通过各类公益培训提升运营能力。中心还配套设有“零创空间”，免费提供工位注册、代理记账、美工等服务，助力经营主体创业零压力。

【嘉兴市首张个体工商户经营者变更营业执照】 9 月 26 日，国务院第 190 次常务会议通过《促进个体工商户发展条例》，11 月 1 日起施行。《条例》第十三条规定，个体工商户变更经营者的，可以直接向市场主体登记机关申请办理变更登记。按照规

定，个体工商户如果要出兑店铺、转让经营权，不再需要“先注销、再设立”，可以直接变更。11 月 9 日，秀洲区发出嘉兴市首张个体工商户经营者变更营业执照。至年末，秀洲区共办理个体工商户经营者变更 386 家。

【非标电动自行车淘汰置换】 2022 年 5 月，组建非标电动自行车实体化淘汰工作专班，推出“五个一点”（财政补一点、回收抵一点、企业让一点、运营商惠一点、金融机构助一点）补偿机制，通过广泛宣传发动，开展生产企业直销让利活动 6 场促“淘汰”、大型企业团购优惠提“数量”、发放消费券贴利增“意愿”等活动，优化补贴审批流程、就近设置回收登记点畅通淘汰路径。至年末，共有 28028 辆非标电动自行车淘汰置换。

（殷佳怡）

综　述

2022年，秀洲区住建局在助力打造现代化主城区、推动共同富裕和县域现代化先行区的建设中，取得明显成效。共富基本单元建设全域提升，启动5个城乡风貌区、8个未来社区、2个美丽城镇样板镇创建。新塍镇、王江泾镇通过美丽城镇样板镇省级考评，运河未来社区、油车港—王江泾"秀水新区"县域风貌区得到省级专家考核组高度肯定；高质量编制《秀洲区（中心城区）城镇社区建设专项规划》，为后续公共服务设施集成落地、有序推进未来社区建设，提供规划引领依据；以《嘉兴市"温暖嘉"未来社区生活圈配置导则》为指引，完成春晓社区、运河社区、亚都社区3个"温暖嘉"社区建设和迭代升级工作，将新时代文明实践点延伸到城市驿站，树立公共服务品牌、开辟便民服务场景，打造城市驿站2.0版，让城市温暖不止于"家"。

共建民生实事共享民生福祉，新开工既有住宅加装电梯26台，其中建成7台；建成"温暖嘉"驿站10座，整治"桥头跳"桥梁4座、路面不平道路4.1千米，新增公共停车位2238个，实施15座公厕和6条道路无障碍设施改造。加快发展保障性住房，出台《关于进一步加强保障性租赁住房专项资金使用管理的通知》，获中央、省级补助资金6243万元，建设筹集保障性租赁住房7306套（间），完成率列全市第一。推进"公租房"一件事数字化改革应用贯通，将公租房保障"扩面"至新就业无房职工和稳定就业外来务工人员，发放公租房租赁补贴413户152.48万元。城镇住房保障受益覆盖率27%，高于全省、全市约4个百分点。

持续推进建筑业产值倍增计划，全年完成施工总产值172.4亿元，同比增长21.7%，总产值由全市第四提升至第三，增速位列全市第二；22个工地获评市安全生产标准化管理优良工地，10个项目荣获"南湖杯"，分别列全市第三、第四。坚持"房住不炒"定位，支持刚性和改善性住房需求，推进房地产平稳健康发展"百日攻坚"行动，完成房地产开发投资63亿元，同比增长34.3%，全市排名第一；新建商品房销售面积42万平方米，同比增速-10.1%，全市排名第二。

构建城镇瓶装燃气行业隐患排查治理、瓶装燃气规模化改革、管道燃气扩面工程和燃气治理数字赋能"四位一体"瓶装燃气治理新体系，高质量完成城镇燃气"百日攻坚"行动。开展自建房安全专项整治，鉴定出危房136栋，并全部完成整治；开展经营性自建房鉴定和"回头看"核查，鉴定率100%。牵头开展全区建设施工领域欠薪隐患再排查再整治专项行动，形成欠薪涉稳风险隐患清单并动态更新。做实做细房地产项目预售及交付前风险"双评估"机制，对中高风险项目制定"一楼一策一专班"化解方案，有效处置佳源璟湖湾和锦绣府"保交楼"、富力云庭雅居整改提升、卓达悦琅园逾期交付等重大难题。

（龙　娇）

城区基础设施建设

【概况】　2022年，秀洲区坚持扬优势、补短板、增动能、强治理，推动秀洲城乡建设事业高质量发展。是年，实施市政设施项目35个，包括道路工程、污水管网工程、室外附属工程等，总投资63.389亿元；绿化景观项目28个，有小区绿化、商业办公楼绿化、道路绿化、公园工程等，总投资27.114亿元。建成绿道12千米，其中，省级绿道9千米，绿化备案项目24个，备案绿地面积314366平方米，其中建成区新增公园绿地0.97公顷。

【城市道路设施提升】 2022年，新增华卓总部大楼停车位1323个、秀禾发展大厦停车位315个、江南摩尔地下车库停车位600个。整治改造联网路1条，为洪兴路(秀清路—秀园路)工程；改造东升路、洪业路4.1千米道路破损不平；整治新塍塘大桥、洪福东桥、风和桥、金虹桥4座桥梁“桥头跳”和蓬莱路、吉杨路、吴越路、洪高路、明日路5条人行道设施。

【城市污水管网改造】 2022年，秀洲区建设改造污水管网4.3千米、雨水管网3.9千米，提标改造管网3.42千米，雨污分流改造3.54千米；排水管网清淤200千米；管道清淤250千米，新增1000米^3/每小时应急排水车2台。建成并开通智慧污水系统，推动污水智慧化、便民化管理，隐患排查率提高30%，运营成本节省18%左右。改造思家路新塍塘路口、新乐路高桥路2处积水点，整治市人防门口和秀园路(万兴桥港闸站建设)2处易涝区域。

【节水型设施改造】 2022年，改造节水器具50套，水平衡测试单位6家，创建省级节水型单位5家、省级节水型小区2家。

【农村生活污水治理】 2022年，新建改建农村污水整治项目12个，新增接入农户数1256户，602个处理设施标准化运维实现100%全覆盖，农村生活污水治理行政村覆盖率77.59%，水质达标率90.78%。

【瓶装燃气使用管理】 2022年，牵头组织排查燃气用户7.7万户，发现隐患44211处，对使用环境不符合安全条件的出租房等，各镇(街道)、燃气企业共搬离煤气瓶3137个、更换不锈钢的波纹管和减压阀4185户、更换质量较好的燃气胶管24776根，对“油气混用”餐饮场所停止供气91家。加强检查执法力度，发现整改隐患261处，对相关主体下发整改通报10份，对相关企业下发整改通知书47份，停业整顿燃气企业3家，对燃气使用违法行为作出行政处罚决定18起。联合属地、各燃气企业开展燃气安全宣传32次，累计出动442人次，发放燃气安全宣传单6.5万份，对非居民用户(餐饮场所、企事业单位等)发放燃气安全用气公示公告牌3000份。按照警示教育、使用环境、设施设备、规范使用、应急处置和政策解读6个篇章，制作《瓶装液化气安全使用知识》系列短片，向用户宣传用气知识。

【燃气规模化改革】 出台《秀洲区燃气规模化改革实施方案》，明确国资主导入市和民企腾退整合并行推进的规模化改革工作总思路，指导组建秀拓燃气公司。编制《秀洲区瓶装燃气专项规划》，合理布局瓶装燃气储配站、供应站点，形成燃气1+7布点规划。实施餐饮场所“瓶改管”工作。5月，印发《秀洲区餐饮场所“瓶改管”实施方案》，是年，完成“瓶改管”52家。会同各主体、嘉燃集团拟定《秀洲区住宅小区管道燃气改造推进方案》，计划三年完成58个小区管道燃气进小区工作，估算总费用约7405万元，受益用户8993户。是年，有12个小区开工建设，受益用户1752户。

【燃气数字化监管】 2022年，在全市率先开发瓶装燃气“红黄绿”三色监管数字化系统，入户安检同步完成用户赋色，对红色隐患用户要求燃气企业停止供气、黄色隐患用户自行限期整改、新开户严格审核把关，实施“治旧控新”和隐患分级处置。在省“燃气安全在线”基础上，打造“浙里瓶安”应用场景，实现全区燃气监管系统的迭代升级，深化瓶装燃气的源头管控、隐患预警、多级处置、协同监管等，贯通瓶装燃气经营、储存、充装、运输、使用的全链条五大环节。

【“温暖嘉”驿站改造】 2022年，建设10座“温暖嘉”驿站，分别是王店镇花园路驿站、洪合镇国界桥边驿站、新塍镇新高路驿站、新塍镇绿道游客中心驿站、王江泾镇长虹路驿站、王江泾镇城市客厅驿站、油车港镇银杏天鹅湖东游客服务中心驿站、新城街道殷秀社区党群服务中心驿站、高照街道城市红管家驿站、秀湖西驿站。建设内容包括新建改建男女卫生间、第三卫生间、休闲区及储藏室,具备休息、学习和活动空间,活动书柜及桌椅灵活变动,可举办各种小型活动。吧台备有冷柜、制冰机、咖啡机等便民服务设施,总投资额1202万元。

【无障碍公厕改造】 2022年,对城区15座公共厕所进行无障碍改造,其中新城街道8所,为秀洲实验小学体育馆公共厕所、吉杨路秀洲花园二期对面公共厕所、新塍塘路生态公园内公共厕所、风筝公园边公共厕所、永泰广场西侧公共厕所、殷秀路公共厕所、新秀路秀洲公园内公共厕所、春晓公园公共厕所;高照街道7所,为康和路公共厕所、运河三期公共厕所、百亩花海公共厕所、加创路公共厕所、秀清社区内公共厕所、新义菜场外公共厕所、象贤菜场公共厕所。改造内容包括洗手盆扶手、呼叫按钮、安全抓杆、无障碍设施标志牌等,投资金额33万元。

(沈敏学)

建 筑 业

【概况】 2022年,新增建筑业企业68家,其中区外转入资质企业17家,全年实现建筑施工总产值172.4亿元,同比增长21.7%,其中,省内产值149.5亿元,同比增长15.0%,省外产值22.8亿元,同比增长98.1%。新签建筑业施工合同额188.7亿元,同比增长34.9%。28个项目获评市级"红色工地",22个工地获评市安全生产标准化管理优良工地,10个项目获评嘉兴市"南湖杯"优质工程。其中"江南摩尔智慧地下立体车库"被评为省民生实事优秀案例,"秀洲区培训交流中心项目"入选全省十大"红色工地"优秀典型案例;嘉兴市文化艺术中心项目先后获评"鲁班奖""中国钢结构金奖";浙江嘉兴福达建设股份有限公司获评秀洲区首个"省级建筑业企业技术中心"。

【企业类型】 2022年,全区有建筑行业企业359家,其中,具有施工资质企业330家,监理资质企业17家,造价资质企业6家,质量检测资质企业7家,勘察资质企业3家,设计资质企业5家,招标代理机构3家。分类统计数据中,个别企业拥有多种资质。

【行业分类】 2022年,全区拥有施工总承包资质企业147家,其中(施工资质企业)建筑工程总承包企业104家、市政公用工程总承包企业116家、公路工程总承包企业27家、水利水电工程总承包企业22家、机电工程总承包企业15家、电力工程总承包企业13家、港口与航道工程总承包企业4家、石油化工工程总承包企业1家、通信工程总承包企业1家;专业承包资质企业285家,其中,一级资质企业45家、二级资质企业229家、三级资质企业94家、资质不分等级企业63家;劳务承包资质企业143家;勘察设计资质企业8家;检测资质企业7家;监理资质企业17家;工程造价咨询资质企业6家。全年企业吸收、合并、分立相关资质29家。

【鼎宏荣业建设集团有限公司】 公司成立于2009年1月,注册资金10080万元,前身为嘉兴市鼎宏建设工程有限公司。有员工250余人,主营业务范围主要以市政、土建工程施工为主,近5年年均产值超6亿元。企业注册地为秀洲区新塍镇。公司拥有市政公用工程施工总承包一级资质,建筑工程施工总承包二级资质,机电工程施工总承包三级资质,建筑装修装饰工程、消防设施工程、防水防腐保温工程3个专业承包二级资质,古建筑工程、环保工程、地基基础工程、城市及道路照明工程4个专业承包三级资质,施工劳务资质,市政公用工程监理甲级资质,房屋建筑工程监理乙级资质。公司成立以来,项目竣工验收合格率100%,屡创优质工程,秀洲区王店镇中心小学教学用房(二期)工程(室外附属工程)、嘉兴智慧产业创新园天枢路机场路道路桥梁工程等5个项目获嘉兴市市政工程"南湖杯"奖。先后获评"浙江省AAA级'守合同重信用'单位、嘉兴市先进市政企业、嘉兴市市政重点企业、嘉兴市诚信民营企业、嘉兴市信用管理示范企业"等称号。获发明专利1项,市政园林实用新型专利26项。2022年,鼎宏荣业建设集团有限公司获评国家高新技术企业。

【建筑工程质量监管】 2022年,共办理房建监督登记项目104项,总建筑面积523万平方米;市政监督登记项目12项,总造价约2.5亿元;提交质量监督报告133份。嘉兴市文化艺术中心建筑获评中国建设工程鲁班奖，为秀洲区首个鲁班奖工程。

【施工安全监管】 2022年，检查在建项目308个（次），发现问题隐患2237个，开具整改通知书308份，其中停工整改通知书34份，局部停工整改通知书53份，限期整改通知书221份。对于排查出的问题隐患狠抓严治，严格落实定整改措施、定时、定人的“三定”原则，确保问题隐患清零。

【建筑领域专项整治】 4月，制定《秀洲区建筑领域突出问题专项整治行动方案》，全面排查在建建筑工程项目存在的突出问题，严厉查处建筑领域存在的各类违法违规行为，规范全区建筑领域市场秩序，优化建筑领域市场环境，全年共发放停工通知3份，移交综合执法1件，完成行政处罚4件。是年，办理施工许可证项目110个，总建筑面积554.2万平方米，总造价164.49亿元；竣工验收备案项目103个，工程总造价68.61亿元，总建筑面积341.32万平方米。

【招投标管理】 2022年，受理招标审查项目164个，中标金额133.35亿元。其中实施工程总承包（EPC）招标项目81个，中标总价99.98亿元。进一步规范房屋建筑和市政基础设施工程招标投标活动，在全区范围开展重大工程项目专项整治，主要针对招标文件是否有排斥潜在投标人等不合理的条件设置问题，对2020年至2022年9月底73个重大项目展开排查，总金额265.24亿元；对全区限额以上房屋建筑和市政基础设施项目开展招投标领域突出问题专项整治，梳理2020—2022年的房屋建筑和市政基础设施项目招投标情况，对已排查出的线索同步按要求报送相关部门，后续将加大监管力度，保障招投标市场环境。

【公共建筑项目】 美丽乡村——麦家村公共服务中心项目。位于秀洲区油车港镇麦家村，占地面积1548.55平方米，由浙江尚都建设有限公司承建，建筑面积2222.6平方米，工程造价1037.31万元，2021年3月23日开工，2022年1月7日竣工。

秀洲区新塍镇西文桥农贸市场项目。位于秀洲区新塍镇西文桥村，占地面积917.51平方米，由嘉兴市九二建设工程有限公司承建，建筑面积1963.08平方米，工程造价620.94万元，2020年9月22日开工，2022年1月11日竣工。

高照石化新城加油站充电桩项目。位于秀洲区国家高新区富兴路西侧，占地面积252.72平方米，由浙江华兴建设有限公司承建，建筑面积1155.57平方米，工程造价349.37万元，2020年11月28日开工，2022年4月29日竣工。

王店镇中心幼儿园工程项目。位于秀洲区王店镇，占地面积4220.64平方米，由子城联合建设集团有限公司承建，建筑面积12369.44平方米，工程造价9137.18万元，2020年11月6日开工，2022年7月18日竣工。

（魏　岚）

2022年秀洲区部分新增建筑企业情况

表27

企业名称	资质类别及等级（省级）	资质类别及等级（市级）	成立或迁入时间	经营体制	企业经营地址
嘉兴华鲲建筑工程有限公司	水利水电工程施工总承包二级		2022.10.17	有限责任公司（非自然人投资或控股的法人独资）	嘉兴市秀洲区高照街道智富中心76幢601室－9
浙江航笙建设有限公司	建筑装修装饰工程专业承包一级、防水防腐保温工程专业承包二级、特种工程（结构补强）专业承包不分等级		2022.8.22	有限责任公司（自然人投资或控股的法人独资）	嘉兴市秀洲区油车港镇东方北路1282号－197

续表27

企业名称	资质类别及等级（省级）	资质类别及等级（市级）	成立或迁入时间	经营体制	企业经营地址
浙江枫盛智能科技有限公司	电子与智能化工程专业承包一级、建筑装修装饰工程专业承包一级、消防设施工程专业承包二级、特种工程（结构补强）专业承包不分等级		2022.9.7	有限责任公司（自然人投资或控股的法人独资）	嘉兴市秀洲区新城街道中禾广场501室—C
浙江名匠建设有限公司	建筑装修装饰工程专业承包一级、电子与智能化工程专业承包二级、防水防腐保温工程专业承包二级、消防设施工程专业承包二级、特种工程（结构补强）专业承包不分等级	施工劳务不分等级	2022.9.22	有限责任公司（自然人投资或控股的法人独资）	嘉兴市秀洲区王店镇南梅村蒋庵2号205室
嘉兴永源建设工程有限公司	建筑装修装饰工程专业承包二级、消防设施工程专业承包二级	建筑工程施工总承包三级、市政公用工程施工总承包三级、机电工程施工总承包三级、城市及道路照明工程专业承包三级	2022.4.15迁入	有限责任公司（自然人独资）	嘉兴市秀洲区油车港镇东方北路1282号—149
浙江永力建设有限公司	建筑工程施工总承包二级、市政公用工程施工总承包二级、电子与智能化工程专业承包一级、钢结构工程专业承包一级、建筑装修装饰工程专业承包一级、防水防腐保温工程专业承包二级、消防设施工程专业承包二级、特种工程（结构补强）专业承包不分等级		2022.4.29迁入	有限责任公司（自然人投资或控股）	嘉兴市秀洲区洪合镇嘉洪大道1604号嘉兴毛衫城8楼办公室（838—839号）

续表 27

企业名称	资质类别及等级(省级)	资质类别及等级(市级)	成立或迁入时间	经营体制	企业经营地址
嘉兴鸿翔第二建设有限公司	建筑工程施工总承包二级		2022.5.12 迁入	有限责任公司(自然人投资或控股的法人独资)	嘉兴市秀洲区王店镇希望路 669 号蚂桥综合农贸市场大厦 1 楼 1125 室
浙江九安交通工程有限公司		公路工程施工总承包三级	2022.5.16 迁入	有限责任公司(自然人投资或控股)	嘉兴市秀洲区洪合镇嘉洪大道 1604 号 8 楼 845 办公室
浙江屹承建设有限公司	市政公用工程施工总承包二级		2022.5.17 迁入	有限责任公司(自然人投资或控股)	嘉兴市秀洲区洪合镇嘉洪大道 1604 号 8 楼 846 室
浙江永联建设工程股份有限公司	建筑工程施工总承包一级、市政公用工程施工总承包一级、地基基础工程专业承包二级、建筑装修装饰工程专业承包二级、消防设施工程专业承包二级	公路工程施工总承包三级、城市及道路照明工程专业承包三级、建筑机电安装工程专业承包三级	2022.6.14 迁入	股份有限公司(非上市)	嘉兴市秀洲区王江泾镇迎宾路 1148 号
博盛建设集团股份有限公司	电子与智能化工程专业承包一级、防水防腐保温工程专业承包一级、建筑装修装饰工程专业承包一级、消防设施工程专业承包一级、特种工程(结构补强)专业承包不分等级、建筑装饰工程设计专项乙级	市政公用工程施工总承包三级、施工劳务不分等级	2022.6.17 迁入	股份有限公司(非上市、自然人投资或控股)	嘉兴市秀洲区新塍镇江南新天地商业中心 4 幢 136—50 室
浙江长三角基础设施建设工程有限公司	市政公用工程施工总承包一级、建筑装修装饰工程专业承包二级	建筑工程施工总承包三级、地基基础工程专业承包三级、施工劳务不分等级	2022.6.24 迁入	其他有限责任公司	嘉兴市秀洲区新塍镇江南新天地商业中心 4 幢 233 室
嘉兴卓达建筑工程有限公司	建筑装修装饰工程专业承包一级、电子与智能化工程专业承包一级、防水防腐保温工程专业承包二级、消防设施工程专业承包二级、特种工程(结构补强)专业承包不分等级		2022.7.6 迁入	有限责任公司(自然人投资或控股)	嘉兴市秀洲区洪合镇国贸中心 4 幢 225 室

续表 27

企业名称	资质类别及等级（省级）	资质类别及等级（市级）	成立或迁入时间	经营体制	企业经营地址
嘉兴青云建设工程有限公司	建筑装修装饰工程专业承包一级、防水防腐保温工程专业承包二级		2022.7.19迁入	有限责任公司（自然人投资或控股）	嘉兴市秀洲区王店镇希望路669号蚂桥综合农贸市场大厦1楼2201室
浙江齐航建设有限公司	电子与智能化工程专业承包二级、建筑装修装饰工程专业承包二级、消防设施工程专业承包二级	建筑工程施工总承包三级、市政公用工程施工总承包三级、施工劳务不分等级	2022.9.22迁入	有限责任公司（自然人投资或控股）	嘉兴市秀洲区王江泾镇闻川路829号二楼
浙江华译洲建设有限公司	地基基础工程专业承包一级	施工劳务不分等级	2022.10.10迁入	有限责任公司（非自然人投资或控股的法人独资）	嘉兴市秀洲区油车港镇奥星路205号旭峰大楼B501—26室
浙江友安建设工程管理有限责任公司	电子与智能化工程专业承包二级、建筑装修装饰工程专业承包二级、消防设施工程专业承包二级	建筑工程施工总承包三级、市政公用工程施工总承包三级	2022.10.18迁入	有限责任公司（自然人投资或控股）	嘉兴市秀洲区王店镇希望路669号蚂桥综合农贸市场大厦1楼1144室

资料来源：由区住房和城乡建设局提供

房地产业

【概况】 2022年，稳妥实施房地产市场平稳健康发展长效机制方案，以“稳地价、稳房价、稳预期”为目标，坚持在发展中保障和改善民生，全面落实房地产市场平稳健康发展城市主体责任。同时，有效防范化解房地产领域矛盾风险，建立健全防风险、守底线的常态化管理机制，全区房地产市场整体保持平稳健康发展。

【住房保障】 2022年，公租房收入准入门槛由家庭人均可支配收入低于58224元调整为低于63422元。区发展保障性租赁住房工作领导小组印发《关于进一步加强保障性租赁住房专项资金使用管理的通知》，获中央、省级补助资金6243万元，建设筹集保障性租赁住房7306套（间），完成率列全市第一。通过“一窗受理、互联互通、信息共享”，推进公租房“一件事”数字化改革，全面实现住房保障业务申请受理常态化、联审常态化、保障常态化。同时，明晰各部门审核责任，打通数据壁垒，缩短审核时限，实现最长审核时限不超过20个工作日。全年发放公租房租赁补贴413户152.48万元。5月，印发《关于加强新就业职工公共租赁住房保障的通知》，将住房保障扩面至新就业职工。是年，新就业职工公共租赁补贴发放99户，发放金额47.52万元。

【物业管理】 2022年，全区物业企业62家（含备案物业企业30家）。加强对新建社区和物业服务配套用房提交的监督管理，制定《秀洲区物业管理专项攻坚方案》，修订《秀洲区物业管理服务考核细则》，发放奖励资金124.7万元。建立健全区、镇（街道）、社区三级物业管理体系，按照“四个一”

体系(即理顺一个工作体系、完善一套评价机制、编制一本指导手册、制定一套培训制度),提升业委会履职能力;开展无物业小区清零行动,全区126个小区全部实现物业管理。11家房地产建设单位按规定配置物业及社区用房(地上建筑面积80.34万平方米,应提交物业及社区用房0.84万平方米,实际提交1.33万平方米)。前期物业招投标项目3个,总面积37.93万平方米。业主大会和业主委员会备案14份,物业服务合同备案28份。同时,加强秀洲区范围内全部交付入住的104个住宅小区物业管理考核。景尚雅苑、云间绿大地、万科吴越、梦蝶花苑、弘信观湖、盛世豪庭、香榭水岸、永泰广场、秀湖花园、信达香格里10个住宅小区物业考核为90分以上。

【房地产开发】 2022年,全区具有房地产开发资质企业156家,完成房地产开发投资63亿元,同比增长34.3%。房屋施工面积843.73万平方米,同比增长102.27%;新开工面积107.23万平方米,同比下降12.73%;竣工面积26.58万平方米,同比增长41.53%。新建商品房销售面积42.05万平方米,同比增速-10.1%,全市排名第二。

【房地产销售】 2022年,共核发预售许可证22个,全部执行商品房“一房一价”备案,涉及预(销)售面积66.80万平方米,共5316套(间),其中住宅65.41万平方米,共5316套(间)。在商品房预售审批过程中,严格履行市本级价格备案程序,开展商品房预售前的多部门风险评估。全年完成商品房销售网签备案面积49.13万平方米,计3993套(间),同比分别下降24.35%、28.04%。其中,住宅销售网签备案面积39.54万平方米,计3298套(间),同比分别下降29.73%、32.53%。全年商品房销售网签备案均价14955元/平方米,同比上涨12.61%。

【房地产管理】 坚持“房住不炒”定位,支持刚性和改善性住房需求,有力推进房地产平稳健康发展百日攻坚行动,促进经济稳进提质。在全市率先出台教育、卫生专技人才购房补贴政策,对符合要求的家庭给予6万~10万元不等的购房补贴,累计成交195套,合同金额超3.5亿元;出台“房票”政策,鼓励货币安置家庭购买新建商品房改善居住条件,累计成交167套,合同金额超3亿元,有效激发房地产市场活力。

【白蚁防治】 2022年,共受理新建白蚁预防项目89个,建筑面积406.8万平方米,比上年同期增长94.6%;新建白蚁预防施工项目58个,建筑面积286.4万平方米,比上年同期增长9.7%;灭治施工17户(处),建筑面积2万平方米,比上年同期减少233%;回访自查项目46个,建筑面积133.9万平方米。核发《白蚁预防工程竣工验收证明书》80份。

2022年秀洲区在建楼盘清单

表28　　单位:万平方米

承建企业名称	楼盘名称	规划建筑面积	用地面积	开工时间	区域	类型
嘉兴交控秀湖房地产开发有限公司	凌云府	18.58	6.46	2022.6.24	高新区	住宅
浙江交控嘉秀房地产开发有限公司	梦溪云庐	6.41	2.13	2021.4.12	高新区	住宅
嘉兴润高建设开发有限公司	静安府邸	19.59	6.96	2022.1.4	高新区	住宅
嘉兴臻和置业有限公司	嘉望府	25.03	6.83	2021.9.27	高新区	商住
嘉兴睿源房地产开发有限公司	璟湖湾	12.98	4.49	2021.4.16	高新区	住宅
嘉兴市秀洲区交投祥生房地产开发有限公司	上湖轩	18.22	5.93	2019.12.31	高新区	商住
嘉兴市秀湖置业有限公司	君望里	12.06	4.19	2019.9.30	高新区	商住
嘉兴卓达房地产开发有限公司	悦琅园	17.25	6.33	2020.5.22	高新区	商住

续表28

承建企业名称	楼盘名称	规划建筑面积	用地面积	开工时间	区域	类型
嘉兴蓝光筑鼎置业有限公司	晶曜雅苑	15.58	4.85	2020.11.10	高新区	住宅
嘉兴奥丰房地产开发有限公司	国香樾里	17.00	7.63	2020.12.23	王店	住宅
嘉兴吉恩仕置业有限公司	梅里印象花苑	1.28	4.18	2019.5.10	王店	商住
嘉兴玖源房地产开发有限公司	锦绣府	14.60	5.31	2021.10.18	洪合	商住
嘉兴上德置业有限公司	上林湾	9.63	3.58	2020.3.27	洪合	商住
嘉兴市贵春房地产开发有限公司	富丽园	1.20	0.55	2021.5.25	王江泾	住宅
嘉兴交控闻川房地产开发有限公司	湖上云庭	11.75	4.25	2022.7.20	王江泾	住宅
嘉兴市秀洲区交投祥生房地产开发有限公司	上湖云庐	7.59	2.54	2022.1.24	王江泾	住宅
嘉兴蓝城文化旅游开发有限公司	风荷九里	9.89	10.15	2019.5.31	王江泾	商住
嘉兴秀洲吉翔置业有限公司	荷园	12.45	4.37	2020.3.25	王江泾	住宅
嘉兴新瑞置业有限公司	湖畔春晓花苑	18.05	6.63	2021.9.29	油车港	住宅
嘉兴市秀鑫置业有限公司	秀悦澜庭	21.62	7.74	2021.7.21	油车港	商住
嘉兴筑垣置业有限公司	未来天辰苑	10.83	3.41	2021.4.30	油车港	住宅
嘉兴卓航房地产开发有限公司	秀宸华府	28.87	8.66	2021.9.3	油车港	商住
嘉兴奥文房地产开发有限公司	题红樾里	12.59	3.71	2020.6.4	油车港	住宅

资料来源：由区住房和城乡建设局提供

（孙　锋　厉有轩　郭王吉瑛）

园林绿化

【概况】 2022年，秀洲区继续推进国家森林城市创建工作，落实百万亩国土绿化行动，新增营造林面积103亩，创建“一村万树”示范村2个，省生态文化基地1个。调整绿化养护体制，全面提升绿化管养标准，完善园林绿化及设施养护管理机制。聘请驻局绿化养护师，为绿化市政养护管理工作提供专业指导，打造一批绿化养护精品节点，以点带面全域提升，改善中心城区绿化面貌。

【国家森林城市创建】 秀洲区围绕绿色发展、生态建设的主题，响应市委、市政府提出的高水平推进国土绿化美化，按照嘉兴市国家森林城市创建工作的要求，全力配合完成创建任务。11月4日，秀洲区“关注森林”暨创建国家森林城市工作推进会召开。至年末，全区新增国土绿化面积103亩，组织申报“一村万树”示范村2个（王店镇建林村、新塍镇洛东村），完成大运河沿线2588亩森林质量精准提升工程，全面完成上级下达的目标任务。

（丁　峰）

【国土绿化】 全面落实百万亩国土绿化行动。按照省、市林业主管部门要求，编制《国土绿化行动2022年实施方案》。是年，全区完成新增营造林面积103亩，同时完成落地上图工作，完成率147.1%；完成千万亩森林质量提升工程2588亩，并落地上图（省下达任务600亩），完成率431.3%；推进林业创建工作，当年创建“一村万树”示范村2个，省生态文化基地1个（新塍镇思古桥村）；组织林业企业参展第14届中国的义乌森博会，选送的“楠琪”藏红花和“鑫悦艺植”兰花喜获2个金奖，“楠琪”藏红花花瓣、“鑫悦艺植”春鹃和大阪松获3

个优质奖。是年，全区有苗圃面积18497.12亩，年销售额14846.88万元。主要种植香樟、黄山栾树、榉树等树种，种植地点主要集中在王店镇、新塍镇南片乡镇。

（林　琴）

【园林绿化管理】 2022年，新增绿地21.89公顷，新增公园绿地2公顷。建成绿道12千米，其中，改建省级绿道2号线（王江泾卜家港桥—油车港官荡大桥），全长9千米，实现与嘉善县交界面的贯通；新塍镇环镇绿道3千米。推进新塍塘绿道改造工程，提升沿线景观品质，实现新塍塘和秀湖2条绿道的连接贯通。北郊河绿道（正原路—东方路）获评嘉兴市最美绿道；金茂府、金地艺境、龙盛右岸美墅获评嘉兴市园林式居住区；德秀苑和秀洲公园分别获评省级园林式居住区和省级优质公园。

（沈敏学）

【绿化养护体制调整】 4月开始，城市（建成区）绿化、市政运行和维护由属地街道负责，进行市场化运作。全面提升绿化管养标准，修订《秀洲区中心城区绿化养护考核办法》，落实区财政、国家高新区1∶1经费保障。6月，制定《秀洲区中心城区园林绿化及设施养护移交管理办法》，明确建设单位、管养单位和相关部门的职责，完善园林绿化及设施养护移交管理机制，明确养护移交的条件、流程及标准，倒逼施工养护期管养质量标准提升。

【绿化养护专业管理】 以政府购买服务的方式，聘请驻局绿化养护师，为绿化市政养护管理工作提供专业建议指导，协助修改完善秀洲区绿化、市政养护考核管理标准，健全监督管理机制，日常参与督查考核，每月提出养护工作重点，每季度开展培训讲座，加强对属地绿化养护的监督考核和培训指导。属地街道发挥“1+N”（驻街道专家+专业管理团队）模式，实行网格化划片包干管理，一支团队落实城市精细化管理，加强街道对养护单位的督查考核与标准培训，畅通区对街道、街道对养护单位的二级管养考核与问题督办，打造一批绿化养护精品节点，以点带面全域提升，改善中心城区绿化面貌。

（章全金）

城区环境综合治理

【概况】 2022年，秀洲区城区环境综合治理紧扣城市精细化管理主线，抢抓全国文明典范城市创建机遇，下足“绣花”功夫，全员参与、全域覆盖、全力打造“精致精美、人见人赞”的最干净城市。是年，承接综合行政执法事项24个领域及地方立法1663项。创新建立“全员积分制”办案模式，办案质量大幅提升，全年办理一般程序案件2070起，案件数同比增长81.26%，综合执法案量比完成省定60%目标。成立案件管理中心，案件办理速度提升20%。制定城市精细化管理专项攻坚方案，开展各类督查18次，督办整改各类问题2400余个，蓬莱路等4条道路获评省级街容示范街。

【“大综合一体化”行政执法改革】 以“机制创新、破冰先行”的方式在全区开展“大综合一体化”行政执法改革，形成组织更健全、机制更完善、事项更明晰的行政执法新格局。成立由区委书记、区长任双组长的工作领导小组，组建专班，增挂区综合执法办公室的牌子，增设改革协调科、案件管理中心，建立镇（街道）综合执法队；出台《秀洲区推进“大综合一体化”行政执法改革实施方案》，建立秀洲区推进“大综合一体化”行政执法改革等机制，探索长三角一体化执法，针对基层出台《全面推进镇（街道）综合行政执法工作方案》，以“全域派驻+精准赋权”相结合的形式，推进镇（街道）实施“一支队伍管执法”；形成“1+4+2”（综合执法+农水、市场监管、文化市场、生态环境+应急管理、卫生监督）的区级执法架构。是年，承接综合行政执法事项24个领域及地方立法1663项，其中52项行政处罚事项赋权至各镇（街道），区级171名编制人员下沉基层执法一线，至年末，共办理赋权案件85起，事项覆盖率26.9%。着力推进“包容审慎”监管，通过推行轻微免罚、落实“共享法庭”、强化行刑衔接等10项任务清单，营造一流营商环境。1起水运偷倒建筑垃圾案获全市唯一的“浙江省建筑垃圾领域行刑衔接典型案例”。首创“容错纠错免责”机制，在全市率先出台《行政执法容错纠错免责机制》，划出改革创新“安全区”，相关做法被省级专刊录用。建立“基层力量块统”

机制，在全市率先出台《基层法制机构和队伍建设实施意见》，以王店镇、新城街道为试点，设立法制室，配强专职法制审核员，全年招录执法辅助人员30名，充实行政执法队伍。

【“全员积分制”办案】 以“包案定责”方式，创新建立“全员积分制”办案模式，按照基础分和系数分的乘积，进行量化考核，并作为执法评比、表彰奖励、考核选拔的依据。基础分包括办理一般程序结案案件1分/个、发现一般程序案件线索0.5分/个（非主办）；系数分则根据办理案件的难易程度和质量标准赋予相应2倍、4倍及6倍系数形成系数分；加分项按照担任法制员，参加法制技能比武获得优胜，参加省、市、区法治类竞赛得奖情况进行赋分。总分由基础分、系数分和加分项合数组成。因此，办案质量大幅提升，相关做法获副省长高兴夫批示肯定。全年办理一般程序案件2070起，罚没款200.67万元，案件数同比增长81.26%。综合执法案量比60.01%，完成省定60%目标。创新案卷评查方式，通过随机抽查和中队推荐的方式确定评查案卷，特邀区法院、区公安分局、南湖学院评查专家与驻局律师共同参与案卷评查会，以案卷评查“小杠杆”撬动执法监督“大作为”。

【案件管理中心成立】 4月，成立案件管理中心，按照“繁简分流”“多跨分流”原则，针对专业技术性强、执法程序要求高、疑难复杂重大案件，推行跨领域、跨部门、跨层级案件统一集散及管理。是年，立案110起，作出处罚决定19起，处罚金额28.5万元，案件办理速度提升20%。

（赵雅怡）

【城市精细化管理】 结合秀洲实际，制定城市精细化管理专项攻坚方案，列出10大重点任务、33项工作计划，制定项目实施清单。完善城市管理工作考核办法，科学制定《嘉兴市秀洲区2022年城市（镇）管理工作考核办法》，将职能部门和乡镇（街道）主体同步纳入考核并提高数字平台和重点任务完成情况考核分值占比。全年开展各类督查18次，督办整改各类问题2400余个。针对疑难问题，讨论研究解决方案，落实分工，同时城市管理专员按照每周不少于三次的频率，对“四个一示范创建区域路段”（将中山西路、秀清路打造为精细化管理样板路，将杭州塘绿道、秀湖公园绿道打造为精细化管理样板绿道，将区政府、江南摩尔、秀洲公园区块打造为精细化管理样板街区，形成“以点连线、连线成片、集群发展”的管理效应）进行实地督查，平均每周督查发现50余处问题，及时联系相关责任主体予以整改。

【文明养犬管理】 以文明养犬“21天好习惯”养成行动为切入点，开展文明养犬示范小区创建活动，解决犬只扰民问题。全区创建文明养犬示范小区59个，设立免疫登记点8个，提供免疫和准养登记“一站式”服务。全年共办理养犬准养登记证2139张，实现犬只免疫21456只，办理各类不文明养犬行为案件291起，抓捕收容流浪犬830只。

【建筑垃圾治理】 制定《2022年度秀洲区建筑垃圾治理工作实施方案》，列出治理工作重点任务分解表，细化各项指标，将责任明确到属地和单位。印制发放《嘉兴市建筑垃圾管理条例》宣传折页3500份，提升建筑垃圾管理知晓率。是年，创建源头减量示范项目5个、“无废工地”示范点12个、拆除垃圾示范点6个，并在上湖轩、君望里、德秀苑等35个小区和洪合镇良三村、王江泾镇洪典村等14个村设立装修垃圾堆放点。为规范运输处置秩序，联合多部门开展建筑垃圾执法整治行动，查处超载行为300起、未核准运输93起、未密闭18起、偷倒垃圾（渣土）31起、抛洒8起，处罚扣留车辆4辆、扣除驾驶证8起、罚款408起、约谈2起、建筑工地停业整顿12起。

【省级街容示范街创建】 结合城市品质提升，投入8000万元，对蓬莱路、新平路、聚贤路等9条道路实施店招店牌优化整治工程，打造重点示范类特色街区。其中蓬莱路、中山西路、启蒙路、秀清路、秀园路，获评省级街容示范街。

【市容乱象整治】 制定《秀洲区城市管理秩序乱象专项整治方案》《秀洲区综合行政执法局推进全国文明典范城市创建工作实施方案》《秀洲区户外广告和招牌专项整治实施方案》等。全年累计劝导治理各类市容乱象问题 4 万余起，立案查处占道、垃圾未分类、乱放养等各类市容类相关案件 1600 余起。全年拆除广告招牌 120 余处，清理各类临街乱张贴 1300 余处。开展全民共建，全面签订“门前五包”责任书，签订数量 6913 份，签订率 100%。

（陈　航）

【保洁精细化示范标杆创建】 以秀洲区行政中心为轴划定保洁样板街区，设摩尔广场为“席地可坐”城市客厅精品点，设中山西路、秀清路为保洁精细化管理样板路。制定城市保洁标准体系，环卫装备迭代升级更为高效，新引进深度保洁车、磨洗机，高效清理商铺门前顽固油污，提高机械化水平。优化组合保洁方法，探索“昼扫夜洗”作业方式和“洗、扫、捡、刷、擦、吸、巡”等组合作业模式，

5 月 9 日，江南摩尔广场清洁卫生机械作业（章金金摄）

增加快速机动保洁力量，在区域内巡回检查快速捡拾垃圾、处置突发情况，多种手段多种模式结合，实现平面精细保洁、立面一体保洁、剖面深度保洁的全方位多元化保洁。建立保洁员“责任田”，使城市客厅达到“四无一见”（无垃圾、无污迹、无积尘、无积水，见本色）质量标准；完善长效保洁考核办法，全年累计派发环卫督办单 134 份，督促整改问题 1601 处，督办整改量同比增长 50.6%，通过月度、半年度考核督促整改问题 1162 处，典型问题重点分析，督促主体举一反三整改提升。

【市政问题集中治理】 全面落实文明创建和城市精细化管理工作要求，6 月，对中心城区所有道路进行全面摸排，将道路及附属设施按照问题类型及程度等分类梳理出清单，完成 86 处小修问题清单式销号。截至 12 月底，督促市政养护问题整改 489 处，整改量较上年增长 2.5 倍，问题处置及时率 100%。开展中心城区树穴改造整治行动，全域范围内摸排树穴隆起导致侧石开缝外翻、铺装严重高低不平的点位，汇总形成改造清单，倒排工期推进树穴整治，整改新安路、秀清路、新农路、唯胜路等路段问题 349 处，树穴补植书带草或整理修缮，改造路段面貌焕然一新。

（章金金）

【推进社会稳定和谐】 根据市综合行政执法局要求，对所有已办结的国土规划、建筑业和建筑垃圾处置案件进行排查。定期联合区交警大队、区交通运输局、区发改局等多个部门对工程运输企业和车辆开展联合执法检查，联合出动人员 6342 人次，查处超载 264 起、未核准运输 88 起、偷倒建筑垃圾 31 起、未密闭 18 起，停业整顿建筑工地 12 家。同时，结合工作职责，制定《秀洲区综合行政执法局打击整治涉老诈骗专项行动实施方案》，开展养老诈骗宣传活动 223 次，出动人员 1048 人次，协助属地主体发放各类宣传资料 400 余份。

（陈　航）

数字化城市管理

【概况】 纵深推进数字化改革，通过聚焦重大需求，打造重大应用，秀洲区数字化城市管理平台逐步拓展系统功能，对建筑垃圾治理、车辆违停等城市管理问题实时掌握和智能预警，实现对城市管理活动的全领域、全时段监管和城市管理问题的高效率、高标准处置。

【“1+N”感知城管体系】 全面升级“智慧城管”系统，深入推进“1+N”感知城管体系的运用，即“1”个指挥调度驾驶舱+“N”个感知场景运用，实现城市细管、城市智管、城市众管。建立“双屏+单屏”的秀洲区智慧城管数据驾驶舱，实现“自动采集—自动通知—自动派遣—自动结案”的全自动闭环智能管理。2022 年，嘉兴市秀洲区建筑垃圾

数字化管理平台智能研判产生预警21527条，处置率92.22%，推送违法整改短信3655条；违停非现场执法场景发送提醒短信13万余条，处罚6000余起。

【建筑垃圾综合监管服务应用】 通过成立市县一体化攻坚专班，重点完善预测预警、渣土磋商等功能模块，完成2.0版迭代升级，实现全市推广，相关经验做法被"浙江省建筑垃圾综合监管服务系统"吸纳。同步完善"浙里办"渣土磋商模块，新增市级驾驶舱页面，对消纳容量进行红黄绿三色预警，并出台《秀洲区建筑垃圾运输诚信评价管理办法》《秀洲区渣土消纳磋商实施细则（试行）》。该应用先后获评2021年度全市"三访三强三创"最佳制度供给，秀洲区打造均衡富庶发展、共同富裕典范最佳实践，2022年半年度嘉兴市优化营商环境"十佳案例"。

【城乡智慧停车系统】 牵头实施"停安心"项目，打通城乡智慧停车系统，将全区135个停车场（道路）、20785个停车泊位数据接入区级智慧停车平台，实现全区停车资源共享。新建、改建城区公共停车场7个，增加车位1168个；乡镇停车场46个，新增车位5740个；30家商务楼宇的停车泊位数据接入智慧停车平台；新增3家单位开放夜间错时共享停车，秀洲花园（一期、二期）、中山花园、信达香格里、龙盛右岸名邸5个小区为日间错时开放试点小区。智慧停车系统运营步入正轨，是年停车收费总额537.7万元，车位日周转5～6次，停车资源进一步盘活。为探索车辆违停更加人性化的治理举措，将"直接贴条"转变为"短信温馨提示"，给老百姓提供实质性便利。是年，通过智慧城管平台共发送违停温馨提示短信13.3万条。

（赵雅怡）

垃圾分类

【概况】 2022年，秀洲区建成省级高标准垃圾分类示范小区15个，省级示范片区1个，示范社区10个。完成工业园区垃圾分类创新实践片区创建。全区实现三个"全覆盖"，即155个居民小区定时定点分类投放、257条商业街（沿街商铺）"定时定车"分类收运、非居民生活垃圾计量收费全覆盖。是年，生活垃圾总量保持零增长，易腐垃圾清运量占比25.14%、处理率89.19%、分类覆盖率100%、资源化利用率100%、无害化处理率100%。连续3年在全省生活垃圾分类工作考核评估中被评为优秀。

【制度保障】 2月，制定出台《关于进一步加强新建住宅小区生活垃圾分类设施设置的通知》，确保"三同步"（同步规划、同步建设、同步交付）建设。5月，制定出台《2022年秀洲区城镇生活垃圾分类工作要点》，明确工作目标任务。6月，制定出台《嘉兴市秀洲区城镇生活垃圾分类工作考核办法》，强化考核督查。8月，制定《对嘉兴市秀禾再生资源利用有限公司的考核办法》，强化对嘉兴市秀禾再生资源利用有限公司管理。11月，制定《秀洲区中心城区生活垃圾分类资金管理实施细则》，规范资金管理。

【工业园区创新实践示范片区创建】 秀洲区以王店镇集成装饰产业园为工业园区垃圾分类创新实践试点，探索和建立各种载体和机制，形成可复制、可推广的垃圾分类模式。实行"1+1+16+X"分类模式，坚持围绕工业园区自治，激发王店集成装饰产业协会垃圾分类推动力；抓住党建引领关键要素，用红色引领园区绿色发展新格局，稳步推进垃圾分类工作；实行"16+X"式组团模式，由16家先行企业结对指导X家中小型企业，分批推进园区企业垃圾分类工作。按照"试点先行、标杆引领"的思路，充分发挥园区特有的"集成装饰产业协会"自治管理优势，由协会秘书长、企业副总、厂区负责人、集置点长形成四级联动，完善园区分类设施设备，健全垃圾收运体系，将垃圾分类理念融入企业文化，成效显著，参与率100%，准确率90%。

【非居民生活垃圾计量收费】 按照谁产生谁付费、多产生多付费的原则，建立生活垃圾处理收费制度。制定可操作的收费细则，体现分类计价、差别化计量收费，建立收费进度每周通报制度，提出明确的工作预期和具体措施，通过通报制度督促各镇、街道履好职、尽好责。是年，全区非居民生活垃圾应收费5813家，完成收费5519家，占比95%。充分发挥价格机制激励约束作用，养成生活垃圾分类好习惯，实现源头减量，形成绿色低碳生活方式。

【垃圾分类专项执法行动】 持续开展生活垃圾分类专项执法行动，全年共开展生活垃圾分类执法专项培训40次，培训人员700余人次；立案查处各类违法行为1374起，处罚金额15.81万元，其中未分类投放生活垃圾个人715起，未履行分类投放管理责任1起，其他658起。

【中转站计量改造】 实施生活垃圾中转站提升行动，对标先进的生活垃圾中转站建设标准，完善视频监控、称重计量等功能，完成王店镇、王江泾镇、新塍镇3座生活垃圾中转站改造，连同油车港镇、洪合镇、高照街道、新城街道4个中转站全部移交给嘉兴市嘉源环境卫生管理有限责任公司管理，配齐配足规范环保的分类运输车辆，健全与源头分类相衔接的收转运网络，进一步提升生活垃圾分类处理水平。

【垃圾分类信息化监管平台使用】 发挥秀洲区生活垃圾分类信息化监管平台在线监管功能，区分类办落实专人负责运行垃圾分类信息化监管平台，每周开展"线上检查"，实现与"线下治理"的双查双管模式，累计开展检查370次，发现并整改问题1680个。每周对劝导员打卡报到进行考核，每月对劝导员签到情况发文通报，线上监管劝导员日常履职情况，不断提升劝导员履职能力。

（顾凯燕）

"三改一拆"工作

【概况】 区"三改一拆"办围绕省、市"无违建"创建创先争优的决策部署，加强组织领导，压实责任，坚持以安全为底线，着重推进涉安违建处置工作，全力推进农民自建房违法建筑"除险保安"专项整治行动。是年，拆除违法建筑62.62万平方米，完成"三改"面积154.51万平方米。

【精准拆违专项行动】 2022年，以管控的重点类型违建作为攻坚对象，上报60个精准拆违点位，采用"一企一策"分类处置方式，对存在隐患的违建，通过精准拆违、专项整治等手段进行整改拆除。至年末，通过拆、改、整并举，已销号51个，销号率85%，助力相关企业有效防范安全风险。

【涉安违建专项整治行动】 2022年，组织开展涉安违建挂牌督办行动。秀洲区上报26个涉安违建挂牌督办点位，均于5月整改完成。继续深化涉安违建专项整治工作，以影响消防安全违建为整治重点，邀请媒体全过程跟踪整治进度，以点带面推进违建风险大排查大整治。王江泾镇推出"领导包干"制度，对有安全隐患违法建筑的企业"零容忍"，由镇班子成员牵头，配备2～3名分管条线人员落实推进，将三大工业园区内的企业违建任务进行分解分配，加强协调、整合资源、形成合力，至年末，涉安违建挂牌督办点位全部清零。

【农民自建房违法建筑专项整治】 深刻吸取湖南长沙"4·29"居民自建房倒塌事故教训，巩固深化全区治违除患促安全违法建筑专项整治成效，8—9月，召开全区农民自建房违章建筑专项整治工作推进会；举办农民自建房专项整治工作培训会，印发《秀洲区农民自建房违章建筑专项整治工作方案》，整治的重点主要是农民自建房中存在重大安全隐患的私搭乱建，尤其是涉及安全生产、生活的违法建筑或者临时搭建，违规采用易燃可燃材料彩钢板房的违法建筑，以及堵塞消防通道等的违法建筑。按照"村不漏户、户不漏房、房不漏间、间不漏人"的原则，完成"横向到边、纵向到底"的地毯式排查，发现全区范围内农民自建房违章建筑安全隐患户数125户。9月份，王店镇已拆除整改22户涉及农民自建房的违章建筑。至年末，全区农民自建房违章户拆除整改25户。

（张佩雯）

运河湾新城建设

【概况】 2022年，根据《嘉兴市国土空间总体规划（2021—2035年）》（征求意见稿）"围绕南湖打造城市公共服务核心，以高铁新城和运河湾新城为重点，联动天鹅湖、空港、高端制造三片，形成‘一心两城三板块’的形态结构”要求，秀洲区编制《运河湾新城概念规划和总体城市设计》，全力推进运河湾新城建设。9月1日，秀洲区运河湾新城建设领导小组成立，负责统筹协调运河湾新城范围内的规划研究、项目布局、征迁腾退、开发建设等重大决策，领导小组下设办公室、指挥部。9月27日，中国共产党嘉兴市秀洲区第十届委员会第三次全体会议通过《中共秀洲区委秀洲区人民政府关于加快运河湾新城建设的决定》。11月17日，运河湾新城建设指挥部正式揭牌，统筹谋划运河湾新城规划设计，加快推进运河湾新城建设各项工作。根据《秀洲区国资公司改革方案》，将嘉兴市秀北开发建设有限公司更名为嘉兴运河湾城投集团有限公司，开始实体化运作。

【运河湾新城总体规划】 9月27日，区委十届三次全体(扩大)会议审议通过《中共秀洲区委秀洲区人民政府关于加快运河湾新城建设的决定》，正式开启运河湾新城规划建设历程。运河湾新城建设的总体布局是立足“建设产城高度融合、城乡高度融合的现代化主城区”目标定位，以运河为综合发展轴，加快高质量要素集聚、高品质城乡建设，全方位提升城市能级，加速构建“一主城一枢纽四城镇”的“114”空间格局：“一主城”指98平方千米的运河湾新城，“一枢纽”指以嘉兴机场为核心的交通枢纽，“四城镇”指王店镇、洪合镇、新塍镇、王江泾镇4个现代化城镇；聚焦“北至申嘉湖、西至G524、南至杭州塘、东至亚太路”的运河湾新城建设范围，打造“一城三片区六板块”的“136”空间构架：运河湾新城由国家高新区、秀湖新区、秀水新区“三大新区”组成，下辖秀湖到石臼漾板块、高新区东升路板块、高新区运河板块、高新区高家桥社区板块、王江泾镇工业南区板块、秀水新区北京理工大学长三角研究院(嘉兴)板块“六大板块”，实现新城统一规划、连片设计、整体开发，做大城市规模。高新片区位于运河湾新城西部，依托国家级高新区平台，打造高新产业集聚区、科技创新先导区、产城融合示范区；秀水片区位于运河湾新城东部，依托千亩生态湖区，集聚北理工等院校与科创资源，打造科教研发创智区、城乡融合发展区、湖荡生态宜居区；秀湖新区由“秀湖钻石中心、双院专业中心、闻川产服中心”三大重点片区串联，形成强心带两翼、中心接续发展的整体结构。经公开招投标，由上海同济城市规划设计研究院进行运河湾新城总体城市规划设计。

【运河湾新城建设指挥部揭牌成立】 11月17日，运河湾新城建设指挥部揭牌成立。指挥部与运河湾城投集团有限公司合署办公、实体化运作，形成“领导小组—建设指挥部—城投集团”三级管理体系，坚持“指挥部+城投公司”管理模式，突出运河湾新城建设运行的市场化导向，实行“大部门、扁平化”管理，统筹协调各开发建设主体工作职责，按照“统一规划、统一建设、统一管理”的原则，开展城市设计和规划方案的编制，区域资源的整合、土地开发、新项目招引建设等。

【征迁腾退】 与中国能建集团等大型央企对接，以片区综合开发方式在指定范围内封闭运作，实现城市建设、公共服务、产业培育、城市运营相融合的一体化综合开发模式。片区范围主要在秀洲大道以东、东升西路北侧，片区土地总面积约2000亩，涉及更新用地1290亩。11月25日，木桥港新村北区搬迁指挥部启动预签工作。至年末，完成木桥港北区460幢(套)农房356亩地块的征收程序和金鱼桥、沈家桥、宇四浜等村征地拆迁筹备。加快企业腾退，至年末，王江泾工业南区印染企业8家，已签约4家；其他企业47家，已签约8家；另有租赁企业52家，已签约24家。嘉北园区二期有企业41家，已腾退签约38家，完成注销37家；腾空交房29家，拆除15家。

【嘉兴运河湾城投集团有限公司】 公司由嘉兴市秀北开发建设有限公司改组设立，公司类别为功能类。公司注册资本20亿元，由嘉秀集团控股、高新集团参股，以货币、股权出资，分期出资到位。公司经营主业为城市投资建设及运营服务、城市开发和设计、城市基础设施投资建设、新能源投资建设、文化旅游产业开发经营和资产资源经营管理。公司设办公室、党群工作部、纪检室、财务融资部、风控审计部、投资经营部、前期管理部、工程管理部8个内设机构。员工编制120人(含企业)。11月17日，印发《嘉兴运河湾城投集团有限公司实体化运作实施方案》。12 月 5 日，印发《嘉兴运河湾城投集团有限公司主要职责、内设机构和员工编制规定》；同日，中共嘉兴运河湾城投集团有限公司委员会建立。

（杨　丹）

镇村建设

【概况】 2022 年，秀洲区开展美丽宜居示范村建设，省级美丽宜居示范村新塍镇康和桥村基本完成建设任务，油车港镇胜丰村完成示范村规划编制并且建设进度近半，新塍镇洛东村成功申报 2023 年度省级美丽宜居示范村试点。全力推进自建房安全专项整治，排查鉴定出的 136 栋危房全部完成整治。开展传统村落保护工作，第三批市级传统村落完成保护规划编制，7 个村成功申报嘉兴市第一批市级历史文化传统村落。高效推进 32 个项目建成投用，美丽城镇完成投资 43.6 亿元；城乡风貌区创建完成投资 5.39 亿元，完成率 107.18%。加强历史文化保护传承工作，原王店粮仓、洪合长寿桥、一宿古庵 3 处建筑被列入嘉兴市区第五批历史建筑。

【美丽宜居示范村建设】 2021 年度列为省级美丽宜居示范村试点的新塍镇康和桥村基本完成工程建设。2022 年批准为试点的省级美丽宜居示范村油车港镇胜丰村完成《秀洲区油车港镇胜丰村省级美丽宜居示范村建设专项规划》编制，6 月通过区级评审，随后开展拆旧、美化、洁化、绿化等项目建设任务，至年末，胜丰村工程建设进度 43%，完成投资 279 万元。新塍镇洛东村成功申报 2023 年度省级美丽宜居示范村试点。

【自建房安全专项整治】 6 月，根据省、市自建房安全专项整治实施方案要求，成立区自建房安全专项整治工作领导小组，由区委副书记、区长刘德威任组长，全力推进自建房安全专项整治工作。牵头单位为区住建局。至年末，秀洲区自建房排查全部完成，共排查城乡自建房 135824 栋（其中经营性自建房 13071 栋），排查鉴定出危房 136 栋（其中，经营性自建房危房 63 栋，非经营性自建房 73 栋），其中，C 级房屋 63 栋，D 级房屋 73 栋，通过修缮加固、拆除、腾空防控等方式，全部完成整改。同时执行 90 年代以前建设的农村房屋季度巡查制度，保障农村老旧房居住安全。

【传统村落保护】 2022 年，编制完成第三批嘉兴市级传统村落王店镇镇中村干四村、洪合镇泰石桥村泰石余韵、新塍镇康和桥村张墩、王江泾镇田青村青字、油车港镇胜丰村菱珑湾保护与发展规划。洪合镇洪合村、建北村，王店镇庆丰村，王江泾镇民主村、古塘村，新塍镇康和桥村，油车港镇胜丰村 7 个村成功申报嘉兴市第一批市级历史文化传统村落，其中洪合镇洪合村和王江泾镇民主村被列入重点村创建名单。

【农村建筑工匠管理】 加强农村建筑工匠管理，区住建局联合各镇村镇办，于 6 月 23 日、6 月 24 日、6 月 27 日、6 月 30 日、8 月 5 日，对全区农村建筑工匠开展 5 期培训，邀请专家对村镇建设工程管理进行专业讲解，195 名工匠参加培训。7 月和 9 月，组织 32 名农村建筑工匠参加嘉兴市级培训，秀洲区代表队在砌筑工技能大比武和抹灰工技能大比武中分别获得三等奖。完善农村建筑工匠信息化管理，开展农村建筑工匠年度诚信考评，188 名工匠考评等级为 A 级，7 名工匠考评等级为 B 级。

（倪泉丽）

综　　述

2022年，嘉兴市生态环境局秀洲分局（简称“区生态环境分局”）秉持“生态与发展同行、监管与服务并举，担当与合作共存”的工作理念，不断探索科技治污、创新赋能的秀洲经验，持续抓牢生态环境突出问题整改，聚焦环境治理和产业转型，高标准推进生态建设和环境保护工作，全力打造长三角区域一体化生态高地。连续3年获评秀洲区综合绩效目标考核和嘉兴市县（市、区）分局目标责任制考核“双优秀”。

1月14日，浙江省生态环境科学设计研究院与秀洲区人民政府进行生态绿色科技战略合作签约（区生态环境分局提供）

是年，境内饮用水水源地水质达标率100%；9个市控及以上断面再次出现1个Ⅱ类水，即石臼漾水厂省控断面；Ⅲ类水及以上水质断面比例100%，三项主要污染物指标高锰酸盐指数、氨氮和总磷年均浓度同比分别上升4.5%、10.5%和27.0%；跨行政区域河流交接断面水质年度考核结果良好。环境空气质量优良率79.3%，同比下降13.1个百分点，位列全市第一；细颗粒物（$PM_{2.5}$）浓度27微克/米^3，与上年持平，位列全市第六；可吸入颗粒物（PM_{10}）浓度44微克/米^3，位列全市第一；臭氧（O_3）浓度172微克/米^3，同比下降17.8%，位列全市第七。城市建成区区域环境噪声均值56.2分贝，道路交通噪声均值66.2分贝。城市建成区辐射环境质量总体良好，电离辐射本底值水平未见异常，公众照射水平处于安全范围内，电磁辐射环境符合国家规定的标准要求。是年，区生态环境质量公众满意度测评得分84.81分，较上年下降1.37%。

生态环境质量监测

【概况】　2022年，嘉兴市秀洲生态环境监测站（简称“区生态环境监测站”）坚持服务与创新并举，着力提升生态环境监测能力，为全区生态环境管理、决策提供科学依据。2月，通过检验检测机构CMA资质认定复审。全年出动生态环境监测728人次，手工监测数据9165个，出具各类监测报告223份，编制监测重点条线报表12期，上报中国环境监测总站饮用水源地国控监测断面月报表、浙江省“十四五”期间地表水河流国控断面监测结果月报表、嘉兴市市控河流断面数据报表、秀洲区非国控河流断面数据报表、秀洲区与相邻县（市、区）交接河流断面数据月报表、乡镇交接断面监测月报表、农村环境质量监督数据报表、嘉兴市秀洲区住建站和科创服务中心降尘数据月报表、区域环境噪声数据报表、交通噪声数据报表等各类报表390份，全区地表水出入境交接断面水质自动监测站水质专报24份；完成对第三方检测机构日常考核20次，对水质自动监测站运行维护单位日常考核36家次，推动企业完成自行监测数据新联网12家，指导已联网的222家企业自行监测工作，并确保其数据公布率在95%以上。

【水环境质量监测】 监测点位包括常规地表水、集中式饮用水水源地石臼漾水厂、市级主要河流交接断面。是年，全区9个市控及以上地表水监测断面中，2个省控断面由浙江省生态环境监测中心采用采测分离模式进行监测，其他断面由区生态环境监测站采取每月一次手工测定。监测水温、pH值、溶解氧、高锰酸盐指数、五日生化需氧量、氨氮、总氮、总磷、化学需氧量、氟化物、电导率、砷、硒、铜、铅、镉、锌、六价铬、石油类、硫化物、汞、氰化物、挥发酚、阴离子表面活性剂、粪大肠菌群25项。重点评价项目有：溶氧量(DO)、高锰酸盐指数、五日生化需氧量(BOD5)、氨氮、石油类、总磷和化学需氧量7项。9个市控及以上地表水监测断面中Ⅱ类水断面1个、Ⅲ类水断面8个，分别占比11.1%、88.9%，Ⅳ类及以下断面实现“清零”。9个市控及以上断面均实现Ⅲ类水水环境功能区目标，自20世纪80年代实施环境监测以来，市控以上断面连续三年实现100%达标。9个市控及以上断面的主要污染物高锰酸盐指数、氨氮和总磷平均浓度分别为4.6毫克/升、0.42毫克/升和0.141毫克/升，分别是三类水标准限值6.0毫克/升、1.00毫克/升和0.20毫克/升的76.7%、42.0%和70.5%，与上年同期相比，高锰酸盐指数上升4.5%，氨氮指标上升10.5%，总磷指标上升27.0%。石臼漾水厂饮用水水源地水质监测由浙江省生态环境监测中心采用采测分离模式进行监测，常规水质监测每月1次，监测项目62项，全指标监测全年1次，监测项目109项和叶绿素a，全年水质为Ⅱ类，达标率100%。贯泾港水厂饮用水水源地水质监测模式与石臼漾水源地相同，监测频次和监测指标与石臼漾水厂相同，全年水质为Ⅱ类，达标率100%。市级主要河流交接断面监测项目主要为高锰酸盐指数、氨氮和总磷3项。是年末，全区6个市级主要河流入境断面(即嘉兴二县渔坝、洛东大桥、清泰桥村、王江泾、斜路港、新生新运桥)和6个出境断面(即杭州塘大桥、新文桥、义庄河口、运河北郊河交叉口、三环南路桥、油车港出口)均为Ⅲ类水水质。

2022年秀洲区9个市控及以上断面地表水环境质量情况

表29

名　　称	断面位置	水质目标 21项指标评价	水质 类别	定类指标	责任主体单位
石臼漾水厂 (省控)	石臼漾水厂取水口	Ⅲ类	Ⅱ类	DO、高锰酸盐指数、BOD5、氨氮、石油类、总磷和化学需氧量	嘉兴国家高新区
秀园大桥 (省控)	运河杭州塘秀园大桥	Ⅲ类	Ⅲ类	DO、高锰酸盐指数、BOD5、氨氮、石油类、总磷和化学需氧量	嘉兴国家高新区
蚂蝗塘桥 (市控)	长水塘马桥集镇桥	Ⅲ类	Ⅲ类	DO、高锰酸盐指数、BOD5、氨氮、石油类、总磷和化学需氧量	王店镇、洪合镇
油车港出口 (市控)	红旗塘大桥嘉善界	Ⅲ类	Ⅲ类	DO、高锰酸盐指数、BOD5、氨氮、石油类、总磷和化学需氧量	油车港镇
南虹大桥 (市控)	运河苏州塘307县道上	Ⅲ类	Ⅲ类	DO、高锰酸盐指数、BOD5、氨氮、石油类、总磷和化学需氧量	王江泾镇
徐王庙桥 (市控)	新塍塘徐王庙	Ⅲ类	Ⅲ类	DO、高锰酸盐指数、BOD5、氨氮、石油类、总磷和化学需氧量	新塍镇
义庄河口 (市控)	新塍塘秀洲大道	Ⅲ类	Ⅲ类	DO、高锰酸盐指数、BOD5、氨氮、石油类、总磷和化学需氧量	新城街道 嘉兴国家高新区

续表 29

名　　称	断面位置	水质目标21项指标评价	水质类别	定类指标	责任主体单位
振塘桥（市控）	运河北郊河鸣羊路	Ⅲ类	Ⅲ类	DO、高锰酸盐指数、BOD5、氨氮、石油类、总磷和化学需氧量	油车港镇
天然气中心便桥（市控）	运河南郊河与经开交界	Ⅲ类	Ⅲ类	DO、高锰酸盐指数、BOD5、氨氮、石油类、总磷和化学需氧量	王店镇

资料来源：由区生态环境监测站提供

2022年秀洲区各镇、村河道监测点水质情况

表30

检　测　点　位		平均值(毫克/升)			水质类别	单项污染指数			水质污染指数
		高锰酸盐指数	氨氮	总磷		高锰酸盐指数	氨氮	总磷	
洪合镇	横泾桥社区	6.1	0.75	0.087	Ⅳ类	1.0	0.75	0.435	2.21
油车港镇	马库村	6.6	0.37	0.129	Ⅳ类	1.1	0.37	0.645	2.11
洪合镇	泰石桥村	5.7	0.35	0.085	Ⅲ类	0.9	0.35	0.425	1.72
王江泾镇	虹南村	6.4	0.32	0.224	Ⅳ类	1.1	0.32	1.120	2.51
王江泾镇	双塔村	6.0	0.13	0.056	Ⅲ类	1.0	0.13	0.280	1.40
王江泾镇	田青村	6.8	0.14	0.064	Ⅳ类	1.1	0.14	0.320	1.60
洪合镇	泾桥村	5.2	0.59	0.089	Ⅲ类	0.9	0.59	0.445	1.90
洪合镇	建北村	7.0	0.92	0.129	Ⅳ类	1.2	0.92	0.645	2.73
洪合镇	良三村	5.6	0.16	0.114	Ⅲ类	0.9	0.16	0.570	1.67
王江泾镇	范滩村	7.7	0.51	0.250	Ⅳ类	1.3	0.51	1.250	3.04
王江泾镇	宇四浜村	5.8	0.79	0.158	Ⅲ类	1.0	0.79	0.790	2.55
王江泾镇	阳城村	5.2	0.26	0.098	Ⅲ类	0.9	0.26	0.490	1.61
王江泾镇	廊下村	5.2	0.23	0.112	Ⅲ类	0.9	0.23	0.560	1.65
洪合镇	新王桥村	5.5	1.25	0.144	Ⅳ类	0.9	1.25	0.720	2.88
新塍镇	南洋村	5.7	0.28	0.088	Ⅲ类	0.9	0.28	0.440	1.66
王江泾镇	古塘村	5.2	0.34	0.093	Ⅲ类	0.9	0.34	0.465	1.68
王江泾镇	红联村	5.2	0.17	0.063	Ⅲ类	0.9	0.17	0.315	1.36
王江泾镇	东荷村	6.3	0.32	0.111	Ⅳ类	1.0	0.32	0.555	1.92
洪合镇	锦福村	5.7	0.17	0.062	Ⅲ类	0.9	0.17	0.310	1.42
王江泾镇	长虹村	5.3	0.44	0.106	Ⅲ类	0.9	0.44	0.530	1.85
王店镇	国庆村	4.9	0.71	0.152	Ⅲ类	0.8	0.71	0.760	2.29
王店镇	太平桥村	7.2	0.52	0.139	Ⅳ类	1.2	0.52	0.695	2.41
王江泾镇	沈家桥村	6.1	0.27	0.104	Ⅳ类	1.0	0.27	0.520	1.81

续表 30

检测点位		平均值(毫克/升)			水质类别	单项污染指数			水质污染指数
		高锰酸盐指数	氨氮	总磷		高锰酸盐指数	氨氮	总磷	
王店镇	镇中村	6.6	0.52	0.104	Ⅳ类	1.1	0.52	0.520	2.13
油车港镇	百花庄村	6.8	0.17	0.081	Ⅳ类	1.1	0.17	0.405	1.71
王店镇	建农村	6.3	0.75	0.124	Ⅳ类	1.0	0.75	0.620	2.41
油车港镇	胜丰村	6.6	0.18	0.103	Ⅳ类	1.1	0.18	0.515	1.80
新塍镇	旗星村	5.9	0.19	0.081	Ⅲ类	1.0	0.19	0.405	1.58
洪合镇	新美村	6.0	0.18	0.066	Ⅳ类	1.0	0.18	0.330	1.51
王江泾镇	虹北村	5.6	0.40	0.131	Ⅲ类	0.9	0.40	0.655	1.99
新城街道	九里村	5.0	0.41	0.181	Ⅲ类	0.8	0.41	0.905	2.15
王江泾镇	双桥村	5.1	0.32	0.128	Ⅲ类	0.8	0.32	0.640	1.81
新塍镇	思古桥村	5.0	0.27	0.108	Ⅲ类	0.8	0.27	0.540	1.64
油车港镇	古窦泾村	6.2	0.20	0.083	Ⅳ类	1.0	0.20	0.415	1.65
王店镇	三建村	6.8	0.70	0.126	Ⅳ类	1.1	0.70	0.630	2.46
王店镇	清泰桥村	6.3	0.66	0.135	Ⅳ类	1.0	0.66	0.675	2.38
新塍镇	富园村	5.5	0.39	0.164	Ⅲ类	0.9	0.39	0.820	2.12
王江泾镇	南汇村	4.8	0.21	0.070	Ⅲ类	0.8	0.21	0.350	1.36
油车港镇	麦家村	5.3	0.72	0.125	Ⅲ类	0.9	0.72	0.625	2.23
洪合镇	洪合村	5.9	0.93	0.104	Ⅲ类	1.0	0.93	0.520	2.43
王江泾镇	北荷村	7.9	0.25	0.150	Ⅳ类	1.3	0.25	0.750	2.32
王店镇	镇西村	6.7	0.61	0.140	Ⅳ类	1.1	0.61	0.700	2.43
油车港镇	栖真村	6.7	0.22	0.137	Ⅳ类	1.1	0.22	0.685	2.03
王江泾镇	东风村	7.4	0.42	0.175	Ⅳ类	1.2	0.42	0.875	2.53
王江泾镇	华联村	4.7	0.38	0.087	Ⅲ类	0.8	0.38	0.435	1.60
油车港镇	濮家湾村	6.1	0.36	0.097	Ⅳ类	1.0	0.36	0.485	1.85
王江泾镇	莫家甸村	5.8	0.21	0.081	Ⅲ类	1.0	0.21	0.405	1.58
王店镇	马桥村	5.8	0.57	0.137	Ⅲ类	1.0	0.57	0.685	2.21
油车港镇	合心村	5.1	0.33	0.086	Ⅲ类	0.9	0.33	0.430	1.61
油车港镇	上睦村	7.6	0.34	0.151	Ⅳ类	1.3	0.34	0.755	2.35
王江泾镇	荷花村	6.5	0.38	0.091	Ⅳ类	1.1	0.38	0.455	1.92
王江泾镇	虹阳村	5.2	0.29	0.112	Ⅲ类	0.9	0.29	0.560	1.72
油车港镇	千金寺村	5.4	0.36	0.088	Ⅲ类	0.9	0.36	0.440	1.71
王江泾镇	市泾村	5.9	0.42	0.103	Ⅲ类	1.0	0.42	0.515	1.92
油车港镇	池湾村	6.2	0.16	0.129	Ⅳ类	1.0	0.16	0.645	1.85
王店镇	四喜社区	4.6	0.68	0.132	Ⅲ类	0.8	0.68	0.660	2.10

续表 30

检测点位		平均值(毫克/升)			水质类别	单项污染指数			水质污染指数
		高锰酸盐指数	氨氮	总磷		高锰酸盐指数	氨氮	总磷	
油车港镇	杨溪村	6.5	0.15	0.092	Ⅳ类	1.1	0.15	0.460	1.69
王店镇	建设村	7.7	0.68	0.171	Ⅳ类	1.3	0.68	0.855	2.82
新塍镇	小金港村	6.6	0.35	0.077	Ⅳ类	1.1	0.35	0.385	1.84
新塍镇	万民村	4.9	0.36	0.097	Ⅲ类	0.8	0.36	0.485	1.65
新塍镇	桃园村	7.3	0.56	0.093	Ⅳ类	1.2	0.56	0.465	2.24
王江泾镇	栋梁村	7.7	0.26	0.090	Ⅳ类	1.3	0.26	0.450	1.99
新塍镇	康和桥村	7.4	0.42	0.089	Ⅳ类	1.2	0.42	0.445	2.09
王店镇	庆丰村	5.2	0.97	0.153	Ⅲ类	0.9	0.97	0.765	2.60
王店镇	先锋村	5.7	1.45	0.180	Ⅳ类	1.0	1.45	0.900	3.30
油车港镇	西湖村	7.8	0.27	0.192	Ⅳ类	1.3	0.27	0.960	2.54
王江泾镇	民和村	5.4	0.30	0.095	Ⅲ类	0.9	0.30	0.475	1.66
新塍镇	火炬村	5.0	0.35	0.082	Ⅲ类	0.8	0.35	0.410	1.59
王店镇	南梅村	6.4	0.48	0.132	Ⅳ类	1.1	0.48	0.660	2.20
油车港镇	钱家桥村	6.3	0.22	0.072	Ⅳ类	1.0	0.22	0.360	1.62
新塍镇	西文桥村	5.0	0.28	0.087	Ⅲ类	0.8	0.28	0.435	1.54
王店镇	花鸟港村	5.3	1.15	0.190	Ⅳ类	0.9	1.15	0.950	2.99
王店镇	建南村	5.4	1.09	0.153	Ⅳ类	0.9	1.09	0.765	2.76
洪合镇	大桥村	5.3	0.60	0.132	Ⅲ类	0.9	0.60	0.660	2.14
高照街道	陶泾村	4.9	0.95	0.171	Ⅲ类	0.8	0.95	0.855	2.62
王江泾镇	太平村	5.7	0.91	0.139	Ⅲ类	0.9	0.91	0.695	2.55
新塍镇	来龙桥村	4.8	0.39	0.143	Ⅲ类	0.8	0.39	0.715	1.90
王江泾镇	腾云村	7.5	0.68	0.218	Ⅳ类	1.3	0.68	1.090	3.02
王店镇	凤珍村	6.8	0.67	0.118	Ⅳ类	1.1	0.67	0.590	2.39
王江泾镇	收藏村	5.2	0.37	0.145	Ⅲ类	0.9	0.37	0.725	1.97
洪合镇	凤桥村	5.7	1.70	0.127	Ⅴ类	0.9	1.70	0.635	3.28
王江泾镇	大坝村	7.1	0.15	0.109	Ⅳ类	1.2	0.15	0.545	1.88
王店镇	八联村	6.1	1.51	0.106	Ⅴ类	1.0	1.51	0.530	3.05
新塍镇	西吴村	7.3	0.27	0.107	Ⅳ类	1.2	0.27	0.535	2.02
新塍镇	洛西村	5.7	0.17	0.103	Ⅲ类	0.9	0.17	0.515	1.63
高照街道	荫家桥村	5.5	0.70	0.108	Ⅲ类	0.9	0.70	0.540	2.16
王江泾镇	民主村	5.6	0.42	0.124	Ⅲ类	0.9	0.42	0.620	1.97
新塍镇	天福村	5.4	0.18	0.069	Ⅲ类	0.9	0.18	0.345	1.43
王店镇	庄安村	8.0	0.29	0.167	Ⅳ类	1.3	0.29	0.835	2.45

续表 30

检测点位		平均值(毫克/升)			水质类别	单项污染指数			水质污染指数
		高锰酸盐指数	氨氮	总磷		高锰酸盐指数	氨氮	总磷	
王江泾镇	金鱼桥村	5.7	1.51	0.169	Ⅴ类	1.0	1.51	0.845	3.31
王江泾镇	田乐村	7.4	0.75	0.095	Ⅳ类	1.2	0.75	0.475	2.45
王店镇	建林村	7.2	0.96	0.199	Ⅳ类	1.2	0.96	0.995	3.15
新塍镇	沙家浜村	6.4	0.15	0.103	Ⅳ类	1.1	0.15	0.515	1.73
新塍镇	陡门村	5.3	0.20	0.087	Ⅲ类	0.9	0.20	0.435	1.52
高照街道	新义村	4.8	0.55	0.120	Ⅲ类	0.8	0.55	0.600	1.95
新塍镇	洛东村	4.5	0.27	0.100	Ⅲ类	0.7	0.27	0.500	1.51
新塍镇	凤舞社区	4.9	0.43	0.120	Ⅲ类	0.8	0.43	0.600	1.84
新塍镇	洛兴村	5.8	0.15	0.084	Ⅲ类	1.0	0.15	0.420	1.54
油车港镇	澄溪村	6.0	0.33	0.116	Ⅲ类	1.0	0.33	0.580	1.91
新塍镇	潘家浜村	5.7	0.40	0.177	Ⅲ类	0.9	0.40	0.885	2.23
王店镇	南星桥村	5.7	1.86	0.188	Ⅴ类	1.0	1.86	0.940	3.75
新城街道	木桥港	5.3	2.91	0.294	劣Ⅴ类	0.9	2.91	1.470	5.27
新塍镇	庙云桥村	5.2	0.40	0.090	Ⅲ类	0.9	0.40	0.450	1.72
王江泾镇	洪典村	5.5	0.40	0.225	Ⅳ类	0.9	0.40	1.125	2.45
新塍镇	观音桥村	5.8	0.40	0.225	Ⅳ类	1.0	0.40	1.125	2.48
新塍镇	新庄村	6.2	0.22	0.097	Ⅳ类	1.0	0.22	0.485	1.75
王店镇	塘桥社区	5.8	1.20	0.184	Ⅳ类	1.0	1.20	0.920	3.08
王店镇	假山村	8.7	0.68	0.161	Ⅳ类	1.4	0.68	0.805	2.93
新塍镇	虹桥社区	5.1	0.39	0.137	Ⅲ类	0.9	0.39	0.685	1.93
王店镇	宝华村	8.0	0.67	0.183	Ⅳ类	1.3	0.67	0.915	2.92
新塍镇	钱码头村	6.1	0.28	0.124	Ⅳ类	1.0	0.28	0.620	1.91
新塍镇	大通村	5.6	1.19	0.223	Ⅳ类	0.9	1.19	1.115	3.24
油车港镇	陈家坝村	6.7	0.65	0.279	Ⅳ类	1.1	0.65	1.395	3.15
王店镇	梅溪社区	6.8	1.98	0.278	Ⅴ类	1.1	1.98	1.390	4.5
高照街道	象贤村	5.5	1.97	0.322	Ⅴ类	0.9	1.97	1.610	4.49
新塍镇	蓬莱社区	5.5	0.47	0.151	Ⅲ类	0.9	0.47	0.755	2.14
高照街道	高家桥村	5.0	1.68	0.129	Ⅴ类	0.8	1.68	0.645	3.15
王店镇	常睦桥社区	7.3	1.21	0.281	Ⅳ类	1.2	1.21	1.405	3.84
王江泾镇	西雁村	9.4	2.05	0.895	劣Ⅴ类	1.6	2.05	4.475	8.09
王店镇	红联村	—	—	—	—	—	—	—	—

资料来源:由区生态环境监测站提供

【环境空气质量监测】 秀洲区城市大气功能属二类区(即居住区、商业交通居民混合区、文化区、工业区和农村地区),环境空气质量监测由区生态环境监测站实施,按要求开展环境空气质量自动监测。执行标准为《环境空气质量标准》(GB3095—2012)二级标准。监测项目主要有二氧化硫(SO_2)、二氧化氮(NO_2)、一氧化碳(CO)、臭氧(O_3)、细颗粒物($PM_{2.5}$)、可吸入颗粒物(PM_{10})6 项。2022 年,秀洲区国控站点(秀洲住建站)监测结果:细颗粒物($PM_{2.5}$)年均浓度为 27 微克/米^3,臭氧(O_3)全年浓度为 172 微克/米^3;优级天数 90 天,良级天数 190 天,优良天数合计 280 天,占全年有效天数的 79.3%;环境空气质量指数(简称"AQI")六个参数中,全年二氧化硫(SO_2)、一氧化碳(CO)、细颗粒物($PM_{2.5}$)、可吸入颗粒物(PM_{10})、二氧化氮(NO_2)日均值均达标,臭氧(O_3)未达标,为秀洲区城市环境空气首要污染物。市控站点环境空气质量监测结果表明,是年,各镇(街道)、嘉兴国家高新区环境空气细颗粒物($PM_{2.5}$)均达到国家二级标准,平均浓度范围为 28~33 微克/米^3,同比改善率范围为-3.2%~10.9%。臭氧(O_3)统计浓度范围为 177~193 微克/米^3,未达到国家二级标准,同比改善率范围为-10.6%~-0.6%。在全市位次排名中,细颗粒物($PM_{2.5}$)浓度王江泾镇、油车港镇、新城街道、洪合镇上升,其余镇(街道)、嘉兴国家高新区下降;臭氧(O_3)浓度王江泾镇、新城街道、新塍镇、嘉兴国家高新区上升,高照街道持平,其他镇(街道)下降。是年,秀洲区城市降尘监测站点有秀洲科创服务中心、秀洲区妇保院 2 个,降尘年均值分别为 3.0 吨/平方千米·月、2.6 吨/平方千米·月,均达到《浙江省打赢蓝天保卫战三年行动计划》控制要求(5 吨/平方千米·月)。全区城市降尘平均值 2.8 吨/平方千米·月,与 2021 年 3.4 吨/平方千米·月相比下降 17.6%;嘉兴市区降水 pH 值年均值为 5.53,同比改善 0.3,降水酸雨(pH 值小于 5.6 的降水称为酸雨)样品率为 21.8%,同比改善 39.1 个百分点。

【声环境质量监测】 秀洲区声环境分为功能区噪声、区域环境噪声和交通噪声三类。其中,功能区噪声采用浙江省嘉兴生态环境监测中心数据,区域环境噪声和交通噪声均采用区生态环境监测站监测数据。2022 年,秀洲区功能区噪声监测点位 2 个,分别为代表二类区的希尔顿酒店和代表三类区的五芳斋产业园,每个点位每季度监测 1 次,共 8 次。二类区的昼间、夜间和综合达标率均为 100%;三类区的昼间、夜间和综合达标率依次分别为 100%、75%和 87.5%。是年,区域环境噪声平均等效声级为 56.2 分贝(A)。从影响区域环境噪声的声源类型来看,主要噪声源为交通噪声源和社会生活噪声源,其他噪声源相对较少。区域交通噪声平均等效声级为 66.2 分贝(A),在 70 分贝(A)控制值内。

【辐射环境监测】 秀洲区辐射环境监测分为电离辐射和电磁辐射,监测点位数据均采用嘉兴市区点位监测数据,由浙江省辐射环境监测站和浙江省嘉兴生态环境监测中心共同实施。监测数据显示,2022 年,秀洲区电离辐射本底水平未见异常;市区电磁辐射环境符合国家规定的标准要求,公众照射水平处于安全范围内。

【土壤环境质量调查与监测】 2022 年,区生态环境分局对全区化工、印染、电镀、造纸、危险废物经营等重点行业中,关、停、并、转、破产或搬迁企业的原址用地进行土壤环境质量调查与监测。嘉兴市奔月毯业有限公司(位于王店镇庆丰街 2 号)地块,经土壤污染状况调查已移出疑似污染地块名录并完成污染调查工作;会同区自然资源和规划分局对全区 30 个用途变更项目地块土壤污染状况开展调查,调查内容为土壤质量和地下水水质状况。嘉兴市红卫中佳表面处理股份有限公司、嘉兴汇源纺织染整有限公司、嘉兴市春纳百锦制版有限公司、嘉兴市庆联纺织印染股份有限公司、嘉兴泰恩弹簧有限公司、嘉兴新嘉爱斯热电有限公司、礼恩派(嘉兴)有限公司、嘉兴敏胜汽车零部件有限公司、嘉兴市清河高力绝缘有限公司、浙江芬齐涂料密封胶有限公司、福赛轴承(嘉兴)有限公司 11 家土壤污染重点监管单位开展土壤自行监测;嘉兴市红卫中佳表面处理股份有限公司、台华高新染整(嘉兴)有限公司、嘉兴市新大众印染有限公司、嘉兴市南洋印染有限公司、嘉兴市金乐染织有限公司、嘉兴市春纳百锦制版有限公司、嘉兴市锦丰纺织整理有限公司、嘉兴市庆联纺织印染股份有限公司8家地下水重点监管单位开展地下水自行监测。

（赵　保）

生态环境污染与治理

【概况】 2022年，区生态环境分局以改善区域生态环境质量为核心，以构建现代环境治理体系为目标，以落实环境污染问题发现机制、各级生态环境督查及“回头看”为抓手，坚持严格执法与服务帮扶并重，持续提升执法信息化、智能化水平，全力打好污染防治攻坚战，扎实开展生态环境污染治理。

【企业废水污染物排放量】 2022年，对全区281家重点涉废水排放工业企业、13家集中式污水处理厂组织开展环境统计。经核算，全区重点工业源废水排放总量为3383.1966万吨，其中排入城市污水处理厂的企业占比43.06%，进入工业废水集中处理厂的企业占比46.98%；废水化学需氧量(CODcr)排放总量919.385吨，氨氮(NH_3-N)排放总量13.186吨，总氮(TN)排放总量260.253吨，总磷(TP)排放总量3.625吨。

【企业废水污染治理】 指导检查各工业园区“污水零直排区”建设，推进涉企整治。组织开展工业园区“污水零直排区”建设“回头看”，抽查全区5个工业园区内企业51家，发现问题80个，下发交办单5份，均完成整改；督促嘉善分局对秀洲区油车港开发区、嘉兴国家高新区交叉检查中发现问题的整改，交办问题19个，均完成整改。推进工业园区周边河道水质提升，全区5个工业园区(工业集聚区)12个地表水环境监测断面中，Ⅲ类水质断面5个，Ⅳ类水质断面7个。指导推进油车港镇开展“污水零直排区”标杆园区建设。对全区印染企业实施污染物排放总量管控，按月统计企业废水排放量，及时公示其排污情况，引导企业规范有序排污。

【饮用水水源保护】 2022年，组织区、镇(街道)环境执法人员每月对饮用水水源保护区开展巡查，确保饮用水水源安全，共发现问题11个，全部完成整改。印发新塍塘饮用水水源地“一源一策”保护方案，完成新塍塘饮用水水源保护区基础环境状况调查报告，委托专业第三方开展新塍塘饮用水水源保护区勘界定标工作，形成勘界报告及相关矢量数据的上报，新增设标识标牌29个，普通界桩61个，电子界桩35个。石臼漾饮用水水源地水质全年保持Ⅱ类水质，达标率保持100%。在2022年度县级以上集中式饮用水水源地安全保障达标评估中，新塍塘、长水塘饮用水水源地均获得省级“优秀生”称号。

【企业环境空气污染物排放量】 2022年，对全区132家重点涉废气排放工业企业组织开展环境统计，废气排放总量466.6834亿立方米，废气治理设施317台(套)。经核算，全区重点工业污染源二氧化硫(SO_2)产生量8797.007吨，排放量1224.73吨。按行业类别，二氧化硫(SO_2)产生量最大的是平板玻璃制造业、热电联产业，占比91.69%，排放量最大的是平板玻璃制造业，占比94.01%；氮氧化物(NO_x)产生量19332.436吨，排放量2737.989吨，按照行业类别，产生量、排放量最大的是平板玻璃制造业，分别占比85.58%、79.49%；烟(粉)尘(颗粒物)产生量154568.582吨，排放量236.13吨，按照行业类别，产生量最大的是热电联产业，占比89.02%，排放量最大的是平板玻璃制造业，占比54.48%；挥发性有机污染物(VOCs)产生量3612.9171吨，排放量2383.9602吨，按照行业类别，产生量、排放量最大的是平板玻璃制造业，分别占比17.27%、18.8%。

【环境空气污染治理】 2022年，组织各主体对辖区内所有涉挥发性有机污染物(VOCs)企业开展全面排查，对使用废气低效处理设施(光催化、光氧化、低温等离子等)的60家企业进行淘汰并推进安装高效的活性炭吸附炭箱。对品格卫厨(浙江)有限公司、嘉兴市朗爵金属家具有限公司等5家重点企业开展源头替代项目(指企业在生产过程中使用的溶剂型工业涂料、油墨、胶黏剂、清洗剂等原辅材料，予以低挥发性有机污染物含量原料替代，从源头上降低挥发性有机污染物废气排放)；在对已实施涉挥发性有机污染物(VOCs)废气治理的基础上，针对工业涂装、包装印刷、纺织印染、家具制造等16家重点企业组织实施低效废气处理设施升级改造，提升废气收集率，确保废气末端处理效率达80%以上，减少挥发性有机废气排放。对王江泾镇16家涉涂层企业的产业集群开展废气排放综合整治，其中8家企业完成废气治理设施升级改造，8家企业予以关停。对全区移动废气污染源予以管控，继续运维重型柴油车“车载在线自动监控系统(OBD)”平台数据上传至嘉兴市车载OBD平台，确保传输有效率不低于80%；对三环外工业企业和建筑工地非道路移动废气污染源开展上牌查漏补缺；对柴油车尾气排放开展路检12次，到柴油车保有量大的企业进行尾气检测8次，共检测柴油车114辆。修订涉挥发性有机废气行业夏秋季错峰生产方案，5—10月，根据区域环境空气质量实况组织企业实施错峰生产，在臭氧污染易发时段，采取突击抽查的方式督促企业落实错峰生产减少废气排放。开展扬尘污染源管控，升级“智慧工地—智能扬尘管控”系统建设，落实各类施工场地现场围挡、砂土覆盖、路面硬化、出入工地运输车辆冲洗密闭、外脚手架“密目式”安全网安装、拆除工程洒水降尘、暂不开发的场地实施绿化等各项扬尘防治措施；提高道路机扫率，城区主次干路达到96%以上，各中心集镇区域达到80%以上。

【工业固体废物排放量】 2022年，全区一般工业源固体废物产生量40.3653万吨，综合利用量40.6264万吨(其中包括当年产生量、上年末贮存量)，综合利用率100%，年底贮存量为零。全区危险废物产生量7015.99吨，送有资质单位处置量7097.96吨(其中包括当年产生量、上年末贮存量)，年末贮存量为零，实现全区年度危险废物“动态清零”。

【固体废物环境污染治理】 依托“嘉兴市一般工业固体废物信息化监管系统”平台，对全区一般工业固体废物产生单位实行分级管理，813家市级监管企业全部纳入“嘉兴市一般工业固体废物信息化监管系统”管理，2258家由区镇两级进行信息化管理。依托“浙江省固体废物监管信息系统”平台，注册危险废物产生企业850家。456家企业依托嘉兴市云景环保科技有限公司建设的“危险废物小微收集平台”规范收集、处置危险废物621.16吨。开展秀洲区铸造行业固体废物排查整治专项行动，指导150余家企业规范固废管理，排查出企业固废管理问题240余个，均指导企业整改完善。12月，开展《固体废物污染环境防治条例》培训，80余家企业相关人员参加。

【危险废物环境污染治理】 根据省、市有关文件要求，开展企业危险废物规范化管理自查自评工作，共检查“点对点”利用单位2家，重点产废单位3家，其它产废单位3家，自查结果均“达标”。与区应急管理局联合开展危险废物风险集中治理排查工作，出动排查7次，检查涉及废弃危险化学品相关单位20家，区废弃危险化学品等危险废物处置转移工作总体运行较为规范。

【“无废城市”创建】 加快推动全域“无废城市”建设进程，完成53项建设指标、28项建设任务、10个建设项目，开展无废工厂、无废园区、无废乡村、无废景区等12大类71个“无废细胞”创建，建成4个市级“精品无废细胞”，其中浙江五芳斋实业股份有限公司入选省级百优“无废城市细胞”。“建筑垃圾综合监管服务应用”入选浙江省2022年度全域“无废城市”建设“变废为宝”最佳实践案例，获《人民日报》《中国环境报》《浙江日报》《今日浙江》等媒体点赞，《秀洲区前瞻布局“无废”光伏产业》在《中国环境报》上报道。发布全国首个“无废光伏”行动方案——《秀洲区“无废光伏”产业工作实施方案》和《秀洲区“无废光伏”建设指南》，相关经验成果为全省和全国光伏企业提供借鉴。按照创建指南，指导12家企业开展“无废工厂”创建，5家企业通过市级验收，指导嘉兴国家高新区开展“无废园区”创建。建成嘉兴市嘉唯环保科技有限公司专业化收运分拣中心、嘉兴市嘉源环境卫生管理有限责任公司专业化收运分拣中心、嘉兴市金港保洁有限公司专业化收运分拣中心3个固废收运分拣项目。

【土壤和地下水污染治理】 秀洲区土壤重点监管单位11家，全部完成自行监测和有毒有害物质排放报告编制，新增的3家土壤污染重点监管单位全部完成隐患排查。地下水污染企业8家，均编制地下水自行监测和管控(治理)方案。推进受污染耕地“源解析”工作,12月,编制《秀洲区受污染耕地污染源管控与成效评估报告》并通过专家评审,完成“源解析”阶段性任务。对用途变更为敏感地块的土壤,开展土壤污染状况初步调查,30个地块通过专家评审。加强疑似污染地块、污染地块管理,1块地块移出疑似污染地块名录。

【清洁生产审核】 贯彻落实《中华人民共和国清洁生产促进法》,持续推进工业企业清洁生产改造,嘉兴市真真老老食品有限公司、浙江索纳塔建筑节能新材料股份有限公司等14家企业申报清洁生产。依据《清洁生产审核办法》,区环境生态分局联合区经济商务局,对14家在节能降耗、减污增效方面取得成效的企业进行清洁生产审核,均验收合格。其中,12家企业属强制性清洁生产审核,分别是浙江奥普家居有限公司、浙江嘉民新材料有限公司、嘉兴市兴达铝业股份有限公司、嘉兴市易嘉机械有限公司、福莱特玻璃集团股份有限公司、恩龙实业(嘉兴)有限公司、嘉兴市领地家具用品有限公司、嘉兴市朗爵金属家具有限公司、浙江蓝特光学股份有限公司、浙江鑫森汽车部件有限公司、嘉兴启博玩具有限公司、嘉兴市鸿升塑业有限公司。

【生态环境损害赔偿】 持续开展生态环境损害赔偿工作,对8家环境违法企业予以生态环境损害赔偿立案,其中4例已结案,分别是杨某涉嫌通过渗坑排放危险废物案、嘉兴市锦丰纺织整理有限公司涉嫌通过渗坑的方式排放有毒物质案、嘉兴龙塞纳箱包有限公司将危险废物委托给无许可证的生产经营者从事处置活动案、嘉兴市荣涛纺织有限公司涉嫌通过渗坑方式排放水污染物案,共追缴生态环境损害赔偿金额30.0127万元;其余4例还在办理中。

【建设项目环境影响评价审批】 继续落实“放管服”和“最多跑一次”改革要求,全面推行“网上办理+电子送达”全流程数字化、“零见面”审批模式,持续提升环境影响评价管理效能,充分发挥环境影响评价源头管控作用,强化事中事后监管。从豁免登记、优化服务等方面持续助力企业项目开工建设,强化建设项目环境影响评价审批服务和项目申报受理、技术评估、专家评审等各项环境影响评价审批中间环节代办服务。全年办理工业类建设项目生态环境准入评估17个,建设项目环境影响评价审批46个(其中建设项目环境影响评价报告书项目3个、报告表项目43个),建设项目环境影响评价登记表备案117个。建设项目总投资106.59亿元。危险废物跨省转移审批1件。辐射安全许可证审批19个。建设项目现场勘查50余次。多次修改后重新发布《嘉兴市生态环境局秀洲分局建设项目环境影响评价文件内部审查程序规定》。

【环评审批工作机制】 探索建立“323”环评审批工作机制,即搭建项目准入预审服务群、属地项目沟通对接群、营商环境和总量交流群,实现“云对接”;建立线上线下相结合的“双机制”,实现“云审批”;力推项目申报“零次跑”、项目办理“零间断”、批复材料“零接触”,实现“云办结”,该项创新机制在《中国环境报》头版头条报道。是年,环评审批事项100%实现网上办、掌上办。

【排污许可证核查与发放】 2022年,对发证单位台账资料及执行报告规范性等落实情况予以现场检查,完成96家发证企业排污许可证质量核查。应完成2021年度排污许可证执行报告内容规范性审核120张,其中,家具制造业,农药制造,涂料、油墨、颜料及类似产品制造,耐火材料制品制造,环境卫生管理,皮革鞣制加工6个典型行业应审16张,其他行业应审104张,实际审核120张,完成率100%。网上检查748家排污许可登记企业,现场核实100家排污许可登记企业。是年,审核12家企业排污许可证首次申领工作,审核23家关闭企业排污许可证注销工作,登记企业总数3754家,发证企业总数222家,其中重点管理企业105家,简化管理企业117家。出具电子版审核意见413份。

【排污权交易】 完成“十四五”初始排污权有偿使用费的推送和新增指标的定向出让工作,有偿使用费缴纳387家,缴纳金额3462.53万元;定向出让33笔,交易化学需氧量18.05吨,氨氮1.805

吨，二氧化硫 10.578 吨，氮氧化物 3.375 吨，交易金额 46.69 万元。新建项目通过"浙江省排污权交易网"以电子竞价方式完成排污权交易 26 笔，交易化学需氧量 24.162 吨，氨氮 2.416 吨，二氧化硫 3.332 吨，氮氧化物 10.592 吨，交易金额 251.5 万元。办理富余排污权有偿回购 7 笔，回购排污权指标化学需氧量 75.434 吨，二氧化硫 5.39 吨，氨氮 1.005 吨，回购金额 285.5 万元；到期无偿收储氨氮 1.03 吨，氮氧化物 4.99 吨；储备指标化学需氧量 75.434 吨，氨氮 2.035 吨，二氧化硫 5.39 吨，氮氧化物 4.99 吨。全年无临时排污权交易，无企业办理排污权抵押贷款。

【挥发性有机物初始排污权核定与分配】 根据《嘉兴市生态环境局关于印发嘉兴市挥发性有机物排污权有偿使用和交易试点工作方案的通知》，对 419 家工业企业开展挥发性有机物初始排污权核定。经过专场培训、企业提交申报材料、技术人员审核和核算、入户核查等环节，完成 419 家企业的挥发性有机物排污权核算，核算总量 6278.4257 吨/年。

【污染物减排】 完成污染物减排项目 7 个，其中产业结构升级 3 个、污水站提标改造 3 个、氮氧化物深度治理 1 个。经测算，全年化学需氧量、氨氮、氮氧化物、VOCs 四项主要污染物减排量分别为 504.77 吨、63.13 吨、587.8 吨、168.2 吨（以上为上报量，生态环境部审核中），完成上级下达的主要污染物（化学需氧量、氨氮、氮氧化物、挥发性有机污染物）减排任务。

（赵　侃）

生态环境保护宣传教育

【概况】 结合"六·五"世界环境日和"六·三〇"浙江生态日，围绕生态文明建设活动群众参与、生态文明建设成效公众知晓、生态文明建设成果社会共享、生态环境质量满意度稳步提升目标，持续开展生态环境保护宣传教育系列活动。利用信息化宣传平台，通过"秀洲生态环境"微信公众号、QQ 群、微信群等方式，推出"荷宝课堂""泱泱说法"等系列，宣传生态环境保护科普知识和环保法律法规。全年微信公众号推送信息 372 篇，粉丝数 8479 人，点击量 24.58 万人次。委托移动公司开展短信群发、集团名片、移动闪信、视频彩铃等宣传，受益人群 80 万人次；在建成区范围 107 个小区共 768 部电梯内张贴宣传海报，在电梯显示屏投放生态环境宣传视频；在 400 辆公交车上投放宣传视频广告；通过反诈小喇叭、环卫车等播放宣传音频；利用农村数字电影平台，在 1500 场次电影片尾播放生态环境宣传视频。依托嘉兴市绿能环保科技有限公司秀洲区分公司、嘉兴市秀洲生态环境监测站、嘉兴新嘉爱斯热电有限公司 3 家被生态环境部列为环保设施向公众开放的单位，以"线上线下"同步开放的模式，组织线上线下参观活动 18 次，参加人数 1763 人，让公众"零距离"接触各类环保设施。

【环保宣传主题活动】 围绕"六·五"世界环境日宣传主题——"共建清洁美丽世界"，面向社会集中开展环保宣传系列主题活动：利用区行政中心两侧电子屏滚动播放宣传标语；在区行政中心秀洲园食堂电视屏上播放宣传篇，餐桌上放置宣传册；在嘉兴市文化艺术中心大屏及"秀洲生态环境"微信公众号播放"清风秀水话生态"之"云系列"宣传片；在公交车电视屏及公交站台宣传屏上播放"六·五"环境日宣传海报、流动宣传字幕等；联合区生态创建办、区法院、新城街道、高照街道、嘉兴国家高新区在秀湖广场举办生态环保主题活动，开展约"绘"泱泱荷宝、垃圾分类小游戏、绿植 DIY、环保咨询、"共建清洁美丽家园"倡议等活动，分发环保宣传资料和宣传品，宣传环保科普知识、环保法律法规、"六·五"宣传主题及口号等内容，引导公众积极参与生态环境保护。

【生态环境保护民间监督员】 联合区委宣传部开展优秀民间监督员评选活动，评出优秀民间监督员 10 名，进行表彰，将事迹制作成专题"云上'秀'生态——我身边的优秀民间监督员"，在"看秀洲"（客户端）"秀洲生态环境"微信公众号上展示，向公众展示秀洲区"民间河长、民间闻臭师、清废纠察员"三支队伍的工作内容，让优秀典型人物当好宣传员、监督员、示范员，带动更多群众参与环境监督，共创美好秀洲。落实《嘉兴市"民间河长"

“民间闻臭师”管理办法(试行)》,组织开展生态环境“民间监督员”培训,请专家解读碳达峰与碳中和专业理论知识,以及“民间闻臭师”工作职能,并向民间监督员颁发证书与服装,致力打造一支专业化、规范化民间监督队伍。开展“民间河长”“民间闻臭师”“民间清废师”培训和民间环保监督活动。组织民间监督活动 24 次,有力推动全区治水、治气、垃圾无死角等工作由“政府治理”向“全民参与”转变。

【旧物 DIY 点亮绿色活动】 2022 年暑期,联合区教育体育局,开展旧物 DIY(意为自己动手做)点亮绿色活动,利用日常生活中的废弃牛奶盒、饮料瓶、废纸箱等生活垃圾和旧物,发挥学生想象力,制作出各种实用的艺术品、日用品,鼓励小朋友参与低碳活动,加强环保意识和主人翁意识,树立正确的环保价值观。活动期间,共收到作品 28 件,评出一等奖 8 件、二等奖 10 件、三等奖 10 件。

【环保政策法规宣传】 组织开展机关《浙江省生态环境保护条例》知识竞赛,广泛动员机关人员积极参与答题活动,共收到答卷 1531 份。7 月 15 日,召开正面清单企业培训会,对《浙江省生态环境保护条例》《中华人民共和国噪声污染防治法》等进行宣讲和解读,提高企业法律意识;10 月 30 日,召集 75 家重点企业及大气污染防治重点单位的 100 多名生态环境专管员,培训、学习生态环境法律法规;开展“送法入企”“环保咨询日”等多种形式普法活动,对《中华人民共和国固体废物污染环境防治法》《排污许可管理条例》进行专题培训,发放《中华人民共和国噪声污染防治法》等资料,提高企业守法意识。持续开展“以案说法”,推送全国及本地具有代表性的生态环境保护违法典型案例 50 余个,向企业、公民普及环境守法知识,充分发挥典型案例的警醒作用。在“六·五”世界环境日、“12·4”宪法日等活动期间,开展生态环境法治宣传活动,发放宣传手册 3000 本。

【生物多样性保护】 委托浙江省环科院对秀洲区全域开展生物多样性调查与评估工作,编制《嘉兴市生态环境局秀洲分局生物多样性保护工作实施方案(2022—2023 年)》。开展陆生高等植物、哺乳动物、鸟类等 11 类物种调查,发现 852 种。开展一系列生物多样性保护推广宣传工作,其中集中宣传活动共 4 场,参与人数约 4000 人次。“5·22”国际生物多样性日当天,组织部分环保志愿者家庭走进秀湖公园,开展“为所有生命构建共同的未来 生物多样性在秀洲”宣传活动,活动现场设立摄影展和科普展,展示秀洲丰富的生物资源和生态保护治理的历程及取得的成效。在“秀洲生态环境”微信公众号推出线上拼图游戏,选取秀洲区具有代表性的生物、景点等照片,通过后台技术完成切片后提供给参与者完成原图拼接,以寓教于乐的方式提高公众对生物多样性的保护意识。选址谋划建设秀洲区生物多样性体验地,利用生物多样性资源,强化秀洲区生物多样性的科普、宣传工作。

(赵　俣)

生态环境执法监察

【概况】 2022 年,区生态环境保护行政执法队立足岗位,持续开展执法大练兵,攻坚克难,扎实推进各项生态环境保护执法监察工作。全年受理并调查处理各类环境信访 274 件,同比下降 16.2%;立案查处各类环境违法行为 65 起,罚款 1251.67 万元,个案平均处罚 19.2 万元,最高处罚 387.4 万元。执法队王耀获评 2022 年度司法系统全国行政执法先进个人,是全省生态环境执法系统的唯一;嘉兴市生态环境局秀洲分局获评 2022 年全国生态环境保护执法大练兵表现突出集体,分局胡元测、刘诚宏、高燕妮获评嘉兴市生态环境保护执法大练兵表现突出个人。开展执法队伍规范化建设,11 月底通过省级验收,被省生态环境厅授予“浙江省生态环境保护行政执法机构规范化建设示范单位”称号。

【生态环境行政执法】 继续落实区公安分局、检察院、法院、生态环境分局 4 部门联动执法、案件会商、信息共享机制,适时召开联席会议,重点就打击环境污染违法犯罪工作开展情况及具体案件办理进展等进行讨论,并对案件移送前的取证要点以及涉刑事案件中有关危险废物鉴定、生态环境损害鉴定等鉴定意见法律效力问题进行讨论并取得一致意见。落实每月一次行政处罚案件集体讨论制度，并按时在网络上公开行政处罚信息。是年，提起集体讨论行政处罚案审会22次，下达处罚决定书65起，其中，组织行政复议3起，诉讼1起。处以罚款1251.67万元，个案平均处罚19.2万元，最高处罚387.4万元。实施查封扣押6起、停产限产5起、按日计罚1起，移送公安机关行政拘留案件5起、刑事案件4起，实现五类案件查处全覆盖。

【“双随机”执法检查】 依托省行政执法监管平台，持续开展“双随机、一公开”执法检查，及时开展季度和跨部门“双随机”执法检查。依托“掌上‘双随机’”执法系统，结合生态环境监管实际，动态更新“三库一清单”（“双随机”系统数据库、组织机构库、执法人员库、检查事项清单）。监管对象库内有1545家主体机构，其中，重点监管对象118家、一般监管对象1408家、特殊监管对象19家。全年组织季度“双随机”抽查4次，检查企业190家次，其中重点监管企业106家次、一般监管企业69家次、特殊监管企业15家次，根据抽查结果及时组织执法人员不打招呼、直奔现场执法检查，查阅书面资料，检查污水、废气、固废等处置情况，检查污染源在线监控设施运行，必要时对相关污染物实施采样监测。利用“双随机”掌上执法系统开展现场检查，发现废气处理设施不正常运行、VOCs无组织排放、固废未规范贮存、危废标签张贴不规范等问题77个。根据《秀洲区环境保护领域跨部门联合“双随机”抽查实施细则（试行）》，联合区公安、卫健和市场监管等部门进行跨部门“双随机”执法检查，共抽查5家放射源企业，1家射线装置企业，1家医疗废物单位，2家消耗臭氧层物质企业，2家生态环境检测机构，1家机动车检验检测机构，1家从事动物病原微生物实验机构。

【“绿剑蓝天”大气环境专项执法检查】 根据秀洲区“绿剑蓝天”大气环境专项执法检查行动部署，组织执法力量，以VOCs为重点，兼顾NO_x，重点针对纺织后整理、工业涂装、包装印刷、油品储运销等行业和领域，以及年使用溶剂型原辅材料50吨以上的重点企业和产业集群开展专项执法，发现涉气问题4个，指导帮扶10家，立案处罚8家，拟罚款金额94.6万元；同时，组织开展涉VOCs行业执法检查和省级抽查，出动人员330人次，检查涉VOCs企业110家次。

【印染企业专项整治行动】 4月11日至9月30日，以省督反馈印染行业整治问题为重点，对全区35家印染行业企业开展专项执法检查，倒逼签约腾退印染企业13家，腾退资金18.3亿元，腾出土地指标738亩，淘汰染缸1172台、定型机50台，腾出能耗指标11.7万吨，减少年污水排放514万吨（1.41万吨/天）、VOCs年排放210吨。查处涉纺织印染行业污染案件25件、涉VOCs废气排放案件20件。制订《2022年度秀洲区印染行业主要污染物排污总量差别化管控方案》，对印染企业开展差别化总量管控。是年，全区印染企业废水排放总量为1682.5万吨，较上年同期下降15%。嘉兴汇源纺织染整有限公司和嘉兴新桥丝绸染整有限公司2022年废水排放总量超管控量，区生态环境分局对企业违法行为开展立案调查，责令改正并依法进行处罚。

【“绿剑2022”生态环境执法专项行动】 依据省生态环境厅、省公安厅《关于印发“绿剑2022”生态环境执法专项行动方案的通知》的部署要求，出动771人次，对257个企业点数进行主要检查，发现18个环境污染问题，其中，涉水污染2件，占比11.11%；涉气污染7件，占比38.89%；涉危废污染1件，占比5.56%；管理制度落实方面问题8件，占比44.44%，全部完成整改。立案查处18起，其中涉嫌生态环境刑事犯罪移送公安机关3起，行政拘留1人，拟罚款额223.7243万元，已罚款65万元；同时，组织开展对VOCs行业执法检查和省级抽查，出动人员402人次，检查涉VOCs企业134家次。

【污染源在线监控系统应用执法检查】 区生态环境保护行政执法队借助专业技术服务机构，对全区涉废水、废气重点排污单位污染物排放情况实施24小时污染源在线监控，并委托专业的第三方监理公司进行运维管理，建立在线超标、运维检查、监理核对、执法跟进的链条式工作机制。全年新增5家重点排污单位安装在线监控设施，推进37家企业工况自动监控设施安装，并作为全市污染源自动监控设施运维管理平台建设试点，搭建管理平台，要求已安装在线监控设施单位补充完善自动在线监控站点运行资料，全面提升污染源自动监控设施运维质量。组织环境执法人员对216家污染物在线超标督办企业进行现场检查，现场采样监测123次，利用在线数据超标为线索查处企业环境违法行为3起，处罚款44.88万元，查处涉嫌数据弄虚作假案件2起，依法移送公安机关刑事立案。

【生态环境保护督察及问题整改】 2021年省委生态环境保护专项督察期间，督察组共向秀洲区移交信访件5件（其中不属实1件），实际办理4件。其中王店镇1件（人居环境）、嘉兴国家高新区1件（高速噪声），新城街道2件（餐饮油烟、高速噪声）。至2022年9月14日，4件信访件均完成整改销号，并在“一台一网一报”进行公开。4月20日，第二轮省督涉及秀洲区的具体问题3个、举一反三问题4个，其中，秀洲区印染行业整治工作推进不力问题被列为负面典型案例。至2022年12月底，2个具体问题和4个举一反三问题完成销号，印染行业整治工作推进不力问题预计于2023年5月完成销号。做好省委生态环境保护专项督察迎检工作，区委印发《关于秀洲区迎接2022年省委生态环境保护专项督察协调保障工作方案的通知》，组建工作专班，梳理全区重点环境信访问题并持续加大巡查力度。8月1—19日，省委生态环境保护专项督察期间，向秀洲区移交信访件为零。

【环保设施安全评估】 切实强化企业环保设施类生产安全，年初开始，重点针对已发排污许可证的212家企业开展环保设施安全隐患巡查，并要求全部企业开展环保设施安全评估。对33家一般企业、26家重点风险企业进行季度性隐患排查，发现并整改各类问题135个。积极开展环境应急管理“南阳实践”工作，在实地调研的基础上，编制《浙江省大运河（新塍塘段）“一河一策一图”环境应急响应方案》，并通过专家评审。

【生态环境信访处置】 全年受理并处置各类环境信访274件，同比下降16.2%，其中，涉大气污染165件、水污染45件、噪声污染37件、固体废物污染15件、建设项目环境保护问题4件、其他类型信访8件，均按时办结，群众满意率97.4%。开展环境信访回头看工作，根据问题处理结果对环境信访问题进行ABC三级分类，A类结果最优、B类一般、C类隐患较大，梳理出2021年度B、C类信访件141件，占比43%，先由各主体进行回头看反馈办理情况，其中11件由执法队执法推动，对2起反弹的违法问题进行立案查处。实施环境信访举报奖励4起，奖励3万元，其中个案最高奖励1万元，保持有奖举报的“热度”与老百姓的关注度，激发群众提供重大问题线索的积极性，形成问题发现与查处闭环的良性循环。

【“1+6+N”环境应急救援体系】 围绕环境风险防范，全面推进形成“1+6+N”的环境应急救援网络，即1个区级救援力量（包含2个区级救援队伍和2个应急仓库），6个乡镇救援队伍及物资，以及N个企业端救援力量，储存应急物资32种30多吨。成功处置10月22日王江泾镇范滩村槽罐车漏油事故引发的次生环境污染，肇事方支付污染应急处置、环境损害赔偿、监测评估等费用134万元。

【辐射安全监督管理】 “国庆”长假时期，组织区公安、应急、卫生监督部门对各使用放射源企业进行联合检查，确保其使用、贮存、防控、监视与报警等关键环节万无一失。全年共发放辐射安全许可证19份，完成5家涉辐射企（事）业单位监督性监测。为提升辐射环境监测应急能力，配备5G辐射环境监测设备，及时组织人员参加上级组织的放射源应急监测培训、辐射环境监测技术培训、放射源寻找模拟演练。

【柴油车污染防治专项行动】 联合区市场监管及各乡镇主体生态办持续开展非道路机械登记上牌工作，完成304辆（台）非道路机械登记上牌，对辖区内930台非道路机械尾气开展监督性检测；运用“秀洲区机动车尾气遥感监测系统”，联合区交通运输局对辖区内被抓拍的尾气超标车辆开展企业自查和入户尾气抽测；联合区公安交警部门开展12次路检拦检和8次入户尾气检查，共检查柴油货车114辆；继续运维重型柴油车“车载在线自动监控系统（OBD）”平台数据上传至嘉兴市车载OBD平台，确保传输有效率不低于80%。

（赵　倮）

“双碳”行动

【概况】 2022年，区生态环境分局根据省市两级的相关要求，着力构建高效协同的碳达峰碳中和工作推进机制，健全统筹协调机制、工作落实机制、政策保障机制、社会参与机制，倡导绿色低碳生活方式，营造全民参与的浓厚氛围，扎实做好碳达峰碳中和工作。积极指导企业开展碳排放的管理工作，开展低(零)碳村、镇试点工作，坚决打赢碳达峰碳中和攻坚战。

【“碳达峰”“碳中和”专项行动】 积极开展应对气候变化工作，建立区级“碳达峰”“碳中和”联合会商制度。先后两次组织区应对气候变化及节能减排工作联席会议成员单位，专题研究分析规模以上工业企业碳排放专项工作；指导2家热电企业进入全国碳市场交易，协助嘉兴协鑫环保热电有限公司完成碳排放权配额质押贷款；针对3家综合能耗在1万吨标煤以上的碳交易纳入企业和34家综合能耗5000吨标煤以上的非碳交易纳入企业，委托第三方实施碳排放报告核查，开展新增非碳交易纳入企业碳报告核查培训，指导企业建立碳账户。完成上年度全区温室气体清单报告编制工作。

【低(零)碳村、镇试点】 2021年11月，王店镇南梅村、庆丰村，王江泾镇古塘村，新塍镇潘家浜村4个村获批浙江省第一批低(零)碳试点村创建单位，创建工作有序推进。2022年11月，全省第二批低(零)碳乡镇(街道)、村(社区)及减污降碳协同试点创建单位名单公布，秀洲区新塍镇，高照街道运河社区、洪合镇洪合村、新城街道殷秀社区、油车港镇胜丰村“一镇4村(社区)”入选省级低(零)碳乡镇(街道)、村(社区)试点。王江泾镇长虹村、新城街道春晓社区、新塍镇沙家浜村申报市级低(零)碳村(社区)试点。试点镇、村在生活低碳、生产降碳、生态固碳等方面，开展源头减量、过程控制、末端吸收、减污降碳协同路径探索，引领绿色低碳发展。

【全市首个“炭管家”活性炭数字化管理平台】 开展VOC整治提升和活性炭治理工作的全市试点建设，搭建全市首个“炭管家”数字化管理平台，通过“一企一码”四色管理法，实现活性炭全生命周期数字化、智能化、可视化监管。是年，全区共涉及企业144家，涉及需更换企业活性炭的企业均集中更换活性炭，更换总量224.69吨。开展治理设施提升工作，共有89家企业完成。

【碳排放报告管理】 嘉兴协鑫环保热电有限公司、嘉兴新嘉爱斯热电有限公司2家重点发电行业控排企业，根据《嘉兴市重点排放单位碳排放报告质量达标管理办法(试行)》的相关要求，完成碳报告的规范化整改，成功创建全市第二批重点排放单位碳排放报告质量管理达标单位；每月监督61家碳账户企业落实相关数据的填报工作，确保按时完成；核查审定34家非碳交易纳入企业碳报告并上传至浙江省低碳发展综合管理系统。

(赵　俣)

【节能降耗】 2022年，通过淘汰高耗低效用能、发展可再生能源等举措，节能降耗取得实效。全区腾出落后用能8.04万吨标煤，完成市级任务的178%，列全市第二；全区规模以上工业增加值能耗下降3.3%，扭转上年单耗不降反升的不利局面，降幅扩大8.9个百分点，列全市第四。可再生能源加速发展，全区分布式光伏累计并网71.2兆瓦，超额完成市级任务。充电基础设施加快建设，全区累计建成公共充电站59座、公共充电桩475根，提前完成市级下达年度任务。是年，秀洲区完成50家工业企业绿色化改造诊断，推动实施52项绿色化改造，完成改造项目39项，节能标煤3.08万吨，成功创建市级绿色工厂10家、节水型企业5家，兑付绿色制造政策奖励资金434.44万元。

(李　洁　张　群)

生态文明创建

【概况】 2022年，秀洲区贯彻生态文明新发展理念，深入打好污染防治攻坚战，推动秀洲蝶变跃升、跨越式发展。推进问题排查整改，自查上报生态环境问题19192个，上级交办问题517个，均完成整改。加大生态文明宣传力度，与区生态环境分局联合举办“六·五”环境日宣传、生态环境质量公众满意度稳进提升工作部署会、现场推进会等活动，下沉村、社区、大型企业推进环境生态宣传工作。《嘉兴日报·秀洲新闻》共报道19篇；市级以上媒体报道99篇。

【“五水”共治】 2022年，排定“五水共治”工程投资项目33个，完成投资13.21亿元。完成重点断面水质改善提升，开展水质调查，组织力量对杭州塘、新塍塘沿线工业、生活、农业、码头污染源排摸。协调开展水质预警监测20余次，水质调查及污染源排查8次，协调落实各项应急管控措施。推进“碧水秀洲”民生实事项目建设，将碧水河道建设项目首次纳入区政府八大民生工程，投资8000多万元建设全区绕镇、绕村碧水河道37条，总长51千米。完成“污水零直排区”提质扩面建设项目（含样板镇、街道创建项目）共15个，累计投资2.49亿元。油车港镇、新城街道通过市级标杆镇（街道）验收。继续强化镇级以下河道监管，对全区120个村的镇级以下河道开展月度监测、季度考核、全区通报，年度奖励72个村（社区），合计232万元。深化上下游生态补偿机制，在莲花桥港流域、红旗塘流域、杭州塘流域横向生态补偿协议基础上，与经开区在长水塘、苏州塘流域首次签订横向生态补偿协议。与嘉善、桐乡签订补偿协议的3个断面中，新生新运桥断面因上游水质恶化，秀洲区获得补偿资金400万元，清泰桥和油车港出口断面互不补偿。是年，秀洲区跨行政区域交接断面水质考核良好；6个出境断面平均水质为Ⅲ类水；9个市控及以上断面Ⅲ类水及以上占比100%；石臼漾水厂饮用水水源地水质达标率100%。

【“五气”共治】 2022年，制定《秀洲区2022年清新空气行动实施计划》，统筹推进大气污染防治工作，进一步改善环境空气质量。开展秀洲区建筑工地扬尘管控专项治理行动，组织区住建局、区综合行政执法局等部门对全区105个在建工地进行拉网式排查，开展联合检查10次，从严查处“黑榜”工地。协调区公安分局，对重点区域内烟花爆竹“双禁”范围进行合理谋划调整：自2023年1月起，新城街道、高照街道划入烟花爆竹“双禁”范围。开展广场舞问题点位排摸，推进噪声自动监测设备安装，完善噪声污染防治体系，疏堵结合，强化劝解，推动建立健全广场舞噪声污染防治共管联动和长效监管机制。开展秀洲区环境空气质量改善及大气污染防治工作问题整改，采取严格项目审批、强化区域管控、借力专业力量三大措施，开展涉气企业集群结构调整、企业大气污染防治绩效水平提升、企业大气污染防治守法意识提升、活性炭集中整治、涉VOCs、NO_x企业专项整治、移动源污染整治、老旧叉车淘汰替代、“绿剑蓝天”大气执法、秋冬季颗粒物污染治理九大专项行动，持续实施$PM_{2.5}$和O_3“双控双减”行动，切实抓好挥发性有机物（VOCs）和氮氧化物（NO_x）协同控制，狠抓大气环境质量突出短板。是年，环境空气质量优良率为79.3%，$PM_{2.5}$浓度为27微克/米^3。

【“五废”共治】 建立健全“无废城市”建设推进机制，完成71个“无废城市细胞”创建，《“老字号”五芳斋 “链”上低碳循环，为“无废城市”创建注入新动能》和《构建立体“无废”宣传体系 厚植“无废”文化》入选2022年浙江省全域“无废之窗”。《嘉兴市秀洲区打造建筑垃圾处置全程闭环智治新模式》入选浙江省全域“无废城市”建设最佳实践案例。扩大浙江省固体废物管理信息系统和嘉兴市一般工业固废信息化监控系统覆盖面，全区831家危险废物产生企业纳入省平台，824家一般工业固废产生单位纳入市平台。全年流转处置危废7016吨、一般工业固废40.37万吨；产生建筑垃圾530.52万吨，其中工程渣土489.72万吨，综合利用率92.35%，区建筑垃圾处置中心（嘉兴秀鸿资源再生利用有限公司）收处建筑垃圾23.85万吨；产生医疗废弃物1055.707吨，产生种类主要是感染性废物，医疗废物安全处置率100%。强化垃圾分类，主推“定时定点分类投放为主，小绿桶、移动巴士等分类模式为辅”的垃圾分类投放模式。投放点由原来的3199个减至425个，减少86.7%；分类桶由7878个减至2960个，减少62.4%。在市本级率先开展住宅小区以桶换桶清运和精准化收运模式，确保小区厨余垃圾能按时收运不过夜。全区257条商业街全部完成撤桶进店，取消店外垃圾桶。持续性推进秸秆综合利用，严格管控焚烧秸秆行为，农作物秸秆综合利用率96.49%。

（张丽娟）

综　　述

2022年，秀洲区交通运输局聚焦“三年”活动，按照“大干交通、干大交通”的理念，开展重点项目“3610”(即建成3个重大项目，开工建设6个重大项目，谋划确定10个重大项目)大会战，打造“一环五射”(“一环”，指524国道及212省道；“五射”，指东方路快速路、07省道快速路、东升西路快速路、桐乡大道快速路、嘉海公路快速路)快速交通体系，全年完成投资16.09亿元。是年，印发《嘉兴市秀洲区综合立体交通网规划(2021—2035年)》《嘉兴市秀洲区综合交通运输发展“十四五”规划》《秀洲区“四好农村路”高质量发展规划》《秀洲区运河湾新城交通规划》4个规划，完成“1+5”规划体系，为秀洲高质量发展当好开路先锋。

重点工程有序推进。6月28日，G524一期新塍至王店公路全线贯通，嘉兴至桐乡快速化射线工程节点开工，南虹大桥公建码头开工建设；7月，G524秀洲王店至海宁海昌公路秀洲段完成建设用地报批并全面开工，乍嘉苏高速改扩建，东方路、嘉兴至海宁快速化射线完成工可评审；8月，杭申线航道完成工可批复；10月，沪杭高速嘉兴服务区综合楼改造工程征迁工作完成，2022年底主楼建成；11月，G524二期完成土地预审批复，完成东升西路穿越饮用水水源地生态环境影响论证；12月，陡门大桥建成并通过验收。争取23个交通项目纳入“三区三线”划定，调整永久基本农田5554亩。

安全生产稳步推进。推动安全生产专项整治三年行动，深化平安交通建设年活动，开展安全生产(消防)大排查大整治、交通安全大会战、安全生产月、除险保安百日攻坚、平安护航二十大、乌镇世界互联网大会等安全专项活动；统筹行业安全生产和疫情防控工作；开展迎亚运“两路两侧‘三化一平’”铁路沿线专项整治，巡查整治问题点位131处，完成上级交办问题点位整治2处。开展道路交通领域重大攻坚整治行动，提升道路基础设施，全区交通运输安全形势持续向好。

以“三化一平”专项整治行动为契机，集中力量提升国省道交通环境，整治环境、路面不平问题354处，修复路面病害2120平方米，绿化补植25794平方米，路面裂缝封闭1.82千米，边沟提升2.2千米、清理82.5千米，增设机非防护设施42千米。全年大中修国道4.447千米、县道21.3千米，县道及以上桥梁改造加固2座。落实市、区三级挂牌督办点整治共14处。治理省级骨干航道上8座桥梁涉标志牌、警示标志隐患。

公共出行更加便捷。开通新塍镇到桐乡乌镇县际毗邻公交，实现新塍镇和乌镇的无缝衔接、互联互通。全区新增公交线路1条(260路)，优化、加密公交线路6条；建设G524国道10个车道的非现场治超设备，增设3台激光交通流量调查设备，交通流量设备覆盖率84.98%。

公路运输

【概况】 2022年，秀洲区公路交通运输工作围绕“建、管、养、运”，营造通畅舒适、安全便捷的出行环境，群众公共出行更加便捷。全区四级以上公路总里程为1144.928千米，桥梁1190座计98939.96延米；农村公路总里程619.735千米，桥梁14323.97延米。加强农村公路养护，完成普通国道大中修1条4.447千米、县道大中修4条21.3千米，改造加固桥梁2座，县道及以上公路路况实现100%自动化检测。完善优化公交网络,新增公交线路1条(260路),优化、加密公交线路6条,全区113个行政村1千米内公交通达率保持100%。城乡道路客运一体化发展水平持续保持AAAAA级,充分发挥交通对农业农村发展、美丽乡村建设的带动作用。推进对普通货运的联审联办工作和"跨省通办"服务、电子证照的推广应用。加强交通安全生产管理,先后开展平安交通建设年和除险保安活动,继续开展安全生产综合治理三年行动、交通安全设施提升、道路安全隐患治理等工作。

【普通国道大中修工程】 2022年,秀洲区普通国道大中修工程:1条国道,G320线(K114+930—K116+600右幅、K129+316—K130+000左幅、K130+700—K132+793左幅),实施长度单幅总长4.447千米,项目批复总金额755万元,其中省级补助决算金额占项目总金额的90%。主要维修方式:(1)统一铣刨5厘米原老路面层,对路面病害处理,后再加铺5厘米SMA—13改性沥青玛蹄脂碎石。(2)全线桥面:铣刨6厘米沥青混凝土上面层,加铺6厘米SMA—13改性沥青玛蹄脂碎石。(3)安全设施上对设计路段标线采用雨夜标线进行恢复,对局部安全设施破损、缺失路段进行补充完善。该项目于5月7日在嘉兴市公共资源交易中心开标,设计单位为浙江中路交通设计有限公司,施工单位为浙江协和建设有限公司,监理单位为南京安通工程咨询监理有限公司,施工中标价为621.6712万元,工程于6月7日开工,7月21日完工。

【县道大中修及桥梁改造加固工程】 2022年,秀洲区县道大中修工程为4条:X305嘉塍线(K3+522~K7+000段,3.478千米)、X313洛油线(K12+594~K15+690、K23+340~K26+600、K27+268~K29+000段,9.268千米)、X302洪硖线(K7+700~K11+267段,3.567千米)、X314建濮线(K0+900~K5+887段,4.987千米),实施长度合计21.3千米。县道桥梁改造2座:X301王建线的毛家桥,X117老嘉湖线的道成桥。以上项目批复总金额3990.21万元。

主要维修方式:(1)X305嘉塍线:K3+522~K5+600段铣刨老路4厘米沥青面层后,对老路原有沥青层进行病害处治,然后回铺4厘米SMA—13改性沥青混凝土上面层;K5+600~K6+850段铣刨老路10厘米面层后,对基层进行病害处理,然后加铺4厘米厚SMA—13(SBS)沥青混凝土+6厘米厚AC—20C(SBS)沥青混凝土+0.8厘米橡胶沥青应力吸收层+玄武岩纤维格栅;K6+850~K7+000段铣刨老路4厘米面层,病害处理后加铺4厘米厚SMA—13(SBS)沥青混凝土。(2)X313洛油线:K12+594~K15+690段统一铣刨现状8厘米沥青路面,对老路20厘米厚水稳基层进行就地冷再生,然后加铺4厘米厚SMA—13(SBS)沥青混凝土+6厘米厚AC—20C(SBS)沥青混凝土+20厘米水泥稳定碎石基层;K23+340~K25+500、K27+268~K29+000段统一铣刨现状5厘米沥青路面,病害处治后加铺4厘米SMA—13改性沥青混凝土上面层+6厘米AC—20C改性沥青混凝土下面层+0.8厘米纤维增强橡胶沥青应力吸收层+玄武岩纤维格栅;K25+500~K26+600段统一铣刨现状4厘米沥青路面,病害处治后加铺4厘米厚SMA—13(SBS)沥青混凝土。(3)X302洪硖线:K7+700~K11+267段,对老路进行病害处理后,统一加铺4厘米厚SMA—13改性沥青混凝土。(4)X314建濮线:K0+900~K1+750、K2+200~K5+887段,对原老路7厘米沥青混凝土面层进行统一铣刨,病害处理后,全线加铺4厘米SMA—13改性沥青混凝土+6厘米AC—20C(SBS)改性沥青混凝土;K1+750~K2+200段,铣刨原老路9厘米沥青混凝土面层,病害处理后,加铺4厘米SMA—13改性沥青混凝土+6厘米AC—20C(SBS)改性沥青混凝土。

桥梁改造加固主要维修方式:1.道成桥:铣刨全桥桥面沥青混凝土,凿除原有栏杆和近栏杆处55厘米宽桥面;新做护栏底座,更换全桥栏杆为钢护栏;现浇修复两侧各55厘米宽桥面,同时将简易伸缩缝更换为型钢伸缩缝;摊铺桥面沥青混凝土,一并进行桥头接坡铣刨后加铺工作;修复下部结构病害。2.毛家桥:采用顶升的办法更换全桥支座;铣刨全桥桥面沥青混凝土,凿除混凝土破损部分及原有栏杆;新做护栏底座,更换全桥栏杆为钢护栏;局部铺设钢筋网后,现浇修复桥面;修复下部结构病害。

该项目于5月17日在嘉兴市公共资源交易

中心开标，设计单位为浙江中路交通设计有限公司，一标段施工单位为拓丰建设集团有限公司，中标价为2349.5179万元，二标段施工单位为浙江经纬路桥工程有限公司，中标价为1222.6888万元，监理单位为浙江通达工程监理咨询有限公司，工程于6月13日开工，9月12日完工。

（刘金艳）

【除险保安活动】 全面开展交通运输系统除险保安活动，先后制定《全区交通运输系统除险保安百日攻坚行动方案》《秀洲区道路交通领域除险保安“百日攻坚”整治工作实施方案》《关于全面推进全区交通运输行业“除险保安”集中攻坚月行动的通知》等工作方案，细化交通运输行业攻坚任务清单，明确工作要求，落实责任分工。百日攻坚期间（8月12日至11月22日），实施网格化管理领导包干机制、细化特殊时段各行业领域安全防范措施、落实行业维稳安保等具体工作，制定专项检查计划，指导各行业条线开展工作，全力确保交通运输行业平安稳定。其间，累计排查整改各类隐患97处，查处各类违法行为92起，处罚金额51.3134万元。继续开展老旧营运货车淘汰工作，全年共淘汰车辆27辆，不涉及补助资金。2019—2022年，全区累计淘汰老旧营运货车660辆（含鼓励类268辆），发放补贴1410万元。

（庞 冰）

【公路车辆运营】 2022年，全区共有出租车客运企业4家，出租车辆336辆，与2021年持平。在营客运班线1条，比上年减少1条。在营客运班车73辆，其中，班线1辆、旅游包车72辆。3家出租客运企业被评定为放心消费单位，其中1家被评为市级示范单位。推进客运行业“浙运安”平台使用，做到“亮码上岗”“扫码作业”，用科技手段规范驾驶员营运行为。全区有货运车辆2007辆；有驾校4家；一类、二类汽车维修企业16家，年内增加1家（嘉兴市嘉源环境卫生管理有限责任公司新塍分公司），搬迁1家（嘉兴市海洋汽车维修有限公司），总数与2021年持平。是年，秀洲区机动车维修企业放心消费创建率90%以上，其中5家被评为市级示范单位；驾培行业放心消费创建率100%，其中2家被评为市级示范单位。全区113个行政村保持1千米内公交通达率100%，实现客运量11万人，旅客周转量5892万人千米，分别比上年减少60.1%、20.7%；货运量1376万吨，货物周转量122107万吨千米，分别比上年减少18.3%、14.9%。全区道路运输行业发生上报的交通行车轻微事故零起，比上年减少1起。

（刘 林 陈 云）

【公交线网优化】 6月，开通县际毗邻公交线路1条（新塍镇至桐乡乌镇，367路）。8月，全区新增公交线路1条（高铁嘉兴南站至秀洲区新塍镇公交停车场，260路），优化调整公交线路6条；同月，秀湖公交枢纽站建成启用。11月，王店公交枢纽站完成主体建设。至年末，辖区共开通公交线路87条，辐射全区5个镇2个街道（新城、高照）。

（刘 林）

【交通治堵】 2022年，新建和改造城市道路3.136千米；完成“民选民评”堵点乱点治理，即东升西路和加创路路口堵点治理。在大德路—新塍塘路开展人行道净化行动，全长2千米以上。打造非机动车示范路中山西路（昌盛路—秀园路），全长4千米以上；新增公共停车位2236个。建设绿波道路7条，总长度20.59千米，包括中山西路、洪兴路、东升西路、秀洲大道等主干道。新增1条公交线路，优化调整6条公交线路，建成秀湖公交枢纽站、王店镇公交枢纽站，新改建公交站台8个。实施重点路段及堵点乱点治理行动，完成东升西路加创路东口和加创路八字路南口2处路口渠化改造，启动秀洲大道（东升西路—雁泾港）车道四改六工程，有效缓解高峰时段拥堵情况，提升道路通行能力。新增3家企事业单位的内部停车场，实行错时共享；结合区政府民生实事工程“停安心”项目，提高停车资源供给，新建、改建市区停车场7处、乡镇停车场39处，新增市区停车泊位1200余个、乡镇停车泊位4700余个。实施道路“生命安全防护”工程，建成四大预警系统路口42个，路口标准化226处。

【智慧地下立体机械停车场】 7月，江南摩尔地下立体机械停车场建成开放。总面积1万平方米，地下面积9238平方米，新增车位600个，为全区首个智慧地下立体停车场，极大地缓解核心区域停车矛盾。

（庞 冰）

【数字化改革】 2022年，数字政府建设重点推进“浙运安”货客运平台和“浙路品质”应用，数字社会建设重点推进“浙里畅行”应用。谋划推进“秀路安”交通安全隐患智治项目应用建设，11月完成应用申报及获批秀洲区2022年度区数字化改革孵化专项经费首批拟扶持项目，协调组织区道安委相关成员单位完成前期跨部门调研，拟定初设方案，着力编制项目可行性报告和筹备立项工作。协调推进数改重大应用场景迭代升级，对接谋划推进区本级“智慧停车”平台，建成“浙政钉”平台数字社会“行有所畅”项目、维护内容，并定期更新数据，对接省级跑道谋划贯通场景应用试点，申报2022年交通数字化改革试点项目。协调做好数改平台维护，通过党政机关整体智治平台“党政智治”“七张问题清单”，协调相关条线问题办结；通过浙里营商数字化平台“无感监测”指标评价，监测辖区公路通车里程增长率、建成区干线道路密度指数，推进营商环境不断改善。

（姚永钧 陈佩琪）

【县道公路、桥梁检测】 2022年，县道及以上公路路况实现100%自动化检测，共检测车道634.93千米，结果优良路率91%，中路率5.8%，次差路率3.2%。开展县道及以上桥梁定期检查83座，经常性检查252座，其中一二类桥梁330座，占比98.5%，整体技术状况良好。乡村公路自动化检测60%，累计检测里程414.662千米，路况检测项目的总体PQI指数平均值为83.16，评价为“良”，优良、中路率90.3%，次差路率9.7%。开展乡道和村道公路桥梁普检三年行动计划，桥梁普检185座，经过综合审查后确定一类桥梁66座，占总数的35.7%；二类桥梁109座，占总数的58.9%；三类及以上桥梁共10座，占总数的5.4%；其中四类桥梁已列入2023年桥梁改造计划，整体技术状况良好。

【交通安全设施提升】 2022年，秀洲区县道公路安全隐患治理项目（生命安全防护工程），投入资金200万元，增设嘉湖公路K2+890－K5+304（新陡线—曹家门桥）中分带防撞护栏4356米、更换轮廓标222个，有效提升农村公路防撞能力。投入资金1200万元，增设524国道（新塍—王店段）全线机非隔离带水泥隔离墩，总长度47.7千米，提升524国道防护设施，渠化路面交通，减少机非混行情况。

【公路非现场执法建设】 根据《关于加快推进公路治超非现场执法设施建设的通知》和《浙江省交通运输非现场执法工作指引（试行）的通知》相关要求，秀洲区扩大非现场治超路网覆盖率，充分利用科技手段提升公路治超能力，推进“机器换人”，实现“无缝隙”“全天候”“全覆盖”治超手段，2022年，全区共建设公路治超非现场执法设备车道10个，分别是524国道洛东段、陡门段、泾桥村段和庆丰段，投入资金760余万元，7月1日进场，10月15日点位数据接入省治超监管平台。至年末，全区非现场治超设备覆盖320国道、524国道、202省道、嘉海公路、嘉湖公路等9条干线公路，建设车道34个，路网覆盖率68.11%。

【道路安全隐患治理】 持续推进市、区两级挂牌督办点整治共14处，其中市级挂牌督办整治道路（320国道包括桐乡大道在内）1条，市级隐患治理点（320国道K131+775处洪合镇良三村路口、嘉海公路九联加油站路口）2处，区级挂牌隐患点12处，按标准于9月底通过验收。同时不断提升标线逆反系数，全力推进双组份标线实施进度，2022年提升标线9.913万平方米。

【交通流量设备建设】 2022年，秀洲区为提高交通流量调查路网覆盖率，为交通规划和交通管理提供可靠依据，在嘉铜公路（浙江界）、嘉海公路（海宁界）和320国道（三环段）增设3台激光交通流量设备，投入资金约45万元。自2016年起，采用激光式交通流量调查设备，并逐年替代半自动和人工调查方式，提高数字化建设，优化掌握公路基础信息。全区累计有自动化交通流量设备14个站点，半自动观测站点3个，交通流量设备覆盖率84.98%。

【公路桥梁防护设施提升】 继续开展三年桥梁防

护设施提升行动,投入约 900 万元,实施嘉海公路上跨桥右幅防护设施提升工程,将原桥梁 856 米的组合式护栏改设为高度 1.5 米的钢制护栏,增加非机动车道宽度至 2 米,进一步提升农村公路桥梁防护设施和防撞能力。

(沈　玥)

水路运输

【概况】 2022 年,区境内航道由嘉兴市港航管理服务中心负责管理。市本级航道总里程 463.75 千米,四级及以上航道 109.7 千米。其中,三级航道 2 条,即湖嘉申线一期 14.76 千米,京杭运河 5.3 千米;四级航道 3 条,分别是杭申线 28.83 千米,嘉于线 20 千米,乍嘉苏线 40.81 千米。区交通运输局主要配合做好辖区内航道施工、码头生态环境整治等工作,统筹推进港口生态环境治理体系和治理能力现代化。是年,湖嘉申线航道嘉兴段(二期)工程征迁工作基本完成,全线航道疏浚、桥梁施工和配套设施继续推进。继续开展港口码头环境"蝶变跃升"专项工作,全区 35 家码头,蝶变跃升 17 家码头的环境并通过验收,注销关停码头 2 家,剩余 16 家列入 2023 年工作计划。

【湖嘉申航道嘉兴段(二期)改造工程】 该工程于 2018 年 12 月底开工建设,途经新塍镇洛兴村、钱码头村、桃园村、康和桥村、小金港村,王江泾镇虹阳村、范滩村、腾云村、古塘村、新桥社区,全长 14.92 千米,采用限制性Ⅲ级航道标准,项目总投资 20.57 亿元。至 2022 年 12 月,改造工程政策处理工作基本完成,累计完成投资 19.7 亿元,为总投资 20.57 亿元的 96%;改造工程项目内 7 座桥梁有 3 座已建成通车、4 座主跨已合拢,项目外 3 座拼盘桥梁 1 座(麻皮桥)已建成,1 座(环桥)在建,1 座(永虹二号桥)待开工;节制闸完成 77.2%(2021 年 10 月开工,计划工期 18 个月)。2022 年改造工程完成年度投资 3.94 亿元,为年度投资计划的 101.4%;护岸完成 81.6%,土方完成 70.1%,桥梁完成 91.4%。

【杭申线(嘉兴段)三级航道改造工程】 该工程起自桐乡大麻,途经嘉兴市区、嘉善,止于红旗塘浙沪交界,全长 91.6 千米。按内河限制性三级航道标准建设,改建桥梁 16 座,新建服务区 3 处,总投资估算约 79.82 亿元。项目于 2021 年 9 月完成用地预审批复,2022 年 8 月获工程可行性研究批复。全面展开前期工作,主要协调水土保持方案、环评和文评报告等勘察编制,组织各类管线排查摸底,协调推进土地勘测定界工作。

(姚永钧　徐伟国)

【船舶碰撞桥梁专项治理】 2022 年,投入资金 4.5 万元,治理省级骨干航道上 8 座桥梁涉标志牌破旧、警示标志缺失等隐患问题。推动北虹大桥增设预警装置,更换北虹大桥标志标牌,并完成整体评估,增设 4 个桥浮标作为预警装置。

(庞　冰)

电　力

【概况】 2022 年,秀洲供电分公司以"重基础、精管理、提质效、勇创新"为主线推动秀洲电网建设,实现秀洲电网新发展。全社会用电量 67.92 亿千瓦时,同比增长 6.61%;网供最高负荷为 98.63 万千瓦,同比增长 7.51%。户均停电时长 0.56 小时,供电可靠率 99.99%。安全生产累计 3882 天。公司获评嘉兴供电公司卓越管理优秀集体。

【发电总量】 新嘉爱斯、协鑫电厂等 6000 千瓦以上地方公用电厂设备容量 25.26 万千瓦,年发电量 9.22 亿千瓦时,同比减少 2.01 亿千瓦时。福莱特玻璃等 6000 千瓦以上自备电厂设备容量 1.8 万千瓦,年发电量 0.55 亿千瓦时,同比增加 0.04 亿千瓦时。分布式光伏并网容量 28.70 万千瓦,同比增加 7.19 万千瓦;年发电量 2.49 亿千瓦时,同比增加 0.59 亿千瓦时。2022 年,发电设备总容量 55.88 万千瓦,同比增加 7.19 万千瓦,年总发电量 12.30 亿千瓦时,同比减少 1.39 亿千瓦时。

【供电能力】 至 2022 年末,秀洲供电分公司辖区内有 220 千伏变电站 1 座,总变电容量 480 兆伏安;110 千伏变电站 16 座,总变电容量 1780 兆伏安;35 千伏变电站 1 座,总变电容量 40 兆伏安。管辖 10 千伏(20 千伏)环网室 199 座、环网箱 285

座;公变 4666 台,公变容量 1979 兆伏安;专变 3740 台,专变容量 1975 兆安。管辖 10 千伏(20 千伏)线路 397 条,其中,用户专线 42 条,公用线路 355 条(含架空线路 245 条、电缆线路 110 条),线路总长 2855 千米。综合供电半径为 5.12 千米,其中,城市电网供电半径为 3.86 千米,农村电网供电半径为 5.97 千米。

【电网升级】 2022 年,秀洲区域配网建设投资 1.044 亿元。按区域划分:高新区投资 1255 万元,王店区域投资 980 万元,洪合区域投资 2330 万元,王江泾区域投资 3307 万元,新塍区域投资 1356 万元,油车港区域投资 1209 万元。按投资类型划分:网架类项目投资 7327 万元,低压台区增容补点项目投资 1855 万元,业扩配套接入投资 1255 万元。新建改造 10(20)千伏线路 103.55 千米;布点增容配变 29 台,新增配变容量 7755 千伏安;完成 85 台 S9 及以下高耗能配变整改。做好迎峰度夏和防汛防台工作,推进 110 千伏天带变电站配套送出项目实施,解决 110 千伏洪合变电站主变压器长期重载和多条送出线路重过载问题;治理配网网架负面清单,地区重过载主变数量同比下降 66.67%,重过载线路数量同比减少 47.05%,中压线路联络率由 97.62%提升至 99.66%。

【用电服务】 2022 年,秀洲电力用户 22.12 万户,其中高压用户 3070 户,低压用户 21.82 万户;光伏并网用户 5283 户,其中企业光伏 459 户。秀洲电力制定电力保供方案,实现精准负荷管控,夏季电力保供期间累计压减负荷逾 165 万千瓦,保障电网安全稳定运行。推进需求侧响应能力建设,累计有 42 户中央空调用户纳入空调负荷管理聚合平台,完成 18 户商业楼宇、4 户工业用户分钟级可调节能力建设,以及 121 户 11.35 万千瓦分钟级可中断用户接入。

【业扩报装】 2022 年,业扩报装 7680 户,容量 30.91 万千伏安。其中包括:3 月 11 日,新安装嘉兴市秀源发展投资有限公司(新秀宏大楼)5000 千伏安工程;4 月 7 日,增容福莱特玻璃集团股份有限公司 10 万千伏安工程(5 万千伏安增容至 10 万千伏安);7 月 14 日,新安装德沃康科技集团有限公司 5700 千伏安工程;11 月 4 日,为嘉兴市梅溪开发建设有限公司(隆基)送电。

【营商环境优化】 秀洲电力与区自然资源和规划局建立新批土地信息通道,推动政府进一步落地电力接入工程费用分摊机制。同时,建立重点工程跟踪机制,印发市、区两级重点工程清单至三个属地供电所,提前对接企业用电情况。主城区永久性提升低压用电客户接入容量标准至 200 千瓦,进一步降低办电成本。开展低压用电“一电响应”供电服务,线上联系、主动上门、置后收资,让用户“一次都不跑”。

【电动汽车充电设施建设】 优化电动汽车充电站布局,在王江泾、新塍、王店、洪合 4 个镇各建成一个快充站,实现秀洲区域各镇快充站全覆盖。完成海关慢充站等 1 个零低电量站点迁移和沪昆高速嘉兴服务区(昆明方向)充电站、春晓公园有序充电站改造。完善老旧小区充电桩配套设施建设和永泰广场地下车库充电桩电源改造,以及明日名园等 6 个小区现场查勘和方案设计。印发《秀洲供电分公司关于进一步明确新建小区居民电动汽车充电桩建设相关要求的抄告单》,提升电动汽车充电服务保障能力,破解电动汽车个人充电桩“安装难”、公共桩“难充电”等问题。

【电力安全提升】 2022 年,秀洲供电分公司制订“八不发生”(不发生人身轻伤及以上事故,不发生六级及以上电网、设备事故,不发生责任性七级电网、设备事件,不发生电气误操作事件,不发生七级及以上和责任性八级信息系统事件,不发生对公司有较大影响的火情事件,不发生本单位负有责任的重大及以上交通事故和负同等及以上责任的一般交通事故,不发生造成一定影响的社会平安稳定案件)的年安全生产目标,明确安全生产重点任务,签订部门安全责任书 9 份、员工安全承诺书 582 份。开展安全生产月和电力设施保护月宣传活动,发布《强化责任落实、守好安全底线、共筑安全屏障》安全倡议书,发动全员参与新《中华人民共和国安全生产法》线上知识竞赛活动,发放电力设施保护宣传册 1 万多份。开展用户侧安全管理,全年完成高压专变 2132 户、低压非居 24872 户、低压居民8656户、分布式光伏5283户的用电安全普查工作。制定并实施《安全生产专项整治三年行动计划实施方案》，实施整改561项问题隐患。

（何　昱　顾丹虹　韩心怡　黄志刚）

邮　　政

【概况】　2022年，秀洲邮政管理局联合区公安分局、区消防救援大队、区市场监督管理局等部门开展行业秩序整顿、除险保安等专项行动16次，严厉打击利用寄递渠道开展非法活动。创新开发"智安邮管"应用，被列为浙江省邮政管理系统2022年第二批数字化改革应用试点项目。至年末，秀洲区有在嘉分公司和邮政快递法人企业18家（其中市级分拨中心5家）、分支机构及末端网点154家，全区有快递从业人员3688人。是年，秀洲区快递业务收入22.5亿元，约占全市21%，全市排名第一；快递业务量2.2亿件，约占全市19%，全市排名第二；全年税收收入5500余万元。

【区首届邮政行业职业技能竞赛】　7月30日，联合区总工会举办秀洲区首届邮政行业职业技能竞赛，全区12家寄递企业的23名优秀"快递小哥"在现场比拼技艺。竞赛分为理论知识竞赛和操作技能竞赛两部分，最终评出一等奖1名、二等奖2名、三等奖4名。前三名选手被区总工会授予"秀洲区技术操作能手"称号。

【"宇你共富"驿站启用】　9月，王江泾镇宇四浜村"宇你共富"驿站启用。驿站由秀洲邮政管理局党支部书记领办，秀洲邮政管理局、王江泾镇宇四浜村、嘉兴市申通快递有限公司、中国移动嘉禾分公司、禾城农商银行等联合共建，涵盖快递助农、数字兴农和金融惠农三大板块，可长期为当地居民提供政务服务、快件寄递、爱心助农、转账汇款、数字乡村体验、智慧产品展示等便民服务，同时定期举办免费寄递、直播带货、金秋助学、金融反诈、骑士关爱等公益活动。

【行业标杆服务创建】　2022年，秀洲邮政管理局依照"六好"创建标准，在全区评定五星级网点5个、四星级69个、三星级47个，形成一批行业标杆网点。完善农村寄递服务体系，推动"快递进村"，建成"共富驿站"40余个。推广绿色包装再循环，实现快递包装再回收利用的新做法，得到省邮政管理局领导肯定。新创建省邮政快递行业绿色分拨中心1家、绿色网点2家。创建浙江省首批邮政快递业"扫黄打非"示范站点1个。

（柳丹丹）

通　　信

【中国电信股份有限公司嘉兴秀洲分局】　2022年，秀洲电信分局具备千兆以上光网络建设能力，在5G网络基站与联通公司共同推动共建共享，提升5G覆盖水平，新增5G基站293个，5G服务业务实行独立组网。全面推行5G客户感知体验，在速率上的感知得到明显提升，用户下载速率超过1Gbps。坚持围绕"网络优质、服务便捷、消费放心、安全可信"的服务目标，开展"满意服务十分信赖"宣传活动。电子渠道服务上，优化O2O（线上订单线下服务）到家流程，实现线上订单线下上门就近配送，简化宽带融合业务交付体验。实体渠道服务上，在营业厅执行首问责任制，设置服务专员，持证上岗，有问必答。建设"爱心翼站"，为进厅客户和户外工作者免费提供"十项"暖心服务。电信向科技型服务运营商转变，推进云改战略和产业数字化转型，参与秀洲区的数改项目，其中"建筑垃圾全流程监管"平台项目，成功入选浙江省数字化改革重大应用。"助残畅行""红色润心"项目纳入浙江省数改的优秀案例。在"明厨亮灶""阳光厨房""卤味监控""扫码监控"等企业民生项目上成为实施进度和过程管控中的主要运营商。至年末，秀洲区有电信移动网上用户24.46万户，其中5G用户16.08万户，宽带用户12.41万户，天翼高清（ITV）用户6.48万户，固网用户5.9万户。

（黄正道）

【中国联合网络通信有限公司嘉兴市分公司】　2022年，嘉兴联通响应国家"稳就业，稳市场主体"重大战略部署，履行央企的政治、经济、社会和科技创新责任，为秀洲区经济的平稳、健康发展保驾护航。强化网络基础，推进5G和千兆光网建设应用，在秀洲区开通5G基站69个，5G网络人口覆盖率98%，实现5G网络在秀洲区主城区及镇区的连续覆盖和113个行政村的有效覆盖；家庭千兆网络覆盖率67%，10G－PON端口占比45%，千兆光网覆盖秀洲区家庭超20万户。落实降费助企，贯彻落实国务院国资委助力中小企业纾困解难促进协同发展工作要求，中小企业宽带业务和专线业务平均资费较2021年下降10%，惠及中小企业1243家。推进提速惠民，手机速率提升至1Gbps，宽带速率提升至1000Mbps。赋能区域治理现代化升级，加快“双千兆”技术创新和融合应用，承建一网统管、智慧楼宇、智慧书房、医联体系统、出租房隐患治理平台、数字化教学空间、文明全指数典范工作台、5G全连接工厂等数字化改革项目，助力提升政府智慧化、精细化治理水平。履行责任使命，完成党的二十大、全国两会、北京冬奥会和冬残奥会、世界互联网大会、中高考等一系列重大活动的通信保障任务，并在抵御台风“梅花”、抗击新冠疫情等应急通信保障中发挥重要作用。是年，嘉兴联通获评“2021—2022嘉兴最具社会责任感企业”“嘉兴诚信先锋企业”“公平消费示范窗口”。

（张　黎）

【中国移动嘉禾分公司】 2022年，中国移动嘉禾分公司运营收入13.94亿元，通话用户132万户，宽带用户43万户。秀洲区全年建设5G基站175个。至年末，全区建有5G宏基站606个，其中高照街道121个、新城街道153个、王江泾镇70个、油车港镇68个、王店镇82个、洪合镇63个、新塍镇49个，全年新建和扩容4G站点350余个。是年，承建嘉兴市秀洲区“智安街道”项目，围绕“人、车、物、环境”四种基本元素，构建“平台可扩展、架构可开放、数据可共享”的“123+N”应用框架，建设“智慧街道”平台及智安场景，助力秀洲区提升公共安全防范能力和治理服务创新能力；承建嘉兴市秀洲区“企业家”服务治理集成应用项目，助力秀洲区完善政务服务一体化体系，更好地满足企业的政策需求和服务需求，为企业提供全生命周期全流程全方位服务，有效提升秀洲区企业办事服务的效率和便利性；承建嘉兴市秀洲区“E法审”政府法律事务合法性审查平台项目，重塑、建立审查流程，利用技术手段促进合法审查程序完备统一，全方位提升区政府决策质量，全面推行规范性文件合法性审核机制，助力司法业务效率提升；承建秀洲区宗教智治应用建设项目，利用信息化管理技术，实现秀洲区宗教场所管理可视化、数字化、智能化，为全面开展宗教智治应用建设工作提供秀洲区样板。

（高志颖　姚若宇）

综　　述

2022年,秀洲区科技局坚持科技创新要面向世界科技前沿、面向经济主战场、面向国家重大需求、面向人民生命健康的"四个面向"要求,坚决扛起科技自立自强使命担当,为嘉兴打造共同富裕示范区典范城市贡献更多科技力量。

根据科技部新修订的《国家高新技术产业开发区综合评价指标体系》,在参评的169家国家高新区中,嘉兴高新区2022年度综合排名第54名。其中:创新能力和创业活跃度第85名,结构优化和产业价值链第51名,绿色发展和宜居包容性第41名,开放创新和国际竞争力第84名,综合质效和持续创新力第44名。实施主导产业创新服务综合体全覆盖工程,认定各级产业综合体5个。

持续推进现代版科技孵化之城建设,累计拥有区级以上科技企业孵化器13家。以"科技企业双倍增"为目标,做好微成长、小升高、高创强的科技型企业梯队培育工作,省科技型中小企业、国家高新技术企业等科技企业队伍进一步壮大。至年末,有国家高新技术企业357家,省科技型中小企业1014家。培育国家级博士后工作站1家、省级院士工作站2家、省级重点实验室1家、市级重点实验室7家。不断推进各级人才、团队项目的申报工作。

不断深化校地合作,加快推进北京理工大学长三角研究院(嘉兴)、浙江大学嘉兴研究院、南方科技大学嘉兴研究院、嘉兴未来食品研究院等新型研发机构建设,与清华长三角研究院合作共同实施"深根计划",建设"1+N"综合科技服务体系(即共建"1"个综合科创服务平台,形成"N"种多领域、多形式的全面合作,包括但不限于路演活动、培训交流、招商引资、引育人才、智库合作、产学研对接等)。

是年,全社会R&D(研究与试验发展)经费占GDP比重3.26%;规模以上工业企业研发经费41.77亿元,同比增长15.8%。规模以上工业企业研发活动率95.7%,列全市第三;规模以上企业研发机构设置率87.4%。新培育国家高新技术企业87家、省科技型中小企业203家。

（姜颍洁）

科技机构与队伍

【概况】 2022年,新增省级企业研究院2家,累计28家;新增省级企业研发中心4家,累计61家;新增市级研发中心20家,累计176家。

【科研机构】 2022年,新认定省级企业研究院2家,分别是:浙江省德康高性能医疗器械企业研究院和浙江省德沃康智能家居系统企业研究院。新认定省级企业研发中心4家,分别是:浙江省积成星芯片设计封装高新技术企业研究开发中心、浙江省明晖数字化电器高新技术企业研究开发中心、浙江省翼波电子射频传输器件高新技术企业研发中心和浙江省中聚高分子材料高新技术企业研究开发中心。新认定市级研发中心20家,分别是:顶善美集成吊顶高新技术研究开发中心、小辰光伏高分子材料高新技术研究开发中心、沃兹玩具高新技术研究开发中心、翔翌复材高新技术研究开发中心、今顶集成吊顶高新技术研究开发中心、中威高分子航空新材料高新技术研究开发中心、海视嘉安智慧城市高新技术研究开发中心、恒亿达复合材料高新技术研究开发中心、阿特斯阳光光伏新材料高新技术研究开发中心、积成星半导体芯片封装技术高新技术研究开发中心、逸鹏差别化纤维高新技术研究开发中心、知丰健康酱卤制品高新技术研究开发中心、弘正环境检测高新技术研究开发中心、奥普智能家居高新技术研究开发中心、川禾太阳能导电连接产品高新技术研发中心、耐通电子高新技术研究开发中心、明晖高性能低压电器高新技术研究开发中心、铭度户外家居高新技术研究开发中心、嘉民酚醛新材料高新技术研究开发中心和立石智能机器人系统高新技术研究开发中心。

【浙江省德沃康智能家居系统企业研究院】 位于嘉兴国家高新区康和路1288号。科研用房总面积1460平方米，科研资产投入总额8500.97万元。主要研究方向为智能家居系统和智能医疗、智能升降办公系统等多个领域，拥有各类科技研发人员164人，其中，专职研究开发人员164人，占企业当年职工总数1106人的14.83%；具有本科以上学历或中级以上职称的工程技术人员109人，占研发机构职工的66.46%。至年末，公司研发团队获得各类自主知识产权193项，其中，发明专利14项，实用新型专利94项，外观专利28项，软件著作权23项。

【浙江省中聚高分子材料高新技术企业研究开发中心】 位于王店镇瑞银西路。成立于2017年12月，研发团队总人数17人，主攻高分子材料的研发，重点开发领域是太阳能背板。中心在焦华博士带领下，组成一支高素质、高技能的研发队伍，有丰富的产品研发和生产制造经验，从组织上保证企业技术创新工作的开展。至年末，公司已授权发明专利25项，实用新型专利22项。

【重点实验室】 重点实验室是组织开展基础研究和应用基础研究，集聚和培养优秀科研人才，开展高水平学术交流，推进科技成果转化应用，具备先进科研装备条件，能为经济社会发展提供科技支撑引领和服务的科研机构。是年，新认定市级重点实验室A类1家，B类6家。全区累计24家，其中A类3家，B类21家。

2022年秀洲区新认定市级重点实验室一览

表31

序号	名　　称	承　担　单　位	认定类型
1	嘉兴市数字安全技术与系统重点实验室	浙江大学嘉兴研究院	A
2	嘉兴市环境污染防治重点实验室	中科环境科技研究院(嘉兴)有限公司	B
3	嘉兴市激光微纳制造技术重点实验室	北京理工大学长三角研究院(嘉兴)	B
4	嘉兴市智能传感技术及应用重点实验室	北京理工大学长三角研究院(嘉兴)	B
5	嘉兴市食品合成生物技术重点实验室	嘉兴未来食品研究院	B
6	嘉兴市材料界面科学与工程应用重点实验室	南方科技大学嘉兴研究院	B
7	嘉兴市数值仿真与工业软件重点实验室	南方科技大学嘉兴研究院	B

资料来源：由区科技局提供

【科技人才培育】 实施创新驱动发展战略，全力推进科技引才。是年，申报国家“火炬计划”10人，入选2人；申报国家“自然基金海外青优人才项目”10人；省引才计划科技口入围答辩28人；入选国家“万人计划”1人；入选省级海外工程师7人；入选市“星耀南湖”领军型创新人才项目9人。

（宋信祥　卜银方　沈　妍）

科技交流与推广

【概况】 2022年，秀洲区聚焦G60科创走廊建设，围绕天鹅湖未来科学城建设规划和实施方案，加快“科创湖区”建设。与中国电子科技集团公司第三十六研究所上海研发中心共建“上海人才飞地——秀水新区上海创新中心”。举办不同主题、形式的路演对接活动 17 场，落地项目 62 个，开展院企对接活动 10 场，对接企业 150 多家。推进发明专利产业化工作，批准立项 25 项，全年完成技术合同登记 486 份，实现技术交易额 18.25 亿元。

【科创湖区建设】 围绕天鹅湖未来科学城建设规划和实施方案，加快“科创湖区”建设工作，推进天鹅湖未来科学城建设纳入嘉兴环城科技创新带建设中，助力完善嘉兴市科技创新体系。平台建设方面，麟湖双创中心办公室启用；生物实验室和化学实验室正在装修。总投资约 1.3 亿元的天鹅湖未来科学城配套科研投资项目签约供地。与中国电子科技集团公司第三十六研究所上海研发中心共建“上海人才飞地——秀水新区上海创新中心”，招引国内外高科技项目和高科技人才，形成上海孵化、秀洲产业化的项目孵化联动机制，深化双方在人才引进和高层次人才培育方面的战略合作。

【科创路演】 根据技术领域、人才地域等情况开展不同主题、形式的路演对接活动，举办“才遇秀美·云聚英才”2022 秀洲科创百人会云路演、“科创湖区”秀水新区·上海高层次人才交流会暨秀水新区上海创新中心启用仪式等活动，共 17 场，落地项目 62 个。通过 G60 科创走廊建设，导入路演评审专家 18 人，投融资机构 6 个。

【成果转化】 深入开展院企对接活动，指导南方科技大学嘉兴研究院、浙江大学嘉兴研究院等举办“星火领秀”企业沙龙对接专场活动 10 场，对接企业 150 多家，达成合作意向 30 多家，研究院服务企业技术交易额 3600 万元。依托“揭榜挂帅”机制，向企业征集技术、人才需求和产业共性技术难题，发榜项目 52 项，27 个项目被成功揭榜。推进发明专利产业化工作，邀请专家对全区 28 个发明专利产业化申报项目进行评审，最终立项 25 个。开展技术合同登记和科技成果登记工作，全年完成技术合同登记 486 份，实现技术交易额 18.25 亿元，同比增长 19%。

（沈　妍）

科技成果

【概况】 2022 年，新认定省科技型中小企业 203 家，累计 1014 家；新认定国家高新技术企业 87 家，累计 357 家；新认定省科技“小巨人”企业 2 家。

【科技企业培育】 通过工业绩效评价倒逼，专项辅导、面对面答疑，全力推进科技企业晋升为省科技型中小企业、国家高新技术企业。2022 年，全区共认定国家高新技术企业 142 家，其中新认定 87 家、重新认定 55 家；新认定省科技型中小企业 203 家。嘉兴中润光学股份有限公司和汉朔科技股份有限公司，被认定为浙江省科技“小巨人”企业。

2022 年秀洲区国家高新技术企业一览

表 32

序号	企业名称	序号	企业名称
1	嘉兴市资格电气科技股份有限公司	9	嘉兴市群峰电器股份有限公司
2	嘉兴市大得电器股份有限公司	10	浙江嘉湖机床股份有限公司
3	嘉兴敬德机械科技有限公司	11	浙江嘉福玻璃有限公司
4	浙江品格集成家居有限公司	12	浙江网联毛衫汇科技股份有限公司
5	来斯奥集成家居股份有限公司	13	嘉兴市华祥纺织股份有限公司
6	浙江米科光电科技股份有限公司	14	浙江索纳塔建筑材料有限公司
7	浙江美尔凯特智能厨卫股份有限公司	15	嘉兴赛诺机械有限公司
8	嘉兴帛冠纺织有限公司	16	浙江禾东船业科技股份有限公司

续表 32

序号	企业名称	序号	企业名称
17	浙江博美泰克电子有限公司	51	福莱特玻璃集团股份有限公司
18	浙江鑫森纺织股份有限公司	52	浙江雷诺尔电气有限公司
19	浙江荣祥纺织股份有限公司	53	嘉兴云切供应链管理有限公司
20	嘉兴市佳瑞思喷织有限公司	54	浙江嘉欣金三塔丝绸服饰有限公司
21	嘉兴市华亚织造股份有限公司	55	嘉兴亮通照明有限公司
22	嘉兴市金河纺织有限公司	56	浙江品羲新材料有限公司
23	嘉兴市大钇纺织科技股份有限公司	57	嘉兴三杰电器有限公司
24	浙江洛克新材料股份有限公司	58	嘉兴市佳静电器股份有限公司
25	嘉兴市俊发喷织有限公司	59	嘉兴市银晶电器有限公司
26	嘉兴市前荣织造有限公司	60	嘉兴市华晶机械有限公司
27	嘉兴春祐精密模具有限公司	61	嘉兴市夏氏电器有限公司
28	嘉兴金科达纺织科技股份有限公司	62	嘉兴普洛瓦电器有限公司
29	汉朔科技股份有限公司	63	嘉兴市大雪印刷有限责任公司
30	映翰通嘉兴通信技术有限公司	64	浙江格兰电气有限公司
31	嘉兴星网通信技术有限公司	65	浙江华岩针织有限公司
32	浙江佳源通讯技术有限公司	66	嘉兴市韶华塑胶新材料股份有限公司
33	浙江瑞通电子科技有限公司	67	浙江龙源纺织股份有限公司
34	嘉兴耐通电子科技有限公司	68	嘉兴市万荣电器股份有限公司
35	嘉兴索罗威新能源有限公司	69	浙江千多木智装股份有限公司
36	浙江嘉尔光电科技有限公司	70	嘉兴钜洲塑料科技有限公司
37	嘉兴信元精密模具科技有限公司	71	嘉兴福美新材料科技有限公司
38	嘉兴杰创智能电器有限公司	72	嘉兴市翰阳信息科技有限公司
39	嘉兴扬鑫机械有限公司	73	嘉兴市澳太新型建筑材料有限公司
40	嘉兴压力容器厂	74	浙江宜居装饰材料有限公司
41	嘉兴格鲁博机械有限公司	75	名正(浙江)电子装备有限公司
42	浙江森永光电设备有限公司	76	浙江福中洁环境工程有限公司
43	嘉兴孚瑞精密五金科技有限公司	77	嘉兴市洪合环境工程有限公司
44	世源科技(嘉兴)医疗电子有限公司	78	浙江三禾精密机械股份有限公司
45	嘉兴亚欣商标印务有限公司	79	嘉兴市海宇纺织有限公司
46	浙江聚优非织造材料科技有限公司	80	浙江新圣达纺织股份有限公司
47	恩龙实业(嘉兴)有限公司	81	嘉兴市永昌纺业股份有限公司
48	嘉兴市清河高力绝缘有限公司	82	嘉兴市中辉纺织股份有限公司
49	浙江三科线缆股份有限公司	83	嘉兴市味知斋食品股份有限公司
50	浙江美盾防护技术有限公司	84	嘉兴市路昊服装有限公司

续表 32

序　号	企　业　名　称	序　号	企　业　名　称
85	鼎宏荣业建设集团有限公司	114	嘉兴博华机械设备有限公司
86	嘉兴米兰映像家具有限公司	115	盛泰英诺(嘉兴)医疗科技有限公司
87	嘉兴市海晨纺织有限公司	116	圣路机械(嘉兴)制造有限公司
88	嘉兴市恒丰纺织股份有限公司	117	嘉兴德胜精密制造有限公司
89	嘉兴市红润化纤有限公司	118	嘉兴市华杰机械有限公司
90	嘉兴市金鹭喷织有限公司	119	嘉兴辉煌自动化工程有限公司
91	嘉兴市洲洋塑业有限公司	120	嘉兴铸工智能设备有限公司
92	嘉兴市鑫锋纺织股份有限公司	121	嘉兴市沃能亚蚂自动化科技有限公司
93	嘉兴市英伟纺织股份有限公司	122	加道材料科技嘉兴有限公司
94	嘉兴市宏亮纺织有限公司	123	浙江小宇科技股份有限公司
95	嘉兴市惠芳喷织股份有限公司	124	亿缙机械(嘉兴)有限公司
96	嘉兴市兴磊纺织有限公司	125	嘉兴市远东精密印刷有限公司
97	嘉兴市凯邦锦纶科技股份有限公司	126	嘉兴京硅智能技术有限公司
98	嘉兴市凤杰纺织股份有限公司	127	嘉兴润通汽车配件有限公司
99	嘉兴市南洋印染有限公司	128	嘉兴市元创纺织有限公司
100	嘉兴祥瑛机械设备制造有限公司	129	嘉兴市贝斯塔电子有限公司
101	嘉兴市昭彰彩印有限公司	130	嘉兴翔翌复合材料有限公司
102	嘉兴市永利纺织科技股份有限公司	131	嘉兴鸷锐新材料科技有限公司
103	嘉兴市昊鸣纺织股份有限公司	132	嘉兴市小辰光伏科技有限公司
104	嘉兴市鑫圣碳纤维制品有限公司	133	浙江昱祐生物科技有限公司
105	浙江创新建筑设计有限公司	134	嘉兴市嘉设岩土工程勘察研究所有限公司
106	嘉兴恒禹建设有限公司	135	嘉兴海视嘉安智城科技有限公司
107	嘉兴研科光电科技有限公司	136	嘉兴市环泰工程技术有限公司
108	嘉兴桀华电子科技有限公司	137	吉递(中国)能源科技有限公司
109	嘉兴意飞光电科技有限公司	138	浙江首信检测有限公司
110	浙江欣融电子有限公司	139	嘉兴阿特斯技术研究院有限公司
111	赢客(嘉兴)科技有限公司	140	嘉兴隆基乐叶光伏科技有限公司
112	嘉兴市小答智能科技有限公司	141	浙江川禾新材料有限公司
113	浙江汉邦通讯设备有限公司	142	浙江中电环境科技有限公司

资料来源：由区科技局提供

【省科学技术进步奖】　嘉兴中润光学科技有限公司申报的“超高清数字安防变焦镜头研发及产业化”获2021年度浙江省科学技术进步奖三等奖。该技术产品符合国家数字安防产业发展需求和导向，相关成果产品已为海康、大华等企业提供配套，并广泛应用于高铁沿线、边防海防、智慧城市等领域，填补2千米以上超长观测距离超高清变焦镜头产品的空白，解决高端光学镜头“卡脖子”核心技术难关。

（宋信祥　卜银方　沈　妍）

新型研发机构

【概况】 2022年，秀洲不断深化与高校院所合作，浙江大学嘉兴研究院、北京理工大学长三角研究院（嘉兴）等重要新型研发机构开始实地运作。新认定省级新型研发机构2个：浙江大学嘉兴研究院、北京理工大学长三角研究院（嘉兴）；市级3个：南方科技大学嘉兴研究院、浙江大学嘉兴研究院、北京理工大学长三角研究院（嘉兴）。

【校地合作】 先后与北京理工大学、浙江大学、南方科技大学、江南大学、中科院朱永观院士团队合作，共建北京理工大学长三角研究院（嘉兴）、浙江大学嘉兴研究院、南方科技大学嘉兴研究院、嘉兴未来食品研究院、中科环境科技研究院5个研究院，注册落地并稳步运行。研究院共引进各类高端人才超400人，其中，包括院士20人、国家级人才8人、省部级人才28人、进站博士后18人、博士56人、硕士102人，联合培养研究生超200人。北京理工大学长三角研究院（嘉兴）、浙江大学嘉兴研究院获评省级新型研发机构，北京理工大学长三角研究院（嘉兴）被认定为国家级博士后工作站。各研究院累计申报省市级各类计划项目62项，其中，“太阳能高效利用关键材料研发及应用示范”等40余个项目获批省科技厅“尖兵”“领雁”研发攻关计划、省软科学研究计划等；申请发明专利70余项；与81家企业开展产学研合作，合作金额4000余万元。

【浙江大学嘉兴研究院】 8月，研究院展示中心投入使用；11月，研究院本部及各中心（研究室）全部入驻文创园办公楼办公。光电中心“秀水光谷—光电科创基地”项目以建设国家级科技创新平台为目标在洪合镇开工建设；与浙江大学共建的“浙江省清洁能源与碳中和重点实验室”获省科技厅认定；与白马湖实验室、浙江省能源业联合会联合开发“全维度安全靶场大科学装置”建成并投入使用；浙江大学嘉兴研究院（智能制造与安全实验室）成功入选全国两化融合标委会生产设备数字化管理标准工作组成员单位及工业和信息部工业大数据分析与集成应用重点实验室成员单位；“嘉兴市数字安全技术与系统重点实验室”获评嘉兴市A类重点实验室，“嘉兴市碳中和重点实验室”“嘉兴市光电感知与智能成像重点实验室”考核结果为优秀；与各龙头企业成立一系列联合实验室，落户秀洲重点建设研发实验区。由研究院院长高翔院士牵头，浙江大学嘉兴研究院参与的产学研用合作项目“船舶尾气高效净化关键技术及应用”，获得浙江省科技进步一等奖；是年，获浙江省科技厅2022年度“尖兵”“领雁”研发攻关计划重大技术攻关项目5项；申请发明专利61项、计算机软件著作权10个；发表论文64篇；印发《数字长三角》系列丛书；筹划制定国家标准1项，参与制定团体标准3项；研究院实现技术服务收入1236.15万元。累计孵化培育企业25家。至年末，研究院有全职人员156人，其中科研人员124人；包括国家级引才计划2人、省级引才计划1人，博士15人，硕士47人；6月，浙江省博士后工作站获批，入站博士3人；柔性引进科研人员54人，其中省部级以上人才27人；校企联合培养研究生14人；研究院“百人计划”启动，面向全球招募优秀高层次人才落户秀洲；组织申报“优青”项目5人，申报省级人才计划14人，申报市“星耀南湖计划”6人。

【北京理工大学长三角研究院（嘉兴）】 获批设立国家级博士后科研工作站，入选工业知识与数据融合创新应用、智能感测技术与应用2个工业和信息化部重点实验室；招收专项研究生205人，发表论文45篇，申请发明专利16项；建立国内和海外引才工作站20余个，建设上海和杭州“人才飞地”，与浙江省人才发展集团、青塔学术、海英荟等知名引才机构签订引才战略合作协议。引进学术人才42人、工程实验技术人才6人，管理服务人才6人，其中，全职学术人才6人，博士后15人。柔性引进欧洲科学院院士、欧洲科学与艺术院院士、国际系统与控制科学院院士、四川大学教授徐泽水，遴选推荐申报国家级人才1人、浙江省“鲲鹏”级高层次人才团队2个、浙江省青年人才项目

4人、嘉兴市“星耀南湖”领军人才计划10个,向浙江省、嘉兴市推荐100多名智库专家,主动对接当地科技资源;组织申报浙江省各类计划项目31项、嘉兴市各类计划项目24项,获批国家民用飞机专项、浙江省软科学研究计划项目等40余项,经费近4500万元;新增智能传感技术及应用和激光微纳制造技术2个嘉兴市重点实验室,获批嘉兴市新型研发机构、软件领域关键技术研发基地;先进微波器件与天线测试系统等38个科研轻平台陆续投入使用。

【南方科技大学嘉兴研究院】 研究院重点围绕工业软件、先进材料、智能电子装备三个领域,开展关键技术研发、科技成果转化、高端人才培养和高科技企业培育等工作,并有效承接国际人才落地以及相关技术成果转移。至年末,研究院在职人员137人,其中,行政管理人员13人,科研人员124人(含柔性科研人员44人);有国家高端人才8人,其中,院士3人,国家“引才计划”5人;博士30人,硕士53人。其中,工业软件创新中心59人,先进材料创新中心25人,智能电子装备创新中心26人。申请发明专利3项、实用新型专利3项,发表论文6篇,获批省级院士工作站,孵化企业1家。

【嘉兴未来食品研究院】 至年末,研究院入驻科研团队5个,有全职及柔性科研工作人员40人,其中博士11人,硕士27人,本科2人;科研管理人员9人。硕博占比77.55%。是年,申请发明专利8项;申报项目1项(基于生成对抗网络的牛排分类研究);申报人才项目4项;新增技术合同1份、技术交易额500万元,孵化科技公司1个,注册资金500万元。实验室设备订购306套,总计约1500万元。

(沈　妍)

科技管理

【概况】 2022年,秀洲区累计拥有市级以上产业创新服务综合体5家,其中嘉兴市秀洲时尚智造毛衫产业创新服务综合体获评2022年度嘉兴市产业创新服务综合体绩效评价优秀,嘉兴市秀洲经典食品产业创新服务综合体评价合格。新增省级科技企业孵化器1家、市级域外孵化器2家,累计拥有区级及以上科技企业孵化器13家,其中国家级1家、省级4家、市级7家、区级1家;拥有省级海外孵化器3家、市级域外孵化器4家。新认定省级众创空间1家,累计6家。

【孵化器建设】 持续推进现代版科技孵化之城建设,全力构建链条完善的孵化平台,加快“孵化器+加速器+产业园”的孵化链条建设,全面形成创业创新的孵化生态圈和相对完善的孵化服务体系。是年,新增省级科技企业孵化器1家,为博尔玛创新园;新增市级域外孵化器2家,为桃园嘉兴域外孵化器和中欧慧谷里昂海外创新孵化中心;新认定省级众创空间1家,为瀚海嘉兴国际创新中心。至年末,建有上海交大(嘉兴)科技园等13家区级以上科技孵化器,拥有在孵企业492家,毕业企业203家。通过孵化器引育“省千”人才22人,市级“精英引领计划”人才53人,秀湖“双百”人才61人。

【科技计划管理】 加强科技计划项目管理,指导企业申报各类科技计划项目。是年,成功申报省级新产品试制计划立项446项;省级重点研发计划项目2项,分别为浙江蓝特光学股份有限公司的“光学显微缺陷检测方法及系统研究”和浙江德欧电气技术股份有限公司的“超纳米插补高速高精五轴联动数控系统研发及产业化”;列入市级重点研发计划项目7项,分别为德和科技集团股份有限公司的“LNG船用高端聚氨酯深冷复合材料国产化替代项目”、浙江嘉科新能源科技有限公司的“基于‘三维六元’治水模型的物联网智能调控系统”、浙江嘉科电子有限公司的“基于动态缓冲技术的机载脉冲电源模块开发及应用”、嘉兴军胜电子科技有限公司的“新能源车辆智能自反馈校正定位车后无线充电技术开发及应用研究”、浙江德康医疗器械有限公司的“医用脊柱抗菌及融合植入物的研发”、嘉兴阿特斯光伏技术有限公司的“超大超薄异质结电池技术及产业化”和捷威动力工业嘉兴有限公司的“高比能快充锂电子电池技术”。区级科技计划项目20项(其中工业项目5项,社发项目15项),5项工业项目和12项社发项目被确认为市备案制项目。督促企业实施已立项项目，注重过程管理，开展中期检查，指导企业做好到期项目的验收准备工作。2月23日、24日，组织专家对到期的8个工业项目进行验收，全部通过验收。

【产业创新服务综合体建设】 截至2022年，秀洲区累计创建各级产业创新服务综合体5家，其中省级2家、市级3家。嘉兴市秀洲区时尚智造毛衫产业和经典食品产业2个创新服务综合体通过2022年度嘉兴市产业创新服务综合体考核评价。

【秀洲区纺织产业创新服务综合体】 2022年，综合体共集聚服务机构29家，服务中小微企业2553家次；累计引进大院名校6家，梳理关键共性技术5项；累计培育关联产业高新技术企业38家、省科技型企业132家。推进与阿里巴巴共同建设跨境电商基地，打造国内具有较大影响力的纺织产业集群跨境电子商务聚集区以及电子商务培训基地。加强与阿里巴巴商学院、浙报传媒等机构合作，为会员企业提供行业分析报告、电商政策解读、交流活动等综合服务，结合产业集群和块状经济特点，协助推进"阿里巴巴·嘉兴产业带"与"淘宝中国嘉兴特色馆"项目。

【嘉兴秀洲智能装饰产业创新服务综合体】 2022年，依托综合体大院名校和综合体企业平台，申报国家级引才计划4人，入选1人；申报省级引才计划7人，入选1人；申报市级人才项目5人，其中1人获得"红船杯"嘉兴全球创业创新大赛总决赛二等奖。此外，引进全职博士8人。通过举办中国（嘉兴）国际集成吊顶产业博览会，组织麒盛科技股份有限公司、顾家智能家居嘉兴有限公司等企业亮相深圳国际家具展，探索618种草节等新方式，建立绿幕直播间，提供视频直播一站式解决方案，提供多样化功能，全面解决企业直播需求；持续加强现代物流园建设，做好配套物流服务，建成嘉兴跨境电商监管中心，提升智慧物流竞争力。

（何艳芬）

综　述

2022年，秀洲区教育体育局突出“1127”发展目标，即围绕“美好优学”一个体系建设，开展“师德师风提升年”一项活动，推进“全国义务教育优质均衡区、学前教育普及普惠发展区”两个创建，提升“资源供给、五育并举、优质均衡、队伍管理、现代治理、活力体育、清廉学校”七个水平，全面推进“美好优学”“活力体育”高质量发展。

全区有法人幼儿园33所，下属分园22所；义务教育段学校24所，其中，公办学校22所、民办学校2所（伯鸿实验学校、王江泾精英学校），其中，九年一贯制学校7所，初中学校7所，小学10所；高中1所；成人文化技术学校7所。是年，全区各级各类学校有专任教师4151人，其中，普高145人、初中963人、小学1831人、幼儿园1212人；合格学历人数占比100%，全区义务教育段本科以上学历教师2520人，占比90.2%，学前教育段本科及以上学历教师739人，占比60.97%。中学、小学中级及以上职称人数分别为810人和1021人，占中小学专任教师的84.11%和55.76%。新聘用中小学教师38人、成人文化技术学校工作人员（公益二类）11人、储备制教师131人。区级及以上骨干名师920人，占全区专任教师的22.16%。全区获评省春蚕奖2人，市中小学师德楷模3人，市农村教师突出贡献奖4人，评选区优秀校长、最美教师、十佳师德楷模、十佳班主任等57人。

是年，全区中考考生3533人，提前批录取431人；第一批上线1004人，较上年增加153人，上线率28.42%，同比提高3.21%；全区普高上线人数2074人，较上年增加359人，上线率58.70%，同比提高7.9%。小学、初中入学率和巩固率100%，幼儿入园率99.8%。全面落实“阳光招生”政策，招录新生一年级5832人、七年级4421人。

是年，全区教育经费总投入13.39亿元，其中一般公共预算教育经费9.82亿元，比上年增长10.7%。王店镇中心幼儿园、金茂幼儿园、油车港镇实验幼儿园陈家坝园区3个幼儿园项目竣工并投入使用，扩充公办幼儿园学位1260个。30个校区安装空调1878台，实现“冬暖夏凉”全覆盖，14所学校改造提升艺术教室35间。

推进终身教育体系和学习型社会建构，成人双证制高中学历提升1306人，大专以上学历提升2926人，承办嘉兴市暨秀洲区全民终身学习活动周总开幕式。秀洲区老年大学新校区落成启用。

平稳推进规范民办义务教育发展专项工作，秀洲现代实验学校回归公办。宏远教育集团4所学校分别划入相关镇（街道）公办学校，公办义务教育在校生比例99.26%。提前解除《嘉兴高级中学特许办学协议》，实现平稳交接。

全面落实“双减”政策，平稳完成22家学科类培训机构的“二次压减”，实现面上清零，开展15次校外培训机构专项治理行动，出动300余人次，专项督查培训机构200余家次，发现并责令整改问题6项。

是年，秀洲区与仙居县共同组建跨地区教育共同体5对（10所），开展活动250余次。2校1园入围省现代化学校创建终评，3校成功创建首批市新优质学校。新增区内城乡教育共同体4对（8所），实现公办义务段学校教育共同体全覆盖。义务教育城乡学校校际差异系数：小学0.152，初中0.179；在县域基础教育生态监测中排名全省第17位。

（陈志佳）

学前教育

【概况】 2022年，全区有幼儿园55所，其中，法人幼儿园33所，下属分园22所，在园人数16385人。其中，等级园55所，覆盖率100%；公办园35所，占比63.64%，在园人数10248人，覆盖率62.54%；普惠性幼儿园51所，占比92.73%，在园人数15148人，覆盖率92.45%；一级、二级优质园39所，占比70.91%，在园幼儿13287人，覆盖率81.09%。全区幼儿园教职员工2084人，其中，专任教师1212人，持证上岗率100%。在职培训率和学历合格率100%，专任教师中大专及以上学历比例99%，本科及以上学历比例62%。基本形成“区域统筹、公益普惠、城乡均等、多元保障、办园规范、群众满意”的现代学前教育体系。当年度幼儿园年审(检)评出优秀单位16家，合格单位39家。嘉兴市卫生幼儿园大教研组获评“浙江省先进教研组”称号。是年，全区招收小班185个班级，共4814人，在“幼有善育”全省托育机构管理系统注册托位约840个；4所幼儿园开设4个托班，共招收托幼幼儿31人。

2022年秀洲区幼儿园基本情况

表33　　单位：个/人

序号	名称	性质	等级	班级数	幼儿数
1	王店镇中心幼儿园	公办	二级	18	532
2	王店镇中心幼儿园(蚂桥园区)	公办	二级	13	376
3	王店镇中心幼儿园(建设园区)	公办	二级	21	659
4	王店镇中心幼儿园(梅里园区)	公办	二级	14	437
5	王店镇中心幼儿园(三建园区)	公办	三级	7	208
6	王店镇幼儿园	民办	三级	12	360
7	吴越幼儿园	公办	一级	12	356
8	吴越幼儿园(良三园区)	公办	三级	3	85
9	宏远教育集团新乔幼儿园	公办	三级	7	206
10	洪合镇中心幼儿园	民办公益	二级	24	720
11	洪合庆安人和幼儿园	民办公益	二级	15	450
12	洪合庆安泰旗幼儿园	民办公益	二级	12	360
13	洪合镇叮咚泉幼儿园	民办公益	三级	12	360
14	新塍镇中心幼儿园	公办	一级	18	588
15	新塍镇中心幼儿园(桃园园区)	公办	二级	6	153
16	新塍镇中心幼儿园(八字园区)	公办	二级	6	168
17	新塍镇中心幼儿园(陡门园区)	公办	三级	2	56
18	宏远教育集团洛东幼儿园	公办	二级	5	120
19	新塍幼儿园	民办公益	二级	13	390
20	香樟树幼儿园	民办	三级	15	385
21	王江泾镇中心幼儿园	公办	一级	22	648
22	王江泾镇中心幼儿园(田乐园区)	公办	二级	5	135
23	王江泾镇中心幼儿园(虹阳园区)	公办	二级	6	172

续表 33

序　号	名　　称	性　质	等　级	班级数	幼儿数
24	王江泾镇中心幼儿园(南汇园区)	公办	二级	5	140
25	王江泾镇中心幼儿园(荷花园区)	公办	二级	6	160
26	王江泾镇中心幼儿园(双桥园区)	公办	三级	6	158
27	王江泾镇中心幼儿园(依云园区)	公办	三级	6	143
28	王江泾镇花家圩幼儿园	民办公益	三级	4	94
29	王江泾镇欣悦幼儿园	民办公益	三级	6	166
30	王江泾镇蒙特幼儿园	民办公益	三级	9	265
31	庆安诚恒幼儿园	公办	二级	8	200
32	油车港镇实验幼儿园	公办	一级	12	359
33	油车港镇实验幼儿园(麟湖园区)	公办	二级	12	360
34	油车港镇实验幼儿园(陈家坝园区)	公办	预二	4	98
35	油车港镇实验幼儿园(栖真园区)	公办	三级	4	116
36	宏远教育集团澄溪幼儿园	公办	二级	4	104
37	油车港镇华英幼儿园	民办公益	二级	8	239
38	庆安乐源幼儿园	民办公益	二级	12	360
39	新城实验幼儿园	公办	二级	10	316
40	上海世外教育附属嘉兴秀湖实验幼儿园	公办	二级	15	435
41	宏远教育集团金盛幼儿园	公办	二级	9	270
42	金茂幼儿园	公办	预二	7	167
43	秀洲实验幼儿园	民办公益	一级	9	278
44	庆安万科幼儿园	民办公益	二级	12	361
45	庆安启蒙幼儿园	民办公益	二级	12	361
46	庆安幼儿园	民办	一级	18	471
47	新城少年梦幼儿园	民办公益	三级	6	180
48	佑华世纪幼儿园	民办	二级	3	21
49	嘉兴市卫生幼儿园	公办	一级	12	361
50	嘉兴市实验幼儿园	公办	一级	27	828
51	秀清幼儿园	公办	二级	14	421
52	高照幼儿园	公办	二级	15	446
53	华英实验幼儿园	公办	二级	9	267
54	高照街道博爱幼儿园	民办公益	三级	5	136
55	高照街道启智幼儿园	民办公益	三级	6	180
合　　计				563	16385

资料来源:由区教体局提供

【全国学前教育普及普惠区创建】　3月，区委、区政府印发《秀洲区学前教育深化改革规范发展实施办法》。8月，区教育体育局等11个部门联合印发《嘉兴市秀洲区学前教育发展第四轮行动计划》，推进"以区为主"的学前教育体制改革工作，明确全区学前教育发展目标和实施路径，持续深化全区学前教育改革发展。12月，区教育体育局发布《关于加快推进幼儿园普及普惠指标补短提升工作的通知》等文件，成立创建工作领导小组和工作专班，对照全国学前教育普及普惠区创建38项指标开展自查自检，形成二度核查任务清单、问题清单、责任清单。制定55所"一园一策"，包括问题汇总、整改方案、整改时限等内容，兼职督学定期下园检查。

【首届保教人员职业技能大赛】　7月，联合区总工会举办区首届幼儿园保教人员职业技能大赛。在各镇(街道)预赛选拔的基础上，42组145名教师和21名保育员分别在秀清幼儿园和嘉兴市实验幼儿园参加区级决赛。教师组决赛包括配音秀、活力早操创编、魅力才艺赛三场活动，评出一等奖6组、二等奖12组、三等奖24组；保育员组开展"桌面清洗消毒"和"呕吐物处理"两个项目比赛，分别评出一、二、三等奖若干名。

【"幼小衔接　秀洲在行动"学前教育宣传月】　5—6月，第十一个学前教育宣传月系列活动在全区各幼儿园全面展开，主题为"幼小衔接　秀洲在行动"。活动期间，在"秀洲教体信息"微信公众号等平台推出专题14期，各类系列宣传150期，各幼儿园开展线上、线下活动55次，16所幼儿园录制幼小衔接案例视频，选送省、市教育平台推送3个，点击阅读量约9万人次。6月22日，宣传月闭幕式活动在新塍镇中心幼儿园举行，会上为"幼小衔接　秀洲在行动"学前教育案例视频获奖单位、先进个人和"'船'承美好，'育'见童年"等云上展演活动"十佳人气奖"颁奖。

【等级园建设】　2022年，王店镇中心幼儿园(梅里园区)等7所幼儿园通过省二级评估和预评估复核；洪合庆安泰旗幼儿园等4所幼儿园通过等级园抽查；新城少年梦幼儿园、高照街道启智幼儿园、王江泾镇蒙特幼儿园、洪合镇叮咚泉幼儿园4所幼儿园通过公益普惠型幼儿园验收；吴越幼儿园成功创建为"省现代化学校"。全区等级园覆盖率100%，优质园覆盖率81.09%，农村中心园一级园比例80%，提前完成学前教育深化改革规范发展和学前教育第四轮行动计划目标。

【优化学前教育办园结构】　9月，区政府办印发《关于提升公办幼儿园和公益普惠性民办幼儿园覆盖率的实施意见》，按照"收回一批租赁国有(集体)资产举办的幼儿园、回购一批低等级的幼儿园、回租一批规模适中的幼儿园、归口一批国企举办的幼儿园、加快启用一批新建园""五个一批"原则，优化区域学前教育办园结构，推进各镇(街道)民办幼儿园的回购转型工作。是年，新建公办幼儿园3所，关停民办幼儿园2所，回购转型幼儿园6所。至年末，全区公办园覆盖率63.64%，普惠园覆盖率92.73%。

【幼儿园年审】　11月10—25日，组建36人团队，分9个专家组，对全区55所幼儿园开展年审。通过基础性指标、附加分指标、否决指标等对各幼儿园一年的办园质量进行全方位的考核评估，按照不同等级的要求分别评出优秀单位16家、合格单位39家，同时形成报告，提炼亮点、指出存在的问题，并及时反馈给各幼儿园和所辖镇(街道)。

(沈伟伟)

义务教育

【概况】　2022年，全区有小学17所(含九年一贯制学校7所)，785个教学班，招生5832人，毕业4720人，在校学生32592人，其中，随迁子女(包括新居民子女)入学10871人；初中14所(含九年一贯制学校7所)，284个教学班，招生4421人，毕业3547人，在校学生12226人，其中，随迁子女(包括新居民子女)入学2873人。小学、初中入学率巩固率均为100%。义务教育阶段残疾儿童入学率100%。

【推进城乡教育优质均衡发展】　2022年，秀洲区加大城乡教育集团化办学和"互联网+义务教育"

结对帮扶工作,以及优质学校培育力度,促进区域内不同类型的学校均衡发展,全面推进全国义务教育优质均衡发展区创建。成立创建工作领导小组和工作专班,对全区中小学48个校区的音乐、美术等专用教室配备情况开展全覆盖专项督查,对5个未达到应配数量的校区和58间面积未达标的教室提出整改要求。各学校制定“一校一策”,大力推进补短提升。全区当年新增区内教育共同体4对[新塍镇中学—洪合镇中学、秀洲实验小学—油车港镇中心小学、浙江师范大学附属秀洲实验学校(初中部)—嘉兴市长虹实验学校(初中部)、嘉兴秀湖学校(初中部)—秀洲现代实验学校]。与仙居县共同组建跨地区教育共同体5对,

9月8日,浙江师范大学附属嘉兴市长虹实验学校揭牌(区教体局提供)

以“互联网+义务教育”为基础,通过数字赋能、系统集成,大力推进省民生实事项目教育共同体建设。两地共建名师工作室8个,师徒结对46对,开展活动250余次,共享课后服务精品课程5门。新塍镇中心幼儿园、油车港镇实验幼儿园、闻川小学、浙江师范大学附属秀洲实验学校4所学校成功创建为浙江省现代化学校,上海外国语大学秀洲外国语学校、新塍镇中学和高照实验学校3所学校成为嘉兴市第一批义务教育“新优质学校”。是年,全区义务教育城乡学校校际差异系数:小学0.152,初中0.179,列全市第一。

【中小学家庭教育】 全面落实《中华人民共和国家庭教育促进法》,成立家校协同育人工作领导小组和由19名教师组成的秀洲区家庭教育讲师团。1月和7月,全区2000余名教师,深入12000余户学生家庭开展“千名教师访万家”活动。秀洲实验小学、浙江师范大学附属秀洲实验学校、嘉兴高级中学、嘉兴市实验幼儿园4所学校获评市级家长学校示范校;油车港镇中心小学、高照实验学校、上海外国语大学秀洲外国语学校、王店镇中学、油车港镇中学5所学校获评市级数字家长学校;秀洲实验小学《数字赋能,家校共育——秀洲实验小学“shows+”赋能家校共育的实践探究》在嘉兴市中小学(幼儿园)家庭教育优秀案例评比中获一等奖。

【中小学艺术教育】 举办秀洲区中小学(幼儿园)第十届校园文化艺术节,征集书法、绘画、视频等学生作品648件,精选百幅优秀作品编印《2022年嘉兴市秀洲区中小学第十届校园文化艺术节优秀作品集》。11月26日,在秀洲实验小学举行秀洲区中小学(幼儿园)第十届校园文化艺术节成果展演暨首届“秀美好少年”表彰活动,现场展示歌舞表演《少年》、小组唱《和你在一起》等9个优秀节目,表彰区第十届校园文化艺术节“优秀组织奖”和首届“秀美好少年”。是年,上海外国语大学秀

11月26日,秀洲区中小学(幼儿园)第十届校园文化艺术节成果展演暨首届“秀美好少年”表彰活动在秀洲实验小学举行(区教体局提供)

洲外国语学校邬宇驰的摄影作品《平衡之光》,获浙江省中小学生艺术节艺术作品类(摄影)一等奖;梅里小学的《鸳鸯湖棹歌》荣获嘉兴市传统文化进课堂微视频展示一等奖;秀洲实验小学图书《爱,是最美的姿态——家庭教育的智慧》、舞蹈《童心画语》入选2022年度秀洲区文化精品工程重点项目。

【特殊教育】 2022学年，全区3～17周岁残疾儿童少年239人，其中，学前教育段37人，义务教育段142人，高中段60人。投资18万元优化6间资源教室，为残疾学生提供优质学习环境，就近安排轻度残疾学生接受义务教育，为重度残疾学生送教上门。是年，学前教育段残疾儿童安置率97.2%，义务教育段残疾儿童安置率100%，在高中段就读的残疾少年有37人。组织开展2022年秀洲区中小学"特殊的'六一'，特别的温暖"主题活动，送教上门，助力残疾学生实现微心愿；全年组织教师开展特殊教育培训108人次。

【中小学劳动教育】 区教体局印发《关于全面加强新时代秀洲区中小学劳动教育的实施办法》，编制秀洲区中小学劳动教育清单，组织开展劳动周实践活动；全面开设劳动教育课程，全部配备专兼职劳动教育教师，每周不少于1课时。是年，秀洲实验小学、闻川小学、王店镇建设中心小学3所学校创建为嘉兴市劳动教育实验学校；王江泾镇古塘村研学实践教育基地创建为省级中小学研学实践教育基地，嘉兴地方党史陈列馆研学基地和王店镇镇中村研学基地创建为嘉兴市研学实践基地。

【"秀美好少年"评选】 推进评价改革，突出"五育"并举。5—10月，举办首届"秀美好少年"评选，推出"弘德少年""博学少年""活力少年""尚美少年"和"勤劳少年"五大类。24所中小学制定校级评选办法，择优推荐250名学生参加区级评选。秀洲区评选表彰100名"秀美好少年"和150名"秀美好少年提名奖"获得者。另外，全区评选出100名新时代好少年，6名少年获评嘉兴市新时代好少年，秀洲实验小学孙晨语获评浙江省新时代好少年，王江泾镇中学马思祺获全国宋庆龄奖学金。

【打造"秀美德育"品牌】 不断创新育人体系，坚持立德树人，推进教育与文化、卫生、体育、科技和艺术的"五教"深度融合，立足传统节日、重要节点，举行"开学第一课、我们的节日"等主题活动，开展"童心向党、喜迎二十大、童眼看共富"等特色活动，推进"赓续红色血脉、守好红色根脉"等研学活动，突出思政教育，弘扬"红船精神"，传承红色基因，全年组织开展科技节、文化艺术节、阅读节等活动70余场次，参与学生10万余人次，《五育并举提素质　共育秀美好少年》在《嘉兴日报》专版刊登。

【首届中小学心理科普周】 4月，举行区首届中小学心理科普周活动。活动以"寻找疫情下的心能量"为主题，依托"多校联动"的工作机制，采用区心理健康教育团队共同研发的心理科普特色套餐为资源，组织开展"治愈系心理四格漫画创作"、组团云踏青、绘制幸福手账、观赏云端课、创作心理漫画等学生喜闻乐见的心理特色活动，传播积极心理学理念，培育学生积极乐观的人格品质，同时潜移默化地塑造秀洲区"积极向善"的校园心育文化。秀洲实验小学、上海外国语大学秀洲外国语学校、麟湖小学、新塍镇中学等20所学校共同参加活动。"秀洲·沙雅"学前心理健康教育联合研修项目入围市教育援疆特色项目。

【小学生综合评价改革】 创新实施小学生综合评价改革，改进低段非纸笔测试，促进学校多样化、特色化发展，形成区域小学生综合评价个性样态。4月29日，嘉兴市小学生综合评价改革项目启动会在秀洲实验小学举行，秀洲实验小学、印通小学在会上分享小学生综合评价改革实践成果。9月，秀洲区被列入全省小学生综合评价改革试验区。围绕小学生综合评价改革，全年共开展7次主题论坛、1次场景研修、3次命题能力培训、17项市区课题研究，从而提升教研员和骨干教师的评价素养。全区15所学校架构具有课程特点的评价体系和学生成长报告单，其评价亮点在区教育研训中心公众号发布。6所学校与浙江仙居、龙泉、莲都，四川宜宾等地开展经验交流，相关活动在《读嘉》《嘉兴教育》等媒体报道。《中国教育报》刊登印通小学综合评价改革经验。

【科教融合】 2月，在浙江师范大学附属秀洲实验学校设立分课堂，全区近3万名中小学生共同收看"百名科学家进中小学课堂"全省视频直播课程。内容为西湖大学校长施一公开讲的"科学第一课"——少年中国说。9月，对市、区两级义务教育科教融合试点学校进行绩效考核，评出优秀学校 6 所，合格学校 3 所。全年组织开展科技节、科技创新大赛、自然笔记大赛等科技类赛事 95 场，组织中科院科学家科普进校园巡讲活动 9 场，4000 余名学生现场参与活动。

【儿童青少年近视防控】 落实儿童青少年视力免费检测工作，开展近视防控宣传普及活动。全年新增视力智能验光仪 60 套，对全区 59 所中小学(幼儿园)6 万余名在校生开展 2 次免费视力检测，实现在校学生视力检测全覆盖。是年，全区儿童青少年近视率 53.65%，较上年下降 1.1 个百分点。秀洲区为全省唯一参评“全国儿童青少年近视防控试点的县(市、区)”。王店镇建设中心小学获评第三批浙江省近视防控特色学校。

【无疫校园创建】 全面落实校园常态化疫情防控，局机关先后出动 1000 余人次，开展 10 轮次校园网格化督查。强化学校“单位门长制”管理，严格落实入校查验、师生健康监测、核酸检测、救护处置、应急演练、专题培训、环境消杀、物资储备等，加强疫情防控知识宣传教育，确保校园防疫举措及各类保障到位。是年，在全区 59 所中小学、幼儿园开展“无疫校园”创建活动，做到人人参与、校校创建，创建覆盖率 100%，“无疫校园”创建达标率 100%，10 所学校获评嘉兴市“无疫校园”示范校。

2022 年秀洲区小学基本情况

表 34 单位：个/人

名称	毕业生数	招生数	班级数、学生数											
			一年级		二年级		三年级		四年级		五年级		六年级	
			班级数	在校生数	班级数	在校生数	班级数	在校生数	班级数	在校生数	班级数	在校生数	班级数	在校生数
秀洲实验小学	265	312	7	312	7	314	7	313	6	268	6	268	6	266
友谊小学	84	84	2	84	3	116	3	125	3	112	3	117	3	114
梅里小学	395	536	13	536	13	529	13	546	13	521	13	523	12	518
王店镇建设中心小学	224	256	6	256	6	258	6	249	6	258	6	253	6	255
印通小学	447	522	12	522	12	512	12	500	11	469	11	486	14	560
磻溪教育集团	472	441	12	441	12	484	12	469	12	466	13	486	14	512
闻川小学	652	602	15	602	18	696	18	735	20	799	20	761	20	755
麟湖小学	449	592	14	592	14	582	14	572	14	603	13	549	12	513
油车港镇中心小学	72	35	1	35	2	58	2	59	2	70	2	57	2	66
上海外国语大学秀洲外国语学校	492	668	15	668	16	712	16	718	15	669	15	670	13	581
浙江师范大学附属秀洲实验学校	178	351	8	351	8	347	6	270	7	314	6	267	6	252
嘉兴秀湖学校	0	532	12	532	7	313	5	220	0	0	0	0	0	0
嘉兴市长虹实验学校	0	125	3	125	0	0	0	0	0	0	0	0	0	0
高照实验学校	158	245	6	245	6	246	6	248	6	253	5	217	6	221
王江泾镇实验学校	74	78	2	78	2	76	2	84	2	66	2	60	2	72
伯鸿实验学校	309	360	8	360	8	360	8	360	8	360	8	359	5	220

续表 34

名称	毕业生数	招生数	班级数、学生数											
			一年级		二年级		三年级		四年级		五年级		六年级	
			班级数	在校生数	班级数	在校生数	班级数	在校生数	班级数	在校生数	班级数	在校生数	班级数	在校生数
王江泾精英学校	80	93	3	93	3	108	3	122	3	98	2	83	2	71
宏远教育集团	369	0	0	0	0	0	0	0	0	0	0	0	0	0
合计	4720	5832	139	5832	137	5711	133	5590	128	5326	125	5156	123	4976
全区小学在校学生总数	32592													

说明：宏远教育集团 2022 年 9 月停办

资料来源：由区教体局提供

2022 年秀洲区初级中学基本情况

表 35　　单位：个/人

名称	毕业生数	招生数	班级数、学生数					
			七年级		八年级		九年级	
			班级数	在校生数	班级数	在校生数	班级数	在校生数
秀洲现代实验学校	547	0	0	0	10	397	12	531
上海外国语大学秀洲外国语学校	456	556	12	556	12	549	10	463
浙江师范大学附属秀洲实验学校	276	353	8	353	6	269	6	267
嘉兴秀湖学校	0	482	12	482	4	160	3	69
嘉兴市长虹实验学校	0	122	3	122	0	0	0	0
王店镇中学	298	413	9	413	8	358	8	314
王店镇建设中学	132	185	4	185	4	166	4	147
洪合镇中学	234	407	9	407	9	327	9	341
新塍镇中学	398	449	10	449	10	423	10	382
王江泾镇中学	352	402	9	402	9	398	8	337
王江泾镇实验学校	143	220	5	220	5	216	4	171
油车港镇中学	547	653	14	653	14	626	12	566
高照实验学校	164	179	4	179	4	170	4	158
合计	3547	4421	99	4421	95	4059	90	3746
全区初中在校学生总数	12226							

资料来源：由区教体局提供

（张　明　沈利锋　王　月　刘继涛）

普通高中教育

【概况】 2022年，全区有高中1所，为嘉兴高级中学，全校在编教职工153人，其中，专任教师145人，硕士研究生及以上学历36人，副高级及以上职称75人；在校学生1796人，其中，高一620人、高二588人、高三588人。当年毕业生数603人。是年，学校先后获评全国中学生英语能力竞赛优秀组织奖、浙江省先进教研组（语文组）、嘉兴市首批"中小学（幼儿园）家长学校示范校"、第九轮嘉兴市教科研基地等市级以上称号。

【教学质量稳步提升】 2022年，嘉兴高级中学参加高考546人，纯文化达特殊类型招生控制线（前20%）228人，其中，660分以上6人，600分以上173人。普通类一段上线532人，上线率97.4%。"双一流"大学录取67人。中加班毕业生41人，收到150余封国外大学预录取通知书，其中QS世界百强学校占55%；中德DSD班16人全部可以公费赴德国精英大学留学。中加班连续第9年全优通过加拿大BC省教育部年审；世界顶尖理工科大学、TU9大学之一、全德排名前五的亚琛工业大学在嘉高DSD毕业生中实施FTBA特招项目，录取4人，直接进入亚琛工业大学开始本科阶段的学习。

【教师专业成长】 2022年，在省市级以上课堂教学比赛中，张祝平老师获浙江省综合实践教学评比二等奖，朱姮、陈玥斐、张立、郎丽芸老师获嘉兴市学科教学评比一等奖，张祝平老师在中国教育学会班主任专业委员会2022年学术年会上作主题发言，被评为嘉兴市首批中小学（幼儿园）"家庭教育工作室"主持人。刘继伟老师入选2022年浙派名师培养对象，张旭宁、严涛、刘继伟、鲍尔青老师获评第七批嘉兴市名师。

【学生全面发展】 缪林翔的小说《勿朽》获首届"鲲鹏"全国青少年科幻文学奖；姚易辰、郁振雨、陈昊楠分别在物理、化学和生物联赛中获国家级三等奖，14名同学在省复赛中获得三等奖以上奖项；冷一涛获第23届全省中小学电脑制作活动机器人项目一等奖；许奕哲、刘明获第八届全国青年科普创新实验暨作品大赛（浙江赛区）复赛一等奖；15名同学获第37届嘉兴市青少年科技创新大赛、第21届嘉兴市高中学生综合实践活动及STEM项目成果展评一等奖。在作文竞赛、英语能力竞赛等文科竞赛中获国家级一等奖6人次。

【BOT办学模式终止】 2002年6月，秀洲区人民政府与浙江南湖国际教育投资有限公司签订《嘉兴高级中学特许办学协议》，BOT协议有效期26年（BOT：建设—运营—移交，是私营企业参与基础设施建设，向社会提供公共服务的一种方式）。2022年，因规范民办义务教育发展等相关政策落实，经双方协商一致决定解除《嘉兴高级中学特许办学协议》，7月，秀洲区人民政府与浙江新湖国际教育投资有限公司（原浙江南湖国际教育投资有限公司）签订终止BOT协议，嘉兴高级中学提前6年结束BOT模式，公司退出学校管理，学校回归政府。学校进入回归交接过渡期。

（严　涛）

高等职业教育

【概况】 辖区内有一所高等职业教育院校，为嘉兴南洋职业技术学院。2022年，学院设有5个二级学院和马克思主义学院（基础教学部），33个全日制招生专业。有全日制在校生10200余人，留学生20人；教职工484人，专任教师399人，聘请校外教师、行业（企业）导师164人，硕士以上学位教师占比75%，"双师型"教师占比85%，新增浙江工匠1人，浙江青年工匠1人，嘉兴市首席技师2人，嘉兴良匠2人。2021届毕业生一年后毕业去向落实率为95.72%。在2022年GDI高职高专（民办）TOP100榜中排名全国第12名、浙江省第2名。是年，学校申报立项嘉兴市首批重点现代产业学院和绿色船艇设计智造产业学院；申报立项船艇动力机械技能人才国际产学合作育人项目等2项省级"五个一批"（一批产教融合联盟、一批产教融合基地、一批产教融合型企业、一批产教融合工程项目、一批产学合作协同育人项目）项目，探索学徒制、双元制等校企共育人才培养模式，校企共建共享生产性实训基地工位数9552

个。完成社会培训13540人次，其中职业技能提升培训5783人次，经学校培训后获取职业技能等级证书4033人次。是年，学校举行20周年校庆活动。

【入选教育部试点】 2月，教育部公示中德先进职业教育合作项目（SGAVE）首批试点院校名单，学校（机电一体化技术专业）成功入选该项目智能制造领域首批试点学校。SGAVE项目是由教育部牵头，德国五大汽车制造商、同济大学、德国国际合作机构、25所项目合作院校共同参与的中德国际合作项目，开展以实践和行动为导向的职业教育人才培养新模式，助力职业教育课程体系建设、“双师型”教师队伍培养、考核和评估认证体系构建。2022年12月，学校完成SGAVE项目资源包采购，持续推进项目落地见效。

【入选省深化教育评价改革综合试点】 9月30日，中共浙江省委教育工作领导小组秘书组印发《关于公布浙江省深化新时代教育评价改革试点项目的通知》，学校《以教育评价为牵引系统推进学校综合改革》成功入选，成为全省唯一一所获批综合试点项目的民办高职院校。学校以教育评价改革为契机，推动部门、教师、学生评价改革，召开教育评价改革工作推进会5次、阶段性总结4次，印发学校教育评价改革实施方案，修订完善部门考核方案、专业技术职务评聘实施细则等。

【“杨槱院士展馆”揭牌】 10月17日，学校举行“杨槱院士展馆”揭牌仪式。九三学社上海市委副主委、交大委员会主委刘成良，九三学社交大委员会原副主委、社史研究室主任吴东，上海交通大学教授、博士生导师、学校办学顾问、创始校长潘斌，杨槱院士亲属等领导和嘉宾在线上参加仪式。学校党委书记、校长王雪亘等领导班子成员以及学生代表在杨槱图书馆振华厅参加活动。“杨槱院士展馆”位于学校杨槱图书馆大厅，展馆面积170平方米，展厅分成长足迹、杨槱“船”奇、大师育才、科学普及、参政议政、情系南洋、舰船大观7个单元。

（梁　勇）

成人（社区）教育

【概况】 2022年，全区有镇（街道）成人文化技术学校7所，其中，省现代化成校3所，省级成校标准化率100%。完成浙江省社会人员学历提升行动计划（2022—2025年）双证制高中毕业生1306人；大专以上学历提升2926人。成人非学历培训193483人次，其中，32学时及以上社会培训60790人次、家政（养老）服务15170人次。组织开展社区活动2000余场，参与人数6万余人。是年，新塍镇社区教育中心获评“浙江省社区教育示范基地”，高照街道运河社区、新城街道亚都社区获评“浙江省学习型社区”。秀洲区老年大学建成启用。

【全民终身学习活动周开幕式】 11月，以“深化全民学习，助力‘两个先行’”为主题的2022年嘉兴市暨秀洲区全民终身学习活动周总开幕式，在秀湖全民健身中心举行。开幕式上，为获得浙江省“百姓学习之星”“终身学习品牌项目”，嘉兴市十大“终身学习品牌”、十大“百姓学习之星”、十大“学习型社区”、十大“市民终身学习体验基地”、十大“学习型家庭”颁奖。秀洲区高照街道社区教育中心俞苏苏获评嘉兴市十大“百姓学习之星”，高照街道运河社区获评嘉兴市十大“学习型社区”，王江泾镇陈宏伟家庭获评嘉兴市十大“学习型家庭”。14名秀洲区“百姓学习之星”、14户秀洲区“学习型家庭”同时受到表彰。开幕式后，进行秀洲区全民终身学习成果展演，由各镇（街道）社区教育中心选送的排舞《奔向共富》、情景朗诵《学习是一辈子的事》、舞蹈《涂涂画画》、小品《竹垞宝鸭》等竞相登台上演，秀洲区社区教育学院选送的歌伴舞《青春畅想》将活动推向高潮。活动现场，同时举办嘉兴市十大“终身学习品牌”等教育成果展和“村嫂摄影”“嘉兴灶画”“定胜糕艺”等12个社区终身学习体验项目展示。

【成人学历提升培训】 2022年，秀洲区各成人文化技术学校根据《浙江省社会人员学历提升行动计划（2022—2025年）》要求，开展成人学历提升培训，其中双证制高中毕业生1306人，大专以上学历提升2926人。创新实施“即时更新户籍文化程度”机制，各成校在发放毕业证书时，对户籍在浙江省的学生进行统一辅导，让学员跟随教程，在“浙里办”App在线申请户籍文化程度变更，同时对接当地派出所及时做好相关审核工作。

【社区教育创建】 2022年，秀洲区社区教育结合区域实际，以“深化全民学习 助力两个先行”为主题，扎实有效开展各项工作，稳步推进秀洲社区教育的内涵发展、特色发展、品牌发展。是年，新塍镇社区教育中心被评为“浙江省社区教育示范基地”，高照街道运河社区、新城街道亚都社区获评“浙江省学习型社区”。《区域内学习型组织培育的实践与研究》在2022年浙江省职业教育与成人教育优秀教科研成果评选中获二等奖。秀洲区社区教育学院获评2022年度嘉兴市“全民终身学习活动先进单位”。

【老年教育】 健全“1+7+N”(1所区老年大学+7个镇、街道老年学校+N个村、社区老年教学点)老年教学网络。开设丰富老年人生活、增进老年人健康的各种讲座和活动，满足老龄群体健康养生、手工园艺、传统文化、科学知识、智能生活、防范诈骗、科学理财等多种学习需求。鼓励和支持老年人发挥自己的职业优势和相关特长，组建形式多样的学习团队，积极培育音乐、美术、舞蹈、戏曲、书法、剪纸等乡村学习型社团。是年，全区共开展老年人智能技术培训活动130场，实现全区村(社区)全覆盖，参训老年人8326人次，做到“应培尽培”，助力老年人跨越数字鸿沟。《社区教育、老年教育积极融入长三角一体化的探索与实践》获国家级“2021年度老年教育工作优秀案例”。

【区老年大学新校区启用】 11月12日，秀洲区老年大学新校区启用仪式在秀湖畔举行。新校址位于洪高路1035号，原为宏远教育集团秀园小学。占地面积10亩，建筑面积约2800平方米，装修设备工程总投资1100万元。校区有教学楼4幢，设室内多功能教室14个。是年，开设舞蹈、电子琴、口琴、太极、瑜伽、智能手机、电脑、书法、剪纸、养生10门课程，举办公益培训班12个，学员500余人。

（顾宏伟）

【区老年电大】 2022年，区老年电大日常开设4门课程，春季为《浙江文化印记》和《体育之光》，秋季为《童心未泯》和《浙江地名与文化》，全年注册学员110余人，除第一课堂外，根据学员的兴趣爱好开设丰富多彩的二三课堂，有趣味生活班小课堂、主题活动(“三八”妇女节活动、生日会、运动会、端午节、“老年时装秀大赛”等)、志愿服务活动、教育类知识讲座(“老年人养生保健知识课堂”“打击整治养老诈骗”“居家消防安全”)等。

（李　娜）

教师队伍

【概况】 2022年，秀洲区有各级各类学校教职工5088人，其中，普高153人、初中1017人、小学1834人、幼儿园2084人；专任教师4151人，其中，普高145人、初中963人、小学1831人、幼儿园1212人。合格学历人数占比100%。中小学中级及以上职称人数分别为810人和1021人，占中小学专任教师的84.11%和55.76%。新聘用中小学教师38人、成人文化技术学校工作人员11人、储备制教师131人。加强师德师风建设，开展“师德师风提升年”活动，开展区最美教师、优秀校(园)长、“双十佳”等评选工作。完善教师补充机制，实施中小学储备教师制度，首次核定公办幼儿园劳动合同教职工控制数654个，首次招聘成校工作人员11人。完成中小学(幼儿园)领导班子聘期届满回访考察和换届调整，换届后共产生校级领导153人。评选产生第18批区级教学能手153人，高级教师评审通过48人。开展秀·育先锋党建品牌建设，实施书记(校长)“三领”[书记领研党建课题、书记领办清廉项目、书记(校长)领衔攻坚破难项目]项目88项。纵深推进清廉学校建设，开展教育乱收费专项治理，启动第二轮局党委巡察，完成7所学校校长经济责任审计、8所学校公务支出公款消费审计和8所学校食堂财务收支审计。

【秀·育先锋】 倡导系统党员争做理论学习、厚德精业、立德树人、干事创业、家社服务“五个先锋”，举办优秀年轻干部能力提升班，组建“秀·育先锋”青年成长营，57名教师参加理论培训和镇(街道)跟岗锻炼。召开庆祝中国共产党成立101

周年"七一"表彰大会，表彰先进集体 5 个，优秀共产党员、优秀党务工作者、"秀・育先锋"等优秀个人 160 人。是年，油车港镇中心小学获评第四批嘉兴市教育系统"红船精神进校园"示范校，浙江师范大学附属秀洲实验学校"新心"党建品牌、油车港镇中学"精彩 1+1"党建品牌获评第三批嘉兴市教育系统红色名片・优秀支部党建品牌。

【师德师风提升年】　印发《秀洲区教育系统"师德师风提升年"实施方案》，组织开展大培训、大研讨、大检查、大选树"四大系列"活动。开展暑假教师全员师德专题教育、新教师岗前入职宣誓、师德巡回报告等各类教育活动，3000 余名教师与学校签订师德承诺书。开展教师侵害学生身心健康问题专项整治行动，3000 余名教师开展师德师风专项自查，组织 26 名督查人员对 58 所中小学、幼儿园开展师德师风专项督查。做好教职工违法犯罪记录查询处置、专任教师资格证核查验证。评选区最美教师等 57 人，获评市农村教师突出贡献奖 4 人、市中小学师德楷模 3 人、省春蚕奖 2 人。

【中小学储备教师】　为较好解决国家生育政策调整、被动小班额等原因带来的中小学教师临时性短缺问题，在推进校内兼课和校际共享的基础上，创新实施中小学储备教师制度，制定出台《秀洲区中小学储备教师管理办法(试行)》《秀洲区中小学储备教师工资福利方案》《秀洲区中小学储备教师学年度考核办法》。是年，首次招聘储备教师 131 人。

【高品质清廉学校建设】　召开"师德师风提升年"活动暨高品质清廉学校推进会。对照《秀洲区高品质清廉学校示范点建设推进方案》，重点围绕营造廉洁文化氛围、构建清廉学校建设阵地、开展清廉主题宣传教育、构建学校内部管理制度体系、严肃执纪问责、推进干部廉政档案建设等方面，纵深推进清廉学校建设。是年，秀洲实验小学获评首批浙江省清廉学校建设示范校。《秀洲区全面推进高品质"清廉学校"建设》在浙江省教育厅《今日择报》刊发。

【教师培训】　2022 年，秀洲区申报的《指向区域教育均衡的"教研训融合"培训课程体系建设》入选浙江省教师教育创新实验区第二批建设项目，是嘉兴市各县(市区)教育部门选送的唯一入选项目。是年，教师培训工作着眼于服务全区教师成长的需要，依托项目建设，基于秀洲研训一体化的优势，不断改革探索，破解教师发展中的关键问题，根据学校和教师的真实需求，确定培训的起点，科学做好顶层构架与重点切入，遵循教师专业发展规律和不同发展阶段的个性需求，厘清并优化培训分层体系，重点做好新入职教师的培训工作和骨干教师的培养工作。全年举办 24 学分短训班 81 个和 90 学分培训班 8 个，以及涉及心理健康教育、校本研修管理者能力提升、青年教师、骨干班主任、命题能力提升、校长(园长)高级研修班等专题类培训班 10 个，全年教师培训总学时数 337834 个，教师自主选课后实际参训率 99.89%。制定《秀洲区中小学教师信息技术应用能力提升工程 2.0 实施方案》，确定秀洲现代实验学校等 38 所学校(幼儿园)为第三批实施学校，稳妥有序推进教师信息技术应用提升工程 2.0。区教育研训中心、培训机构与学校三方协作，按省师干训中心文件精神要求完成项目方案磨合、平台申报、校本研修工作。

(周剑锋)

教育经费及设施装备

【概况】　2022 年，秀洲区教育经费总投入 13.39 亿元，公共财政教育支出 9.82 亿元。全力推进学前教育资源扩容增位，新增幼儿园学位 1260 个。以市、区民生实事项目为抓手，投资 3037.6 万元，在 710 间普通教室、305 间专用教室和 329 间学生宿舍安装空调 1878 台。

【教育经费】　财政资金投入优先保障教育，落实教育投入两个"只增不减"(一般公共预算教育支出逐年只增不减和按在校学生人数平均的一般公共预算教育支出逐年只增不减)。是年，全区教育经费总投入 13.39 亿元，财政性教育经费 10.88 亿元，占 81.25%，其中一般公共预算教育经费 9.82 亿元，比上年增加 0.95 亿元，增长 10.7%。义务教育段生均公用经费初中 1050 元/人，小学 850 元/人，标准比上年均提高 200 元/人。幼儿园年生均定额补助按等级分别提升 1000 元，定额补助 3745.72 万元，同比增长 74.4%。

【办学条件与设施设备】 2022年，全区中小学占地面积134.21万平方米，新增0.19万平方米，生均28.79平方米。全区中小学绿化用地面积33.34万平方米，生均绿化用地面积7.15平方米。全区中小学运动场地面积48.84万平方米，新增3.42万平方米，生均运动场地面积10.48平方米。全区幼儿园占地面积28.19万平方米，其中，绿化用地面积6.75万平方米、运动场地面积10.19万平方米，生均占地面积17.21平方米。至年末，全区中小学教学仪器设备总值21840.89万元，比上年新增1491.04万元；全区中小学图书馆（室）图书215.32万册，比上年新增18.73万册，其中，小学生均藏书43.64册，中学生均藏书52.13册，分别比上年新增1.68册和6.33册。

2022年秀洲区中小学、幼儿园办学条件情况

表36

名　　称	占地面积（万平方米）	其　　中		教学仪器设备总值（万元）	图　　书（册）
		绿化用地（万平方米）	运动场地（万平方米）		
小　学	51.36	13.09	21.13	9470.8	943730
初　中	32.97	8.31	11.64	4267.38	406904
九年一贯制	39.98	11.07	13.95	6931.2	712759
高　中	9.9	0.87	2.12	1171.51	89856
幼儿园	28.19	6.75	10.19	3202.29	347303

资料来源：由区教体局提供

【基础设施建设】 2022年，全区3所幼儿园建成并投入使用，分别为王店镇中心幼儿园、油车港实验幼儿园（陈家坝园区）和金茂幼儿园，共新增公办学前教育学位1260个。王店镇中心幼儿园位于王店镇常乐路133号，占地面积13320平方米，总建筑面积12369.44平方米，设教学班18个，可容纳幼儿540名。油车港实验幼儿园（陈家坝园区）位于油车港镇麟瑞雅苑小区，占地面积3218平方米，总建筑面积3522平方米，设教学班9个，可容纳幼儿270名。金茂幼儿园位于新城街道禾锦雅苑小区，占地面积7752平方米，总建筑面积8146.76平方米（其中，地上建筑面积5027.44平方米，地下建筑面积3119.32平方米），设教学班15个，可容纳幼儿450名。

【“冬暖夏凉”工程】 在公办中小学教室和部分初中学生寝室安装空调的“冬暖夏凉”工程，列入2022年秀洲区民生实事项目，由区教育体育局作为牵头单位，各镇（街道）作为实施主体和责任单位，为全区710间普通教室、305间专用教室和329间学生宿舍安装空调1878台，包含线路改造及扩容，实际落实资金3037.6万元。8月，全区公办中小学空调安装全部完成。

【新型教学空间建设】 继续做好全区中小学校新型教学空间建设，促进全区中小学教育资源均衡优质发展。2022年，全区安排专项资金64.5万元，用于学校新型教学空间建设，9所学校11个新型教学空间被认定为省级新型教学空间建设项目；油车港镇中心小学的“澄溪书韵”书法创新实验室和浙江师范大学附属秀洲实验学校的“云互动数字教室”获评浙江省2022年度新型教学空间优秀案例。

【午休课桌椅试点】 高度重视中小学生午休质量，探索学生“舒适午休”新模式。磻溪教育集团八字小学作为试点学校，投入资金4.25万元，更换课桌椅85套，9月投入使用。学生通过调节，即可放平椅背，打开踏板，将课桌椅秒变成“午休床”，学习、休息两种模式能轻松切换，实现学生的优质午休，得到学生和家长们的一致认可。

（俞海飞　王国平）

教育督导

【概况】 2022年，秀洲区教育督导工作着力推进“全国义务教育优质均衡发展区”和“全国学前教育普及普惠区”两项国家级创建工作，成立领导组织机构，组织开展指标解读分析，梳理产生工作责任清单、问题销号清单和“一校一策”清单“三张清单”。是年，秀洲区通过市心理健康教育工作督导评估和省语言文字工作督导评估。

【省语言文字工作督导评估】 9月28日，浙江省语言文字工作督导组对秀洲区的语言文字工作进行督导评估。督导组深入党政机关、新闻媒体、学校等重点领域单位，通过查阅电子档案资料、召开座谈会、问卷测试、实地查看等方式对秀洲区语言文字工作进行全面细致的检查评估。在汇报会和反馈会上，嘉兴市教育局党委委员、嘉兴市教育局专职副总督学、督导评估组组长张燕霞对此次督导评估作总结性评价，并宣布秀洲区通过浙江省语言文字工作督导评估。

【心理健康教育工作督导评估】 10月17日，市督导组对秀洲区心理健康教育工作进行督导评估。督导组对王江泾镇中学、秀洲区心理健康服务中心、嘉兴秀湖学校(上海世外教育附属学校)、浙江师范大学附属秀洲实验学校等重点领域单位，进行实地走访查看。督导组肯定秀洲区在学校心理健康教育上所取得的成绩，认为秀洲区在学校心理健康教育工作上制度建设到位、条件保障到位、宣传教育到位，具有很好的发展水平，亮点突出、卓有成效。同时针对实地督导中发现的问题和不足，提出改进意见和建议。

【推进“两项”国家级创建】 教育督导工作以“全国义务教育优质均衡发展区”和“全国学前教育普及普惠区”创建工作为重点，成立由区主要领导领衔的创建工作领导小组，由区政府办公室牵头，25个相关部门和主体主要负责人为成员的秀洲区创建工作专班，分别开展县域义务教育优质均衡和学前教育普及普惠督导评估指标解读专项培训，梳理工作责任清单、问题销号清单和“一校一策”清单“三张清单”，共梳理产生全国学前教育普及普惠区创建破难问题7个，全国义务教育优质均衡发展区创建破难问题4个，指导59所学校、幼儿园制定“一校(园)一策”。

（李建华）

教育管理

【概况】 秀洲区贯彻落实“双减”工作任务，全区22家学科类培训机构实现全面清零，联合区市场监管、综合执法、工商等部门，加大对非学科类培训机构的资金监管力度，严查隐形变异、虚假宣传等违规行为，未发生培训机构“冒烟”“爆雷”涉稳事件。平稳推进规范民办义务教育发展专项工作，公办义务教育在校生比例99.26%，区教体局获“浙江省规范民办义务教育发展专项工作成绩突出集体”称号。

【“双减”工作】 8月，秀洲区22家学科类培训机构全部完成压减任务，面上清零，平稳完成“二次压减”。实施分类分项管理，监管平台上监管账户合格率、支付开通率、线上购课率、线上销课率四项指标均为100%。对接银行优化审核环节，突破流程堵点，加快监管账户建立及账户核验，梳理清晰支付渠道开通；加大全流程监管，实行“一家先行先试，多家边学边改”，实现一课一销，线上购课、线下销课全覆盖。同步做优校内课后托管服务、控制学科作业总量和质量、推进评价改革，继续在全区义务教育段学校开展“5+2”模式课后服务，即每周提供5天服务，每天不少于2小时。是年，在家长、学生、教师“三自愿”原则的基础上，有40660名学生、2596名教师参加课后服务。引进非学科类校外培训机构18家，开设托管社团活动330余项，丰富课后托管服务内容，提高课后托管服务品质。在“秀洲教文体”微信公众号开设“做好双减后半篇文章·校长视角分享”专栏，推出27位校长的主题分享，编印《“双减”一年·秀洲校长的思考与实践》，全年“双减”宣传积分位列全市第一。

【校外培训机构监管】 持续开展假期治理、监管护苗、风险排查、广告招牌、人员教材等15次专项治理行动，发挥红色查处、黄色预警、绿色服务“三色”评估管控机制，运用部门全联动、区域全排查、类型全治理、样态全监管的“四全”治理模式，加强预收费风险管控，严查隐形变异、虚假宣传等违规行为，全面落实明码标价、证照信息、退费制度等公开制度，出动300余人次，专项督查200余家机构，排查材料150余份、从业人员300余人，拆除违规广告招牌16处，发现问题并责令整改6起，查处违规变相培训工作获评全省首批“双减”工作典型案例，秀洲区校外培训机构“冒烟”“爆雷”涉稳事件零发生。

【规范民办义务教育】 平稳推进规范民办义务教育发展专项工作，完成秀洲现代实验学校回归公办，宏远教育集团4所学校分别划入梅里小学、闻川小学、麟湖小学和高照实验学校管理，妥善处置360名教师分流安置，投入769万元购买民办学校学位，保障2262名符合条件的新居民子女学生免费入学。提前解除《嘉兴高级中学特许办学协议》，实现平稳交接。是年，区教体局被评为“浙江省规范民办义务教育发展专项工作成绩突出集体”。

（张　明）

【校园安全管理】 推进21个校园反恐重点单位视频存储90天升级建设，完成全区校园重点区域视频监控省安管平台接入，实现省、市、区、校四级平台联网融通。是年，组织区级督查和省市级迎检18次，组织42名网格安全督查员开展15批次燃气隐患、校舍安全、校园欺凌、实验室危化品、疫情防控等专项检查，落实校园疫情防控“封闭式”管理，发现并闭环整改各类隐患1000余个，挂牌督办全部销号。组织开展校园老兵安保人员技能培训和比武大赛，开展8批次安全管理、食堂、燃气、消防、防控平台操作等项目技能大培训。联合消防、应急等部门开展消防应急疏散、校园反恐、食品事故处置、防汛抗台、防疫应急处置等各项防灾减灾应急演练和现场会200余场次，参与师生12万余人次，提升师生自救互救能力。

（徐建新）

【教育科研】 2022年，全区共立项省、市级规划课题51项，其中省一般规划课题4项，省“双减”专项认定课题2项，省教研课题2项，秀洲区教育研究和培训中心的“课程联盟：构建幼儿园高质量课程的区域实践”立项为省级重点教研课题；市规划课题17项，市微型课题11项，市“双减”专项认定课题4项，市德育等专项课题5项，市小学综合评价专项课题6项。立项各类区级教育科研课题329项。省、市级课题结题共34项，其中，省规划课题3项，省教研课题1项，市级规划重点和一般课题10项，微型课题14项，初高中衔接专项课题2项，教研员专项课题2项，教师教育专项课题2项；区级课题结题376项，其中“双减”专项课题22项。在2021年度全省教育科学研究优秀成果奖评选中，秀洲区1项成果（《涵育成长思维：区域推进初中数学多元作业设计研究》）获省级三等奖。在嘉兴市第十三届教育科学规划研究成果奖评比中，秀洲区3项成果获一等奖，11项成果获二等奖，24项成果获三等奖。

（周太平）

【数字化改革与智慧教育】 2022年，成立区教育体育系统数字化改革工作领导小组，出台《秀洲区教育体育系统数字化改革工作方案》，谋划建设校园危化品处置一件事平台，启动实施“研学有约”中小学生研学旅行活动数字化服务平台，重点打造“秀·学成长”学生个性发展服务应用平台，运河社区、亚都社区未来教育场景被省教育厅列为第一、二批数字社会未来教育重点场景先行建设项目。

（蒋晨晨）

【退教工作】 2022年，秀洲区退休教师协会有退离休人员1003人，其中，离休人员2人，百岁以上老人1人，90～99岁有22人，80～89岁有168人。全区有22个退协小组（分王店、新塍、王江泾及区属4个片）、6个运动队（气排球队男队、女队，乒乓球队男队、女队，舞蹈队，门球队）和3个专门小组（书画组、通讯组、《秀洲退教报》编委组）。是年，杨开颜获评“全国教育系统关心下一代工作先进工作者”，王海荣获评浙江省“最美志愿者”，黄伟获评“浙江省小学生篮球比赛优秀教练员”。另有3人获评嘉兴市“同行共富路，银晖耀嘉禾”银尚达人；1人获评嘉兴市“最美抗疫志愿者”；1人获评嘉兴市“最美文艺志愿者”。

（李振林）

综　　述

2022年，秀洲区体育工作围绕“活力体育、健康秀洲”发展目标，聚焦场地建设功能化、健身网络全民化、运动场景智慧化、竞技体育立体化、学校体育多元化、产业项目品牌化，有力推进全区“体育共富”高质量发展。是年，秀洲区获评浙江省全民健身赛事活动优秀承办单位。

是年，全区建成省民生工程基础体育设施9项，市民生工程“社区运动家”13个，二代智能健身路径5条，新增体育场地面积18.92万平方米，同比增长14.74%，累计157.4万平方米，人均面积2.62平方米。“社区运动家”累计注册人数近8万人、活动人次超40万人、活动时长超2300万分钟。全区国民体质健康合格率95.5%，学生体质测试优良率和及格率分别为62.35%、98.21%。

是年，秀洲区运动员在浙江省第十七届运动会上，获得金牌17枚，银牌10枚，铜牌16枚，总分468分，金牌数位列嘉兴市第二位。秀洲籍运动员王懿律获2022年世界羽毛球锦标赛混合双打季军，体操运动员杨皓楠入选国家体操队。秀洲区承办全国职工气排球总决赛，浙江省第二届智力运动会电子制作、象棋、电子竞技比赛和闭幕式，浙江省第十三届中小学生校园足球联赛小学女子甲组总决赛，2022长三角“环浙”智能骑行台挑战赛等高层次赛事7项；举办区青少年阳光体育运动会、青少年锦标赛等赛事15项，参与学生6500余人次。全区入省体育产业库266家，新增57家。至年末，全区有体育彩票销售网店100家，总销售额2亿元。

群众体育

【概况】 2022年，秀洲区全力打造老百姓家门口的运动场所，培育身边的运动达人，创新智慧的场景体验，融合体教特色项目。高标准完成省、市体育民生实事项目22项，改造提升全区25个美丽乡村点的体育场地，增加公共体育场地4万多平方米，增幅256%，维修公共体育场地设施130余处。体育场地面积增加18.92万平方米，同比增长14.74%，人均面积2.62平方米。全区有单项体育协会21家，青少年体育俱乐部14家，镇（街道）社会体育组织78个，小型体育社群423个；全区43个“社区运动家”，累计注册人数近8万人，平台各项数据保持前列。是年，国民体质监测2100余人，合格率95.5%，同比增幅1.38%。创新基层体育委员工作机制，打通体育公共服务“最后一公里”。搭建区级体育委员工作总站、镇（街道）工作分站，设置站长、副站长，配齐建强村（社区）“1+N”基层体育委员队伍。群众体育工作经验《浙江省嘉兴市秀洲区拓展体育场景 普及全民健身 全面推进“活力体育”高质量发展》在国家体育总局《体育工作情况》刊发。

【基层体育委员工作机制】 2022年，秀洲区对标高质量发展建设共同富裕典范城市公共服务先行示范大跑道，借力“社区运动家”数字化改革标志性成果应用，创新基层体育委员“1+N”[1名村（社区）体育委员+N个各类体育达人]联动机制，加持“六大员”（健康生活宣传员、健身设施管护员、科学健身指导员、健身活动组织员、体育资源聚合员、安全防控协管员）身份赋能，为打造“群众有感人尽其享"的全民健身公共服务体系发挥重要作用。全年挂牌成立区级体育委员工作总站、各镇(街道)工作分站,落实64个村(社区)基层体育委员,并集聚辖区内体育老师125人、社会体育指导员900余人,结对区、镇(街道)体育协会37个、基层体育社团344个,联动开放学校体育场地26片。

【承办省第二届智力运动会】 6月,浙江省第二届智力运动会在嘉兴举行,赛事主题为"乐弈嘉禾,智赢未来"。秀洲区承办电子制作、象棋、电子竞技三项赛事和闭幕仪式。6月21—25日,省第二届智力运动会电子制作竞赛在秀洲区佳源四季酒店举行,设足球机器人、遥控编码探雷器、程控电路设计3个项目,全省各地市13支代表队共132人次参赛。6月28日,省第二届智力运动会电子竞技、象棋项目在秀洲开赛。电子竞技项目第一次纳入省智力运动会,设置王者荣耀、和平精英、永劫无间、Dota2、梦三国2、王牌竞速和FIFA online47个项目,以"线上+线下"相结合的方式,全省130余名电竞精英参赛。象棋作为省智力运动会的常规项目,共设置公开组男子个人、团体,公开组女子个人、团体,县市区组男子个人、团体,县市区组女子个人、团体,大学生组男子个人、女子个人、混合团体和亲子组共12个组别、14支代表队、177名运动员参赛。6月30日,省第二届智力运动会闭幕仪式在秀湖全民健身中心举行。对获得"道德风尚奖、优秀组织奖、优秀参与奖、特别贡献奖、优秀运营单位奖"等参赛代表团体进行表彰,并进行会旗交接仪式。

6月30日,浙江省第二届智力运动会闭幕式在秀洲区举行(区教体局提供)

【国民体质监测首次面向企业职工】 10月20日,2022年国民体质监测暨"浙里健身"体质测试活动在浙江恒威电池股份有限公司进行,公司280名20～59岁的职工在测试人员的指导下,依次接受肺活量、握力、台阶试验等多个项目的检测。这是国民体质监测首次面向企业职工展开。

【"体医融合"培训】 秀洲区实施"健康秀洲",向大众普及健康知识,提高人民生活质量,增强人民健康素养,分别在王江泾镇、王店镇、新城街道、新塍镇举办4期秀洲区三级社会体育指导员培训(科学大讲堂)暨秀洲区实施运动促进健康"体医融合"交叉业务培训。培训内容包括"科学运动与慢病防治""坐出来的病""运动与健康之间的关系""腰背痛的诊治"等,先后有632名社会体育指导员接受培训。

【长三角"环浙"智能骑行台挑战赛】 11月20日,2022长三角"环浙"智能骑行台挑战赛(嘉兴站)在秀洲区全民健身中心圆满落幕。此次比赛采用UHfitness实景骑行软件,比赛路线是丽水景宁敕木山爬坡部分路段,有近100名选手赛前通过骑友网的微信报名参赛。这是骑友网自2013年起在浙江各地举办的群众性自行车赛事,在赛事环节和路线的设计上注重用户的参与体验,广受参与者好评。

【秀洲区首届社区运动会】 11月27日,秀洲区首届社区运动会暨第九届全民健身运动会农耕丰收节比赛在王江泾镇古塘村举办。农耕运动会将农事劳作与体育运动结合,设立携手奋进、龙腾盛世、齐走共富路、欢欣鼓舞四大比赛项目,充满农情、农味、农趣,深受群众喜爱。各镇(街道)、村(社区)的11支代表队132名运动员参赛。经过角逐,王店镇解放社区、新塍镇凤舞社区、新城街道殷秀社区获得团体一等奖。

【秀洲区第三届农村文化礼堂运动会】 11月26日,由区委宣传部和区教体局联合组织的"秀洲区第三届农村文化礼堂运动会暨第九届全民健身运动会田园乡村趣味比赛"在王店镇凤珍村举行。比赛设象棋、拔河、乒乓球、体能、跳长绳、投篮6

个项目。各镇(街道)的7支代表队378名运动员参加比赛。油车港镇、洪合镇和王江泾镇分获团体前三名。

（钱　健）

竞技体育

【概况】 2022年，秀洲籍运动员王懿律获2022年世界羽毛球锦标赛混合双打季军；刘浩男获2022年亚洲男子排球锦标赛冠军；杨皓楠获2022年全国体操锦标赛男子团体冠军；李冬崟获2022年全国皮划艇静水锦标赛男女混合冠军。秀洲区运动员在浙江省第十七届运动会羽毛球、乒乓球、足球、体操、跆拳道等多个项目上争金夺银，共获得金牌17枚，银牌10枚，铜牌16枚，总分468分，金牌数位列嘉兴市第二。全年在市体校试训65人，转正运动员22人，在浙江体育职业技术学院长期集训运动员6人，转正1人，国家队5人。秀洲区省级青少年运动员注册367人，在训322人，参加全国、省、市、区级比赛46场，参赛运动员2500余人次。

【杨皓楠入选国家队】 5月10日，国家体育总局体操运动管理中心发布2022年国家体操队队伍调整名单，秀洲籍体操运动员杨皓楠入选。这是继20年前嘉兴籍男子体操运动员杨金晶之后，入选体操国家队的第二名嘉兴籍体操运动员，也是秀洲区第六名入选国家队的运动员。近年来，杨皓楠在各类大赛中多次斩获佳绩：在2019年国际体联首届体操世界青年锦标赛中，获跳马第二名、双杠第二名、吊环第三名、男子团体第四名、全能第五名、鞍马第八名；在2020年全国体操冠军赛中，获男子个人全能第一名；在2021年第十四届全运会上，获体操男子个人全能第五名、男子团体第八名。

【晋级省少年儿童田径冠军赛甲组】 7月19—23日，为期5天的2022年浙江省少年儿童田径冠军赛在浙江省奉化中学举行。秀洲区10名田径健儿，参加60米、100米、200米、400米、跳高、跳远、铅球、垒球等项目比赛，以3金2银4铜，总分100分的优异成绩，获得乙组团体第六名，为秀洲区参加省级田径比赛的最好成绩，成功晋级2023年该赛事甲组行列。

【秀洲小将摘得省运会嘉兴首金】 7月30日，在浙江省第十七届运动会网球比赛中，秀洲学子胡圣銀与队友共同斩获网球男子丁组团体金牌，为嘉兴代表团摘得本届省运会竞技体育类首金。秀洲籍运动员张圣昕、计雨晴、钱睿、邱岳潭、何伊芃、袁万珺、崔欣悦、杨笑语、金纪希、方嘉豫、王舒、赵鑫怡在此次省运会中共获得17枚金牌。

2022年秀洲籍运动员参加国家级及以上体育赛事获奖情况

表37

姓　名	性　别	赛　事　名　称	项　　目	名　次
王懿律	男	2022年世界羽毛球锦标赛	混合双打	第三名
刘浩男	男	2022年亚洲排球锦标赛	男子组	第一名
杨皓楠	男	2022年全国体操锦标赛	男子组团体	第一名
李冬崟	女	2022年全国皮划艇静水锦标赛	男女混合	第一名

资料来源：由区教体局提供

2022年秀洲籍运动员参加省级体育赛事获前三名情况

表38

姓　名	性　别	赛　事　名　称	项　　目	名　次
张圣昕	男	浙江省第十七届运动会	13岁组男子跳远	第一名
计雨晴	女	浙江省第十七届运动会	女子标枪13岁以下组	第一名

续表 38

姓　名	性　别	赛　事　名　称	项　　　目	名　次
刘　浪	男	浙江省第十七届运动会	跆拳道男子甲组 70kg 级	第三名
张俊晨	男	浙江省第十七届运动会	跆拳道男子乙组 52kg 级	第三名
刘舒婷	女	浙江省第十七届运动会	跆拳道女子丙组团体	第三名
吕晓龙	男	浙江省第十七届运动会	摔跤男子甲组 65kg 级	第三名
胡绍华	男	浙江省第十七届运动会	体操男子丙组团体	第三名
洪佳睿	男	浙江省第十七届运动会	体操男子丙组团体	第三名
冯陈俊杰	男	浙江省第十七届运动会	体操男子丁组团体	第二名
彭智杰	男	浙江省第十七届运动会	体操男子丁组团体	第二名
胡绍华	男	浙江省第十七届运动会	男子丙组跳马	第三名
钱　睿	男	浙江省第十七届运动会	体操男子丁组团体	第二名
邱岳潭	男	浙江省第十七届运动会	体操男子丁组团体	第二名
钱　睿	男	浙江省第十七届运动会	男子丁组自由操	第一名
钱　睿	男	浙江省第十七届运动会	男子丁组跳马	第一名
邱岳潭	男	浙江省第十七届运动会	男子丁组山羊	第一名
何伊芃	女	浙江省第十七届运动会	体操女子丁组团体	第一名
袁万珺	女	浙江省第十七届运动会	女子乙组高低杠	第一名
崔欣悦	女	浙江省第十七届运动会	女子丁组全能	第二名
崔欣悦	女	浙江省第十七届运动会	女子丁组跳马	第一名
崔欣悦	女	浙江省第十七届运动会	女子丁组高低杠	第三名
崔欣悦	女	浙江省第十七届运动会	女子丁组平衡木	第三名
崔欣悦	女	浙江省第十七届运动会	女子丁组自由操	第三名
崔欣悦	女	浙江省第十七届运动会	体操女子丁组团体	第一名
李　瑞	男	浙江省第十七届运动会	三人制男子篮球甲组	第二名
金楷淳	男	浙江省第十七届运动会	羽毛球丙组男团	第三名
杨笑语	女	浙江省第十七届运动会	羽毛球丙组女团	第一名
金纪希	女	浙江省第十七届运动会	羽毛球丙组女团	第一名
朱伽轩	男	浙江省第十七届运动会	羽毛球丁组男团	第二名
严　湛	男	浙江省第十七届运动会	羽毛球丁组男团	第二名
杨笑语	女	浙江省第十七届运动会	羽毛球丙组女单	第二名
朱伽轩	男	浙江省第十七届运动会	羽毛球丁组男双	第三名
方嘉豫	男	浙江省第十七届运动会	羽毛球己组男子团体	第一名
刘云浦	男	浙江省第十七届运动会	羽毛球戊组男子团体	第三名
胡圣銀	男	浙江省第十七届运动会	网球丁组男子团体	第一名
王　舒	女	浙江省第十七届运动会	女子(乙组)足球	第一名
赵鑫怡	女	浙江省第十七届运动会	女子(乙组)足球	第一名

资料来源:由区教体局提供

（钱　健）

学校体育

【概况】 2022年，秀洲区举办青少年足球、田径、轮滑、篮球、街舞、武术、跆拳道、游泳等15项比赛，参与学生6500余人次。承办省第十三届中小学生校园足球联赛小学女子甲组总决赛，继续举办“区长杯”足球联赛，全区中小学、幼儿园83支球队参赛。至年末，全区有国家级体育特色学校（幼儿园）12所，省级体育特色学校（幼儿园）7所，省阳光体育后备人才基地学校1所，市级高水平体育后备人才基地学校2所，市体教融合特色学校8所。全年有15所学校的736名优秀体育苗子，参加市级及以上比赛获得金牌77枚，银牌63枚，铜牌69枚。全区22所少体校布点项目学校有19所完成或超额完成签协指标任务，占比86.36%。全区学生体质测试优良率和及格率分别是62.35%和98.21%。在要求学生掌握1～2项体育技能和开展“一校一品”室内体育大课间评比的基础上，指导学校、体育俱乐部面向全体学生开展体育竞赛、体育教育、健身科普、技能展示等多项活动。

【“体教融合”】 秀洲区谋划“体教融合”新模式，启用“1+N+X”（“1”是指一所新型少体校，“N”是指8所基地学校和12所体教融合特色学校，“X”是指6所试点幼儿园）工作模式，统筹规划全区业训布局方案，在现有带训教练员的基础上，通过区队校办、区队社会办等形式，与第三方专业体育机构合作，引进和聘用高水平教练员，提高日常训练的专业化水平。在省运会上，创造秀洲参赛史上人数最多、获金牌奖牌数最多的好成绩。

【青少年锦标赛】 2022年，全区共举行青少年锦标赛7项，2500余人参赛。

青少年羽毛球锦标赛 3月11—12日，在嘉兴秀湖学校举行，由区教育体育局、秀洲区体育总会主办。来自16所学校、183名运动员参加7个组别的比赛。上外秀洲外国语学校（中学部）、浙师大附属秀洲实验学校（中学部）、油车港镇中学分获初中组前三名；友谊小学、上外秀洲外国语学校（小学部）、秀洲实验小学分获小学组前三名。

青少年足球锦标赛 6月11—12日，在上海外国语大学秀洲外国语学校举行，由秀洲区教育体育局、区体育总会主办。来自10所小学的18支队伍、270余名足球小将参加比赛。上海外国语大学秀洲外国语学校、秀洲实验小学、闻川小学分获男子组前三名；上海外国语大学秀洲外国语学校、麟湖小学、印通小学分获女子组前三名。

青少年田径锦标赛 6月18—19日，在油车港镇中学举行，由秀洲区教育体育局、区体育总会主办，嘉兴赛点体育文化传播有限公司承办，油车港镇中学协办。全区各中、小学校32支代表队、500多人参加比赛。比赛按年龄划分为男、女各6个组别，包括60米、100米、200米、400米、800米、跨栏、跳远、跳高、铅球、铁饼、标枪等项目。经过角逐，磻溪教育集团和新塍镇中学代表队以328和216分分获小学组、中学组团体总分第一名；上外秀洲外国语学校（小学部）、麟湖小学，浙师大附属秀洲实验学校（中学部）、油车港镇中学代表队分获团体第二、第三名。

区青少年五人制篮球锦标赛 7月2—4日，在浙师大附属秀洲实验学校、秀洲现代实验学校和嘉兴市长虹实验学校3个赛区进行，来自全区各中、小学校49支代表队、500多名运动员参赛。比赛分为初中男、女组，小学男、女甲组，小学男、女乙组6个组别。经过角逐，最终决出各个组别的前三名，评选出优秀教练员、优秀苗子，小学男子乙组、小学女子乙组分别选出一批优秀苗子将作为明年市十运会的最小组别参赛。

区青少年街舞锦标赛 7月9日，在秀洲实验小学举行，来自上海外国语大学秀洲外国语学校、闻川小学、秀洲实验小学、油车港镇中心小学、浙师大附属秀洲实验学校（小学部）的73名运动员参加比赛。

区青少年武术套路锦标赛 7月19日，在上海外国语大学秀洲外国语学校体育馆举行。比赛设置初中组，小学甲、乙、丙组4个组别，项目涉及长拳、五步拳、南拳、太极拳、刀枪棍剑和集体项目等内容。上海外国语大学秀洲外国语学校（初中部）、浙江师范大学附属秀洲实验学校分别获得中学组团体第一、第二名。王店镇建设中心小学、上海外国语大学秀洲外国语学校（小学部）、闻川小学分别斩获小学组团体前三名。

区青少年游泳锦标赛　7月30日，在嘉兴秀湖学校（上海世外教育附属学校）游泳馆举行。全区中小学13支代表队、235名学生参加比赛。项目涉及50米蛙泳、100米蛙泳、50米自由泳、100米自由泳4个项目。最终，上海外国语大学秀洲外国语学校（初中部）、浙江师范大学附属秀洲实验学校（初中部）、嘉兴秀湖学校（初中部）分别获得初中组团体前三名；上海外国语大学秀洲外国语学校（小学部）、秀洲实验小学、闻川小学分别获得小学组团体前三名。

【阳光体育运动会】　围绕“阳光体育”开展体质抽测评定、棋类、啦啦操、航模、轮滑、三人制篮球6项赛事。涉及全区中小学及幼儿园，参赛学校多，参赛学生年龄层广，是秀洲区每年度下半年常规系列赛事。

体质抽测评定暨体质测试比赛　5月25—27日，在全区各中小学校举行。体质抽测评定采用下校测试，全体裁判员分成四个小组，分片进校测试。抽测的年段分别是小学四年级和中学八年级；抽测的项目：小学50米和仰卧起坐，中学立定跳远和引体向上（男）、仰卧起坐（女）。抽测成绩全区各中小学校全部合格。

棋类比赛　8月6—7日，在高照实验学校举行。区内6所初中、12所小学、7所幼儿园，共386名小棋手报名参赛。比赛按选手年龄和性别共分8个组别，设象棋、国际象棋、围棋、五子棋、国际跳棋百格5个项目。

中小学生啦啦操比赛　8月13日，在浙江师范大学附属秀洲实验学校举行。全区8支代表队、116名学生参赛。比赛分小学组和初中组两个组别，设自编爵士啦啦操、自编街舞啦啦操和自编花球啦啦操3个项目。

航模比赛　9月24日，在印通小学举行。全区18支代表队（小学组10支、初中组8支）、近200名选手参赛。比赛设无人机任务飞行、无人机自主飞行编程、水火箭打靶等9个项目。高照实验学校、王江泾镇实验学校、浙师大附属秀洲实验学校分别获中学组团体前三名；秀洲实验小学、闻川小学、高照实验学校分别获小学组团体前三名。

轮滑（表演）比赛　9月25日，在浙江师范大学附属秀洲实验学校举行。全区18支代表队、296名运动员参赛。

三人制篮球比赛暨区3V3篮球苗子赛　11月19—20日，在G15运动中心举行。比赛分初中组，小学甲、乙、丙组和幼儿组5个组别，全区29个代表队、共364名运动员参赛。秀洲现代实验学校获初中男子组第一名；洪合镇中学获初中女子组第一名；小学男子、女子甲组第一名分别被上海外国语大学秀洲外国语学校和印通小学获得；小学男子、女子乙组第一名分别由上海外国语大学秀洲外国语学校和浙江师范大学附属秀洲实验学校获得；小学男子、女子丙组第一名分别由上海外国语大学秀洲外国语学校和闻川小学获得；幼儿组由王店镇中心幼儿园拔得头筹。

（钱　健）

老年体育

【概况】　秀洲区老年体协为AAAAA级社团组织，下属有7个镇（街道）老年体协，10个区级机关、部门老年体协分会，建有气排球、太极拳等10个项目的直属运动队。2022年，共组织开展老年体育比赛、交流、展示活动14场，参与人数1600人次；持续开展公益培训，举办太极拳、健身球操等全民健身公益大培训48次，受训人员1200多人次；有48人次参加省、市级门球、健身球操、桌上冰壶球等11个项目培训。组队参加嘉兴市老年体协组织的钓鱼、桌上冰壶球、兜球、乒乓球、门球、桥牌、棋类、飞镖、健身秧歌、空竹、男女气排球、佳木斯快乐舞步健身操、趣味运动会等活动23次，338人参加活动；承办桌上冰壶球、飞镖、乒乓球、空竹4项市级比赛。获评2022年度嘉兴市老年体育培训和交流（展示）活动优胜单位，嘉兴市老年体育宣传信息工作优胜单位；1人被评为嘉兴市级“银尚达人”。9月，成立秀洲区老年人体育协会区委组织部分会。

【第五届“乐龄杯”老年人运动会】　6月11日至12月16日，区老年体协举办第五届“乐龄杯”老年人运动会。比赛设门球、乒乓球、飞镖、棋类、佳木斯快乐舞步健身操、健身秧歌、太极拳（剑）、健身球操8项，668人参与比赛。

【桌上冰壶球项目培育】 培育和推广新兴特色项目，推广桌上冰壶球健身项目。年初，区老年体协出资2.62万元购买桌上冰壶球器材11套，下发到各镇（街道）老年体协、部分分会和结对的高家桥村。组建老年体协直属桌上冰壶球运动队，选送骨干参加嘉兴市老年体协组织的培训活动。举办区级培训，各镇（街道）老年体协选派的60多人参加培训，培训内容包括基本动作要领和比赛规则等，并开展交流比赛。组织桌上冰壶球运动队参加嘉兴市联赛的4次分站赛，8月8日参加嘉兴市老年体协在海盐南北湖村举办的联赛总决赛，洪合镇老年体协桌上冰壶球队获得优胜奖。

（严巨根）

体育产业

【概况】 2022年，全区入省体育产业库266家，比上年增加57家。有体育彩票销售网点100家，年销售额2亿元。疫情期间，区教体局成立7个指导检查组，联合镇（街道）、社区网格员对分布在5个镇2个街道（新城、高照）的健身房、游泳馆等室内健身场所开展疫情防控指导检查。全年处理健身消费类等信访投诉235件，检查体育场馆、培训机构185次，出台政策、文件（通知）87个，推送、上报信息类宣传报道、案例77篇。

【体育产业项目库】 至2022年，全区入省体育产业库注册公司266家。其中涉及体育制造企业27家，产品出口企业10家，健身场馆30家，培训服务57家，赛事活动筹划41家，体育研发29家，体育协会21家、俱乐部17家，其他相关产业34家。嘉兴市振华垂钓有限公司（鱼趣江南项目）和嘉兴鸿翔体育文化产业公司（秀湖全民健身中心）成功申报嘉兴市体育产业发展资金项目库项目；鸿凯体育有限公司被认定为规模以上企业。

【体育消费券定点场馆申报】 4月15日，嘉兴市体育局印发《2022年嘉兴市体育消费券定点场馆管理办法》《关于招募2022年嘉兴市体育消费券定点场馆的公告》，启动2022年市本级体育消费券定点场馆申报工作。4月16—17日，区教育体育局组织网格人员25人，对52家体育场馆进行全覆盖检查的同时，对体育消费券定点场馆申请工作进行面对面的宣传，确保2022年嘉兴市体育消费券定点场馆申请信息的知晓率和宣传覆盖面。为提高申报服务效率，落实专人负责做好企业对接、申报材料填报辅导等工作，落实“最多跑一次”申报。同时，落实网格监管、专人负责，对定点场馆的健身环境、教练、项目、价格、服务、防疫等监督检查，形成常态化管理和服务。强化体育场所经营业主规范经营、诚信经营的宣传教育，确保全区体育健身市场规范化运作。经区教体局资格审核、市体育局信用核查审定，全区有49家体育公司（机构）符合条件，列为嘉兴市体育消费券定点场馆名单，合计发放87.57万元，核销35.48万元，带动消费76.35万元。

【体育产业企业惠企政策落地】 3月23日，市体育局印发《关于组织申报2022年度嘉兴市体育产业发展资金项目库项目的通知》。秀洲区开展落实体育产业企业惠企政策，会同区市场监管局等单位，对全区266家体育产业主体登记情况进行排摸，包括健身服务企业30家，体育类校外培训机构57家，实行分类造册登记。并安排专人负责上门信息核对，动态了解企业经营情况。根据省、市体育产业扶持资金的投向，筛选申报项目，为企业争取更多扶持。通过材料提交、审核和专家组实地勘察，嘉兴市振华垂钓有限公司（鱼趣江南项目）和嘉兴鸿翔体育文化产业公司（秀湖全民健身中心）成功申报嘉兴市体育产业发展资金项目库项目，分获60万元和120万元资金补助。

（钱　健）

综　　述

2022年，秀洲区文化工作以完善公共文化服务体系为重点，全面推动文化大发展大繁荣。全年新建文化驿站1个，文化馆企业分馆4个，智慧书房2个，健心客厅2个，礼堂书屋6个，乡村文化名师工作室2个，提升智慧书房9个，完成图书馆无障碍设施项目改造等。建成“15分钟品质文化生活圈”111个，覆盖设施700余个；开展送讲座、展览520场，送戏下乡214场。开展各级各类全民文化活动12580场，参与群众437.7万人次。开展全民艺术普及活动，下基层培训辅导3000多课时，受惠群众近2万人次。

承办中宣部“新生活·新风尚·新年画”——我们的小康生活美术作品展秀洲分展、中国美协“幸福小康 美好生活”全国农民画展、“流动美术馆项目”馆藏民间剪纸艺术展等省级以上展览活动3场次。上演中国儿童艺术剧院经典剧目31场次，观众近3万人次。是年，秀洲区被命名为“中国儿童剧院嘉兴艺术实践基地”，秀洲农民画艺术馆被命名为“浙江美术馆流动美术馆”。秀洲区图书馆获评“首届浙江省最美公共文化空间”。“四馆融合”项目获评“浙江省公共文化服务高质量发展典型案例”，并申报文旅部公共文化服务高质量发展典型案例。《食宪鸿秘》文化基因解码成果在“浙江省文化标识建设成果交流展暨文化基因解码工程成果展”上亮相，获评“浙江省首批文化基因解码成果转化利用示范项目”。212件视觉艺术作品在市级以上赛事中获奖及入选，其中国家级26件、省级62件。原创舞蹈《带你去远方》获得省群星奖。秀洲区文旅局被文旅部评为“七五普法先进单位”，秀洲区法治农民画入选“首批浙江省法治文化标识”培育对象，秀洲区农民画作品展入选第一批浙江省公共文化国际交流项目；《画好“三幅农民画”以文艺力量助力共富道路》获评浙江省共同富裕最佳案例。王江泾镇古塘村获评“浙江省首批美育示范村”。

推进非遗馆总分馆体系建设，设计完成区级非遗馆提升方案，授牌非遗分馆2个，推动区非遗创新服务中心平台建设，打造非遗传承矩阵。实施“非遗+校园”“非遗+旅游”“非遗+产业”工程，“非遗助力双减”活动走进学校10所，参与学生1000多人，“流淌的食光”成功创建为省级非遗旅游路线，公泰和糕点非遗工坊、雅莹服饰非遗工坊入选省级非遗工坊创建名单。

强化文物安全巡检工作，1000余人次参与巡检，排除文物安全隐患54处，加强文物整体保护。推进不可移动文物专项保护，重点完成长虹桥防撞工程的前置物探工程，制定王店粮仓群维修计划并报省文物局审批，维修油车港镇陶家桥等工程。双桥遗址申报第八批省级文保单位，闻店桥等10个文保点申报嘉兴市第六批文物保护单位。

（徐　佳）

群众文化

【概况】　2022年，秀洲区建成111个“15分钟品质文化生活圈”和1个文化驿站的省级民生实事工程，全区开展各级各类文化活动12580场。开展送讲座、展览520场，送戏下乡214场，其中，包括完成市民生实事工程送戏下乡150场、送展览下乡15场。嘉兴文化艺术中心秀湖音乐厅全年演出103场，其中A类演出12场，观众上座率场均 53.8%，运营步入正轨。建成乡村文化名师工作室 2 个、非遗分馆 2 个和企业文化分馆 4 个。开展全民艺术普及活动，下基层培训辅导 3000 多课时，受惠群众近 2 万人次。在全省公共文化服务评估中，秀洲区全民艺术普及率排名全省第七位；在全市精神生活共同富裕指数测评中，秀洲区位列全市第一名；秀洲区基层群众文化建设总体满意度位列全市第一名。

【第六届秀洲区戏剧小品比赛】 7 月 15 日，由秀洲区文化和旅游局主办、区文化馆总馆承办、王店镇文化分馆执行承办的“喜迎二十大 同走共富路”第六届秀洲区戏剧小品比赛，在王店镇镇中村文化礼堂举办。共有 7 个作品同台竞演。新城街道文化分馆选送的小品《在希望的田野上》、王店镇文化分馆选送的小品《竹垞宝鸭》和洪合镇文化分馆选送的音乐小品《镌刻在嘉禾大地上的名字》获得金奖。

【区广场舞(排舞)大赛】 7 月 22 日，由秀洲区文化和旅游局主办，区文化馆、区舞蹈家协会承办的“舞动秀洲”2022 年秀洲区广场舞(排舞)大赛，在秀湖音乐厅举办。共有 14 支队伍的广场舞(排舞)作品参赛。新城街道文化分馆选送的排舞《广寒宫》、油车港镇文化分馆和高照街道文化分馆分别选送的广场舞《仙境》获金奖。

【秀洲儿童戏剧艺术季】 7 月 28 日，第十一届中国儿童戏剧节嘉兴分会场暨秀洲儿童戏剧艺术季开幕式，在秀湖音乐厅举行。中国儿童艺术剧院院长冯俐、副院长赵寒冰，嘉兴市领导范庆瑜、邢海华，秀洲区领导徐鸣阳、董佳丽等出席开幕式。开幕式上，中国儿童艺术剧院艺术实践基地揭牌。开幕式后，与会人员观看儿童剧《马兰花》。秀洲儿童戏剧艺术季于 8 月 31 日结束，其间举办 31 场经典剧目惠民演出和艺术工坊、戏剧小舞台等一系列配套活动。

【朱彝尊文化标识】 8 月 23 日，朱彝尊理论研究文章评审结果出炉，评出一等奖 2 篇，二等奖 8 篇，三等奖 15 篇。11 月 23 日，“与一代文宗的时空对话——2022 朱彝尊文化论坛”在王店镇镇中村举行，张宗友(江苏)、王利民(江西)、李程(湖北)、徐志平、陈荣军 5 名专家学者围绕“朱彝尊文化的历史地位和影响力”展开深入对话与交流。11 月 29 日，《食宪鸿秘》获评“浙江省首批文化和旅游厅文化基因解码成果转化利用示范项目”。另外，创作文艺小品《竹垞宝鸭》、文学作品《梅里诗综》。朱彝尊文化主题景区村、主题民宿开放运营。

【文艺精品】 秀洲区原创舞蹈《带你去远方》(编导：苏丹，演员：寻秋娟、桑运达)以排名第一的成绩获评浙江省“群星奖”。秀洲区原创音乐作品《城市驿站》(作词：胡翀霞，作曲、辅导：张婧，演员：周星宇)入选嘉兴市第十五届精神文明建设“五个一工程奖”。秀洲区原创音乐作品《乡村头条》(编曲：张全武)，受邀参加“喜庆二十大 同走共富路”浙江省农村文化礼堂“三团三社”展演展示系列活动暨首届浙江省全民艺术节闭幕式。秀洲区原创舞蹈作品《村里的画室》(编导：苏丹、王天明、郭瑶，表演：嘉兴市歌舞团)作为嘉兴市唯一入选的舞蹈作品，亮相“献礼二十大”浙江舞蹈精品回顾展演。

11 月 3 日，秀洲区原创音乐作品《乡村头条》受邀参加“喜庆二十大 同走共富路”浙江省农村文化礼堂“三团三社”展演展示系列活动暨首届浙江省全民艺术节闭幕式(区文旅局提供)

(李国平)

图书事业

【概况】 2022 年，秀洲区新建智慧书房 2 个，分别是洪合镇人和社区、新城街道殷秀社区智慧书房；

新建健心客厅2个，分别是王店镇南梅村礼堂书屋、王江泾镇太平村礼堂书屋健心客厅；推进辖区9个智慧书房数字化提档升级；新建礼堂书屋6个，分别是王店镇宝华村礼堂书屋、洪合镇泰石桥村礼堂书屋、新塍镇火炬村礼堂书屋、王江泾镇民主村水上礼堂书屋、王江泾镇田青村礼堂书屋、油车港镇菱珑湾礼堂书屋。秀洲区图书馆继续围绕

胜丰村礼堂书屋（区文旅局提供）

“竹垞有约 书香秀洲”主题，针对不同人群组织开展多种文旅融合活动，重点打造“竹垞有约”“秀图课堂”“大运通衢”三大文化品牌，包含书香秀洲、国潮非遗等活动，全年开展各种主题阅读推广活动390余场，线上线下参与人数约23万人次。不断创新服务理念，特别推出“三馆”文旅融合大型公益活动——“小小系列”（“小小图书馆员”“小小策展人”“小小传承人”）亲子文旅研学游活动，并获2022年度嘉兴市公共文化服务创新奖。秀洲“三馆”共招募志愿者700余人次，主要服务时段集中于节假日和周末。秀洲区图书馆打造图书智能视觉盘点系统，用智能设备替代传统人工，为读者提供更加精准、智慧化服务。区图书馆全年累计开放288日，到馆读者318659人次，新办读者证27606张，累计办证50875张；外借图书297939册次，归还图书274409册；新增馆藏图书105993册，累计馆藏图书253273册。

【全民阅读月系列活动】 4月23日，由浙江省文化和旅游厅主办的2022年浙江省公共图书馆全民阅读月系列活动在嘉兴市秀洲区启动。活动围绕“书香浙里 阅享共富”主题，开展“图书馆之夜”“听书马拉松”“诗画浙江·在风景里阅读”“天籁浙江领读共富”主题朗诵大会、第十八届未成年人读书节、中华传统晒书活动、“书说浙里共读共富”讲书大赛、“童心绘共富”自制绘本活动等系列全民阅读活动，相关活动持续至9月。

【省图书馆学会学术年会在秀举行】 12月12—13日，第六届浙江省社会科学界学术年会分论坛暨浙江省图书馆学会第十七次学术年会在秀洲区图书馆举行。学术年会由浙江省图书馆学会主办，嘉兴市图书馆、秀洲区文化和旅游局承办，秀洲区图书馆协办。省图书馆学会专家咨询委员会和学术委员会的专家，以及来自全省公共、高校等各系统图书馆的馆长和学术骨干近90人参加会议。年会围绕“公共服务助力共同富裕”主题，开展学术交流活动，与会专家结合各地、各图书馆的实践和经验，进行充分交流。

【特殊群体服务】 2022年，秀洲区图书馆持续开展特殊群体服务。举办老年电脑、手机培训，针对中老年读者不同层次的学习需求，专门编写注重实用性与可操作性相结合的课件，让每一位中老年读者开心学习、轻松掌握，从而丰富中老年读者的文化休闲生活。全年共举办培训62场，参训人数636人次，通过培训，中老年朋友掌握网上挂号、淘宝购物、外卖点餐、地图导航、电子相册、视频剪辑等知识。为少儿贴心服务，区图书馆少儿馆藏文献新增29966册，累计少儿文献馆藏87999册，占总馆藏量的34.68%，同时为少儿读者订购期刊50种。全年少儿图书（包括绘本）借阅量221668册次；年度开展“STEAM少儿编程”21场，参与人数360人次；“绘本共读”92场，参与人数2284人次；“晚安故事”19场，参与人数19773人次；“小小系列研学游”13场，参与人数467人次；“青少年科普阅读”9场，参与人数184人次。

【数字资源建设】 秀洲区图书馆数字资源与嘉兴市图书馆共建共享，读者登录“嘉兴市数字图书馆”，即可使用30个外购数据库及全省158个自建库，包含知网、万方、维普等期刊类数据库，中文在线、金图外文等中外文图书数据库。可供读者

阅读的电子图书共180万余种、电子期刊论文3亿余条、各类音视频137万个、其他学术资源11.7亿余条。

（朱潇枫）

秀洲农民画

【概况】 2022年，秀洲农民画在精品创作及展示和艺术普及方面再创佳绩。全年组织参加全国、省级、市级赛事共16项，113件作品获奖及入选，其中，国家级赛事3项，获奖及入选24件；承办“新生活·新风尚·新年画”——我们的小康生活美术作品展、“幸福小康 美好生活”全国农民画作品展及发展研讨会等活动。是年，秀洲农民画作品展入选第一批浙江省公共文化国际交流项目。

【我们的小康生活美术作品展】 1月25日，由中央宣传部文艺局、中央文明办二局、文化和旅游部公共服务司、中国美术家协会、中国民间艺术家协会主办的“新生活·新风尚·新年画”——我们的小康生活美术作品展，在秀洲农民画艺术馆开展。此次画展分为“春色满园”“时代欢歌”“盛世丰年”三个篇章，展出美术作品300件。展出时间为2022年1月25日至2月15日。展览期间，还组织开展写福字、看灯盏等系列活动。

【全国现代民间绘画收藏作品展】 1月，由秀洲区文化馆主办的“美丽中国 共同富裕”——2022全国现代民间绘画收藏作品展在秀洲·中国农民画艺术中心举办，共展出全国60多个画乡的100余件作品。展览到11月结束。

【秀洲农民画扇面文创大赛】 6月16日，由秀洲区文化和旅游局主办、区文化馆承办的“惠风和畅”杯秀洲农民画扇面文创大赛开始征稿，至7月11日结束。此次大赛共收到农民画扇面作品100余件，评选出一等奖3件、二等奖9件、三等奖13件及优秀奖20件。

【全国农民画发展研讨会及作品展】 7月1日，由中国美术家协会主办的“幸福小康 美好生活”全国农民画发展研讨会在线上线下同时举行。由《美术》杂志主编尚辉主持，吕品田等国内知名专家参加。秀洲区线下分会场设在市文化艺术中心内的秀洲区图书馆4楼地方文献阅览室，张觉民、缪惠新、陈玉峰等秀洲农民画专家及骨干代表参加研讨。7月12日，“幸福小康 美好生活”全国农民画作品展在秀洲农民画艺术馆举办。此次展出农民画共198幅，其中41幅为中国美协入会资格作品。

【喜迎二十大农民画交流展】 7月4日，“喜迎二十大 共绘嘉沙新画卷”农民画交流展开幕式，在秀洲区图书馆举行。新疆沙雅县文化馆带来精彩的文艺节目，沙雅县文旅局局长热娜古丽·热合曼一行参观嘉兴市文化艺术中心“六馆一厅”。此次展览以嘉兴—沙雅文化走亲方式，由沙雅县文化馆精选50幅体现中华优秀传统文化，反映沙雅历史文化、人文风情、自然景观等内容的农民画优秀作品展出，以画抒情，表达老百姓用最朴实的真情喜迎中共二十大胜利召开。

（张小华）

文物保护

【概况】 2022年，秀洲区（不含嘉北、塘汇）共有不可移动文物252处，其中，全国重点文物保护单位2处，省级文物保护单位4处，市级文物保护单位13处，市级文保点92处，市级文物登录点141处，以上各项数据与上一年相同。全区聘有业余文保协管员86人。

【长虹桥防撞保护工程】 10月8日，嘉兴市副市长齐力调研长虹桥保护工作。王江泾镇人民政府委托浙江省工程勘察设计院集团有限公司对长虹桥保护工程进行勘察，并出具相关报告。10月18日，区文旅局邀请省遗产保护、遗产监测、振动、结构、勘探等领域的专家到王江泾镇召开专题论证会，研究论证基于长虹桥物探报告下防撞工程实施的可能性。

【文物安全检查】 继续推进全区文物安全大排查、大整治、大提升三年攻坚行动。9月23日，召开全区文物安全大整治、大排查推进会，区社会事务办主任及全区文保协管员、文保条线工作人员、秀遗守护者、文化志愿者共50人参加，各单位结合在文物安全大排查大整治中发现的问题，提出整改落实方法与举措。是年，“文物汇治”应用程序在秀洲试点，推行文物巡查“234”标准化巡查模式，即每月2次巡查，每次巡查3分钟，每次巡查需要提供4张现场照片，其中1张为文物保护标识牌（碑），其他不同角度3张。至12月，全区巡查完成率100%。

【文物维修】 2022年，对市级文保点油车港镇陶家桥进行维修。维修工程于9月通过竣工验收并完成审价，审定价为104463元。维修费用按照“433”模式分担，即市级补助40%，区级补助30%，属地承担30%。是年，区里下达文物维修保护工程补助资金135万元。

（郭　浩）

非物质文化遗产

【概况】 2022年，秀洲区共有非物质文化遗产项目76项，其中，国家级非遗项目1项（网船会），省级4项（秀洲农民画、七月七香桥会、纸凉伞灯彩、新塍传统糕点加工技艺），市级27项，区级44项。有各级传承人74人，其中，省级非遗代表性传承人6人，市级15人，区级53人，以上人数不重复统计。

【非遗分馆建设】 2022年，新建秀洲区非遗分馆2家，分别是位于王江泾镇古塘村的区非遗馆古塘分馆（灶头画），面积200平方米；位于油车港镇胜丰村的区非遗馆胜丰分馆（秀洲农民画、造船技艺、糖糕板雕刻技艺），面积1123平方米。并完成市级考核验收。

【文化和自然遗产日活动】 6月11日，秀洲区“连接现代生活 绽放迷人光彩”2022年文化和自然遗产日系列活动启动仪式，在嘉兴市文化艺术中心举行。活动现场举行“秀洲区2021年度优秀非遗传承基地”“秀洲区2021年度优秀传统文化传播平台”“秀洲区2021年度优秀非遗传承人”等系列表彰；现场发布“守根护脉”秀洲区大运河文化遗产旅游线路，以长虹桥—莲泗荡—菱珑湾—古塘—嘉桐工委新塍联络处旧址—小蓬莱—康和桥村知青文化园为主要景点，在寻觅文化遗产温暖光亮的同时，打造集网红打卡、尝美食、郊游等功能的综合线路；“守根护脉”秀遗守护者志愿队正式成立并举行授旗仪式，队员由退休教师、普通村民、退伍老兵、在校学生等30多名志愿者组成。此次系列活动至9月3日结束，活动包括非遗成果展、文旅研学游、传习人故事会、非遗市集&非遗购物节、文化遗产科普讲座等内容。

【非遗工坊】 10月25日，秀洲区“公泰和”糕点非遗工坊、雅莹服饰非遗工坊、菱珑湾非遗工坊入选第一批嘉兴市级非遗工坊创建单位。其中“公泰和”糕点非遗工坊、雅莹服饰非遗工坊同时入选第一批浙江省非遗工坊培育单位。

（吴美玲）

文化创意产业

【概况】 2022年，秀洲区聚焦“123”，即以推动文化产业高质量发展这一主题，围绕“一圈两带”产业布局，重点培育江南传媒文化创意产业园和中电科数字文化产业园两大平台，建立完善专班运作机制、招商推介机制和服务保障机制三大机制，加快推进文化产业发展，不断提升文化产业规模，增强整体发展实力。嘉兴中润光学科技股份有限公司获评浙江省第六批成长型文化企业，实现秀洲区在此荣誉上“零”的突破。

【创新体制机制】 6月，出台《2022年度秀洲区文化产业主要经济指标目标任务分解及考核办法》，项目化、数据化分解全年重点目标任务，客观、公正、科学地评价文化产业发展工作实绩。10月，区委宣传部印发《秀洲区持续壮大文化产业 助力打造主城区文化高地工作方案》，提出实施文化产业创新驱动、文化产业招大引强、文化企业骨干培育、文化产业对外交流、文化产业融合发展、文化人才素养提升、文化产业“三服务”连心七大工程，制定全年工作目标。12月，举办2022年秀洲区文化产业高质量发展专题研修班，约 70 人参加培训。

【规模以上文化企业发展】 2022 年，秀洲区突出高质量发展目标导向，以推动集聚发展、龙头引领、扶大扶强为重点，继续引育一批具有较强创新和市场开拓能力的骨干文化企业。1 月，嘉兴中润光学科技股份有限公司获评浙江省第六批成长型文化企业。全年新增规模以上文化企业 6 家。

【加强对外交流】 6 月，参加 2022 嘉兴市文化产业博览会，精心打造以“诗画秀洲”为主题的“秀洲文创馆”，吸引人流超 2 万人次，参展企业销售额超 20 万元。同月，举办“诗路画语 礼遇秀洲”秀洲区第五届创意创新设计大赛颁奖典礼暨秀洲区文化产业项目推介活动，为区内优秀文化项目搭建展示平台。全年先后组织嘉兴秀洲农民画艺术创意有限公司参展深圳文博会、中国义乌文化和旅游商品博览会，展示“秀洲农民画”文创魅力。

【服务文化企业】 继续开展“我为企业解难题”专项行动，全年走访浙江雅萃文化创意有限公司、嘉兴市艾可广告传媒有限公司等文化企业 50 余家，做好政策解读和业务指导。为文化企业做好纾困帮扶和产业扶持，向全区电影院、书店等受疫情影响最严重的公司下达扶持资金 200 余万元。开展 2022 年度秀洲区文化产业发展专项资金评审，兑现资金 150 万元，为企业排忧解难、提振信心。与浙江禾城农商银行合作成立的禾城 · 文创支行，为 154 家文化企业提供信贷资金 55656.72 万元，帮助企业解决“融资难”。举办三期秀洲区重点文化企业“面对面”四季资源分享会，搭建企业交流平台，畅通政企沟通渠道。

（戚金祥）

新闻传播

【概况】 2022 年，秀洲区聚焦宣传贯彻党的二十大精神、共同富裕等主题主线，推出“共同富裕看秀洲”央媒秀洲行活动 2 场，主题摄影（短视频）作品征集活动 1 场，网络微展 1 场，异地融媒协作 2 次，建立秀洲共同富裕宣传资源库案例 56 个，串点成线打造“一镇一品”外宣精品线 7 条，全面展示秀洲的变革性实践、突破性进展、标志性成果。以“美好生活”为主题，制作推出短视频、VR、VLOG、慢直播等多形式多种类融媒产品，推出“美丽秀洲”“朱彝尊与二十四节气”“瞰秀洲”等系列主题视频 120 余个，开展“秀舞台”等直播 45 场。

【“看秀洲”微信公众号】 2022 年，“看秀洲”微信公众号聚焦共同富裕、“三年”行动和疫情防控，继续打造集权威资讯、新闻报道、政策解读、便民服务于一体的公众互动平台，进一步提升融媒宣传的影响力。是年，“看秀洲”微信公众号平台共推送文章 2269 篇（次），拥有固定粉丝 19.4 万人。

【“看秀洲”客户端】 2022 年，看秀洲新闻客户端共发布信息、内容 35724 条，累计阅读量 1.6 亿人次；开设“秀洲文化礼堂”“众志成城 同心抗疫”“全国文明城市典范”“文化有约”等 42 个专题专栏，共发布专题信息、内容 6157 篇，专题阅读总量 2647 万人次；开设“抗疫求助平台”“防疫服务”“共享药箱”等有关应用服务栏目 6 个，在疫情防控期间全面服务本地居民和来秀人员；新增“秀湖音乐厅”“秀洲区图书馆”“地方党史陈列馆”等线上文化服务通道 6 个，累计吸引群众约 6 万人次；开设“秀洲慢直播”“秀水泱泱美好生活秀给你看”“寻味浙江 · 年味之菱珑湾”“运河情秀洲味——端午美食嘉年华”“秀洲区文艺宣讲团出征仪式暨第三届秀湖朗诵音乐会”“2022 年美丽乡村稻田音乐节”等直播 34 场次，累计吸引观看 113 余万人次；开展“党的二十大精神知识竞赛活动第一、二期答题活动”等 3 次，累计吸引 18.6 万人次参与；开展“秀洲区消费券”三轮、“惠动新塍”消费券两轮、“乐购秀洲”、“浪漫七夕消费券”等 6 次消费券发放、拉动消费活动，累计吸引 63 万人次参与。

【秀洲新闻网】 2022 年，秀洲新闻网共发布信息、内容 12.1 万余篇，阅读量 3135 万余人次，其中开设的“喜迎二十大”“共同富裕在身边”“网络中国节”系列等27个专题专栏，累计阅读量214万人次。

【秀洲新闻网(微博)】 2022年，秀洲新闻网(微博)推送精选制作的新闻、咨询和转载国内权威媒体发布的内容，每天30～40条，供订阅用户阅读、转载、评论，全年共发布原创微博12348条。

(千　鸿)

【秀洲发布】 2022年，“秀洲发布”微博每天推送4～7条精选制作的新闻内容，累计推送2008条，阅读量超4000万人次，互动量超2万人次，在嘉兴市县(市、区)官方发布和融媒体平台微博排行榜中位列第四。

(胡胜展)

【“看秀洲”抖音号、视频号】 2022年，“看秀洲”抖音号挑选国际、国内、本地三方面的热点话题及内容，制作发布有吸引力、有话题性的短视频802条。“看秀洲”视频号围绕本地热点，创作发布有高度、有深度、有温度的精品视频298条。

(千　鸿)

综　　述

2022年，秀洲区卫生健康工作以数字化改革为总抓手，统筹抓好新冠疫情常态化防控和卫生健康工作，全区卫生健康工作再上新台阶、实现新跨越。至年末，秀洲区共有医疗卫生机构214家，开放床位2448张。是年，县域就诊率88.59%，基层就诊率76.48%。

全区累计接种新冠病毒疫苗369131剂次，筛查核酸3055万余人次；12月5日起，优化防控政策，做好新冠感染病人收治工作，实现有序转段、平稳渡峰，完成"保健康、防重症、遏死亡"疫情防控的工作目标。

基础设施建设。区人民医院、区妇保院两个在建项目顺利推进。完成区妇幼保健院改造提升工程，新塍镇健康管理中心改造工程，王店人民医院发热门诊、食堂、体检中心改造项目。深化浙江省中医院——区人民医院医联体建设，高祥福等3个省级名医工作室在区人民医院挂牌。全区公立医疗卫生机构招聘和引进人才98人，其中硕士11人，副高职称9人。定向委托培养26人，接收31人，完成更替超龄乡村医生16人。

基层医改工作。2021年度基层医疗机构绩效评价总分排名全省第七。区康安医院开设老年精神科病区，油车港镇卫生院在"全国优质服务基层行"中达到推荐标准，受到国家卫健委表彰。确立3个秀洲区专病诊疗中心，3个专科获评嘉兴市基层特色专科称号。是年，家庭医生签约240981人，户籍人口签约率64.35%，常住人口签约率43.27%。全区实现老年友善医院创建全覆盖。"智慧健康体检"入选浙江省卫健委2022年度创新储备项目，列入"浙里健康"子场景。

公共卫生服务。启动高血压糖尿病全周期健康管理推进分级诊疗改革，实现全区慢性病一体化门诊主要设备统一。油车港镇卫生院完成"AI慢病助手系统"先期试点，油车港镇栖真卫生室在全市率先配备即时检验设备。重点人群结直肠癌筛查、慢性阻塞性肺病筛查、上消化道癌机会性筛查、妇女免费"两癌"检查、城乡居民免费健康体检等均完成目标任务。为1.01万名70周岁及以上老年人免费接种流感疫苗。启动老年困难群体眼健康筛查。出台秀洲区职业健康"一企一策"帮扶项目方案，服务企业30家。

人口家庭工作。组织实施三孩生育政策及配套支持措施，依法落实计划生育奖励扶助政策，2022年，全区出生人口2098人，总和生育率0.79。优化完善生育服务管理，生育登记服务实现全省通办、跨省通办。秀洲区将"美好善育"普惠项目列为区民生实事，每千人拥有婴幼儿照护设施托位3.39个。连续21年保持直接产科原因户籍孕产妇零死亡。

健康浙江建设。秀洲区连续4年健康浙江考核优秀，健康嘉兴考核保持优秀。全国社会心理服务体系试点市创建工作经验在《中国青年报》登载，接待省内外参观考察团队140批次。全区4个国家卫生镇、98个省级卫生村被命名为2021年省级健康村镇。秀湖公园入选全国"爱卫70载70个爱卫网红打卡点"。《数字赋能控烟执法，推进健康中国控烟行动》入选浙江省首批健康浙江行动示范样板、"2022健康中国创新实践案例"。"病媒防治"小程序列入省爱卫办爱国卫生在线核心模块试点建设。秀洲区作为无偿献血先进集体获省政府表彰。

（曹　旗）

新冠疫情防控及医疗救治

【概况】 截至2022年12月4日，秀洲区新冠突发公共卫生事件应急处置8起。开展医疗机构及区疾病预防控制中心应急队员新冠疫情处置技术培训，派出7批26人次流调队员，支援省内及周边县市区聚集性疫情调查处置。开展新冠疫苗接种和加强针接种工作。全年累计发放健康防疫包10.6万份，并做好新冠病人收治工作，实现有序转段、平稳渡峰，完成“保健康、防重症、遏死亡”疫情防控的工作目标。

1月2日，秀洲区人民医院组织医护人员支援宁波市北仑区参与核酸采样（区卫健局提供）

（曹　旗）

【抗疫经费安排】 2022年，秀洲区政府安排抗疫资金2.82亿元。用于疾控物资采购5671万元，隔离点建设及运行费用12138万元，实验室建设、核酸检测经费7052万元，方舱医院运行经费1254万元，抗疫宣传费47万元，其他支出2038万元。

（屠亚萍）

【新冠疫情防控】 全年累计派出7批26人次流调队员，支援平湖市、海宁市、嘉善县、宁波市北仑区等本土聚集性疫情调查处置。对各医疗卫生机构应急队员开展新冠疫情处置技术培训3期175人次，编写流调溯源工作手册。区卫健局、区卫生监督所、区疾控中心全员参与区新冠防控网格化督导小组，定期对基层医疗机构的新冠防控工作开展督导。全年发布风险研判（含每日疫情分析）180余期，为政府制定防控政策提供依据。

【新冠疫苗接种】 有序推进新冠疫苗接种工作，全年开展新冠疫苗接种培训3期66人次，保障全区疫苗接种点和临时方舱接种点医疗救治人员及物品药械配备到位。

（王炫征）

【新冠病人医疗救治】 贯彻“外防输入、内防反弹、动态清零”方针，按照新冠疫情防控工作要求，督导全区医疗机构预检分诊工作。截至12月4日，派出医务人员26批1236人次。12月5日疫情防控政策调整后，全区105家医疗机构参与新冠病人门诊救治工作，其中高峰时开设发热门诊（诊室）11家，提供诊室20个。11家医疗机构参与开展新冠患者住院治疗工作，其中高峰时调剂设置新冠患者住院床位115张。是年，使用中医药预防方39656贴。

（王庆华）

医药卫生体制改革

【概况】 2022年，继续推进秀洲区人民医院（筹）与浙江省中医医院、嘉兴市第一医院与嘉兴市王店人民医院、嘉兴市妇保院与秀洲区妇保院紧密型医联体工作。嘉兴市王店人民医院被列入公立

8月2日，洪合镇卫生院与嘉兴市第一医院党建共建、紧密型医联体共建签约（区卫健局提供）

医院绩效考核单位，医疗收入总费用、门诊均次费用、住院均次费用、药占比和百元材料比等指标符合上级政策要求。

（王庆华）

【医疗费用控制】 通过电子化临床路径、DRGS（疾病诊断相关分组）方法等，规范诊疗行为，合理用药，合理检查。2022年，全区医疗单位门诊人次368.37万人次，出院5.48万人。全区医疗单位每门诊人次费用135.74元，比上年同期增加4.5元，增幅3.43%。每住院床日费用601.67元，比上年同期增加47.20元，增幅8.51%。每人次出院费用5301.81元，比上年同期下降208.24元，降幅3.78%。

（屠亚萍）

【社会资本办医管理】 2022年，累计许可（备案）社会办医疗机构9家，其中，医学检验实验室1家、口腔门诊部3家、口腔诊所1家、中医诊所3家、内科诊所1家。8月，组织病历病案、急诊医学、护理、医院感染、妇幼产科、药事、中医、口腔、麻醉、检验、放射、超声医学、医疗设备等质控小组，对区内民营医疗机构进行中期医疗质控检查，检查情况总体良好。7月、11月，秀洲区超声、放射质控中心分别组织召开质控专题会议，组织学习省、市放射质控中心文件及相关会议精神，进行疑难病例讨论，并布置质量持续改进工作要求。

（王庆华）

【区妇幼保健院迁建项目开工】 4月11日，秀洲区妇幼保健院迁建项目开工建设。项目位于秀洲区西部，用地东侧为新义路、西侧为城市主干道嘉铜公路、南侧为创新路、北侧为火炬路。总用地面积46009.7平方米，总建筑面积97674平方米，其中，地上建筑面积46352平方米、地下建筑面积51322平方米。主要建设内容包括主体大楼（含门急诊楼、医技楼、住院楼、行政后勤楼、辅助用房）、地下室（停车场）及绿化、水电等相关配套设施。该项目总投资估算75000万元，规划床位331张。

（屠亚萍）

【卫生服务信息化】 为医院排队叫号系统对接"浙里办"，通过手机可实时查看当前叫号情况，预估就诊时间点，缩短患者在医院等候时间。为基层卫生室、服务站贯通身高、体重、血压等检查设备信息，检查结果由手工记录改为自动数据采集传输，减轻医护人员的工作量，提高数据的准确度。"智慧健康体检"入选省卫健委2022年度创新储备项目，列入"浙里健康"子场景。

（朱芳丽）

基本医疗

【概况】 依托三级医疗卫生服务体系，优化全区医疗资源配置，强化基层卫生院（社区卫生服务中心）基本建设，突出城市医联体和区内结对帮扶建设，提升基层医疗服务能力。是年，基层就诊率76.48%，县域就诊率88.59%。

【医疗卫生机构】 2022年，秀洲区有医疗卫生机构214家，开放床位2448张，每千人拥有医院床位数3.47张。政府办医疗卫生机构66家，民营（社会办）医疗机构148家。卫生机构从业人员5001人，其中卫生技术人员4355人，含执业（助理）医师1686人、注册护士1833人。全区医疗卫生机构经营总收入20.67亿元。

【医疗服务能力提升】 6月13日，制定下发《嘉兴市秀洲区医疗质量控制中心管理办法》，重新调整并增设4个质控中心，达到17个质控中心。各质控中心配合市质控组织检查5次。8月25日至9月20日，组织开展区内医疗质控年中检查工作。秀洲区王江泾医院"糖尿病专科"、油车港镇卫生院"妇女健康管理科"、王店镇建设卫生院"中医骨伤科"3个专科获评嘉兴市基层特色专科称号。7月7日，制定《秀洲区专病诊疗中心建设实施办法（试行）》，确立秀洲区人民医院（筹）"消化道早癌""骨关节病"及秀洲区妇保院"妇科内分泌"3个区级"专病中心"。秀洲区人民医院（筹）在省中医院医联体工作的帮扶下，开展新技术新项目21项，主要临床科室专技配备和主要二级临床专科专技配备各有5个达二级甲等医院水平，标志医院诊疗水平的RW≥2例数（难度较大病种数）占比从

0.44%提高至3.84%，CMI值（代表医疗诊疗病例的技术难度及收治疑难重症的能力）在全省82家二级乙等综合医院排名中从2021年的第62位提高至最高时的第12位。

【家庭医生签约服务】 2022年，全区组建家庭医生团队数118个，参与签约服务工作的全科医生134人，乡村医生88人。是年，家庭医生签约240981人，户籍人口签约率64.35%，常住人口签约率43.27%；重点人群签约170311人，覆盖率91.57%。

【全面融入长三角一体化工作】 5月22日，上海交通大学医学院附属同仁医院叶晓健教授脊柱微创外科工作站落户浙江新安国际医院；11月25日，复旦大学附属华东医院唐健雄疝与腹壁及减重代谢疾病工作室落户浙江新安国际医院；1月，省中医院秀洲分院［秀洲区人民医院（筹）］全面深入合作，成立中医肾内科高祥福院长、消化科吕宾教授、骨科童培建教授3个省级名医工作室，每周有名医工作室专家坐诊。至年末，接轨沪杭工作实现门诊6469人次，会诊专家652人次，手术397例。赴沪杭进修、短期培训、继续教育学习89人次。

1月20日，浙江省中医院秀洲分院——吕宾名医工作室揭牌（区卫健局提供）

【东西部扶贫、山海协作工作】 7月28日，秀洲区疾控中心以视频形式联合屏山县疾控中心，召开东西部协作疾控工作交流会，就秀洲区新冠防控、实验室资质认定、检验检测、水质监测、职业卫生等工作进行详细交流。7月29日，秀洲区新塍医院派出中医科罗晓晨医生赴屏山县中医院，担任康复部副主任，就等级医院创建、学习、培训、带教等开展工作，培训人员158人次。是年，秀洲区人民医院（筹）、秀洲区康安医院与龙泉市相关医疗单位签定新一轮合作协议，分别就中医药和精神卫生工作开展交流。

【中医药事业发展】 2022年，全区100%的社区卫生服务站和村卫生室可以提供中医药服务，所有家庭医生团队可以提供中医药健康服务。对新城街道、洪合镇、王江泾镇的240名居民开展中医药健康文化素养调查。全年组织中医专业技术人员103人次开展中医药知识走进村文化礼堂活动43场，参与群众3500人。是年，全区公立医疗机构中药饮片收入2549.33万元，较2021年度增长7.16%。

（王庆华）

疾病控制

【概况】 2022年，全区无甲类传染病报告，乙、丙类传染病报告18种3822例，报告发病率555.37/10万，同比上升12.48%；报告死亡3例，报告病死率0.08/10万（按甲乙丙总数），同比上升38.60%。全年共报告突发公共卫生事件10起，事件级别为未分级，其中8起为新冠疫情，2起为诺如病毒疫情。

【急性传染病防控】 2022年，全区报告2例疟疾病例（按现住址）、2例布鲁氏菌病（按现住址），及时开展流调并全程督导病人进行药物规范化治疗。4—11月，全区开展伊蚊密度监测，布雷图指数分别为4.5、4.5、8.6、3.0、1.5、8.0、2.5、1.0。全区免疫相关性疾病报告：百日咳20例、流行性腮腺炎16例、甲肝4例、风疹1例、麻疹1例。网络直报梅毒、淋病、尖锐湿疣、生殖器疱疹、生殖道沙眼衣原体感染5种性病700例，同比下降19.72%，其中梅毒报告发病数146例，占报告性病数20.86%，同比下降25.51%；淋病报告173例，占报告性病数24.71%，同比下降28.81%。

【重大传染病防控】 2022年，继续保持血吸虫病消除状态，全区开展27个轮查村全环境普查、93

个重点村环境抽查。实际查螺面积164.79万平方米，在新塍镇运河农场发现残存螺点2个，确认有螺面积2700平方米，捕获钉螺81只，解剖结果均为阴性。对近3年来发现的残存螺点开展巩固性灭螺，累计灭螺面积2.37万平方米，投入查灭螺经费40万元。开展血吸虫病病情监测2106人，结果均为阴性。全区新增晚血6人，死亡19人，现存晚血病人104人，全年内科救助晚血病人123人，救助率100%。继续做好艾滋病防控，全区设置6个艾滋病初筛实验室、6个快检点、8个社区药店快检筛查点及1个社会组织监测点，全年监测81595人次。辖区医疗机构新报告艾滋病病人和艾滋病感染者24例，同比上升20.0%，新报告(现住址)病例23例，同比下降14.8%。全区正在治疗艾滋病感染者和病人250例，抗病毒治疗覆盖率98%，病载抑制率100%。全区艾滋病自愿咨询检测门诊筛查1001人次，确诊阳性6例。继续实施终结结核流行，全区报告登记活动性肺结核病例126例，同比下降27.17%，报告发病率23.26/10万。病原学阳性结核病人78例，同比下降33.33%，涂阳比例为53.04%(61/115)，肺结核患者病原学阳性率67.83%(78/115)，其中新发涂阳58例，同比下降30.95%，新发涂阳登记率为10.71/10万。2021年，全区登记的活动性肺结核患者174例，成功治疗率94.41%。是年，登记发现学生病例6例，其中3例来自辖区外学校，辖区学校学生病例3例，均及时完成密切接触者筛查，筛查学生及教师合计148人，未发现续发病例。新发现耐多药患者6例。

【预防接种】 2022年，全区接种免疫规划疫苗9种8.6754万剂，接种非免疫规划疫苗25种13.7887万剂。七苗(卡介苗、乙肝疫苗、脊灰疫苗、百白破疫苗、麻风腮疫苗、流脑疫苗、乙脑疫苗)及甲肝疫苗基础免疫10.6546万人次，加强免疫3.9187万人次。脊灰、麻疹疫苗春秋季节查漏补种2622人次，麻腮风疫苗基础免疫4874剂次，麻腮风疫苗复种5072剂次。初三学生接种麻疹风疹疫苗3616人次，医务人员接种麻疹风疹疫苗105人次，应急接种麻疹类疫苗45人次。持续推进预防接种门诊疫苗全程电子追溯，全区8家犬伤接种门诊、2家产科接种门诊均实现疫苗全程电子追溯，实现不同接种人群、不同门诊类型的所有疫苗从流通到接种全程可追溯，疫苗全程扫码接种率达到100%。

【慢性非传染性疾病防控】 2022年，户籍人口死因、慢性病监测结果显示：报告死亡(小口径计算)2970例，报告死亡率788.26/10万(2970/376779)；其中12月报告死亡513例。居民根本死亡原因前五位：恶性肿瘤、心脏病、损伤和中毒、脑血管病、呼吸系统疾病。报告糖尿病2500例，肿瘤2026例，冠心病急性事件305例，脑卒中1850例(小口径计算)。全面实施高血压、糖尿病高危人群信息化筛查管理，管理率均超3%。全区高血压患者登记66123人，发现率9.74%(按常住人口计算，下同)，健康管理率37.59%。糖尿病患者登记23312人，发现率3.43%，健康管理率41.42%。

【卫生监测】 2022年，食品安全风险监测采样583件，其中化学污染物及其有害因素监测采集样本361件，包括省市下达任务183件，自主监测采样178件，检出超标样本9件，检出率2.49%；微生物及其致病因子采集样本222件，包括省市下达任务48件，自主监测采样174件，检出阳性样本11件，检出率4.95%。全年完成学生体检人数43718人，对5所中小学校学生开展常见病监测与干预工作，共监测2026名学生。全年采集水样93份(城市水65份，农村水28份)，其中管网末梢水45份，二次供水46份，出厂水2份，合格率100%。采集消毒副产物水样10份，合格率100%。组织开展对学生和孕妇重点人群碘营养水平和病情监测，其中尿碘和盐碘监测学生240人、孕妇153人，对240名学生开展甲状腺肿大率检查。监测结果达到国家消除碘缺乏病标准要求。

(王炫征)

公共卫生

【概况】 2022年，秀洲区继续实施国家基本公共卫生服务项目，项目共12大类，服务经费提升至75元/人，按常住人口55.6971万人购买服务。全年12项指标均达到绩效评价要求，其中王店镇建设卫生院、王店人民医院、油车港镇卫生院区级绩效评价位居前三名。2021 年秀洲区基本公共卫生服务项目市级绩效评价位居全市第 3 名，获市卫健委、市财政局联合通报表扬。

【重大公共卫生】 继续实施上消化道癌机会性筛查项目，全年评估 1095 人，评估阳性率 33.06%；问卷 1097 人，问卷高风险率 33.09%；完成 1023 例内镜检查，检出早期癌 10 人、中晚期癌 8 人、非上皮类肿瘤 7 人，癌前病变 52 人，炎症 180 人。

【原基本公共卫生】 至年末，全区建立城乡居民电子健康档案 505699 份，建档率 90.79%，居民规范化电子健康档案覆盖率 78.09%，使用率 60.38%；实施适龄儿童预防接种，建证 42048 人，建证率 100%；入学入托接种证查验率 100%，一类疫苗接种率达到规定要求；全区 0～6 岁儿童 25840 人，儿童健康管理率、儿童系统管理率分别为 97.51%和 95.48%；全区活产新生儿 2170 人，孕产妇系统管理率、产后访视率、早孕建册率分别为 97.51%、98.66%和 97.51%；接受规范管理老年人 45121 人，老年人规范健康管理率 62.55%、接受体检人数 45889 人；管理高血压患者 49151 人，目标任务完成率 109.22%，在基层医疗卫生机构按照规范要求提供高血压患者健康管理服务 40680 人，高血压患者基层规范管理服务率 82.77%，管理人群血压控制率 82.56%；管理糖尿病患者 14790 人，目标任务完成率 104.15%（14790/14200），在基层医疗卫生机构按照规范要求提供 2 型糖尿病患者健康管理服务 10701 人，2 型糖尿病患者基层规范管理服务率 72.35%；管理人群血糖控制率 73.42%。管理严重精神障碍患者 2816 人，严重精神障碍患者稳定率 99.96%。传染病疫情报告率和报告及时率均为 100%；开展卫生监督协管的基层医疗机构比例和卫生计生监督协管信息报告率均为 100%。0～36 个月儿童中医药健康管理 8747 人，服务率 77.01%；65 岁以上老年人中医药健康管理 51064 人，服务率 70.79%。肺结核患者管理 168 人，管理率 98.37%，规则服药率 97.11%，疑似患者转诊率 100%。

【其他基本公共卫生】 继续实施适龄儿童窝沟封闭项目，全区 5409 名二年级学生知情同意 4952 人，接受口腔检查学生 4952 人。经口腔检查发现应封闭学生 1639 人，实际封闭学生 1627 人，窝沟封闭项目覆盖率 99%。启动慢性阻塞性肺疾病免费筛查项目，全年慢阻肺问卷初筛 5251 人，问卷阳性人数 1791 人，完成肺功能检查人数 890 人，肺功能检查任务完成率 113.52%，C 级以上质控合格率 100%，A 级合格率 75.61%。

【地方公共卫生】 继续实施重点人群结直肠癌筛查项目，筛查覆盖 34 个村（社区），开展粪便潜血初筛试验 18209 人，任务完成率 105.25%，1096 人参与结直肠镜检查，肠镜检测率 39.74%，检出结直肠癌病例 16 例、进展期腺瘤 187 例，非进展期腺瘤 244 例，非腺瘤性良性病变 362 例，其他病变 71 例。继续为 70 周岁及以上老年人免费接种流感疫苗，全年计划免费接种 1 万人，实际接种 1.01 万人，无疑似预防接种异常反应病例报告。启动老年困难群体（65 周岁及以上户籍低保、低保边缘、特困人员等困难群体）眼健康筛查并建立眼健康档案，为 25 名困难老年人免费开展白内障手术。

（储斌彬）

健康秀洲建设

【概况】 2022 年，继续推进健康秀洲建设，健康浙江考核县级指标共 62 项，其中必备指标 3 项、基本指标 51 项、年度重点指标 8 项。秀洲区连续 4 年健康浙江考核优秀。启动健康影响评价试点工作，完成《嘉兴秀洲区（中心城区）城镇社区建设专项规划之春晓社区》健康影响评价案例。

【高血压糖尿病全周期健康管理推进分级诊疗改革】 6 月 28 日，区卫健局、区财政局、区医保分局联合印发《秀洲区高血压糖尿病全周期健康管理推进分级诊疗改革实施方案》，启动高血压糖尿病全周期健康管理推进分级诊疗改革。在全区 8 家基层医疗机构新组建 118 个全专融合型家庭医生团队，率先建成王江泾医院、油车港镇卫生院 2 处慢性病一体化门诊。投入 320 余万元，统一为 8 家基层机构配备全自动免散瞳眼底相机、动脉硬化检测、身高体重仪等慢性病一体化门诊设备，实现全区慢性病一体化门诊主要设备统一。

【社会心理服务体系建设试点】 继续推进社会心理服务体系建设试点工作，依托区社会心理服务中心平台，全年服务2万余人次，心理推广讲座、团辅活动379场，心理咨询1989人次，接听热线电话2002个。依托智慧化心理健康服务平台有效驱动试点改革创新，全年开展压力、睡眠、职业倦怠、抑郁、焦虑等心理量表测评91375人次，有效干预12308人次。依托夏令营、冬令营活动帮助家长更加了解孩子，有效改变家庭教育模式。借脑引智沪杭等区外资源，培育本土心理服务团队，有力支撑专业化队伍扩容。依托“健心客厅”推出全人群“爱的”系列心理服务，全年服务1万余人次，受众超3万人次。通过链接部门资源，培育“精准康复·心理支持”“关爱失智·合作守护”“好孕相伴·快乐分娩”“卫教融合·向阳花开”等12大服务品牌。

【控烟限酒行动省级示范点建设】 继续推进控烟限酒行动省级示范点建设，建立控烟执法一体化信息平台，实现24小时实时违禁吸烟行为自动识别，语音、灯光警告提醒，违法非现场处罚。综合烟感器报警率和声光劝导成功率等指标，率先提出“数智控烟指数”，有效保障重要公共场所全面禁烟。全区22家医院、宾馆酒店、游泳场所布设烟感器24处，警告提醒6781次，发现率100%，劝阻率100%，劝阻有效率超90%。处罚全流程压缩至5分钟，行政处罚23人，并实现罚款在财政公共平台线上缴纳。《数字赋能控烟执法，推进健康中国控烟行动》在全国控烟立法城市公共场所控烟执法监督项目结题会上作经验交流，相继入选浙江省首批健康浙江行动示范样板、“2022健康中国创新实践案例”。

【实施国民营养计划】 启动有供餐的重点单位(托幼机构、学校、养老机构)带量食谱提供，选择8所中小学、1所敬老院及全区34所幼儿园开展带量食谱，选定区机关食堂创建营养健康餐厅(食堂)，浙江师范大学附属高照实验学校创建营养与健康学校。开展10户30人营养调查工作。组织开展营养教育活动，完成义诊、讲座、咨询等活动664场，参与人数4万余人，发放资料2万余份。开展“全民营养周”主题宣传活动，涵盖幼儿园32所、学校25所、养老机构1家，开设学校讲座17场次、社区讲座8场次，微信公众号推送宣传文章26篇次。

(储斌彬)

卫生监督

【概况】 2022年，全区共作出卫生行政处罚决定案件183起，其中，一般程序154起，简易程序29起，罚没款203.65万元。全年结案177起，包含一般程序145起，简易程序32起，执行到位罚没款159.19万元，取缔无证行医窝点27处，申请法院强制执行案件6起，移送司法追究刑事责任5起，向其他地区或部门移送案件线索7起；全年受理卫生监督投诉举报事项28件；全年“互联网+监管”指标中掌上执法账号激活率、掌上执法率、信用规则应用率、跨部门监管率、事件处置率、任务完成率和事项覆盖率均为100%，国家及省“双随机”总完成率100%，处罚率29.96%，均达到省级考核指标；在省卫健委卫生行政执法效能测评中，履职能力、发现能力、覆盖能力、处置能力及创新能力均为满分，年终效能总得分100分，并列全省第一。

【智慧卫监】 通过远程视频监控、风险预警系统等，加强对各级各类医疗卫生机构疫情防控落实情况的监管，对医疗卫生机构未规范落实疫情防控措施处罚15家次，其中实施关停1家。通过医疗服务全领域智能监管应用信息平台、口腔诊疗机构风险监测智能监管平台，全年共处理预警信息55条，对其中26家次进行行政处罚。进一步完善游泳场所“三色桶”量化预警与分级处置模型，对辖区常年开放的4家室内游泳场所安装在线水质监测系统、11家游泳场所安装10个智能水表，实现实时水质监测数据的检测、上传、分析。建成非法医疗美容和无证公共场所的社会监督预警系统，积极推进住宿场所“透明保洁”智慧监管平台建设。

【"双随机、一公开"监管】 继续推行"双随机、一公开"监管制度，依法加强卫生健康各领域的服务监管，实现综合监管的法治化、规范化、常态化，全年共实施国家和省级"双随机"抽查任务237个，其中作出行政处罚案件71起，总处罚率29.96%；省行政执法平台"双随机"任务到期完成率、信用规则应用率均为100%，跨部门抽查率为24.24%，省库、国库事项认领和覆盖率均为100%。

【疫情防控督查】 对辖区医疗机构落实疫情防控措施情况进行执法检查912家次，查处涉疫违法行为24起，做出行政处罚决定23件；共督查全区大规模人群核酸检测采样点130余个，提出督查意见50余条；参与集中隔离医学观察点指导培训78家次，督查集中隔离医学观察点院感工作落实情况358家次，报送问题651条。

【医疗卫生综合监管】 实现医疗卫生机构全行业闭环监管，全年组织医疗卫生机构开展依法执业自查2次，175家医疗卫生机构全部使用"浙江省医疗机构自查自律系统"。全面启动医疗卫生机构不良执业行为记分管理工作，全年完成医疗卫生机构不良执业行为记分20家次。通过"双随机"执法、专项整治、院感检测、智慧监管及风险预警处置等方式主动实施政府监管，拓展"数智卫监"应用覆盖面，全区97%的口腔诊疗机构接入省"口腔诊疗机构监督在线"，100%的公立医疗机构、100%的村卫生室、62%的社会办医疗机构接入省"诊疗行为监督在线"。稳步推进全区社会办医疗机构接入省"医疗废物智慧监管系统"，全年完成接入社会办医疗机构8家。积极查处各类投诉举报，全年检查医疗机构137家次，查处违法案件53件，受理医疗机构内违法违规行为投诉举报4起，全部及时查处。

【非法行医查处】 开通"12345"24小时投诉举报电话，受理无证行医行为举报投诉，全年受理无证行医类投诉举报、信访、平台流转等线索11件。查处无证行医案件15件。卫健、公安等部门联动"打非"机制逐步完善；建立秀洲—嘉善、秀洲—吴江防范和打击无证行医工作联系会议机制，开展"打非"联合执法2次，发现违法线索1起。通过微信公众号等网络途径开展打击无证行医宣传。

【学校卫生监管】 组织中小学校在春、秋季开学前后两周内，各开展一次学校卫生工作履职自查，秀洲区25家中小学校全部使用"浙江省学校卫生管理与监督信息系统"，对学校突发公共卫生事件、传染病防控、生活饮用水卫生、教学及生活环境卫生、健康教育与健康体检、卫生机构等实施自查，提升学校依法履职主体责任意识。以"双随机"方式，对学校传染病和常见病防控、学校饮用水卫生，教室采光照明等教学环境卫生开展监督抽检。检查学校7所，查处违法案件7件。向区教育体育局开展执法检查情况通报1次，通报内容包含学校卫生自查录入情况、"双随机"执法检查情况、行政处罚情况及整改要求等。

【职业病防治】 参与辖区内3家职业病危害严重用人单位竣工验收。开展职业卫生分类监督执法工作，举办业务知识培训，500余家企业的600余名职业卫生负责人及管理人员参加会议，发放宣传培训资料600余份，分类自查完成率87%。"职业病防治法宣传周"期间，出动宣传人数25人次，发放宣传海报及折页3000余份，受教人数4000余人；《中华人民共和国职业病防治法》宣传发布信息16篇次，通过线上宣传受教人数3000余人。通过"双随机"抽查、专项及日常监督检查等形式，对接触职业病危害企业开展监督检查260余家次，对违反《中华人民共和国职业病防治法》《工作场所职业卫生管理规定》等相关法律法规的企业作出处罚32家，罚款75.5万元。

【生活饮用水及涉水产品监督检查】 开展管网末梢水及二次供水单位监督检查和检测。一季度和三季度共采集水样62份，其中管网末梢水42份，合格42份，合格率100%；二次供水20份，合格20份，合格率100%；开展现制现售水监督检查和检测。经核实有现制现售水经营单位3家，设有现制现售水安装点14个。9月，对每家现制现售水的经营单位随机抽检水样各1份，一共3份，合格率100%。全年对辖区2家涉水产品生产企业进行现场指导，发放6份涉水产品卫生许可批件。

【公共场所专项执法】 对“双随机”抽取的公共场所、病媒生物防制、涉水产品等109家监管对象逐户开展监督抽检，开具卫生监督意见书33份，立案处罚33家，处罚率30.3%。是年，发放公共场所卫生许可证198件(新发证149件，延续44件，变更5件)，完成游泳场所经营单位注册自查10家(100%)、住宿场所经营单位注册自查80家(74.77%)，完成预定目标。

【餐饮具集中消毒监管】 秀洲区4家餐饮具集中消毒企业全部接入智慧监管系统，在四个季度餐具抽检中，第一季度抽检合格率100%，第二季度抽检合格率66.66%，第三季度抽检合格率100%，第四季度抽检合格率100%。全年对餐饮具集中清洗消毒服务单位立案查处3起。

【“一企一策”职业健康帮扶项目】 6月10日，区卫生健康局印发《关于实施职业健康“一企一策”帮扶项目的通知(2022—2025年)》；7月，“职业健康在线”系统正式上线，全面启动“一企一策”职业健康服务提升项目，加速推进全区职业病防治保障工作；8月19日，与浙江省医学科技教育发展中心合作，聘请职业健康服务指导专家在顾家智能家居嘉兴有限公司举行秀洲区职业健康“一企一策”帮扶项目现场启动仪式，在全省率先开展“一企一策”职业健康帮扶项目，构建四级服务体系“做精”职业健康服务能力，“三张清单”体系“做实”用人单位“软硬实力”，双向反馈菜单“做优”健康服务长效机制。服务指导30家职业危害用人单位，提出职业危害治理工艺技术改革意见28条，其他职业病防治改进意见132条，均有效完成整改，实现提档升级率46.6%。

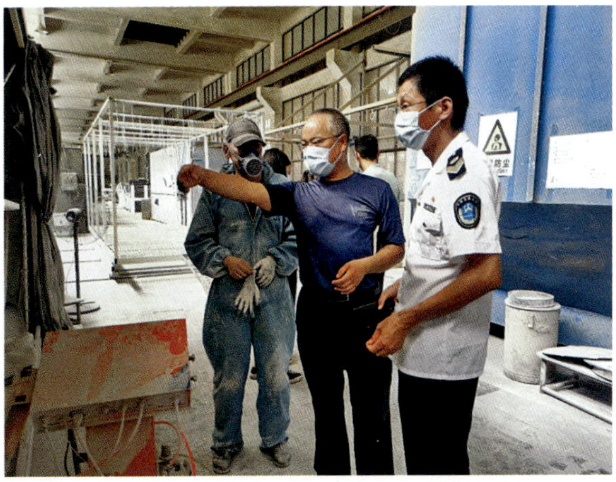

8月20日，区卫生监督所工作人员在浙江云上实业有限公司进行服务指导(区卫健局提供)

(万惠芳)

人口家庭与妇幼健康

【概况】 2022年，秀洲区组织实施三孩生育政策及配套支持措施，依法落实计划生育奖励扶助政策，完善计划生育特殊家庭帮扶保障制度，加强人口出生监测和形势分析，推进计划生育服务管理改革，促进人口长期均衡发展，助力“健康秀洲”建设。至年末，全区户籍人口43.57万人，其中育龄妇女9.09万人，已婚育龄妇女6.64万人；共上报出生2098人，同比减少8.9%，其中一孩1325人，二孩733人，三孩及多孩40人，总和生育率0.79。育龄妇女人数呈现不断下降趋势，出生上报人数持续减少，继续维持低生育、低出生、低自然增长的人口模式。

【生育友好型社会建设】 学习贯彻《中共中央国务院关于优化生育政策促进人口长期均衡发展的决定》等重要文件和法律法规，按照任务分工落实配套支持措施，倡导适龄婚育、优生优育。完善人口监测预警和形势分析制度，全员人口信息覆盖率、准确率95%以上。依法妥善处理历史遗留问题，推进各项计划生育政策平稳过渡。推进相关惠民政策措施与生育政策相衔接。优化完善生育服务管理、生育登记服务，实现全省通办、跨省通办。

【婴幼儿照护服务】 秀洲区将打造“美好善育”托育服务品牌纳入《打造均衡富庶发展、共同富裕典范重点任务清单、突破性抓手清单、重大改革清单、典型案例清单、标志性工程清单》，同时以完善普惠性托育标准为突破性抓手，将“美好善育”普惠项目列为区民生实事，至年末，新增社区普惠托育机构9家，新增普惠托位600个，实现全区各镇(街道)普惠托育机构全覆盖，每千人婴幼儿照护设施托位数3.39个。

【计划生育家庭扶助】 依法落实各项计划生育奖

励扶助政策，保障计生家庭合法权益。是年，秀洲区将7331名符合农村双女户政策对象列入奖励扶助范围，为24237名符合奖励扶助政策的对象发放奖扶金2326.75万元；为840名特扶对象发放扶助金954.09万元；为符合条件的家庭和个人发放计划生育公益金54.3万元。开展计生家庭精准帮扶，健全完善计划生育特殊家庭双岗联系人制度和特殊家庭信息档案制度，落实家庭医生签约服务和就医绿色通道政策，落实率100%。

（吴丽妹）

【母婴安全行动计划】 持续完善母婴安全制度，创新母婴安全服务方式。建立和规范高危孕产妇、新生儿的管理，落实高危孕产妇的筛查、随访、追踪、监护、转诊等系列责任制度。全面推进孕产期心理服务体系建设，组建专家团队，各级医疗保健机构为孕产妇提供心理健康状态评估和筛查。建立转会诊制度，对筛查结果异常患者进行闭环管理。连续21年保持直接产科原因户籍孕产妇零死亡，孕产妇系统管理率97.29%。围产儿（在围产期中的胎儿和新生儿）死亡率3.38‰；婴儿死亡率2.91‰；新生儿死亡率0.97‰；5岁以下儿童死亡率4.36‰。

【儿童基本公共卫生服务项目】 加强0～6岁儿童健康管理服务，指导各镇（街道）加强儿童眼保健、视力检查、口腔保健等服务，开展母乳喂养、儿童营养和儿童肥胖等健康指导。连续两年对辖区在园儿童进行口腔检查及口腔用氟，完成59385人，投入59.38万元。深化0～3岁儿童发育监测与筛查工作，完善各级筛查网络，规范儿童生长发育监测、心理行为评估与指导。秀洲区基层医疗卫生服务机构均具有开展标准化发育筛查能力，完成发育监测8194人、发育筛查7375人。

【出生缺陷综合防治】 免费孕前优生健康检查人群覆盖率185.92%，婚前医学检查率99.98%；增补叶酸预防神经管缺陷服用3107人，服用率93.16%；产前筛查率99.56%；新生儿疾病筛查率99.91%；新生儿听力筛查率99.94%；“双指标”先天性心脏病筛查率99.94%；出生缺陷发生率13.53‰。3岁以下儿童健康管理率和7岁以下儿童健康管理率分别为99.03%和99%。对符合条件的孕妇在孕20～26周开展免费胎儿系统超声检查1207人。

【妇女全生命周期健康服务】 推进妇女全生命周期健康管理，关注重点人群健康。孕产妇艾滋病、梅毒、乙肝免费检测率均为100%，感染艾滋病和梅毒的孕产妇及所生儿童，采取预防母婴传播干预措施比例100%。全年完成宫颈癌筛查24253人，筛查出宫颈癌前病变22人，早期宫颈癌2人，宫颈癌人群筛查率160.29%；完成乳腺癌筛查33091人，发现乳腺癌22例，乳腺癌人群筛查率100.33%。

（游梦婕）

关爱老人活动

【概况】 2022年，秀洲区60周岁以上的老年人口有98954人，占全区户籍人口总数的26.2%，其中，80周岁及以上14323人，占老年人口的14.47%；百岁老人有22人，年龄最长者105岁。是年，秀洲区通过开展评优评先、走访慰问、文艺展演等形式多样的工作，在全区营造敬老、爱老、助老的良好氛围。新塍医院、王江泾医院、新城街道社区卫生服务中心、高照街道社区卫生服务中心4家医疗机构成功创建区级老年友善医院，全区实现老年友善医院创建全覆盖。

【“敬老月”系列活动】 9月，围绕“反诈防骗，敬老助老”主题，广泛开展敬老爱老助老系列活动：区主要领导分别走访慰问新塍镇和新城街道的两位百岁老人；区老龄办组织开展秀洲区“十佳助老服务之星”和“十佳银龄健康之星”推荐评选活动；各镇（街道）老龄办及老龄委成员单位开展形式多样的助老爱老敬老和老年文艺展示等活动。

【老年人心理关爱项目】 继续做好老年人心理关爱项目工作，新城街道成秀社区作为嘉兴市老年人心理关爱项目点之一，由区康安医院心理服务团队对辖区内65周岁以上的老年人，以集中或入户的形式开展心理健康状况调查与评估，共有694名老年人参与，参与率99.28%，其中，临界人群55人，高危人群22人，测评异常率11.1%。根据调查结果，心理服务团队持续开展心理关怀与干预服务，改善和促进老年认知与心理健康状况，促进疾病的早诊断、早干预、早治疗，提升老年人晚年生活质量。

（李　娜）

医养结合

【概况】 2022 年，秀洲区有医养结合机构 2 家，为王店人民医院（医疗机构开展养老服务）和嘉兴康慈护理院（养老机构开设医疗机构）。公立医疗机构护理型床位 297 张，其中，王店人民医院 100 张，洪合镇卫生院 35 张，高照街道社区卫生服务中心 22 张，新塍医院 60 张，油车港镇卫生院 80 张。民营医疗机构养医护床位共 340 张，其中嘉兴康慈护理院 140 张，浙江新安国际医院老年康复病区 200 张；2 家医养结合机构总床位 240 张，工作人员 397 人，其中，医疗卫生服务人员 342 人，养老服务人员 55 人。是年，明确基层公立医疗机构将老年医学科作为重点发展专科，增加为老年人服务的床位，设置康复、护理、安宁疗护病床。

【医养结合试点单位】 王店人民医院是嘉兴市医养结合试点单位、嘉兴市安宁疗护试点单位，同时也是浙江大学医学院附属第一医院老年医学科专科和康复医学专科联盟成员单位，解放军总医院国家老年疾病临床医学研究中心基层协同网络单位，入选全国第二批老龄健康医养结合远程服务试点机构名单。王店人民医院《医养护一体化智慧化创新模式》获评国家卫生健康委南京人口国际培训中心积极应对人口老龄化理论研究课题与最佳实践案例。

【友善医院创建】 区二级及以上医疗机构均设置老年医学科，王店人民医院、浙江新安国际医院开设老年科和老年病区，创建为市级老年友善医院；洪合镇卫生院、王店镇建设卫生院、油车港镇卫生院、区康安医院、嘉兴康慈护理院、新塍医院、王江泾医院、新城街道社区卫生服务中心、高照街道社区卫生服务中心 9 家医疗机构创建区级老年友善医院。

（华　炜）

【医疗机构与养老机构合作】 浙江新安国际医院与嘉兴康慈护理院、王江泾医院与王江泾镇红景天养老公寓结对，基层社区卫生服务机构与辖区敬老院、社区居家养老服务照料中心合作签约，各卫生院（社区卫生服务中心）每周上门一次，为在敬老院的老年人提供巡诊和健康咨询服务。各卫生室为居家养老服务照料中心，进行每月不少于一次的巡诊和健康咨询服务工作。运用责任医生签约服务工作，为居家养老的老年人提供基本医疗、公共卫生和约定的健康管理服务，满足老年人健康管理、家庭病床、慢性病防治等需求。

（曹　旗）

爱国卫生

【概况】 2022 年，秀洲区扎实做好病媒生物防制工作，不断提升“四害”密度控制水平，加强国家卫生镇量化分级管理督查，加大各类创建项目的指导力度，补齐短板。秀湖公园入选全国“爱卫 70 载 70 个爱卫网红打卡点”。

【卫生村镇创建】 进一步完善长效管理机制，加强对国家卫生城市和国家卫生镇的日常管理，全面推进国家卫生镇量化分级管理，按照新版《国家卫生乡镇标准》对各镇巩固国家卫生镇情况开展督查。全区有 35 个省级卫生村通过省爱卫办复评。油车港镇在国家卫生镇量化分级管理省级暗访中获评优秀。至年末，全区有 4 个国家卫生镇、98 个省级卫生村被命名为 2021 年省级健康村镇。

【健康促进】 进一步将健康元素融入步道、公园等公共场所，开展健康支持性环境建设，王店镇建成健康体验馆，累计有 4 个镇（新塍镇、油车港镇、洪合镇、王店镇）建成健康体验馆。高照实验学校、油车港镇中心小学成功创建省级健康促进学校（金牌）；友谊小学通过健康促进学校（金牌）省级复评；王店镇建设中心小学被命名为第三批浙江省近视防控特色学校；上海外国语大学秀洲外国语学校、王店镇建设中心小学创建省级健康促进学校（银牌）。

（陆雪萍）

【第34个爱国卫生月主题活动】 4月，结合第34个爱国卫生月主题“文明健康·绿色环保”宣传，开展以灭鼠和灭蚊为重点的“六清除害”病媒防制促健康活动，深化爱国卫生运动方式。通过“五统一”(统一部署、统一时间、统一范围、统一环境治理、统一药物)集中行动，加强环境卫生整治，有效减少病媒生物的孳生地和栖息地，对全区13046个消杀点位统一投放除“四害”药物，对“四害”实施精准打击，病媒生物得到有效控制，对1046家餐饮行业的门、窗、下水道、通风口的防鼠设施进行完善，堵鼠洞、断鼠粮、填缝隙，采取物理方式灭鼠。

【病媒生物防制示范单位创建】 开展各类病媒生物防制示范单位创建工作指导，实施以环境治理为主的病媒生物综合防制策略，油车港镇胜丰村被命名为省级除四害样板村，王店镇建南村、洪合镇良三村、新塍镇洛东村、王江泾镇田青村4个村被命名为嘉兴市除四害样板村；新城街道病媒生物密度控制水平A级、洪合镇病媒生物密度控制水平B级通过市爱卫办考核，实现全区5个镇2个街道病媒生物密度控制水平B级以上全覆盖，新城街道春晓社区万科吴越小区被市爱卫办命名为灭蚊示范小区。

【“病媒防治”小程序试点建设】 2022年，秀洲区“病媒防治”小程序列入省爱卫办爱国卫生在线核心模块试点建设。以单位、小区为服务单元构建线上线下病媒孳生地信息采集与基础设施布点、消杀作业打卡、重点场所“三防”基础设施评估、治理效果评价、监督考核等全流程闭环管理。9月，秀洲区有害生物防制服务机构(PCo)病媒消杀服务管理场景列入省卫健委、省爱卫办病媒生物防制“一图清”应用试点。依托地理空间，“一图”掌握区域病媒孳生地重点场所和孳生点位，“一图”看清社区、单位病媒消杀作业情况，“一图”展示病媒药品自取便民点，“一图”发布病媒密度及相关病媒传染病预警信息，“一图”看懂病媒科普治理适宜技术，形成病媒孳生地采集、消杀、评价反馈、整改等动态闭环管理流程，提升基层病媒科学治理水平。

(刘春华)

社区、社团、社工建设

【概况】 2022年，秀洲区5个镇和新城、高照2个街道有城乡社区(村)153个，其中城市社区14个、城镇社区26个、行政村113个。建成87家城乡社区居民会客厅。有7个村获评省级引领型农村社区。

【社区治理创新】 2022年，秀洲区社区分类治理专项创新改革项目和新城街道示范街道，列入全市“和谐自治标杆区”建设专项创新改革项目试点(后改名为现代社区金名片试点)。秀洲区被列入省高质量发展建设共同富裕示范区第二批试点(新塍镇火炬社区围绕“城乡融合社区管理模式改革”为主题开展试点)。新城街道殷秀社区和新塍镇火炬村被列入嘉兴市“五社联动”示范点创建名单。王店镇镇中村，新塍镇康和桥村、小金港村，王江泾镇双桥村、民主村，油车港镇胜丰村、栖真村，共7个村获评省级引领型农村社区。8月，举办秀洲区村规民约(社区公约)助力现代社区建设擂台赛和“邻里文明一家亲·同心携手创典范”秀洲区首届邻里节。

【社会组织管理工作】 至2022年，全区登记注册社会组织424家，其中，基金会2家、社会团体236家、民办非企业单位186家；备案城乡社区社会组织2031家，新注册社会组织6家、注销20家，年检394家。6月，开展社会服务机构非营利监管专项行动，对全区民办非企业单位进行自查自纠，对142家进行抽查检查；开展社会团体分支(代表)机构专项整治行动，组织全区社会团体进行自查，并对131家进行抽查检查。8月23日，民政部培训中心嘉兴培训示范基地落户秀洲并揭牌；同日，全国社会组织负责人能力提升专题研修班在秀洲区举办。10月，嘉兴市秀洲洪合毛衫商会获评浙江省品牌社会组织。12月，举办秀洲区第七届社会组织公益创投大赛。是年，2家社会组织党组织(秀洲洪合毛衫商会党总支、秀洲区芯悦社工事务所党支部)获评嘉兴市示范型社会组织党组织，2家社会组织(秀洲洪合毛衫商会、秀洲区珍爱社会工作服务社)获评嘉兴市品牌社会组织，秀洲区“五创联合”社会组织助力市场党建项目获选2022年嘉兴市社会组织红社先锋党建服务品牌创建项目、2个社工服务项目(“社工帮”农村助困服务项目、相伴共读·书香润德项目)获评嘉兴市社会组织品牌服务项目，秀洲区孝慈社会工作服务中心获评2022年嘉兴市“十佳先锋”青年文明号。

【社工人才队伍建设】 2022年，秀洲区在镇(街道)社会工作站全覆盖的基础上，推进高质量、高标准运营，3家社工站获评市级示范型社会工作站。3月，举行秀洲区第九届社工节和社会工作主题宣传活动。全年举办公益大讲堂6场。重新修订《秀洲区社会工作者职业水平考试激励办法》，全区2800余人报名参加社会工作者职业水平考试。全区新增持证社工843人，位居全市第一，累计持证社工2450人，其中国家级社工2110人。1名社工人才获评“浙江省社会组织领军人物”、1名社工获评嘉兴市社会工作拔尖人才，成立嘉兴市社会工作拔尖人才工作室2个；新增省级社区工作领军人才1人，市级社区工作拔尖人才2人、领军人才7人、治理新秀10人。

(蔡琴梅)

社会救助

【概况】 2022年，秀洲区临时救助共323户744人，发放救助金176.08万元。调整特困人员基本生活标准，为279名特困人员发放基本生活费565.48万元，照料护理费108.74万元。

【特困人员供养】 按照嘉兴市民政局《关于调整2022年度嘉兴市区特困供养人员基本生活标准的通知》文件要求，秀洲区特困人员基本生活标准为21153元/人·年，实行城乡统筹。至年末，共为279名特困人员发放基本生活费565.48万元，照料护理费108.74万元。同时，全面开展特困人员专项排查行动，将27名符合条件的特困人员按规定程序纳入特困保障范围。

（陈 洁）

【慈善募捐与救助】 2022年，秀洲区慈善总会继续以“慈善献爱心”活动为主线，拓宽募捐渠道，广泛募捐善款，全年累计慈善收入3693.28万元（包括捐赠数），捐赠收入3037.88万元（其中全区机关干部职工慈善爱心捐款206.4万元）。全年累计救助支出1349.24万元，救助困难群众55470人次。其中，资助困难学生255人，支出96.9万元；救助就医困难患者469人次，支出175.5万元，尿毒症专项救助支出45.6万元。开展善居工程、贫困母亲慰问、“海岛支老、一起安好”、“邻里帮”困难群众探访关爱服务等慈善项目。向四川省屏山县捐赠东西扶贫资金312万元，继续结对资助四川省若尔盖县5名困难大学生完成学业。与中航信托合作成立200万元的“情暖秀洲”慈善信托。

12月14日，嘉欣丝绸“大病救助”慈善冠名基金项目暨妇女“两癌”救助金发放仪式举行（区民政局提供）

（张丽侦）

社会福利

【概况】 2022年，秀洲区进一步提高困境儿童基本生活补助标准，全年发放困境儿童基本生活补助167万元。实施“秀未保·童赋裕”护苗行动。至年末，享受困难残疾人生活补贴1408人、504.87万元；享受重度残疾人护理补贴5209人、1261.44万元。

【持续构建儿童福利服务体系】 2022年，秀洲区积极创建全国首批未成年人保护示范区，将未成年人保护工作列入对镇（街道）、未成年人保护成员单位目标责任制考核。推进未成年人保护工作站建设，5个镇2个街道（新城、高照）均建立未成年人保护工作站，并实体化运行。“儿童之家”列入区级民生实事项目，1家获评省级示范型“儿童之家”，3家获评市级示范型“儿童之家”，10家获评区级示范型“儿童之家”。运用探访关爱平台，是年，儿童主任（由各村、居委确定一人负责本辖区的儿童关爱保护服务工作，工作中一般称为“儿童主任”）开展上门探访2385人次，解决困境儿童需求125个；发放儿童主任服务报酬5.02万元。2月，出台《关于调整2022年秀洲区困境儿童基本生活费标准的通知》，社会散居孤儿基本生活补助标准提高至1912元/人·月。全区有困境儿童251人，其中孤儿4人、事实无人抚养儿童21人，低保及低保边缘家庭重度残疾和三四级精神智力残疾儿童13人，低保及低保边缘家庭中其他困境儿童213人，全年发放困境儿童基本生活补助167万元。7月8日，秀洲区在全省儿童福利和未成年人保护工作推进会上作经验交流。

【残疾人“两项补贴”】 6月，秀洲区对享受残疾人“两项补贴”的对象开展复核工作，共复核困难残疾人生活补贴1453人，符合条件1440人，不符合条件13人；复核重度残疾人护理补贴5077人，符合条件5076人，不符合条件1人。推进残疾人

“两项补贴”政务服务事项，全面推进“浙里办”扫码办理残疾人“两项补贴”。完善残疾人“两项补贴”制度，8月，出台《关于进一步明确秀洲区残疾人“两项补贴”申请审批、动态管理流程及部门职责的通知》。12月6日，秀洲区在全省残疾人福利工作交流会上作精神障碍社区康复服务经验介绍。

（陈　洁）

社会事务管理

【概况】　2022年，秀洲区坚持精准扶持、助推共富，始终将保护移民合法权益放在首位，聚焦移民“急难愁盼”，最大限度让利于民，深化后期扶持，从项目推选、资金分配、建设内容、发展模式等方面重点突破，主动融入改善民生、乡村振兴、产业发展等领域，促进水库移民事业高质量发展。区婚姻登记服务中心被省民政厅评定为国家AAAAA级婚姻登记机关，秀洲区成功入选全省第二批婚俗改革实验县（市、区）。王江泾镇南汇安息堂扩建工程竣工，并获评浙江省第二批省级公益性节地生态安葬示范点。

【移民扶持】　依托“入千访万”和“双百结对”工作，坚持执行政策与尊重民意并重，有效确保政策执行到位。充分利用移民项目资金，推动梅里康养中心项目、秀洲洪合康养中心项目、新塍镇天悦湾托育园工程项目、王江泾镇一般工业固废分拣加工处置中心项目4个三峡工程后续工作扶持项目落地，累计投入资金764万元，为移民安置村创造长期稳定的村集体收入。2022年，发放大中型水库农村移民扶持人口591人，直补资金35.46万元；大中型水库移民后期扶持贷款贴息29人，计18.33万元；助学资金193人，计34.3万元；助医资金92户，计23.42万元。

（陈　洁）

【婚姻登记】　2022年，全区办理内地居民婚姻登记5676件，其中，结婚登记2093件，离婚登记714件，补领结婚登记1509件，补领离婚登记100件，离婚申请1255件，撤回离婚申请5件。区婚姻登记服务中心被省民政厅评定为国家AAAAA级婚姻登记机关；秀洲区成功入选全省第二批婚俗改革实验县（市、区）。

（柯　燕）

【殡葬管理】　全区共有经营性公墓1个、公益性墓地7个、骨灰安息堂13个。3月，下发《关于开展迎亚运“两路两侧‘青山白化’”专项整治行动实施方案》，在全区范围内开展“两路两侧‘散埋乱葬’”专项整治工作，实现“禁新”率100%，县道和通景公路沿线视线范围内不见裸露坟墓；为全区21家殡葬机构开通嘉行码并配备移动防疫管家。5月，联合区发改局、区市场监管局下发《嘉兴市秀洲区殡葬服务收费专项整治行动实施方案》，开展殡葬服务收费专项整治行动；7月，举办秀洲区群众身后“一件事”联办培训班，为全区5个镇2个街道的153个村（社区）殡葬业务经办人，开展群众身后“一件事”浙政钉、浙里办掌上操作培训；8月，下发《开展巩固和深化“活人墓”等突出问题整治规范工作实施方案》，开展“活人墓”等突出问题整治规范工作。

【八字安息堂改造工程】　10月，新塍镇八字安息堂改造提升工程竣工。占地面积4340平方米，主体建筑3栋，总建筑面积1020平方米，绿化面积1600平方米，设计格位8900格，并建有祭拜长廊、焚香炉、室外附属用房、地面停车位等配套设施，可保障新塍镇未来20年的骨灰存放需求。

【南汇安息堂新建工程】　12月，王江泾镇南汇安息堂工程竣工。占地面积1627平方米，主体建筑1栋三层，总建筑面积1219平方米，设计格位7000格，并建有地下泵房、铺装地面及道路、景观绿化、铺设室外综合管线等配套设施设备，可保障王江泾镇南汇村及周边村（社区）未来40年的骨灰安放需求，获评浙江省第二批省级公益性节地生态安葬示范点。

（王　亮）

【区划地名管理】　全年新批地名9条，出具预命名申请意见4条，地名联办备案2条，编制门牌5217个，设置各类地名标志489块，开具地址证明429份，发放门牌证1215本。开展数字门牌试点工作。进一步完善《嘉兴市辖区地名志》(秀洲篇)。申报第四批嘉兴市级地名文化遗产保护名录,公布秀洲区第三批地名文化遗产保护名录。浙江省民政标准地名地址库数据的归集率、上图率、关联率、分节率,均为100%。完成国家库地名修改完善工作。

(王唯妍)

社会养老服务

【概况】 2022年,全区有养老机构4家,其中敬老院(托底养老服务中心)3所,公建民营养老机构1家。全区建有镇(街道)居家养老服务中心10家;村(社区)居家养老服务照料中心141家,其中AAA级以上111家。继续进行老年人居家适老化改造,至年末,全区完成适老化改造547户。3月,印发《关于开展秀洲区家庭养老床位提升扩面工作的通知》,加快认知症专区床位建设,完成省级任务45张。开展家庭照护者培训,参训人数1400人,持证养老护理员259人,每万名老年人拥有护理员26人以上。王江泾镇虹南村和高照街道运秀社区分别打造"五色虹南睦邻点"和"运秀暖阳一里居"两个区域特色品牌。

【居家服务"数字监管"】 7月,秀洲区出台全市首个《嘉兴市秀洲区居家养老服务机构等级评定及运营奖补实施办法(试行)》,明确居家中心的建设和运营,以及上门服务内容、频次、价格等规范。通过浙里办"秀洲安心养"后台实现对每家中心服务台账、人员档案、资金支出等全天候智能监管,以数字化监督确保养老服务质量到位、资金使用规范。建设居家养老"智能中心",根据省民生实事项目要求,在全区9个镇(街道)居家养老服务中心配备无感服务智能终端,并在系统平台上搭建智慧助餐、健康支持和无感监测三大场景;在新塍镇养老服务中心引入智慧公办养老院系统,围绕"服务、照护、交流、管理、安防"开发"五位一体"智慧场景,优化机构服务。

【"秀e养"应用场景】 委托浙江嘉科智慧养老服务有限公司开发"秀e养"应用。该应用通过搭建应用端口、终端支撑、政策体系等五大维度框架和居家养老监管、智慧助安和家庭养老床位等八大业务模块实现:一床一码,建床老人基本信息、改造情况和服务情况等一次扫码呈现;一人一档,配置"云巡诊箱",建立动态化数字健康档案;一次一结,自动核算每月家庭养老床位的服务补贴。至年末,"家庭养老床位"App日均活跃用户500多人,日均办结申请审核信息200多条,日巡诊120多次,健康建档率100%。

【"民生食事"扩面行动】 2022年,秀洲区在原有服务阵地的基础上,建立区、镇、村三级助餐联动模式,形成"中央厨房—配餐中转站—配餐终端"的一体化农村助餐服务体系。同步打开多渠道订餐方式,优化配餐质量,加大补贴力度,实现市民生实事助餐项目新增310人的用餐目标,日均送餐量1500余人。

【"关爱空巢居·智慧助安行"项目】 2022年,区民政局重点针对全区约800户空巢独居老人,订制无感式的"助安五件套",内容涵盖智能水表、智能烟感、智能煤气、雷达跌倒报警、一键呼叫等,通过物联网、云计算、大数据等信息技术,实时监测老人居家安全数据,终端全部接入"安心养"应用,建立24小时预警闭环处理机制。

(黄　莉)

城乡居民最低生活保障

【概况】 2022年9月起,秀洲区城乡最低生活保障标准从920元/人·月调整为1070元/人·月。至年末,全区在册低保对象1548户2163人,支出型贫困家庭90户284人。全年发放低保金1981.55万元。

【"暖巢行动"3.0版帮扶活动】 2022年,秀洲区实施"暖巢行动"3.0版帮扶活动。此次改造面向全区50户2人及以上低保家庭,为其提供每户不超过3万元的基础改造,电器、家具添置等服务。改造总金额105.321万元,其中,财政支付60万元,慈善补助45.321万元。改造项目由区、镇(街道)、村(社区)三级负责,整体施工进度及质量的跟踪监督由第三方审计验收直至合格。"暖巢行动”引起社会和媒体的广泛关注，浙江新闻、《嘉兴日报》、禾点点相继报道。

（陈　洁）

就业创业

【概况】 2022年，秀洲区城镇新增就业15100人，其中就业困难人员再就业2206人；新增技能人才11367人，其中高技能人才6257人。经人社部门审核通过由企业开展自主培训、自主评价的人数共3703人；项目制培训556人。

【稳用工促生产政策兑现】 1月，制定《2022年春节期间稳用工促生产12条意见》等政策落地实施，及时兑现来秀自驾补贴205.91万元，包车补贴9.82万元，新员工一次性就业补贴108.1万元，老员工带新员工就业补贴64万元。

【就业优惠政策兑现】 2022年，秀洲区共审核发放高校毕业生就业补贴680人，计215.8万元；回(留)禾求职补贴137人，计41.1万元；就业困难人员社保补贴(灵活就业)2853人，计1337.85万元。用人单位吸纳高校毕业生就业社保补贴18家91人，计87.47万元；高校毕业生见习补贴14家981人，计601.33万元；发放创业贷款2815万元，创业贴息144.64万元，一次性创业社保补贴12万元，创业场地租金补贴1万元。

【就业创业服务】 2022年，制定秀洲区就业创业共富协同机制，联合开展帮扶行动，继续组织开展“就业援助月”“春风行动”“大学生就业服务月”“退役军人专场招聘”等专场招聘活动，积极提供就业创业平台。加强辖区重点用工企业动态监测，最大程度开发本地企业用工岗位。同时，依托浙江人社数字平台就业模块，对就业困难人员等重点群体开展精准帮扶。与云南、甘肃、四川等地的近20余家职业院校开展交流合作，签订校地企合作协议，有1000多名学生在秀洲企业就业和实习。组织秀洲区10余家企业到重庆市奉节县进行劳务招聘。

【职业技能建设】 12月，印发《秀洲区新时代“秀水工匠”技能人才引育实施意见》《新时代“秀水工匠”引育行动方案》，从匠才供给提档、成长赋能、发展护航、选拔激励四方面构建较为全面的技能人才引育体系，为企业留人提供政策支持。鼓励企业建立与技能等级挂钩的薪酬体系，并开展技能等级评价。2022年，全区有2个社会培训评价组织和60家企业开展技能评价服务。以赛促训，承办市级职业技能比武1场，举办区级职业技能比武7场。加强高技能人才遴选，获评“浙江工匠”5名、“浙江青年工匠”18名。

（姚珍珍）

【劳动仲裁】 2022年，坚持调解优先，推广网络仲裁，立案受理劳动人事争议案件共777件，案件数同比增长48%。其中，劳动报酬争议案304件，占立案数的39.12%；社会保险争议案100件(其中工伤保险96件)，占案件比例12.87%；解除或终止劳动关系案199件，占案件比例25.61%；两倍工资争议案125件，占立案数的16.09%；其他占比6.31%。审结760件，结案率97.81%，按结案方式分类：裁决167件，调解撤诉593件，调撤率78.03%。全年基层劳动争议调解机构受理劳动争议案866件，调解率93.1%。

（姚晓岚）

养老保险服务

【概况】 2022年，秀洲区户籍法定人员基本养老保险参保率为98.4%，继续保持在全市前列。稳步推进贫困人员城乡居民养老保险应保尽保，2019—2021年，人均耕地面积在0.2～0.5亩，参加城乡居民养老保险获财政补助905人次，共享受区、镇财政缴费补助119万余元。审批全区符合退休条件1609人，其中含视同缴费年限347人。

（黄　烨）

【企业职工养老保险】 2022年，企业职工养老保险费征缴比例：单位为14%，职工本人为8%。职工个人缴纳的由用人单位每月从职工工资中代扣代缴。至年末，全区参保企业10902家，参保职工156446人，灵活就业、自主创业参保50806人。全区享受企业职工养老保险待遇67912人。

【城乡居民养老保险】 2022年,城乡居民基本养老保险缴费标准分别为500元、1800元、2600元、3300元、5000元。1月1日起,城乡居民基本养老保险基础养老金从每人每月290元调整至320元,对符合嘉政发〔2009〕111号文件规定的发放养老金补贴的对象实行统一标准。是年,全区城乡居民参加养老保险缴费29675人,待遇享受59360人。

【机关事业养老保险】 2022年,机关事业养老保险费征缴比例:单位为16%,个人为8%。职业年金征缴比例:单位为8%,个人为4%。个人缴纳的由用人单位每月从工资中代扣代缴。至年末,全区机关事业养老保险参保6558人,享受养老保险待遇3020人。

(宋 慧)

工伤与失业保险

【概况】 2022年,秀洲区共作出工伤认定1187件,同比下降7%。走访、培训企业865家,工伤案件调查率位居全市前列,所有工伤认定案件100%实现数据录入。是年,发放失业保险金24668人次,计4326.9万元。

(黄 烨)

【工伤保险】 2022年,企业职工工伤保险费征缴根据用人单位行业风险类别浮动。至年末,全区参加工伤保险职工172044人。工伤保险待遇支付共2411人次,金额6187.74万元,其中工伤医疗(康复)费用支付1209人次,金额1386.4万元;一次性伤残待遇支付1005人次,金额3277.81万元。

【失业保险】 2022年,企业职工失业保险费征缴比例:单位为0.5%,职工本人为0.5%。职工个人缴纳的由用人单位每月从职工工资中代扣代缴。至年末,全区参加失业保险职工161303人。是年,发放失业保险金24668人次,计4326.9万元。

(宋 慧 丁 媛)

医疗保障

【概况】 2022年,秀洲区医疗保障工作以深化医保制度改革为主线,以改革创新为根本动力,围绕织密“兜底保障、经办服务、安全监管、党建引领”四张网,加快推进秀洲区医疗保障事业高质量发展,为建设“两个先行”“两个率先”和“幸福秀洲”贡献医保力量。

【参保登记】 2022年,秀洲区职工医保参保人数33.48万人、居民医保参保人数20.8万人,共有基本医疗保险参保人数54.28万人,其中户籍人数43.28万人,户籍人员参保率99.34%,政府全额资助参保1.12万人,资助金额716.8万元。“嘉兴大病无忧”商业补充医疗保险参保人数34.82万人,投保率64.16%。

【待遇支付】 2022年,全区参保人员就医526.36万人次,支付基金共14.08亿元。办理医疗费用零星报销2.45万人次,支付金额3313.54万元;支付生育医疗费1.21万人次,支付金额1540.17万元;支付生育津贴0.37万人次,支付金额4811.72万元。全年有0.34万名重度失能人员享受长期护理保险待遇,累计拨付长期护理费用1983.52万元。“嘉兴大病无忧”共赔付4.39万人次,赔付金额2220.27万元,赔付率73.63%。

【医保扶贫】 继续开展精准扶贫、动态扶贫,实现“应保尽保”的目标。2022年,1.12万名符合条件的困难群众获得财政资助参保,医疗救助及时到位,医疗救助全年结算4.39万人次,基金支出753.13万元,其中精神障碍患者救助0.22万人次、救助金额61.89万元,儿童“两病”(白血病和先天性心脏病)救助14人次,支出金额27.43万元。

【基金监管】 3月,与区检察院联合印发《关于建立医疗保障基金监管行政执法与基层检察院检察职能长效协作机制的实施意见》,紧紧守住人民群众的“救命钱”。是年,全区处理违规机构6家次,追缴医保基金148万余元,罚款7.2万元,主动公开曝光8例;处理违规人员17人,追缴医保基金20万余元,主动公开曝光13例。实施举报奖励2起,奖励金额2500元。

【医药服务】 推进各医疗机构在省药械采购平台

采购，降低药品耗材整体价格，减轻群众就医购药支出。超额完成5批国家定量采购任务，有效降低部分药品和耗材价格，节约医保基金3000多万元。推进平台化采购，公立医疗机构在浙江省药械采购平台药品采购率100%、耗材采购率90%以上，并引导民营医药机构逐步通过平台采购。实施DRGs(按疾病诊断相关分组)支付方式改革，群众就医支出总体下降。开展医药机构医保定点工作，全年新增医保定点医药机构18家，累计272家，进一步方便群众就医购药。

【经办服务】 2022年，省“智慧医保”系统上线运行。积极与其他政务服务加强融合，推进医保经办“一站式”无差别受理，业务办理平均等候时间缩减到7分钟。推进医保电子凭证普及使用，定点医药机构全部开通，扫码结算率44.69%。继续推动经办服务下沉，将30个事项和8个事项分别下延至镇(街道)、村(社区)，全年基层办件率59.4%，网办率88.07%。运河社区成功创建“省级医保服务示范点”。秀洲区承办嘉兴市医保系统基层党建工作会议暨“幸福医保”党建联盟现场会，以党建力量优化村社服务，从而助推共同富裕的经验做法得以推广。

(张佳唯)

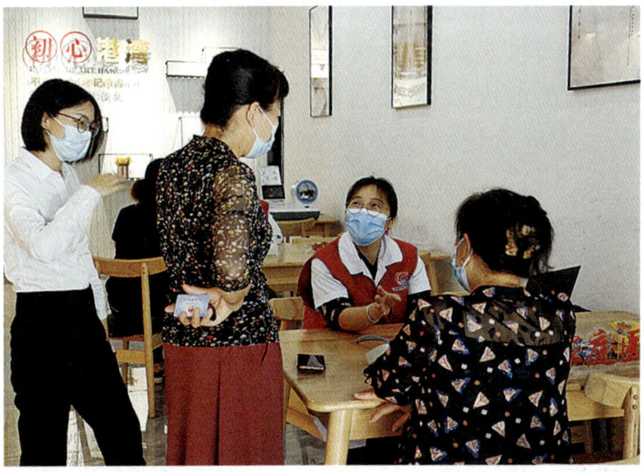

5月27日，“幸福医保”党员志愿服务队在运河社区开展家庭医生坐诊服务(区医保局提供)

残疾人事业

【概况】 2022年，秀洲区残疾人工作围绕助力残疾人圆好“保障梦、康复梦、就业梦、出行梦、展示梦”，用“暖心服务、助残圆梦”的实际行动，奋力推进残疾人共同富裕和全面发展。作为全省残联数字化改革“揭榜挂帅”中榜单位，秀洲区“助残畅行”无障碍地图应用列入全省残联系统第二批数字化改革应用试点项目，入选省级先天残疾预防试点，扎实推进浙江省无障碍先行区试点。同时，深化全国残疾预防综合试验区试点，推进三个省级试点、三级政府民生实事和残疾人共同富裕等特色工作。王江泾镇太平村、高照街道运河社区被命名为“浙江省无障碍社区”。是年，在全省残联工作会议上交流发言3次；省委《浙江信息》、省政府《浙江政务信息》和中国残联刊发秀洲工作经验6次，其中专刊3次；得到副省长王文序等领导批示肯定。是年，完成区、镇(街道)残联和5大残疾人专门协会的换届工作。

【残疾人数量】 2022年，全区新增持证残疾人1200人，累计持证残疾人12662人。其中，视力残127人，累计1540人；言语残12人，累计188人；听力残404人，累计3235人；肢体残433人，累计5086人；智力残84人，累计985人；精神残84人，累计1337人；多重残56人，累计291人。

【残疾预防】 常态化推进残疾预防重点干预项目，精准识别7种高危孕产妇风险，规范开展诊断B超、绒毛膜活检、羊水穿刺、脐血穿刺、无创产前基因检测等适宜检测项目，并根据结果及时进行适宜的产前干预，切实减低先天残疾发生率。联合区财政局、区卫健局出台《秀洲区常态化推进残疾预防综合试验区重点干预项目工作实施办法》，在省内率先常态化将规范开展上述自费检测项目的对象纳入补助范围，全年为122名高危孕产妇和9名0～6周岁残疾儿童发放筛查诊断补助资金6.37万元。依托残疾报告制度，全年完成孕产妇筛查4430人、诊断95人，0～6周岁儿童初筛29618人(其中0～3周岁6136人)、复筛1855人、诊断252人，做实三级残疾预防，有效降低残疾发生率。开展爱耳日、孤独症日、残疾预防日等系列主题宣教活动3次，5000余人次参与活动。12月，应用分子诊断技术开展先天残疾预防工作入选全省残疾预防科技与制度创新牵头试点。

【残疾人康复服务】 落实康复服务补贴制度，为123名在市阳光乐园、区康复中心及其他定点康复机构接受康复训练的儿童发放补贴231.49万元，为13名接受成人康复的对象发放补贴4.87万元，合计236.36万元。做好辅助器具适配服务，为148人配发助听器、护理床、轮椅、电动轮椅、假肢、盲人眼镜等辅助器具，价值15.16万元，为109人货币化补贴辅助器具18.01万元，两项合计33.17万元。持续推进“1+5+X”区、镇(街道)、村(社区)三级残疾人康养体系建设，巩固提升各镇(街道)医疗机构医疗康复能力，结合基层居家养老服务中心、中心卫生室提升再推进建设12家村(社区)残疾人康养点，7家“残疾人之家”均具备提供残疾人康复服务能力，并组织专业团队定期开展康复服务。

【残疾人就业】 开展“就业援助月”活动，举办残疾人就业网络专场招聘会3次，走访全区残疾人保证金缴纳超过10万元的企业140余家，引导390家用人单位核定安置残疾人995人。对4家超比例安置残疾人就业的单位给予9.18万元奖励。举办秀洲区残疾人微信小程序培训班，30名残疾人参加培训。全年有204人次残疾人参加职业技能培训。

【“残疾人之家”提质扩面】 2022年，全区有8家“残疾人之家”，其中，五星级1家、四星级4家、三星级1家、二星级2家，庇护照料智力、精神和其他重度残疾人179人，落实“残疾人之家”考核验收奖励和辅助性就业等补助资金39.61万元。以政府购买服务的形式，实施“残疾人之家”康复服务和联盟体服务项目，进一步打造秀洲区“残疾人之家”服务品牌。

【残疾人保障】 加强兜底保障，健全残疾人多元化社会保障制度。协调推进重度残疾人单独施保政策，落实“两项补贴”政策。为56名残疾人发放机动燃油车补贴1.46万元，为469名灵活就业的残疾人发放基本养老(医疗)保险个人缴费补贴226.1万元。为全区残疾人发放医疗救助补助897.67万元。为所有残疾人购买意外伤害保险和免费参加“嘉兴大病无忧”商业补充医疗保险。落实残疾人大学生学费、住宿费减免补助政策和残疾学生学历补助政策，为13名残疾人大学生补助费用11.64万元。动态掌握困难残疾人家庭需求并做好慰问和结对帮扶。走访慰问残疾人家庭1110户，发放慰问金63.09万元。区政府各残工委成员单位与36户困难残疾家庭开展“一对一”结对帮扶工作。

【残疾人文体活动】 组织参加省、市、区各类农民画、摄影比赛，累计报送农民画、摄影作品89幅(组)，获国家级奖项5件、省级奖项1件、市级奖项27件。输送体育人才参加省级赛事(培训)6人，获得省级以上奖项3个。残疾人制作的“纸凉伞”灯彩非遗作品在杭州亚残运会展览馆展出。在全省率先成立区残疾人阅读与朗诵者协会，举办“七彩之声”——朗读与朗诵基础知识讲座，及“我心向党·追梦同行”首届残疾人主题朗诵比赛。承办嘉兴市残疾人摄影家协会举办的“2022走进王店·品梅励志”残疾人摄影采风暨参观米科军旅园活动和嘉兴市残疾人摄影高级培训班。举办区第十期残疾人农民画创作培训班，第十六期残疾人摄影技能培训及参观展览活动，区第八届残疾人运动会及“国际聋人节”跳绳比赛。成立区残疾人旱地冰壶队，组织开展首场比赛。开展文化助残“五个一”(读一本书、看一份报纸、游一次公园、参观一次展览、参加一次文化活动)工程，惠及重度残疾人和困难残疾人300余人。特殊艺术进文化礼堂巡回演出7场，参与群众2000余人。

5月29日，区残联“我心向党 追梦同行”秀洲区首届残疾人朗诵比赛举行(区残联提供)

【无障碍环境建设】 3月，召开秀洲区创建浙江省“全链条”无障碍环境建设先行区暨全国无障碍环境区创建工作推进会，总结2021年秀洲区全国无障碍环境区创建工作，部署2022年省、市、区民生实事无障碍环境建设工作任务，向各主管部门颁发“无障碍出行”项目任务书，压实各方责任。持续推进省、市、区民生实事无障碍环境建设，对各项目多次进行督导和技术指导。列入省、市民生实事项目的12个重要公共服务场所无障碍改造和王江泾镇太平村、高照街道运河社区2个省级无障碍社区创建，作为全区无障碍环境建设的标杆进行高质量打造，按时完成改造任务，并接受考核评估、成效检验。10月，王江泾镇太平村作为嘉兴市迎检代表之一接受省无障碍社区考核评估组考评，获得好评。12月，市政府办督察组督查省民生实事项目，重要公共服务场所无障碍改造——秀洲实验小学项目接受督查，督查组对改造成效表示满意。区民生实事各项目稳步推进，6条道路和69个重要公共服务场所无障碍改造录入系统。成立无障碍环境建设促进会，建立无障碍环境建设专家库，强化社会督导和专业技术力量。成立无障碍环境改造验收领导小组，对各个点位开展验收，严把质量标准。扎实推进市政府民生实事项目——残疾人家庭无障碍改造，为63户残疾人家庭进行坡道、卫生间、地面改造，各类扶手安装，适宜辅具配发等无障碍改造项目，投入资金33.74万元，超额完成市下达的目标任务，完成率114.5%。牵头承担省级数字化改革重大应用试点，开发“助残畅行”应用，贯通国家、省、市、县、镇、村6级和协同27个部门，对接9个数源系统，归集32项数据信息，建成“一屏两端和四大多跨协同场景”。

（王晓媛）

退役军人事务

【概况】 2022年，秀洲区退役军人工作注重夯实基层基础、健全工作机制、落实各项政策，从引领思想、维护权益、细化服务三个维度精准发力，扎实推进退役军人工作和双拥工作，在党建引领、服务能力上持续提升，拥军氛围更加浓厚。持续深化“军耀南湖·八一红”党建品牌建设，做实做细“续航”“领雁”“铸魂”“先锋”“暖心”“示范”“赋能”“联盟”八大工程。推动红色文化阵地建设，支持米科军旅园打造成嘉兴及长三角地区红色教育胜地，改造提升位于新城街道的双拥文化公园，推行“老兵故事会”“退役第一课”工作法。做好“兵支书”选育工作，全区村（社区）由退役军人担任党组织书记，占比47%，列全市第一。组建一支由退役军人组成的抗疫应急队，完成物资装卸、卡点值班和防疫巡逻等任务。全年退役军人活跃在疫情防控、文明创建、平安巡防等工作领域，践行“退役不退志、退伍不褪色”的初心本色。12月，印发《党建统领推进退役军人和人民武装工作高水平融合的实施办法》。全区有王店、洪合、新塍、油车港4个镇和高照1个街道，以及16个村（社区）的服务站列入省级枫桥式退役军人服务站创建计划，23个村（社区）服务站列入全国示范型退役军人服务站创建计划。支持和推进新塍镇退役军人创业园、米科军旅园等基地建设。推进数字化改革，全区56%的退役军人注册激活“老兵码”，实现军人退役“一件事”100%数字化办理。

【崇军氛围营造】 2022年，实施“秀戎光”军人关爱传承计划，开展退役军人服务现役军人军属“亮光”“韶光”“暖光”“弘光”“护光”“闪光”六大行动，开展志愿服务。上门为获得二等功军人郑金晶、李小龙家属送立功喜报。全区30多家机关、企事

秀洲区退役军人优待证首发仪式（图为向老兵吴佳锋发放秀洲区第一张优待证）（区退役军人事务局提供）

业单位、社区、学校与部队开展军地双向服务。高效推进建档立卡和优待证申领,全区建档立卡完成率99.8%,优待证办理率99.3%。充实“崇军联盟”队伍。举办第二届全区退役军人“最美”系列评选,选树区级“最美退役军人”“最美拥军人物”“最美拥军单位”“最美退役军人工作者”。

【服务体系建设】 2022年,开展省级“枫桥式”和全国“示范型”退役军人服务站创建工作,王店镇、高照街道2个镇(街道)和沙家浜村、虹桥社区、新王桥村、宝华村、古塘村、腾云村、麦家村7个村(社区)服务站成功创建省级“枫桥式”退役军人服务站,23个村(社区)服务站建成全国“示范型”退役军人服务站。开展村(社区)退役军人服务站星级评定工作,评定五星级服务站23个、四星级服务站48个、三星级服务站66个。完成新一轮次709名“轮值站长”的选聘工作。修订《秀洲区退役军人和其他优抚对象生活困难临时性援助实施办法》,救助生活特别困难优抚对象,开展个案帮扶。联系国企对在册困难退役军人家庭开展结对帮扶。就业帮扶转业士官和下岗志愿兵。梳理“我为老兵办实事”责任清单,清单对象全部落实矛盾化解和困难帮扶举措。

【优抚工作】 2022年,开展义务兵父母和烈属免费体检活动。审批认定符合政策享受老年生活补助农村籍退役士兵。组织重点优抚对象短期疗休养。全面落实六级以上残疾军人参加城镇职工基本医疗保险,其他重点优抚对象参加职工基本医疗保险或者居民基本医疗保险。发放参加居民基本医疗保险的残疾军人、“三属”、老复员军人、带病回乡退伍军人和“两参人员”医疗补助。转移接收伤残军人。开展“情暖重点优抚对象”和“关爱功臣、永葆光荣”医疗巡诊活动。

【安置就业】 2022年,发放义务兵家属优待金、大学生新兵奖励费、退役士兵一次性经济补助。安置军转干部和转业士官,协调落实事业编制、国企编制、社区工作者岗位专门招录退役军人,举办退役军人及军人家属专场招聘会9场。开展自主就业退役士兵全员适应性培训。退役士兵学历教育、职业技能培训政策知晓率均为100%。

【立功受奖】 李小龙,男,1988年5月出生,汉族,王江泾镇新桥社区人。2022年1月18日,因训练刻苦,实绩突出,贡献较大,受到某部队通报表彰,荣立个人二等功。

郑金晶,男,1985年11月出生,汉族,新塍镇来龙桥村人。2008年6月入伍,2007年10月入党,大学本科学历,为中国人民解放军某部队组织干事,中校军衔。多次参加重大演训活动,出色完成任务;特别是在筹备召开党代会重大任务中作出突出贡献,2021年12月荣立个人二等功。

(吴佳锋)

精神文明建设

【概况】 2022年,秀洲区以争创全国文明典范城市和省文明区为契机,深化全域文明创建,构建大创建格局,建成“浙江省高品质示范街区”和省级街容示范街各1个,建成59个文明养犬示范小区,评选全区首批4个文明典范城市示范社区(小区)。拓展新时代文明实践,对155个新时代文明实践中心(所、站)进行提质扩面、提档升级,实现新时代文明实践阵地2.0版全覆盖。聚焦“浙江有礼・礼润秀洲”区域文明新实践,全面开展“十大行动”,推出“十大项目”,倡导“文明十礼”,建成“有礼地标”12个。深化典型挖掘选树,举办2022年度秀洲好人节暨“最美秀洲人”道德模范、最美志愿者选树宣传活动,连续十年上榜“中国好人”。丰硕的精神文明建设成果为秀洲打造均衡富庶发展、共同富裕典范提供强大的精神力量和道德支撑。

【文明典范城市创建】 2022年,秀洲区创建全国文明典范城市工作领导小组办公室印发《秀洲区全国文明典范城市创建“181”工作体系》《关于秀洲区创建全国文明典范城市的实施意见》《创建全国文明典范城市区领导及部门联系包干制度方案》《2022年秀洲区创建全国文明典范城市工作常态化督查考核办法》等文件,构建全国文明典范城市创建“181”工作体系,即1个指挥部办公室、8个专项工作组和1个作风监督组,落实区领导及部门联系包干制度，定人、定岗、定量、定责推进文明创建常态化开展。组织开展包干巡查共建行动，区领导每月开展工作督查和协调，各联系部门每月开展专项督查，镇（街道）开展日常巡查，实行问题整改核销制度。打造全国文明典范城市创建示范点，秀洲核心区成功创建为“浙江省高品质示范街区”，洪兴西路创建为“浙江省街容示范街”，建成59个文明养犬示范小区，打造万科吴越、秀湖香颂湾、艺墅家和高桥花园4个小区作为第一批秀洲区文明典范城市示范社区（小区）。开展“十大”攻坚行动，落实点位自查、区创建办日常督查、第三方测评巡查，强化城市精细化管理和农村人居环境整治，其中区创建办共督查230余次，交办各类问题3850余个，交办整改率99.3%，大幅度提高城乡文明程度，在2022年“国测”“省测”中基本实现不扣分少扣分的目标。

【系列文明创建】 2022年是区级系列文明创建的规划培育之年，嘉兴市秀洲区精神文明建设委员会办公室印发《关于做好新一轮（2022—2023年）区级文明单位规划培育工作的通知》，确定本轮规划培育区级文明单位48家。同时，加强新一轮规划创建全国、省、市文明村镇、文明单位、文明家庭、文明校园培育，召开秀洲区文明单位创建工作推进会，举办区系列文明创建工作培训班，组织全区各级文明单位、文明村镇、文明社区近80人参加培训，进一步明确新一轮创建要求和测评体系。开展家庭文明创建活动，评选最美家庭、无疫家庭、绿色家庭等家庭55户，姜瑾华家庭获评第十三届全国“五好家庭”。加强未成年人思想道德建设，培育秀洲区闻川小学、油车港镇麟湖小学争创省文明校园，推动文明校园创建向纵深发展。

【“浙江有礼·礼润秀洲”区域文明实践】 2022年，嘉兴市秀洲区精神文明建设委员会印发《关于推进“浙江有礼·礼润秀洲”区域文明新实践的实施意见》《秀洲区文明好习惯养成重点工作行动方案》，制定“浙江有礼·礼润秀洲”区域文明新实践评价体系，进一步明确工作职责，健全工作机制，形成多方协作、齐抓共管的推进体系。全面开展“十大行动”（科学理论普及行动、红色基因传承行动、道德典型选树行动、诚信理念深化行动、网络文明清朗行动、全民学礼代言行动、志愿服务提升行动、“十张金名片”培育行动、有礼品牌展示行动和有礼故事宣讲行动），推出“十大项目”（有礼讲堂、有礼代言、有礼品牌、有礼志愿、有礼课题征集、有礼网络文明、有礼宣传、有礼城市建设、有礼特色活动和数智有礼项目），倡导践行“浙风十礼”“礼润秀洲·文明十礼”，开展“文明创建 机关先行”志愿服务行动、“文明单元”培育行动、“闹市街边小讲台”宣讲行动等550余场次，全区设置农民画、朱彝尊等秀洲特色元素“浙风十礼”主题公益广告1000余处。推进“塍益有礼”“和美王江泾”“礼行高照”等“一镇（街道）一品”有礼子品牌建设，开展十大有礼细胞创建，建成有礼小区、有礼路口、有礼酒店、有礼公园、有礼社区、有礼学校、有礼菜场、有礼驿站等十个类型的“有礼地标”12个，新城有礼驿站被列入“驿站连心”便民服务项目，入选第二批“浙江有礼”为民办实事项目。

（董峰炎）

【新时代文明实践】 秀洲区丰富新时代文明实践内涵，充分整合各类资源，不断拓展延伸新时代文明实践阵地，实现提质扩面、提档升级。根据全国文明典范城市测评标准，对全区1个实践中心、8个实践所、154个实践站等新时代文明实践阵地进行规范提升，实现阵地建设2.0版全覆盖。推进新时代文明实践进企业，以全国文明单位禾城农商银行为试点，构建农商银行建实践所、各支行建实践站的二级组织架构，进一步发挥全国文明单位示范引领作用。将新时代文明实践中心与农村文化礼堂总堂、志愿服务中心联建共用，打造文明实践综合体。将新文明实践中心与文明示范街区、城市智慧书房、放心消费驿站、红马甲志愿服务站等服务资源有机融合，构建起群众身边“24小时不打烊”的新时代文明实践服务圈。各级实践阵地每天对外开放，全年共开展活动1742场，吸引14.5万人次群众参与。

（顾丽青）

【区域道德品牌建设】 2022年，秀洲区深入挖掘、选树身边道德典型，健全完善道德典型的发展培育、宣传推广、学习践行、褒扬奖励、社会关怀等长效机制，致力营造社会良好风尚，涌现出一批彰显传统美德、体现时代精神的道德典型。是年，秀洲区选树身边好人上榜“中国好人”1人、“浙江好人”5人、“嘉兴好人”8人，连续十年成功推荐好人登上中国好人榜，“最美秀洲人”品牌不断擦亮。9月20日，举办2022年度秀洲区公民道德建设日主题活动暨第二届“秀洲好人节”活动。全年开展“学做身边好人”“最美秀洲人进基层”专题活动，举办现场宣讲分享活动共50余场，受众约2万人，营造学习好人、崇敬好人、关爱好人、争当好人的浓厚氛围。持续完善“最美秀洲人”礼遇政策，完善秀洲区好人帮扶资金管理办法。

【乡风文明建设】 2022年，秀洲区深化农村精神文明建设，广泛开展农村移风易俗系列行动，运用积分制、道德评议会、红白理事会、村规民约等方式破除陈规陋习。开展社会主义核心价值观宣传教育，扎实开展高价彩礼、大操大办等重点领域突出问题专项治理，运用农村文化墙绘、户外广告牌、宣传公告栏等形式，刊发公益绘画、广告宣传3.5万余次（幅）；大力弘扬乡贤文化、耕读文化、慈孝文化，持续深化以传承好家训、弘扬好家风、建设好家庭为主要内容的好家风建设；广泛开展“最美”系列评选活动，发现、培育、宣传一批“最美秀洲人”，打造“最美人物”矩阵，全方位开展学习宣传，推动形成崇尚榜样、争当先进、见贤思齐的浓厚氛围。

【志愿服务工作】 2022年，秀洲区拥有新时代文明实践中心1个、所8个、站154个、点550个，全区注册志愿者12.6万人，建有240余支常态化志愿服务队伍，12支专业化志愿服务队伍，全年开展新时代文明实践志愿服务活动1.6万余场，服务群众56万多人次，实现志愿服务城乡同步开展。新城街道亚都社区入围全国最美志愿服务候选社区，1人获评全省“最美志愿者”称号，“同心盟”获评全市优秀（最佳）志愿服务项目，2人获评全市“最美志愿者”称号。秀洲区选送的《城市摆渡人》快递小哥关爱志愿服务项目和《社工帮》乡村振兴志愿服务项目获得2022年浙江省志愿服务项目大赛铜奖。创新打造“浙礼·秀文明”文明单位联盟，积极发挥资源整合、引领、指导作用，创设“中国好人工作室”“云上冬令营”“25路志愿巴士”等品牌项目，拓展志愿服务领域，进一步营造“红动秀洲·全城志愿”的良好社会氛围。

9月30日，秀洲区开展“喜迎二十大·志愿服务进社区”活动（区委宣传部提供）

（马龙杰）

民族 宗教

【概况】 2022年，秀洲区依法管理民族宗教事务，在宗教场所使用“浙宗码”，安装“防疫管家”或“健康ETC机”，全面提升疫情智能防控能力和水平。至年末，全区共有少数民族47个，4.3万余人；有户籍少数民族人口约2900人（占户籍总人口的0.78%），新居民少数民族人口约4.05万人，主要来自云南、贵州、四川等地，多从事务工、经商等。排名靠前的少数民族有土家族（占31.98%）、壮族（占27.5%）、苗族（占13.3%）、彝族（占7.9%）、回族（占3.5%）等，主要居住在洪合镇（占46.1%，1.87万人）、王店镇（占21.3%，0.86万人）、高照街道（占10.7%，0.43万人）等地。登记开放宗教场所13处，其中，佛教4处，天主教1处，基督教8处，登记编号的民间信仰场所31处。

【思想政治引领】 秀洲区持续推进铸牢中华民族共同体意识和宗教中国化，加强对民宗领域思想政治引领，加强红色教育和“四史”教育。开展爱国主义教育活动：6月10日，组织民族界代表人士到南湖开展"瞻红船、忆党史、铭初心"石榴红"七个一"同心主题活动，即开展一次专题研讨、打卡一处"红色基地"、诵读一篇"红色经典"、上一堂专题党课、听一堂专家讲座、分享一段学习心得、参加一次志愿服务；6月28日，组织宗教界代表人士到沙家浜革命教育基地等地，开展"爱国爱教同心聚力共富行"爱国主义教育活动。开展政策宣讲，全年共组织宣讲6次，及时组织宗教界收听收看中共二十大和省十五次党代会实况，并组织对会议主要精神进行宣讲和研讨。深化"五进"工作，分场次组织宗教界对"宗教中国化"进行学习和研讨，促进宗教界在政治上自觉认同、在社会上自觉适应、在文化上自觉融合。

【"除险保安"大排查大整治】 2022年，秀洲区全面开展宗教领域"除险保安"工作。3月15日，区民宗局召开安全工作部署会，主要对疫情防控、消防、反恐及建筑等安全方面进行培训和部署，为压实主体责任，签订各级安全责任书。全年组织参加全省宗教领域"除险保安"部署会及培训会共7次。深入开展宗教领域安全生产大排查、大整治工作，民宗干部、平安巡查员利用"浙江掌上宗教"App开展巡查任务，严格按照"1+9"指标体系开展平安巡查，重点排查整治消防、建筑安全设施等。能仁寺获评2022年度浙江省消防安全标准化管理"百优争创"优秀单位。

【宗教数字赋能】 区委统战部（区民宗局）落实和推进宗教"数字化"改革要求，做好"浙里宗教智治应用"复制推广工作，开发建设秀洲区宗教智治应用工程——秀洲E宗治，以综治进宗教场所工作为基础，全面落实宗教事务管理各项责任，不断提升宗教事务工作水平。该项目集成4个寺院、27个民间信仰场所信息化监管系统；包含场所商业化智治系统、民间信仰场所监管系统、宗教文物看护系统等。

【宗教工作法治化建设】 秀洲区全面开展"八五"普法工作，深化"十百千万"普法工程，依法管理宗教事务。做好"大综合一体化"行政执法改革，制定印发《秀洲区综合行政执法局与秀洲区民宗局行政执法协作配合制度》。全面开展"掌上执法""双随机"等执法检查工作，全年共完成检查160余次。开展普法教育，11月，配合市政协在锦堂浜教堂开展"送法律下乡·助共同富裕"活动。王江泾基督教堂被命名为2022年度省级宗教法治宣传教育基地。

【宗教场所规范化管理】 关心和支持宗教团体和宗教场所规范化管理，9月，组织开展佛教界人员轮训。加大创建力度，能仁寺成功创建第一批省级宗教中国化场所和省级消防安全标准化管理"百优争创"优秀单位，长虹寺获评2021年度省级平安宗教活动场所，王江泾教堂获评省级宗教法治宣传教育基地。加强宗教代表人士培养使用，全年推荐7名宗教代表人士为政协委员（市级1名、区级6名），推荐1名僧人参加学历教育。

【民族团结进步创建】 2022年，秀洲区推进民族团结进步，创建工作创新发展，突出党建引领、品牌创建、深度融合、互帮互助，做好"导、创、融、带"四篇文章。11月11日，在佳源四季酒店承办浙江省民族团结进步促进会第一届第一次会员大会和学习贯彻中共二十大精神铸牢中华民族共同体意识全省微党课巡回宣讲活动。5月，印发《关于实施秀洲区民族团结"秀水一家亲"石榴红专项工程的意见》，实施"秀水一家亲"石榴红专项工程，并获评嘉兴市十佳"同心实践案例"。洪合镇印通小学获评第五批省级民族团结进步创建重点培育单位。洪合镇印通小学、王洪合革命事迹展陈馆获评第三批嘉兴市民族团结进步创建示范单位。18个单位入选嘉兴市"之江同心·石榴红"单位，其中石榴红家园4个、石榴红驿站10个、石榴红工作室4个。8月，开展石榴红先锋示范系列评选活动，共产生"创业致富能手"7人、"最美志愿者"12人、"民族团结进步创建先进个人"10人，涌现出创业致富能手刘小炜、民族团结进步创建工作的长期奉献者刘安田。注重培养优秀民族同胞骨干以起到示范带头作用：车建国工作室在疫情阻击战和文明城市创建中发挥积极作用；伍梅菊创建伍大姐工作室，她以独特的"三乡三情"（以乡音、乡俗、乡情和亲情、友情、感情为基础）调解法，在矛盾调解中做出积极贡献。

【民族团结一家亲文体活动】 2022年，秀洲区构建互嵌式结构，促进社会共融，开展民族团结一家亲系列活动。开展微课堂宣讲比赛，通过微课堂预赛、决赛各1场，由入围的13人组成石榴红宣讲团，宣讲员用喜闻乐见的形式，生动讲述各民族同胞为创造美好幸福生活而不懈奋斗的先进典型事迹，引导全区各民族群众立足本职，对标先进典型，汲取奋进力量。全年累计参与宣讲200余人次，服务对象6000余人。通过开展"三月三""长桌宴""九大碗"等各类民族民俗活动，品尝七彩糯米饭、五彩鸡蛋、米豆腐等民族美食，让各民族同胞在秀洲区第二故乡过上传统佳节，增进各民族同胞对"第二故乡"的归属感，从而更好地融入秀洲"第二故乡"。打造共享文化符号，增进中华文化认同。春节期间，组织留"嘉"过年；农历三月三日上巳节，洪合镇举办民族联谊活动；端午节，组织各民族同胞开展"秀水一家亲'粽'享端午情""浙里石榴红"裹粽友谊赛；农历六月二十四日，王店镇彝族"火把节"盛大启幕等。是年，共举办各类活动近80场次，参与人数1.5万余人。

（易　涛）

关心下一代工作

【概况】 2022年，秀洲区关工委主要开展"红船领航成长·强国复兴有我"青少年主题教育活动，深化"假日学校""红色少年之家"等品牌建设，持续推进"秀水银晖耀秀苗"工作，推动全区关心下一代工作高质量发展。

【青少年思想教育】 2022年，全区各级关工委利用线上线下各类宣传平台，创新成立"新城后浪"宣讲团，立足嘉兴"红色根脉"资源优势，利用嘉兴地方党史陈列馆、米科军旅园等青少年教育基地，组织带领青少年开展"体验式"教育，探寻红色基因密码，赓续红色血脉。7月，承办"童心向党同逐梦，携手喜迎二十大"嘉兴市"假日学校"启动仪式暨秀洲区"青少年党史学习月"活动。充分发挥银龄志愿服务队、小小民族文化宣讲队等5支特色宣讲队伍作用，开展"红色根脉"宣讲、文艺演出、共同富裕等活动30余场次。区关工委讲师团开设《以史为鉴　开创未来》《红船的故事》《讲党史悟初心》《红军长征的故事》《学习百年党史》等126个课题，组织到学校、村(社区)、企业开展党史宣讲150多场次，受教育者2万余人次。

【青少年帮扶与服务】 实施"秀银护秀苗"行动，开展"五老"结对关爱活动，深化"五老"关爱青少年长效机制。组织"五老"志愿者，通过举办心理健康讲座、开通心理咨询热线、开展结对关爱等形式，加强青少年心理危机预防与干预，开展有针对性的关心关爱活动。联合芯悦社会工作发展中心举办"领'秀'少年向未来"暑期公益活动，邀请"五老"人员为青少年进行专题培训、指导，提升宣讲队员宣讲技能，"秀少年"走访困境儿童12次；依托"青蓝万家"活动，开展家庭教育活动900多场次，受众1.3万余人次；与区民政局联合开展"关爱有嘉　福彩助力"活动，资助困境青少年、大学新生109人，资助金额22万元；区检察院、区民政局、区妇联共同签订《关于建立推进妇女儿童权益保护合作项目清单》，入户走访困境儿童557次，挖掘心理个案6个；区委宣传部打造"有福'童'享"儿童关爱品牌，为困境儿童家庭服务500余次；区卫健局开展"呵护成长——秀洲区未成年人心理健康"活动，服务个案33例，接听热线50人次；区残联组织结对帮扶残疾及残疾人家庭的儿童少年，开展"送教上门"、慰问补助活动，资金13.16万元；"红心56"爱心助学团队持续开展助学帮困活动，至年末，帮助280名少数民族贫困学子；区教体局、王江泾镇关工委共同化解南汇村两名独居未成年子女的监护职责落实问题；王店镇关工委联合党建办等部门，举办"在梅里共成长"快递物流行业从业者子女公益夏令营专场。

【青少年服务品牌建设】 持续开展"五好"基层关工委创建活动，推动"红色少年之家""秀水长虹银晖讲师团""基层十个一工作法""假日学校"等传统品牌迭代更新。通过资源整合、平台聚合、内容融合，探索打造更具秀洲特色的聚合型品牌，组织"五老"报告团、"红色少年之家"等，因地制宜地参与学校、"假日学校"等课外课堂；"红色少年之家"成员、省级非遗传承人朱月祥在秀洲区图书馆，为幼儿园、小学的孩子开设农民画启蒙课;“红色少年之家”成员单位米科军旅园举办“今天我当兵”米科夏令营,让孩子们学习中国军人优良品质,激发孩子们的家国情怀;区委宣传部依托各类资源打造“校外课堂”,开展各类研学活动260余场,参与学生1.8万人次。新塍镇关工委“五老”和“杏娃”共同录制15部“礼润秀洲 塍益有礼”视频,助力创建全国文明典范城市。高照街道秀洪社区举办“童心创文明 夏日共成长”暑期夏令营,开展红领巾志愿小楼长服务活动,走进社区参与管好“电动车”“小楼道”等。6月7日,吴顺荣的“老吴红色文化工作室”挂牌,至年末,有50余批参观者到访。郝永祥创办的“郝老师课堂”,培育“小郝老师”100多名,发挥农村专家特长,携手青年创业者同行共富路。

(刘佳玲)

居民生活

【概况】 2022年,秀洲区农村和城镇居民人均可支配收入分别为44263元和65096元,均比上年有所增长。其中,农村和城镇居民的工资性收入常态增长,其他分项收入稳定增长。农村和城镇居民人均消费支出分别为29467元和42931元,均比上年有所增长。居民消费支出明显回升,从消费结构来看,八大类消费支出全面增长。

【农村居民生活】 2022年,全区农村居民人均可支配收入44263元,同比增长6.2%。其中,工资性收入24965元,同比增长6.8%;经营净收入13599元,同比增长4.6%。人均消费支出29467元,同比增长8.0%。

2022年秀洲区农村居民人均可支配收入及生活消费支出情况

表39　　单位:元

指标名称	2022年	±%	指标名称	2022年	±%
一、人均可支配收入	44263	6.2	1.食品消费支出	8058	6.9
(一)工资性收入	24965	6.8	2.衣着消费支出	1489	7.1
(二)经营净收入	13599	4.6	3.居住消费支出	5382	8.0
1.第一产业经营净收入	1795	5.2	4.生活用品及服务消费支出	1320	8.3
2.第二产业经营净收入	8989	4.5	5.交通通信消费支出	8005	8.9
3.第三产业经营净收入	2815	4.7	6.教育文化娱乐消费支出	2868	8.9
(三)财产净收入	3309	5.8	7.医疗保健消费支出	1878	8.6
(四)转移净收入	2390	9.3	8.其他用品和服务消费支出	467	7.9
二、人均消费支出	29467	8.0			

资料来源:由区统计局提供

【城镇居民生活】 2022年,全区城镇居民人均可支配收入65096元,同比增长3.6%。其中,工资性收入47730元,同比增长3.5%;经营净收入6297元,同比增长3.7%。人均消费支出42931元,同比增长4.8%。

2022年秀洲区城镇居民人均可支配收入及生活消费支出情况

表40　　单位:元

指标名称	2022年	±%	指标名称	2022年	±%
一、人均可支配收入	65096	3.6	(一)工资性收入	47730	3.5

续表40

指标名称	2022年	±%	指标名称	2022年	±%
(二)经营净收入	6297	3.7	2.衣着消费支出	2300	3.6
1.第一产业经营净收入	37	2.8	3.居住消费支出	9121	4.6
2.第二产业经营净收入	2432	3.9	4.生活用品及服务消费支出	2143	4.6
3.第三产业经营净收入	3828	3.7	5.交通通信消费支出	7566	5.2
(三)财产净收入	5500	3.7	6.教育文化娱乐消费支出	5412	5.9
(四)转移净收入	5569	3.8	7.医疗保健消费支出	3157	5.1
二、人均消费支出	42931	4.8	8.其他用品和服务消费支出	1015	5.4
1.食品消费支出	12217	4.3			

资料来源:由区统计局提供

(赖镕榕)

王 店 镇

【概况】 王店镇位于秀洲区南部，东、北及西北分别与南湖区余新镇、嘉兴经济技术开发区（国际商务区）及洪合镇为邻，南与海盐县、海宁市接壤，西与桐乡市相连。镇域总面积115.87平方千米，其中，陆地面积107.60平方千米、水域面积8.27平方千米；建成区面积11.7平方千米。耕地面积78832亩，其中，水田60209亩、旱地18623亩。2022年，全镇实现地区生产总值104.72亿元，其中，第一产业增加值4.72亿元、第二产业增加值55.51亿元、第三产业增加值44.48亿元。全年财政总收入7.55亿元，其中，镇级预算收入2.1亿元。全社会固定资产投资34.73亿元。全镇总户籍19385户、总人口62866人，新居民57143人。下辖22个行政村、6个社区。镇人民政府驻地塘桥社区兴乐路599号。是年，王店镇入选国家级智慧健康养老示范乡镇；浙江省第十一届“浙江孝贤”慈孝之乡，成功创建省AAAA级景区镇，“品重梅溪”美丽乡村共富线获评省级休闲农业与乡村旅游精品线。

（张锂萍）

【疫情防控】 2022年，王店镇建立疫情防控指挥体系，设“一办十一组”，构建“平战结合”工作体系，推动疫情防控精细化、网格化管理。新建王店镇全民健身中心方舱式新冠疫苗接种点和王店人民医院发热门诊候诊区。王店镇被省委组织部和省疫情防控办评为“浙江省疫情防控执行力指数评价优秀镇”。有序推进疫苗接种工作，加快构筑免疫屏障。12月5日，优化调整防控措施，推动从“防传染”向“保健康、防重症”有序转段、平稳渡峰。是年，全镇投入防疫资金约2000万元。

（杨琳燕）

【农业经济】 2022年，全镇实现农业总产值68923万元。粮食播种面积84300亩，退非还粮2183亩，新增稻渔综合种养面积407亩，农业固定资产投资2389万元。全市首个“万亩方”永久基本农田集中连片整治项目基本完工。农业主体示范效应突出，获评省级示范性乡镇农合联，列入省级农作物病虫害绿色防控示范区1个，新增市级农田退水“零直排”示范工程1项。嘉兴市王店镇东兴奶牛场的“长三角种牛产业基地建设项目”和嘉兴小芽儿蔬菜食品有限公司的“长三角芽苗菜保供重点基地建设项目”被列入省发改重点建设项目。首创全市防灾管家模式，长水塘镇东圩区整治工程、防洪薄弱环节提升项目开展施工。

【工业经济】 2022年，全镇规模以上工业总产值133.69亿元。新增国家高新技术企业19家，省科技型中小企业39家。合同利用外资9731万美元，实际利用外资2248万美元。全社会固定资产投资34.7亿元，增长28.5%。投资结构持续优化，工业、服务业投资分别完成18.8亿元、15.7亿元，增长46.2%、11.4%。新增省重点项目2个、省4+1项目1个、省市县长工程2个。项目建设持续发力，嘉兴新材料创业创新基地（一期）等国资产业园项目加快建设，新开工亿元以上项目12个，市“551”新建项目开工率100%，顺丰全自动分拣设备等10个亿元以上产业项目全面竣工。时尚纺织挖潜增效，实现行业产值49.6亿元，浙江台华新材料股份有限公司获评国家级绿色工厂。

保温新材稳中有进，实现行业产值18.4亿元，浙江振申绝热科技股份有限公司入选国家级专精特新“小巨人”，德和科技集团股份有限公司上榜浙江省“智能工厂”培育入库企业。智能装饰逆势保稳，实现行业产值39.8亿元，承办第八届中国嘉兴集成吊顶展，浙江鼎美智装股份有限公司、来斯奥集成家居股份有限公司入选省“专精特新”中小企业。绿色光伏蓄势待发，总投资超60亿元的隆基光伏项目成功落地。

【三产服务业】 2022年，实现规模以上服务业营业收入64亿元，新增规模以上服务业企业13家，税收超100万元企业(不含平台内项目)21家，其中超500万元7家。嘉兴现代物流园成功入选第二批浙江省现代服务业创新发展区，高分通过省级物流创新发展试点考核验收。加快推进智慧物流产业蝶变跃升，灏库(启盈)华东跨境电商智慧供应链总部开工建设。

【镇村建设】 2022年，美丽城镇复评考核通过，城市能级加速跃升。市政功能优化升级，新建常睦桥口袋公园，改造中央商务区。镇西农贸市场竣工，粮仓文旅街项目开工建设，梅里公园入选省优质综合公园。交通路网更加完善，G524重点工程建成通车，建设吉蚂西路等道路6条、改造桥梁6座，完成道路大中修10千米、道路亮化30千米。推动城市有机更新，完成拆违8.6万平方米，“三改”11.9万平方米。王店镇成功创建省AAAA级景区镇，“品重梅溪”美丽乡村共富线获评省级休闲农业与乡村旅游精品线，镇中村、建林村上榜浙江省“一村万树”示范村。率先在全市开展共同富裕现代化基本单元建设先行先试，入选省级未来乡村和未来社区试点各1个，建成全市首条共同富裕示范带——秀洲区梅梨梓乡共同富裕示范带王店段，新增全区首批共富最佳实践案例2项，入围市级首轮未来社区+未来乡村联动推进试点名单1个。强村富民落到实处，“飞地抱团”梅里物流综合产业园项目推进，实现村级经常性收入超150万元、经营性收入超50万元全覆盖。

【生态环境】 2022年，实施水生态环境综合提升工程，获评全省“五水共治”工作考核优秀乡镇，建成“碧水河道”7条，市控断面达到Ⅲ类水标准。完成污水管网及终端改造工程9个、清淤92千米。开展“无废细胞”创建，入选省级“无废工厂”1家。深入开展固废规范化处置，南梅村、庆丰村列入省级低(零)碳村。推进全域农村人居环境整治，完成人居环境样板点创建20个，实现样板点打造全覆盖。创建省级高标准垃圾分类示范样本4个，入围市级工业园区垃圾分类模式创新实践1项。

【科技创新】 2022年，成功申报国家、省级引才计划25人次，全职引进海外博士后高层次人才2人，新增高技能人才1061人。新增国家级高新技术企业19家、省科技型中小型企业39家，入选嘉兴市博士创新站4个，台华新材、振申绝热科创项目上榜省“尖兵”“领雁”计划，南方科技大学嘉兴研究院成功创建省院士工作站，并获评“嘉兴软件领域关键技术研发基地”。

【教文卫体】 2022年，全面建成中小学“冬暖夏凉”工程，镇中心幼儿园新址开园。举办第十七届朱彝尊文化艺术节，发布朱彝尊文化IP动漫形象，“朱彝尊文化浙西词派”入选首批“浙江文化标识”培育项目；《食宪鸿秘》先后被评为浙江省“文化基因解码工程”优秀解码项目、首届浙江省文化基因解码工程短视频大赛三等奖、浙江省首批文化基因解码成果转化利用示范项目；米科军旅园上榜浙江省科普教育基地。全力打造体育共富示范地，获2018—2021年度浙江省群众体育工作成绩突出集体和嘉兴市十佳“体育共富”乡镇，镇中心幼儿园获全国足球特色幼儿园，王店足球赛登上中宣部重点项目纪录片《我们的新时代》。

【民生保障】 2022年，兴华名邸商品安置房项目开工建设，国庆嘉苑南区(二期)竣工交房。完成智安小区改造44个、交安设施路口提升190个，困难家庭危房改造4户。新增城镇就业岗位2068个，城镇登记失业率控制在3%以内，基本养老保险、基本医疗保险参保率分别为98.57%、99.43%。成功上榜国家级智慧健康养老示范乡镇，获评“浙江孝贤”慈孝之乡，全区首个养老无感化试点运行。助残服务持续优化，发放低保金402.4万元、残疾人“两项补贴”336万元。

【社会治理】 2022年，深化“平安王店”创建，紧扣基层治理“141”体系，创新“四格融合”治理模式，南梅村上榜全国综合减灾示范社区。办理法律援助6起，化解矛盾纠纷582件，化解率100%，信访积案全面清零。创建“枫桥式”司法所，实现民主法治村(社区)全覆盖。反诈人民战夺取新胜利，电信网络诈骗发案率下降19.7%、损失下降74.2%，王店派出所获评嘉兴市集体三等功。交通安全大会战取得阶段性成效，交通事故亡人数下降45%。

(张锂萍)

2022年王店镇各村基本情况

表41

名　称	总面积(平方千米)	耕地面积(亩)			总户数(户)	总人口(人)	村民小组(个)	自然村(个)	村经济总收入(万元)
		合　计	水　田	旱　地					
凤珍村	3.54	2439	1150	1289	588	2054	16	18	586.69
假山村	3.98	3257	2621	636	636	2341	21	19	299.66
庄安村	5.13	5394	4329	1065	754	2631	23	23	396.34
宝华村	4.95	2250	1950	300	578	2141	23	20	422.00
镇中村	4.62	3000	1875	1125	744	2354	21	19	395.72
南梅村	3.83	3045	3045	0	545	1955	17	14	349.22
建林村	5.79	3315	2843	472	822	2925	25	15	674.77
庆丰村	2.92	3195	2895	300	367	1401	15	16	387.27
建农村	3.95	2910	2625	285	510	1761	18	11	319.51
镇西村	4.63	2031	1087	944	535	2015	17	7	273.07
太平桥村	6.39	4560	3926	634	785	2881	27	27	426.66
红联村	6.94	4700	3860	840	948	3302	29	29	326.14
马桥村	5.62	4024	2012	2012	484	1571	15	4	257.80
国庆村	7.00	0	0	0	860	2800	24	0	425.50
八联村	5.97	4743	3468	1275	725	2540	24	18	496.53
三建村	7.25	9336	6899	2437	999	3540	37	26	400.00
花鸟港村	5.59	3545	2548	997	687	2629	28	23	481.43
清泰桥村	2.95	1762	1534	228	383	1360	12	10	255.98
建南村	7.04	4051	3172	879	839	2986	29	23	306.82
南星桥村	6.37	5704	3657	2047	891	3141	33	29	411.73
先锋村	2.74	2376	1818	558	400	1485	13	9	328.13
建设村	3.82	3195	2895	300	511	1965	20	10	229.21

资料来源：由王店镇提供

说明：①表中镇域面积及村域面积引用第三次全国国土调查数据；户籍人口数统计截止时间为2022年11月30日。下同。

②四联村面积3.52平方千米，已整村征迁

2022 年王店镇各社区基本情况

表 42

名　　称	总面积（平方千米）	总户数（户）	总人口（人）	居委会地址	辖区主要居民小区
四喜社区	1.10	1455	3480	王店镇广平路 104 号	花园小区、船厂浜新村、梅园新村、书苑华庭、常华苑、花溪水岸、金桥商街、金色华庭、天元·嘉乐苑、常乐苑小区、恒丰景苑、梅里春天公寓、嘉州公寓、铁路工区、汇凯小区、梅里印象花苑
梅溪社区	1.10	819	1704	王店镇梅溪街 275 弄 3 号	人民新村、梅溪新村、海王路 206 弄
解放社区	0.70	718	1586	王店镇百佳路 105 号	百乐家园、明珠公寓、广平新村、解放新村 6—11 幢、瑞源水岸
塘桥社区	1.70	1034	2739	王店镇庆丰街 280 弄 2 号	御锦湾、逸居苑、兴乐苑小区、王府景苑、梅里花苑、梅里新嘉苑、庆丰新村、汇丰公寓、梅嘉路 283 号楼
蚂桥社区	1.00	286	517	王店镇吉蚂路 185 号	
常睦桥社区	1.60	482	1062	王店镇建设集镇嘉民路 252 号	和睦小区、龙源花园

资料来源：由王店镇提供

【嘉兴隆基光伏项目落地】　项目位于东至 22 万千伏高压线，南至军民路，西至白云桥路，北至吉祥西路。5 月厂房（一期）开工建设，11 月交付使用，实现“当年签约、当年开工、当年投产”的建设目标。嘉兴隆基光伏年产 14GW 单晶组件项目是隆基绿能目前规划最大的组件生产单元之一，产品性能将全面超越全国光伏领跑技术基地的要求。项目总投资约 60 亿元，用地面积约 503 亩，建设高效电池组件生产线 19 条，包括自动化生产车间、智能化仓库、综合楼、展示中心及配套设施等。项目建成后，形成年产 14GW 单晶组件产能规模，预计年产值 200 亿元，带动就业近 3000 人次。

【集成装饰创业创新园项目】　王店镇集成装饰创业创新园（二期）项目位于王店镇永乐路北侧，梅秀路东侧，汇丰路南侧，河流西侧。7 月开工建设。主要建造两栋五层高的标准厂房，项目规划用地 14020 平方米，总建筑面积 37222 平方米，总投资 13524.9 万元，其中工程建设费用 9744.25 万元。由嘉兴市梅里小城市开发建设有限公司投资建设，拟打造小微企业园，促进低效用地腾退和小微企业集聚发展。

【梅里机电产业园项目】　项目位于东至长水塘，南至河流，西至空地，北至嘉绍连接线。12 月开工建设。规划用地面积 24980 平方米，总建筑面积 52804 平方米，计划总投资 23189 万元。项目拟打造小微企业园，促进低效用地腾退和小微企业集聚发展。

【梅里物流综合产业园项目】　该项目位于盛安路东侧，嘉兴川山甲物资供应链有限公司西侧，吉蚂西路北侧，马家浜路南侧。7 月开工建设，计划 2024 年完工。规划用地面积 40404 平方米，建设单层物流仓储计容建筑面积 79017.44 平方米[根据《建筑工程建筑面积计算规范》（GB/T 50353—2013）]，项目建筑面积 43162.12 平方米。总投资估算 23959.08 万元。主要建设物流储存仓库。项目达产后，正常年营业收入（产出）估算 24727.12 万元，年利润 3405.48 万元。

（林海洋）

【梅梨梓乡共同富裕示范带（王店段）建设】　秀洲区梅梨梓乡共同富裕示范带王店段位于秀洲区中南部，沿新建的 524 国道至王店镇，主要涉及南梅村、镇中村、建林村、庆丰村4个AAA级景区村庄、省级美丽乡村特色精品村。5月开工建设，计划2年内完工。线路全长5.9千米，主要建设：沿线标识标牌、雕塑、景观小品，农房改建、围墙、农业主体、业态门头立面提升，展陈、美丽庭院建设，道路、绿化、桥梁、漆画交通线等。沿线交通便利，线路规划从嘉绍高速王店东出口作为起点，整合沿线的自然生态、历史人文、农业产业等优势，提升示范带沿线村庄经营能力。

（黄芳圆）

【农田退水“零直排”】 王店镇建南村倪曹保农田退水“零直排”工程通过现有排渠实现区域退水收集，依托生态渠及配套透水坝等设施初步处理退水，最后经生态池（塘）滞蓄处理后排入河道。改造提升项目采取半封闭式建设规模，建设稻田退水零直排540亩，农田灌溉水有效利用系数0.667，超出全省水利用平均系数，亩均用水量约430立方米。该工程上榜嘉兴市首批农田退水“零直排”示范工程。

【粮仓文旅街项目启动】 项目位于王店镇四喜社区塘东街13号长水塘东岸原王店粮管所。总投资2500万元。10月开工建设。王店粮仓群于2019年10月被国务院批准为第八批全国重点文物保护单位。粮仓群由14个苏式圆筒粮仓组成，在14个圆筒粮仓的北面有许多闲置的附属房。文旅街项目即开发利用好闲置的附属房，将其打造为王店镇文化活动中心，设公益的艺术展示馆、艺术培训室、文艺排练厅、文创空间、文化集市等场所。

【承办第八届中国嘉兴集成吊顶展】 11月15—17日，2022第八届中国（嘉兴）国际集成吊顶产业博览会暨中国・顶墙集成大会、首届装配式内装产业展览会在嘉兴国际会展中心举办。展会展出面积3万平方米，设展馆4个，近400家行业知名品牌参展，3天展会共吸引采购商等人员近万人。展会全程同步直播，同期举办多场品牌企业招商大会、2022嘉兴第五届室内设计精英赛启动礼（嘉兴顶墙产业博览会设计论坛）、赋能嘉兴市集成装饰产业——京东居家产业扶持政策宣讲会等配套活动。

【共富奶牛棚】 2022年，东兴奶牛场着力打造“共富奶牛棚”，充分发挥党建引领，加强“村—场—户”合作，探索出“党建+养殖+共富”符合本地实际的“党建引领共同富裕”王店模式。依托奶牛场建立的一种新型帮扶模式，让低收入农户以资金入股的模式参与年底分红，而入股资金由几家金融保险单位以提供共富强村贷、政府救助保险等方式筹集，第一批70余头奶牛有9户低收入户申报参与。

【品重梅溪耕读精品线】 王店镇品重梅溪耕读精品线上榜2022年“浙里田园”休闲农业与乡村旅游精品线路，线路总长12.8千米，途经曝书亭、粮仓群，及镇中、南梅、建林、庆丰、花鸟港等多个优质景点和景区村庄，该线以“以农为景、以文为韵、以旅为媒”为主题，包含竹垞雅集、古藤书屋、横岗印象、幽篁静志、干将工坊、研学馆等特色景点。重点围绕镇中十四村与南梅蒋庄区域，将两个村庄有机串联，建成一条长2.4千米的精品旅游线路。

【王店镇中心幼儿园开园】 8月28日，王店镇中心幼儿园新址开园，为公办幼儿园。位于王店镇花园路，与秀洲区梅里小学毗邻。园区占地面积13320平方米，设班级18个，可容纳幼儿540人，音乐、美工等功能教室设施完备。

【梅里康养中心】 梅里康养中心项目改造工程是2022年秀洲区首个开工的养老机构提升项目，主体建筑为3幢养老用房，面积约1万平方米，总投资约1亿元，拥有养老床位231张，其中公益性床位24张，社会性床位207张。机构探索“医养结合”养老新模式，整合养老、康复、医疗、培训、智慧监管、辅具租赁等多项功能，并同步配建失智症照护专区，计划2年后竣工可投入使用。至年末，全镇村（社区）建成居家养老服务站AAAAA级8家，AAAA级3家，AAA级10家，建成省级示范性居家养老服务中心2家。

【朱彝尊文化IP动漫形象发布】 5月28日，“品重梅溪”5个Q版人物形象“竹垞先生”现身登场，“梅小隐”“竹小垞”“菊小宝”“兰小生”4个人物形象分别代表着“归隐南梅”“耕读镇中”“慢活建林”“求学庆丰”，巧妙串联王店镇“品重梅溪”美丽乡村精品线上的4个村庄，为朱彝尊文化注入时代活力，丰富文化内涵。

（张锂萍）

洪合镇

【概况】 洪合镇位于秀洲区西南部，东邻南湖区，南至王店镇，西接桐乡市濮院镇，北隔京杭大运河与新塍镇相望。镇域总面积54.87平方千米，其中，陆地面积51.90平方千米，水域面积2.97平方千米。耕地面积41966亩，其中，水田40160亩、旱地1806亩。2022年，全镇实现地区生产总值68.92亿元，同比增长2.3%。其中，第一产业增加值1.73亿元，第二产值增加值33.95亿元（工业31.72亿元），第三产业增加值33.23亿元；全年财政总收入2.47亿元，其中镇级预算收入0.67亿元；全社会固定资产投资23.51亿元。全镇总户籍8103户、总人口30206人，新居民90918人。下辖10个行政村、3个社区。镇人民政府驻地横泾桥社区洪运路211号。是年，洪合镇获评浙江省清廉村居建设示范乡镇。

【疫情防控】 2022年，洪合镇创新建立“1+3”疫情防控指挥体系，出台新型冠状肺炎疫情物资保障工作应急预案、召集“一办十一组”深化细化桌面推演方案。主要进行中高风险人员排查、核酸检测、疫苗接种工作。运用疫情防控系统和自主排摸方式，全镇共处理省、区数据、公安指令单重点人员信息12.1万余条，各村（社区）排摸人员2.1万余条，对人员进入聚集公共场所执行扫“嘉行码”登记，加大对28类重点场所赋码。全年共开展21次社会核酸检测，采样人员培训超500人次，设置各村（社区）、企业、学校、菜场等常态化核酸筛查采样点35个。通过多渠道发布疫苗接种，累计接种新冠疫苗232415剂次，其中18岁及以上成人（含老年人）首针接种任务完成率110.81%（任务数70855人）。是年，疫情防控经费投入1969.76万元。

【农业经济】 2022年，全镇粮食种植面积5.11万亩，同比增长9.2%，全区第一家完成粮食功能区补划调整任务。粮食公共服务中心建成并投入运营，为全镇2万多亩耕地提供粮食烘干业务。成功申报市级农业龙头企业1家，完成3家区级示范性合作社和8家区级示范性家庭农场监测工作。各村平均经常性收入、经营性收入分别为442.4万元和234.7万元。搭建洪合水果专业合作社、毛衫商会党总支2个党群致富联合体。美之奥种业自主知识产权“美青”系列西兰花，获评2022年度“国家西兰花良种重大科研联合攻关组”十大优秀品种。

【工业经济】 2022年，全镇实现规模以上工业总产值37.8亿元。新增工业用地备案投资额14.34亿元，引进亿元以上备案内资工业项目5个，其中10亿元以上项目1个。区重点项目、市551项目全部开工，开工率连续多月在项目建设年考核中位列全区第一。大力发展毛衫和光电两大支柱产业，全年新增规模以上工业企业3家，培育超亿元企业6家。加快毛衫产业转型发展，完成3个印染集团兼并重组，市级毛衫智造科技创新综合体通过验收。加快光电产业发展壮大，蓝特光学微棱镜产业基地和嘉福玻璃年产2800万平方米光伏背板玻璃项目竣工，“秀水光谷”、嘉福玻璃智能装备等重点项目全面开工。聚力光电产业发展，成功引入5家浙大光电校友企业。谋划西部商贸中心建设，引进抖音电商产业园，数字化云仓供应链项目成功落地，毛衫市场获评浙江省第三批内外贸一体化改革试点产业基地。是年，共签约项目4个，其中亿元以上项目3个，总投资超20亿元。强化双招双引，全年实际利用外资2009万美元。超额完成产业用地供应，完成低效、低产企业整治21家，腾退土地124亩，其中印染行业涉及企业全部完成腾退。打造质量品牌标杆，浙江蓝特光学股份有限公司成为洪合镇首家获评“区长质量奖”企业。

【三产服务业】 2022年，大力发展毛衫和光电两大支柱产业。服务业投资13.5亿元，同比增长81.52%；限上批发业销售额10.3亿元，同比增长21.78%；限上零售额5210万元，同比增长15.7%；限上餐饮业营收238.8万元，同比增长

100%;规模以上其他营利性服务业营收9913.3万元,同比增长5.98%;规模以上光电产业产值19.7亿元,同比增长1.11%。加大本土服务业企业培育力度,全年新增规(限)上服务业企业11家。成功打造数字化云仓供应链项目,引入“抖音”品牌代运营服务商,新增批发零售销售额2亿元以上。8月,举行“槜美洪合欢乐购”消费券发放活动,提振消费活力,为零售企业纾困解难,拉动销售额500余万元。发展电子商务,带动集体共富,新王桥村和建北村获评“2022年浙江省电子商务专业村”。

【科技人才与研发】 2022年,实现规模以上企业研发活动开展率100%,研发费用2.26亿元,同比增长2.6%,研发费用增速9.7%。新申报国家“引才计划”5人(拟入选2人),省级“引才计划”10人,入围星耀南湖计划2人,招引青年博士3人,到岗国家级人才1人。申报国家高新技术企业8家、省级科技型中小企业20家。浙江蓝特光学股份有限公司申报省级领军创新团队,并入选国家级专精特新“小巨人”企业名单。浙江美之奥种业股份有限公司科协获评“2022年度嘉兴市企业科协建设示范单位”。

【镇村建设】 2022年,投资1.63亿元,完成机场征迁9个安置区域和小区道路配套工程建设,完成美地家园安置点、泾桥安置小区配套道路及雨污水工程建设。完善公共服务设施建设提升,建成旗杆下城市驿站,改造镇卫生院停车场,标准化改造提升道路路口40余个,优化环镇公交线路。优化城乡路网结构,投入7600万元建设洪康路、洪安路、兴洪路等7条道路,大中修及新改建农村公路8条、13.18千米。建成长9.23千米的梅梨梓乡共同富裕示范带洪合段;10个村的抱团项目——洪聚城市管理服务有限公司开业运营;是年农民人均可支配收入57843元(样板户),同比增长15%;完成村级经营性收入100万元、经常性收入200万元“双百”目标,打造1个村级集体经济收入超千万元村(新王桥村)。实施社区规划调整,成立民和社区,建立吴越社区、悦和社区管委会。成立智慧城管平台综合指挥室,城镇管理向精细化迈进。12月30日,撤销320国道洪合收费站。洪合镇成功创建省级清廉村居建设示范镇。

【教文卫体】 2022年,全面推进公共服务体系建设,建成15分钟品质文化生活圈,建成智慧书房、礼堂书屋各1个,新建百姓健身房2个、健康步道1条、运动家智慧体育社区2个,成功创建省五星级文化礼堂1个(建北村文化礼堂),省四星级以上文化礼堂覆盖率40%。新增托育园1个、向日葵亲子小屋3个。7月23日,举办第十届“槜美洪合”文化节之洪合蜜梨文化节。会上,进行嘉兴技师学院产教融合乡村共富实训基地揭牌仪式。举办2022洪合镇第七届全民健身节。创建“槜美宣讲”品牌,制定“基层宣讲+文明实践”新思想传播机制,全面推进“百县争创、千乡晋位、万村过硬”工程,洪合镇成功列入省级“红色根脉”强基镇创建名单。党建引领“共富工坊”建设取得实效,承办全区“共富工坊”现场推进会。举办“赏梨花春色·刻清廉秀洲”篆刻大赛。聚力“非遗”传承,成

“众创直播”共富工坊建设(区妇联提供)

立“曾修权棕编名师工作室”,棕编手工艺品入选2022年省级农村文化礼堂“我们的村礼”项目。7月27日,举行洪合镇计划生育协会第八次会员代表大会暨人口家庭协会成立大会。11月17日,成立全区首个乡镇药事服务站。镇卫生院成立名中医专家工作站,最大限度满足居民医疗需求。洪合镇通过市级病媒生物防制B级和市级“除四害”村样板村考核。

【民生保障】 2022年,持续推动稳定和扩大就业,全镇新增就业岗位2000余个。切实做好城乡居

民社保、医保参保工作，参保率分别为98.5%、99.8%。是年，新增独生子女奖扶对象300人，新增农村双女户奖扶对象513人，特扶对象2人，累计有独生子女奖扶对象1221人、农村双女户对象513人，特扶对象65人。全镇为561名18周岁以下独生子女办理平安保险，保险总额5610元。计生特殊家庭保险理赔2人，计1500元。发放城镇失业独生子女父母奖励费900元、农村独生子女父母奖励费10200元。组织无偿献血活动，共有207人参与。持续加大困难群众帮扶力度，累计发放各类救、补助金396.9万元。完善"一老一小"配套服务设施，新建镇级康养中心1个，完善"儿童之家"建设13个。"残疾人之家"通过省五星级评定。

【生态环境】 2022年，投入1980.84万元，实施"碧水绕村"项目及配套工程，治理河道4.6千米，水质由原来Ⅴ类改善为Ⅲ类及以上，水体透明度达到1米以上，水下森林覆盖率50%。有序推进洪合毛衫城周边水环境一期、二期工程建设，推动污水零直排区提质扩面；建成总投资456.21万元的农田退水"零直排"项目，总面积1621亩，农田退水面积1445亩；全域聚焦水环境科学治理，运用无人船声呐探测走航技术，实现水岸同步网格化排查；建设智慧排口、浮标监测等数字化水质感应监测系统，打造"五水智治"新样板。打好蓝天保卫战。强化VOCs全流程全环节综合治理，推进3家重点企业VOCs治理设施升级改造。全面提高固体废物收运处置和资源化利用能力，推进全域"无废"，创建市级"无废工厂"1家，"无废医院"1家，"无废学校"1所，"无废乡村"2个。打好"腾笼换鸟、凤凰涅槃"攻坚战，加快高耗低效企业整治提升，完成低效用地腾退205.05亩；精准实施能源"双控"，单位GDP能耗同比下降6.8%。推动印染行业转型升级，深化印染行业整治提升成效，完成71亩腾退签约工作。全力推进能源结构清洁低碳转型，进一步推动以光伏为增量主体的清洁能源发展，完成备案装机容量5.8兆瓦，完成并网2.4兆瓦；实施强制性清洁生产审核企业3家。

【社会治理】 2022年，共调处各类矛盾纠纷2672件，调解成功率100%，国家级、省级信访积案全部化解，赴省上访批次、人次同比下降50%、81%。深入实施"除险保安"大排查大整治行动，启用洪合安全在线数字化管理平台，创新夜巡制度守护群众生命财产安全，基本完成全镇农民出租房消防安全整治攻坚任务，推动安全生产形势稳定向好。持续推进扫黑除恶、防范打击电信网络诈骗、交通安全大会战、劳动欠薪排查等专项行动，电信网络诈骗金额同比下降49.98%，交通死亡事故同比下降62.5%。完成中共二十大、乌镇峰会等重点时期维稳安保任务，"平安建设年"考核每月保持在全区前列。

2022年洪合镇各村基本情况

表43

名称	总面积（平方千米）	耕地面积（亩）			总户籍（户）	总人口（人）	村民小组（个）	自然村数（个）	村经济总收入（万元）
		合计	水田	旱地					
锦福村	5.53	5374	5105	269	622	2626	17	0	318.04
新美村	4.66	4700	4448	252	634	2497	16	2	345.64
大桥村	3.81	4058	3947	111	434	1850	19	0	377.27
新王桥村	6.82	2020	1712	308	721	2929	23	1	1093.02
良三村	3.94	3714	3571	143	770	2780	16	20	420.66
凤桥村	4.58	3562	3334	228	611	2354	14	9	372.20
泰石桥村	7.21	4983	4892	91	940	3414	16	4	638.45

续表 43

名称	总面积(平方千米)	耕地面积(亩)			总户籍(户)	总人口(人)	村民小组(个)	自然村数(个)	村经济总收入(万元)
		合计	水田	旱地					
洪合村	7.81	4874	4680	194	879	3479	20	18	441.18
建北村	4.45	4136	3994	142	676	2601	23	23	377.85
泾桥村	5.63	4546	4477	68	686	2592	24	17	303.95

资料来源:由洪合镇提供

2022 年洪合镇各社区基本情况

表 44

名称	总面积(平方千米)	总户籍(户)	总人口(人)	居委会地址	辖区主要居民小区
横泾桥社区	2.25	772	2133	洪涛路 496 号	倪家坝、周安桥、朱家浜、洪都苑、绿地家园、洪涛苑、洪乐苑、和兴苑、洪汇苑(有机更新中)、富民苑、泰旗苑
人和社区	0.95	358	951	人和新家园六区 277 号	人和六区、上源华庭、人和三区、人和二区、新乐苑、洪锦佳苑、聚福景苑、新兴佳苑
民和社区	1.35	202	562	国贸路 371 号	上城华庭,洪昌路 185 弄,洪昌路 186 弄,洪昌路丹红沿街,九洲佳苑,供销佳苑,中邦商业广场,东方景苑,良友商贸,宏联广场,新大蓝庭,国贸中心,上林湾,锦绣府,太和苑一期,太和苑二期,南都佳苑,民和家园一区,民和家园二区;于家门,洪昌路两侧,泰旗路两侧,外贸街(于打子桥),新南佳苑,新昌苑

资料来源:由洪合镇提供

说明:民和社区户籍人口数非本年鉴统计口径(截至 2002 年 11 月 30 日)的数据,为原文件印发时的数据,该数据并没有从原行政村户籍人口数中剥离

【民和社区成立】 5 月 17 日,区政府发文同意调整洪合镇人和社区区域范围并成立民和社区居民委员会。原民和社区区域范围调整为:东至洪康路、倪家桥港、太河浜,南至兴洪路、兴国路,西至洪工路,北至嘉洪大道,区域面积 1.35 平方千米。商品房住宅 4342 套,自建房住宅 649 套,户籍人口 202 户 562 人,本地常住人口 902 户 3111 人,新居民 12702 人。社区办公暂设洪合镇洪骏路 108 号,后迁至国贸路 371 号。原人和社区区域范围调整为:东至环东路,南至安泰街,西至洪康路、倪家桥港、太河浜、泰旗路,北至嘉洪大道、兴洪路、兴国路,区域面积 0.95 平方千米。商品房住宅 241 套,自建房住宅 1008 套,户籍人口 63 户 177 人,本地常住人口 1126 户 3945 人,新居民 19682 人。社区办公设在洪合镇人和新家园六区 277 号。原人和社区东至洪安路,南至兴国路,西至环东路,北至嘉洪大道,区域面积约 0.42 平方千米,由洪合村代管。

【"秀水光谷"开工奠基仪式】 6 月 18 日,"秀水光

谷”开工奠基仪式在洪合镇举行。“秀水光谷”项目位于洪合镇洪新公路西侧、洪福路北侧，总投资8亿元，占地面积109亩，将新建面积约15万平方米标准厂房、高标准科创中心、研发生产中心及生活配套大楼。“秀水光谷”规划布局以光电元素为主要设计要点，整体呈中轴对称设计，由景观连廊将各个组块进行连接。地块西南角结合地形设置“三叉形”科创中心，契合光电产业属性。“秀水光谷”以发展光电产业为核心，项目与浙江大学光电科学与工程学院展开合作，以建设国家级科技创新平台为目标，是洪合镇打造现代化光电产业集群的重点板块。奠基仪式上，还举行秀洲区光电产业招商智囊团顾问聘任仪式；洪合镇与浙大嘉兴研究院、浙江蓝特光学股份有限公司、浙江华是科技股份有限公司签署“秀水光谷”光电产业发展战略合作协议。

【毛衫产业基地入选省第三批内外贸一体化改革试点】 2022年，洪合镇毛衫基地列入浙江省内外贸一体化改革试点产业基地，全区95%以上毛衫企业均位于基地内，先后被命名为“中国毛衫名镇”“中国出口毛衫制造基地”“中国服装品牌孵化基地”“中国毛衫电商供货基地”。基地总建筑面积42万平方米，规模以上毛衫生产企业24家，年产值30亿元左右，规模以上服务业企业18家，高新技术企业11家；家庭作坊1.1万余家，毛衫生产经营从业人员逾7万人；印染企业3家；年产毛衫4亿件，年交易额超百亿元；在天猫、淘宝、拼多多、抖音等第三方电子商务交易平台，开展毛衫交易的企业或个体经营户超千家；配套物流中心，已形成原料供应、设计打样、生产加工、成衣印染、蒸烫缩绒、后道整理、货运物流等相衔接的完整产业链。

【320国道洪合收费站撤销】 320国道洪合收费站前身为原320国道嘉兴七号桥收费站，于1989年开始收费。根据嘉兴市交通局《关于320国道嘉兴收费管理所易地建造320国道嘉兴收费站点的通知》，经嘉兴市计划委员会同意，嘉兴收费管理所迁建320国道塘汇收费点和七号桥收费点，其中七号桥收费点于2001年迁至洪合，并更名为320国道洪合收费站。收费方式为双向收费，收费站区工程建设规模为双向8车道，设7个收费亭，其中两外侧车道为超高宽车道，钢网架收费棚855.5平方米，收费亭（钢制）及防撞架8只，占地面积14.1亩。收费站房工程建设规模为综合管理用房（含车库）850平方米、配电房112平方米、管理区道路及停车场2300平方米，围墙260米等，占地面积8.1亩。两个站点工程总投资为1764万元（含征用土地）。2022年12月30日，根据省政府办公厅印发《关于取消320国道嘉兴段收费项目及收费站有关事宜的复函》，同意取消320国道嘉兴段收费项目，并撤销320国道七星、洪合收费站。320国道嘉兴段收费站（洪合收费站）即日16时起终止收费。

【“众创数字化供应链”项目运营发布会】 9月29日，“众创数字化供应链”项目运营发布会在洪合众创毛衫精品市场举行。该项目由洪合众创毛衫精品市场投资2000多万元，依托“毛衫汇”创业平台，建设面积4000平方米的选品中心、10个直播间、3个陪跑培训直播间、3000平方米实体仓和发货中心。实体仓和发货中心集仓储管理、人工质检、一件代发等服务于一体，打造一站式物流服务，解决主播发货难问题，为直播电商提供高效率、高质量、低成本的后方支持。

【全区首个乡镇药事服务站建成】 11月17日，秀洲区市场监管局洪合所联合民和社区以及万寿堂药店，在圣元购物中心举行“药事服务进社区，惠民共富暖家庭”活动启动仪式，洪合镇民和社区民生药事服务站正式成立。这是秀洲区首个在乡镇设立的民生药事服务站。秀洲区作为嘉兴市唯一的省级“社区药事服务站”建设试点，7月即启动“药事服务进社区，惠民共富暖家庭”系列活动，前期在中心城区建立多家药事服务站。

（王晓勤）

新塍镇

【概况】 新塍镇位于嘉兴市西北部，东邻嘉兴国家高新区，南靠洪合镇和桐乡市濮院镇，西接桐乡市乌镇和江苏省苏州市吴江区桃源镇，北濒苏州市吴江区盛泽镇。镇域总面积133.22平方千米，其中,陆地面积124.28平方千米、水域面积8.94平方千米;建成区面积11.8平方千米。耕地面积119015亩,其中,水田105497亩、旱地13518亩。2022年,全镇实现地区生产总值50.19亿元,其中,第一产业增加值5.29亿元,第二产业增加值15.65亿元(工业12.34亿元),第三产业增加值29.25亿元;全年财政总收入2.87亿元,其中镇级预算收入1.10亿元。全社会固定资产投资12.24亿元。全镇总户籍23230户、总人口77408人,新居民30663人。下辖24个行政村、6个社区。是年,新塍镇被评为全国智慧健康养老应用试点示范镇、全省第二批低(零)碳试点乡镇(街道)、省级美丽城镇样板镇、嘉兴市乡村振兴示范镇(街道)、嘉兴市"四治融合"+"协商治理"示范镇。

【疫情防控】 2022年,在疫情防控常态化形势下,做好各项工作。是年,全镇投入防疫资金1181.05万元。

【农业经济】 2022年,新塍大米获评浙江好稻米金奖,位列全省第六。全镇水稻种植面积5.45万亩,大小麦5.7万亩,粮食总产量超0.5亿千克,保持全市第一;稻渔综合种养面积累计1万亩,列全区第一。推动23个村粮食功能区整治优化约5万亩;新建高标准农田1001亩,建成观音桥村"千亩方"工程,嘉禾粮仓——天福"万亩方"初具形象。总投资672万元的第一批强镇项目建成,通过镇、区级验收。承办市委农村工作暨粮食安全工作会议现场观摩活动;承办全区"太秋"甜柿现场技术培训会议。天福创业创新孵化园被列入嘉兴市农业创业创新孵化园创建对象名单。成功申报绿色食品企业3家,新增注册家庭农场30家,培育创建市级规范性示范合作社1家。

【工业经济】 2022年,启动镇西工业片区整体开发。全年实现规模以上工业总产值45.54亿元,同比增长0.39%,高新技术产业产值22.49亿元,同比增长1.4%。新增税收千万元以上企业3家,新增规模以上企业11家,新培育超亿元以上企业1家、"专精特新"企业3家。通过高新技术企业认定8家,成功申报省级科技型中小企业22家。持续推进企业"两化"改造,完成数字化项目20个,市级绿色低碳工厂认定2家,市级自愿清洁生产企业审核验收1家,绿色化技术改造项目优秀成果案例1家。

【三产服务业】 2022年,打响"红色新塍,养生古镇"品牌,与省级名师工作室达成合作,浙江省沈民权红色旅游人才导师工作室秀洲工作站落户新塍;与旅行社达成战略合作,探索文旅市场化运营模式,推广红色研学线路,系列活动累计接待团队60个、4000余人。全镇各类景点共接待游客团队304个,接待游客35万余人次。开展"惠动新塍"百万消费券活动,带动消费约1500万元;超额完成零售业百日冲刺目标任务。完成限额以上消费品零售总额8952.1万元,同比增长21.7%。完成服务业企业年度小升规企业5家。

【镇村建设】 2022年,推进全域土地综合整治,全年拆(搬)迁农户1170户、征地1156亩,开工建设朝阳路安置房、火炬花苑(二期)、新盛水岸(三期)等安置房小区3个,总建筑面积75万平方米;新增复垦建设用地指标723亩。推进"最后一户"征迁工作,完成用地供应1352亩。成功创建美丽城镇建设省级样板镇。完成城镇区块52户征收户和D类危房腾退户的分房工作。环镇绿道工程竣工并通过验收;投入500万元,改造全镇40个标准化路口。秀洲区人民医院(新塍医院二期)项目结顶。完成"城乡融合共富新社区"火炬样板建设,入选浙江强村富民乡村集成改革典型案例。成功创建市级乡村振兴示范镇,累计完成市级乡村振兴示范村项目5个,创建省级善治示范村10个,新增省级A级以上景区村庄3个。改造危桥4座,大中修农村公路1条。累计投资1.8亿元,建成康和桥村、洛东村精品示范村项目。同时,建成康和桥村、洛东村美丽乡村精品线。

【生态环境】 2022年,持续打好治水、治气、治废三大攻坚战,投资1048.9万元,建成5个行政村共10.13千米的"碧水绕村"项目;固废收运、处置形成闭环,联合执法腾退泡沫造粒作坊7家,完成11家涉VOCs企业的活性炭更换工作，完成2家企业废气治理设施提升改造、1家生产原料源头替代，完成14个央督、省督点位回头看检查，确保不反弹。突出绿色生态发展，加快低碳转型，全区唯一入选省级低（零）碳试点乡镇创建名单。建成农田退水“零直排”2650亩。常态化高标准做好人居环境整治工作，建成样板点21个。深入推进生活垃圾分类，农村垃圾收集实行智能化全覆盖，新建省市垃圾分类高标准示范小区2个、省级高标准农村生活垃圾分类示范村2个。成功创建省级农村星级公厕4座，其中示范性农村公厕1座。

【科研人才】 2022年，新引进人才项目3个、全职青年博士4人，浙江索纳塔建筑材料有限公司、华宠生物科技（嘉兴）股份有限公司的科研所获评市级博士创新工作站。加大科研经费投入，全年规模以上工业企业R&D经费投入约1.71亿元，同比增长8%。规模以上工业企业研发活动率95.31%，位列全区第一。

【教文卫体】 2022年元宵节活动期间，举办第二十三届新塍元宵民俗文化节·鳌山灯会活动。活动以“新春古镇闹元宵·共同富裕幸福塍”为主题，集万盏红灯映古镇、墨香新塍送祝福、做盏花

元宵灯会，图为小蓬莱公园场景（新塍镇提供）

灯颂祖国、鳌山霞彩耀新塍等项目，吸引游客2.4万人。6月，举办首届“风池雅集”文化旅游艺术节；12月，与匈牙利赫伦镇建立友好关系，并展出匈牙利瓷器和中国穆益林帛画。举办第一届嘉兴市秀洲区人民医院医学高峰论坛，3个省级名医工作室在区人民医院挂牌成立，省中医院4名专家常驻。推进0～3岁婴幼儿服务阵地建设，新建有60个托位的托育园1所。7月5日，举行镇计划生育协会第八次会员代表大会暨人口家庭协会成立大会。举办第五届养生药膳美食节。是年，新增农村独生子女奖励扶助860人，新增农村双女户奖励扶助1949人，新增计划生育特别扶助5户。

【民生保障】 2022年，建成标准化村级避灾安置点3个，全镇公共场所新增AED10台。完善各类保障体系，新增城镇就业1600余人，就业帮扶率97.6%。基本医疗保险参保率99.53%，全镇居民基本养老保险参保率98.31%。聚焦“一老一小”，贴心关爱有温度，入选全国智慧健康养老示范镇名单，成功创建省级养老院1家（新塍镇养老服务中心）；投入82.5万元，改造适老化家庭49户；处理各类劳动争议案件200余起，10人以上集体欠薪案件2起，扎实推进保障劳工合法权益工作。累计投入60余万元，临时救助195户；累计投入24.5万元，慈善助学50人。深化双拥优抚，开展省级“枫桥式”退役军人服务站创建工作，“迷彩行动”困难现役退役军人帮扶项目、“盛世如你所愿”关爱老复员军人志愿服务项目分别获评秀洲区首届退役军人志愿服务项目大赛一、二等奖。镇食安办获评全区首家省五星级食安办。

【社会治理】 2022年，入选市级“四治融合”+“协商治理”示范镇试点，打造贯穿“矛盾—风险—危机”全过程的防范、化解、处置责任链，形成快速有效处置危机事件合力。落实落细维稳安保和除险保安各项措施，实现火灾零亡人、安全生产零亡人，电信网络诈骗发案数下降。深化“大综合一体化”改革，实现“一支队伍管执法”，承接执法事项52项。迭代升级新时代“网格连心、组团服务”机制，火炬村获评市级“五社联动”示范点创建单位。数字赋能社会治理，创新打造“初心如炬、立方众治”社会治理体系，主导开发“微消安”隐患治理系统，实现“智”理有方。成立秀洲区首家社区企业，即嘉兴市秀洲区火炬社区服务有限公司，助力形成共建共治共享的社会治理新格局。

2022 年新塍镇各村基本情况

表 45

名　称	总面积(平方千米)	耕地面积(亩)			总户数(户)	总人口(人)	村民小组(个)	自然村(个)	村经济总收入(万元)
		合　计	水　田	旱　地					
小金港村	3.90	3822	3432	390	598	2275	25	18	380.50
桃园村	5.17	4926	4168	758	794	2912	15	15	392.95
康和桥村	4.79	4825	4300	525	684	2503	16	16	307.41
钱码头村	4.28	3722	3170	552	767	2925	18	18	930.10
来龙桥村	4.33	4601	4331	270	639	2142	26	17	386.36
沙家浜村	5.76	4514	3414	1100	738	2487	30	10	342.63
南洋村	5.26	5187	4832	355	688	2335	32	32	257.50
观音桥村	7.10	6349	5728	621	998	3249	25	25	259.00
西吴村	4.82	4301	3531	770	732	2585	16	16	192.30
新庄村	5.18	5425	5035	390	677	2422	13	13	406.55
天福村	7.47	8900	8300	600	1027	3600	25	16	517.01
万民村	5.75	6290	5500	790	820	2965	17	17	217.28
大通村	6.05	4818	4200	618	875	3018	18	18	110.54
潘家浜村	3.97	3657	3227	430	555	2063	13	13	232.34
庙云桥村	8.01	6827	5635	1192	1052	3576	28	24	216.00
洛东村	5.88	4801	4006	795	918	3320	36	25	431.01
洛兴村	3.64	2745	2300	445	559	2154	24	16	389.00
西文桥村	4.38	3931	3331	600	678	2626	26	26	301.09
思古桥村	4.41	4018	3416	602	914	3591	29	12	173.50
洛西村	4.03	4100	3100	1000	677	2601	27	10	158.50
旗星村	4.36	4716	4100	616	825	3017	31	9	156.33
陡门村	6.79	8709	8709	0	820	2857	26	26	522.60
火炬村	4.58	3872	3872	0	563	1906	18	18	1157.00
富园村	6.70	3960	3860	100	1020	3423	35	35	773.40

资料来源:由新塍镇提供

2022 年新塍镇各社区基本情况

表 46

名　称	总面积(平方千米)	总户籍(户)	总人口(人)	居委会地址	辖区主要居民小区
凤舞社区	1.20	870	2151	新塍镇人民路 102 号	新塍花园、蓬莱雅苑、凤舞小区、同仁新村、孙家浜

续表 46

名　　称	总面积（平方千米）	总户籍（户）	总人口（人）	居委会地址	辖区主要居民小区
蓬莱社区	3.72	1037	2389	新塍镇新高路 15 号	朝阳西村、朝阳东村、园丁新村、唐韵花苑、名人公馆、翠堤紫府、天悦湾、名骏豪庭、秀水瑞苑、现代印象、幸福里、江南润园、豪杰翡翠湾
虹桥社区	2.20	1377	3329	新塍镇新晖路 45 号	东北大街、北栅东街、横埭、建安新村、新华新村、邮电宿舍、新晖小区、南洋景苑、百合春天、阳光景苑、兴育小区、姚家浜小区、文松苑、李家浜
秀水社区	0.80	1048	2332	新塍镇新洛西路 79 号	中北大街、西北大街、教工宿舍、新洛新村、新洛西小区、益友小区、新盛水岸
陡门社区	0.31	227	540	新塍镇陡门村新乐路 567 号	陡门花苑
火炬社区	0.31	53	115	八字路 1815 号	火炬花苑

资料来源：由新塍镇提供

【火炬社区成立】 6 月 30 日，新塍镇火炬社区成立。社区居委会办公地址位于八字路 1815 号。社区范围为东至富兴路，南至八字路，西至富园路，北至桃园路，区域面积 0.31 平方千米。社区有居民小组 12 个，户籍人口 53 户 115 人，常住人口 2857 人。

【陡门社区成立】 6 月 30 日，新塍镇陡门社区成立。社区居委会办公地址位于新乐路 567 号。社区范围东至富兴路，南至新农路，西至南马浜，北至开禧桥港，区域面积 0.3133 平方千米。社区有居民小组 26 个，户籍人口 245 户 588 人，常住人口 6000 人。

【“城乡融合共富新社区”火炬样板】 6 月 15 日，秀洲区(新塍镇火炬样板项目)被列入浙江省高质量发展建设共同富裕示范区改革探索类试点，以及全省强村富民集成改革典型案例。以全域土地整合整治为基础，以十项改革、十大项目[“十项改革”，即健全宅基地有偿退出机制、建立农户承包经营权股份化机制、完善集体资产股权活化机制、实施农业“标准地”改革、探索“未来农场”标准体系、推进种业科技创新转化改革试点、重构城乡融合新社区管理服务体系、实施进城农民安置居住地登记备案制度、健全公共服务居住地优质共享机制、推进基层社会治理模式创新；“十大项目”，即共富展示馆项目、种业基地建设项目、万亩方高标准农田 2.0 版项目、火炬一期(火炬花苑)品质提升项目、火炬二期(未来社区)项目、党群服务中心改造提升项目、示范型居家养老服务中心项目、“初心如炬，整体智治”项目、15 分钟品质文化生活圈项目、强村富民村级抱团产业园项目]的“双十攻坚行动”为抓手，全力探索共富新路径、展示共富新面貌，打造产业平台支撑有力、生态宜居环境优美、基础设施便利完善、公共服务优质均衡、文明治理和谐高效的发展格局。是年，火炬村集体经济 1157 万元，突破千万元大关，同比增幅 38.25%；并结合自身就业、土地流转金，以及安置房出租收益，村民人均可支配收入 6.6 万元，同比增幅 23.8%，农民生活水平进一步提高。12 月，该做法获中央农办副主任吴宏耀批示肯定。

【省级美丽城镇样板镇】 2020 年起，新塍镇依托全域土地综合整治，不断推进“千亩方”“万亩方”

永久基本农田集中连片建设，加大农田整治投入，对全域整治地块田、水、路、沟渠进行统一优化设计，建成陡门、火炬、富园区块“万亩方”1个，连片总面积2.37万亩。2022年，新塍镇借势“城乡融合共富新社区”火炬样板创建，对万亩方提档升级，高标准建成“万亩方”美丽田园（天福村）1个。至年末，美丽城镇项目总投资30亿元。是年，新塍镇被省美丽城镇办评为“2022年美丽城镇建设省级农业特色型样板镇”。

【省级低（零）碳乡镇试点】 2022年，新塍镇以国家级农业产业强镇、国家级稻渔综合种养示范镇为契机，全面推进全域土地综合整治，深化稻米全产业链发展，推广农光互补生产模式，提高农田土壤固碳能力；探索低碳旅游发展模式，增设低碳旅游设施，正确引导和利用旅游资源，倡导游客使用低碳的消费方式；推进“无废城市”建设，围绕“碧水绕镇”“碧水绕村”等工程，加强减污降碳协调增效能力；践行低碳生活方式，提高节能环保效率，倡导绿色出行。根据省碳达峰碳中和工作领导小组办公室《关于公布全省第二批低（零）碳乡镇（街道）、村（社区）及减污降碳协同试点创建单位名单的通知》文件，新塍镇成功列入省低（零）碳乡镇（街道）试点创建单位名单。

【美丽乡村精品线】 11月15日，“初心启塍 幸福童享”精品线正式发布。该精品线总长17.4千米，以524国道、嘉铜公路、新盛线和乡村道路为依托，途经洛东村、康和桥村、沙家浜村、嘉兴地方党史陈列馆等多个景点及省AAA级景区村庄潘家浜村，旨在打造长三角“儿童友好型”乡村示范地、初心教育研学示范基地、沉浸式文化旅游目的地。

【新塍绿道南线工程】 该项目由嘉兴市龙耀建设有限公司承建。2022年3月开工建设，2022年9月竣工。总投资1205.05万元。建设项目：新塍商会周边品质提升工程，设计面积4855平方米，包括道路周边绿化及林荫式停车场设计；环镇绿道提升工程，设计面积40658平方米，包括绿道、景观铺装、景观小品、景观给排水、景观照明、绿化等。

【首届“凤池雅集”文化旅游艺术节】 6月24日，举行新塍镇首届“凤池雅集”文化旅游艺术节开幕式暨“强国复兴有我”主题宣传教育活动启动仪式。文化旅游艺术节分“春·塍之欣”“夏·塍之趣”“秋·塍之韵”“冬·塍之藏”四大篇章，以二十四节气为时间轴，开展“鳌山灯会”元宵民俗文化节、“走读新塍”亲子阅读系列活动、新溪棹歌田园诗歌朗诵会、“传承红色基因”开学第一课、“舌尖养生‘味’你而来”等系列活动。将文化、旅游与艺术相结合，呈现代表新塍特色的主题活动，形成浓厚的文化氛围。

【火炬村入选标准地改革省级试点】 农业标准地是指以推动农业高质量发展为目标，符合土地利用总体规划和国土空间规划，在完成必要的区域评估和土地流转的基础上，按照一定标准建设，并设置主体标准、产业标准、投入产出标准、农产品质量安全标准等控制性指标，实现农用地资源优化配置、劳动生产率和土地产出率提高的农业项目用地。2022年，火炬村被列入秀洲区争创国家城乡融合发展试验区的先行试点，率先启动3800亩农业“标准地”改革试点，以提高土地产出率和劳动生产率为核心，加强要素保障，提升农业经营质效，探索“全域整治+集中流转+标准农地”模式，打造新塍镇火炬片区“城乡融合共富新社区”样板。是年，成功入选浙江省高质量发展建设共同富裕示范区第二批试点、全省强村富民集成改革典型案例。

【新塍镇天悦湾托育园】 该园位于新塍镇虹桥路315—320号。12月建成，建筑面积约400平方米。

12月，新塍镇首家0～3岁普惠性示范托育机构——天悦湾托育园建成（新塍镇提供）

由镇政府投资建设，经区卫健局备案的托育机构，是新塍镇首家0～3岁普惠性示范托育机构。园所设有班级3个，托位60个，面向3周岁以下婴幼儿，提供全日托、半日托、周末计时托服务。

【全国智慧健康养老示范镇】 新塍镇探索养老服务改革道路，重点推进智慧健康养老，引进智慧健康养老试点示范企业——椿熙堂，线上搭建智慧健康养老系统，线下试点建设新塍镇居家养老服务中心、庙云桥村（社区）二级站等多个服务站，实现线上线下养老结合，形成“1+X”的为老服务体系。机构、居家配置30张“智慧床”试点项目，24小时对长者进行健康检测、大数据管理，由新塍镇敬老院与居家、社区照料中心提供服务，打造线上线下相结合的家院融合养老服务模式。开通养老就医绿色通道，配合互联网+机构、社区、居家三结合养老服务，实现医养结合。不断完善养老服务基础设施，创新养老服务模式，逐步建立起与经济社会发展水平相适应的，与社会保障系统相衔接的，五保长者政府供养型服务，社会长者普惠型服务，边缘长者公益型服务，残疾长者补贴型服务的新塍全覆盖养老服务模式。2022年，新塍镇被工业和信息化部办公厅命名为“智慧健康养老应用试点示范镇”。

【健康管理中心项目改造】 该中心位于新高路以北，虹桥路以东的新高路511号。占地面积940平方米，总建筑面积3775平方米。改造项目包括公用设施设备更新和室内外装修等配套设施工程。项目由浙江集典建设有限公司承建，2022年7月开工建设，2022年10月竣工。总投资968.26万元。

【省级无障碍社区创建】 新塍镇蓬莱社区有残疾人57人，其中视力残疾8人、言语听力残疾9人、精神智力残疾15人、肢体残疾25人。2021年起，社区选取蓬莱社区党群服务中心、新塍医院、新塍镇中学、小蓬莱景区、新塍菜场、吉麦隆超市等具有行业代表性的单位，作为推进创建无障碍建设的示范单位。先后改造无障碍坡道8处，无障碍电梯2台，无障碍家庭改造4户，低位服务设施4处，无障碍停车位8处，无障碍卫生间7处，为特殊人群提供更好的居住体验和安全保障。2022年，蓬莱社区被省残工委评为“浙江省无障碍社区”。

【能仁寺入选全省首批“宗教中国化场所”】 2021年4月，启动浙江省“宗教中国化场所”创建。能仁寺制定《推进佛教中国化五年工作规划纲要》，组织开展中共二十大会议精神学习宣讲，开展时事政治、政策法规和社会主义核心价值观等内容的学习教育。常态化开展书画、插花等国学文化展，恢复研制能仁寺碑刻拓印，筹建能仁寺佛教文化园，将中华优秀传统文化融入寺院发展。同时持续开展“慈爱慈行、共帮共创”精准帮扶活动和形式多样的慰问活动，寺院还为东西部协作扶贫等发起捐赠活动，总金额超10万元。2022年2月，省民宗委印发《关于确定2022年省级“宗教中国化场所”名单的通知》，新塍镇能仁寺入选首批省级“宗教中国化场所”。

【郝老师课堂】 自2012年成立以来，“郝老师课堂”以“理论+政策+民生”宣讲模式，以“讲政策、说农事、聊科学、解问题、答疑惑”为内容，将党的理论方针、农技知识和文明新风，通过新农村广播和微信视频号等形式“空中”传授，累计播出近400期，听众达百万余人次。“郝老师课堂”在新塍镇党群服务中心设总堂，与上海交通大学合作，通过“请进来”“走出去”开展交流研讨，成立理论宣讲工作室考核专家库。分讲堂阵地延伸，在全镇28个村（社区）设分堂，充分用好政治优势和红色资源，精心打磨精品党课，每年开展宣讲1500余场。在各新时代文明点培育50余个宣讲点，全面开展“走家入户”“扫街扫楼”（走进大街小巷、各楼道单元，挨家挨户）式大宣讲，把科学知识和农业技术送到田间地头，把党的“好声音”传入千家万户，助力农民共富、助推乡村振兴建设。2022年，“郝老师课堂”被省委宣传部评为浙江省基层理论宣讲成绩突出集体，并获评“2022年嘉兴市青年志愿服务项目银奖”。

（沈　菲）

王江泾镇

【概况】 王江泾镇位于秀洲区北部，东与嘉善县天凝镇、秀洲区油车港镇相接;南与嘉北街道、新城街道相连;西与江苏省苏州市吴江区盛泽镇、秀洲区新塍镇接壤;北与江苏省苏州市吴江区黎里镇、嘉善县陶庄镇毗邻。镇域总面积120.40平方千米,其中,陆地面积95.55平方千米、水域面积24.85平方千米;建成区面积10.1平方千米。耕地面积100895亩,其中,水田92419亩、旱地8476亩。2022年,全镇实现地区生产总值107.8亿元,其中,第一产业增加值4.7亿元,第二产业增加值61.4亿元(工业58.1亿元),第三产业增加值41.7亿元;全年财政总收入8.7亿元,其中镇级预算收入2.4亿元;全社会固定资产投资24.1亿元,同比增长35.4%。全镇总户籍23465户、总人口81050人,新居民48845人。下辖33个行政村、8个社区。镇人民政府驻地王江泾镇北虹路188号。是年,王江泾镇获评美丽城镇省级样板镇、省农村文化礼堂建设示范乡镇、省关注森林活动15周年成绩突出集体、市法治镇创建优秀单位。

【疫情防控】 2022年,王江泾镇疫情防控工作继续由镇党委书记和镇长担任双总指挥,围绕"一办十组"工作体系,实行统一指挥、统一调度、统一协调。2月13日,苏州疫情暴发后,王江泾镇多措并举,水陆并重,组织开展应急演练。是年,投入疫情防控资金2000万元。

【农业经济】 2022年,王江泾镇围绕稳粮保供任务,小麦、水稻种植面积6.6万亩,同比增长7.3%;生猪出栏1.52万头,同比增长32.8%。高标准农田改造提升1900亩,发展稻渔共生500亩,麦藕、稻藕轮作新模式初见成效。开展新一轮粮食功能区调整优化,划定面积3.526万亩,确保可种地块应种尽种。进一步提升农业"双强"水平,北圩园渔业数字渔场入选省级数字农业工厂认定名单,嘉兴市勤丰种业有限公司被评为省级全程机械化农机中心,有效实现农业数字化、机械化。深化"强村富民"乡村集成改革,通过物流园抱团、共富贷、四位一体保洁运营等项目,有效壮大村级集体经济,实现33个村级经常性总收入9641万元,村均292万元,同比增长53%;村经营性总收入4253万元,村均129万元,同比增长81%。

【工业经济】 2022年,全镇有规模以上工业企业186家,工业总产值196.8亿元,同比下降10%。其中纺织业(包含印染)153家,产值115.8亿元,同比下降1.9%;智能家居企业22家,产值53.7亿元,同比下降25.8%。形成"两高一低"企业整治和印染企业腾退会商机制,印染企业腾退签约4家,腾出土地578亩、腾出用能空间8万吨标煤;整治"高耗低效"企业125家,腾出土地945亩,腾退力度、进度均位列全区第一。嘉兴市昶兴喷织有限公司、嘉兴瑞海机械高科技有限公司、嘉兴市鸣业纺织有限公司等项目有序推进,闻川智创园项目开工建设。引导"小而精"企业做大做强,申报市"专精特新"企业16家,创历史新高,申报通过数居全区乡镇首位。落实疫情期间助企纾困政策,发放各项惠企补助1200万元,配套区级工发、科技发展资金1000万元,累计为302家企业减免租金超500万元。引导传统纺织企业实施数字化改造项目3个,完成麒盛科技股份有限公司国家级绿色工厂申报,嘉兴翼波电子有限公司被认定为市级绿色工厂。

【三产服务业】 2022年,王江泾镇深度融入"大运河诗路文化带"建设,培育做强运河文化旅游品牌,"运河之韵"系列节庆活动常态化开展,"荷美王江泾、莲动共富梦"为主题的荷花节以及"长虹碧波"夏日音乐节在运河畔举行,在开幕式上签约3个文旅运营合作项目;加快推动重点文旅项目落地,建成铁店港南岸绿道;新桥粮仓(一期)项目开工建设,粮仓主体结构完成改造;港南埭商业项目开工打桩。打造高品质的莲泗荡休闲度假区,实施琵琶岛休闲文旅项目,开展莲泗荡环湖道路贯通工程。抓好三产文旅招商引资,洽谈上海复星集团、开元集团等企业。重点重现"闻川八景",实现历史传承。强化文化互动,常态化开展"运河之韵"系列节庆活动,打造传统手工和民俗文化的活态体验项目,传承和传播运河文化。

【镇村建设】 2022年,继续深入推进双桥、东风、古塘、虹南、范滩5个村全域土地综合整治工作,涉及农户搬迁311户,政策处理6642亩;重点区域、重点项目遗留户攻坚90户；原荷花乡、田乐乡机关宿舍楼房屋腾退，荷花村（建汾线以南）危旧房改造，为33户危旧房屋居住群体纾困解难，提高生活品质。纵深推进“三改一拆”工作，全年“三改”面积20万平方米，拆违面积7.7283万平方米，做到控新违、除隐患，优化城乡发展空间。推进复礼嘉苑一期、二期工程，沈家雅苑、沙河荡安置房项目前期流程和望虹雅苑、清溪花苑、康和景园安置房项目建设进度。

【生态环境】 2022年，开展工业企业固废、危废专项大排查，规范企业危废贮存、运输、处置全环节管理，累计出动检查人员1255人次，检查企业366家，检查发现128个问题，全部完成整改，一般工业固体废物收运体系全覆盖。落实10家企业土壤、地下水重点监管单位责任，开展自行监测、隐患排查、隐患排查“回头看”、有毒有害物质排放情况检查等，跟进、指导腾退企业的清理“三废”和场地初步调查，确保土壤污染防治。优化工业废气整治提升，落实14家涂层企业产业集群整治提升验收材料，编制《王江泾镇涂层行业产业集群综合整治方案及验收报告》，通过区级验收；强化涉VOCs废气减排，督促7家错峰生产企业严格落实停产要求，推进完成16家涉VOCs企业重点问题整改。推进涉VOCs企业“源头替代”“低效设施整治提升”工作，整治1家企业“源头替代”、2家低效设施提升减排；推进燃油叉车尾气检测及淘汰，抽测61家企业163台燃油叉车尾气，确保非道路机械尾气达标排放，加强碳排放治理，引导工业企业叉车能源“油改电”工作。

【科技创新】 2022年，引入青年博士2人，申报省级以上引才计划13人、海外工程师入选1人。推进“深根计划”，与清华长三角研究院达成合作，筹建新嘉爱斯院士工作站。结合区实施规模以上工业企业研发活动、规模以上工业企业研发机构“双覆盖”工程，王江泾镇通过指导企业申报研发争取奖励正面激励，以及无研发绩效降档的倒逼措施，鼓励企业积极创新、提升研发水平，全年规模以上工业企业研发费用8.7亿元，同比持平，规模以上工业企业研发活动覆盖率98%。新认定高新技术企业14家。

【教文卫体】 2022年，加快推进3岁以下婴幼儿照护服务工作，田乐、荷花、南汇3个幼儿园开设托育班，列入省级民生实事项目；闻川托育园列入区民生实事工程，当年完成装修及托育园备案，并向社会公开招募第三方运营机构。扎实推进蓝城酒店、后新桥·千里集、铁店港绿道、湿地景观修复、精品村建设等重点项目建设，加快推进蛙偶未来乡村共富园、琵琶岛休闲文旅项目、陶家荡湿地景观提升和莲泗荡环湖绿道等项目谋划及投资建设，拓展水上游线，不断丰富旅游业态。举办秀洲区第二届农村文化礼堂运动会踏白船比赛暨中国江南网船会踏白船长三角地区邀请赛、中医八段锦表演赛等群众性体育赛事。完成各类公共卫生和民生工作指标，成功创建“两慢病一体化管理门诊”，3名定向委培医生进驻卫生室，夯实网底服务能力。

【民生保障】 2022年，完成农村公路大中修约9.5千米，亮化2千米；完成100座桥梁信息牌及限载标志牌设置，高标准斑马线20条，标准化路口建设43个。全镇农村道路通组达户道路改造提升约7.6千米，路灯亮化约23千米，危桥改造3座。管理和养护园林绿化约180万平方米。深化“最多跑一次”改革，梳理镇政务服务事项549项，进驻458项，比2021年新增7项。举办就业技能培训30场，服务群众2200余人，发放失业金90万元。是年，全镇养老保险参保率98.59%，医疗保险参保率99.27%。兜底保障困难群众危房改造，全年累计发放各类困难人群生活补贴1468万元。太平村成功创建省级无障碍村（社区）。

【社会治理】 2022年，继续推进基层社会治理体系建设，规范化建设镇级综合信息指挥室，基本形成党建统领整体智治格局。健全完善“四治融合”基层社会治理体系，腾云村、虹南村申报市级“四治融合”示范村。加强矛盾纠纷排查化解，全年调处矛盾纠纷518件，调处成功率100%，其中，镇级调委会成功调处323起，村（社区）调委会成功调处195起，调处非正常死亡23起，调解疑难复杂案件293起，涉及金额8253.57万元。开展无诈系列创建，组织开展反电信网络诈骗工作、打击整治养老诈骗专项行动，掀起反诈人民战争新高潮，是年，王江泾镇诈骗案件发案量较上年同期下降13.3%，涉案金额下降32%。狠抓交通安全隐患整治，建设大型车辆BSD预警一体机盲区监测系统，11月，承办秀洲区大型车辆盲区预警现场会。提升基层处突能力，调动基层辅警工作积极性，打造全省首支辅警版“轻装PTU”，相关经验在全市、全省范围进行推广。

2022年王江泾镇各村基本情况

表47

名称	总面积(平方千米)	耕地面积(亩)			总户数(户)	总人口(人)	村民小组(个)	自然村(个)	村经济总收入(万元)
		合计	水田	旱地					
东荷村	2.22	1666	1599	67	588	2165	18	5	266.19
民主村	1.79	1535	1407	128	454	1900	14	7	274.59
民和村	2.89	2133	2069	64	694	2752	18	15	361.06
荷花村	3.25	3105	2855	250	785	3220	25	21	271.56
北荷村	4.48	4040	3756	284	1000	3844	30	15	361.74
长虹村	3.88	2567	2365	202	711	2976	20	10	405.10
太平村	2.50	1681	1465	216	382	1567	12	7	264.16
洪典村	3.08	2589	2359	230	530	2345	12	13	306.95
东风村	5.26	6467	5178	1289	769	2518	24	17	298.76
双桥村	8.40	8047	7562	485	1297	4169	55	21	441.91
腾云村	2.98	2624	2588	36	449	1643	25	12	257.08
范滩村	5.19	4514	4184	330	660	2457	18	15	297.18
古塘村	2.59	2710	2635	75	463	1740	15	12	402.05
西雁村	2.66	2547	2287	260	460	1740	13	9	268.92
虹南村	4.68	5197	4454	743	645	2363	31	17	348.01
虹阳村	6.35	4551	4065	486	892	3211	39	20	313.52
阳城村	2.47	2930	2462	468	410	1495	18	10	275.86
虹北村	3.73	3765	3398	367	652	2361	13	13	306.11
廊下村	5.03	3130	3060	70	783	2871	25	13	337.80
华联村	3.99	3753	3681	72	788	2718	32	7	295.53
南汇村	3.18	2741	2688	53	629	2161	26	12	294.23
红联村	1.21	1295	1280	15	464	1601	15	6	269.23
莫家甸村	2.62	1395	1370	25	497	1783	15	4	205.35
市泾村	3.64	1991	1874	117	446	1879	12	6	302.54
田乐村	4.47	3927	3690	237	747	2828	23	9	363.65
大坝村	3.78	2923	2593	330	460	1672	16	7	392.28
田青村	2.47	2463	2392	71	508	1830	13	5	303.64

续表 47

名　　称	总面积（平方千米）	耕地面积（亩）			总户数（户）	总人口（人）	村民小组（个）	自然村（个）	村经济总收入（万元）
		合　计	水　田	旱　地					
双塔村	2.89	2406	2302	104	437	1530	14	9	291.66
栋梁村	2.91	2125	2031	94	372	1392	12	8	293.96
收藏村	1.91	2169	2086	83	143	370	11	6	262.84
沈家桥村	2.97	3224	2644	580	452	1453	18	12	275.59
宇四浜村	2.65	1315	1064	251	368	1182	13	9	294.64
金鱼桥村	2.23	2419	2064	355	361	1150	15	7	272.93

资料来源：由王江泾镇提供

2022 年王江泾镇各社区基本情况

表 48

名　　称	总面积（平方千米）	总户籍（户）	总人口（人）	居委会地址	辖区主要居民小区
新桥社区	1.78	462	1717	青荷路	蒋西港、张家桥、肖家湾、杜家浜
王江泾社区	1.88	823	2369	连雁路	长虹新村、陶家浜、四方汇
闻川社区	2.00	1557	3503	一里街	北虹、嘉绸、一里街
双桥社区	0.50	101	172	双桥村	双桥
虹阳社区	0.80	123	204	虹阳村	河东、河西
南汇社区	1.70	513	995	南汇村	汇源、绸厂、供销社
田乐社区	0.20	74	92	肖家湾	
北胜湾社区	0.20	437	1024	胜利路	依云小镇、林湖世家

资料来源：由王江泾镇提供

说明：因荷花社区 2022 年 12 月撤销建制，上表统计时点为 2022 年 11 月 30 日，故有户籍 78 户 104 人，加上后全镇户籍人口总数才相符

【北圩园渔场入选省级数字农业工厂】 2022 年，秀洲区王江泾北圩园渔业数字渔场入选省级数字农业工厂认定名单，开始在乡村产业领域应用。该渔场成立于 2015 年，经营面积 492 亩。农场内有循环流水养殖跑道 16 条，工厂化大棚（高位池养殖桶）18 套；育苗标粗大棚 53 亩；视频监控 16 套（球机 4 套，枪机 12 套），实现基地无死角可视化监控，具备实时远程监控与诊断等功能；配备物联网水质监控设备，可实现 pH、溶解氧、氨氮等水质指标监测；基地的养殖尾水通过三池二坝高效处理后回用于养殖池，做到养殖尾水不外泄；在鱼病防治农场建设实验室，并配备高倍显微镜和水质分析仪等设备，第一时间掌握病虫害进行防治；工厂化大棚安装物联网卷膜设备，通过养殖传感器水温敏感度实时进行大棚温度控制；物联网自动风送投饵机 2 套，可以定时定量进行投饵，做到省时省工；放养和销售时，农场使用放养水槽和提鱼机械，减少机械损伤。

【"勤丰种业"被评为省级全程机械化农机中心】 2022年，嘉兴市勤丰种业有限公司被评为省级全程机械化农机中心。该公司主营稻麦等主要农作物种子，以及稻麦商品粮生产、加工、销售及农机作业等产前、产中、产后三位一体的农业全产业链服务。公司有种子烘干、加工、仓储及育秧车间土建面积4000余平方米，种子低温烘干机12台，C证种子检验仪器设备1套，种子精选加工包装流水线1套；配备育秧流水线、大中型拖拉机、履带自走式旋耕机、插秧机、直播机、无人植保机、秸秆捡拾打捆机等大中型农业机械50余台(套)。公司聚焦"机器换人"，引进高性能农业机械设备，提供全方位农机作业服务。是年，社会化服务机耕作业1.5万亩、机械育插秧作业0.5万亩、飞播作业1.2万亩、飞防作业6万亩、烘干作业3万亩。勤丰种业以数字化科学管理、现代化农业机械为支撑，将"粮藏于技"推动"粮藏于民"，有效保障粮食整体增产增收。

【浙师大附属长虹实验学校挂牌】 9月8日，浙江师范大学附属嘉兴市长虹实验学校揭牌。该校位于秀洲大道花甲路，是秀洲区与浙江师范大学合作办学的九年一贯制公办学校。用地面积54亩，建筑面积33427.66平方米，总投资1.77亿元。设计规模45个班。9月，首次招收一年级学生125人和七年级学生122人。

【安置房建设】 2022年，启动复礼嘉苑一期、复礼嘉苑二期、沙河荡安置房、沈家雅苑4个安置房建设项目，共有住宅4590套，总建筑面积约74万平方米。其中，复礼嘉苑一期1450套、复礼嘉苑二期978套、沙河荡安置房1530套、沈家雅苑632套。项目总投资约38亿元。当年续建项目有望虹雅苑、康和景园、清溪花苑3处安置房建设项目，共有住宅1432套，总建筑面积约22万平方米。其中望虹雅苑626套、康和景园714套、清溪花苑92套。项目总投资13.8亿元。

【美丽城镇省级样板镇】 王江泾镇美丽城镇建设围绕县域副中心定位，突出"产城融合、城乡融合"，对标"五美"要求，累计投入6.8亿元，建设42个重点项目。全面实施环境、生活、产业、人文、治理五大提升行动，诠释"产城人文景"五位一体的城镇美学。王江泾镇美丽城镇建设以建成区为重点，兼顾辖区全域，注重因地制宜、特色引领，花费最少的资金让居民群众得到最大的实惠，实现生态效益、社会效益和经济效益的高度统一。2022年，王江泾镇成功创建美丽城镇建设省级样板。

【"22闻川01"债券发行】 1月5日，嘉兴市闻川城市投资发展集团有限公司2022年面向专业投资者非公开发行公司债券(第一期)，发行对象为专业投资者中的机构投资者。债券简称"22闻川01"，发行规模9亿元，发行期限3年，信用评级AA/AA+，发行年利率3.82%。该债券发行市场化投资人参与近30%，主要用于偿还发行人及子公司的金融机构借款。

【"22闻川02"债券发行】 12月12日，嘉兴市闻川城市投资发展集团有限公司2022年面向专业投资者非公开发行公司债券(第二期)，发行对象为专业投资者中的机构投资者。债券简称"22闻川02"，发行规模8亿元，发行期限5年，信用评级AA/AA+，发行年利率4.60%。该债券发行创近两个月全国同期限同评级私募债最低发行利率，主要用于偿还发行人及子公司的金融机构借款和公司债券本金。

【"全过程人民民主"基层单元建设】 1月26日，提升改造后的镇人大代表联络站正式启用。王江泾人大工作以打造"泾彩126 经常邀您来"品牌，

1月26日，"泾彩126 经常邀您来"人大工作品牌发布会(王江泾镇提供)

开展“全过程人民民主”基层单元建设，围绕“联商督促智聚”六大举措，贯通线上+线下，实现联系群众全天候、全闭环；强化监督+支持，紧盯群众反映强烈的问题和民生项目，精准发力、助推工作。12月25日，其做法经验在浙江电视台6频道《出发来浙里》栏目报道，并得到市人大常委会主任高玲慧批示。

【“污水零直排”创建】 2022年，王江泾镇“污水零直排”建设任务分为以企业投资为主的工业园区污水零直排创建和以政府投资为主的建成区污水零直排区创建，总投资4800万元。至年末，实施改造王江泾镇长虹新村北区、诚恒世嘉、孙家浜新村3个生活小区，王江泾镇港航局1个事业单位和56家企业的雨污水管道项目，实现工业、生活污水全收集、全分流。

【“碧水绕村”工程】 2022年，王江泾镇“碧水绕村”项目总投资3923.14万元，主要对莲泗荡区域河道（铁店港、杨家桥港、朝南埭、谢和桥港、木闸浜、行连桥港及金家堂桥港）、主镇区河道（小桥港、万福港、后福庄河）、古塘村河道（长条港、楼下浜、陶三浜、杨家浜、沈家浜、天花坝、李家浜）进行治理和运维，确保河道内水体透明度达到0.8米及以上，水质指标（氨氮、总磷、高锰酸钾）达到地表水Ⅲ类及以上标准。

【全省首支辅警版“轻装PTU”】 王江泾派出所轻装PTU队伍成立于2020年11月9日，是全省首支派出所辅警轻装PTU。这是一支从60名特警预备队员中精心选拔出来的16人小队，佩戴定制蓝袖章，穿戴定制作战服，配备处突装甲车，24小时全天候备勤，承担起群体性维稳事件第一梯队处置、突发警情的快速处置、常态化机动巡逻、重大嫌疑人抓捕等工作，有效解决基层派出所处突“快不起来”“处置不好”的问题，进一步扩大王江泾辖区快速反应圈覆盖面。该项工作得到区公安分局领导的肯定并在全区推广。2021年5月，开始在镇域6个派出所推行，建成6支80人的轻装PTU处突专业队伍。运行两年来，派出所独立维稳水平明显提升，90%的涉稳事件属地派出所均能独立处置，巡特警增援次数下降至70%，实现警力无增长改善。2021年11月，副省长、公安厅厅长王成国，副市长、公安局局长叶忠华，省公安厅特警总队队长沈秋伟到王江泾派出所轻装PTU示范点观摩，并给予充分肯定。2022年6月29日，全省巡特警支援派出所完善巡防处置机制现场交流活动在王江泾派出所举行。

（陆庭伟）

油车港镇

【概况】 油车港镇位于秀洲区东北部，东与嘉善县毗邻，南隔北郊河与嘉兴市经济开发区塘汇街道相邻，西隔苏嘉运河与王江泾镇相望，北连王江泾镇。镇域总面积63.31平方千米（包括上睦村6.47平方千米），其中，陆地面积50.73平方千米、水域面积12.58平方千米。耕地总面积51094亩，其中，水田45656亩、旱地5438亩。2022年，全镇实现地区生产总值43.65亿元，同比增长2.9%。其中，第一产业增加值2.67亿元、第二产业增加值17.12亿元（工业13.10亿元）、第三产业增加值23.86亿元。全年财政总收入3.99亿元（其中缓缴4900万元），其中镇级预算收入5446万元。全社会固定资产投资37.43亿元。实到外资3657万美元。全镇总户籍17327户、总人口54604人，新居民36768人。12月，撤销栖真社区建制。至年末，全镇辖16个行政村、3个社区。镇政府驻地马库奥星路251号。是年，油车港镇获评全国美丽乡村建设美丽河湖镇、浙江省城乡风貌整治提升县域风貌样板区、嘉兴市2022年度法治镇（街道）创建优秀单位、美丽田园示范区等。

【疫情防控】 2022年，油车港镇健全村（社区）片区“战时与平时”的常态化疫情防控指挥体系。组建169名镇村干部参加的8个工作组，处置疫情风险7起；助企纾困复工率100%，支出资金1550万元。派驻72家规模以上企业或重点企事业单位防疫指导员28人，实行驻企指导AB岗。实施差异化疫情防控措施“一企一案”。加强防疫应急能力，组织开展防控演练40次，创建“无疫工厂”49个。保障群众健康，及时落实疫情防控新政策。摸底调查高风险人群健康状况，分级分类健康服务管理，做好有基础疾病的老年人、孤寡老人、困难老人服务保障工作。向60岁以上群众发放“爱心防疫包”1.49万个。是年，全镇疫情防控专项经费支出1575万元。

【农业经济】 2022年，油车港镇通过国家级农业产业强镇考核验收。开展数字化改革升级传统农业，加快秀洲农业经济开发区建设，创建嘉兴市美丽田园示范区。全镇涉农投资7.3亿元，涉农总产值9.63亿元。农林牧渔业总产值4.47亿元，增加值2.67亿元。启用麟湖创业创新“双创”中心和秀洲农业数字化“大脑”指挥中心，招商引资培育现代农业项目6个，配套建成美丽田园5500亩。投资1700万元建设钱家桥村乡村产业服务中心，整治钱家桥村农田“千亩方”。稳定提高村土地集体集约流转，新增农业主体农场13家，累计149家。累计创建“浙农优品”农业生产主体49家，推进种养基地规范化。优化调整粮食功能区，新增水稻种植面积3234亩，粮食播种总面积3.56万亩。全年生猪出栏18035头，完成生猪保供任务。投入资金1800万元，实施镇域河湖淤泥资源再利用工程，完成防洪薄弱环节工程80%，建设退水零直排水稻田2657亩。实施“强村富民”计划，壮大村级集体经济。抱团组建除濮家湾村外15个村股份经济合作社的嘉兴市秀洲本尚农业发展有限公司，北片合心、杨溪、澄溪、千金寺、西湖5个村的未来农业发展有限公司。村级集体经济经常性收入、经营性收入同比分别增长26%和219%。

【工业经济】 2022年，做好助企纾困工作，支持中小企业稳定发展留抵退税1.3亿元。优化工业结构，推行数字化经济，推进实体经济转型升级，加强招商引资选资力度，加快产业项目建设。规模以上工业总产值43.98亿元，增长1.5%，增加值9.47亿元；高新技术产业增加值5.09亿元，增加值占规模以上工业增加值的53.8%；战略性新兴产业增加值1.37亿元，增长16.5%；装备制造业增加值2.56亿元，增长5.2%；数字经济核心制造业增加值1.55亿元，增长-12.9%。实到外资3657万美元。北京理工大学长三角研究院（一期）南区块完成工程进度80%；浙江鲨威新材料科技有限公司项目竣工投产；凯佑辉智能科技（浙江省）股份有限公司项目竣工验收；推进嘉兴犇炙食品有限公司项目建设；江西煌上煌集团食品股份有限公司华东总部项目拿地即开工。举办秀水新区产城融合高质量发展论坛，集中签约12个重大项目。引进总投超亿美元项目1个，内资新增备案亿元以上项目3个。成功申报秀水新区城乡融合有机更新等3个项目专项债，投入资金6亿元。浙江恒威电池股份有限公司在深圳交易所创业板上市，募集资金净额7.56亿元。新增用地空间6551亩，全年供地497亩。

【三产服务业】 2022年，实施服务业倍增计划，引进服务业项目12个，完成投资34.27亿元，增长75.2%。新增嘉兴市鸿洲贸易有限公司等规模以上服务业企业7家。限上批发业销售额11.8亿元，增长15%；规模以上服务业营业收入1.31亿元，增长10.8%；限上零售业销售额5082万元，增长29%；限上社会消费品零售总额6794万元，增长37.8%。举办秀水新区（油车港）首届“共富”消费节。发放“嘉油礼遇”消费券300万元。建设秀水领创园和秀水新城科技产业园。推进麟栖汇、开元酒店（残奥中心）、马厍老街提升改造等项目建设。完成银杏天鹅湖AAAA级景区评审。嘉兴市麟湖控股集团有限公司获评主体信用等级AA、债券信用等级AA+，发行公司债5亿元，集团资产119亿元。试点“房票”抵购拆迁和搬迁商品房安置，完成商住楼盘销售面积11.27万平方米，增长83.8%。

【镇村建设】 2022年，建设秀水新城，创建美丽田园、美丽河湖、美丽乡村和未来乡村社区，提升乡村风貌，推进振兴乡村共同富裕。全年完成生态环保、城市更新和水利设施投资1.7亿元。交通投资增长224.6%。建设北京理工大学长三角研究院（嘉兴）、秀水领创园和秀水新城科技产业园。攻坚拆迁遗留户46户，复垦土地336亩，完成年度任务128.5%。整治企业46家，腾出土地面积321亩。完成陈家坝（一期）576套、丽苑（五期）140套安置房交付，完成马厍（二期）安置主体工程，推进陈家坝未来社区（二期、三期）安置房和未来星辰等商住项目建设。马厍老街项目完成主体工程量60%。将军路、天星路等5条道路建成通车。提升镇域建成区绿化和正原路亮化工程。创建2022年浙江省县域城乡风貌样板区，油车港北郊河绿道入选嘉兴市第三届最美生态绿道。胜丰村列入浙江省未来乡村建设试点村，池湾村列入嘉兴市精品示范村创建项目，完成麦家村、合心村嘉兴市美丽乡村建设。建设钱家桥村乡村产业服务中心，整治农田"千亩方"。建成农开区美丽田园5500亩，创建嘉兴市美丽田园示范区。环西千亩荡最后一段农村道路建成通车。完善农民宅基地服务管理，规范农村农民建房和租房。撤销栖真社区建制，户籍归入麟湖社区，服务管理纳入栖真村。

【生态环境】 2022年，加强人居环境和生产环境生态建设，完成生态综合设施投资1.7亿元。持续做好城乡垃圾分类工作，完善收运体系，清运生活垃圾2.5万余吨。创建浙江省高标准生活垃圾分类示范村千金寺村和示范小区望湖名苑、艺华名苑。开展全域无垃圾死角专项行动，整治环境问题1625个。治理废气行业和企业，管控道路和建筑工地扬尘，空气质量优良率在80%以上。胜丰村入选浙江省第二批低(零)碳村试点创建名单。加强污水零直排项目建设，加大餐饮、纺织等行业排污监管力度，创建嘉兴市"污水零直排区"标杆镇。实施碧水绕镇绕村计划，整治河道5条，计11千米，西千亩荡获评浙江省美丽河湖。建成美丽田园5500亩。建设钱家桥村农田"千亩方"。投入资金1800万元，完成河湖淤泥资源再利用工程和防洪薄弱环节工程80%。建设稻田退水零直排工程2657亩。实施"腾笼换鸟、凤凰涅槃"整治企业46家，腾出标煤2850吨。处置工业固体废物料7400余吨。

【科研人才】 2022年，建设秀水领创园和秀水新城科技产业园。举办秀水新区上海高层次人才交流会，启用上海创新中心。北理工长三角研究院(嘉兴)获批国家级博士后工作站，设立工业和信息化部重点实验室2个，与恒威电池建立联合实验室。是年，获批浙江省新型研发机构2个。拥有嘉兴市重点实验室5个。油车港镇中学引入杭州师范大学教授4人，设立驻校工作室。申报国家级引才计划5人、省级引才计划7人、"星耀南湖"领军人才计划12人，引进全职博士7人。浙江明晖智能电气公司等3家企业被列入市级以上"专精特新"企业培育名单。浙江锦源箱包有限公司等3家企业被评为嘉兴市企业技术研发中心。认定国家高新技术企业9家，浙江省科技型中小企业22家。

【教文卫体】 2022年，杭州师范大学附属油车港中学挂牌，绿城育华天鹅湖幼儿园竣工。举办农民丰收节和"共富"消费节等活动，创编《画里画外》《麟湖故事》书籍，创建麦家村、合心村"五星级"文化礼堂。全镇举办常规体育单项或趣味项目的运动会和活动134场次，参与人数2700余人次；举办单项运动推广培训48场，健身指导讲座6场。社区智慧运动家注册人数超5000人次。做好镇村两级医疗急救能力建设，采购储备足量的新冠防护消毒杀灭物资和退烧药品，保障群众健康安全。新增村(社区)AAAAA级居家养老服务中心3家。提高医疗服务水平，加强公共卫生服务，村卫生室规范化率100%。开展高风险人群健康状况摸底排查，分级分类健康服务管理，做好有基础疾病的老年人、孤寡老人、困难人群的服务保障工作。

【民生保障】 2022年，坚持疫情防控和经济发展两手抓，助企纾困支出资金1550万元，支持中小企业可持续发展留抵退税1.3亿元，复工率100%。加大农村农业产业扶持和农民就业技能培训，增加社会固定资产投入和产业发展项目投资，加速发展三产服务业，增加就业岗位，保障居民就业收入。开展低保核查，发放补助401万余元，受益家庭334户。全年发放困难残疾人生活补贴和重度残疾人护理补贴209万余元。做好企业社会保险补贴、灵活就业社会保险补贴工作，享受失业保险待遇556人次。保护劳动者权益，处置劳动人事争议调解案件156起。完成退役军人建档立卡，发放生活补助40万余元。完成国家卫生镇量化分级，建设健康村镇。计划生育特殊家庭扶助关怀政策奖励扶助3061人。精准帮扶低收入家庭，实现人均增收1626元。加强镇和村(社区)党群服务中心、政务服务中心建设，扩大村(社区)办理和镇、村(社区)联办项目，提高服务质量并方便群众。

【社会治理】 2022年,实行“大综合一体化”治理模式,获评嘉兴市2022年度法治镇(街道)创建优秀单位。办理行政执法案件927件。打击违法犯罪活动,对9类涉恶罪名10人采取强制措施,行政处罚54人。排查整治安全生产隐患1.36万余个。销号区级挂牌督办隐患9个,未发生较大及以上安全事故。多元化解社会矛盾纠纷,创建“港道理”调解服务品牌,调解处置矛盾纠纷961件,村(社区)化解率92.5%。化解省、市级历史积案重访件8件。完成中共二十大维稳安保工作。建设数字化基层政务事务和社会治理服务体系,发挥“浙里办”“浙政钉”等App作用,数据整合互联共享。开展“三服务”活动,为企业排忧解难送政策。镇政务服务中心服务群众9.8万余人次,服务企业、个体工商户等市场经营主体5000余家,工程建设招投标投资项目190个,涉及资金约17.5亿元。

2022年油车港镇各村基本情况

表49

名　称	总面积(平方千米)	耕地面积(亩)			总户籍(户)	总人口(人)	村民小组(个)	自然村(个)	村经济总收入(万元)
		总面积	水　田	旱　地					
钱家桥村	3.26	3375	2971	404	708	2232	25	13	326.13
古窦泾村	5.10	5332	4325	1007	1184	3641	37	18	294.49
百花庄村	3.02	2668	1905	763	872	2743	24	12	235.35
濮家湾村	2.14	692	415	277	447	1330	14	2	243.84
陈家坝村	3.26	2423	2024	399	550	1871	17	11	206.69
马厍村	5.59	4189	3640	549	1043	3709	36	18	291.44
胜丰村	3.94	3218	3050	168	878	3225	22	16	379.64
麦家村	3.60	2921	2594	327	609	2255	19	9	253.45
池湾村	2.78	2566	2335	231	487	1746	21	14	333.94
栖真村	6.54	3389	3359	30	858	3153	26	13	252.39
上睦村	6.09	5429	4839	590	1010	3893	31	21	340.84
西湖村	2.03	2201	1998	203	431	1520	14	9	266.40
澄溪村	4.02	2968	2873	95	824	2816	40	16	298.87
千金寺村	2.81	2377	2347	30	512	1808	28	8	443.36
杨溪村	4.60	2924	2755	169	690	2452	27	18	302.21
合心村	4.55	3903	3707	196	1174	4217	29	12	312.06

资料来源:由油车港镇提供

2022年油车港镇各社区基本情况

表50

名　称	总面积(平方千米)	总户籍(户)	总人口(人)	居委会地址	辖区主要居民小区
油车港社区	0.70	428	709	油车港集镇镇中路65号	油车港集镇及斗丰浜、塘家汇和南殷家港3个自然村等

续表 50

名　　称	总面积（平方千米）	总户籍（户）	总人口（人）	居委会地址	辖区主要居民小区
天星社区	2.50	3024	7683	马库集镇正阳西路丽苑西区40幢	天星如意湾、格兰春天、丽苑小区1—4期、丽苑西区、水岸丽都、恒大绿洲、海纳公馆、华艺金地等
麟湖社区	3.51	1598	3601	马库集镇马厍路450号	宇隆嘉苑、弘信·观湖、麟湖·公园壹号1—2期、望湖名苑、徐家门、马厍花苑1—5期、马厍示范小区等。栖真集镇朝南埭、朝北埭、朝东埭、栖霞路和栖青路等

资料来源：由油车港镇提供

【撤销栖真社区建制】 12月22日，秀洲政函〔2022〕49号文件，同意《关于油车港镇栖真社区撤并的请示》，撤销油车港镇栖真社区建制。原栖真社区居民319户499人，户籍归属麟湖社区，委托栖真村事务性管理和公共服务，并明晰原社区居民和栖真村民的利益关系，保存相关的档案资料。

【北理工长三角研究院(嘉兴)开工】 1月5日，北京理工大学长三角研究院（嘉兴）一期项目在油车港镇开工。该项目为浙江省重点项目。一期项目是2022年秀洲区扩大投资重大项目，规划建设占地500亩，先行启动310亩，建筑面积18万平方米，总投资16.8亿元，计划2025年12月建成。新建智能制造与工业互联网创新等研究中心10个，建设网络中心、综合测试实验室、分析测试中心、学术交流室和图书档案展示馆、公寓宿舍、食堂等后勤用房，以及其他文体设施。可容纳师生4000人。

【马厍老街提升改造工程】 1月6日，马厍老街改造提升工程基建开工。项目规划用地30353平方米，规划建筑面积38955平方米，含地下工程15172平方米，概算造价1.8亿元。保留嘉兴市文保单位龚宝铨纪念馆、张绍忠纪念馆等建筑物。建造16栋仿歇山顶、庑殿顶式建筑和楼阁亭廊榭多处，地上最高三层，地下两层。工程概算总投资3.2亿元。

【省未来乡村建设试点村】 2月10日，胜丰村列入浙江省第一批100个未来乡村建设试点村。胜丰村面积3.93平方千米，有农户878户3225人，是浙江省美丽乡村特色精品村和AAA景区村庄。胜丰村依托西千亩荡、南官荡等原有水乡渔耕文化优势，建有省级AAA景区菱珑湾和五星级文化礼堂。村内有浙江省非遗游览线上秀洲农民画馆、中国菱乡馆、造船工艺馆和糖糕板雕刻技艺馆等场馆，有美丽田园和河湖多处，当年接待游客7万多人次。发展乡村“美丽经济”，从种植水稻、葡萄和菱角向集约种植粮食、营销苗木花卉和精品果品转型，有花木果品农场企业30余家，适应休闲农旅和研学发展需要，增加村民就业收入。

【浙江恒威深交所上市】 3月9日，浙江恒威电池股份有限公司在深圳证券交易所创业板上市。浙江恒威（301222.SZ）发行量2533.34万股，发行价格每股33.98元。实际募集净额资金7.56亿元，用于新建生产厂区、技术研发中心、信息化管理平台和补充流动资金等。浙江恒威成立于1999年1月，为油车港镇首家上市企业，主营高性能环保锌锰电池的研发、生产及销售。

【陈家坝安置房交房】 4月24日，陈家坝未来社区拆迁安置小区（一期）交房。一期占地49亩，总投资3.3亿元，建筑面积9.5万平方米，建有住宅576套和社区服务中心（筹）、幼儿园等配套设施。一户一套先行安置陈家坝村和马厍村吴家埭区块拆迁户。该项目为嘉兴市未来社区建设示范项目，规划占地面积866亩，按未来社区生活概念，规划建设住宅6658套和其他公共服务设施。二期开工占地 182 亩，建住宅 2330 套；规划三期占地 294 亩，建住宅 3752 套。

【产城融合高质量发展论坛】 6 月 25 日，秀水新区“产城融合高质量发展论坛”在油车港镇银杏天鹅湖举行。区领导徐鸣阳等出席，上海复旦规划设计研究院有限公司、北京理工大学长三角研究院（嘉兴）、中国城市经济学会长三角城市研究发展中心、东南大学、浙江大学等有关领导专家受邀出席论坛。论坛以“产业赋能·腾飞秀水”为主题，受邀嘉宾就长三角秀水未来生态城市建设的路径模式建言献策。油车港镇与蓝城集团签署 106 亿元的投资协议，开发共建“秀水创智城”；与江南大学嘉兴食品研究院、北京理工大学长三角研究院（嘉兴）达成“产学研”校地合作项目 2 个，开发共建“秀水领创园”；签订智能制造研发、高品质农业和现代服务业合作项目 8 个。12 个项目签约总投资千亿元以上。

【首届“共富消费节”】 7 月 2—3 日，油车港镇人民政府和秀水新区建设指挥部在恒大广场举办主题为“秀水腾飞”的“共富消费节”。活动包括房展、车展、美食展、农产品展、医院口腔义诊和群众文体活动展示表演。活动期间发放“嘉油礼遇”消费券 300 万元，入场群众超 1 万人次。

7 月 2 日晚，秀水新区首届“共富”消费节开幕（陆海根摄）

【杭师大附属油车港中学揭牌】 8 月 5 日，油车港镇人民政府与杭州师范大学签订合作办学协议。8 月 22 日，油车港镇中学挂牌杭师大附属油车港中学，授牌语文、数学、英语和科学 4 个名师工作室。引入杭州师范大学教授，以“项目+团队”模式，专家团队“阶段诊断+指导”方式，科研理论与实践融合形式，结合学校和师生发展目标和教学教研实际设置子项目，定期开展实地指导。发挥各自优势，培养教师专业发展、均衡学科发展，打造优势学科、提升办学水平，推进“美好优学”建设。

8 月 5 日，杭州师范大学附属油车港中学名师工作室授牌仪式举行（陆海根摄）

【央视介绍油车港南湖菱种植基地】 9 月 4 日，中央广播电视总台编导和记者一行 6 人，到油车港镇拍摄池湾村千亩荡果蔬专业合作社等南湖菱种植基地。油车港镇是南湖菱国家地理标志保护产地，除种植生产无角淡绿色南湖菱外，育制成功并推广淡红色的南湖菱。10 月 19 日，在 CCTV－17 农业农村频道“水乡‘灵’果”节目中播出。

【秀水新区上海创新中心启用】 9 月 22 日，秀水新区上海创新中心启用暨秀水新区上海高层次人才交流会，在杨浦区湾谷科技园举行。该中心为秀洲区与中国电子科技公司三十六研究所上海研究中心秀洲“上海人才飞地”项目的子项目，旨在聚合上海的人才、技术与资源等创新资源要素，接轨上海，融入长三角推进一体化，助力秀水新区“科创中国（嘉兴）”和银杏天鹅湖科创区建设。交流会上，秀水新区（油车港镇）向上海方 4 名人才引荐官颁发聘书，并邀请他们作主题演讲；签订高端人才引荐、第三代半导体材料和装备、新能源混合动力零部件开发和多功能抗体药物开发等人才和项目合作协议。

【麟栖汇项目竣工】 12 月 30 日，麟栖汇商业置业项目基建工程竣工。该项目位于东方路西侧，西邻长荡，奥星路以南，兴港路以北。地块呈梯形状，占地面积10926平方米，建筑面积29960平方米，其中地下8856.88平方米。建有5幢建筑，地面最高建筑为北面1号楼，高9层，计39.99米；其余4幢均为4层高，计20米；地下2层。总投资1.58亿元。

（陶国林）

新城街道

【概况】 新城街道为秀洲区行政中心所在地，地处嘉兴市城区西部。东与嘉北街道相连，南以大运河为界与城南街道隔河相望，西与高照街道相邻，北与新塍镇、王江泾镇接壤。辖区总面积11.95平方千米，其中，陆地面积10.69平方千米，水域面积1.26平方千米。2022年，街道总户籍14824户、总人口40637人，新居民31551人。下辖7个社区（含3个行政村）。街道办事处位于中山西路977号。

【疫情防控】 2022年，街道慎终如始抓好疫情防控，落实落细各项常态化防控措施，切实守好秀洲主城区。打赢嘉兴经济开发区、苏州、上海等疫情防控阻击战，平稳有序推进疫情防控优化调整。全方位开展疫情防控监督，全年共检查36次，检查重点场所156处，发现问题95个，下发督查通报8期。是年，投入防疫资金950万元。

【三产服务业】 2022年，实现限上批发业销售额28.84亿元、其他营利性服务业营业收入9.78亿元、零售业销售额4.80亿元、餐饮业营业额1.01亿元、住宿业营业额0.65亿元，实现楼宇税收3.42亿元，纳税1000万元以上楼宇7幢。累计引进企业1028家，合计注册内资41.14亿元，其中，注册资金50万元以上企业274家、2000万元以上项目29个、5000万元以上项目9个。新引进生产性服务业“双进双产”（指引进推进、投产达产）项目1个。依托三大平台实施精准招商，其中秀洲人力资源产业园为1.35万人提供就业岗位，服务企业962家，实现营业收入10.30亿元；灵活用工产业园为1.25万人提供就业岗位，服务企业1052家，实现营业收入14.11亿元。中国（嘉兴）跨境电商综试区集聚区获评浙江省电子商务产业示范基地，实现年销售额12.53亿元。深化“三服务”活动，落实“楼长”常态化联系楼宇制度，定期协调解决楼宇企业诉求，全年走访企业350家次，收集意见建议38条，为企业解决难题22个。全面落实纾困政策，助推企业拓宽销售渠道，68家企业兑现各类补助资金485.50万元，减免30家国资单位场地租金43.15万元。

【社区建设】 投入2800万元，开展亚都未来社区建设，以数字化和智慧化全面提升社区品质。实施殷秀花园小区基础设施改造提升工程，打造殷秀共富展示地。全面启动木桥港北区城市有机更新，完成签约225户。全面开展消防安全整治，重点针对木桥港村、义庄村的800多幢自建房和1万余户出租户，开展燃气规范使用、电气线路穿管、消防器材更新、疏散通道清理等，整改瓶装燃气用户4013户，配备灭火器3580具、电线穿管7380米、安装独立式烟感895个、设置逃生窗1100扇、配备消防四件套895套。推进社区应急体系改革试点工作，新城街道作为省级试点单位，在全省社区应急体系改革现场会作经验交流，承办全市社区应急体系改革现场会。

【生态环境】 2022年，投入100万元，改造大润发超市的门面和停车场，工程于6月底完工；投入约300万元，改造提升区政府、区公安分局、区法院、区检察院、新城派出所5个机关单位的城市风貌区。至年末，除区政府区块尚未开工建设外，其余4个区块均在11月底竣工。投入7000万元，实施“污水零直排区”（二期）续建项目，涉及2个生活住宅小区（云间绿大地、梦蝶花苑）、157家“六小”行业、2座商务楼宇及1座医院（新安国际医院），成功创建“污水零直排区”市级标杆（镇）街道。投入350万元，疏浚长2.5千米的王家木桥港河道，建立底质有益微生物处理系统，提高水体自净能力。同时，街道两级河长履行“管、治、保”职责，履职率98%以上，累计巡河1200余次，有效巩固河道治理成效。街道被省治水办评为2022年度“五水共治”先进单位。严把餐饮油烟联审联批关，全年意向申报275家，不予受理121家，受理率56%。开启“以桶换桶”垃圾清运模式，7个社区的

41个小区实行"以桶换桶、一天两清"模式，做到垃圾不过夜。安装垃圾分类数据监管设备79套，在自建房小区推行厨余垃圾"绿桶"收集模式，每天收集厨余垃圾800余千克。投资300万元，建成秀悦湾和佳园小区2个浙江省高标准垃圾分类小区项目，10月通过浙江省生活垃圾分类工作领导小组办公室验收。安排17辆冲洗车、6辆洒水车、3辆雾炮车开展降尘作业，实现主次干道机扫率100%。在高温时段以及空气质量较差时通过雾炮车、洒水车加冰作业、加大喷洒频次、延长作业时间等措施，有效降低空气污染，减少颗粒物对环境的影响。督促在建工地施工方落实喷淋装置，定时开启作业，有效解决工地扬尘问题。在亚都、春晓2个社区开展"禁止销售和燃放烟花爆竹"工作，"定人、定岗、定时"开展"双禁"巡查。对固体废物产生、收集、利用、处置、贮存、运输全过程各环节进行细致排查，依法依规开展监管检查，全年现场查处固体废弃物乱偷倒行为17次，累计清理偷倒、乱倒固体废弃物(建筑垃圾)220余吨。

【城市品质提升】 启动江南摩尔城市新区风貌区建设工程，综合提升改造新洲路南段全长约1千米道路两侧原有绿化、景观等基础设施。创建1.4平方千米保洁样板街区及江南摩尔"席地可坐"城市客厅先行示范区，秀洲核心街区省级高品质示范街区，洪兴西路省级街容示范街。市容整治持续细化，投入2500万元，开展基础设施修补、飞线治理等专项工程9项，整治户外广告、店招店牌及乱张贴等7195处，新增车位1689个。建立"四位一体"长效保洁督查考核新机制，全年开展考核21次，发现问题173处，均整改到位。发挥"智慧城管"平台优势，建立每日巡查清单及"周边25平方米"制度，处理平台督办单11189件，同点位问题数量显著下降。有序完成市政设施及绿化养护交接工作，在全市中心城区城市精细化管理考核中位列镇(街道)组前列。

【教文卫体】 2022年，金茂幼儿园启用，推进秀洲实验幼儿园、庆安万科幼儿园两所幼儿园"民转公"。投入370万元实施"冬暖夏凉"工程，为5所学校安装空调374台。建成秀仁托育园(禾锦雅苑婴幼儿照护服务点)0～3岁省级标准普惠性托育机构。不断完善街道公共文化体育设施建设，春晓社区嘉业阳光城、翡翠江南2个小区获评"运动家"智慧体育社区，新城街道获评嘉兴市"体育共富"十佳镇(街道)。全面提升社区无障碍环境建设水平，改造春晓、殷秀、东升、成秀4个社区党群服务中心的无障碍设施。持续推进爱国卫生运动及病媒生物防制工作，成为秀洲区首个市级病媒生物密度控制水平(A级)街道。全市首家新城街道城市驿站便民服务点启用。木桥港村文化礼堂适老服务入选首批浙江文化礼堂赋能共同富裕引领计划项目。原创戏剧小品《在希望的田野上》获嘉兴市、秀洲区文化精品工程重点扶持项目；获评嘉兴市"社区之声"文艺调演——戏剧小品大赛金奖、浙江省第三十三届群众戏剧小品大赛银奖。原创舞蹈《我和我的外婆》获浙江省"三团三社"表演艺术类展演金奖。舞蹈《万疆》获评浙江省广场舞金奖。

【社会治理】 持续深化"最多跑一次"改革，以"网上办、掌上办""帮办员代办"实现群众办事"零次跑"，全年办理业务15438件，其中线上7606件，占比49.3%。延伸政务服务触角，全力打造"一中心+一终端+一代办员"的便民服务模式，为群众提供医疗救助、生育登记、再生育审批、社保卡挂失等服务代办802件次。依法行政持续深化，加大对各类违法行为检查查处力度，强化执法办案处罚，全年办理简易案件115起，一般案件239起，共收缴罚金17.01万元。进一步规范工程建设程序，修订《新城街道建设工程招投标管理办法》。开展社区(村)"法治带头人""法律明白人""学法守法示范户"培育工程。通过"法助共富、法护平安""美好生活·民法典相伴"等系列宣传活动全面落实法治宣传工作，受宣人数2300人次。全年共受理信访总量701件次，结案率100%。落实主体责任，与重点单位、住宅小区物业等签订安全生产和消防安全责任书134份。升级"141"体系，用好"平安新城"智慧监管平台"微安全""微检查"等模块应用，数字赋能基层治理成效显著。持续推进反诈"五进"(进小区、楼宇、商圈、市场、学校)宣传，受宣人数17512人。持续打好"交通安全大会战"，推进"大综合一体化"行政执法改革工作，该项工作在全省基层智治系统第一期第一片区会议上作交流发言。

2022年新城街道各社区(村)基本情况

表51

名　　称	总面积(平方千米)	总户籍(户)	总人口(人)	居(村)委会地址	辖区主要居民小区
亚都社区	0.79	2938	8256	嘉兴市吴越路36号	中山花园、永泰广场、国浩广场、秀洲花园、亚厦风和苑、大树花园、华新花园
春晓社区	0.85	2640	7748	嘉兴市洪波路底春晓源二期会馆底楼	春晓源一期和二期、佳园小区、佳园·圣淘沙、春晓公园、嘉业阳光城、翡翠江南
中山社区	0.73	2343	6288	殷秀路200号	香榭水岸、盛世豪庭、明日名园
东升社区(义庄村)	1.59	779	2225	嘉兴市九里路477号	义庄新村北区、义庄新村南区、秀亭商业街、咖尔花园、木桥港南区、秀丽园
秀湖社区(木桥港村)	2.70	4280	10942	嘉兴市东港路与成秀路交叉口东侧	木桥港村北区、义庄工业区、秀湖、滨江花园、梦蝶花苑、秀圣花园、芳华苑
成秀社区(九里村)	3.04	1048	3074	秀洲大道1919号	九里花苑、金盛花苑
殷秀社区	0.70	796	2104	嘉兴市殷秀路1090号	殷秀花园、云间绿大地

资料来源:由新城街道提供

【社区应急体系改革试点】 2022年,街道设立安全生产、自然灾害防御、应急救援、防灾减灾4个应急工作组,完善大应急管理体制机制,建立“大安全、大应急、大减灾”的应急体系。针对易涝点位安装监控摄像头21个,实时监控易涝点位,防范于未然,实现易涝点位可视化管理,进一步提升防汛防台期间信息传达的效率。全区首创微风险管控治理和沿街商铺管控治理两个平台。将日常消防检查纳入平台“微检查”模块,全力抓好公众聚集场所、高层—地下建筑、自建出租房、“三合一”场所等重点场所的火灾隐患排查整治工作,共检查单位924家,发现隐患1396项,落实整改1005项;绘制沿街商铺数字地图,各社区(村)以路段、住宅小区、商务楼宇等划分,将各自辖区内的沿街商铺绘制于管控平台上。各社区(村)共绘制单位1276家,同时明确各单位的村社负责人、商铺联系人及联系电话等,进一步压实应急工作责任。街道建立应急巡防队伍和应急专业队伍,各社区(村)组建应急救援队伍。上半年对社区治保主任、网格员等开展应急综合培训6场,开展消防演练11场,参与人数308人,推进应急知识“应知应会”,筑牢人民群众生命财产安全的“第一道防线”。

【木桥港新村北区城市有机更新启动】 木桥港新村北区始建于2005年,共有房屋460幢(套),均为3层自建楼房,房屋结构以五孔板为主,质量较差。部分村民在外购有商品房,小区居住人以老年人和新居民租客为主,存在消防、治安等安全隐患。新居民和本地村民严重人口倒挂,公共管理服务难度很大。2020年,秀洲高新区选择木桥港新村北区地块城市有机更新,成立木桥港新村北区搬迁指挥部。2021年3月21日意愿征询工作启动,至10月8日意愿征询同意率100%;12月起,入户采集房屋数据,至2022年11月,完成入户数据采集440幢(套),完成率95.65%。2022年11月25日,搬迁公告和补偿安置方案正式发布,启动预签约工作。

【殷秀共同富裕展示地】 10月,投入399万元,改建殷秀社区新时代共同富裕展示地，面积 480 平方米。展示地原为殷秀小区门口店面房，经改造为“邻里食堂”“生鲜超市”“健康驿站”等便民场所，新建共富长廊 120 米，用于居民休息。

（周振明）

高照街道

【概况】 高照街道东以秀清港为界与新城街道相邻，南以杭州塘为界与南湖区城南街道相望，西靠马泾港与新塍镇接壤，北以新塍塘为界与新塍镇毗邻。2022 年，街道总面积 20.46 平方千米，其中，陆地面积 19.42 平方千米，水域面积 1.04 平方千米。总户籍 11177 户、总人口 31481 人，新居民 56944 人。下辖 5 个行政村、7 个社区（新增洪高社区）。街道办事处位于加创路 906 号。是年，新义村、高家桥村获评“浙江省卫生村”；运河社区入选省级医疗保障基层服务示范点，并成功创建市级交通平安村（社区）、嘉兴市生活垃圾示范社区；荫家桥村、秀洪社区获评省级民主法制村（社区）；秀洪社区服务综合体被评为浙江省五星级社区服务综合体，秀洪社区获评嘉兴市交通安全平安村（社区）、洪秀社区团支部获评嘉兴市先进团支部、秀洪社区妇女儿童综合服务驿站被评为嘉兴市示范性妇女儿童综合服务驿站；象贤村红哨驿站获评 2022 年全国最美工会户外劳动者服务站点和浙江省最美工会户外劳动者服务站点。

【疫情防控】 2022 年，高照街道迭代升级“141”疫情防控工作体系，做到快速平战转换。全年发生疫情 3 起，涉及象贤花苑、信达香格里、好一家、象贤新村、秀园小区 5 个区域。疫情期间实行“三区”管控，街道共有基层党组织 52 个、党员 877 人，全面投入疫情防控阻击战。26 个居民小区全面试点建设“家园支部”，引导商会、乡贤会等统战资源参与疫情防控，捐赠各类防疫物资价值 50 余万元。全面发动党员干部、志愿者和广大群众，第一时间召集 875 人，建成 108 支“暖心小分队”，开展居民生活用品等的配送服务，累计发放健康防护爱心包 4350 份。在全区首创“共享药箱”做法，获得居民一致好评。守好防疫阵地，协助企业申领“畅行码”，组织 7 家企业开展“无疫楼宇”创建。推进疫苗接种，60 周岁以上全程接种覆盖率 91.3%，18 周岁以上加强针接种率 88.5%，分别位列全区第一、第二。象贤西高速口累计检查车辆超 19 万辆，成功打造全市防疫示范卡点。是年，街道防疫专项支出 1270 万元。

【三产服务业】 2022 年，街道围绕区委“123451”总体工作思路，围绕“一路两圈三平台”服务业发展布局，打造秀园路商业示范街、洪高路人力资源特色街、中关村夜间经济圈和北科建新业态经济圈。新增规模以上服务业企业 12 家，全年规（限）上服务业企业实现营业收入 83.2 亿元，增长 25.8%。其中批发业营业收入 65.2 亿元，增长 37.3%；零售业销售额 4.7 亿元，增长 2.8 倍。楼宇经济发展显著，新注册企业及个体工商户 629 家，商务楼宇税收 2.65 亿元，新增入驻面积 4.5 万平方米，列全区第一。

【助企服务】 2022 年，全力落实招商稳商责任制，建立领导班子“联平台、联企业、联项目”三联工作机制，配齐配强招商服务团队，选派精干力量赴上海驻点招商。深化“一人一企、一包到底”重点企业常态化服务机制，开展“下沉式”助企服务，累计走访企业 460 家，协调解决企业问题 258 个，出台一揽子精准扶持政策 16 项，累计发放惠企补助金额 902.4 万元。

【城市品质提升】 2022 年，以全国文明典范城市创建为契机，实施“强基工程”，攻坚推进高桥路以南、富兴路以西区块城市有机更新，高照实验学校老校区完成校舍整体拆除。持续开展环境提升工作，创建省、市级高标准垃圾分类示范单位 6 个，全面承接市政绿化管养，提升城市绿化养护等级。投入 1300 万元，推进无物业管理小区清零攻坚行动，开展高桥花园“车库开门”整治，全面提升小区环境和内部秩序。深化“五水共治”，投入 1200 万元新建碧水河道、改建污水管、新增检查井。加强餐饮业油烟监管力度，开展垃圾整治排查行动。

【教文卫体】 2022 年，建成中小学“冬暖夏凉”工程。华英幼儿园和高新小学完成回购，实现民转公。深化“满天星”志愿服务品牌，开展各类志愿

9月6日，秀洪社区举办区首届邻里节活动（高照街道提供）

活动320场次。承办全市全民终身学习活动周、秀洲区首届邻里节，加快打造“15分钟品质文化生活圈”。组织第十五届“艳阳高照”文化艺术节系列活动，全面开展公益培训、文艺巡演、全民健身等活动，探索建立线上公共文化服务供给，推出“知行高照”直播间。位于陶泾村的百姓健身房成功列入省级民生实事工程。

【民生保障】 2022年，改造提升街道级居家养老服务中心日托室2家，新增普惠托育服务点2个，普惠性幼儿园、公办中小学校覆盖率100%。关注特殊人群，街道所有村社实行无障碍环境改造，街道“残疾人之家”通过嘉兴市“四星级”评定，街道退役军人服务站获评市级“新时代枫桥式”退役军人服务站。深入开展“除险保安”大排查大整治，

11月28日，消防救援新义分站揭牌（高照街道提供）

安全生产、消防安全和食品安全专项整治行动，累计开展各类专项检查1626次，排查整改安全隐患3985处，完成自建房小区房屋质量鉴定1245户，配备各类消防设施1420处，增设集中充电棚87处、集中充电桩1528套。增设专职消防救援分站2个，增配专职消防救援力量25人。

2022年高照街道各村基本情况

表52

名　　称	面　　积（平方千米）	总户籍（户）	总人口（人）	村民小组（个）	村委会地址	村经济总收入（万元）
象贤村	4.91	698	2804	21	象贤路88号	254.49
陶泾村	3.55	405	1600	15	洪高路1556号	271.85
新义村	3.38	525	1792	19	新义新村西区	217
荫家桥村	3.50	444	1484	16	新塍大道2007号	190
高家桥村	3.80	535	1518	20	富兴路与高桥路西北	353.20

资料来源：由高照街道提供

2022年高照街道各社区基本情况

表53

名　　称	总面积（平方千米）	总户籍（户）	总人口（人）	居委会地址	辖区主要居民小区
运河社区	1.00	1910	4867	秀园路207号	金都九月洋房、信达香格里

续表 53

名　称	总面积（平方千米）	总户籍（户）	总人口（人）	居委会地址	辖区主要居民小区
秀清社区	0.75	2375	6480	秀清路 156 号	嘉兴花园、天城河岸人家、龙盛·华城右岸、龙盛·右岸美墅、嘉禾绿洲、金都佳苑
秀洪社区	0.92	1503	3909	秀园路 692 号	领秀智谷、裕隆府、象贤花苑、艺秀园、置信公寓、大成春天里、米萌公寓、嘉欣丝绸宿舍、秀洲人才公寓
洪高社区	0.83				
高桥社区	1.20	801	2013	高桥路 146 号	高桥花园
运秀社区	0.54	1935	4924	德尔路 23 号	龙盛右岸名邸、德秀苑、绿城悦庄
泾港社区	0.074	46	90	新塍大道 2007 号	泾港花苑

资料来源：由高照街道提供

【洪高社区成立】 12 月 22 日，成立高照街道洪高社区居民委员会。区域范围：东至乍嘉苏高速公路、加创路，南至洪高路，西至丝绸路，北至反修港，区域面积 0.83 平方千米。商品房住宅 591 套，单身公寓 2319 套，陶家筧集体户 81 户。户籍人口 689 人，常住人口 951 人，新居民 4576 人。与秀洪社区合署办公，社区办公地址暂定在秀洪社区内（秀园路 692 号）。原秀洪社区作相应调整，调整后的区域范围：东至秀清港，南至中山西路、洪高路，西至乍嘉苏高速公路，北至北科建产业园区，区域面积 0.92 平方千米。商品房住宅 1990 套，拆迁安置小区 300 套，单身公寓 1278 套。户籍人口 3101 人，常住人口 1997 人，新居民 5081 人。社区办公地址不变。

【秀洲区首个省级未来社区】 11 月，运河社区通过省级专家组的现场测评验收，获评秀洲区首个省级未来社区。社区积极打造“三化九场景”，突出人本化、生态化、数字化，根据居民实际需求，因地制宜落实未来邻里场景、未来教育场景、未来创业场景等九大场景，投入 2800 万元重点建设日间照料中心、5G 未来云诊室、托育园、智慧食堂等普惠性场所，受益居民 1.5 万人，辐射周边社区居民 3.5 万人。不断完善社区公共服务配套供给，卫生服务站、幸福学堂、社区食堂等广受好评，举办各类活动 128 次。

【洪高路人力资源特色街】 2022 年开始，秀洲区在东至常台高速、西至加创路、约 700 米长的洪高路上，集聚浙江华富人力资源有限公司、新狮人力资源有限公司、嘉兴金慧人力资源有限公司、嘉兴市嘉创人力资源有限公司等 18 家人力资源门店，发展人力资源产业。

【中关村夜间经济圈】 以中关村广场为核心，联动智富城楼宇板块和高新区空置厂房，依托比亚迪、哪吒等新能源汽车品牌集聚效应，积极争取蔚车车城、比亚迪高端品牌等项目入驻，打造集展销、文创、直播为一体的新能源汽车文化创新综合体。全力发展夜间经济，聚焦网红打卡热点效应，引进各网红餐饮品牌，响应“地摊经济”，搭建夜市一条街。

【北科建新业态经济圈】 立足北科建创新园，推动物企通、简文等批发业总部企业做大做强，加速成品油批发、纸张批发等总部项目落地，结合短视频、直播、电商等，打造“新业态经济圈”。

【党群服务中心提升改造】 2022 年，高照街道投入 200 万元，改造提升高家桥村、荫家桥村、陶泾村、秀清社区党群服务中心居民会客厅项目，建设多元化社区服务平台。改造项目包括敞开式办公区、心理咨询室、舞蹈房、健身房、童乐区等功能区，全方位为辖区企业和居民服务，打造区域商务、人才特色的现代社区服务综合体。

【全国最美工会户外劳动者服务站点】 高照街道将象贤村红哨驿站作为一个服务职工的有效载体，每天安排志愿者驻点服务，不断完善服务设施和功能，依托其开展夏送清凉、冬送温暖、稳岗留工等多种活动，为满足户外职工休憩、纳凉、医疗、阅读等需求提供一站式服务。11 月 30 日，高照街道象贤村红哨驿站被中华全国总工会办公厅评为全国最美工会户外劳动者服务站点。

【新义村“蓝领公寓”】 高照街道在充分排摸企业员工房屋租赁需求、辖区闲置房源信息的基础上，以新义村为试点，搭建“村企结对 · 帮促共富”党建联建体系，建立宿管服务机制，成立房屋租赁公司，签订“共治条约”，打造统一回租、整体提升、整幢出租的“蓝领公寓”共治共富模式。统一改建后每户每年可增收 2 万元，村集体经营性收入每年可新增 70 万元，破解新居民管理难、出租房消防隐患多等基层治理难题。该模式获省政协副主席陈铁雄等多名领导批示肯定，并在全区推广。

【全市首个省级医保基层服务示范点】 运河社区聚合医疗、医药、医保“三医”力量服务社区建设，构建“幸福医保”服务体系，打造家门口的“医保服务大厅”，实现“医保经办全覆盖、医药服务送到家、基金安全成共识”的目标。开展各类医保服务活动 21 次，参与人数 1300 余人次。4 月 6 日，运河社区获评省级医保基层服务示范点，并申报国家级示范点。

【运河社区获评省级无障碍社区】 高照街道运河社区结合创建工作，将小区道路标准化盲道设置和无障碍环境提升作为特色，通过设置无障碍服务台、低位服务台、增加盲道等措施，并配备老年人康复辅助升降智能沙发、扶手可抬轮椅、铝制四角手杖助行器等一系列设施设备，保障辖区内精神智力和其他重度残疾人的生活照料。11 月 30 日，运河社区被省政府残工委办公室评定为省级无障碍社区。

【秀洪社区获评省五星级社区服务综合体】 2021 年起，秀洪社区突出社区特色“洪”品牌，实现社区软硬件设施全方位更新，积极对接辖区内各类企业党组织，打造“大院+小院”亮点模式。同时，聚焦“自治+共治”，高标准建设设施完备、功能齐全的共享法庭，依托“三官三师”（指警官、法官、检察官，律师、调解师、心理咨询师）、红色业委会、小区党组织紧密联系群众；建立社区居委会、小区业委会、物业公司常态化协商议事制度，定期召开议事协商会，实现矛盾纠纷在社区化解。12 月 7 日，秀洪社区被省民政厅评为五星级社区服务综合体，系秀洲区唯一获评单位。

（林佳琦）

嘉北街道

【概况】 嘉北街道东临京杭大运河与塘汇街道相望，南与南湖区新嘉街道、城南街道相邻，西接新城街道，北以北郊河与王江泾镇分界。委托嘉兴经济技术开发区（嘉兴国际商务区）管理，为经济开发区中心区域。市本级的东升西路、中环西路、中山西路、洪波路、昌盛路、中环路高架快速路等近 10 条交通主次干道纵横贯通辖区，在东升西路和中环西路交叉南端设有高架快速路出入口。街道辖区总面积 15.06 平方千米，其中，陆地面积 13.16 平方千米，水域面积 1.90 平方千米。2022 年，街道实现地区生产总值 89.92 亿元，其中，第二产业 29.92 亿元（工业 21.56 亿元），第三产业 59.99 亿元；全年财政总收入 8.5 亿元，其中街道级预算收入 1.78 亿元；全社会固定资产投资 15.04 亿元。街道总户籍 16373 户、总人口 39503 人，新居民 29958 人。下辖 8 个社区。街道办事处位于东升西路 1 号。5 月 12 日，嘉北街道首个楼宇党建联盟——“红绸党建联盟”在中丝国贸楼宇党群服务驿站成立。

【疫情防控】 2022 年，街道因时因势调整防控措施，全面贯彻落实“疫情防控七大机制”，按照“外防输入、内防反弹”的防控要求，构建“一办十二组”指挥决策工作体系。街道防疫专班与 8 个社区共同落实各项防疫措施，提出“五个一”（一员、一铃、一会、一策、一链）工作法解决友谊街区防疫难题。支持企业“稳产稳工稳岗”要求，落实一系列阶段性、组合式稳岗位、提技能、防失业的政策措施。全年投入防疫资金949.92万元。

【工业经济】 2022年，街道依托辖区优质企业在品牌和市场上的综合优势，实现华之毅时尚艺术中心、宜泰鞋业收购兼并等项目升级，其中时尚产业产值占街道规模以上工业总产值的36.07%。根据区北部区域低效用地腾退攻坚要求，坚持以“腾笼换鸟”促“凤凰涅槃”。运用政策引导、改造提升、留优扶强、退低进高、拆转并举、资源整合等方法举措，完成11家企业拆迁签约工作，签约拆迁面积364.15亩。腾退企业37家，腾退土地面积635.06亩。街道国有资产北城创意园引入华昌电装、千慧电子、柠檬时装等企业项目，恒光电力检测带电作业基地、电力设备项目、年产1500台卫星激光通信终端数字化产业等项目成功签约。全年街道新引进合同外资1000万美元，实到外资500万美元；市外内资14.04亿元，其中亿元以上项目7个，完成目标任务的104%。街道规模以上工业企业17家，实现生产总值29.73亿元，同比增长11.03%。

【三产服务业】 2022年，街道有限上批发业28家，限下批发业1家，限上零售业7家，限下零售业4家，规模以上其他营利性服务业19家。新引进零增地项目（注册资金2000万元以上）4个：嘉兴广祥贸易有限公司，注册资金2000万元；嘉兴商氏贸易有限公司，注册资金3000万元；嘉兴市勇鑫商务有限公司，注册资金2000万元；浙江隆禧房地产营销策划有限公司，注册资金3113万元。新引进1亿元以上备案内资或1500万美元以上外资产业项目2个；2022年5G、有线接入、数据传输网、综合信息服务及局房基础设施总投资2亿元；2022年5G、宽带、传送网及局房配套项目总投资2.19亿元。全年申报星级楼宇9幢，申报无疫楼宇10幢。三产服务业总投资7.2亿元。限上批零、住宿、餐饮服务业销售额202.74亿元。辖区楼宇纳税2.47亿元，占街道总收入的29.11%，每平方税收产出458.33元。

【城市品质提升】 2022年，街道以文明创建“六大会战”为抓手，市容环境整体形象全面提升。洪仁路店招店牌改造及立面整治工程接近尾声，昌盛路等主次道路与翠堤公园绿化改造提升有序进行，中环路高架快速路贯通。施划非机动车位11958平方米，机动车位56个。深化洪波公园片区精细化示范片区、中山西路样板路、杭州塘北样板绿道建设。引入外包服务，重点打造友谊街精细化管理样板路段，以“微改造”项目设置休憩石凳、沿街花箱、景观小品进行点缀，使街区形象“有颜”更“友礼”。持续推进垃圾分类工作，辖区76个小区智能化投放率100%，21条商业街均实现垃圾分类上门收集，其中友谊街等4个街区实现智慧化收运。

【教文卫体】 2022年，街道推进“双减”工作，学校和培训机构有序复学，嘉北实验幼儿园通过省二级幼儿园评审；首批5家培训机构转设（即由原本的学科类兼艺术类培训转为专门的艺术类培训）成功。8月31日，召开街道文学艺术界联合会成立会议暨第一次代表大会。推进省公共文化民生实事“浙文惠享”项目和“文化惠民”工程。开展“百场艺术展览下基层”和“千场戏曲演出进乡村”活动。“群文视觉艺术站”应邀在市文化馆开展专场展览，成为全市首个在市文化馆办展的街道。建成街道第二家智慧书房——振兴社区智慧书房。打造友谊社区运动家体养融合服务站。承办经开区首届公益文旅集市，举办第十三届“嘉北之声”群众文化艺术节。街道文化站辅导作品《和你一起唱红歌》，获评第二十届嘉兴市“社区之声”文艺调演戏剧小品大赛二等奖；常秀社区芳华艺术

嘉北街道振兴社区智慧书房（嘉北街道提供）

团获评嘉兴市优秀业余文艺团队三等奖。10月，嘉北街道残疾人协会成立，并举行第一次代表大会。嘉北街道有残疾人601人。11月，嘉北街道计划生育协会第八次会员代表大会召开，街道计划生育协会更名为人口家庭协会。引导个体从业、灵活就业和新业态从业人员等群体参保缴费，其中“大病无忧”参保人数51993人，参保率60.31%；团体参保企业96家，参保人数9349人，有64家工业企业参保5609人，占总参保人数5.58%，占团体参保企业人数60%，实现工业企业参保率100%。推进社区卫生服务中心的“向日葵亲子乐园”建设。开展门球、乒乓球、兜球等体育运动，重视老年体育事业。

【民生保障】 2022年，街道在救助更精准、帮扶更精细上做好文章，发放低保等救助金156万元，残疾人相关补贴103.9万元。春节、助残日、重阳节等节日走访慰问困难群众417人次，发放慰问金35.77万元。养老参保率94%以上、医保参保率99%、困难群体“两率”参保率100%。公共服务持续优化提升，开展市级民生实事工程“胎儿超声检查减免项目”；引进第三方组织进行监管，创建五星级街道食安办；对3个公共场所及3户残疾人家庭进行无障碍改造；婴幼儿照护服务的“向日葵亲子小屋”，在友谊、振兴两个社区落成使用。持续优化便民服务，通过停机切换“浙江省医疗保障信息平台”和“企业职工基本养老保险全国统筹系统”，省医保平台上线运行，构筑医保报销“一张网”，打通异地结算“最后一公里”，减少百姓“跑腿垫资”。实现企业职工基本养老退休手续业务全程通办。全年累计民生事业支出1.6亿元，占财政支出的81.7%。

【生态环境】 2022年，街道持续推进蓝天保卫、治水提升和治土清废三大攻坚战。阳海景怡北区污水零直排综合整治改造工程竣工。全年检查各类餐饮企业130家，实现餐饮油烟举报投诉案件零发生。金都社区被列入全省第一批低(零)碳试点社区，为嘉兴经济技术开发区唯一入选的社区。嘉北街道办事处、嘉北街道社区卫生服务中心2家单位获评2021年度省级节水型单位，同德园获评2021年度省级节水型居民小区。

2月，阳海景怡北区污水零直排综合整治改造工程竣工(嘉北街道提供)

【社会治理】 2022年，街道坚守安全生产红线，开展危险化学品、公共聚集场所、建筑施工现场等重点区域安全生产大检查6次，排查出事故隐患6937处，下达安全生产限期整改通知书45份，开展各类安全知识培训和应急演练共36场次。提升基层治理水平，建立“网格—社区—部门”立体防控体系，126个问题隐患全部完成闭环处置。构筑“两站一中心”调解体系，成功调处矛盾纠纷410件，同比上升40.74%。全年报事12277条，微嘉园接收居民报事740件，办结率均为100%。受理劳动投诉案件133起，金额75余万元，处置率100%。劳动仲裁案件受理124起，金额362万余元，结案117起，另7起在开庭排期中。开展企业劳动监察，完成企业“用工体检”200家次；推广“浙里签”电子劳动合同，签订无欠薪承诺书139家，实现嘉北“无欠薪”。筛查梳理辖区内1200余家不裁员、少裁员且失业保险缴纳满12个月及以上的企业，主动为其发放补贴金额(失业保险、稳岗返还)1100万余元。加大就业补贴实施力度，对吸纳重点群体的企业发放就业补贴，共发放交通补贴1474人次，核定金额95万余元；受理留岗补贴1713人次，核定金额140万余元。

2022年嘉北街道各社区基本情况

表54

名　　称	总面积（平方千米）	总户籍（户）	总人口（人）	居委会地址	辖区主要居民小区
金都社区	0.69	1323	3132	中山西路428号金都景苑金都会馆	金都景苑、富安龙园、世纪嘉园、都市先锋、尚元名郡、龙凤公寓、水映璟庭、立达汇园、洪仁苑
常秀社区	1.10	2293	5437	常安街208号洪兴花园	洪兴花园、常秀小区、紫园、米兰风景、皇马公寓、悦声名苑
友谊社区	0.77	2280	5421	洪越路建明公寓内（建明广场）	友谊公寓、银泰花园、名人国际、建明公寓、天城花园、虹泰公寓、方舟园、中丝苑、凯旋公寓
嘉州美都社区	0.72	2603	6854	百墅路211号	嘉州美都、百墅花园、盛大花园、金域兰庭
阳光社区	1.61	2678	6563	禾兴路946号阳光小区	紫溪花园、禾城世纪花园、阳光小区、万城赞园、云锦雅轩
阳海社区	2.31	1935	4636	云海路69号	中楠穆溪左岸、阳海景怡、瑞禾景苑
昌盛社区	2.83	2477	5810	昌盛中路1422号	昌盛花园、新中花园、同德园、艺墅春天、丽池庄园、丁香花园、家逸园、嘉德别墅
振兴社区	2.54	784	1650	城北路与沐阳路交叉口南侧	信远朗庭、紫金凰庭、翠堤园、润嘉园、悦城家苑、环萃园

资料来源：由嘉北街道提供

【嘉北街道第二届市民议事会】 4月24日，嘉北街道召开第二届市民议事会第一次会议。听取和审议相关工作报告，通过嘉北街道二届市民议事会暂行办法、成员名单及2022年街道民生实事项目。

【翠堤公园景观绿化提升改造】 7月1日，新塍塘两岸绿化景观翠堤公园提升改造工程开工。总面积20885平方米，总投资853.37万元。主要施工内容包括绿化、排水设施、安装公厕驿站等，工期为150天。保留原有高大乔木并进行修剪，新增香樟、丹桂、榉树、无患子、乌桕、银杏等数十种乔木和灌木花卉。改造后，公园入口景墙、桥下空间景墙、景观栏杆及景观双亭设有洗墙灯及射灯，环形跑道、篮球场、健身游乐区域周边设有9米高LED路灯，沿路绿道设有3.5米高LED庭院灯，景观亮化成为公园的一大特色。公园南侧新增公厕和驿站，建筑面积164.96平方米，公厕采用的是智慧型公厕系统，装置洁具、厕具、空调、灯具；驿站内配备书架、吧台等，立面为玻璃幕墙、铝板幕墙、耐候钢板、铝板雨篷、瓷板幕墙。

【"金百灵"侨之家】 2月，嘉北街道金都社区"金百灵"侨之家获评浙江省"四星级侨胞之家"。金都社区为街道辖区内侨界人士比较集中的社区，有华侨16人，侨眷27人，海外留学生64人。为更好地服务于侨界人士，在2017年9月成立金都社区"金百灵"侨之家。2019年获评全市"十佳基层侨联组织"。

【嘉北粮仓公园改造工程】 11月，嘉北粮仓公园改造工程启动。嘉北粮仓公园北邻百墅花园小区，南临新塍塘，总面积24962平方米，总投资约700万元，工期5个多月。公园改造设计充分融合粮食元素，在绿道边设置粮囤造型的花岗岩立方体雕塑，寓意粮食满仓；在公园铜板景观墙上铸造一丛丛麦穗形象浮雕，寓意田野丰收在望；在休憩区地面铺设水稻文化地刻浮雕石以及粮仓库房红色瓦片，再现曾经的粮仓印记。建设项目包括彩色沥青绿道、阳光草坪、雨水花园、铜板景观墙、植物组团等。

【阳海景怡北区污水零直排综合整治工程竣工】2月，阳海景怡北区污水零直排综合整治改造工程竣工。阳海景怡总面积约10.5公顷，共有建筑34幢91个单元1092户。该小区为拆迁安置小区，建成已有15年，厨房废水私接雨水立管、地下管网串管、路面破损及积水等现象日趋严重。工程自2021年9月启动，总投资1835万元。施工涉及道路改造约1.8万平方米、景观绿化改造3.1万平方米，另有排水工程改造、雨污水分流改造、阳台立管改造、增设停车位、增设电瓶车充电公用设施及休闲设施等。改造后，有效解决小区建筑物和配套设施破损老化、市政设施不完善、环境脏乱差、管理机制不健全等问题。

（赵忠良）

塘汇街道

【概况】 塘汇街道位于嘉兴市中心城区东北片，秀洲区东部，东、南与南湖区七星街道相接，西与南湖区解放街道、秀洲区嘉北街道毗邻，北与秀洲区油车港镇接壤，委托嘉兴经济技术开发区管理。街道辖区面积12.61平方千米，其中，陆地面积11.24平方千米、水域面积1.36平方千米。辖区交通便利呈网格状，横向有昌盛路、岗山路、和风路、中环北路、塘汇路、周安路、城东路，纵向有东方路、正原路、茶园路、鸣羊路等。2022年，街道地区生产总值101.21亿元，其中，第二产业增加值80.05亿元，第三产业增加值21.16亿元；全年财政总收入8.05亿元，其中街道级收入1.17亿元；全社会固定资产投资14.82亿元。街道总户籍7330户、总人口17926人，新居民26341人。下辖6个社区。街道办事处位于塘汇路976号。

【疫情防控】 2022年，疫情形势延宕反复，街道第一时间组建疫情防控工作指挥部，由街道党工委书记、办事处主任任双组长，研究制定塘汇街道新冠疫情联防联控长效机制等文件。全年累计发动机关、社区、民兵、志愿者等13000余人次，全力支援“3·28城南保卫战”。是年，街道投入防疫经费449.65万元。

【工业经济】 2022年，完成工业总产值297.4亿元（街道级完成工业总产值39.3亿元），同比增长1.9%，其中规模以上工业企业产值291.1亿元（街道级规模以上工业33.7亿元），同比增长1.8%；工业销售收入306.4亿元（街道级工业销售收入40.4亿元），同比增长2.1%，其中规模以上销售收入300.2亿元（街道级规模以上34.7亿元），同比增长2.1%。完成企业梯度培育“小升规”1家。

【三产服务业】 2022年，完成三产投资7.54亿元。街道规模以上服务业企业共39家，其中，限额以上批发零售业34家、限额以上住宿餐饮业1家、其他规模以上服务业4家，全年实现限上批零住餐销售额128.62亿元，同比下降15.2%，完成规模以上服务业营业收入2.65亿元，同比增长2.4%。新增非用地项目当年实缴资金20%以上的项目5个。列入区三幢考核楼宇实现税收8851万元，其中兴汇大厦486.3万元，兴汇广场5630.1万元，嘉信医药11幢2734.6万元；不含房地产税收7622.5万元，与上年基本持平。

【科技创新】 2022年，经街道培育指导实现新认定国家高新技术企业3家、省科技型企业18家、市级研发中心2家、省级企业研究院1家；新增科技创新签约项目4家，帮助企业“揭榜挂帅”技术需求4家，完成科技创新券使用26万元。街道企业浙江佑威新材料股份有限公司年产12000万平方米真空袋膜，6000万平方米脱模布建设项目获评全球行业龙头企业投资项目。鼓励企业加大研发投入，街道规模以上工业企业41家，有研发活动的32家，占比78%，全年研发费用投入13713万元，同比增长170%。是年，获得区级科技创新补助481.25万元。

【招商引资】 2022年，引进注册资本1000万元以上项目49个，注册资本合计11.4亿元，引进总投资亿元以上产业项目5个。完成合同外资480万美元，实到外资1000万美元，市外内资17.5亿元，产业类内资实到5.05亿元，分别完成年度任务的40%、125%、130%、112%。重点推进智能传感器项目、兴汇智造产业园项目、日新金属新能源汽车核心部件项目、佑威新材高新复合材料真空辅材项目、焜腾红外增资及注册资本到位；日新金属新能源汽车核心部件项目投资协议签订、土地供地手续办理；推进冰雪运动中心项目、奔驰4S店、奥克梅增资项目等重点项目的洽谈。推进协力汽车、星原印刷、莱恩纸品等企业租赁松阳产业园。

【城市品质提升】 2022年，坚持高定位、高标准进行项目规划和建设工作。持续重点推进桥东街项目建设，完成茶源里商办楼主体工程建设，章氏茶园及周边公园综合提升改造工程。禾家苑未来社区成功申报第五批省级未来社区，改造提升新禾幼儿园、兴汇广场停车位、派出所东侧公园工程。常态化开展“1+X”城管联盟整治行动，统筹抓好市容秩序、保洁绿化、街区风貌管理等工作。完成50个小区电梯“阻断”装置安装，4个高层住宅小区二次供水改造，创建2个“无废小区”、4个“绿色社区”、3家节水型小区及单位。“塘汇路·长纤塘”高品质示范街区，成为经开区首个获评省2022年度“高品质示范街区”。全面推动省级垃圾分类示范街道建设，建成街道首条生鲜垃圾收运专线、街道首个分类科普教育基地。

【生态环境】 2022年，持续深化“五水共治”，改造枫华园、街道社区卫生服务中心的雨污水管网。持续打好“蓝天保卫战”，全力推进“无废”街道建设，首创街道生态应急监管平台，实现生态环境问题“码”上分析、闭环管理。是年，街道获评2021年度全省“五水共治”工作考核优秀乡镇（街道）、2021年度嘉兴市优秀环保镇（街道）、2022年度嘉兴市“水美乡镇”，隆兴港成功创建市级美丽河湖，“九水连心——长纤塘”被市生态创建办授予第一批嘉兴市“五水共治”实践窗口称号。

【教文卫体】 2022年，全面提升基础教育质量，建成经开区首家托幼一体公办幼儿园——塘汇实验幼儿园，完成街道级向日葵亲子乐园、长纤塘社区向日葵亲子小屋的建造。全力推进文化高地建设，提升改造茶园、永政两个社区综合文化服务中心，建成6个社区“15分钟品质文化生活圈”，覆盖70余处公共文化服务场地设施。深入挖掘文化内涵，成立街道文学艺术界联合会，成功举办第九届章氏古茶园茶文化节。常态化开展各类爱国卫生宣教活动、心理培训、讲座，开展王家浜、北胜浜春季查螺行动、2022年度义务献血活动，民生实事项目重点人群结直肠癌筛查及老年人流感疫苗接种均超额完成全年指标。体育基础设施持续升级，全民健身活动蓬勃开展，长纤塘百姓健身房串联茶园大桥桥下运动空间，运动数据全市领先，获评嘉兴市“体育共富”十佳街道。

【民生保障】 2022年，全覆盖做好困难群体帮扶，深入实施社会救助“大综合”兜底，全年累计发放各类救助金63.66万元；稳就业方面，全年累计发放各类惠企、就业补贴1453万元，就业帮扶4550人次。全力构筑民生社保网底线，养老参保率96.2%、医保参保率99.1%、困难群体“两率”参保率100%。扎实推进残疾人帮扶救助工作，实施重要场所无障碍改造，打造省级二星级“工疗型残疾人之家”。成立街道残疾人协会。深化居家养老服务，统筹推进家庭养老床位建设工作。依托“幸福味”饭堂，开展为老助餐服务507人次。依托街道社工站，发挥五大类社会组织作用，定期开展走访服务活动。同时，加强中西部对口帮扶，助推新疆、青海、四川等地脱贫攻坚。是年，累计投入帮扶资金约71万元。

【社会治理】 2022年，全面落实街道“除险保安”常态化工作机制，推动做好区域各类不稳定信息的排查处置。埼光橡塑（嘉兴）有限公司员工集体停工事件处理得当，获市委常委、副市长、嘉兴经开区党工委书记齐力批示肯定；荣盛系列事件有较大的实质性进展。持续推进四个平台系统迭代升级，做好省市平安暗访，全年累计调处化解矛盾纠纷155起，成功调处矛盾纠纷149起，调处成功率96%，成功调处众恒汽车部件有限公司安某龙非正常死亡补助纠纷等4起重大矛盾纠纷案。街道全年电信诈骗案件发现数110起，同比下降8.33%，涉案金额746万元，同比上升6.08%，万人均发案数23.15起；同步做好信访办理、共享法庭、社区矫正、禁毒管理等日常事务性工作。

2022 年塘汇街道各社区基本情况

表 55

名　称	总面积（平方千米）	总户籍（户）	总人口（人）	居委会地址	辖区主要居民小区
茶香坊社区	2.00	1304	3209	章园路 559 号	茶香坊东区，育龙湾，御华名都，康瑞花苑
新禾家苑社区	3.45	1805	4604	和风路 1159 号（小区内）	新禾家苑，新禾家苑经适房，浅水湾
锦绣社区	3.32	1207	3064	塘汇路 88 号	东方新家园南区、中区、北区，枫华园
永政社区	2.08	922	2128	平安路 10 号	平安家园、星辰湾、和风丽园、柳岸禾风
茶园社区	1.10	1057	2523	周安路与鸣羊路交叉口往南 150 米西侧	华玉佳苑、茶香坊西区、百合花园、祥瑞花苑
长纤塘社区	0.90	1035	2398	融汇雅苑 10 幢	永汇府邸、融汇雅苑、尚东名邸、春江华庭

资料来源：由塘汇街道提供

【第九届章氏古茶园茶文化节开幕】 4 月 24 日，“茶香满塘 共富同行”2022 年第九届章氏古茶园茶文化节开幕。因疫情原因，活动采用禾点点网络直播的方式，由主播带领广大市民观古树、觅茶香，感受塘汇茶文化基因的传承，活动还首发章园茗茶吉祥物“茶宝”。

4 月 24 日，2022 年第九届章氏古茶园茶文化节开幕（塘汇街道提供）

【融汇工业社区启用】 6 月 15 日，举行融汇工业社区启用仪式。融汇工业社区位于正原路 167 号，总面积 1177 平方米，总投资 300 余万元，以“融真情服务 汇精彩发展”为宗旨，以“融汇 167”为服务理念，服务事项 112 项。一层为服务大厅、企业展示区、三剑客四叶草综合服务区和基层治理联动工作站；二层为睦邻党建会客厅、运动家及安全生产体验区；三层为多功能室和“群团之家”。

4 月 14 日，塘汇实验幼儿园开园（塘汇街道提供）

【塘汇实验幼儿园开园】 4 月 14 日，塘汇实验幼儿园揭牌开园，为嘉兴经济开发区首家托幼一体公办幼儿园。该园坐落在长纤塘社区长纤塘路，占地面积 6000 多平方米，建筑面积 3500 多平方米，总投资 723 万元。该园填补嘉兴经开区 2～3 岁托育公办教育的空白，进一步优化教育资源布局，满足城东片区学前教育的需求。

【新禾家苑社区入选省级第五批未来社区创建名单】 5 月 24 日，塘汇街道新禾家苑社区成功入选省级第五批未来社区创建名单。新禾家苑社区为旧改类未来社区，由 14 个项目组成，计划总投资约 1 亿元，其中新增实施项目投资约 3160 万元。

新禾家苑未来社区将打造以“长纤思语·禾风引韵”为主题，以长纤塘、未来社区、北郊河三核联动的生态文化聚环为载体，形成体现长纤塘格调的“文化高地”，成为宜居魅力的“北岸明珠”、拥抱未来发展的“智慧之城”、以生态为基底的“低碳家园”。

【茶香坊社区卫生服务站新址启用】 8月4日，塘汇街道茶香坊社区卫生服务站新址启用。服务站位于鸣羊路百合花园小区沿街店面，占地约160平方米，隶属于塘汇街道社区卫生服务中心，是一家非营利性基层医疗卫生服务机构，服务范围包括茶园社区、茶香坊社区、长纤塘社区，为居民提供“以健康为中心、家庭为单位、社区为半径、需求为导向”的综合健康服务。

【人大“联企”议事厅揭牌】 6月10日，位于塘汇街道正原路167号融汇工业社区二楼的人大“联企”议事厅启用。主要以方便代表、议事员和周边企业职工面对面交流沟通，进一步打通人大代表联系人民群众的“最后一公里”。

【“共享法庭”入驻基层单元】 11月2日，位于塘汇街道办事处的“共享法庭”(塘汇街道人大代表联络站)揭牌。“共享法庭”入驻基层单元，是人大践行全过程人民民主基层单元与“共享法庭”深度融合的探索，拓宽和丰富人大代表履职监督形式，聚合各种力量化解矛盾纠纷，进一步完善共建共治共享的基层治理模式。

【塘汇街道文学艺术界联合会成立】 8月25日，塘汇街道文学艺术界联合会成立，并召开第一次会员代表大会。选举产生街道文联第一届委员会委员12人，宋菊根为文联主席。文学艺术界联合会的成立，将进一步团结联络全街道文艺爱好者，为区域经济社会发展注入源源不断的文化自信、文化发展、文化繁荣精神动力。

【塘汇街道残疾人协会成立】 10月14日，塘汇街道残疾人协会成立，并举行第一次代表大会。会议选举产生街道残疾人协会主席、副主席、秘书长。街道残疾人协会的成立，有助于进一步保障辖区内残疾人的合法权益，着力为残疾人提供精准化、多样化、常态化的服务，让广大残疾人奔赴共同富裕之路、共享美好生活。

【供销社综合大楼竞拍成功】 6月10日，塘汇街道下属国资公司浙江兴汇实业有限公司通过公开拍卖方式，拍得位于嘉兴市塘汇路1236号的供销社综合大楼，竞拍金额2238万元。供销社综合大楼包含商业用房504.21平方米，办公用房3517.44平方米。

【章氏茶园及周边公园综合提升改造】 2022年，改造提升章氏茶园及周边公园综合项目，主要包括茶园东侧绿地、茶园港周边绿地以及章氏古茶园地块。总面积约4.84万平方米，分三标段实施，总投资约1800万元。一标段为茶园东侧绿地提升改造，投资175万元，建设内容为运动场地建设、园路铺装、绿化补种等。工程于2021年7月建成并投入使用，打造集篮球场、羽毛球场、智慧绿道于一体的多功能运动场。二标段为茶园港周边绿地公园提升改造，投资775万元，内容包括驿站建设、绿道施工、广场铺装、绿化种植等。工程于2022年4月开工，2022年11月完工。三标段为章氏古茶园提升改造，投资850万元。建设内容为茶园综合提升、新建景观桥梁、绿化梳理提升以及文化氛围打造等。工程于2022年8月开工，预计2023年4月完工。

【和风路公园综合改造提升】 2022年，投入近800万元，对照未来社区验收标准，对和风路公园进行综合改造提升，改造面积超7000平方米。主要新建未来社区驿站，新增全民健身场地、配套公共停车场地，提升绿化景观品位，以及融入“禾风纤语”文化等，打造周边居民群众休闲、健身、娱乐的多元空间。工程于6月开工，11月完工。

（朱丹婷）

2022年新任区级领导简介

【史高翔】 男，1973年9月出生，汉族，籍贯湖北仙桃，在职大学。1991年12月参加工作。1993年11月加入中国共产党。1991年12月至1995年8月，任二十集团军某师炮兵团战士，1995年8月至1998年7月，在工程兵工程学院伪装技术专业学习。1998年7月至2000年4月，任一集团军工兵团筑伪营排长。2000年4月至2002年3月，任一集团军工兵团作训股副连职参谋。2002年3月至2005年5月，任一集团军工兵团筑伪营筑城一连连长、党支部副书记。2005年5月至2006年4月，任一集团军工兵团破障营副政治教导员、党委委员。2006年4月至2008年6月，任嘉兴市秀洲区人武部军事科副营职参谋。2008年6月至2009年3月，任嘉兴市秀洲区人武部军事科正营职参谋。2009年3月至2012年6月，任桐乡市人武部党委委员、政工科科长。2012年6月至2017年6月，任嘉兴市国防动员委员会综合办专职副主任，2014年7月兼市人防办(市民防局)党组成员、8月兼副主任(副局长)。2017年6月至2018年12月，任嘉兴军分区党委委员、动员处处长，市人防办(市民防局)党组成员、副主任(副局长)(兼)。2018年12月至2021年3月，任嘉兴军分区党委委员、动员处处长，市人防办党组成员、副主任，市民防局副局长(兼)。2021年3月至2022年7月，任嘉兴军分区党委委员、动员处上校处长，市人防办党组成员、副主任，市民防局副局长(兼)。2022年7月至2022年9月，任嘉兴市秀洲区人武部上校部长，市人防办党组成员、副主任，市民防局副局长(兼)。2022年9月起，任嘉兴市秀洲区委常委、人武部上校部长。

【包国伟】 男，1974年7月出生，汉族，籍贯河南郑州，中央党校大学本科学历。1995年8月参加工作。1995年6月加入中国共产党。1993年9月至1995年7月，在浙江省人民警察学校治安管理专业学习。1995年8月至1998年9月，任嘉兴市公安局郊区分局风桥派出所民警。1998年9月至2000年2月，任嘉兴市公安局郊区(秀洲区)分局余新派出所副所长。2000年2月至2000年9月，任嘉兴市公安局秀洲区分局王江泾派出所刑侦队队长。2000年9月至2004年3月，任嘉兴市公安局秀洲区分局王店派出所副所长。2004年3月至2007年8月，任嘉兴市公安局秀洲区分局治安大队大队长。2007年8月至2009年5月，任嘉兴市秀洲区王江泾镇党委委员、派出所所长，2007年8月至2009年12月，在中央党校函授学院法律专业本科学习。2009年5月至2011年3月，任嘉兴市公安局秀洲区分局副局长、党委委员，王江泾镇党委委员、派出所所长。2011年3月至2012年5月，任嘉兴市公安局秀洲区分局副局长、党委委员，区新居民事务局副局长。2012年5月至2013年1月，任嘉兴市秀洲区委政法委副书记，区综治办主任。2013年1月至2014年4月，任嘉兴市秀洲区委政法委副书记、区维稳办主任。2014年4月至2014年12月，任嘉兴市秀洲区政府办公室副主任、

党组成员，区信访局局长。2014年12月至2016年12月，任嘉兴市秀洲区政府办公室党组成员，区信访局局长。2016年12月至2018年3月，任嘉兴市秀洲区委政法委副书记。2018年3月至2018年7月，任嘉兴市秀洲区王江泾镇党委副书记，镇长人选。2018年7月至2019年7月，任嘉兴市秀洲区王江泾镇党委副书记、镇长。2019年7月至2021年3月，任嘉兴市秀洲区新塍镇党委书记。2021年3月至2021年5月，任嘉兴市秀洲区新塍镇党委书记、一级主任科员。2021年5月至2022年2月，任嘉兴市秀洲区生态创建办常务副主任、一级主任科员。2022年2月起，任嘉兴市秀洲区人大常委会党组成员、副主任，区总工会主席。

【李宇聪】 男，1985年6月出生，汉族，籍贯浙江嘉兴，公共管理硕士。2008年7月参加工作。2005年5月加入中国共产党。2003年9月至2007年7月，在昆明理工大学建筑工程学院建筑环境与设备工程专业学习。2007年7月至2008年7月，任浙江华建安装有限公司工程部技术员。2008年7月至2010年11月，任嘉兴市南湖区教育文化体育局办公室科员，2008年12月至2010年10月，任嘉兴市南湖区教文体局团工委委员。2010年11月至2012年4月，任共青团嘉兴市委青少年部科员，2011年2月至2015年3月，在上海交通大学公共管理专业学习。2012年4月至2012年11月，任共青团嘉兴市委青少年部副部长（主持工作）。2012年11月至2014年2月，任共青团嘉兴市委常委、青少年部副部长（主持工作）。2014年2月至2015年1月，任共青团嘉兴市委常委、办公室副主任（主持工作）。2015年1月至2018年1月，任共青团嘉兴市委常委、办公室主任，2016年5月至2016年8月，在嘉兴市“85后”年轻干部能力提升班学习，2016年10月至2017年3月，任桐乡市乌镇镇党委委员（挂职）。2018年1月至2020年11月，任共青团嘉兴市委党组成员、2018年4月任副书记，2020年6月兼市委“两新”工委委员。2020年11月至2022年4月，任共青团嘉兴市委副书记，市委“两新”工委委员（兼），2022年4月任第九届嘉兴市政协常委。2022年4月起，任嘉兴市秀洲区政府党组成员、副区长人选，第九届嘉兴市政协常委，2022年7月任秀洲区副区长。

【陈跃强】 男，1971年11月出生，汉族，籍贯浙江嘉兴，在职大学。1990年8月参加工作。1993年8月加入中国共产党。1987年7月至1990年8月，在嘉兴市中等专业学校文秘档案专业学习。1990年8月至1992年4月，在嘉兴市郊区王江泾中学工作。1992年4月至2002年12月，在嘉兴市郊区（秀洲区）文教局（教育局）高校招生办公室工作。2002年12月至2004年2月，在嘉兴市秀洲区教育文化体育局工作。2004年2月至2008年2月，在嘉兴市秀洲区委组织部工作。2008年2月至2009年3月，任嘉兴市秀洲区委人才办副主任。2009年3月至2010年7月，任嘉兴市秀洲区委组织部干部科副科长、人才科科长。2010年7月至2011年2月，任嘉兴市秀洲区委组织部部务会议成员、干部科科长、人才科科长。2011年2月至2011年9月，任嘉兴市秀洲区委组织部部务会议成员、干部科科长。2011年9月2013年8月，任嘉兴市秀洲区洪合镇党委副书记、纪委书记。2013年8月至2015年10月，任嘉兴市秀洲区委宣传部副部长、区文明办主任。2015年10月至2016年12月，任嘉兴市秀洲区委宣传部副部长、区文明办主任、区创建办主任。2016年12月至2020年5月，任嘉兴市秀洲区委组织部常务副部长。2020年5月至2021年7月，任嘉兴市秀洲区政府党组成员，区政府办公室主任、党组书记，区外事办主任。2021年7月至2022年2月，任嘉兴市秀洲区政府党组成员，区政府办公室主任、党组书记，区外事办主任、一级主任科员。2022年2月至2022年3月，任嘉兴市秀洲区政协党组成员、副主席，区政府党组成员，区政府办公室党组书记、主任，区外事办主任。2022年3月起，任嘉兴市秀洲区政协党组成员、副主席。

【冯小宁】 女，1970年4月出生，汉族，籍贯陕西扶风，中央党校大学本科学历。1993年7月参加工作。中国民主促进会成员。1990年9月至

1993年7月，在陕西商业专科学校统计与市场信息专业学习。1993年7月至1996年3月，任陕西省第七建筑工程公司二分公司生产科统计员。1996年3月至2002年12月，任嘉兴市民丰集团公司丰莱、整饰分厂、电容器纸分厂统计员。2002年12月至2009年12月，任嘉兴市秀洲区发展计划和统计局(发展改革与统计局、发展和改革局)综合统计科副科长、科长。2009年12月至2014年4月，任嘉兴市秀洲区统计局副局长。2014年4月至2021年7月，任嘉兴市秀洲区统计局局长。2021年7月至2022年2月，任嘉兴市秀洲区统计局局长、一级主任科员。2022年2月至2022年3月，任嘉兴市秀洲区政协副主席，区统计局局长。2022年3月起，任嘉兴市秀洲区政协副主席。

(程良梦)

以上分目资料由区委组织部审核通过

嘉兴市秀洲区主要组织机构及负责人

中共嘉兴市秀洲区委员会

书　　记：徐鸣阳(2021.11—)
副 书 记：刘德威(2019.9—)
　　　　　郭　真(女，2021.11—)
常　　委：王志军(2021.8—)
　　　　　李陈源(2019.8—2022.10)
　　　　　杜俊华(2019.11—2022.9)
　　　　　谢春健(2020.4—)
　　　　　余仁义(2021.7—2022.4)
　　　　　董佳丽(女，2021.11—)
　　　　　赵月祥(2021.11—)
　　　　　王一峰(2021.12—)
　　　　　张　彬(2022.4—)
　　　　　史高翔(2022.9—)

嘉兴市秀洲区人大常委会

主　　任：董苗虎(2016.3—2022.2)
　　　　　王永法(2022.2—)
副 主 任：陈虎培(2017.2—)
　　　　　肖根华(2012.2—2022.2)
　　　　　王建良(2020.4—)
　　　　　陈云忠(2021.2—)
　　　　　徐玉良(2021.8—)
　　　　　沈顺华(女，2022.2—)
　　　　　包国伟(2022.2—)

嘉兴市秀洲区人民政府

区　　　长：刘德威(2019.9—)
常务副区长：李陈源(2022.2—2022.10)
副 区 长：沈凤兴(2012.2—2022.2)
　　　　　张惠明(2017.2—2022.2)
　　　　　沈顺华(女，2017.2—2022.2)
　　　　　李　刚(2019.5—2022.12)
　　　　　曹江涛(2020.8—2022.1)
　　　　　张　彬(2021.7—2022.4)
　　　　　张镁利(女，2021.12—)
　　　　　张富强(2021.12—)
　　　　　姚林飞(2021.12—)
　　　　　李宇聪(2022.4—)

政协嘉兴市秀洲区委员会

主　　席：滕根林(2017.2—2022.2)
　　　　　马雪腾(2022.2—)
副 主 席：张　旦(2012.2—2022.2)
　　　　　金颖英(女，2005.1—2022.2)
　　　　　陆志芬(女，2020.4—)
　　　　　孙　薇(女，2007.2—)
　　　　　杨摄智(2020.4—)
　　　　　陈跃强(2022.3—)
　　　　　冯小宁(女，2022.3—)
秘 书 长：李湘泉(2020.4—2021.12)
　　　　　(上年资料修正)
　　　　　陈明根(2022.2—)

秀洲区人武部

部　　长：杜俊华(2019.9—2022.7)
　　　　　史高翔(2022.7—)
政　　委：熊银波(2018.8—)

秀洲区法院

院　　长：赵　阳(2021.2—)

副　院　长：陈　兵（2018.12—）
李　明（2018.12—）
陈根荣（2013.5—2022.9）
纪检组长：杨征帆（2020.12—）

秀洲区检察院

检　察　长：薛保其（2017.3—2022.2）
钟益民（2022.2—）
检察长候选人：钟益民（2021.12—2022.3）
副检察长：裘剑凉（2012.6—）
莫　田（2020.10—）
张　苑（女，2021.12—）
（上年资料修正）
纪检组长：吴丹丹（女，2017.12—）

中共嘉兴市秀洲区纪律检查委员会

书　　　记：王志军（2021.8—）
副　书　记：严加伟（2020.6—）
蔡益宾（2019.12—）
常　　　委：范春鹃（女，2013.4—2021.12）
（上年资料修正）
余　杰（2016.12—）
杨政伟（2017.6—）
姚春英（女，2021.10—）
顾瑞明（2021.12—）

嘉兴市秀洲区监察委员会

主　　　任：王志军（2021.9—）
副　主　任：严加伟（2020.6—）
蔡益宾（2020.4—）
委　　　员：余　杰（2017.2—2022.4）
杨政伟（2018.3—）
沈高明（2020.7—）
顾瑞明（2021.3—）
杨旭辉（2022.7—）

区纪委、监委工作机构

派驻中共嘉兴市秀洲区委办公室纪检监察组

组　　　长：杜建中（2021.6—2022.7）
朱建明（2022.7—）

派驻嘉兴市秀洲区人民政府办公室纪检监察组

组　　　长：周仰娣（女，2021.6—）

派驻中共嘉兴市秀洲区委政法委员会纪检监察组

组　　　长：梁文凯（2021.6—）

派驻中共嘉兴市秀洲区委宣传部纪检监察组

组　　　长：金国健（2021.6—）

区委工作机构

区委办公室

主　　　任：梁波凯（2020.5—2022.3）
易　志（2022.10—）
副　主　任：董春福（2019.3—2021.1）
（上年资料修正）
沈茂丰（2020.7—2022.7）
易　志（2019.10—2022.10）
张志华（2019.7—）
金　璟（女，2019.12—2022.1）
顾建伟（2022.10—）
林　觉（2022.10—）
吴　超（2022.12—）

区政府台湾事务办公室

主　　　任：梁波凯（2020.5—2022.3）
易　志（2022.10—）

区委政研室

主　　　任：易　志（2021.5—2022.10）
吴　超（2022.12—）

区委组织部

部　　　长：谢春健（2020.4—）
常务副部长：陈谷平（2020.7—）
副部长、区委两新工委书记：
邓宇凡（女，2022.5—）
副部长、区委直属机关工委专职副书记：
薛　萍（女，2019.3—2022.1）
应　颖（女，2022.1—）
副部长、区委老干部局局长：
关　芳（女，2019.12—2022.3）
金继良（2022.3—）
副部长、公务员局局长：晏　勇（2019.10—）
副　部　长：邓宇凡（女，2021.5—2022.5）
全　彬（2022.7—）

区委宣传部

部　　　长：董佳丽（女，2021.12—）
常务副部长：汤琴芳（女，2017.12—）

副部长、区社科联主席：
朱建明(2021.8—2022.7)
王文平(2022.7—)
副部长、区传媒中心主任：
郑伟佳(女,2021.12—)

区委统战部
部　　　长：赵月祥(2021.12—)
常务副部长：王春华(2021.12—)
副　部　长：山振华(2019.3—2022.3)
赵国君(2022.1—2022.10)
钱明荣(2022.3—)

区工商联
党组书记：王春华(2021.10—)
主　　席：沈卫锋(2015.12—)

区民宗局
局　　　长：山振华(2019.10—2022.3)
钱明荣(2022.3—)

区委政法委
书　　　记：郭　真(女,2021.12—)
副　书　记：季　翔(2021.5—2022.7)
沈茂丰(2022.7—)

区委编办
主　　　任：晏　勇(2019.10—)

区委巡察办
主　　　任：范春鹃(女,2018.2—2022.3)
余　杰(2022.3—)

区信访局
局　　　长：王建惠(2019.3—2022.3)
张永明(2022.3—)

区委党校
校　　　长：谢春健(兼,2021.12—)
常务副校长：杜建新(2016.12—)

区档案馆
党组书记、馆长：董春福(2021.1—)

区人大常委会工作机构

办公室(研究室)
主　　　任：叶鹏裕(2015.3—)

监察和司法工作委员会
主　　　任：张卫荣(2021.12—)

预算工作委员会
主　　　任：孙艳斌(女,2019.12—)

社会建设与民宗外侨工作委员会
主　　　任：张　蕾(女,2019.1—)

教育科技文化卫生工作委员会
主　　　任：姚福祥(2021.12—)

农业与农村工作委员会
主　　　任：吕　辉(2021.8—)

城乡建设与环境资源保护工作委员会
主　　　任：张金良(2021.12—2022.7)
季　翔(2022.7—)

代表与选举任免工作委员会
主　　　任：郭元春(2016.12—)

区政协工作机构

办公室
主　　　任：步琛雅(女,2019.11—)

研究室
副　主　任：孟春芳(女,2021.10—2022.3)
朱雪琪(女,2022.3—)

提案委员会
主　　　任：黄建琴(女,2014.4—2021.12)
(上年资料修正)
吴怡之(女,2021.12—)

经济与人口资源环境委员会
主　　　任：姜周伟(2020.4—)

科教卫体与文化文史学习委员会
主　　　任：陈雅琴(女,2020.4—)

社会法制与民宗港澳台侨委员会
主　　　任：陈群伟(2016.1—)

农业和农村委员会
主　　　任：顾永黎(2019.3—)

委员工作委员会
主　　　任：薛　萍(女,2022.1—)

区政府工作机构

区政府办公室
主　　　任：陈跃强(2020.5—2022.3)
陈之超(2022.3—)

区政府研究室
主　　　任：金继良(2012.4—2020.12)

区发展和改革局
党组书记、局长：金旗明(2021.3—2022.3)
俞春明(2022.3—)

嘉兴市人民政府驻上海联络处秀洲工作部
部　　　长:王　磊(2019.12—)
区金融发展服务中心
主　　　任:杨　利(女,2021.1—)
区经济信息商务局
党组书记、局长:朱晏秋(2020.9—)
区教育体育局
党委书记、局长:金国中(2020.4—)
区科学技术局
党 组 书 记:吴仙容(女,2022.7—)
局　　　长:赵　平(2019.12—2022.3)
曹立青(2022.3—)
市公安局秀洲区分局
党委书记、局长:姚林飞(2021.12—)
政　　　委:林　洁(女,2019.7—)
党委副书记:林　洁(女,2019.9—)
黄云志(2021.1—2022.9)
林　军(2022.9—)
常务副局长:黄云志(2021.1—2022.9)
林　军(2022.9—)
纪 检 组 长:朱逢春(2021.7—)
区民政局
党组书记、局长:高　峰(2019.10—)
区司法局
党委书记、局长:
章为群(女,2018.3—2022.12)
党 委 书 记:吴晓强(2022.12—)
局　　　长:章为群(女,2022.12—)
区财政局
党委书记、局长:成海明(2017.1—)
区人力资源和社会保障局
党组书记、局长:王其方(2019.1—)
区住房和城乡建设局
党委书记、局长:郭　华(2021.12—)
区交通运输局
党委书记、局长:陶春明(2021.3—)
区农业农村和水利局
党委书记、局长:卜忠伟(2020.9—)
区文化和旅游局
党 组 书 记:赵国君(2019.1—2022.1)
局　　　长:沈晓珍(女,2019.1—2022.3)
党组书记、局长:山振华(2022.3—)
区卫生健康局
党委书记、局长:计　俊(2020.4—)
区退役军人事务局
党组书记、局长:钱明荣(2019.1—2022.3)
王建惠(2022.3—)
区应急管理局
党委书记、局长:俞春明(2021.5—2022.3)
吴晓强(2022.3—2022.12)
周海祥(2022.12—)
区审计局
党组书记、局长:陈　嵘(女,2017.1—2022.3)
范春鹃(女,2022.3—)
区市场监督管理局
党委书记、局长:冯　雷(2016.12—2022.3)
叶　光(2022.3—)
区统计局
党 组 书 记:王　凯(2020.12—)
局　　　长:冯小宁(女,2014.4—2022.3)
赵　平(2022.3—)
区综合行政执法局
党组书记、局长:周海祥(2016.12—2022.12)
吕军超(2022.12—)
区税务局
党委书记、局长:钱永亮(2018.7—2022.2)
赵　云(2022.2—)
区政务服务和数据资源管理办公室
党组书记、主任:许发良(2020.9—)
区邮政管理局
党组书记、局长:周　燕(2022.5—)
局　　　长:姜必雄(2021.3—2021.9)
周　燕(2021.9—)
区机关事务管理中心
党组书记、主任:金继良(2020.12—2022.3)
关　芳(女,2022.3—)
区供销合作总社(农合联)
党组书记、主任:陆爱兴(2020.12—)

群众团体

区总工会
主　　　席:张　旦(2017.7—2022.3)
包国伟(2022.3—)
常务副主席:许雁军(女,2021.12—)

团区委
书　　　记:应　颖(女,2018.12—2022.1)
　　　　　娄正坤(2022.12—)
区妇联
主　　　席:崔亚琴(女,2021.12—)
区文联
主　　　席:干根华(2016.9—)
区残联
理　事　长:钱正良(2020.12—)
区科协
主　　　席:吴仙容(女,2022.7—)
区计生协会
会　　　长:沈凤兴(2019.7—)
常务副会长:计　俊(2020.5—)
区红十字会
会　　　长:沈凤兴(2019.7—)
常务副会长:封火亮(2020.5—)
区社科联
主　　　席:朱建明(2021.8—2022.7)
　　　　　王文平(2022.7—)

区政府派出机构

嘉兴国家高新区
党工委书记:王一峰(2021.12—)
党工委副书记:阮春锋(2021.5—)
　　　　　冯永福(2019.3—)
管委会主任:阮春锋(2021.5—)
秀洲经济开发区
党工委书记:董宇佳(女,2021.10—)
党工委副书记、管委会主任:
　　　　　竺　杰(2021.10—)
管委会常务副主任:
　　　　　曹立青(2019.10—2022.3)

市级部门派出机构

市自然资源和规划局秀洲分局
党组书记、局长:沈哲俊(2021.12—)
市医疗保障局秀洲分局
党组书记:毛宏飞(2019.3—)
局　　　长:毛宏飞(2019.1—)
市生态环境局秀洲分局
党组书记、局长:曹志斌(2021.4—)

镇　街道

王店镇
书　　　记:董宇佳(女,2021.10—)
镇　　　长:竺　杰(2021.12—)
人大主席:沈　强(2020.8—)
洪合镇
书　　　记:金剑毅(2021.5—)
镇　　　长:朱效梁(2021.7—)
人大主席:张建荣(2021.8—)
新塍镇
书　　　记:翁松刚(2021.5—)
镇　　　长:周　乾(2021.7—)
人大主席:曹海华(2021.12—)
王江泾镇
书　　　记:余仁义(2021.7—2022.4)
　　　　　张　彬(2022.4—)
镇　　　长:钟　夏(2021.7—)
人大主席:吴　波(2021.3—)
油车港镇
书　　　记:邬伟益(2021.9—)
镇　　　长:沈　甜(女,2021.12—)
人大主席:吕军超(2021.8—2022.12)
新城街道
书　　　记:万宏焘(2021.12—)
主　　　任:徐倩宇(女,2021.7—)
人大工委主任:杜智恩(2021.9—)
高照街道
书　　　记:陈之超(2021.10—2022.3)
　　　　　王一峰(2022.4—)
主　　　任:张晓恩(2021.10—2022.5)
　　　　　沈武艳(2022.5—)
人大工委主任:张立忠(2021.9—)
嘉北街道
书　　　记:汤瑞林(2016.6—2022.10)
　　　　　吴金荣(2022.10—)
副书记、主任:方　娟(女,2016.6—)
人大工委主任:张士强(2017.6—)
塘汇街道
书　　　记:俞奕凌(女,2020.1—2021.11)
　　　　　张　斌(2021.11—)
副书记、主任:吴金荣(2020.1—2022.10)
　　　　　朱沈娟(女,2022.10—)

人大工委主任：丁　力（2013.8—2021.12）
张　钰（女，2021.12—）

区属国有企业

嘉秀发展投资控股集团有限公司
党委书记、董事长：沈雪锋（2022.7—）
党委副书记、总经理：
沈雪锋（2019.9—2022.7）
魏国俊（2022.7—）

嘉兴市秀宏建设投资集团有限公司
党委书记、董事长：张志却（2020.7—2022.12）
党委副书记、总经理：孙雪强（2020.7—）

嘉兴市秀湖发展投资集团有限公司
党委书记、董事长：张宗元（2020.5—）
党委副书记、总经理：
顾佳炜（2019.10—2022.12）
周培来（2022.12—）

嘉兴高新集团有限公司
党委书记、董事长：张宗元（2020.12—）
党委副书记、总经理：
顾佳炜（2020.12—2022.12）
周培来（2022.12—）

嘉兴市秀拓建设投资有限公司
党委书记、董事长：郭　卫（2022.5—）
党委副书记、总经理：
郭　卫（2020.12—2022.5）
刘渝靓（2022.5—）

嘉兴运河湾城投集团有限公司
党委书记、董事长：顾佳炜（2022.12—）

（程良梦）

以上分目资料由区委组织部审核通过

市直单位

浙江民泰商业银行股份有限公司嘉兴分行
行　　长：潘敏苍（2019.1—）

浙江禾城农村商业银行股份有限公司
董 事 长：施贤军（2019.5—2022.9）
陆高林（2022.9—）
行　　长：杨宗伟（2018.9—）

浙江秀洲德商村镇银行股份有限公司
董 事 长：沈月明（2020.8—）
行　　长：徐栋梁（2018.1—）

浙江稠州商业银行股份有限公司嘉兴分行
行　　长：朱正毅（2021.4—）

北京银行股份有限公司嘉兴分行
行　　长：陈　斌（2022.9—）

中国工商银行股份有限公司嘉兴秀洲支行
行　　长：宋　媛（女，2021.1—）

中国农业银行股份有限公司嘉兴秀洲支行
党委书记、行长：陈振月（2021.8—）

中国银行股份有限公司嘉兴秀洲支行
行　　长：陆丽珍（女，2019.8—2022.6）
王　勇（2022.8—）
副 行 长：王　勇（2022.6—2022.8）
（主持工作）

中国建设银行股份有限公司嘉兴秀洲支行
行　　长：许　骏（2019.6—2022.5）
吴玉莲（女，2022.5—）

交通银行股份有限公司嘉兴秀洲支行
行　　长：周文英（女，2021.1—2022.2）
马勇山（2022.2—）

中信银行股份有限公司嘉兴秀洲支行
行　　长：吴建平（2021.9—）

上海浦东发展银行股份有限公司嘉兴秀洲支行
行　　长：徐　伟（2021.4—）

招商银行股份有限公司嘉兴秀洲支行
行　　长：常　明（2021.1—）

嘉兴银行股份有限公司秀洲支行
行　　长：蔡　怡（女，2021.12—）

邮政储蓄银行嘉兴市秀洲支行
行　　长：姚立群（2021.5—2022.7）
顾加凤（女，2022.8—）

宁波银行股份有限公司嘉兴秀洲小微企业专营支行
行　　长：段江波（2021.10—）

杭州银行股份有限公司嘉兴秀洲小微专营支行
副 行 长：朱冠峰（2022.1—）（主持工作）

中国人民财产保险股份有限公司嘉兴市秀洲支公司
总 经 理：陈　明（2021.3—）

国网嘉兴供电公司秀洲供电分公司
总 经 理：叶伟强（2017.5—）

中国电信股份有限公司嘉兴秀洲分局
副 局 长：江　健（2022.1—2022.12）
（主持工作）

中国联合网络通信有限公司嘉兴分公司

总　经　理：徐国荣（2015.10—）

中国移动嘉禾分公司

总　经　理：张国林（2019.8—）

2022年中国（浙江、嘉兴）好人榜

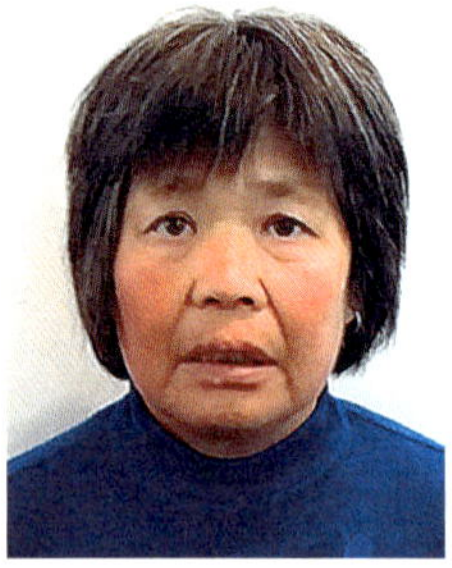

【方美珍】　女，1952年12月出生，群众，籍贯浙江嘉兴，秀洲区新城街道木桥港村村民。34年前，方美珍的丈夫出工时遭遇意外，造成半身瘫。她30多年来不离不弃照顾瘫痪的丈夫，担负起养活一位老人、两个孩子的家庭重任。患难见真情，在这12000多个日日夜夜里，她每天耐心帮丈夫洗脸、擦背、洗澡、喂食，还要吃力地抱着他上下轮椅，帮他上厕所，甚至还学会日常医疗护理。日复一日的生活重担没有压垮她，她推着丈夫的轮椅上街，摆摊谋生，为增加家庭收入维持日常开支，至2017年结束了28年的摆摊生活。就这样经历着苦与痛、艰与难，两人携手相伴，从黑发壮年到白发霜鬓。方美珍尽了妻子、儿媳、母亲的责任，用女性的坚韧与高尚的品行支撑起这个家，获得当地居民的一致好评。2021年8月，入选"嘉兴好人榜"；11月，入选"浙江好人榜"。2022年第一季度，入选"中国好人榜"。

【沈培荣】　男，1963年12月出生，中共党员，籍贯浙江嘉兴，秀洲区新塍镇西文桥村居民。他创办"新塍镇老班长工作室"，秉承"老兵懂老兵、老兵爱老兵、老兵帮老兵，全心全意为人民服务"理念，服务退役军人，为军属和退役军人提供法律援助、政策宣传、心理咨询、关爱活动20余场；走访慰问烈士军属、抗美援朝出国作战老兵、老复员军人、低保低收入生活困难的现役与退役军人。他还结对帮扶虹桥社区的老复员军人张宝生（92岁），帮助张老申请生活困难救助。他曾获评嘉兴市"最美抗疫老兵"，其团队"新塍镇老班长工作室"获嘉兴市"退役军人志愿服务品牌"。2022年2月，入选"嘉兴好人榜""浙江好人榜"。

【简文昌】　男，1985年出生，中共党员，籍贯江西樟树，秀洲区高照街道秀清社区居民，现任浙江博屹智能科技有限公司总经理。他是秀清社区的一名退役军人，还未复工的他在抗疫期间成了社区的"常客"，捐赠口罩、值夜、消毒都是他的额外工作，体现他为居民服务之心。他主动承担社区的夜班值勤，每次换班他都会提前1小时到，在社区的角角落落消毒；他主动召集志愿者参与社区抗疫，替社区工作者分担压力。凌晨3点，简文昌还在为志愿者排班录数据。他以实际行动践行初心担当，继承和发扬"若有战，召必回，战必胜！"的光荣传统。2022年5月，入选"浙江好人·'疫'线面孔"。

【包德全】　男，1965年4月出生，群众，籍贯浙江嘉兴，秀洲区油车港镇澄溪村居民，现任国网秀洲供电公司油车港供电所台区客户经理。在1月8日凌晨4点，睡梦中的他突然接到邻居的求救电话，他立刻冲去邻居张福林家，看到张福林脸色发黑不省人事，来不及多想，在只有两三度的冬日寒夜里，衣着单薄的包德全跪在冰冷的水泥地上，持续为张进行20多分钟的心肺复苏，一直等到急救医生赶到接力救援。其实他在2019年做过肺部手术，心脏已装支架，这次高强度的急救累得他满头大汗。医护人员事后告诉被救者家属：张是由房颤引起的心脏骤停，正是包德全的黄金四分钟救援，才让他"起死回生"。2022年第二季度，入选"嘉兴好人榜""浙江好人榜"。

【孟岳仙】　女，1957年出生，中共党员，籍贯浙江嘉兴，秀洲区洪合镇新王桥村居民。40多年前，她与洪合镇新王桥村的李金龙结婚，生下了一儿一女。20多年前，婆婆因腰椎病几乎常年卧床，吃喝

拉撒都需要她的精心照顾，生病康复期间更是要她做好护理工作，有时甚至手掏大便，为婆婆减轻便秘的痛苦。16年前，丈夫因抑郁症发作，无法正常工作，她陪着四处求医，平均一年要住两次院，也都是她无微不至在照顾着，还时常宽慰丈夫的心。坚强的她一人照顾两个病人，带大两个孩子，努力地撑起一个家。2022年第三季度，入选“嘉兴好人榜”“浙江好人榜”。

【朱鸣雷】 男，1986年10月出生，中共党员，籍贯浙江嘉兴，现任秀洲区公安分局交警大队王江泾中队中队长。从警11年，他守护道路交通安全，同时自创多看、多问、多做的“三多工作法”，为群众“保驾护航”。2022年除夕夜，他出于职业敏感发现肇事司机有一氧化碳中毒嫌疑，就紧急开展寻找聚餐同伴、送医救治等工作，半小时内救回7条人命。他的事迹得到《人民日报》、时代楷模发布厅、中央电视台等10多家媒体的集体报道，反响强烈。疫情期间，他持续奋战在抗疫一线，牢牢守住嘉兴“北大门”。他不断提升管理水平，尽力解决群众的困难和需求。2022年第二季度，入选“嘉兴好人榜”“浙江好人榜”。

【房海祥】 男，1956年9月出生，群众，籍贯浙江嘉兴，秀洲区新塍镇观音桥村居民。他妻子周秀娟21年前因手术意外，造成脑梗塞，全身瘫痪生活完全不能自理。自那时起，他白天利用上班午休时间帮妻子按摩、喂饭，晚上坚持为妻子擦洗身子，为她换上干净衣服。妻子每一次大小便后都帮她及时清洗，每隔半小时就为她翻一次身。长期的瘫痪会造成肌肉僵硬和萎缩，他就自学按摩，一有空就陪着妻子聊天，帮她按摩。寒来暑往，冬去春来，他毫无怨言。在房海祥的影响下，儿子也非常懂事，与父亲一起轮流照顾母亲。2022年1月，入选“嘉兴好人榜”。

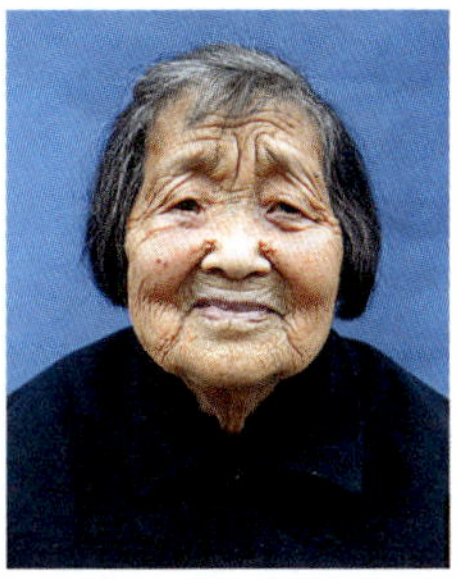

【谢金凤】 女，1945年4月出生，群众，秀洲区新塍镇富园村居民。53年前，女儿出生后因发烧送医不及时，导致智力三级残疾，生活完全不能自理。虽家庭贫困，她却依然把女儿当成宝贝，53年来，她为女儿洗澡、洗衣、做饭，像照顾婴儿般看护她。为给女儿看病，家里欠下不少外债，她却始终不放弃。她本人有多种疾病，因多年照顾体重有75千克左右的女儿，更让她的病情加重，但她仍咬牙坚持。为防止女儿发病时走失或在家伤害到自己，谢金凤不再下地干活，专门在家照顾她，几乎做到寸步不离。她已经78岁了，依旧每天照顾女儿的生活起居，并说会一直坚持做女儿的依靠。2022年第二季度，入选“嘉兴好人榜”。

【严玉珍】 女，1962年6月出生，中共党员，籍贯浙江嘉兴，秀洲区王江泾镇红联村居民，现任秀洲区王江泾镇人民调解委员会调解员。她进入王江泾镇司法所工作27年，累计调解案件3500多起，书面调解成功率98%。她是“兼容”情理法的调解能手，总结出“一听、二问、三析、四劝”调解法，每年调解10多起有可能“民转刑”和四五起非正常死亡的案件。她以出色的专业能力为百姓“发声”，每年挽回和制止损失数百万元。2014年4月，王江泾镇成立“严大姐调解工作室”后，她的工作更忙了。3年后，她到了退休年纪，因为调解员缺乏，再次“上岗”奔波在调解一线。2022年第三季度，入选“嘉兴好人榜”。

【王惠良】 女，1957年2月出生，群众，籍贯浙江嘉兴，秀洲区王店镇解放社区居民。自父亲2001年过世后，还在工厂打工的她就让母亲搬到自己家里，衣食住行全方位照顾好她。8年后，因母亲腿脚不便搬回老屋，她便每天早出晚归，不辞辛

劳地侍奉母亲。她母亲患有高血压、糖尿病、慢性支气管扩张等多种疾病，脑部也做过手术，近10年来更是常常神志不清，她就像照料婴儿般陪伴左右。她每天风雨无阻给母亲洗衣、做饭、喂药、带她出门。母亲听力渐失，她自创“手势交流法”陪她聊天。在她无微不至的照顾下，96岁高龄的老母亲身体尚可。2022年第四季度，入选“嘉兴好人榜”。

（马龙杰）

全国五一劳动奖章

【陈运杰】 男，1972年11月出生，中共党员，籍贯浙江嘉兴，中专学历。嘉兴市易嘉机械有限公司热处理车间主任。1990年入职嘉兴市易嘉机械有限公司，一直深耕在热处理的第一线，从每个产品的热处理工艺安排到热处理设备的维护保养，他都是亲力亲为，在平凡的岗位上兢兢业业、埋头苦干。他充分发挥党员的先锋模范作用，悉心做好“传、帮、带”，引导年青技术骨干加入中国共产党。他始终将加强自身专业方面学习放在首要位置，2012年7月，取得CQI－9特殊过程：热处理系统评审员资格证书。同时，他积极搭建对外技术沟通交流的桥梁，使公司不仅成为嘉兴市热处理协会理事单位的一员，也成为嘉兴学院的教学实习基地，为嘉兴市先进制造业的引入配套和企业生存发展起到积极作用。他以热处理技能大师工作室为平台，毫无保留地将热处理专业知识传授于人，带领团队完成多个有难度的热处理项目，如汽车真空泵转子粉末冶金感应淬火；博世电动工具上零件的热处理，成为博世电动工具指定热处理供应商；美国威德孚油田卡爪局部渗碳工艺、通用汽车变速箱齿毂的控制变形感应淬火工艺等，不仅为公司开拓热处理市场提供坚实的技术储备、创造可观的经济效益，也为公司培养一批热处理检测与操作人才。2013年，被授予“浙江省劳动模范”“嘉兴市首席技师”、嘉兴市“最美嘉兴人·杰出职工”、“第六届浙江省优秀职工”。2016年，被授予“嘉兴市十大能工巧匠”。2018年，被授予“秀洲区劳动模范”“嘉兴市劳动模范”，在浙江省“百千万”高技能领军人才培养工程中，被评为“优秀技能人才”。2020年，被评为“嘉兴工匠”。2021年，被评为“浙江工匠”。2022年，被授予“全国五一劳动奖章”。

浙江工匠

【徐芳正】 男，1974年1月出生，群众，籍贯江西玉山，本科学历。恩龙实业（嘉兴）有限公司技术开发中心总监。2005年1月，他到恩龙实业任职，从基层做起并组建研发部，由于在沙发模具制版方面经验丰富，2007年，他带领公司同仁成立秀洲区研发中心，主导建立公司IE工程组，将应用性工程技术在实际工作中付诸实施，协助企业进行系统优化，减少浪费，降低成本，提高人、机、物利用率，提升企业竞争力，使效率、效益达到最大化。他提出的企业改革发展和生产经营合理化建议被采纳并取得显著成效，组织PLM的建立并持续进行完善，引进PLM系统将研发所有资源进行系统管理，设置设计标准模块。他研发设计初始资料系统化并通过ERP转接与生产系统联结，让生产单位在生产过程中随时可以找到研发设计之初的资料，打破以往要拿着纸制资料核对图纸和尺寸的工作模式，让研发和生产开始迈向现代化，有效提高生产线的工作效率。在公司准备走向高新技术企业的起步阶段，他积极发掘专利，在2019—2021年间，每年带领团队提出十几项专利，并撰写申报材料且申报成功。他发扬团队精神，诚心传授技艺，所带徒弟成为企业的技能骨干，先后带出1名技师、15名高级技师，其中3名成为公司中层干部，2名成为工程师。引导技师杨超完成沙发模具模型库的建立，为生产流水线提供优质的模型并不断进行改良。2012年，他获评“模具钳工技师”。2014年，被授予“秀洲区优秀技师工作室”“嘉兴市机修制作工技能大师工作室”。2016

年，获评“秀洲区高技能人才”。2017 年，他领衔的研发中心被评为嘉兴市研发中心。2018 年，在浙江省“百千万”高技能领军人才培养工程中，被评为“优秀技能人才”。2019 年，被评为“嘉兴市首席技师”。2021 年，被评为“嘉兴巧匠”。2022 年，被评为“浙江工匠”。

【黄顺华】 男，1973 年 3 月出生，群众，籍贯湖南永州，本科学历。嘉兴信元精密模具科技有限公司技术研发中心主任。他 1994 年参加工作，2009 年入职嘉兴信元精密模具科技有限公司，一直从事 3C 产品设计、3C 产品和汽车零部件模具设计制造、CNC 编程等技术工作，并担任管理职务，累积了丰富的技术经验和管理经验，为公司的技术和经济效益提升做出较大的贡献，对于中国 3C 行业和汽车零部件模具行业的发展起到促进作用。他编写《模具设计手册》，研发多个项目，获得《一种放电加工潜伏式浇口的方法》《一种成型刀加工潜伏式浇口的方法》《注塑模具的模内压缩装置》等专利 32 项，经济效益 3000 多万元。完成电极集成加工技改，电极加工效率提高 150%。负责引进、消化 powermill 模块化 CNC 编程技术，提高 CNC 编程效率 50%以上。组织完成模具零件标准化，并开发基于 UG 软件的模具标准件库，提高设计效率 15%以上，降低模具零件成本约 20%。他多次在嘉兴市模具设计大赛和职业技能比武中担任主考官。授徒培养技能人才 10 余人，2019 年辅导嘉兴职业技术学院学生获两项全国比赛三等奖。2017 年，获第四批嘉兴市“南湖百杰”——工匠之光奖。2019 年，在浙江省“百千万”高技能领军人才培养工程中，被评为“优秀技能人才”。2020 年，被共青团浙江省委聘任为 2020 年浙江省青年职业技能竞赛模具工（冲压）赛项专家。2021 年，被评为“秀洲工匠”。2022 年，被评为“浙江工匠”。

【夏修好】 男，1981 年 1 月出生，中共党员，籍贯安徽省寿县，大专学历。浙江嘉华特种尼龙有限公司机电中心经理。2004 年 6 月，任浙江台华新材股份有限公司电气维修一职。2006 年 8 月，调入台华子公司台华高新染整（嘉兴）有限公司。2016 年 3 月，升任机电部副经理，主要负责新材料及染整机电部工作。2020 年 8 月，调入另一子公司浙江嘉华特种尼龙有限公司任机电中心经理，负责新材料、染整及特种尼龙机电安维、能源、项目规划设计、智能化改造等工作。他爱岗敬业，认真学习专业知识，努力挖掘自身潜力，在实践中积极发挥自己的特长，逐步提高自己的学习能力、分析处理问题的能力以及组织协调和管理能力，完成 6 项智能化项目的规划设计及安装调试。2020 年，完成嘉华尼龙国内首套 PMX 公司全自动干燥系统的安装调试并成功投产，及国内首次锦纶自动络筒、自动包装、自动立体库系统。对染整退浆机、包液机设备加药系统进行改造，每年节约人工成本 129.6 万元。通过对染整设备进水系统的改造，每年节约用水 36000 立方米、节约蒸汽 9000 吨、节约能源 903 吨标准煤，每年为公司减少 200 万元能源支出。对公司检验设备张力系统改造，节约设备投资成本 100 万元。对吹结空压设备的改造，每年节约用电量 600 万千瓦时，减少标准煤 737.4 吨，节约能源支出 360 万元。2019 年 7 月获得 7 项新型发明专利。带教学徒 2 人均获得助理工程师的技术职称。作为管理者，他努力提高团队的集体意识，倡导敬岗乐业、探索精神，有 2 人在 2020 年被评为“浙江青年工匠”。2019 年，在浙江省“百千万”高技能领军人才培养工程中，被评为“优秀技能人才”；同年，被授予“嘉兴市夏修好电工技能大师工作室”。2021 年，被评为“秀洲工匠”“2020 年度王店镇优秀引进人才”。2022 年，被评为“浙江工匠”。

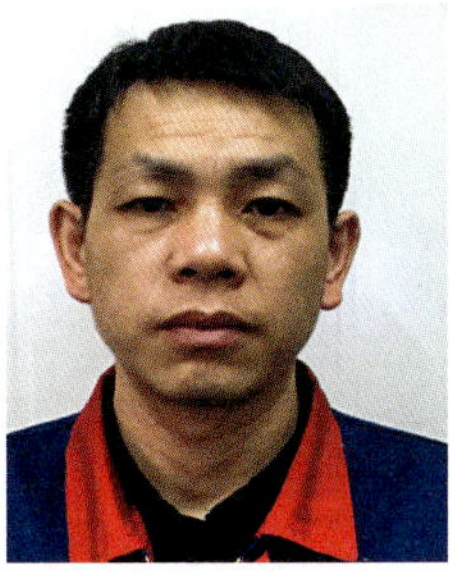

【仇文臣】 男，1978 年 5 月出生，中共党员，籍贯江西省玉山县，大专学历。福莱特玻璃集团股份有限公司玻璃分部副总经理。他 2004 年 4 月入职浙江福莱特玻璃镜业有限公司，历任钢化一车间、

二车间主任。2008 年 9 月调入浙江嘉福玻璃有限公司，历任钢化一车间、研发一车间主任。2019 年被任命为加工生产部经理。2020 年被任命为总经理助理兼加工生产部经理。2021 年 1 月调入福莱特玻璃集团股份有限公司担任玻璃分部副总经理。他爱岗敬业，具有良好的职业道德、过硬的技能水平，能发挥骨干带头作用。他主持 4 个技术研究项目，并获得国家认可颁发的专利证书：一是 2.0 毫米玻璃激光打孔技术，利用激光集聚穿透玻璃打孔代替使用金刚钻头的传统机械打孔机，打孔成品率提高 5%，节省金刚钻头的生产成本，生产更稳定；二是光伏玻璃镀膜给料系统改造技术，用隔膜泵将镀膜液打到供料搅拌桶中搅拌均匀，再统一打到每台镀膜机上，比传统一对一蠕动泵供料生产效率更高，镀膜质量更稳定；三是玻璃固化加工技术，实现二次镀膜产品的批量生产，提高产品的竞争性；四是玻璃印刷网加工技术，实现 2.0 双玻产品的量产，提高公司在 2.0 双玻市场上的占有率。他还主持 2 项技术改造，节约生产成本，提高生产效率。他还参与组建公司 20 条加工生产线的安装调试工作，并主持组建 3 个加工生产车间的团队建设和人才培训工作。2019 年，在浙江省“百千万”高技能领军人才培养工程中，被评为“优秀技能人才”。2021 年，被评为“秀洲工匠”。2022 年，被评为“浙江工匠”。

【沈　伟】 男，1987 年 11 月出生，中共党员，籍贯浙江嘉兴，本科学历。浙江微控智造有限公司数铣班班长。2009 年，就职于中国电子科技集团公司第 36 研究所精密制造中心。2021 年 1 月就职于浙江微控智造有限公司，操作数控铣床并任数铣班班长。自参加工作以来，从事数控加工行业 13 年，掌握多种数控设备操作，如（MAZAK. FANUC. Heidenhain）的操作系统应用等，也能熟练应用 Cimatron 编程软件编写加工程序。在 2019 年参加嘉兴市职业技能大比武活动“铣工项目”中，取得第三名，被授予“嘉兴市技术操作能手”称号；同年代表市参加省里的数控铣工比赛。工作中带领同事攻克难关，解决加工难题。在公司业务大量增加的情况下，他所在的班组完成多项急难险重任务，包括镁铝和可伐合金的首次加工，改进和优化多项加工方案，提高加工效率和质量。作为一名党员，他充分发挥模范带头作用，做好培养青年骨干工作。他主动帮助班组成员解决切削加工中遇到的加工技术问题。2019 年，被授予“嘉兴市技术操作能手”；同年，入选嘉兴市第二批“八大千亿”产业紧缺人才。2021 年，被评为“浙江青年工匠”。2022 年，被评为“浙江工匠”。

（沈佳丽）

获国家、省、市级先进表彰名录

2022 年获国家级先进表彰名录

表 56

序号	上报单位	获奖单位/个人	荣　誉	作出荣誉决定单位	文　号	发文时间
1	区委宣传部	方美珍	中国好人	中国文明网	证书	2022.3
2	区检察院	区检察院	全国检察宣传先进单位	最高人民检察院、检察日报社	检报发〔2022〕10 号	2022.9.30
3	区检察院、区委统战部	朱芳黎	全国检察宣传先进个人	检察日报社	证书	2022.11
4	区委统战部	张　晔	民革全国思想宣传工作先进个人	民革中央	革中〔2022〕142 号	2022.12
5	区委统战部	徐　珍	中国致公党宣传思想工作先进个人	致公党中央	证书	2022.11
6	区总工会	陈运杰	全国五一劳动奖章	中华全国总工会	总工发〔2022〕6 号	2022.4.28
7	区发改局	嘉兴生产服务型国家物流枢纽	2022 年国家物流枢纽	国家发改委	便函	2022.11.18
8	区农业农村和水利局	秀洲区	2022 年全国县域农业农村信息化发展先进县	农业农村部信息中心	农信息〔2022〕33 号	2022.12.13
9	区文旅局	区文旅局	“七五”普法先进单位	文化和旅游部	文旅政法发〔2022〕62 号	2022.6.8
10	市生态环境局秀洲分局	王　耀	2022 年全国行政执法先进个人	中华人民共和国司法部	司发〔2022〕3 号	2022.12.27
11	高新集团	嘉兴市文化艺术中心	鲁班奖	中国建筑业协会	建协〔2023〕1 号	2023.1.11
12	高新集团	嘉兴市文化艺术中心	中国钢结构金奖	中国建筑金属结构协会	中建金协〔2022〕44 号	2022.7.12
13	区教育体育局、王店镇	王店镇梅里幼儿园、庆安万科幼儿园、王江泾镇中心幼儿园	2021 年全国青少年校园足球特色幼儿园	教育部	浙教办函〔2022〕25 号	2022.2.17

续表 56

序号	上报单位	获奖单位/个人	荣　　誉	作出荣誉决定单位	文　　号	发文时间
14	区委宣传部	方美珍	中国好人	中国文明网	荣誉证书	2022.1.3
15	王店镇、新塍镇	王店镇、新塍镇	2021年智慧健康养老示范街道(乡镇)	工业和信息化部、民政部、国家卫生健康委员会	工信部联电子函〔2022〕24号	2022.2.15
16	区卫健局	秀洲区	2021年智慧健康养老示范基地	工业和信息化部、民政部、国家卫生健康委员会	工信部联电子函〔2022〕24号	2022.2.15
17	王店镇	浙江台华新材料股份有限公司	绿色工厂	工业和信息化部办公厅	通报	2021.12.10
18	王店镇	王店镇南梅村	2021年度全国综合减灾示范社区	国家减灾委员会、应急管理部	应急〔2022〕121号	2022.12.8
19	王店镇	浙江振申绝热科技股份有限公司	第四批专精特新"小巨人"企业	工业和信息化部	工信部企业函〔2022〕191号	2022.9.6
20	油车港镇	杨开颜	全国教育系统关心下一代工作先进工作者	国家教育部关心下一代工作委员会	证书	2021.12
21	高照街道、塘汇街道	高照街道象贤村红哨驿站、塘汇街道"益家亲"党群服务驿站	2022年"最美工会户外劳动者服务站点"	中华全国总工会办公厅	厅字〔2022〕44号	2022.11.30
22	嘉兴国家高新区	嘉兴国家高新区	2021年度火炬统计工作先进单位	科学技术部火炬高技术产业开发中心	国科火字〔2022〕203号	2022.12.2

2022年获省级先进表彰名录

表 57

序号	上报单位	获奖单位/个人	荣　　誉	作出荣誉决定单位	文　　号	发文时间
1	区纪委监委、嘉北街道	兰　敏　陈爱根	嘉奖	浙江省纪委、省监委	浙纪发〔2022〕11号	2022.9.19
2	区法院	区法院/沈茂丰	2020—2021年度浙江平安建设先进集体/先进个人	中共浙江省委、省人民政府	便签	2022.3.29
3	区法院	徐辰丽	全省突出贡献法官	浙江省高级人民法院	浙高法〔2022〕129号	2022.12.14
4	区法院	汝建国　吴海峰	天平奖章	浙江省高级人民法院	浙高法〔2023〕20号	2023.2.22
5	区法院	史向宇	全省法院2022年度记个人二等功	浙江省高级人民法院	浙高法〔2023〕21号	2023.2.24
6	区法院	区法院立案庭	全省法院诉源治理成绩突出集体	浙江省高级人民法院	浙高法〔2023〕24号	2023.3.7
7	区检察院	区检察院	全省检察机关信息工作进步明显单位	浙江省人民检察院	浙检发办字〔2022〕11号	2022.1.28

续表 57

序号	上报单位	获奖单位/个人	荣　　誉	作出荣誉决定单位	文　　号	发文时间
8	区检察院	张鉴君	2021 年度法律监督成绩突出个人	浙江省人民检察院	浙检发政字〔2022〕12 号	2022.3.4
9	区检察院	周　颖	优秀公诉人	浙江省人民检察院	浙检发办字〔2022〕163 号	2022.11.16
10	区政协办	秀洲区政协	浙江省政协《联谊报》宣传工作先进单位	浙江省政协办公厅	荣誉证书	2022.12
11	区委宣传部、新塍镇	沈培荣　简文昌　包德全　孟岳仙　朱鸣雷	浙江好人	中共浙江省委宣传部、省文明办	荣誉证书	2022.2.9
12	区委宣传部	王金珠（王江泾镇民和村）	第五届浙江省“最美文化礼堂人”	省委宣传部、省农村文化礼堂建设工作领导小组办公室	浙文礼办〔2022〕4 号	2022.5.17
13	区档案馆（区史志研究室）	吴海红	浙江省地方志先进工作者	浙江省政府地方志办公室	浙地办〔2022〕39 号	2022.11
14	区委统战部	张建平	2021 年度省稳外资和开发区建设成绩突出个人	浙江省政府办公厅	通报	2022.8
15	区委统战部	张　晔	民革浙江省委员会 2017—2021 年度先进个人	民革浙江省委员会	革浙发〔2022〕35 号	2022.5
16	区委统战部	廖敏英	民盟浙江省委会 2021 年度思想政治工作先进个人	民盟浙江省委员会	证书	2022.7
17	区委统战部	顾玉凤	浙江省“人民满意的公务员”	中共浙江省委、省人民政府	证书	2022.9
18	区委统战部	王　炜	省级社会服务先进个人	农工党浙江省委员会	证书	2023.2
19	区委统战部	致公党秀洲区支部/陈丽娟、沈芳	宣传思想工作先进集体/参政议政工作先进个人、海外联谊工作先进个人	致公党浙江省委会	致浙〔2022〕38 号	2022.12
20	区委统战部	孙秀娟	优秀社员	九三学社浙江省委员会	九三浙发〔2022〕4 号	2022.2
21	区委统战部	朱日清	2021 年度浙江省农业技术推广贡献奖	浙江省农业厅	浙农字函〔2022〕515 号	2022.8
22	区委统战部	陈晓婷	2022 年度全省民主法治村（社区）创建工作成绩突出个人	浙江省司法厅	便函	2022.12
23	区委政法委	秀洲区	二星平安金鼎	中共浙江省委、省人民政府	通报	2023.3.27
24	区委编办	区委编办	全省机构编制统计年报工作成绩突出集体	浙江省委编办	通报	2022.11.4
25	区信访局	秀洲区	2022 年度“无信访积案县（市、区）”	浙江省信访工作领导小组	浙信领〔2022〕2 号	2023.3.13

续表 57

序号	上报单位	获奖单位/个人	荣　　誉	作出荣誉决定单位	文　　号	发文时间
26	区信访局	区信访局	全省信访系统先进集体	浙江省信访局、省人力资源和社会保障厅	浙信〔2022〕30 号	2022.11.17
27	区总工会、区人力资源和社会保障局	徐芳正　黄顺华 夏修好　仇文臣 沈　伟	“浙江工匠”培养项目人员	浙江省人力资源和社会保障厅、省总工会	浙人社函〔2022〕79 号	2022.9.3
28	团区委	朱嘉欢	浙江省优秀共青团员	共青团浙江省委	团浙〔2022〕44 号	2022.7.19
29	团区委	方墨言	2021—2022 年浙江省少先队“红领巾奖章”四星章	中国少年先锋队浙江省工作委员会	便函	2022.7.18
30	团区委	蒋一鸣	浙江省希望工程 30 周年突出贡献奖	浙江省青少年发展基金会	奖牌	2022.1.3
31	团区委	孙晨语	浙江省“新时代好少年”	浙江省文明办、省教育厅、团省委、省妇联、省关工委	证书	2022.7
32	区发改局	秀洲区	浙江省新增分布式光伏建设试点县（市、区）	浙江省能源局	浙能源〔2022〕4 号	2022.3.21
33	区发改局	秀洲区	浙江省高质量发展建设共同富裕示范区第二批试点单位（综合探索类）	省高质量发展建设共同富裕示范区领导小组办公室	浙共富办〔2022〕6 号	2022.6.15
34	区发改局	秀洲区	第二批省物流创新发展试点验收优秀	浙江省发展改革委	浙发改服务〔2022〕289 号	2022.12.12
35	区发改局	秀洲区	省发改委“经济调节 e 本账”（光伏产业运行监测）首批试点单位	浙江省发展改革委	浙发改综合函〔2022〕660 号	2022.11.16
36	区发改局、新塍镇	新塍镇/洪合镇洪合村、油车港镇胜丰村、新城街道殷秀社区、高照街道运河社区、塘汇街道茶园社区	全省第二批低（零）碳乡镇（街道）/村（社区）	浙江省碳达峰碳中和工作领导小组办公室	浙双碳办〔2022〕11 号	2022.10.27
37	区教育体育局	区教育体育局/张爱林	浙江省规范民办义务教育发展专项工作成绩突出集体/个人	中共浙江省委教育工作领导小组	浙委教〔2022〕6 号	2022.12.26
38	区教育体育局	区教育体育局	2021 年度全民健身赛事活动优秀承办单位	浙江省体育局、省体育总会	奖牌	2022.2.23
39	区教育体育局	浙师大附属秀洲实验学校、闻川小学、新塍镇中心幼儿园、油车港镇实验幼儿园	2021 年浙江省现代化学校	浙江省教育厅、省人民政府教育督导委员会办公室	浙教厅函〔2022〕30 号	2022.2.1

续表 57

序号	上报单位	获奖单位/个人	荣 誉	作出荣誉决定单位	文 号	发文时间
40	区教育体育局	秀洲现代实验学校、伯鸿实验学校	2021年义务教育标准化学校	浙江省教育厅办公室	浙教办函〔2022〕58号	2022.3.3
41	区教育体育局	秀洲实验小学	首批浙江省清廉学校建设示范校	中共浙江省委教育工作委员会办公室	浙教工委办〔2022〕7号	2022.10.18
42	区教育体育局	王店镇建设中心小学	第三批浙江省近视防控特色学校	浙江省爱卫会办公室、省教育厅、省卫生健康委员会	浙爱卫办〔2022〕14号	2022.9.19
43	区教育体育局	高照实验学校、油车港镇中心小学、友谊小学	2022年浙江省健康促进学校(金牌)	浙江省爱卫会办公室、省教育厅、省卫生健康委员会	浙爱卫办〔2022〕14号	2022.9.19
44	区教育体育局	嘉兴高级中学语文教研组、嘉兴市卫生幼儿园大教研组	2022年浙江省先进教研组	浙江省教育厅教研室	浙教研室〔2022〕37号	2022.12.15
45	区教育体育局	顾卫华 许乐平	浙江省“春蚕奖”	浙江省人民教育基金会	浙教基金〔2022〕6号	2022.9.2
46	区教育体育局	邬伟益	浙江省“绿叶奖”	浙江省人民教育基金会	浙教基金〔2022〕6号	2022.9.2
47	区教育体育局	曹 萍 毛文龙	2018—2021年度浙江省群众体育工作成绩突出个人	浙江省体育局	便函	2022.10.20
48	区教育体育局	丁建飞	2022年浙江省基层理论宣讲成绩突出个人	浙江省委宣传部	便函	2022.12.31
49	区科协	浙江省农函大嘉兴市秀洲区分校/郭 敏	2020—2022年浙江省农函大工作先进分校/优秀工作者	浙江省农村致富技术函授大学、浙江农民大学农函大校区	浙农函大〔2023〕1号	2023.1.12
50	区科协	嘉兴安全教育互动体验馆、长三角(嘉兴)纳米应用技术研究院、嘉兴国防科普文化馆	浙江省科普教育基地	中共浙江省委宣传部、省科学技术协会、省教育厅、省科学技术厅	浙科协发〔2022〕12号	2022.4.14
51	区公安分局	朱鸣雷	全省优秀人民警察	中共浙江省委、省人民政府	通报	2022.12.28
52	区公安分局	曹王明	全省模范人民警察	中共浙江省委、省人民政府	通报	2022.12.28
53	区公安分局	韩 强	全省优秀警务辅助人员	中共浙江省委、省人民政府	通报	2022.12.28
54	区公安分局	出入境管理大队	全省公安优秀基层单位	中共浙江省委、省人民政府	通报	2022.12.28
55	区公安分局	曹王明	个人二等功	浙江省公安厅	浙公令〔2022〕7号	2022.8.22

续表 57

序号	上报单位	获奖单位/个人	荣　誉	作出荣誉决定单位	文　号	发文时间
56	区公安分局	方常屯	个人二等功	浙江省公安厅	浙公令〔2022〕13号	2022.12.12
57	区司法局	杜西西	2022年度浙江省最美司法行政人	浙江省司法厅	浙司〔2022〕112号	2022.11.18
58	区司法局	董卫东　柏铮艳	全省社区矫正工作成绩突出个人	浙江省司法厅	浙司便函〔2022〕104号	2022.11.25
59	区司法局	区社区矫正中心	省级“智慧矫正中心”	浙江省司法厅	浙司便函〔2022〕109号	2022.12.2
60	区司法局	叶愈青	2022年度浙江省司法行政系统数字化改革工作成绩突出个人	浙江省司法厅	浙司〔2022〕114号	2022.12.19
61	区司法局	陈晓婷	全省司法行政系统法治建设工作成绩突出个人	浙江省司法厅	浙司便函〔2022〕114号	2022.12.20
62	区司法局	区司法局王店司法所	全省司法行政系统法治建设工作(法律援助工作)成绩突出集体	浙江省司法厅	浙司便函〔2022〕114号	2022.12.20
63	区财政局、区住房和城乡建设局、区科技局	区财政局、区住房和城乡建设局、区科技局	全省“示范数字档案室”	浙江省档案局	浙档发〔2023〕2号	2023.1.12
64	区人力资源和社会保障局	白乾坤　陈　林 冯　叶　常芷铭 华金国　王　领 王　茕　孙婷婷 董文杰　奉静阳 申　悦　李艳清 毛　焘　杨文娟 朱婵婵　王冬华 王　珂　严　凯	2022年“浙江青年工匠”培养项目人员	浙江省人力资源和社会保障厅、共青团浙江省委	浙人社函〔2022〕109号	2022.12.8
65	区交通运输局	周福明	浙江省普速铁路沿线外部环境安全隐患治理工作成绩突出个人	浙江省交通运输厅	通报	2022.6
66	区农业农村和水利局	秀洲区	浙江省渔业健康养殖示范县	浙江省农业农村厅	浙农字函〔2022〕694号	2022.11.28
67	区农业农村和水利局	秀洲区	2022年度全省农村生活垃圾分类处理工作优胜县(市、区)	浙江省“千村示范、万村整治”工作协调小组办公室	浙村整建办〔2022〕15号	2022.12.18
68	区农业农村和水利局	王店镇建林村，洪合镇建北村，新塍镇洛东村、康和桥村，王江泾镇民和村，油车港镇千金寺村	2022年度省级高标准农村生活垃圾分类示范村	浙江省“千村示范、万村整治”工作协调小组办公室	浙村整建办〔2022〕15号	2022.12.18

续表 57

序号	上报单位	获奖单位/个人	荣　　誉	作出荣誉决定单位	文　　号	发文时间
69	区农业农村和水利局	秀洲区	浙江省第二批特色产业农业(水稻)“机器换人”高质量发展先行县	浙江省农业农村厅	浙农字函〔2022〕739号	2022.12.23
70	区农业农村和水利局	区农业农村和水利局/楼庆庆	浙江省新时代乡村集成改革工作成绩突出集体/个人	浙江省农业农村厅、中共浙江省委农村工作领导小组办公室	浙农字函〔2022〕115号	2022.3.8
71	区农业农村和水利局	高培国	全省渔业高质量发展工作成绩突出	浙江省农业农村厅、中共浙江省委农村工作领导小组办公室	浙农字函〔2022〕115号	2022.3.8
72	区农业农村和水利局	陈　炯	全省水土保持目标责任制工作成绩突出个人	浙江省水资源管理和水土保持工作委员会	浙水委〔2022〕1号	2022.11.1
73	区卫生健康局	秀洲区/徐朝辉　曹　旗	2019—2021年全省无偿献血先进集体/先进个人	浙江省人民政府	浙政发〔2022〕28号	2022.10.27
74	区卫生健康局	濮丽琴	工作成绩突出红十字会员	浙江省红十字会	浙红函〔2022〕36号	2022.9.21
75	区卫生健康局	区红十字会	2022年度浙江省红十字应急救护工作成绩突出集体	浙江省红十字会	浙红〔2022〕51号	2022.12.30
76	区卫生健康局	江　斌	浙江省红十字会第十四届“红十字公益之星”	浙江省红十字会	浙红〔2022〕35号	2022.9.8
77	区市场监管局	区市场监管局	2021年度浙江省市场监管安全保障工作成绩突出集体	浙江省市场监管局	浙市监餐〔2022〕2号	2022.1.10
78	区市场监管局	区市场监管局/刘立伟、沈玲玲	全省疫情防控冷链食品物防工作先进集体/先进个人	浙江省疫情防控冷链食品物防专班	浙物防专班〔2022〕24号	2022.3.8
79	区市场监管局	区市场监管局/庞代松	2021年度新闻宣传工作成绩突出单位/个人	浙江省市场监管局	浙市监函〔2022〕109号	2022.4.2
80	区市场监管局	区市场监管局	2022年药品安全治理与技术赋能成绩突出集体	浙江省市场监管局	便函	2022.12.24
81	区市场监管局	秀洲区	2021年度“小微企业三年成长计划”工作优秀县(市、区)	浙江省小微企业三年成长领导小组	浙微组发〔2022〕1号	2022.3.23
82	区市场监管局	区市场监管局/姜禹昕	2022年度浙江省优化营商环境工作成绩突出集体/个人	浙江省市场监管局	便函	2023.2.7
83	区市场监管局	区市场监管局/杨娟娟	2022年度浙江省市场监管安全保障工作成绩突出集体/个人	浙江省市场监管局	便函	2023.1.19
84	区市场监管局	朱亮鸿	浙江省市场监督管理卫士	浙江省市场监管局、省人力资源和社会保障厅	浙市监人〔2023〕3号	2023.1.30
85	区综合行政执法局	封加伟	2022年度浙江省城市市容环境卫生工作突出个人	浙江省住房和城乡建设厅、省总工会	浙建城管发〔2022〕98号	2022.10.10
86	区综合行政执法局	秀洲区	2022年度全省生活垃圾治理工作考核评估优秀县(市、区)	浙江省生活垃圾分类工作领导小组	浙分类〔2023〕4号	2023.3.3

续表 57

序号	上报单位	获奖单位/个人	荣　誉	作出荣誉决定单位	文　号	发文时间
87	区综合行政执法局	山云枫	全省综合行政执法工作先进个人	浙江省综合行政执法指导办公室	浙综法发〔2023〕3号	2023.2.14
88	区综合行政执法局	颜惠萍	浙江省生活垃圾分类工作成绩突出个人	浙江省生活垃圾分类工作领导小组办公室	便函	2022.12.20
89	区自然资源规划分局	市自然资源和规划局秀洲分局/李志刚	浙江省第三次全国国土调查成绩突出集体/个人	浙江省第三次全国国土调查领导小组办公室	浙土调查办〔2022〕5号	2022.3.28
90	区自然资源规划分局	张淳明	2022年度浙江省深化国土空间治理改革成绩突出个人	浙江省自然资源厅	浙自然资函〔2023〕36号	2022.4.6
91	区自然资源规划分局	都利民	2022年度浙江省不动产登记窗口便民利民服务成绩突出个人	浙江省自然资源厅	浙自然资函〔2023〕27号	2022.3.17
92	市生态环境局秀洲分局	市生态环境局秀洲分局/王　耀	2021年浙江省生态环境保护执法大练兵表现突出县级集体/个人	浙江省生态环境厅	浙环函〔2022〕116号	2022.5.24
93	市生态环境局秀洲分局	王　耀	2021年"浙江金蓝领"	浙江省总工会办公室	浙总工办发〔2022〕38号	2022.3.29
94	市生态环境局秀洲分局	方佳跃	浙江省长江保护修复攻坚战工作成绩突出个人	浙江省省美丽浙江建设领导小组办公室	浙美丽办〔2022〕28号	2022.12.5
95	区机关事务管理中心	区机关事务管理中心	全省机关事务工作先进集体	浙江省人力资源和社会保障厅、省机关事务管理局	浙人社发〔2022〕72号	2022.9.21
96	秀宏集团、高新集团	嘉兴市秀宏建设投资集团有限公司/胡建树	2020—2021年忠实践行"八八战略"奋力打造"重要窗口"立功竞赛先进集体/个人	浙江省人民政府	浙政发〔2022〕10号	2022.4.26
97	秀宏集团	冯　叶	浙江农业行业职业技能竞赛种子质量检验员赛项"优胜奖"	浙江省农业农村厅	证书	2022.11
98	高新集团	嘉兴市文化艺术中心	钱江杯	浙江省住房和城乡建设厅	浙建质安〔2022〕37号	2022.7.14
99	王店镇、塘汇街道	王店镇、塘汇街道	2021年度全省"五水共治"工作考核优秀乡镇	省美丽浙江建设领导小组"五水共治"办公室	浙治水办发〔2022〕1号	2022.2.12
100	王店镇	王店镇人民政府	2018—2021年度浙江省群众体育工作成绩突出集体	浙江省体育局	便函	2022.10.20
101	王店镇	王店镇	浙江省第十一届"浙江孝贤"慈孝之乡	浙江省慈善联合总会	奖牌	2022.11.28
102	洪合镇、王店镇	洪合镇/王店镇庆丰村	浙江省清廉村居建设示范乡镇(街道)/村(居)	浙江省委农村工作领导小组办公室、省农业农村厅	便函	2022.12.18
103	洪合镇	金剑毅	浙江省担当作为好干部	中共浙江省委组织部	浙组〔2022〕6号	2022.7.22

续表 57

序号	上报单位	获奖单位/个人	荣　　誉	作出荣誉决定单位	文　　号	发文时间
104	新塍镇、王江泾镇	新塍镇、王江泾镇	2022年美丽城镇建设省级样板镇	浙江省城乡环境整治工作领导小组	浙城乡环治〔2022〕1号	2022.12.21
105	新塍镇	秀洲区(新塍镇)	浙江省农业标准地改革试点	浙江省农业农村厅	浙农政发〔2022〕8号	2022.12.1
106	新塍镇	陈运杰	浙江省劳动模范	中共浙江省委、省人民政府	省劳模第6016号	2022.4.1
107	新塍镇	洛东村王培新家庭	2022年第3季度浙江“最美家庭”	中共浙江省委宣传部、省妇女联合会	证书	2022.11.1
108	新塍镇、嘉北街道	新塍镇、嘉北街道	浙江省五星级乡镇(街道)食安办	浙江省市场监督管理局	浙食药安〔2022〕20号	2022.12.13
109	王江泾镇	陈宏伟	2022年第三届浙江省“最美文旅人”提名奖	浙江省文化和旅游厅	便函	2023.1.18
110	油车港镇	油车港镇	浙江省县域风貌样板区	浙江省城乡风貌整治提升工作专班	浙风貌〔2022〕5号	2022.12.20
110	王店镇、新塍镇、王江泾镇、油车港镇	王店镇镇中村，新塍镇康和桥村、小金港村，王江泾镇双桥村、民主村，油车港镇栖真村	第五批省级引领型农村社区	浙江省民政厅	浙民基〔2022〕208号	2022.12.23
111	高照街道、王店镇、洪合镇、王江泾镇	高照街道新义村、高家桥村，王店镇三建村、建南村、红联村、南星桥村、凤珍村、马桥村、庄安村、八联村、假山村，洪合镇洪合村、凤桥村，王江泾镇红联村、长虹村、廊下村	2020—2022年获浙江省卫生村	浙江省爱国卫生运动办公室	浙爱卫办(2022)16号	2022.11.2
112	高照街道	运河社区	省级医疗保障基层服务示范点	浙江省医疗保障局办公室	浙医保办发〔2022〕10号	2022.4.6
113	各镇(街道)	王店镇南梅村、梅溪社区，洪合镇良三村、洪合村，新塍镇小金港村，王江泾镇民主村，油车港镇澄溪村、上睦村、天星社区，高照街道陶泾村	2022年省级民主法治村(社区)	浙江省司法厅、省民政厅、省普法办公室	浙司〔2022〕118号	2022.12.28
114	嘉北街道	余舒琦	浙江省村社区“最美执委”	浙江省妇女联合会	浙妇〔2023〕4号	2023.3.1

2022 年获市委、市政府先进表彰名录

表 58

序号	上报单位	获奖单位/个人	荣　誉	作出荣誉决定单位	文　号	发文时间
1	区委统战部	沈卫锋　汪剑平　唐国海　顾冻兴	嘉兴市新时代中国特色社会主义事业优秀建设者	中共嘉兴市委、市人民政府	嘉委发〔2023〕3 号	2023.1.9
2	区委政法委、区公安分局	吴彬(区委政法委)、吴巍(区公安分局)	全市重大活动除险保安工作成绩突出个人二等功	嘉兴市人民政府	嘉政发〔2022〕27 号	2022.12.31
3	区信访局、王江泾镇等	区信访局、王店镇人民政府、区司法局洪合司法所、新塍镇党委、王江泾镇人民政府、油车港镇党委、新城街道社会治理办公室、高照街道办事处、嘉北街道	全市重大活动维稳安保工作成绩突出集体	中共嘉兴市委、市人民政府	嘉委发〔2023〕2 号	2023.1.9
4	区人大办等	唐军(区人大办),步琛雅(区政协办),易　涛(区委统战部),高桢巍(区人力社保局),黄辉球(退役军人事务局),黄霞(区市场监管局),王立明(王店镇),费振伟(洪合镇),许晓东、俞童剑(新塍镇),李冬(王江泾镇),胡勇(油车港镇),薛雅琪、符振海(新城街道),郑嘉(区公安分局新城派出所),夏建伟(秀洲国家高新区),赵冰峰(嘉北街道)	全市重大活动维稳安保工作成绩突出个人	中共嘉兴市委、市人民政府	嘉委发〔2023〕2 号	2023.1.9
5	区农业农村和水利局	秀洲区人民政府/章林洪、姚剑、徐昌杰	嘉兴市实行最严格水资源管理制度成绩突出集体/个人	嘉兴市人民政府	通报	2022.11.16
6	区卫生健康局	计　俊	2021 年度全市征兵工作成绩突出个人	嘉兴市人民政府、嘉兴军分区	便函	2022.1.10
7	各镇(街道)	王店镇、洪合镇、新塍镇、王江泾镇、油车港镇、新城街道、高照街道、嘉北街道、塘汇街道	2022 年度平安镇(街道)	中共嘉兴市委、市人民政府	嘉委发〔2023〕14 号	2023.4.17
8	区政法委	秀洲区	2022 年度嘉兴市平安创建工作考核优秀县(市区)	中共嘉兴市委、市人民政府	嘉委发〔2023〕14 号	2023.4.17

区级重点工作及年度先进表彰名录

2022年度秀洲区重点工作考核结果

一、落实基层党建责任制考核

优　秀：洪合镇
油车港镇
高照街道
王店镇
区司法局
区医保分局
区农水局
区卫健局

二、人才工作考核

一等奖：秀洲国家高新区
王店镇
二等奖：油车港镇
洪合镇
三等奖：新塍镇
王江泾镇

三、综治目标责任制考核

一等奖：油车港镇
新塍镇
新城街道
二等奖：王店镇
王江泾镇
洪合镇
高照街道

四、信访工作考核

一等奖：油车港镇
秀洲国家高新区
二等奖：新塍镇
王江泾镇
新城街道
三等奖：王店镇
洪合镇
高照街道

五、服务业发展目标责任制考核

一等奖：洪合镇
王店镇
二等奖：油车港镇
秀洲国家高新区
三等奖：王江泾镇
新塍镇

六、扩大有效投资工作考核

一等奖：王店镇
洪合镇
二等奖：油车港镇
王江泾镇
三等奖：秀洲国家高新区
新塍镇

七、招大引强工作考核

一等奖：秀洲国家高新区
王店镇
二等奖：王江泾镇
油车港镇
三等奖：洪合镇
新塍镇

八、高质量制造强区建设考核

一等奖：秀洲国家高新区
王店镇
二等奖：洪合镇
王江泾镇
三等奖：新塍镇
油车港镇

九、“腾笼换鸟、凤凰涅槃”专项攻坚行动工作考核

一等奖：王江泾镇
新塍镇
二等奖：王店镇
秀洲国家高新区
三等奖：洪合镇
油车港镇

十、党政领导科技进步目标责任制考核

一等奖：秀洲国家高新区
王店镇
油车港镇
二等奖：王江泾镇
洪合镇
新塍镇

十一、美丽城镇建设考核

一等奖：王江泾镇
二等奖：新塍镇

王店镇

十二、交通重点工程考核

一等奖：王江泾镇
新塍镇

二等奖：油车港镇
王店镇
洪合镇

十三、乡村振兴战略实绩考核

一等奖：新塍镇
王店镇

二等奖：洪合镇
王江泾镇
油车港镇

三等奖：高照街道
新城街道

优秀部门：区委办
区政府办
区委组织部
区委宣传部
区委政法委
区发改局
区财政局
区农水局
区民政局
区资规分局

十四、安全生产工作目标管理责任制考核

优秀：新城街道
王店镇
洪合镇
油车港镇
区公安分局
区住建局
区交通运输局
区文旅局
区农水局
区应急管理局
区市场监管局
区综合执法局
区消防救援大队

良好：高照街道
新塍镇
秀洲国家高新区
王江泾镇
区发改局
区经商局
区教育体育局
区民政局
区卫健局
区资规分局
区生态环境分局
区邮政管理局
国家电网秀洲分公司
秀宏集团
高新集团
秀拓集团
嘉秀集团

十五、消防安全目标管理责任制考核

优秀：秀洲国家高新区
油车港镇
新塍镇
新城街道
区住建局
区公安分局
区应急管理局
区市场监管局
区教育体育局
区文旅局

良好：高照街道
洪合镇
王店镇
王江泾镇
区统战部（区民宗局）
区发改局
区经商局
区民政局
区人社局
区交通运输局
区农水局
区卫健局
区综合执法局
区资规分局

十六、"三改一拆"工作考核

一等奖：王店镇

二等奖：秀洲国家高新区

新塍镇

十七、城镇生活垃圾分类工作考核

（一）镇

一等奖：王江泾镇

新塍镇

二等奖：王店镇

油车港镇

洪合镇

（二）街道

一等奖：新城街道

二等奖：高照街道

十八、区生态文明建设示范区创建工作考核

（一）镇、秀洲国家高新区

一等奖：秀洲国家高新区

二等奖：王店镇

王江泾镇

三等奖：油车港镇

新塍镇

洪合镇

（二）街道

一等奖：高照街道

二等奖：新城街道

十九、先进平安村（社区）

洪合镇良三村

王江泾镇北荷村

高照街道象贤村

新塍镇虹桥社区

二十、区级民主法治村（社区）

新城街道殷秀社区

二十一、区长质量奖

浙江恒威电池股份有限公司

浙江嘉越建设有限公司

嘉兴沃尔德金刚石工具有限公司

二十二、区长质量奖提名奖

浙江索纳塔建筑材料有限公司

恒宏建设集团有限公司

二十三、区长质量奖创新奖

浙江立洲线缆股份有限公司

二十四、服务业规模十强企业

浙江雅莹时装销售有限公司

浙江航工能源有限公司

嘉兴圆航运输有限公司

浙江五芳斋电子商务有限公司

嘉兴洁阳家居用品有限公司

嘉兴市欧浪商贸有限公司

浙江秀洲德商村镇银行股份有限公司

浙江邦芒数据有限公司

浙江物企通商贸有限公司

嘉兴市秀洲新区商业有限责任公司

二十五、区工业发展杰出贡献奖

阮洪良　福莱特玻璃集团股份有限公司

刘爱军　嘉兴隆基乐叶光伏科技有限公司

唐国海　麒盛科技股份有限公司

沈卫锋　浙江台华新材料股份有限公司

张华明　雅莹集团股份有限公司

厉建平　浙江五芳斋实业股份有限公司

二十六、区工业发展突出贡献奖

章平衡　嘉兴新嘉爱斯热电有限公司

钱宏辉　嘉兴敏胜汽车零部件有限公司

陈亚东　顾家智能家居嘉兴有限公司

罗伯特·塞缪尔·史密斯

礼恩派（嘉兴）有限公司

唐　岷　世源科技（嘉兴）医疗电子有限公司

章雅琴　浙江振申绝热科技股份有限公司

蔡文达　恩龙实业（嘉兴）有限公司

李　龙　德沃康科技集团有限公司

徐　鸿　浙江嘉欣丝绸股份有限公司

保罗·克罗伯　嘉兴米兰映像家具有限公司

朱雪林　嘉兴捷顺旅游制品有限公司

罗光红　嘉兴阿特斯阳光新材料科技有限公司

沈锦祥　浙江生辉照明有限公司

汪剑平　浙江恒威电池股份有限公司

李少勇　恒诺微电子（嘉兴）有限公司

沈圣龙　浙江龙源纺织股份有限公司

傅　康　浙江奥普家居有限公司

俞国飞　亮兮柯电气（嘉兴）有限公司

劳春华　嘉兴新桥丝绸染整有限公司

朱兴土　浙江兴土桥梁专用装备制造有限公司

沈喜明　浙江嘉科电子有限公司

徐云明　浙江蓝特光学股份有限公司

江　涛　嘉兴山蒲照明电器有限公司

安敬洙　嘉兴李朝化纤有限公司

费阅军　雷勃电气（嘉兴）有限公司

徐建坤　嘉兴泰恩弹簧有限公司

二十七、区重点纳税企业

(一)工业企业

福莱特玻璃集团股份有限公司
麒盛科技股份有限公司
浙江台华新材料股份有限公司
嘉兴隆基乐叶光伏科技有限公司
雅莹集团股份有限公司
浙江五芳斋实业股份有限公司
嘉兴新嘉爱斯热电有限公司
嘉兴敏胜汽车零部件有限公司
顾家智能家居嘉兴有限公司
礼恩派(嘉兴)有限公司
世源科技(嘉兴)医疗电子有限公司
浙江振申绝热科技股份有限公司
恩龙实业(嘉兴)有限公司
德沃康科技集团有限公司
浙江嘉欣丝绸股份有限公司
嘉兴米兰映像家具有限公司
嘉兴捷顺旅游制品有限公司
嘉兴阿特斯阳光新材料科技有限公司
浙江生辉照明有限公司
浙江恒威电池股份有限公司
恒诺微电子(嘉兴)有限公司
浙江龙源纺织股份有限公司
浙江奥普家居有限公司
亮兮柯电气(嘉兴)有限公司
嘉兴新桥丝绸染整有限公司
浙江兴土桥梁专用装备制造有限公司
浙江嘉科电子有限公司
浙江蓝特光学股份有限公司
嘉兴山蒲照明电器有限公司
嘉兴李朝化纤有限公司
雷勃电气(嘉兴)有限公司
嘉兴泰恩弹簧有限公司
浙江银海不锈钢制品有限公司
佛吉亚(嘉兴)汽车部件系统有限公司
浙江旺盛控股集团股份有限公司
嘉兴协鑫环保热电有限公司
嘉兴市天之华喷织有限公司
汉朔科技股份有限公司
嘉兴赛诺机械有限公司
嘉兴西互制动系统有限公司
嘉兴圣斯顿金属制品有限公司
浙江美尔凯特智能厨卫股份有限公司
浙江宝立食品科技有限公司
嘉兴市兴嘉汽车零部件制造有限公司
浙江芬齐涂料密封胶有限公司
三和机电股份有限公司
德和科技集团股份有限公司
浙江三科线缆股份有限公司
浙江索纳塔建筑材料有限公司
浙江鸣春纺织股份有限公司
浙江今顶集成吊顶有限公司
嘉兴优佳金属制品有限公司
浙江鼎美智装股份有限公司
福赛轴承(嘉兴)有限公司

(二)服务业企业

浙江雅莹时装销售有限公司
浙江五芳斋电子商务有限公司
嘉兴圆航运输有限公司
嘉兴洁阳家居用品有限公司
浙江航工能源有限公司
嘉兴市欧浪商贸有限公司
嘉兴市申嘉湖高速公路投资开发有限公司
浙江秀洲德商村镇银行股份有限公司
嘉兴前程人力资源有限公司
嘉兴外轮代理有限公司
嘉兴市秀洲新区商业有限责任公司
上海星巴克咖啡经营有限公司嘉兴分公司
嘉兴市耀华物资贸易有限公司
嘉兴凯鸿福莱特供应链管理有限公司
浙江子城工程管理有限公司

(三)建筑业企业

浙江嘉兴福达建设股份有限公司
子城联合建设集团有限公司
浙江嘉越建设有限公司
浙江秀州建设有限公司
嘉兴市嘉源建设有限公司
鼎宏荣业建设集团有限公司
浙江鑫博学建设集团有限公司
嘉兴万虹建设工程有限公司

(四)房地产企业

嘉兴润高建设开发有限公司
嘉兴市秀湖置业有限公司

嘉兴睿源房地产开发有限公司
嘉兴蓝城文化旅游开发有限公司
嘉兴交控秀湖房地产开发有限公司
嘉兴市嘉地润园房地产开发有限公司
嘉兴市秀安房地产开发有限公司

二十八、优秀建筑业企业

(一)施工类建筑业企业
一等奖:浙江嘉兴福达建设股份有限公司
二等奖:子城联合建设集团有限公司
浙江秀州建设有限公司
三等奖:浙江嘉越建设有限公司
鼎宏荣业建设集团有限公司
浙江典尚空间建设有限公司
(二)中介服务类建筑业企业
二等奖:浙江子城工程管理有限公司
浙江一舟建设管理有限公司

2022年度"典范秀洲"建设先进集体和先进个人

一、部门先进

1.先进集体
区委办
区政府办
区委组织部
区委政法委
区发改局
区纪委区监委
区人大常委会机关
区委宣传部
区经商局
区政协机关
区委统战部
区资规分局
2.先进个人
区纪委区监委:
陈水莲 于 婕
区委办:
张 云 崔传刚 潘 斌 张 帆
区政府办:
沈文涛 姚仲衍 冯梦凯 王艳娟
区委组织部:
应 颖 姚宏伟 杨国武 何 鑫
区委宣传部:
郑书飞 俞 佳 冯 炜 干 鸿
区委政法委:
王海鑫 盛 任 夏文强 汪 旭
倪纪闽
区委编办:
孔淑贞
区残联:
钱正良 钱风州
区发改局:
杨 利 杨小生 潘勤妹 陈 黎
梁 威
区经商局:
徐文臻 张 赟 高爱民 陈 宏
区教育体育局:
顾 蔚
区科技局:
沈 妍
区公安分局:
朱云峰 王庆武 张明良 陆国平
区民政局:
姚艳婷 陈 洁
区司法局:
黄文良
区财政局:
严承瑾 马秀娟 沈子云 何艳虹
区人社局:
董根土
区住建局:
陈明飞 易庆平 王 峰 厉有轩
区交通运输局:
王曦东 徐 跃 范利彬 刘 林
区农水局:
龚国荣 黄 涛 楼庆庆
区卫健局:
王建明 屠亚萍 赵可蒙 朱芳丽
徐朝晖
区应急管理局:
周 厦 梅金明
区消防救援大队:
何 杰 陈 蕾

区市场监管局：

高晓峰　熊　金　任建伟　龙敏军

区统计局：

袁雪尘　顾　菁　张叶敏

区综合执法局：

周　琦　王根林　徐越希　张　玲

强　梅

区税务局：

韩　宏

区资规分局：

韦国强　杜春燕　徐志荣

区医保分局：

左　琳

区生态环境分局：

王春明　高燕妮

区政务数据办：

许发良　雷传明　沈　颖　姚舒欢

区委党校：

李昌卫

区档案馆：

袁　琦

区生态创建办：

李建松　蒋萏芳

运河湾新城指挥部：

戚　燕

秀拓集团：

郭　卫

区创建办：

边婷婷

区消防安全专班：

沈怡婷

区征迁办：

高　峰　周新明　徐　珍

区风貌办：

吴建中

二、基层先进

1. 先进集体

王店镇

区公安分局王店派出所

王店镇常睦桥社区

王店镇红联村

洪合镇

洪合镇党政综合办

洪合镇重点工作推进办

洪合镇横泾桥社区

新塍镇社会事务办

新塍镇社会治理办

新塍镇洛东村

王江泾镇党政综合办

王江泾镇经济发展办

王江泾镇度假区综合办

油车港镇党政综合办

油车港镇经济发展办

油车港镇重点工作推进办

新城街道

新城街道城市管理办

新城街道党建工作办

区综合行政执法队高照执法中队

高照街道城市管理办

秀洲国家高新区

秀洲国家高新区事业综合服务中心

秀洲国家高新区经济发展与统计局

2. 先进个人

王店镇：

祖雪峰　朱琴燕　顾文斌　张佳祺

丁思成　张　豪　张　鹏　周夏明

胡祝军　缪　英　方　旭　宋　斌

区公安分局王店派出所：

裘卫国

区资规分局王店镇自然资源所：

吕夏春

洪合镇：

张建荣　葛志强　徐　军　汤晓伟

邱　静　戚春芳　张　森　汝嘉悦

方　帆　何福军　许文强

区资规分局洪合镇自然资源所：

赵立华

新塍镇：

周　乾　曹海华　乔如杰　王凌霄

沈勤峰　徐　音　杨伟国　王丽勤

许晓东　张　燕　陈　冲　钟晓峰

区资规分局新塍镇自然资源所：

林守祎

王江泾镇：

吴　波　杨春伟　钱　罡　朱慧国
姚银飞　韦鹏翔　姚振清　沈怡婷
王姚良　杨　阳　张叶飞　彭友祥
陈永明　谭雪峰　沈　建

油车港镇：

丁　雷　凌根明　郑森功　张雪峰
姜智力　李建中　沈华东　黄飞强
孙云娟　厉坚钢　翁　明　俞卫东

区公安分局油车港派出所：

钟小涵

新城街道：

杨宏华　郑　臻　间　斌　薛雅琪
张　榆　刘美明　顾陈丽

高照街道：

陈一薇　张慧婷　沈玲芬　王建永
鲍烨铭　沈勤慧　鲍永伟

嘉兴国家高新区：

张文瑾　朱天宇　余建忠　席海水
胡　焕　万旭华　袁权红　马　羚
吴　吉　柳　赟　周嘉琦

2022年度“实力秀洲”“幸福秀洲”“法治秀洲”建设突出贡献集体和个人

一、“实力秀洲”建设

（一）“实力秀洲”建设突出贡献集体

区委办
区人大常委会机关
区政府办
区政协机关
区委组织部
区委宣传部
区发改局
区科技局
区公安分局
区财政局
区住建局
区交通运输局
区农水局
区应急管理局
区市场监管局
区统计局
区综合执法局
区税务局
区资规分局
区政务数据办
区供销合作总社
秀洲邮政管理局
区社会治理中心
区就业管理服务中心
国网秀洲供电分公司
王店镇城镇建设办
王店镇农业农村办
嘉兴市秀洲区世合救援中心
洪合镇经济发展办
洪合镇财务管理中心
区综合行政执法队洪合执法中队
新塍镇经济发展办
新塍镇农业农村办
新塍镇村镇建设办
王江泾镇社会事务办
王江泾镇村镇建设办
区资规分局王江泾镇自然资源所
油车港镇财务管理中心
区资规分局油车港镇自然资源所
区综合行政执法队油车港执法中队
区市场监管局新城市场监管所
区综合行政执法队新城执法中队
高照街道政务服务中心
区市场监管局高照市场监管所
秀洲国家高新区招商局
秀洲国家高新区科技与人才局
秀洲国家高新区财政局
浙江台华新材料股份有限公司
浙江振申绝热科技股份有限公司
浙江龙源纺织股份有限公司
浙江奥普家居有限公司
浙江美之奥种业股份有限公司
浙江蓝特光学股份有限公司
麒盛科技股份有限公司
嘉兴新嘉爱斯热电有限公司
顾家智能家居嘉兴有限公司
礼恩派（嘉兴）有限公司
嘉兴米兰映像家具有限公司

浙江恒威电池股份有限公司
嘉兴捷顺旅游制品有限公司
嘉兴阿特斯阳光新材料科技有限公司
雷勃电气(嘉兴)有限公司
恒诺微电子(嘉兴)有限公司
亮兮柯电气(嘉兴)有限公司
嘉兴山蒲照明电器有限公司
敏实海拉(嘉兴)汽车零部件有限公司
浙江德欧电气技术股份有限公司
嘉兴中润光学科技股份有限公司
汉朔科技股份有限公司
恩龙实业(嘉兴)有限公司
浙江兴土桥梁专用装备制造有限公司
浙江嘉科电子有限公司
浙江德康医疗器械有限公司
德沃康科技集团有限公司
嘉兴云切供应链管理有限公司
雅莹集团股份有限公司
浙江五芳斋实业股份有限公司
福莱特玻璃集团股份有限公司
嘉兴隆基乐叶光伏科技有限公司
嘉兴沃尔德金刚石工具有限公司
嘉兴敏胜汽车零部件有限公司
浙江嘉欣丝绸股份有限公司
浙江雅莹时装销售有限公司
嘉兴圆航运输有限公司
浙江五芳斋电子商务有限公司
嘉兴洁阳家居用品有限公司
浙江航工能源有限公司
嘉兴市欧浪商贸有限公司
嘉兴市申嘉湖高速公路投资开发有限公司
嘉兴前程人力资源有限公司
嘉兴外轮代理有限公司
嘉兴市秀洲新区商业有限责任公司
嘉兴市耀华物资贸易有限公司
浙江物企通商贸有限公司
浙江子城工程管理有限公司
浙江新安国际医院有限公司
嘉兴市银建工程咨询评估有限公司
浙江禾城农村商业银行
工商银行秀洲支行
秀洲德商村镇银行

(二)“实力秀洲”建设突出贡献个人

区纪委区监委:
韩舒悦

区委办:
王　骏

区人大常委会机关:
孙艳斌

区政府办:
吴嘉伟

区政协机关:
姜周伟

区委组织部:
董娜萍

区委政法委:
卢燕琪

区发改局:
龚泽阳　张　璞

区经商局:
吴　超　沈水忠

区教育体育局:
李建华

区科技局:
陈　瑜

区民政局:
方熙平

区财政局:
秦国真

区住建局:
夏振林

区交通运输局:
沈　玥

区文旅局:
曹　婷

区卫健局:
王庆华

区退役军人局:
罗超前

区生态环境分局:
朱燕云

区审计局:
陆　媛

区妇联：
章晓菁
区税务局：
徐菊英
区资规分局：
肖荼英
区医保分局：
孙 然
王店镇：
王 伟 陈 艳 洪一鸣 王 霆
洪合镇：
周益钦 于斐飞
区市场监管局洪合市场监管所：
俞 伟
新塍镇：
朱文元 叶天林 周柏春 朱利森
王江泾镇：
陆庭伟 陆水明 冷煜峰 刘奇勋
油车港镇：
周孝东 李 昱
区资规分局油车港镇自然资源所：
杨丽华
新城街道：
邵军祥 叶 飞
高照街道：
胡鑫胜 计玲艳
秀洲国家高新区：
宋子文 鲍海林 金越瀚 周佳红
嘉秀集团：
朱 潇
秀宏集团：
孙雪强
秀拓集团：
吴月锋
城投集团：
杨华明
高新集团：
俞亚南
北京理工大学长三角研究院(嘉兴)：
杜 宁
南方科技大学嘉兴研究院：
李华祥
浙江大学嘉兴研究院：
汪凯巍
德和科技集团股份有限公司：
管金国
浙江鼎美智装股份有限公司：
张 轲
浙江今顶集成吊顶有限公司：
周建成
嘉兴隆基光伏科技有限公司：
姜 波
嘉兴顺丰运输有限公司：
王加波
浙江恒亿达复合材料有限公司：
陆菊林
浙江立洲线缆股份有限公司：
王水法
浙江中聚材料有限公司：
唐秋兰
来斯奥集成家居股份有限公司：
姚松良
浙江美尔凯特智能厨卫股份有限公司：
沈业勇
浙江汇龙投资发展股份有限公司：
姚明良
浙江旺盛控股集团股份有限公司股份有限公司：
李国锋
嘉兴博伦时装有限公司：
沈 强
当虹园区管理(嘉兴)有限公司：
刘高远
嘉兴市丰盛制衣股份有限公司：
缪林奎
嘉兴市秀洲区洪合李丰农场：
李 丰
浙江银海不锈钢有限公司：
柴建标
浙江知丰食品有限公司：
顾晓峰
嘉兴市常优纺织有限公司：
徐永良
浙江秀州建设有限公司：
陈江涌

嘉兴市沪东日用助剂有限公司：
许赟浩
浙江恒沐复合材料股份有限公司：
邵　旸
嘉兴市秀洲区王江泾北圩园生态农场：
金国华
鸿启智能家居生产厂：
吴树杰
嘉兴立石科技股份有限公司：
宣国栋
嘉兴市鸣业纺织有限公司：
罗　鸣
嘉兴市凯邦锦纶科技股份有限公司：
毛风荣
嘉兴赛诺机械有限公司：
蔡　君
嘉兴泰恩弹簧有限公司：
徐本正
嘉兴翼波电子有限公司：
周赤伟
浙江国建建设有限公司：
张国良
嘉兴市申通快递有限公司：
房兆行
嘉兴西互制动系统有限公司：
李军峰
嘉兴御茎顺食品有限公司：
祁　勇
浙江嘉越建设有限公司：
郭杭永
浙江明晖智能电气有限公司：
张相永
浙江麦诺食品有限公司：
任治佳
嘉兴市真真老老食品有限公司：
邵建国
嘉兴市秀洲区天丰小额贷款有限公司：
阮钢斌
浙江千业建筑设计有限公司：
黄永珍
浙江东江汽车控股集团有限公司：
陈国良
嘉兴市高照水利农机服务有限公司：
马卫方
浙江宏业检测科技有限公司：
夏进福
嘉兴隆基乐叶光伏科技有限公司：
刘爱军
嘉兴阿特斯阳光能源科技有限公司：
谢其红
浙江五芳斋实业股份有限公司：
马建忠
福莱特玻璃集团股份有限公司：
阮泽云
汉朔科技股份有限公司：
侯世国
亮兮柯电气（嘉兴）有限公司：
俞国飞
雅莹集团股份有限公司：
顾海明
佛吉亚（嘉兴）汽车部件系统有限公司：
何　蔚
德沃康科技集团有限公司：
李　龙
浙江航工能源有限公司：
张　恺
嘉兴洁阳家居用品有限公司：
盛栋良
浙江汉邦通讯设备有限公司：
张　凯
浙江子城律师事务所：
姚武强
嘉兴中润光学科技股份有限公司：
张　杰
浙江嘉欣金三塔丝绸服饰有限公司：
章　洁
浙江大学嘉兴研究院：
徐剑峰

二、“幸福秀洲”建设

（一）突出贡献集体

1.“幸福秀洲”建设突出贡献集体

区残联
区教育体育局
区公安分局

区民政局
区财政局
区交通运输局
区农水局
区卫健局
区市场监管局
区综合执法局
区政务数据办
王店镇经济发展办
王店镇党建工作办
王店镇党政综合办
王店镇社会事务办
王店镇镇中村
洪合镇村镇建设办
新塍镇
王江泾镇农技水利服务中心
油车港镇农业农村办
油车港镇村镇建设办
油车港镇社会事务办
油车港镇胜丰村
新城街道城市管理办
新城街道社区卫生服务中心
高照街道社会事务办
高照街道运河社区
秀洲国家高新区
秀宏集团
秀宏集团交投公司
2.慈善工作建设突出贡献集体
子城联合建设集团有限公司
福莱特玻璃集团股份有限公司
浙江台华新材料股份有限公司
浙江嘉欣丝绸股份有限公司
麒盛科技股份有限公司
浙江五芳斋实业股份有限公司
浙江鑫博学建设集团有限公司
浙江蓝特光学股份有限公司
浙江嘉兴福达建设股份有限公司
浙江秀州建设有限公司
3.人口普查工作突出贡献集体
区公安分局
区住建局
区卫健局
王店镇镇西村
王店镇花鸟港村
王店镇塘桥社区
洪合镇泾桥村
洪合镇民和社区
新塍镇思古桥村
新塍镇火炬村
新塍镇虹桥社区
王江泾镇
王江泾镇闻川社区
王江泾镇宇四浜村
王江泾镇荷花村
油车港镇千金寺村
油车港镇麟湖社区
新城街道亚都社区
高照街道经济服务办
秀洲国家高新区
(二)突出贡献个人
1.“幸福秀洲”建设突出贡献个人
区委办:
王 婷
区人大常委会机关:
吴月友
区政府办:
李 杰
区政协机关:
陈雅琴
区信访局:
黄 洁
区残联:
鲁 明 王钰梅 朱 沄
区发改局:
赵亚君 汤仲丽
区教育体育局:
顾宏伟 马桂英
区民政局:
王 亮 柯 燕
区财政局:
沈 萍 杨 洁 冯列钧 陈 圆
区人社局:
黄 烨 单惠英

区住建局：
朱晓华　孙　锋　吴惠珠　曹　箐
徐　凯
区交通运输局：
钱　峰　姚永钧　杨　杰
区农水局：
怀红飞　刘峥嵘　张兰涛
区文旅局：
邬鑫锋　李国平　杨海萍
区卫健局：
陆雪萍　吴丽妹
区红十字会：
周欣怡
区退役军人局：
李　昊
区市场监管局：
严　晗
区统计局：
邱　薇
区综合执法局：
张俊杰　鲍　锋　李卫国
区医保分局：
吴方明　朱冬华
区生态创建办：
任时平
王店镇：
吴子云　杨琳燕　曹佳斌
区公安分局王店派出所：
彭　波
区市场监管局王店分局：
逯国栋
洪合镇：
冯　莉　查林海　金　元　顾全民
莫显珍　黄建良　于蚕生
区公安分局洪合派出所：
朱勤忠
新塍镇：
赵维卒　黄雪芳　李　锋　屠珏雯
范衍仁　肖红卫　沈丽萍　乔圆圆
区公安分局新塍派出所：
陆蓓娇
区市场监管局新塍市场监管所：
徐洪俞
王江泾镇：
张　杰　陈宏伟　朱丽琴　杨利平
张月利　周　明　谢瑜勤
油车港镇：
路　瑛　杨松明　张　龙　徐惠娟
万月红　胡　勇
新城街道：
孙　彦　王　伟　徐燕君　陆佳彬
钟琼瑶
区公安分局新城派出所：
张善进
高照街道：
张立忠　汪欣东　朱建伟　钱　瑶
秀洲国家高新区：
葛琼杰　冯　阳　俞　嘉　黄卫东
嘉秀集团：
姚惠菊
秀宏集团：
谢　凯
高新集团：
刘为龙
2. 人口普查建设突出贡献个人
区委办：
毛嘉俊
区政府办：
陈宇琪
区委组织部：
应　颖
区委宣传部：
鲁琴锋
区委政法委：
陈炳祥
区发改局：
林　璐
区教育体育局：
沈金勤
区财政局：
凌哲婧
区人社局：
陈为栋

区农水局：
毛一帆
区统计局：
赖鎔榕　胡一周　陈文雅　黄　蓉
王店镇：
沈泽莲　文王燕　翟月峰　姚雪芬
区公安分局王店派出所：
凌　琳
洪合镇：
沈勤娟　徐佳斌　张忠烈　陈洪涛
蒋　枫
新塍镇：
许佳宁　朱沈红　陈　军　童水花
区公安分局新塍派出所：
徐惠刚
王江泾镇：
龚建佐　李凭武　江海华　于显刚
俞　峰
油车港镇：
蒋新耀　董　静　张建芳
区市场监管局油车港市场监管所：
洪　台
新城街道：
管嘉乐　胡效忠　朱育奇　陶文祥
梅金冬
高照街道：
汝佳艳　宋光耀　蒋医红　沈　洁
孙　佳
秀洲国家高新区：
周卫军　徐佳骏

三、"法治秀洲"建设

（一）"法治秀洲"建设突出贡献集体
区法院刑事审判庭
区检察院办公室
区检察院第二检察部
区发改局
区教育体育局
区公安分局
区公安分局交警大队
区司法局
区交通运输局
区卫健局
区消防救援大队
区市场监管局
区综合执法局
区委党校
秀洲邮政管理局
王店镇社会治理办
王店镇生态环境办
区公安分局交警大队王店中队
区司法局王店司法所
区法院王店人民法庭
区综合行政执法队王店执法中队
洪合镇社会治理办
洪合镇良三村
洪合镇人和社区
新塍镇党政综合办
新塍镇政务服务中心
区公安分局新塍派出所
区综合行政执法队新塍执法中队
区公安分局王江泾派出所
区综合行政执法队王江泾执法中队
区公安分局交警大队王江泾中队
区司法局王江泾司法所
油车港镇社会治理办
区司法局油车港司法所
新城街道社会治理办
高照街道秀洪社区
秀洲国家高新区规划建设中心

（二）"法治秀洲"建设突出贡献个人
区纪委区监委：
陈　林
区法院：
张云奔　李杏芬
区检察院：
张鉴君　李春光
区委办：
徐海雷
区政府办：
田　朋
区委组织部：
全　彬　金继良
区委宣传部：
董峰炎

区委统战部：
沈宇伟
区委政法委：
孙　超
区社会治理中心：
魏　徽
区委编办：
袁　怡
区信访局：
夏佳佳
区发改局：
王　斌
区教育体育局：
李园兴　沈伟伟
区公安分局：
蔡方曲　张永康　黄智君　胡佳磊
王一亭　王勇伟　叶　盛
区民政局：
陆晨昕
区司法局：
叶愈青　钱　瑜
区财政局：
高瞩远　陈凯亮
区人社局：
骆静涛
区住建局：
吴振明
区交通运输局：
钮　箭　陈志浩
区农水局：
杨　洪
区文旅局：
刘　婕
区卫健局：
金国强
区退役军人局：
沈毅成
区应急管理局：
沈建华　邵　栩
区消防救援大队：
张　超
区市场监管局：
沈　都　殷佳怡
区统计局：
邬雯君
区综合执法局：
叶　辉
区税务局：
高云伟
区资规分局：
杨根荣
区生态环境分局：
王丽燕
区政务数据办：
付　翔
区委党校：
郝万磊
区平安、除险保安、护航二十大、八跨专班：
陈礽礽　蒋晨晨　王红梅　顾嘉伟
周　赟　胡永军
王店镇：
曹海萍　陈建明　蒋建明　罗　芳
凌文荣　沈方萍　沈松观
区公安分局王店派出所：
陆学根　杨金妍
区司法局王店司法所：
钟佳栋
区市场监管局王店分局：
毛明虎
洪合镇：
俞耀锦　顾嘉英　施晓洁　饶仁华
徐明荣　吴月根
区公安分局洪合派出所：
王国峰　陆宏斌
区司法局洪合司法所：
杜西西
新塍镇：
梅云华　沈　娜　周　阳　王坚俊
陈佳峰　于冬洋
区公安分局新塍派出所：
钱林峰
区公安分局交警大队新塍中队：
朱佳旗

区司法局新塍司法所：
　蒋宁宜
区综合行政执法队新塍执法中队：
　戴季光
王江泾镇：
　徐胜强　陆三英　姜金凤　姚秋萍
　金爱民　陆明飞　唐明华
区公安分局王江泾派出所：
　倪裘伟　应康森
区司法局王江泾司法所：
　严益华
区公安分局交警大队王江泾中队：
　邹　峰
油车港镇：
　李　鹏　俞家莲　王海平　王　华
区公安分局油车港派出所：
　陆国飞　颜秀珍
区司法局油车港司法所：
　殷　汉
区综合行政执法队油车港执法中队：
　洪　宽
新城街道：
　高一平　符振海　钱雪峰
区公安分局新城派出所：
　王佳斌
区司法局新城司法所：
　俞　军
区公安分局交警大队新城中队：
　吴叶飞
区综合行政执法队新城执法中队：
　罗定伟
高照街道：
　孟继东　胡阿五　陆　锋
区公安分局新城派出所：
　冯浩宸
区司法局高照(高新区)司法所：
　傅小东
区综合行政执法队高照执法中队：
　汝建军
区市场监管局高照市场监管所：
　张振东
秀洲国家高新区：
　杨爱华　范铁峰　夏建伟
高新集团：
　黎兆飞

2022年度镇、街道、秀洲国家高新区和区级机关部门综合绩效目标考核结果

一、镇

一等奖：王店镇、洪合镇

进步奖：新塍镇

二等奖：油车港镇、王江泾镇

二、街道

一等奖：新城街道

二等奖：高照街道

三、秀洲国家高新区

一等奖：秀洲国家高新区

四、区级机关部门

经济发展和服务类一等奖：区发改局、区经商局、区农水局、区财政局

社会事业和管理类一等奖：区教育体育局、区综合执法局、区民政局、区卫健局(区计生协会、区红十字会)、区检察院

群众团体类一等奖：区残联

双重管理类一等奖：区生态环境分局、区资规分局

参加考核但不参加评优，得分在一等奖部门平均分以上，享受一等奖待遇：区委办(区信访局、区台办)、区委宣传部(区社科联)、区政府办(区机关事务中心)、区政协机关、区人大常委会机关、区委政法委(区法学会)、区委组织部(区委编办)、区纪委区监委(区委巡察办)、区委统战部(区工商联、区侨联)、区公安分局

二等奖：区市场监管局、区法院、区司法局、区审计局、区统计局、区人社局、区文旅局(区文联)、区政务数据办、区科技局(区科协)、区医保分局、区退役军人局、区税务局、区住建局、秀洲邮政管理局、区总工会、区妇联、区应急管理局、区供销合作总社、团区委、区消防救援大队、区交通运输局

参加考核但不参加评优，享受二等奖待遇：区委党校、区档案馆

五、相关市属驻区单位

优秀单位：禾城农商银行、嘉报集团秀洲分社、国网秀洲供电分公司、中国移动嘉禾分公司、农行秀洲支行、工行秀洲支行、秀洲德商村镇银行、嘉兴银行秀洲支行

先进单位：中行秀洲支行、电信秀洲分局、中国联通禾城分公司、建行秀洲支行、邮储银行秀洲支行、人保秀洲支公司、中信银行秀洲支行、交行秀洲支行、宁波银行秀洲支行、人寿秀洲支公司、杭州银行秀洲支行、招商银行秀洲支行、浦发银行秀洲支行

2022年度秀洲区优秀公务员奖励人员名单

一、2020—2022连续三年考核优秀记三等功人员名单

区纪委区监委：
杨政伟　周嘉平　孙华保　倪慧群
朱冰冰

区法院：
叶　婷

区检察院：
许　燕　韩睿卿

区委办：
易　志　田勇杰

区政协办：
宋新征　吴一帆

区委组织部：
梁文玉

区委宣传部：
朱昱宁

区委统战部：
王春华

区委政法委：
吕国强

区委编办：
林越琪　程良梦

区信访局：
谢　静

区发改局：
刘凡荣　周巧萍

区经商局：
陈　杰

区教育体育局：
成勤勤

区公安分局：
林　军　张　斌　李德华　蒋许群
林　婕　曹赟轩　陈晓妍　屠红根
潘玉峰　冯益华　王世林　仲金林
朱鹏程　陶李国　钱晓伟　张　超
沈建云　周　杰　沈逸青　丰成潇
张　峰　朱　聪

区司法局：
梅贤勇　章　晨　殷　汉

区财政局：
杨　洁　沈子云

区人社局：
王　靓

区交通运输局：
张　郁

区农水局：
卜忠伟　王志荣　章铁锋　陈晓虹

区文旅局：
沈佳红

区卫健局：
计　俊　陈惠琴　王佳玮

区应急管理局：
周海祥　封洁俊

区审计局：
仲戌妍

区市场监管局：
陈海鸿　冯　雷　殷佳怡　沈　凯
孙经纬

区统计局：
金方伟

区综合执法局：
吕军超　洪　强　沈　丽　陈　航
张力军　沈跃锋　顾凯燕

区生态环境分局：
唐凤琴　金　晔

区委党校：
洪燕青

区档案馆：
于立华 张 晔
秀洲邮政管理局：
陶 琴
王店镇：
陈 艳 高 晴 洪一鸣 赵晓婷
洪合镇：
金剑毅 冯 莉 戚春芳
新塍镇：
钱益忠
油车港镇：
沈华东 黄飞强
新城街道：
徐倩宇 许 斌
高照街道：
张立忠
高新区：
樊建生

二、2022 年度考核优秀给予嘉奖人员名单

区纪委区监委：
余 杰 金国健 顾瑞明 赵小琼
徐 南 王敬宜 汤敏屹 徐华隽
邱云滔 韩舒悦 聂 梁 钱 豪
宋汶林 徐丹丽 俞一蕾
区法院：
诸葛剑虹 徐辰丽 林幸宇
严志明 吴佳瑶 陆 丹 王红梅
李仁华 赵生才 顾金奇 徐 立
徐睿俊 张 硕 顾红妮 葛 妍
孙雨莲
区检察院：
沈秋丹 谷 健 顾嘉伟 黄爱丽
缪霜霜 魏佳琴 朱思齐 向延亚
区委办：
张志华 王 玲
区人大办：
叶鹏裕 孙艳斌 潘 磊 梁 飞
朱嘉燕 潘水华 张建太
区政府办：
陈之超 董时纲 俞明峰 黄震宇
陆雅萍
区政协办：
陈明根 薛 萍 朱雪琪 李樱枝
区委组织部：
应 颖 姚宏伟 陈建荣 关聪威
姚月凤 潘家林
区委宣传部：
郑伟佳 郑书飞
区委统战部：
杨 剑
区委政法委：
沈茂丰 王 飞 王海鑫 刘振燚
何雅军 卢媚嘉 张 操
区委编办：
孔淑贞 邬惠婷
区信访局：
魏晶晶
区总工会：
冯燕侠 陈 燕
区妇联：
邹丽琴
区残联：
钱正良
区发改局：
俞春明 姚颖娟 孔琴伟 裴洁艳
马 燕 谭丽霞
区经商局：
朱晏秋 江韦国 徐锡华 沈水忠
区教育体育局：
金国中 王 月
区科技局：
杨佩叶 朱一斌 沈宏明
区公安分局：
张佳明 张蔡明 陈 晓 宋根华
陈 燕 林 浩 李志丰 钱周渊
陶钱冬 冯 佳 沈燕萍 沈国忠
陆国平 郑利烽 程建良 张 煜
莫林峰 汪超超 李 茵 杨 波
胡国祥 沈 锋 张汐琦 王勇伟
山伟军 汝 宏 金嘉栋 闵震琦
张明良(1972.6) 钱斌梁 许以翔
张金林 孟小林 吴春涛 穆列军

桂朝辉　孙加琛　徐建康　张　炜
孙　利　姚　赟　颜剑飞　陈　斌
陈永良　黄益明　袁雪忠　计方平
胡圣佳　张善进　黎　侃　唐　崴
蒋　莉　吴芳圆　王佳斌　王任栋
金豪杰　苏勇杰　姚佳涛　马荣伟
何宏杰　徐汉立　张　丁　胡　伟
马佳伟　黄冬来　傅舟平　许建芳
金　晶　徐　坚　俞　彬　刘晓光
鲍亦超　朱　潞　姚佩龙　卢永明

区民政局：
高　峰　黄　彬　季永强　蔡琴梅

区司法局：
黄文良　钱　瑜　周佳蕾　陈晓婷
叶愈青　杜西西　严益华　俞　军
蒋宁宜　李　明

区财政局：
成海明　陈宏义　严承瑾　马秀娟
冯列钧　金维佳　陈凯亮

区人社局：
高桢巍　范潇潇　胡　侠　叶群超
郑繁州　宋　慧　陆骁钧

区住建局：
褚丰平　钱凤英　沈晓光

区交通运输局：
鲁勤华

区农水局：
龚国荣　赵国纬　付文武　赵　汲
姚国强　俞火根　方　斌　李　渊
陈　炯　毛南海

区文旅局：
曹　婷

区卫健局：
周银军　俞亚萍　李雅芬　曹　旗
谢学伟　伊丽娜　李　群

区退役军人局：
胡海根　徐如明

区应急管理局：
周　厦　沈怡婷　潘　悦

区市场监管局：
高晓峰　孙明凤　黄　霞　朱亮鸿
孙　健　鲁国民　张　郑　何裕华
王　海　徐学良　杨金兴　郭珠红
张　迪　曹志强　陆祎佳　杨娟娟
邹志勇　黄卫东　卢建中　杜　林
王人陶　朱蔚祥

区统计局：
朱晨晨

区综合执法局：
金　亮　钱平川　夏发彬　洪　宽
李瑞杰　张　鸣　尚晓君　梁旭勃
余　洋　魏文显　赵雅怡　王晓婧
陈国香　杨颖斐　夏　静　宋丽利
朱梦园　陆永勤　山云枫　邹文娟

区医保分局：
商浩伟　向晓莉　付　红　赵君慧
杨晓华

区生态环境分局：
黄炼锋　仲坤林　方佳跃　邹家鹏
张丽娟

区政务数据办：
雷传明　吴旭明　朱　奇　孙凤喜

区委党校：
李昌卫

区档案馆：
陈莎莎

区机关事务中心：
钱惠芳　潘　鑫

区供销社：
陆　强

王店镇：
董宇佳　顾文斌　李　峰　祖雪峰
赵　炯　丁思成　胡玉根　徐　弘
王　伟　沈罗文

洪合镇：
张丽娟　周建平　王永华　朱伟强
张勤华　费振伟　于蚕生

新塍镇：
翁松刚　祝伟宽　沈勤峰　王凌霄
张秋生　杨伟国　肖红卫　王丽勤
王克俭　莫凯荣　李　锋　金武全
范衍仁　陈欣怡　孙一民　乐　欣

王江泾镇：

顾斌峰　沈怡婷　杨　阳　裴云豪
齐　良　曹建国　陈文韬　顾琴珠
江海华　刘　锐　殷　琴　于显刚
朱婷婷　杨利平　李　冬

油车港镇：

邬伟益　厉坚钢　周孝东　章家林
杨松明　许莲娜　蒋新耀　王海平

新城街道：

高一平　闾　斌　薛雅琪　俞玉明
吴家乐

高照街道：

徐玲娥　胡鑫胜　沈晓燕　孟继东

高新区：

夏建伟　李　斌

2022年度秀洲区优秀共产党员、优秀党务工作者和先进基层党组织

一、秀洲区优秀共产党员名单

王店镇：

顾冻兴　王店镇农民合作经济组织联合会理事、东兴奶牛场负责人
孙水金　王店镇庆丰村村民小组长、村务监督委员会成员
吴燕萍（女）　兴顺丰运输有限公司党支部书记、秀洲片区负责人
周夏明　王店镇经济发展办公室主任
徐　娟（女）　王店镇解放社区党总支书记、居委会主任
陈秀明（女）　浙江今顶集成吊顶有限公司出样设计
王　伟　王店镇社会治理办公室副主任兼应急管理站副站长
林建浩　王店镇庄安村建浩农场负责人
王　毅（女）　王店镇镇西村党总支委员、村委会副主任

洪合镇：

顾全民　洪合镇机关村镇建设党支部书记、村镇建设办公室副主任（主持工作）
于斐飞（女）　洪合镇财务管理中心主任、党政综合办公室（财政管理办公室）副主任
段国良　洪合镇新美村党总支书记、村委会主任
傅佳燕（女）　洪合镇横泾桥社区党总支书记、居委会主任
王烨伟　洪合镇锦福村村委会委员
赵　辉　浙江美之奥种业股份有限公司党支部书记、研发部部长
常艳慧（女）　洪合镇流动党委委员、派出所辅警
杨华胜　浙江福中洁环境工程有限公司党支部书记、总经理
李　飞　洪合镇凤桥村党总支书记、村委会主任

新塍镇：

王丽勤（女）　新塍镇社会事务党支部书记、社会事务办主任
叶永春　浙江日月农业股份有限公司董事长
王利忠　新塍镇社会治理办公室（信访办）工作人员
石炳云　新塍镇观音桥村党委书记、村委会主任
张新明（女）　新塍镇洛东村党委书记、村委会主任
柳月河（女）　新塍镇火炬社区党总支书记
莫建雯（女）　新塍镇中心幼儿园党支部书记、副园长
周忠良　嘉兴市精达自动化科技有限公司党支部书记、副总经理

王江泾镇：

徐　倩（女）　王江泾镇双桥村党委书记、村委会主任
王冬冬　王江泾镇虹南村党总支书记、村委会主任
顾　枫　王江泾镇长虹村党总支委员
陆水明　王江泾镇经济发展办公室党支部书记、主任
曹　辉　麒盛科技股份有限公司党支部委员、副总经理兼用户研究部副总监
陆建强　闻川藕渔党支部书记、王江泾供销社主任
杨李明　王江泾镇南汇村党总支书记、村委会主任

张国良　浙江国建建设有限公司党支部书记、常务副总经理
油车港镇：
俞利益　油车港镇千金寺村党总支书记、村委会主任
王海平　油车港镇重点工作推进办主任
童利军　浙江创新建筑设计有限公司党支部书记、负责人
吴　斌　嘉兴市秀洲区胜丰农场负责人
段志群　油车港镇派出所辅警
卢志平(女)　油车港镇实验幼儿园园长
杨松明　油车港镇村镇建设办主任
范治新　油车港镇胜丰村党委书记、村委会主任
新城街道：
潘育琪(女)　嘉兴秀州民间融资服务中心有限公司总经理助理
金小林　秀洲区市场监督管理局新城市场监管所所长
沈发明　原殷秀村村长
殷希平　嘉兴市钟星消防工程有限公司总经理
叶　飞　新城街道财务管理中心主任
张一凡　嘉兴前程人力资源有限公司总经理
金有余　新城街道暖阳工作室负责人
袁　圆(女)　圣托医疗党支部委员、行政人事部主任
高照街道：
简文昌　浙江博屹智能科技有限公司董事长
夏　云(女)　高照街道运秀社区党总支书记、居委会主任
许建国　高照街道陶泾村党总支书记、村委会主任
杜国良　高照街道荫家桥村党支部书记、村委会主任
鲍永伟　高照街道应急管理和消防安全办公室工作人员
陈孝英(女)　高照街道秀洪社区党支部书记、居委会主任
方文婷(女)　高照街道机关第一党支部委员、社会事务办工作人员
高新区：
徐佳丽(女)　汉朔科技股份有限公司党支部书记、政府公共关系经理
管小伟　浙江大学嘉兴研究院高级研究员
陈芋安　嘉兴阿特斯阳光能源科技有限公司党支部委员、EHSS 高级主管
金慧萍(女)　福莱特玻璃集团股份有限公司财务管理部副总经理
水明敏　嘉兴隆基乐叶光伏科技有限公司党支部书记、副总经理
徐凯平　嘉兴秀洲高新技术产业开发区机关第三党支部委员、规划建设中心副主任
沈　伟　浙江微控智造有限公司数控组组长
区委直属机关工委：
诸俊杰　区人民政府办公室调研科副科长
楼庆庆　区农业农村和水利局乡村振兴协调科科长
胡　佳(女)　区委宣传部办公室主任
徐文臻(女)　区经济信息商务局党组成员、办公室主任
魏　梁　区发展和改革局合作交流科科长
严志明　区人民法院司法警察大队教导员
沈　洁(女)　区人民检察院办公室科员
魏晶晶(女)　区信访局局务会议成员、综合科科长
殷佳怡(女)　区市场监管局办公室主任
顾　蔚(女)　区教育体育局党委委员
崔晓彤(女)　区社会治理综合指挥服务中心综合管理科副科长
沈宏明　区科学技术局办公室四级调研员
区教育体育局：
陈寒英(女)　上海外国语大学秀洲外国语学校校办副主任、大队辅导员
熊安辉　油车港镇中学党总支统战委员、数学教研组长
李　冬　嘉兴秀湖学校语文教研组长
沈冬妹(女)　麟湖小学南校区党支部委员、德育室主任
陆小敏(女)　区教育研究和培训中心培训处主任
倪建国　闻川小学第二党支部书记、副校长
潘建萍(女)　嘉兴高级中学第四党支部书记、党办主任
姚庆珠(女)　磻溪教育集团校务办主任

区司法局：

李宏博　浙江子城律师事务所党支部委员、合伙人、主任助理

孙兆胜　浙江君度律师事务所党支部副书记、合伙人

区交通运输局：

杨　杰　区公路与运输管理服务中心工程建设科科长

宋　利　嘉兴振禾出租汽车有限公司党支部书记、出租车司机

区农水局：

金桂福　区农业农村和水利局联合总支部委员会书记

区卫健局：

万云炳　王店镇建设卫生院党支部书记、院长

徐惠庆(女)　区疾病预防控制中心科员

施海燕(女)　油车港镇卫生院党支部委员、副院长

李永祥　王江泾医院党总支委员、副院长

卜永飞　区康安医院党支部委员、副院长

魏培珍(女)　高照街道社区卫生服务中心党支部书记

徐燕君　新城街道社区卫生服务中心党支部委员、副主任

秀宏集团：

陈丽霞(女)　秀宏集团党群人事部副主任、团支部书记

秀拓集团：

王建明　秀拓建设投资集团有限公司项目管理部职工

运河湾新城指挥部：

杨丽萍(女)　新塍镇妇联主席、新塍镇财务管理中心副主任

钱金祥　高新集团工程管理部副主任

二、秀洲区优秀党务工作者名单

王店镇：

周钱华　王店镇镇中村党总支书记、村委会主任

曹东春　王店镇三建村党总支书记、村委会主任

尹菲菲　王店镇四喜社区党委副书记

魏学峰　品格卫厨(浙江)有限公司党支部书记、副总经理

丁云华　王店镇农业产业链党支部书记、嘉兴市都市田野生态农业有限公司董事长

洪合镇：

陈佳胤(女)　洪合镇人民政府党建办工作人员

吴丹青(女)　洪合毛衫商会第一党支部委员、副秘书长

高雪燕(女)　洪合镇新美村党总支委员

陈黎黎(女)　洪合镇良三村党总支委员

张佳丽(女)　洪合镇新王桥村党总支委员

新塍镇：

王海林　新塍镇思古桥村党总支书记、村委会主任

潘月华(女)　新塍镇蓬莱社区党总支书记、居委会主任

计颖婷(女)　浙江秀州建设有限公司党支部书记、副总经理

周　阳(女)　新塍镇人民政府党建工作办公室副主任

郝永祥　新塍镇事业退休老干部党总支书记、郝老师课堂负责人

王江泾镇：

王晓其(女)　王江泾镇田青村党总支委员、村委会委员

沈　剑(女)　王江泾镇收藏村党支部委员、村委会副主任

卜晓燕(女)　王江泾镇农技水利服务中心党支部委员、工作人员

俞叶芳(女)　王江泾镇诚恒纺织有限公司党务工作者、出纳

杨雅芬(女)　王江泾镇幼儿园支部委员、教师

油车港镇：

张　力　油车港镇澄溪村党委书记、村委会主任

沈　凯　油车港镇天星社区党总支书记、居委会主任

杨建荣　深圳市金地物业管理有限公司嘉兴分公司党支部书记、金地艺境花苑环境主管

张建芳(女)　油车港镇党委组织员

新城街道：

许乐平(女)　新城街道幼儿园联合党支部书记、新城实验幼儿园园长

梅金冬　新城街道东升社区党支部书记、居委会主任

朱育奇(女)　新城街道中山社区党委书记、居委会主任

高照街道：

刚　俐(女)　嘉兴市秀洲区芯悦社工事务所党支部书记、理事长

杨兴兴(女)　高照街道党工委组织员、党建办副主任

张丹红(女)　高照街道幼儿园党支部委员、嘉兴市实验幼儿园副园长

高新区：

顾建明　浙江嘉兴福达建设股份有限公司党支部书记、总经理

杨晓华(女)　嘉兴捷顺旅游制品有限公司党支部副书记、管理部经理

戴梦莲(女)　浙江中邦东晟现代服务业(集团)有限公司党支部书记、副总经理

朱晓枫(女)　浙江三科线缆股份有限公司党务工作者、人事行政经理

区委直属机关工委：

宋　寒(女)　区农业农村和水利局机关党支部副书记、组织人事科科长

朱晨晨　区统计局党支部委员、办公室(统计执法监督科)主任(科长)

钟　燕(女)　区综合行政执法局党支部委员、政治处主任

高燕妮(女)　嘉兴市生态环境局秀洲分局党支部委员、法规宣教科工作人员

钱丽敏(女)　区应急管理局党支部委员、安全生产基础科(危化品监管科)副科长

王沁园(女)　区纪委监委机关第一党支部委员、办公室一级科员

陈淑怡(女)　秀洲邮政管理局党支部委员、办公室副主任

区教育体育局：

夏　寅　嘉兴市秀洲现代实验学校党总支副书记

俞艳娜(女)　王江泾镇实验学校党政办副主任

陈若蓝(女)　王店镇中学党支部委员、团委书记

区司法局：

张林燕(女)　浙江亨泽律师事务所党支部书记、主任

区住建局：

金志强　区住房和城乡建设局城建党支部书记、区村镇建设管理服务中心主任

区交通运输局：

董明明(女)　区交通运输局机关支部委员、办公室副主任

区卫健局：

王学珍(女)　王店人民医院党总支部书记、院长

谢海荣　洪合镇卫生院党支部书记、院长

孙健琦(女)　区妇幼保健院党总支委员、院党办主任

三、秀洲区先进基层党组织名单

王店镇：

中共王店镇红联村委员会

中共王店镇庆丰村总支部委员会

中共王店镇社会治理支部委员会

中共南方科技大学嘉兴研究院支部委员会

中共德和科技集团股份有限公司联合支部委员会

中共浙江鼎美智装股份有限公司联合支部委员会

洪合镇：

中共洪合毛衫商会总支部委员会

中共洪合镇新王桥村总支部委员会

中共洪合镇洪合村总支部委员会

中共洪合镇良三村总支部委员会

中共嘉兴市秀洲区吴越幼儿园支部委员会

新塍镇：

中共新塍镇火炬村总支部委员会

中共新塍镇天福村委员会

中共新塍镇虹桥社区总支部委员会

中共新塍镇机关老干部支部委员会

中共新塍镇富园村委员会

王江泾镇：
中共王江泾镇古塘村支部委员会
中共王江泾镇民和村总支部委员会
中共王江泾派出所辅警支部委员会
中共嘉兴市申通快递有限公司支部委员会
中共嘉兴市禾东船业有限责任公司支部委员会
油车港镇：
中共油车港镇胜丰村委员会
中共油车港镇西湖村总支部委员会
中共浙江恒威电池股份有限公司支部委员会
中共油车港镇政务服务中心支部委员会
新城街道：
中共新城街道亚都社区委员会
中共新城街道殷秀社区总支部委员会
中共永泰广场支部委员会
高照街道：
中共高照街道秀清社区委员会
中共高照街道新义村总支部委员会
中共高照街道综合行政执法队支部委员会
中共高照街道龙盛右岸名邸红心物业支部委员会
高新区：
中共雅莹集团股份有限公司委员会
中共浙江五芳斋实业股份有限公司委员会
中共兴土股份有限公司支部委员会
中共嘉兴中润光学科技股份有限公司支部委员会
中共中节能嘉兴产业园支部委员会
区委直属机关工委：
中共嘉兴市秀洲区政务服务和数据资源管理办公室支部委员会
中共国家税务总局嘉兴市秀洲区税务局机关委员会
中共嘉兴市秀洲区卫生健康局支部委员会
中共嘉兴市公安局秀洲分局机关委员会
区教育体育局：
中共浙江师范大学附属秀洲实验学校总支部委员会
中共嘉兴市秀洲实验小学支部委员会
中共嘉兴市秀洲区梅里小学总支部委员会
区司法局：
中共嘉兴市秀洲区天鸿律师事务所支部委员会
区住建局：
中共秀洲区住房和城乡建设局城建支部委员会
区农水局：
中共秀洲区农业农村和水利局执法支部委员会
区卫健局：
中共嘉兴市秀洲区洪合镇卫生院支部委员会
中共嘉兴市秀洲区人民医院(新塍医院)总支部委员会
嘉秀集团：
中共嘉兴市嘉秀发展投资控股集团有限公司支部委员会

重要报道目录

2022 年国家级、省级报刊、电视等媒体刊播秀洲的报道

表 59

序号	标题或内容	媒体名称	记者	时间
1	各地开展“我们的中国梦”文化进万家活动	央视《新闻联播》	吕雨佳　袁　华	2022.1.25
2	各地多举措促就业创业　助力节后返岗复工	央视《新闻联播》	姚　丽　张　康	2022.2.10
3	遇见中国　感受别样冬奥会	央视《新闻联播》	中央电视台记者	2022.2.12
4	浙江：干在实处走在前　勇立潮头敢为先	央视《新闻联播》	姚　丽	2022.7.21
5	关注浙江人民的美好生活更加殷实　幸福　可感	央视《新闻联播》	中央电视台记者	2022.8.31
6	【领航中国】中国经济迈上现代化新征程	央视《新闻联播》	顾梦晴　冯　路	2022.9.6

续表 59

序号	标　题　或　内　容	媒体名称	记　　　者	时　间
7	多地多种形式庆祝教师节	央视《新闻联播》	刘　剑　陆英杰	2022.9.10
8	【新思想引领新征程】八项规定深刻改变中国	央视《新闻联播》	中央电视台记者	2022.12.13
9	迎新年·保供应　浙江嘉兴：一网6万斤！中国青鱼之乡喜迎冬捕季	央视《天下财经》	宗郁晨	2022.1.2
10	赏年画过大年　民俗活动齐登场　打造冬奥里的年画展和中轴线上的年画展	央视《朝闻天下》	姚　丽	2022.1.28
11	各国运动员陆续入住　感受冬奥村“黑科技”	央视《今日亚洲》	央视记者	2022.1.29
12	年的味道：迎新	央视《年的味道》	央视记者	2022.2.2
13	秀洲“新年画　新风尚　新生活”画展	央视《文化十分》	央视记者	2022.2.8
14	浙江嘉兴　关注儿童安全　3岁幼童被卡洗衣机　消防“破筒救人”	央视《新闻直播间》	钱欢欢　姚　丽	2022.3.16
15	起底网络刷单骗局　网络刷单成引流入口　引诱受害者进行赌博	央视《第一时间》	高　源　陈昌进　赵　婕	2022.3.19
16	本周视点：封控下的民生	央视《新闻周刊》	吕雨佳　戚震宇　姚　丽	2022.4.2
17	浙江嘉兴：流动汽车图书馆走进乡村，带来丰富阅读体验	央视《新闻袋袋裤》	央视记者	2022.4.25
18	浙江嘉兴：组合式税费优惠　助企业纾困解难	央视《第一时间》	央视记者	2022.5.17
19	迎端午·促消费　包装瘦身重健康　绿色消费成时尚	央视《朝闻天下》	央视记者	2022.6.3
20	人杰地灵胜丰村	央视17套《我的美丽乡村》	央视记者	2022.8.1
21	洪合棕编	央视三套《向幸福出发》	央视记者	2022.8.17
22	新时代新农村　浙江嘉兴：稳粮富民有良策	央视《中国三农报道》	央视记者	2022.9.14
23	我国社区养老服务已覆盖半数以上农村社区	央视《中国三农报道》	央视记者	2022.10.4
24	盘点国庆假期：运动健身成度假新风尚	央视《中国新闻》	姚　丽	2022.10.8
25	水乡“灵”果，嘉兴市秀洲区油车港镇	央视《中国三农报道》	央视记者	2022.10.19
26	浙江嘉兴：税惠蓄能　助力科技企业驶入发展快车道	央视《第一时间》	央视记者	2022.12.16
27	赏年画　过大年	《人民日报(海外版)》	赖　睿　黄敬惟	2022.2.7
28	浙江清华长三角研究院面向产业需求，促进科技成果转化　省校共建新载体　全面融通产学研	《人民日报》	李中文　窦　皓	2022.3.21
29	图片报道：秀洲区洪合镇微网格长朱佳森在良三村值守	《人民日报(海外版)》	张丽娟	2022.3.29
30	1到4月同比增长12%　浙江固定资产投资势头强劲	《人民日报》	李中文　顾　春	2022.5.29

续表 59

序号	标　题　或　内　容	媒体名称	记　　　者	时　间
31	童趣空间	《人民日报》	何　艳	2022.6.22
32	图片报道:引育高端人才,壮大优势产业,促进经济社会高质量发展	《人民日报(海外版)》	张丽娟	2022.6.27
33	图片新闻:采红菱	《人民日报(海外版)》	曹丽丽　褚多丰	2022.8.20
34	我国农业科技进步贡献率超过61%,农作物种源自给率超过95%——更多乡亲挑上"金扁担"	《人民日报》	常　钦	2022.8.24
35	浙江嘉兴市秀洲区深化基层党建示范群创建——网格连心　组团服务	《人民日报》	窦瀚洋	2022.9.15
36	一屏"管"全城,手机可"秒办"　用好大数据,办事效率高	《人民日报(海外版)》	李雪钦	2022.10.12
37	奋楫扬帆此其时　浙江锚定方向扎实推进共同富裕	《新华每日电讯》	新华社记者集体采写	2022.3.19
38	江南水乡打造特色文旅典范	《新华每日电讯》	徐　昱	2022.11.25
39	新年画展现好生活	《光明日报》	陆　健	2022.2.7
40	"小三角"共建疫情防控"安全网"	《光明日报》	苏　雁　陆　健　颜维琦	2022.4.19
41	驻企指导员为企业排忧解难	《光明日报》	张丽娟	2022.5.23
42	浙江嘉兴织密疫情防控网	《光明日报》	陈佳胤	2022.5.25
43	包粽子展非遗	《光明日报》	曹丽丽	2022.5.30
44	以人为本惠民　持之以恒实践——全国各地深入推进文明城市创建工作综述	《光明日报》	张文骁　龚　亮	2022.8.11
45	为农业插上科技的翅膀	《光明日报》	陈　晨	2022.8.17
46	"禾城驿"给百姓一个温馨港湾——浙江嘉兴整合资源打造"十分钟便民服务圈"	《光明日报》	陆　健	2022.8.17
47	秀洲区着力打造党建统领融合型大社区大单元治理实践范本	《农民日报》	曹丽丽	2022.7.15
48	浙江嘉兴市秀洲区粮食生产功能区落实配套政策　做好农田项目强地力　发展联合经营聚心力	《农民日报》	曹丽丽　汤佳萍	2022.7.23
49	秀水泱泱展新姿——看浙江嘉兴秀洲区如何推进城乡融合促共富	《农民日报》	朱海洋	2022.9.1
50	"绿壳蛋司令"带领乡亲"找奔头儿"	《农民日报》	周　阳	2022.11.21
51	嘉兴市秀洲区油车港镇胜丰村菱珑湾是典型的江南水乡村落	《农民日报》	徐　昱	2022.11.23
52	党建引领构建共富新模式	《农民日报》	张丽娟	2022.12.19
53	浙江嘉兴:秀水泱泱　圆梦之洲,绽放江南文化魅力	中国日报网	《中国日报》浙江记者	2022.7.18
54	嘉兴秀洲:幸福的生活图景,从"诗和远方"中徐徐走来	中国日报网	《中国日报》浙江记者	2022.8.8

续表59

序号	标题或内容	媒体名称	记者	时间
55	“船”承百年恰风华——嘉兴秀洲数字赋能赓续红色基因	中国日报网	《中国日报》浙江记者	2022.9.16
56	浙江省嘉兴市秀洲区油车港镇:“菱”里创收促发展 拓宽农旅致富路	《经济日报》	《经济日报》记者	2022.9.22
57	嘉兴城市驿站年底将达百余座,“一站一特色”打造“邻利项目” 让市民都愿意进来坐一坐	《解放日报》	刘 畅	2022.10.12
58	隆重“灯”场!看龙腾虎跃闹元宵	新华社客户端	王怿文 李 涛	2022.2.15
59	“浙里”人家 共同富裕	新华社客户端	王怿文 孔令杭 应曲川	2022.3.18
60	让每个经济细胞都活起来——浙江纾困政策为个体工商户“减负”“增氧”	新华社客户端	屈凌燕 吕 昂	2022.5.24
61	“一件毛衫”推动各民族共同致富	新华社客户端	俞 菀 唐 弢	2022.6.16
62	“中国历代绘画大系”特展在嘉兴展出	新华社客户端	江 汉	2022.7.1
63	浙江秀洲:打造城乡融合发展的共富样本	新华社客户端	许舜达 楼清扬	2022.8.7
64	新华全媒+·新时代新征程新伟业丨浙江嘉兴:江南水乡打造特色文旅典范	新华社客户端	徐 昱	2022.11.22
65	教育领域“山海协作” 浙江秀洲与仙居组建跨地区教共体	中新网	童笑雨 张雨滴	2022.3.9
66	汇聚“红色力量” 浙江秀洲党员干部防疫一线显担当	中新网	施紫楠 张雨滴	2022.3.13
67	人、车、货同防同治 浙江秀洲筑牢疫情“安全网”	中新网	施紫楠 张雨滴	2022.3.14
68	浙江嘉兴秀洲新增1例阳性感染者轨迹公布	中新网	胡丰盛 张雨滴	2022.3.28
69	疫情期间农产品滞销 浙江嘉兴秀洲“疫”起爱心助农	中新网	胡丰盛 张雨滴	2022.4.4
70	浙江嘉兴24小时战“疫”求助平台 解决群众“急难愁盼”	中新网	胡丰盛	2022.4.8
71	浙沪交界处“兄弟”镇特写:真情援“沪” 搭建保供桥梁	中新网	张雨滴	2022.4.11
72	疫情下浙江嘉兴如何“安内”又“援外”?	中新网	张雨滴	2022.4.15
73	两地“通勤”的守“沪”队:披星戴月往返驰援	中新网	张雨滴	2022.4.26
74	访南湖红船“守”艺人:钉铆之间 留住历史	中新网	张雨滴	2022.5.2
75	浙江嘉兴秀洲打造“健心客厅”:探索全民健心新路径	中新网	张雨滴	2022.5.20
76	以艺术点亮乡村 浙江嘉兴推出艺术村“共富六大计划”	中新网	张雨滴	2022.5.19
77	中学旧址化身全民健身中心 浙江秀洲引领全民健身新蝶变	中新网	张雨滴	2022.6.7

续表 59

序号	标　题　或　内　容	媒体名称	记　　者	时　间
78	浙北乡村的蝶变之路：以文为韵打造共富精神家园	中新网	张雨滴	2022.6.10
79	精神如何“富”起来　浙江嘉兴以红船领航、润心促共富	中新网	胡丰盛　张雨滴	2022.6.13
80	“中国历代绘画大系”嘉兴特展开幕　让文化遗产“活”起来	中新网	张雨滴	2022.6.24
81	“95 后”台青的乡村奋斗之路：广阔天地　大有可为	中新网	张雨滴	2022.7.8
82	浙江嘉兴毛衫名镇：2.07 万民族同胞的共治共享之路	中新网	张雨滴	2022.7.12
83	尽显江南“秀”与“美”　浙江嘉兴秀洲绘水乡美好画卷	中新网	胡丰盛	2022.7.18
84	浙江嘉兴秀洲：“农”墨重彩绘未来乡村画卷	中新网	张雨滴	2022.8.8
85	打造长三角光伏产业发展高地　浙江秀洲举办光伏之夜	中新网	张雨滴	2022.8.18
86	浙江嘉兴秀洲：以“数”治城　提升监管智慧化水平	中新网	张雨滴	2022.9.3
87	浙江嘉兴秀洲：全力以赴抵御台风“梅花”	中新网	张雨滴	2022.9.14
88	【十年@每一个奋斗的你】退役军人“红色”不褪：建立“老班长工作室”服务一方	中新网	张雨滴	2022.10.4
89	浙江秀洲共富观察：城乡收入比 1.51∶1 如何形成？	中新网	项　菁　周　健	2022.11.11
90	浙江嘉兴秀洲：夯实基层文化阵地　提升公共文化服务质效	中新网	张雨滴	2022.11.23
91	“青鱼之乡”冬捕忙　浙北小镇青鱼如何“游”向全国？	中新网	张雨滴	2022.12.18
92	浙江嘉兴“润心”记：民生共享　擘画共富“新图景”	中新网	张雨滴	2022.12.28
93	主攻数字经济和智能制造　嘉兴“一企一策”服务台资企业	《浙江日报》	王杭徽	2022.1.18
94	把全家福分享给远方的亲人　“咔嚓”，秀洲新居民定格幸福	《浙江日报》	郁馨怡	2022.1.21
95	秀洲　让农产品卖个好价钱　“膝益带货官”，专帮残疾人带货	《浙江日报》	郁馨怡	2022.1.23
96	“嘉兴智慧”研发网红床	《浙江日报》	郁馨怡	2022.2.4
97	嘉兴以匠心故事激励党员干部干事创业　老铁匠登上全市大会讲台	《浙江日报》	郁馨怡	2022.2.9
98	嘉兴 14 万党员干部坚守战“疫”一线	《浙江日报》	郁馨怡　李　茸	2022.2.16

续表 59

序号	标　题　或　内　容	媒体名称	记　　　者	时　间
99	谋片、连线、串点布局高能级科创平台体系　嘉兴奋力打造创新枢纽城市	《浙江日报》	陈佳莹　陈培华	2022.2.19
100	扁平化指挥　数字化赋能　嘉兴打好防疫“整体战”	《浙江日报》	沈烨婷　郁馨怡	2022.3.22
101	秀洲以数字化推动物资精细化管理　防疫物资调配像网购一样方便	《浙江日报》	郁馨怡	2022.3.23
102	嘉兴庙云桥村田长和我们一起巡田　“大管家”管田真有一套	《浙江日报》	宋彬彬	2022.3.24
103	干群合力打响一场特殊的“保供战”——奋战一昼夜，为了嘉兴市民“菜篮子”	《浙江日报》	毛传来　李　茸　郁馨怡	2022.3.31
104	嘉兴加强市民和抗疫人员心理疏导　“你的烦恼，我们随时聆听”	《浙江日报》	郁馨怡	2022.3.31
105	嘉兴“疾行侠”帮群众跑腿解难	《浙江日报》	郁馨怡	2022.4.2
106	快速反应守小门　数智助力守大门	《浙江日报》	记者集体采写	2022.4.6
107	秀洲高速卡口执勤人员为临产孕妇特事特办　凌晨时分，为生命“护航”	《浙江日报》	郁馨怡	2022.4.12
108	秀洲　物流快递企业全面复工	《浙江日报》	郁馨怡	2022.4.13
109	嘉兴与沪苏等长三角毗邻地区合力抗疫——经此一“疫”，“邻里”愈加休戚与共	《浙江日报》	顾雨婷	2022.4.14
110	嘉兴发布一揽子惠企纾困帮扶政策　预计全年为市场主体减负 300 亿元以上	《浙江日报》	王杭徽	2022.4.17
111	秀洲“惠企大礼包”让企业安心生产	《浙江日报》	郁馨怡	2022.4.19
112	学直播又学布展，记者体验“云”上广交会——触摸浙江外贸新风向	《浙江日报》	拜喆喆	2022.4.25
113	秀洲国家高新区 7 个重大项目签约　全力复产　“云”上招商	《浙江日报》	郁馨怡	2022.4.25
114	在防疫中防“抑”，嘉兴组建专业团队为市民提供心理咨询服务——心理顾问，陪你一起“健心”	《浙江日报》	郁馨怡	2022.4.26
115	嘉兴秀洲流调专家沈月根：与病毒赛跑的“幕后侦探”	《浙江日报》	郁馨怡	2022.5.5
116	解决燃眉之急　提振发展信心　浙江出台首个个体工商户纾困政策	《浙江日报》	全琳珉	2022.5.6
117	秀洲区油车港镇解决群众“急难愁盼”　把监督“前哨”设在群众家门口	《浙江日报》	许莲娜　郁馨怡	2022.5.13
118	搭建平台　外借“大脑”　梯度育苗　“小巨人”，秀洲这样造	《浙江日报》	郁馨怡	2022.5.22
119	秀洲真金白银助推先进制造业发展 1 亿多元“红包”现场发	《浙江日报》	郁馨怡	2022.5.26

续表 59

序号	标 题 或 内 容	媒体名称	记 者	时 间
120	秀洲靠前服务助力重大项目建设	《浙江日报》	郁馨怡	2022.5.27
121	嘉兴全自动核酸检测分析设备实现量产 1小时就能出结果,全程无需人工操作	《浙江日报》	王杭徽	2022.5.27
122	嘉兴启动百日攻坚行动 9月底前为企减负300亿元以上	《浙江日报》	王杭徽	2022.6.1
123	"中国历代绘画大系"缘何牵手嘉兴 一座城,一个人,一场特展	《浙江日报》	李娇俨 李 茸	2022.6.14
124	"中国历代绘画大系"嘉兴特展亮相	《浙江日报》	顾雨婷	2022.6.25
125	嘉兴红色旅游"七一"升温	《浙江日报》	李 茸	2022.7.3
126	"中国历代绘画大系"嘉兴特展引发参观热潮	《浙江日报》	顾雨婷	2022.7.4
127	秀洲王店镇:以片区协作强化基层监督实效	《浙江日报》	许莉冰 郁馨怡	2022.7.5
128	嘉兴利用城市"金角银边"打造便民服务驿站"禾城驿",都市里的温馨港湾	《浙江日报》	沈听雨 顾雨婷	2022.7.6
129	秀洲中小企业"零资金"参与投标 虚拟保证金解企业资金难题	《浙江日报》	郁馨怡	2022.7.18
130	圆通航空集团创新总部项目落户秀洲	《浙江日报》	郁馨怡	2022.7.26
131	中国儿童戏剧节嘉兴设分会场	《浙江日报》	郁馨怡	2022.7.29
132	"00后近看民主"暑期实践活动来到嘉兴秀洲区油车港镇 观摩一场协商——民生议事堂,有事好商量	《浙江日报》	万笑影 郁馨怡 朱丽珍	2022.8.1
133	秀洲小镇女足队勇挑男队 球场上走来了"半边天"	《浙江日报》	郁馨怡	2022.8.9
134	秀洲光伏新能源产业前7月产值同比增长逾七成 龙头引领 链上追"光"	《浙江日报》	郁馨怡	2022.8.21
135	在嘉兴市秀洲区聚贤路停一次车到底该付多少钱——智慧停车平台为何总算糊涂账	《浙江日报》	王雨红 王杭徽	2022.8.22
136	五芳斋登陆上交所主板	《浙江日报》	郁馨怡	2022.9.1
137	新"跑道"开启半年,一批优秀场景应用走进千家万户——浙江数字文化上新记	《浙江日报》	记者集体采写	2022.9.7
138	嘉兴秀洲区退休教师周振明:老有所乐,做幸福老人	《浙江日报》	郁馨怡	2022.10.16
139	着力解决好百姓急难愁盼问题	《浙江日报》	记者集体采写	2022.10.21
140	秀洲新塍镇:城乡融合 引领乡村美丽蝶变	《浙江日报》	郁馨怡	2022.11.15
141	本报记者蹲点嘉兴秀洲区胜丰村菱珑湾,旁听一场村书记的讨论会——网红村再寻新引擎	《浙江日报》	纪驭亚 沈烨婷 郁馨怡	2022.11.24
142	火车跑得快,要靠车头带	《浙江日报》	纪驭亚 沈烨婷 郁馨怡	2022.11.28

（史 意 李晓芳）

文件目录选编

2022 年中共嘉兴市秀洲区委员会重要文件一览

表 60

发文文号	文 件 名 称	发文机关	发文日期	备 注
秀洲委发〔2022〕1 号	中共秀洲区委、秀洲区人民政府关于印发《中共秀洲区委、秀洲区人民政府 2022 年工作要点》的通知	中共秀洲区委 秀洲区人民政府	2022.1.3	
秀洲委发〔2022〕2 号	中共嘉兴市秀洲区委关于印发区第十次党代会报告的通知	中共秀洲区委	2022.1.7	
秀洲委发〔2022〕3 号	中共秀洲区委、秀洲区人民政府关于 2021 年度全区重点工作考核结果的通报	中共秀洲区委 秀洲区人民政府	2022.2.14	
秀洲委发〔2022〕4 号	中共秀洲区委、秀洲区人民政府关于表彰 2021 年度“秀美新区”建设先进集体和先进个人的决定	中共秀洲区委 秀洲区人民政府	2022.2.14	
秀洲委发〔2022〕5 号	中共秀洲区委、秀洲区人民政府关于表扬 2021 年度“美好秀洲”“活力秀洲”“和谐秀洲”建设突出贡献集体和个人的通报	中共秀洲区委 秀洲区人民政府	2022.2.14	
秀洲委发〔2022〕6 号	中共秀洲区委、秀洲区人民政府关于学前教育深化改革规范发展的实施办法	中共秀洲区委 秀洲区人民政府	2022.3.17	
秀洲委发〔2022〕7 号	中共嘉兴市秀洲区委关于印发《2022 年区委工作目标任务责任分解》的通知	中共秀洲区委	2022.4.19	
秀洲委发〔2022〕8 号	中共秀洲区委、秀洲区人民政府关于公布 2021 年度在推进先进制造业高质量发展中作出突出贡献的单位的决定	中共秀洲区委 秀洲区人民政府	2022.5.24	
秀洲委发〔2022〕10 号	中共秀洲区委、秀洲区人民政府、秀洲区人武部关于公布 2021 秀洲区武装工作考评结果的通知	中共秀洲区委 秀洲区人民政府 秀洲区人武部	2022.6.30	
秀洲委发〔2022〕11 号	中共嘉兴市秀洲区委关于印发《中国共产党嘉兴市秀洲区委员会工作规则》的通知	中共秀洲区委	2022.8.2	规范性文件
秀洲委发〔2022〕12 号	中共秀洲区委、秀洲区人民政府关于授予 2020－2021 年度“慈善献爱心——突出贡献企业”的通知	中共秀洲区委 秀洲区人民政府	2022.8.11	
秀洲委发〔2022〕13 号	中共秀洲区委、秀洲区人民政府关于公布秀洲区服务业高质量发展优秀单位的决定	中共秀洲区委 秀洲区人民政府	2022.9.1	
秀洲委发〔2022〕14 号	中共秀洲区委、秀洲区人民政府关于印发《嘉兴市秀洲区法治政府建设实施纲要（2021－2025 年）》的通知	中共秀洲区委 秀洲区人民政府	2022.9.8	
秀洲委发〔2022〕15 号	中共秀洲区委、秀洲区人民政府关于给予 2021 年度优秀公务员奖励的决定	中共秀洲区委 秀洲区人民政府	2022.8.18	
秀洲委发〔2022〕16 号	中共嘉兴市秀洲区委印发《关于推进新时代文化秀洲工程的意见》的通知	中共秀洲区委	2022.8.31	

续表 60

发文文号	文件名称	发文机关	发文日期	备注
秀洲委发〔2022〕17 号	中共秀洲区委、秀洲区人民政府关于印发《2022 年度镇、街道、秀洲国家高新区综合绩效目标考核办法》和《2022 年度区级机关部门(单位)综合绩效目标考核办法》的通知	中共秀洲区委 秀洲区人民政府	2022.10.2	
秀洲委发〔2022〕18 号	中共秀洲区委、秀洲区人民政府关于加快运河湾新城建设的决定	中共秀洲区委 秀洲区人民政府	2022.10.8	
秀洲委发〔2022〕19 号	中共嘉兴市秀洲区委关于认真学习宣传贯彻党的二十大精神的通知	中共秀洲区委	2022.11.11	
秀洲委发〔2022〕21 号	中共嘉兴市秀洲区委关于“用好红色资源、赓续红色血脉、打造红色文化传承高地”的实施意见	中共秀洲区委	2022.12.30	
秀洲委办发〔2022〕1 号	区委办公室、区政府办公室关于印发《秀洲区“项目建设年”活动实施方案》的通知	区委办 区政府办	2022.2.14	
秀洲委办发〔2022〕2 号	区委办公室、区政府办公室关于 2021 年度镇、街道、秀洲国家高新区和区级机关部门综合绩效目标(基础工作)考核结果的通报	区委办 区政府办	2022.2.8	
秀洲委办发〔2022〕3 号	区委办公室、区政府办公室关于印发秀洲区“项目建设年”活动年度考核及月度“赛马”指标体系的通知	区委办 区政府办	2022.2.14	
秀洲委办发〔2022〕4 号	中共嘉兴市秀洲区委办公室关于印发《区委常委会党史学习教育专题民主生活会班子问题整改方案》的通知	区委办	2022.3.16	
秀洲委办发〔2022〕6 号	中共嘉兴市秀洲区委办公室关于印发《秀洲区“作风建设年”暨“六问六争”主题实践活动实施方案》的通知	区委办	2022.3.22	
秀洲委办发〔2022〕7 号	中共嘉兴市秀洲区委办公室转发区委组织部、区委宣传部、区委党校《秀洲区 2022 年度干部教育培训意见》的通知	区委办	2022.4.6	
秀洲委办发〔2022〕8 号	区委办公室、区政府办公室关于印发《秀洲区 2022 年经济社会发展重点调研课题责任分解方案》的通知	区委办 区政府办	2022.4.20	
秀洲委办发〔2022〕9 号	中共嘉兴市秀洲区委办公室关于印发《落实市委对区委履行全面从严治党主体责任情况反馈意见整改方案》的通知	区委办 区政府办	2022.5.23	
秀洲委办发〔2022〕10 号	区委办公室、区政府办公室关于印发《秀洲区有关单位生态环境保护责任清单》的通知	区委办 区政府办	2022.5.25	
秀洲委办发〔2022〕12 号	中共嘉兴市秀洲区办公室关于印发《2022 年秀洲区党内法规工作要点》的通知	区委办	2022.6.7	
秀洲委办发〔2022〕14 号	中共嘉兴市秀洲区委办公室关于印发《嘉兴是秀洲区社会科学界联合会机关职能配置、内设机构和人员编制规定》的通知	区委办	2022.6.27	

续表 60

发文文号	文件名称	发文机关	发文日期	备注
秀洲委办发〔2022〕15号	区委办公室、区政府办公室关于印发《2022年督查检查考核年度计划》的通知	区委办 区政府办	2022.7.15	
秀洲委办发〔2022〕16号	区委办公室、区政府办公室关于调整区级议事协调机构和临时机构组成人员的通知	区委办 区政府办	2022.7.7	
秀洲委办发〔2022〕18号	区委办公室、区政府办公室印发《关于深化“县乡一体、条抓块统”改革推进基层智治系统建设的实施方案》的通知	区委办 区政府办	2022.7.27	
秀洲委办发〔2022〕19号	区委办公室、区政府办公室关于印发《2022年秀洲区党风廉政建设和反腐败工作组织领导与责任分工》的通知	区委办 区政府办	2022.7.28	规范性文件
秀洲委办发〔2022〕20号	中共嘉兴市秀洲区委办公室关于印发《关于进一步加强和改进新时代区直机关党务干部队伍建设的若干意见》的通知	区委办	2022.8.8	
秀洲委办发〔2022〕21号	区委办公室、区政府办公室关于印发《秀洲区国资公司改革方案》的通知	区委办 区政府办	2022.7.19	规范性文件
秀洲委办发〔2022〕22号	区委办公室、区政府办公室关于印发《秀洲区贯彻落实2021年省委生态环境保护专项督察报告整改方案》的通知	区委办 区政府办	2022.8.23	
秀洲委办发〔2022〕23号	中共嘉兴市秀洲区委办公室关于印发《嘉兴市秀洲区社会治理综合指挥服务中心主要职责、内设机构和人员编制规定》的通知	区委办	2022.8.26	
秀洲委办发〔2022〕24号	区委办公室、区政府办公室关于批转《嘉兴市秀洲区镇(街道)残疾人联合会换届选举工作的意见》的通知	区委办 区政府办	2022.8.31	
秀洲委办发〔2022〕25号	区委办公室、区政府办公室关于厉行节约、过紧日子的通知	区委办 区政府办	2022.9.9	
秀洲委办发〔2022〕26号	区委办公室、区政府办公室关于印发《秀洲区“三重一大”事项集体决策制度实施办法(试行)》的通知	区委办 区政府办	2022.9.27	
秀洲委办发〔2022〕27号	中共嘉兴市秀洲区委办公室关于进一步严格执行重大事项请示报告制度的通知	区委办	2022.11.2	
秀洲委办发〔2022〕28号	区委办公室、区政府办公室关于印发《嘉兴运河湾城投集团有限公司实体化运作实施方案》的通知	区委办 区政府办	2022.11.18	
秀洲委办发〔2022〕29号	区委办公室、区政府办公室关于印发《秀洲区先于共青团基层组织改革实施方案》的通知	区委办 区政府办	2022.11.30	
秀洲委办发〔2022〕31号	区委办公室、区政府办公室关于印发《秀洲区深化以集体经济为核心的强村富民乡村集成改革实施方案》的通知	区委办 区政府办	2022.12.11	
秀洲委办发〔2022〕32号	区委办公室、区政府办公室关于印发《秀洲区“扩中”“提低”行动方案》的通知	区委办 区政府办	2022.12.26	

续表 60

发文文号	文 件 名 称	发文机关	发文日期	备 注
秀洲委办发〔2022〕33 号	中共嘉兴市秀洲区委办公室印发《关于深入推进法治社会建设的实施意见》的通知	区委办 区政府办	2022.12.26	
秀洲委办发〔2022〕34 号	区委办公室、区政府办公室关于印发《嘉兴市秀洲区供销合作社联合社主要职责、内设机构和人员编制规定》的通知	区委办	2022.12.30	规范性文件
秀洲委办发〔2022〕35 号	中共嘉兴市秀洲区委办公室关于开好 2022 年度区级党员领导干部民主生活会的通知	区委办	2022.12.31	
秀洲委办发〔2022〕36 号	区委办公室、区政府办公室印发《关于进一步推动社会组织高质量发展的实施意见》的通知	区委办 区政府办	2022.12.30	

说明：上表中收录区委、区委区政府办、区委办印发的文件目录

2022 年嘉兴市秀洲区人大常务委员会重要文件一览

表 61

发文文号	文 件 名 称	发文机关	发文日期
嘉秀洲人大〔2022〕2 号	关于召开嘉兴市秀洲区第十届人民代表大会第一次会议的决定	秀洲区人大常委会	2022.1.18
嘉秀洲人大〔2022〕5 号	关于嘉兴市第九届人民代表大会代表选举结果的报告	秀洲区人大常委会	2022.2.21
嘉秀洲人大〔2022〕13 号	关于进一步加强自身建设的决定	秀洲区人大常委会	2022.4.12
嘉秀洲人大〔2022〕14 号	任免国家机关工作人员办法	秀洲区人大常委会	2022.4.12
嘉秀洲人大〔2022〕28 号	预算审查监督办法	秀洲区人大常委会	2022.9.28
嘉秀洲人大〔2022〕29 号	关于政府重大投资项目监督暂行办法	秀洲区人大常委会	2022.9.28
嘉秀洲人大〔2022〕34 号	嘉兴市秀洲区人民代表大会常务委员会议事规则	秀洲区人大常委会	2022.11.29
秀洲人大办〔2022〕6 号	2022 年秀洲区人大代表票决民生实事项目跟踪监督计划	区人大办	2022.3.8
秀洲人大办〔2022〕10 号	关于进一步做好 2022 年度人大重点建议办理工作的通知	区人大办	2022.3.22
秀洲人大办〔2022〕13 号	关于印发秀洲区第十届人大常委会组成人员联系代表名单的通知	区人大办	2022.4.13
秀洲人大办〔2022〕14 号	关于印发秀洲区第十届人大常委会工作委员会联系代表名单的通知	区人大办	2022.4.13
秀洲人大办〔2022〕15 号	嘉兴市秀洲区人民代表大会专门委员会工作规则	区人大办	2022.4.13
秀洲人大办〔2022〕16 号	印发《关于组织开展全区各级人大代表“六访六促”推动高质量发展打造均衡富庶发展、共同富裕典范主题活动的实施方案》的通知	区人大办	2022.4.18

续表 61

发文文号	文　件　名　称	发文机关	发文日期
秀洲人大办〔2022〕23 号	关于确定秀洲区第十届人大常委会领导联系镇、街道人大的通知	区人大办	2022.6.6
秀洲人大办〔2022〕24 号	关于印发《秀洲区人大常委会助力经济稳进提质工作方案》的通知	区人大办	2022.6.20
秀洲人大办〔2022〕30 号	关于印发《关于以数字化改革推动代表联络站迭代升级　培育打造人大践行全过程人民民主基层单元的实施方案》的通知	区人大办	2022.7.6
秀洲人大办〔2022〕37 号	关于表彰 2021 年度区人大建议和政协提案办理工作先进集体和先进个人的决定	区人大办 区政府办 区政协办	2022.8.31
秀洲人大办〔2022〕41 号	关于印发《2022 年度秀洲区人大常委会核心业务及“一府一委两院”主要业务进基层单元工作方案》的通知	区人大办	2022.10.18
秀洲人大办〔2022〕42 号	关于印发《关于推进全过程人民民主基层单元建设中人大代表联系选民和人民群众收集的意见建议处理办法（试行）》的通知	区人大办	2022.10.18
秀洲人大办〔2022〕43 号	关于建立区人大代表选民联络员队伍的指导意见	区人大办	2022.10.18
秀洲人大办〔2022〕49 号	关于印发《2022 年秀洲区“12·3”人大代表日活动实施方案》的通知	区人大办	2022.11.28
秀洲人大办〔2022〕51 号	关于印发《“代表议案建议质量年”活动实施方案》的通知	区人大办	2022.12.12
秀洲人大办〔2022〕52 号	关于印发《全面推行人大代表“亮身份”工作实施方案》的通知	区人大办	2022.12.12

说明：上表中收录区人大常委会、区人大办印发的文件目录

2022 年嘉兴市秀洲区人民政府重要文件一览

表 62

发文文号	文　件　名　称	发文机关	发文日期	备　注
秀洲政发〔2022〕2 号	关于印发秀洲区 2022 年政府投资项目计划的通知	秀洲区人民政府	2022.3.4	
秀洲政发〔2022〕5 号	关于十届区政府区长、副区长工作分工的通知	秀洲区人民政府	2022.4.19	
秀洲政发〔2022〕6 号	关于调整部分副区长分工的通知	秀洲区人民政府	2022.6.21	
秀洲政发〔2022〕8 号	关于印发秀洲区扎实稳住经济的一揽子政策措施的通知	秀洲区人民政府	2022.7.1	
秀洲政发〔2022〕9 号	关于印发嘉兴市秀洲区人民政府工作规则的通知	秀洲区人民政府	2022.7.1	

续表 62

发文文号	文 件 名 称	发文机关	发文日期	备 注
秀洲政发〔2022〕10 号	关于印发秀洲区深入推进农业“双强行动”全力打造农业高质量发展先行区实施意见的通知(FXZD00－2022－0002)	秀洲区人民政府	2022.8.23	
秀洲政发〔2022〕11 号	关于公布 2022 年秀洲区“优秀校长(园长)”、“最美教师”及提名奖、“农村教师耕耘奖”和“绿叶奖”评选结果的通知	秀洲区人民政府	2022.9.6	
秀洲政发〔2022〕12 号	关于印发《嘉兴市秀洲区推进城乡融合社区管理模式改革试点实施方案(2022－2024 年)》的通知	秀洲区人民政府	2022.9.26	
秀洲政发〔2022〕13 号	关于秀洲区禁止燃放烟花爆竹的通告(FXZD00－2022－0003)	秀洲区人民政府	2022.11.30	
秀洲政发〔2022〕14 号	关于印发秀洲区全民健身实施计划(2021－2025 年)的通知	秀洲区人民政府	2022.12.18	
秀洲政办发〔2022〕1 号	关于印发 2022 年春节期间稳用工促生产 12 条意见的通知	区政府办	2022.1.10	
秀洲政办发〔2022〕2 号	关于印发秀洲区防洪薄弱环节提升工程建设三年行动计划(2022－2024 年)的通知	区政府办	2022.3.14	
秀洲政办发〔2022〕3 号	关于下达 2021 年度区本级部门(单位)收支预算控制指标的通知	区政府办	2022.2.22	
秀洲政办发〔2022〕4 号	关于调整秀洲区“民主法治村(社区)”动态管理办法的通知	区政府办	2022.4.19	
秀洲政办发〔2022〕5 号	关于确定名都绿洲小区等 3 家为区级挂牌重大火灾隐患单位的通知	区政府办	2022.4.22	
秀洲政办发〔2022〕6 号	关于确定浙江宝兰电气有限公司等 2 家为区级挂牌重大火灾隐患单位(区域)的通知	区政府办	2022.4.22	
秀洲政办发〔2022〕7 号	关于印发秀洲区建设高质量制造强区跃升版实施方案(2022－2026 年)的通知	区政府办	2022.4.29	
秀洲政办发〔2022〕8 号	关于印发《秀洲区餐饮场所“瓶改管”工作实施方案》的通知	区政府办	2022.4.29	
秀洲政办发〔2022〕9 号	关于下达 2022 年土地储备计划的通知	区政府办	2022.5.5	
秀洲政办发〔2022〕10 号	关于印发《2021 年秀洲区政务信息工作考核办法》的通知	区政府办	2022.5.5	
秀洲政办发〔2022〕11 号	关于印发《秀洲区关于鼓励备案非标电动自行车提前淘汰置换实施方案》的通知(FXZD01－2022－0001)	区政府办	2022.5.8	规范性文件
秀洲政办发〔2022〕12 号	关于公布 2022 年度秀洲区人民政府重大行政决策事项目录的通知	区政府办	2022.5.12	

续表 62

发文文号	文　件　名　称	发文机关	发文日期	备　注
秀洲政办发〔2022〕13 号	关于加强新就业职工公共租赁住房保障的通知	区政府办	2022.5.18	
秀洲政办发〔2022〕14 号	关于印发秀洲区本地居民进城安置居住地登记备案实施办法(试行)的通知(FXZD01—2022—0002)	区政府办	2022.5.18	规范性文件
秀洲政办发〔2022〕15 号	关于全面推进镇(街道)综合行政执法工作的通知	区政府办	2022.5.18	
秀洲政办发〔2022〕16 号	关于进一步加快秀洲区服务业高质量发展的若干政策意见的通知(FXZD01—2022—0003)	区政府办	2022.5.20	规范性文件
秀洲政办发〔2022〕17 号	关于印发秀洲区关于扶持个体工商户纾困发展的若干政策的通知(FXZD01—2022—0004)	区政府办	2022.5.20	规范性文件
秀洲政办发〔2022〕18 号	关于印发秀洲区公共租赁住房管理实施细则的通知(FXZD01—2022—0005)	区政府办	2022.5.23	规范性文件
秀洲政办发〔2022〕19 号	关于印发秀洲区城市基础设施配套费收费与使用管理细则的通知(FXZD01—2022—0006)	区政府办	2022.5.25	规范性文件
秀洲政办发〔2022〕20 号	关于印发《秀洲区助企纾困政策实施意见》的通知(FXZD01—2022—0007)	区政府办	2022.6.10	规范性文件
秀洲政办发〔2022〕21 号	印发关于进一步加快农业经济高质量发展的若干政策意见的通知(FXZD01—2022—0008)	区政府办	2022.6.13	规范性文件
秀洲政办发〔2022〕22 号	印发秀洲区关于支持企业绿色稳定发展的若干政策意见的通知(FXZD01—2022—0009)	区政府办	2022.6.13	规范性文件
秀洲政办发〔2022〕23 号	印发关于加快建设秀洲区科创高地若干政策意见的通知(FXZD01—2022—0010)	区政府办	2022.6.13	规范性文件
秀洲政办发〔2022〕24 号	关于印发秀洲区无障碍环境改造经费补助办法的通知	区政府办	2022.6.14	
秀洲政办发〔2022〕25 号	关于废止秀洲政办发〔2020〕34 号文件的通知	区政府办	2022.6.15	
秀洲政办发〔2022〕26 号	关于促进秀洲区建筑业高质量发展的若干奖励政策意见的通知(FXZD01—2022—0011)	区政府办	2022.6.15	规范性文件
秀洲政办发〔2022〕27 号	关于印发嘉兴市秀洲区综合交通运输发展“十四五”规划的通知	区政府办	2022.6.15	
秀洲政办发〔2022〕28 号	关于加强引进高校毕业生全力打造“秀水央央智汇秀洲”青创之城若干意见的通知(FXZD01—2022—0012)	区政府办	2022.6.15	规范性文件
秀洲政办发〔2022〕29 号	关于印发秀洲区高层住宅二次供水集中整治专项行动实施方案的通知(FXZD01—2022—0013)	区政府办	2022.6.24	规范性文件
秀洲政办发〔2022〕30 号	关于印发 2022 年政府工作报告主要目标任务与秀洲区民生实事项目责任分解的通知	区政府办	2022.6.24	

续表 62

发文文号	文件名称	发文机关	发文日期	备注
秀洲政办发〔2022〕31号	关于印发秀洲区进一步深化工业企业“亩均论英雄”评价实施意见的通知(FXZD01－2022－0014)	区政府办	2022.7.8	规范性文件
秀洲政办发〔2022〕32号	印发《关于加快发展保障性租赁住房的实施意见》的通知(FXZD01－2022－0015)	区政府办	2022.7.24	规范性文件
秀洲政办发〔2022〕33号	关于印发《秀湖创业创新投资基金管理委员会议事规则》的通知	区政府办	2022.7.26	
秀洲政办发〔2022〕34号	关于印发《实施“三雁”工程推进秀洲区“专精特新”企业梯度培育专项行动方案》的通知(FXZD01－2022－0016)	区政府办	2022.7.28	规范性文件
秀洲政办发〔2022〕35号	关于印发《秀洲区瓶装燃气企业规模化改革实施方案》的通知	区政府办	2022.8.2	
秀洲政办发〔2022〕36号	印发秀洲区关于进一步加强内部审计工作的意见的通知	区政府办	2022.8.1	
秀洲政办发〔2022〕37号	关于印发嘉兴市秀洲区创建浙江省全域旅游示范区实施方案的通知	区政府办	2022.9.7	
秀洲政办发〔2022〕38号	关于印发《秀洲区既有住宅加装电梯实施方案》的通知(FXZD01－2022－0017)	区政府办	2022.9.1	规范性文件
秀洲政办发〔2022〕39号	关于印发秀洲区药品安全事件应急预案(2022年修订)的通知	区政府办	2022.9.9	
秀洲政办发〔2022〕40号	关于提升公办幼儿园和公益普惠性民办幼儿园覆盖率实施意见的通知	区政府办	2022.9.9	
秀洲政办发〔2022〕41号	关于调整并公布区政府议事协调机构及主要负责人的通知	区政府办	2022.9.20	
秀洲政办发〔2022〕42号	关于印发《秀洲区人防工程产权制度综合改革实施办法》的通知(FXZD01－2022－0019)	区政府办	2022.9.27	规范性文件
秀洲政办发〔2022〕43号	关于印发秀洲区稳外贸稳外资促消费实施意见的通知(FXZD01－2022－0018)	区政府办	2022.9.22	规范性文件
秀洲政办发〔2022〕44号	关于印发秀洲区环境空气质量改善及大气污染防治工作问题整改方案的通知	区政府办	2022.9.26	
秀洲政办发〔2022〕45号	关于印发秀洲区单用途预付卡专项整治工作方案的通知	区政府办	2022.9.30	
秀洲政办发〔2022〕46号	关于印发《秀洲区高速公路出口防疫检查点激励办法》的通知	区政府办	2022.10.12	
秀洲政办发〔2022〕47号	关于印发《秀洲区渣土消纳磋商实施细则(试行)》的通知	区政府办	2022.10.18	
秀洲政办发〔2022〕48号	关于印发秀洲区大面积停电事件应急预案的通知	区政府办	2022.10.20	

续表 62

发文文号	文 件 名 称	发文机关	发文日期	备 注
秀洲政办发〔2022〕49 号	关于印发秀洲区石油天然气长输管道突发事件应急预案的通知	区政府办	2022.10.20	
秀洲政办发〔2022〕50 号	关于印发秀洲区农村公路"路长制"实施意见的通知	区政府办	2022.10.20	
秀洲政办发〔2022〕51 号	关于印发新时代"秀水工匠"技能人才引育政策意见(试行)的通知(FXZD01—2022—0021)	区政府办	2022.9.30	规范性文件
秀洲政办发〔2022〕52 号	关于撤销高照街道新义新村东区(78—91幢)(区域)区级重大火灾隐患单位的通知	区政府办	2022.10.25	
秀洲政办发〔2022〕53 号	关于撤销浙江宝兰电气有限公司等 4 家单位(区域)区级重大火灾隐患单位的通知	区政府办	2022.10.25	
秀洲政办发〔2022〕54 号	关于健全完善特困人员救助供养制度的实施意见(FXZD01—2022—0020)	区政府办	2022.10.25	规范性文件
秀洲政办发〔2022〕55 号	关于明确新城街道、高照街道与秀洲国家高新区服务业工作体制机制的方案的通知	区政府办	2022.10.26	
秀洲政办发〔2022〕56 号	关于印发嘉兴市秀洲区公平竞争审查会试点工作方案的通知	区政府办	2022.10.21	
秀洲政办发〔2022〕57 号	关于废止秀洲政办发〔2021〕8 号文件的通知	区政府办	2022.10.31	
秀洲政办发〔2022〕58 号	关于印发《2022 年秀洲区政务公开工作考核办法》的通知	区政府办	2022.10.31	
秀洲政办发〔2022〕59 号	关于印发秀洲区重污染天气应急预案(修订)的通知	区政府办	2022.10.31	
秀洲政办发〔2022〕60 号	关于印发秀洲区农作物生物灾害应急预案(2022 年修订)的通知	区政府办	2022.10.31	
秀洲政办发〔2022〕61 号	关于印发新时代"秀水工匠"引育行动方案的通知	区政府办	2022.10.31	
秀洲政办发〔2022〕62 号	关于印发 2022 年度秀洲区印染行业主要污染物排污总量差别化管控方案的通知(FXZD01—2022—0022)	区政府办	2022.11.7	规范性文件
秀洲政办发〔2022〕63 号	关于印发秀洲区房屋建筑和市政基础设施工程生产安全事故应急预案的通知	区政府办	2022.11.9	
秀洲政办发〔2022〕64 号	关于印发秀洲区农村宅基地自愿有偿退出和流转管理办法(试行)的通知(FXZD01—2022—0023)	区政府办	2022.11.9	规范性文件
秀洲政办发〔2022〕65 号	印发关于进一步加强房地产项目开发建设管理的实施意见的通知(FXZD01—2022—0024)	区政府办	2022.11.14	规范性文件
秀洲政办发〔2022〕66 号	关于印发《秀洲区老年人微交安闭环管理工作实施办法》的通知	区政府办	2022.11.24	
秀洲政办发〔2022〕67 号	关于印发秀洲区推进农业转移人口市民化改革实施方案的通知	区政府办	2022.12.1	

续表 62

发文文号	文 件 名 称	发文机关	发文日期	备 注
秀洲政办发〔2022〕68 号	关于印发秀洲区创建浙江省食品安全示范区工作方案的通知	区政府办	2022.12.4	
秀洲政办发〔2022〕69 号	关于印发秀洲区行业协会商会、基层商会工作评价办法(修订)的通知	区政府办	2022.12.4	
秀洲政办发〔2022〕70 号	关于印发《秀洲区交通卡口防疫检查激励办法》的通知	区政府办	2022.12.1	
秀洲政办发〔2022〕71 号	关于公布秀洲区 2021 年度农业技术科技推广奖获奖项目的通报	区政府办	2022.12.8	
秀洲政办发〔2022〕72 号	关于废止秀洲政办发〔2022〕70 号文件的通知	区政府办	2022.12.5	
秀洲政办发〔2022〕73 号	关于印发《秀洲区优质企业多跨协同服务项目建设实施方案》的通知	区政府办	2022.12.13	
秀洲政办发〔2022〕74 号	印发《关于深化财政支持养老服务体系建设的若干意见》的通知	区政府办	2022.12.16	
秀洲政办发〔2022〕75 号	关于印发秀洲区数字门牌项目建设方案的通知	区政府办	2022.12.16	
秀洲政办发〔2022〕76 号	关于印发秀洲区食品安全事故应急预案、秀洲区特种设备事故应急预案的通知	区政府办	2022.12.22	
秀洲政办发〔2022〕77 号	关于印发秀洲区服务业企业亩产效益综合评价实施办法(试行)的通知	区政府办	2022.12.31	
秀洲政办发〔2022〕78 号	关于印发秀洲区 2023 年稳岗服企十二条意见的通知	区政府办	2022.12.25	
秀洲政函〔2022〕2 号	关于提请审议秀洲区 2021 年地方政府债务限额的议案	秀洲区人民政府	2022.3.5	
秀洲政函〔2022〕3 号	关于同意对嘉兴红太阳饲料有限公司土地使用权予以收回的批复	秀洲区人民政府	2022.3.5	
秀洲政函〔2022〕4 号	关于报送浙江嘉华特种尼龙有限公司智能化年产 12 万吨高性能环保锦纶纤维项目能耗平衡方案的函	秀洲区人民政府	2022.3.15	
秀洲政函〔2022〕5 号	关于提请陈之超等职务任免的议案	秀洲区人民政府	2022.3.25	
秀洲政函〔2022〕6 号	关于秀洲区应急管理局 2022 年度安全生产执法计划的批复	秀洲区人民政府	2022.3.29	
秀洲政函〔2022〕7 号	关于同意秀洲区新城街道等 7 个镇(街道)人民防空设施专项管控规划的批复	秀洲区人民政府	2022.5.5	
秀洲政函〔2022〕8 号	关于报送嘉兴新嘉爱斯热电有限公司集中供压缩空气扩建项目能耗平衡方案的函	秀洲区人民政府	2022.5.5	
秀洲政函〔2022〕9 号	关于河南省安装集团有限责任公司浙江福莱特玻璃安装工程“2·28”一般高处坠落事故延长调查期限的批复	秀洲区人民政府	2022.6.5	

续表 62

发文文号	文件名称	发文机关	发文日期	备注
秀洲政函〔2022〕10 号	关于同意对陈茂平、陈茂圣国有土地使用权予以收回的批复	秀洲区人民政府	2022.8.6	
秀洲政函〔2022〕11 号	关于同意成立洪合镇民和社区居民委员会的批复	秀洲区人民政府	2022.5.17	
秀洲政函〔2022〕12 号	关于提请李宇聪等职务任免的议案	秀洲区人民政府	2022.5.20	
秀洲政函〔2022〕13 号	关于同意对嘉兴市大众丝绸印花有限责任公司土地使用权予以收回的批复	秀洲区人民政府	2022.5.25	
秀洲政函〔2022〕14 号	关于同意秀洲区新塍镇观音桥等 12 村乡村全域土地综合整治与生态修复工程项目实施主体变更的批复	秀洲区人民政府	2022.5.25	
秀洲政函〔2022〕15 号	关于恳请支持乍嘉苏高速改扩建高新区段采用高架抬升方案的函	秀洲区人民政府	2022.6.1	
秀洲政函〔2022〕16 号	关于同意对银浩丝纺有限公司国有限公司国有土地使用权予以收回的批复	秀洲区人民政府	2022.6.10	
秀洲政函〔2022〕17 号	关于同意成立洪合镇洪创工业社区的批复	秀洲区人民政府	2022.6.15	
秀洲政函〔2022〕18 号	关于同意对嘉兴西南物流开发建设有限公司土地使用权予以收回的批复	秀洲区人民政府	2022.6.20	
秀洲政函〔2022〕19 号	关于同意秀洲区高标准农田建设"十四五"规划的批复	秀洲区人民政府	2022.6.22	
秀洲政函〔2022〕20 号	关于拟停止嘉兴市金宇达染整有限公司供电的告知书	秀洲区人民政府	2022.6.23	
秀洲政函〔2022〕21 号	关于河南省安装集团有限责任公司浙江福莱特玻璃二期安装工程"2·28"一般高处坠落事故调查报告的批复	秀洲区人民政府	2022.6.29	
秀洲政函〔2022〕22 号	关于同意对嘉兴市银马水泥有限公司土地使用权予以收回的批复	秀洲区人民政府	2022.6.28	
秀洲政函〔2022〕23 号	嘉兴市秀洲区人民政府关于停止嘉兴市金宇达染整有限公司供电的决定	秀洲区人民政府	2022.7.1	
秀洲政函〔2022〕24 号	关于同意成立新塍镇火炬社区居民委员会的批复	秀洲区人民政府	2022.6.30	
秀洲政函〔2022〕25 号	关于同意成立新塍镇陡门社区居民委员会的批复	秀洲区人民政府	2022.6.30	
秀洲政函〔2022〕26 号	关于同意成立秀洲国家高新区汇创、数智、光伏工业社区的批复	秀洲区人民政府	2022.7.20	
秀洲政函〔2022〕27 号	关于要求将京杭大运河(嘉兴秀洲段)综合治理与保护工程等十个项目列入 2022 年上半年国民经济和社会发展执行情况报告的议案	秀洲区人民政府	2022.7.26	
秀洲政函〔2022〕28 号	关于要求将浙江(嘉兴)长三角智慧产业园一期等四个项目调整列入政府投资项目计划的议案	秀洲区人民政府	2022.8.26	

续表 62

发文文号	文　件　名　称	发文机关	发文日期	备　　注
秀洲政函〔2022〕29 号	关于同意对嘉兴市章园金属制品有限公司等四家企业土地使用权予以收回的批复	秀洲区人民政府	2022.7.30	
秀洲政函〔2022〕30 号	关于同意落实化肥应急储备任务的批复	秀洲区人民政府	2022.8.10	
秀洲政函〔2022〕31 号	关于同意对亚曦纺织整理(嘉兴)有限公司土地使用权予以收回的批复	秀洲区人民政府	2022.8.10	
秀洲政函〔2022〕32 号	关于同意对嘉兴秀洲光伏小镇开发建设有限公司土地使用权予以部分收回的批复	秀洲区人民政府	2022.8.12	
秀洲政函〔2022〕33 号	关于市九届政协一次会议第 140 号提案的答复	秀洲区人民政府	2022.8.27	
秀洲政函〔2022〕34 号	关于同意秀洲区王油圩区等水利工程管理与保护范围划定方案的批复	秀洲区人民政府	2022.8.25	
秀洲政函〔2022〕35 号	关于同意秀洲区王江泾镇市级文物保护单位双桥遗址申报省级文物保护单位的批复	秀洲区人民政府	2022.9.9	
秀洲政函〔2022〕36 号	关于秀洲区王江泾镇原嘉兴市利民学校“7·4”一般物体打击事故调查报告的批复	秀洲区人民政府	2022.9.9	
秀洲政函〔2022〕37 号	关于同意对嘉兴市金宇达染整有限公司等 4 家企业土地使用权予以收回的批复	秀洲区人民政府	2022.9.13	
秀洲政函〔2022〕38 号	关于要求将高照实验学校二期工程调整列入政府投资项目计划的议案	秀洲区人民政府	2022.9.21	
秀洲政函〔2022〕39 号	关于同意对嘉兴亚华印刷机械有限公司等三家企业土地使用权予以收回的批复	秀洲区人民政府	2022.10.1	
秀洲政函〔2022〕40 号	关于同意秀洲区三级及以上公路运行的城乡公交车设立站立乘员席的批复	秀洲区人民政府	2022.10.13	
秀洲政函〔2022〕41 号	关于同意秀洲区林地保护利用规划局部调整方案的批复	秀洲区人民政府	2022.10.12	
秀洲政函〔2022〕42 号	关于同意嘉兴市公安局秀洲区分局申报全省优秀公安局荣誉称号的批复	秀洲区人民政府	2022.10.21	
秀洲政函〔2022〕43 号	关于同意对高家桥区域六宗建设用地使用权予以收回的批复	秀洲区人民政府	2022.10.25	
秀洲政函〔2022〕44 号	关于提请李陈源免职的议案	秀洲区人民政府	2022.10.31	
秀洲政函〔2022〕45 号	关于同意实施秀洲区中心城区城镇社区建设专项规划的批复	秀洲区人民政府	2022.7.11	
秀洲政函〔2022〕46 号	关于同意对嘉兴耀科印刷包装机械有限公司土地使用权予以收回的批复	秀洲区人民政府	2022.12.4	
秀洲政函〔2022〕47 号	关于同意对嘉兴市丰园电子有限公司土地使用权予以收回的批复	秀洲区人民政府	2022.12.4	
秀洲政函〔2022〕48 号	关于同意对嘉兴市戴梦得商贸集团有限公司(原嘉兴市粮食资产经营有限公司)土地使用权予以收回的批复	秀洲区人民政府	2022.12.8	

续表 62

发文文号	文 件 名 称	发文机关	发文日期	备 注
秀洲政函〔2022〕49 号	关于同意撤销油车港镇栖真社区建制的批复	秀洲区人民政府	2022.12.22	
秀洲政函〔2022〕50 号	关于同意撤销王江泾镇荷花社区建制的批复	秀洲区人民政府	2022.12.22	
秀洲政函〔2022〕51 号	关于同意成立高照街道洪高社区居民委员会的批复	秀洲区人民政府	2022.12.22	

说明：上表中收录秀洲政发、秀洲政办发、秀洲政函的文件目录

2022 年政协嘉兴市秀洲区委员会重要文件一览

表 63

发文文号	文 件 名 称	发文机关	发文日期
秀洲政协〔2022〕1 号	政协嘉兴市秀洲区委员会 2022 年工作要点	秀洲区政协	2022.2.24
秀洲政协〔2022〕2 号	政协嘉兴市秀洲区委员会关于表彰 2021 年度反映社情民意工作先进单位和先进个人的决定	秀洲区政协	2022.1.4
秀洲政协〔2022〕3 号	中国人民政治协商会议第四届嘉兴市秀洲区委员会常务委员会关于同意张旦、金颖英同志辞去副主席职务的决定	秀洲区政协	2022.1.26
秀洲政协〔2022〕4 号	中国人民政治协商会议第四届嘉兴市秀洲区委员会常务委员会关于同意李湘泉同志辞去秘书长职务的决定	秀洲区政协	2022.1.26
秀洲政协〔2022〕5 号	中国人民政治协商会议第四届嘉兴市秀洲区委员会常务委员会关于吴怡之等同志职务任免的决定	秀洲区政协	2022.1.26
秀洲政协〔2022〕6 号	政协嘉兴市秀洲区委员会 2022 年度重点工作安排	秀洲区政协	2022.3.15
秀洲政协〔2022〕7 号	关于向区政府有关部门(单位)选派民主监督员的通知	秀洲区政协	2022.3.1
秀洲政协〔2022〕8 号	政协嘉兴市秀洲区委员会关于进一步完善民主监督员工作的实施办法	秀洲区政协	2022.4.14
秀洲政协〔2022〕9 号	中国人民政治协商会议第五届嘉兴市秀洲区委员会常务委员会关于任命政协“一办一室六委”专兼职主任、副主任的决定	秀洲区政协	2022.4.14
秀洲政协〔2022〕10 号	政协第五届嘉兴市秀洲区委员会常务委员会关于加强自身建设的意见	秀洲区政协	2022.4.14
秀洲政协〔2022〕11 号	政协嘉兴市秀洲区委员会关于加强和改进反映社情民意信息工作的意见	秀洲区政协	2022.5.7
秀洲政协〔2022〕12 号	关于秀洲区政协“请你来协商——深化‘双减’工作・营造良好教育生态”主席视察情况的报告	秀洲区政协	2022.6.21

续表 63

发文文号	文　件　名　称	发文机关	发文日期
秀洲政协〔2022〕13 号	关于聘任梅晓民等同志为五届秀洲区政协文史研究员的决定	秀洲区政协	2022.6.14
秀洲政协〔2022〕14 号	政协嘉兴市秀洲区委员会关于贯彻“三干会”精神　全面投身“三年”活动的若干意见	秀洲区政协	2022.4.16
秀洲政协〔2022〕15 号	走出去海阔天空　拓飞地助力转型——秀洲区政协赴江苏盐城市大丰区、安徽池州市贵池区“走秀商”考察报告	秀洲区政协	2022.6.23
秀洲政协〔2022〕16 号	秀洲高新技术政协委员会客厅“政企同心，共推经济发展”专题协商活动报告	秀洲区政协	2022.6.29
秀洲政协〔2022〕17 号	政协嘉兴市秀洲区委员会关于委员履行职责的若干规定	秀洲区政协	2022.7.27
秀洲政协〔2022〕18 号	政协嘉兴市秀洲区委员会关于加强与各民主党派、工商联、无党派人士、人民团体和政协委员联系的意见	秀洲区政协	2022.7.27
秀洲政协〔2022〕19 号	关于秀洲区政协五届二次常委会“请你来协商——基层应急管理体系和能力建设”专题协商情况的报告	秀洲区政协	2022.7.30
秀洲政协〔2022〕20 号	政协嘉兴市秀洲区委员会关于深入开展委员读书工作的实施意见	秀洲区政协	2022.8.11
秀洲政协〔2022〕21 号	关于秀洲区“退非还粮”落实情况专项民主监督活动的报告	秀洲区政协	2022.8.15
秀洲政协〔2022〕22 号	“秀水泱泱话共富”秀洲区政协“助力共同富裕示范区建设专题协商议事月”活动方案	秀洲区政协	2022.8.15
秀洲政协〔2022〕23 号	关于印发《政协嘉兴市秀洲区委员会关于“协商驿站”建设的实施办法（试行）》的通知	秀洲区政协	2022.9.1
秀洲政协〔2022〕24 号	关于“提升城市能级、推进制造业高质量发展”专题协商活动的情况报告	秀洲区政协	2022.9.5
秀洲政协〔2022〕25 号	关于秀洲区政协“请你来协商——加大文化遗产保护和利用力度，赋能秀洲城市发展”主席会议协商情况的报告	秀洲区政协	2022.9.16
秀洲政协〔2022〕26 号	关于印发《政协嘉兴市秀洲区委员会关于建立一领二联三服务机制推进政协委员更好联系服务群众的意见》的通知	秀洲区政协	2022.9.27
秀洲政协〔2022〕27 号	区政协关于数字经济发展专项民主监督活动的情况报告	秀洲区政协	2022.10.14
秀洲政协〔2022〕28 号	政协嘉兴市秀洲区委员会关于民主监督员工作评选表彰办法	秀洲区政协	2022.10.27
秀洲政协〔2022〕29 号	政协嘉兴市秀洲区委员会关于先进履职小组（联络室）和优秀政协委员评选表彰办法	秀洲区政协	2022.10.27

续表 63

发文文号	文　件　名　称	发文机关	发文日期
秀洲政协〔2022〕30 号	关于印发《中国人民政治协商会议嘉兴市秀洲区委员会全体会议工作规则》的通知	秀洲区政协	2022.11.9
秀洲政协〔2022〕31 号	关于印发《中国人民政治协商会议嘉兴市秀洲区委员会常务委员会工作规则》的通知	秀洲区政协	2022.11.9
秀洲政协〔2022〕32 号	关于秀洲区政协"请你来协商——助力残疾人家庭共同富裕，推进秀洲均衡富庶发展"主席视察情况的报告	秀洲区政协	2022.11.18
秀洲政协〔2022〕33 号	巩固成果合力共护碧水"一条河"——关于秀洲吴江两地政协联合治水主席视察专题协商会情况报告	秀洲区政协	2022.11.30

说明：上表中收录区政协印发的文件目录

2022 年秀洲区国民经济和社会发展统计公报

一、综合

秀洲区总面积[①] 547.73 平方千米（行政口径），户籍人口 43.57 万人（行政口径）。据初步测算，2022 年全区实现地区生产总值 622.31 亿元（管理口径，下同），按可比价格计算，同比增长 4.3%，按三次产业完成情况看：一产增加值为 19.18 亿元，同比增长 2.1%；二产增加值为 342.55 亿元，同比增长 6.6%，其中工业增加值为 310.82 亿元，同比增长 6.6%；三产增加值为 260.57 亿元，同比增长 2.0%。其中批发和零售业、金融业、营利性服务业及非营利性服务业增加值增速分别为 3.6%、5.9%、6.1% 和 2.6%。三次产业比重从 2021 年的 2.9∶53.2∶43.9 变化为 3.1∶55.0∶41.9。

秀洲区地区生产总值及增长速度

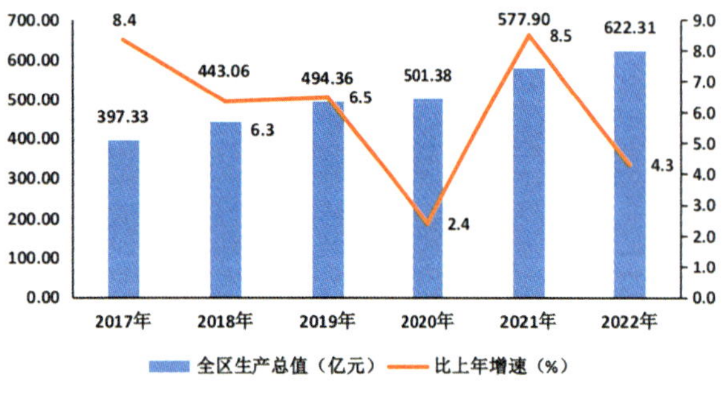

2022 年，全区实现地区生产总值 858.71 亿元（行政口径），按可比价格计算，同比增长 3.3%。按三次产业分：一产增加值为 19.18 亿元，同比增长 2.1%；二产增加值为 455.86 亿元，同比增长 5.0%，其中工业增加值为 414.39 亿元，同比增长 4.7%；三产增加值为 383.66 亿元，同比增长 1.5%。三次产业比重从 2021 年的 2.1∶51.4∶46.5 变化为 2.2∶53.1∶44.7。

二、农业和农村

2022 年全区实现农林牧渔业总产值（现价）28.23 亿元，按可比价计算，增长 5.0%。实现农业产值 13.77 亿元，可比增长 1.2%。其中粮食作物播种面积 34.0 万亩，同比增长 3.5%，粮食产量 14.92 万吨，同比增长 0.3%。实现牧业产值 3.24 亿元，可比增长 3.8%。生猪存栏 2.98 万头，出栏 4.42 万头；羊存栏 1.34 万只，出栏 1.14 万只；家禽出栏 154.93 万只；禽蛋产量 1068 吨。

农业产业实现高质量发展。高标准农田建设获评全省乡村振兴创新实践优秀案例，连续三年

① 总面积为第三次国土资源调查数据。

荣获全市粮食安全县(市、区)长责任制考核优秀。调整优化粮食功能区16.04万亩,累计推广稻渔综合种养面积4.2万亩。成功创建省级渔业健康养殖示范县,启动建设莲藕精品绿色农产品基地,新列入省级精品绿色农产品基地创建单位1个,建成高品质绿色科技示范基地3个,目前全区获得绿色农产品认证26个,完成农田退水"零直排"1万亩。

三、工业和建筑业

2022年全区实现规模以上工业增加值238.46亿元,同比增长9.0%。按轻重工业分:实现轻工业增加值90.47亿元,重工业增加值147.99亿元。从规上工业支柱行业看:电气机械和器材制造业累计实现增加值49.60亿元,同比增长44.2%;纺织业累计实现增加值35.78亿元,同比下降12.9%;非金属矿物制品业累计实现增加值34.45亿元,同比增长32.6%;计算机、通信和其他电子设备制造业累计实现增加值33.35亿元,同比增长8.9%;化学纤维制造业累计实现增加值12.47亿元,同比增长1.9%。

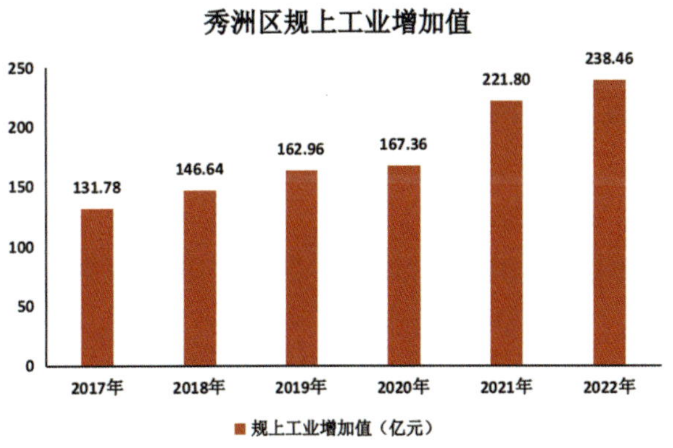

加快发展新兴产业。全区规模以上战略性新兴产业实现增加值132.32亿元,同比增长22.0%;规模以上高新技术产业实现增加值186.94亿元,同比增长12.2%;规模以上装备制造业实现增加值105.67亿元,同比增长16.6%;规模以上数字经济核心制造业实现增加值65.96亿元,同比增长7.2%;规模以上时尚制造业实现增加值49.46亿元,同比下降14.6%。

全年建筑业增加值31.82亿元,占GDP的比重为5.1%。2022年,全区73家资质以上建筑业企业实现建筑业总产值172.4亿元,同比增长17.9%,其中,省内产值149.5亿元,同比增长10.1%。

四、固定资产投资和房地产

2022年全区完成固定资产投资204.03亿元,同比增长23.5%。按产业划分:第一产业完成投资0.82亿元;第二产业完成投资75.33亿元,同比增长14.4%,第三产业完成投资127.88亿元,同比增长31.8%。

投资结构持续优化。全年实现民间投资126.04亿元,同比增长12.8%;项目投资141.02亿元,占固定资产投资的比重为69.1%;工业技术改造投资21.50亿元,占全部工业投资的比重为28.5%。

大项目支撑有力。2022年,全区亿元以上投资项目166个,本年完成投资118.06亿元。本年新开工项目159个,累计完成投资69.75亿元。

全年商品房销售面积42.05万平方米,同比下降10.1%,其中住宅销售面积36.48万平方米,同比下降17.1%。实现商品房销售额59.72亿元,同比下降4.4%,其中住宅销售额55.50亿元,同比下降6.2%。全区完成房地产开发投资63.01亿元,全年商品房施工面积421.87万平方米,同比增长1.1%,竣工面积13.29万平方米,同比下降29.3%。

五、贸易和对外经济

2022年全区实现社会消费品零售总额124.71亿元,同比增长2.6%。其中:批发零售业零售额109.21亿,同比增长5.4%;住宿餐饮业零售额13.67亿,同比下降13.4%。限额以上社会消费品实现零售总额为31.67亿元,同比增长3.9%。

全年实际利用外资3.87亿美元,同比增长2.7%。全年全区新批外资项目26个,其中总投资超1000万美元的项目有7个。

六、财政和金融

2022年全区实现财政总收入55.91亿元,同比下降13.1%;一般公共预算收入24.70亿元,同比下降15.0%。全区一般公共预算支出47.04亿元,同比增长10.9%。

积极落实中央和省出台的减税降费政策及行政事业性收费等缓缴政策,全年累计落实留抵退税17.18亿元,减免非税收入1.27亿元,占全区财政总收入的 33.0%；扎实开展国有房产租金减免工作，累计减免租金 5097 万元，惠及小微企业和个体工商户 3576 户。支出坚持有保有压，预算集中调剂压减及收回预算资金 1.65 亿元，盘活存量资金 2900 万元。全年民生支出 36.36 亿元，占一般公共支出 77.3%，其中：卫生健康支出和科学技术支出分别较上年同期增长 65.0%和 21.2%；兑现各类涉企资金 3.6 亿元，助推经济稳进提质。

秀洲区财政收入及支出情况

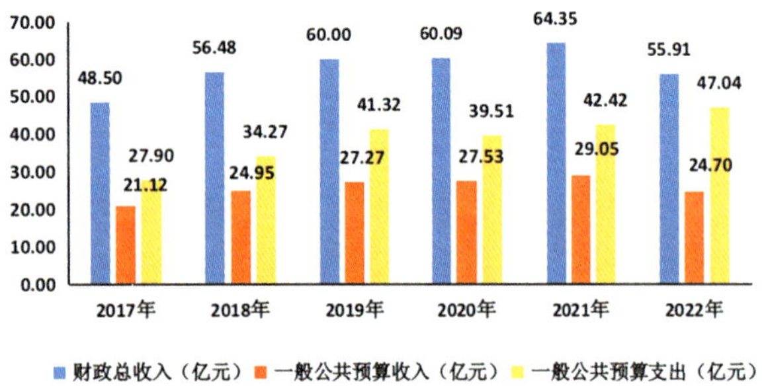

七、教育和科学技术

城乡教育均衡优质发展。全区现有中小学、幼儿园 58 所。其中高中 1 所，在校学生 1996 人，教师 151 人；义务教育段学校 24 所，其中九年一贯制学校 7 所，初中 7 所，小学 10 所（下设完小及校区 15 所），在校学生 44840 人，教师 2846 人；幼儿园 33 所（下设园区 22 所），在园幼儿 16385 人，教师 2084 人。义务教育阶段城乡学校校际差异系数分别达到小学 0.152、初中 0.179，列全市第一，走在全省前列。公办幼儿园在园幼儿占比 68.8%，普惠性幼儿园在园幼儿占比 92.5%，全区等级园覆盖率 100%，省二级及以上优质园覆盖率达到 81.0%，走在全市前列。

构建科研平台新格局。2022 年，全区各研究院共引育科研人员 290 人，其中依托研究院申报国家引才计划 18 人、省级引才计划 29 人。培育国家级博士后工作站 1 家、省级院士工作站 2 家。新认定省级科技企业孵化器 1 家、省级众创空间 1 家。北理工长三角研究院（嘉兴）、浙大嘉兴研究院认定为省级新型研发机构，认定数量并列全市第一；北理工长三角研究院（嘉兴）、浙大嘉兴研究院、南科大嘉兴研究院成功认定为市级新型研发机构，认定数量列全市第一；新认定市级重点实验室 7 家。2022 年，新认定省级企业研究院 2 家、省级企业研发中心 4 家、市级高新技术企业研发中心 20 家。新认定省科技小巨人 2 家、高新技术企业 87 家，高企累计 366 家；新认定省科技型中小企业 209 家，累计 1014 家。

八、文化和体育

公共文化服务进一步提升。构建大文化发展格局，深度助力"幸福秀洲"建设。2022 年，在嘉兴市文化和旅游促进人民精神生活共同富裕指数测评中，秀洲区位列全市第 1 名。全年新建文化驿站 1 个，文化馆企业分馆 3 个，智慧书房 2 个，健心客厅 2 个，礼堂书屋 7 个，乡村文化名师工作室 2 个，提升智慧书房 5 个，完成图书馆无障碍设施改造项目。建成"15 分钟品质文化生活圈"111 个，覆盖设施 700 余个，发布活动 5000 余次。开展送戏下乡 150 场，送展览下乡 15 场。开展各级各类全民文化活动 7138 场，参与群众 363 万人次。开展全民艺术普及，下基层培训辅导 3000 多课时，受惠群众近 2 万人次。上演中国儿童艺术剧院经典剧目 31 场次，观看近 3 万人次，秀洲被授予"中国儿童剧院嘉兴艺术实践基地""浙江美术馆流动馆"等称号。秀洲区图书馆获评"首届浙江省最美公共文化空间"。212 件视觉艺术作品在市级以上赛事中获奖及入选，其中，国家级获奖及入选 26 件，省级 62 件。原创舞蹈《带你去远方》获得 2022 浙江省群星奖。

体育事业高质量发展。全区国民体质监测合格率达 95.6%，中小学生体质健康测试合格率 98.2%。完成省基础体育设施 9 项、市民生工程"社区运动家"13 项，新增体育场地面积 18.92 万平方米，达到 157.4 万平方米，人均面积 2.62 平方米。全区已累计注册单项体育协会 21 家，3A 以上体育社团达到 11 家；青少年体育俱乐部 13 家；镇街道社会体育组织 65 个。秀洲籍运动员参加国家级及以上赛事获得世锦赛季军 1 人，亚锦赛冠军 1 人，全国冠军 2 人，金华省运会秀洲突破历史最佳，获得金牌 17 枚、银牌 10 枚、铜牌 16 枚，总分 468 分，金牌数列嘉兴市第二名，奖牌数列嘉兴市第三名。

九、生态环境和城乡建设

生态环境日趋改善，城市形象不断提升。2022 年，秀洲区实现大禹鼎"三连冠""四夺鼎"，首获"大禹鼎"银鼎。9 个市控及以上地表水监测断面Ⅲ类及以上水质保持占比100%，石臼漾饮用水水源地水质为Ⅱ类，达标率保持100%。PM_{10}浓度44微克/立方米，同比改善6.4%，全市排名第一。

不断提升城市品质，聚焦民生实事。以城乡风貌整治提升为牵引，抓城市品质提升，新塍镇、王江泾镇顺利获评省级样板镇，运河未来社区、油车港—王江泾“秀水新区”县域风貌区分别获评省级未来社区和省级风貌样板区。打造美丽镇村，完成省级美丽宜居示范村新塍镇康和桥村项目建设。加强历史文化保护传承工作，3处建筑被列入嘉兴市区第五批历史建筑，成功申报7个市级历史文化传统村落。聚焦民生实事，完成新增既有住宅加装电梯26台、建成7台；完成“温暖嘉”驿站建设10座、“桥头跳车”整治4座、路面不平整治4.1千米、新增公共停车位2236个，实施15座公厕和6条道路无障碍设施改造。加快发展保障性住房，出台保障性租赁住房专项资金使用管理办法，获中央、省级补助资金6243万元，建设筹集保障性租赁住房7306套（间），完成率列全市第一。推进增绿添彩工程，新增绿地面积21.89公顷，新建绿道12千米，实现与嘉善县交界面的贯通；推进新塍塘绿道改造工程，提升沿线景观品质，实现新塍塘和秀湖2条绿道的连接贯通。3个小区成功创建嘉兴市园林式居住区，北郊河绿道（正原路—东方路）获评嘉兴市最美绿道。

十、人口、就业、居民生活和社会保障

年末全区行政口径户籍总户数为141214户，人口435681人，同比增长1.3%，其中城镇人口252740人。全区人口出生率为6.52‰，死亡率7.29‰，人口自然增长率为-0.77‰。

年末全区管理口径户籍总户数为117511户，人口378252人，同比增长1.1%，其中城镇人口195311人。全区人口出生率为6.53‰，死亡率7.66‰，人口自然增长率为-1.13‰。

坚持就业优先，持续涵养人才生态。全年完成城镇新增就业人数15111人，帮助就业困难人员再就业2206人。加大高层次人才开发，2022年新引进博士51名、硕士515名、大学生9500名。

城镇居民人均可支配收入65096元，同比增长3.6%；城镇居民人均消费支出42931元，同比增长4.8%。农村居民人均可支配收入44263元，同比增长6.2%；农村居民人均消费支出29467元，同比增长8.0%。城乡居民收入比为1.47∶1。

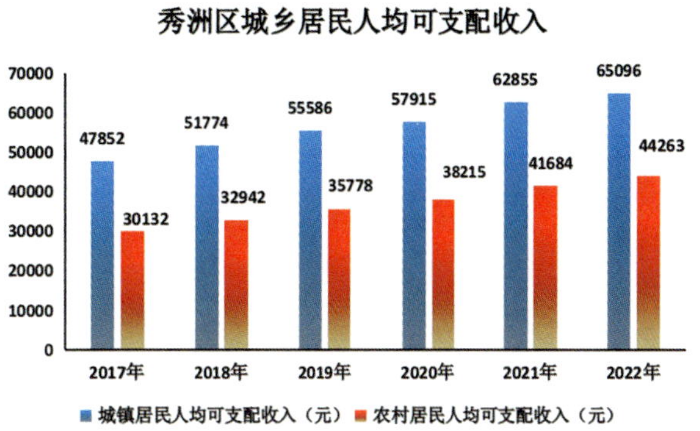

进一步推进全民参保，我区户籍法定人员基本养老保险参保率为98.4%。年末全区拥有养老机构5家，健全“1+5+N+X”养老服务体系，家庭养老床位入选2022年“浙里康养”子场景试点，秀洲区获评全国智慧健康养老示范基地。

注：

（1）全区生产总值、各产业增加值绝对数按当年价格计算，增长速度按可比价格计算。

（2）规模以上工业企业指年主营业务收入2000万元及以上企业。

限额以上固定资产投资指计划总投资500万元及以上项目。

限额以上批发、零售、餐饮企业指：

批发业：年主营业务收入2000万元及以上；

零售业：年主营业务收入500万元及以上；

餐饮业：年主营业务收入200万元及以上。

住宿业：年主营业务收入200万元及以上。

规上服务业是指：

交通运输、仓储和邮政业：年主营业务收入2000万元及以上；

信息传输、软件和信息技术服务业：年主营业务收入2000万元及以上；

房地产业（除房地产开发）：年主营业务收入1000万元及以上；

租赁和商务服务业：年主营业务收入1000万元及以上；

科学研究和技术服务业：年主营业务收入1000万元及以上；

水利、环境和公共设施管理业：年主营业务收入2000万元及以上；

居民服务、修理和其他服务业：年主营业务收入500万元及以上；

教育：年主营业务收入1000万元及以上；

卫生：年主营业务收入2000万元及以上；

社会工作：年主营业务收入500万元及以上；

文化、体育和娱乐业：年主营业务收入500万元及以上。

（3）行政口径：由于嘉兴市统计局对外统一公布数据使用法定行政区域在地统计口径，因此，在统计资料中公布的原秀洲区属地数据如无特殊说明均包含嘉北和塘汇，即为行政口径。

（4）管理口径：因嘉兴市经济开发区成立统计局，根据嘉统〔2010〕115号《关于规范全市在地统计工作的通知》，嘉北和塘汇两街道的统计工作不再由秀洲区管理，因此，从2011年起，如无特殊说明，统计资料中公布的原秀洲区隶属数据将不包含嘉北和塘汇，即为管理口径。

说 明

1. 本索引包括分目与条目索引，按主题词首字拼音字母顺序和音序排列，首字相同，则按第二字的音序排列，以此类推。
2. 阿拉伯数字、外文字母开头的词，分列排序。条目后的数字为该条目在本书中的页码。
3. 本年鉴的《特载》《大事记》《附录》的内容及表格、插图不做索引。

A

爱国卫生 285
安全生产监督检查 79
安全生产系列行动 80
安全生产与应急管理工作体系 79
安置房建设 323
安置就业 296
案件管理中心成立 208

B

八字安息堂改造工程 289
白蚁防治 205
办公用房管理 78
办税缴费服务 173
办学条件与设施设备 258
包德全 352
包国伟 344
保洁精细化示范标杆创建 209
保险业 178
保障民生事业发展 171
北京理工大学长三角研究院(嘉兴) 243
北京银行股份有限公司嘉兴分行 175
北科建新业态经济圈 335
北理工长三角研究院(嘉兴)开工 328
北圩园渔场入选省级数字农业工厂 322
“碧水绕村”工程 324
“碧水秀洲”项目 73
殡葬管理 289
“病媒防治”小程序试点建设 286
病媒生物防制示范单位创建 286
博尔玛创新园获评省五星级园区 158
博士后工作站建设 76
不动产登记“最多跑一次”改革 191
“不见面开标”模式 77

C

财政 171
财政改革 172
财政监督管理 172
财政经济委员会工作 64
财政审计 189
参保登记 292
参政议政 99、100、101、102
餐饮监管 196
餐饮具集中消毒监管 283
残疾人“两项补贴” 288

残疾人保障 294
残疾人就业 294
残疾人康复服务 294
残疾人事业 293
残疾人数量 293
残疾人文体活动 294
“残疾人之家”提质扩面 294
残疾预防 293
测土配方施肥技术推广 134
茶香坊社区卫生服务站新址启用 343
柴油车污染防治专项行动 227
产城融合高质量发展论坛 329
产业创新服务综合体建设 245
产业工人队伍建设改革提质扩面 106
产业一体化 182
产业转型 152
常委会会议 84
撤销栖真社区建制 328
陈家坝安置房交房 328
陈跃强 345
陈运杰 354
成果转化 240
成人(社区)教育 255
成人学历提升培训 255
承办第八届中国嘉兴集成吊顶展 307
承办省第二届智力运动会 262
城区环境综合治理 207
城区基础设施建设 198
城市道路设施提升 199
城市基础设施建设 156
城市精细化管理 208
城市品质提升 331、333、337、341
城市污水管网改造 199
城乡居民养老保险 292
城乡居民最低生活保障 290
“城乡融合共富新社区”火炬样板 316
城乡一体化住户调查大样本轮换 190
城乡智慧停车系统 210
城镇居民生活 301
持续构建儿童福利服务体系 288
崇军氛围营造 295
仇文臣 355
出入境管理 124
出生缺陷综合防治 284
“出租房屋管理一件事”应用 123
“除险保安”大排查大整治 299
除险保安活动 232
畜禽粪污与病死动物无害化处理 135
畜禽疫病防控 136
传统村落保护 213
船舶碰撞桥梁专项治理 234
创新“警云达”远程执法 124
创新体制机制 272
慈善募捐与救助 288
翠堤公园景观绿化提升改造 339
村社干部队伍建设 144
长虹桥防撞保护工程 271
长三角“环浙”智能骑行台挑战赛 262
长三角旅游一体化 170
长三角一体化经济发展 182

D

打击黄赌违法犯罪 121
打击食药环知领域犯罪 122
打击刑事犯罪 121
打击整治养老诈骗行动 118
打造“秀美德育”品牌 251
打造精品工程 146
大数据和风险管理 173
大学生暑期社会实践活动 109
《大运河嘉兴史话》出版发行 54
“大综合一体化”行政执法改革 45、120、207
代表活动 62
代表履职活动 62
待遇支付 292
党风廉政宣传教育 95
党风政风监督 94
党建工作 41
党群服务中心提升改造 335
党史编研 55
党史宣传教育 56
党外知识分子联谊会 50
党校工作 53
党员发展 42
档案服务 55
档案开放审核 55
档案史志工作 54
档案信息化 55
档案资源建设 55
道路安全隐患治理 233
稻田退水“零直排” 142
地方公共卫生 280
地方志工作 56

地质地貌 33
等级园建设 249
低(零)碳村、镇试点 228
低收入农户数字化帮扶 145
低收入农户增收项目 145
抵御第 11 号台风“轩岚诺” 79
抵御第 12 号台风“梅花” 79
第 34 个爱国卫生月主题活动 286
第九次全国职工队伍状况调研 107
第九届章氏古茶园茶文化节开幕 342
第六届秀洲区戏剧小品比赛 269
第五届“乐龄杯”老年人运动会 266
电动汽车充电设施建设 235
电力 234
电力安全提升 235
电商 167
电商产业发展 167
电网升级 235
电子证照社会化应用 77
调研与视察 89
鼎宏荣业建设集团有限公司 200
东西部扶贫、山海协作工作 278
“冬暖夏凉”工程 258
“冬暖夏凉”项目 74
动物资源 36
陡门村利用稻草秸秆栽培菌菇 134
陡门社区成立 316
督促整治违法从事医疗美容服务行政公益诉讼案 126
对口协商 87
对口支援工作 103
对口支援和山海协作 75
对台工作 50
对台经贸 50
对外及港澳台经济技术合作 159
对外宣传 47
多领域实现联办事项便利化 78

E

儿童基本公共卫生服务项目 284
儿童青少年近视防控 252
儿童青少年心理关爱 109
“儿童之家”项目 74

F

发电总量 234
发挥老干部正能量 53
法院 126
法制(监察和司法)委员会工作 64
法治政府建设 119
反诈人民战争 121
方美珍 352
防汛防台应急指挥体系 80
房地产管理 205
房地产开发 205
房地产销售 205
房地产业 204
房海祥 353
“访企业、解难题、促发展”大行动 107
非标电动自行车淘汰置换 197
非法行医查处 282
非公经济和社会党组织建设 42
非居民生活垃圾计量收费 210
非物质文化遗产 272
非遗分馆建设 272
非遗工坊 272
丰富内容供给 146
冯小宁 345
孵化器建设 244
佛吉亚新能源智能座椅项目签约暨开业典礼 158
服务地方中心工作 174
服务高能级招商 75
服务体系建设 296
服务文化企业 273
服务中心工作 45
辐射安全监督管理 227
辐射环境监测 220
妇儿维权 110
妇女儿童关爱行动 110
妇女全生命周期健康服务 284
妇女组织建设 110

G

干部监督 44
干部教育培训 43、54
干部培养 43
干部任用 43
岗位练兵 129
高标准农田建设 137
高等职业教育 254
高端装备制造业 153
高耗低效企业整治 153

高品质清廉学校建设 257
高新集团纪检监察工作 97
高血压糖尿病全周期健康管理推进分级诊疗改革 280
高照街道 333
高照街道纪检监察工作 96
个体工商户经营状况监测试点 190
个体私营经济及网络经营监督管理 195
耕地保护开发 191
“工会共建，建功共富”帮帮团 105
工伤保险 292
工伤与失业保险 292
工业固体废物排放量 222
工业经济 303、308、313、319、325、337、340
工业经济运行 149
工业社区成立 157
工业投资项目节点星级管理 152
工业项目管理 152
工业项目准入 152
工业项目综合验收 152
工业信息化 151
工业园区创新实践示范片区创建 210
公安 120
公共场所专项执法 283
公共法律服务管理 128
公共服务一体化 182
公共机构节能 78
公共建筑项目 201
公共数据平台秀洲仓 77
公共卫生 279
公交线网优化 232
公路车辆运营 232
公路非现场执法建设 233
公路桥梁防护设施提升 233
公路运输 230
公务员工作 44
公务员平时考核数智系统 126
公益诉讼检察 125
供电能力 234
供热价格协调工作 188
供销商业 166
供销社综合大楼竞拍成功 343
巩固拓展脱贫攻坚成果 145
共富奶牛棚 307
共青团秀洲区委员会 107
共青团组织 108
“共享法庭”入驻基层单元 343
固定资产投资 181
固体废物环境污染治理 222
“关爱空巢居・智慧助安行”项目 290
关爱老人活动 284
关心下一代工作 300
贯通区、镇两级消防体系 82
光伏新能源 153
广告管理 194
规范民办义务教育 260
规模以上文化企业发展 273
规上工业企业产值首次突破千亿元 149
国防教育与国防动员 129
国际税收 173
国际友好城市 75
国家森林城市创建 206
国民体质监测首次面向企业职工 262
国土空间规划 191
国土绿化 206
国土普法宣传 192
国有资产管理 183
果树蚕桑生产 134

H

夯实统计基层基础 190
杭申线(嘉兴段)三级航道改造工程 234
杭师大附属油车港中学揭牌 329
杭州银行股份有限公司嘉兴秀洲小微专营支行 178
郝老师课堂 318
和风路公园综合改造提升 343
黑色金属价格整体下跌 187
“红领巾喜迎二十大 争做新时代好队员”主题队日活动 108
红十字青少年工作 115
洪高路人力资源特色街 335
洪高社区成立 335
洪合镇 2021 年水毁修复工程 141
洪合镇 308
洪合镇纪检监察工作 95
湖嘉申航道嘉兴段(二期)改造工程 234
湖嘉申航道嘉兴段二期工程圩区设施改建工程 141
户外职工爱心驿站 106
“护航 2022”为企服务专项行动 121
华章文旅项目增资 156
环保设施安全评估 227
环保宣传主题活动 224
环保政策法规宣传 225
环境空气污染治理 221

环境空气质量监测 220
环评审批工作机制 223
黄顺华 355
挥发性有机物初始排污权核定与分配 224
惠农金融服务 167
婚姻登记 289
火炬村入选标准地改革省级试点 317
火炬社区成立 316
行业标杆服务创建 236
行业分类 149、200

J

机构编制法定化建设 46
机构编制工作 45
机构编制管理 46
机构编制质效评估 46
机关党建 42
机关事务管理 78
机关事业养老保险 292
基本地情 33
基本医疗 277
基层单元建设推进全过程人民民主 62
基层党建示范点扩面提质 144
基层防汛防台体系建设 79
基层管理体制改革 45
基层纪检监察 95
基层科协组织 112
基层民主协商 87
基层人大 65
基层体育委员工作机制 261
基层协会综合改革 116
基层治理数字化改革 144
基础设施 168
基础设施建设 258
基金监管 292
急性传染病防控 278
疾病控制 278
集成装饰创业创新园项目 306
计划生育家庭扶助 283
计生特殊家庭帮扶 116
纪检监察工作 94
纪委重要会议 94
技术创新 152
加强对外交流 273
家庭家教家风建设 110
家庭健康教育促进行动 116
家庭农场 137
家庭医生签约服务 278
嘉北街道 336
嘉北街道第二届市民议事会 339
嘉北粮仓公园改造工程 339
嘉兴地方党史陈列馆工作 57
嘉兴国家高新区 155
嘉兴国家高新区更名 41
嘉兴国家高新区纪检监察工作 96
嘉兴海燕创新创业学院成立 51
嘉兴隆基光伏年产 14GW 单晶组件项目落地 156
嘉兴隆基光伏项目落地 306
嘉兴市嘉秀发展投资控股集团有限公司 184
嘉兴市临空经济示范区建设 40
嘉兴市首张个体工商户经营者变更营业执照 196
嘉兴市秀宏建设投资集团有限公司 184
嘉兴市秀拓建设投资集团有限公司 186
嘉兴市秀拓燃气有限公司成立 186
嘉兴市秀洲区主要组织机构及负责人 346
嘉兴未来食品研究院 244
嘉兴沃尔德金刚石工具有限公司 155
嘉兴秀洲智能装饰产业创新服务综合体 245
嘉兴银行股份有限公司秀洲支行 177
嘉兴运河湾城投集团有限公司 212
嘉兴运河湾新城建设 40
嘉秀集团纪检监察工作 96
价格补贴工作 188
价格收费管理 188
监督检查和审查调查 94
检察 124
检务公开 126
简文昌 352
建设项目环境影响评价审批 223
建置　区划 34
建置沿革 34
建筑工程质量监管 200
建筑垃圾治理 208
建筑垃圾综合监管服务应用 210
建筑领域专项整治 201
建筑业 200
健康促进 285
健康管理中心项目改造 318
健康秀洲建设 280
交流交往 51
交流协作 54
交通安全管理 123
交通安全设施提升 233

交通流量设备建设 233
交通一体化 182
交通银行股份有限公司嘉兴秀洲支行 176
交通治堵 232
教科卫体与文化文史学习委员会工作 91
教师队伍 256
教师培训 257
教师专业成长 254
教文卫体 304、309、314、320、326、331、333、337、341
教学质量稳步提升 254
教育督导 259
教育管理 259
教育经费 257
教育经费及设施装备 257
教育科研 260
节能降耗 228
节水型设施改造 199
结对共建 130
界别协商 86
巾帼宣讲 110
“金百灵”侨之家 339
“金融助企”专项活动 103
进出口贸易 159
晋级省少年儿童田径冠军赛甲组 263
禁毒工作 121
经办服务 293
经济合同管理 194
经济社会发展与经济调控 180
经济与人口资源环境委员会工作 91
经济责任审计 189
经济作物生产 133
经营体制 149
精神文明建设 296
精准拆违专项行动 211
景区 景点 168
净化诉讼环境 127
竞技体育 263
竞争类国有企业改革 184
“敬老月”系列活动 284
九三学社秀洲区基层委员会 102
旧物 DIY 点亮绿色活动 225
就业创业 291
就业创业服务 291
就业优惠政策兑现 291
居家服务“数字监管” 290
居民 37
居民生活 301

K

“开工第一课” 80
“看秀洲”抖音号、视频号 274
“看秀洲”客户端 273
“看秀洲”微信公众号 273
康和桥村创建为省级 AAA 级景区村庄 168
抗疫经费安排 276
科创湖区建设 240
科创路演 240
科技成果 240
科技创新 304、320、340
科技管理 244
科技机构与队伍 238
科技计划管理 244
科技交流与推广 239
科技企业培育 156、240
科技人才服务 112
科技人才培育 239
科技人才与研发 309
科教融合 251
科普宣传活动 112
科普阵地提升 112
科研机构 238
科研人才 314、326
科研咨政 54
控告申诉检察 125
控烟限酒行动省级示范点建设 281
跨境平台建设 167
矿产资源 36

L

垃圾分类 210
垃圾分类信息化监管平台使用 211
垃圾分类专项执法行动 211
蓝京新能源动力电池及关键材料项目签约 157
劳动仲裁 291
老干部工作 52
老年教育 256
老年人心理关爱项目 284
老年体育 266
李宇聪 345
理论武装 46
立案(诉讼服务)工作 126
“立方众治”试点 118

立功受奖 296
联动开展文艺活动 114
联企走亲助推发展 102
粮仓文旅街项目启动 307
粮食价格总体平稳 186
粮食作物良种繁育和推广 133
粮食作物生产 133
“两化”改造 152
两企业获浙江省科技进步奖 157
两企业入选国家级专精特新“小巨人” 158
“两新”党建高地打造 42
亮兮柯新能源智能化增资扩产项目云签约 157
麟栖汇项目竣工 329
流动党员教育管理 42
“六个一”举措关爱抗疫一线人员 105
隆基乐叶入选国家智能制造优秀场景名单 158
隆基入选省级“雄鹰行动”培育名单 158
楼宇经济 166
落实消防安全责任 82
旅游区域合作 170
旅游人才培养 169
旅游市场管理 169
旅游宣传 169
履行社会责任 103
绿化养护体制调整 207
绿化养护专业管理 207
“绿剑 2022”生态环境执法专项行动 226
“绿剑蓝天”大气环境专项执法检查 226

M

马厍老街提升改造工程 328
蚂桥农贸市场改造 185
慢性非传染性疾病防控 279
毛衫产业基地入选省第三批内外贸一体化改革试点 312
矛盾纠纷调处 128
梅梨梓乡共同富裕示范带(王店段)建设 306
梅里机电产业园项目 306
梅里康养中心 307
梅里物流综合产业园项目 306
“美好善育”项目 74
“美好颐养”项目 74
美丽城镇省级样板镇 323
美丽河湖创建 142
美丽乡村精品线 317
美丽宜居示范村建设 213
孟岳仙 352
民兵整组 129
民革秀洲区基层委员会 99
民和社区成立 311
民建秀洲区基层委员会 100
民进秀洲区基层委员会 100
民盟秀洲区基层委员会 99
民企兴村、共富工坊项目推进 103
民商事(含知识产权)审判 127
民生保障 304、309、314、320、326、334、338、341
民生实事工程 73
“民生食事”扩面行动 290
民生投资审计 189
民事检察 125
民营经济基础数据调查研究 103
民营企业法律服务 103
民主监督 90、100、101、102
民族　宗教 298
民族团结进步创建 299
民族团结一家亲文体活动 300
母婴安全行动计划 284
“亩均论英雄”改革 152
木桥港新村北区城市有机更新启动 332

N

南方科技大学嘉兴研究院 244
南汇安息堂新建工程 289
南片污水外排复线工程外排主线启用 185
内部审计指导 189
能仁寺入选全省首批“宗教中国化场所” 318
年度计划编制 180
宁波银行股份有限公司嘉兴秀洲小微企业专营支行 178
农村电商 167
农村环境全域秀美专项行动 147
农村基层党建 144
农村集体“三资”管理 145
农村建筑工匠管理 213
农村居民生活 301
农村生活污水治理 199
农村文化礼堂 145
农工党秀洲区基层委员会 101
农家乐休闲观光农业 137
农民素质提升工程 142
农民专业合作社 137
农民自建房违法建筑专项整治 211
农田灌溉水有效利用系数测算 137
农田退水“零直排” 307

农业“机器换人”高质量发展先行县创建 139
农业产业化项目管理 139
农业和农村委员会工作 91
农业机械报废享受补贴资金 139
农业机械购置享受补贴资金 139
农业机械化 139
农业机械综合保险享受补贴资金 139
农业经济 303、308、313、319、325
农业龙头企业 137
农业品牌标准化 142
农业综合开发 136
农资储备 167
农资价格上涨 187
农作物病虫害防治 134
“暖巢行动”3.0版帮扶活动 290
暖心扶企专项行动 112

O

藕鱼混养增产增效 134

P

排污权交易 223
排污许可证核查与发放 223
派出所轻装PTU建设 122
品牌建设与其他 142
品重梅溪耕读精品线 307
“平安建设年”攻坚行动 41
平安秀洲建设 117
瓶装燃气使用管理 199
普法宣传与阵地建设 128
普通高中教育 254
普通国道大中修工程 231

Q

“七一”主题团日活动 109
其他基本公共卫生 280
企业登记管理 193
企业废水污染物排放量 221
企业废水污染治理 221
企业服务 154
企业环境空气污染物排放量 221
企业家培训 154
企业减负 154
企业类型 200
企业培育 154
企业人才专场招聘 76
企业职工养老保险 291
气候 33
气象灾害 36
“千博助千企”专项行动 112
强村富民 144
强村计划 144
侨联侨务工作 51
“侨助蝶变”共富品牌 50
“侨助共富”专项行动 51
“亲清直通车”系列活动 103
禽肉、鸡蛋价格小幅上涨 187
“勤丰种业”被评为省级全程机械化农机中心 323
青年发展型县域建设 108
青年人才婚恋交友 109
青年志愿者服务 109
青少年帮扶与服务 300
青少年服务品牌建设 300
青少年锦标赛 265
青少年科技活动 113
青少年思想教育 300
清洁生产审核 223
区妇幼保健院迁建项目开工 277
区广场舞(排舞)大赛 269
区划地名管理 289
区级领导下访接访 52
区纪委十届二次全体(扩大)会议 94
区老年大学新校区启用 256
区老年电大 256
区人大代表选民联络员队伍 63
区十届人大一次会议 59
区首届邮政行业职业技能竞赛 236
区委十届二次全体(扩大)会议 40
区委十届三次全体(扩大)会议 40
区委十届四次全体(扩大)会议 40
区委书记与委员面对面协商会议题调研 86
区委重要会议 39
区委重要决策 40
区域道德品牌建设 297
区域共治 173
区域特色产业 153
区长办公会议 70
区政府常务会议 68
区政府其他重要会议 73
区政府专题会议 72
全国农民画发展研讨会及作品展 271

全国五一劳动奖章 354
全国现代民间绘画收藏作品展 271
全国学前教育普及普惠区创建 249
全国智慧健康养老示范镇 318
全国最美工会户外劳动者服务站点 336
“全过程人民民主”基层单元建设 323
全科网格治理 118
全面融入长三角一体化工作 278
全民国防教育 129
全民阅读月系列活动 270
全民终身学习活动周开幕式 255
全区三级干部大会 40
全区首个乡镇药事服务站建成 312
全省社区应急体系改革试点 80
全省首个“个体工商户之家” 196
全省首支辅警版“轻装 PTU” 324
全市首个“炭管家”活性炭数字化管理平台 228
全市首个省级医保基层服务示范点 336
全域土地综合整治项目入选全省首批试点 193
全域土地综合整治与生态修复 191
“全员积分制”办案 208
群众体育 261
群众文化 268

R

燃气规模化改革 199
燃气数字化监管 199
人才工作 44
人大“联企”议事厅 66
人大“联企”议事厅揭牌 343
人大常委会会议 59
人大代表建议督办 63
人大代表联络站入驻工业社区 65
人大代表视察与调研 61
人大监督 60
人大数字化应用场景 61
人大重要会议 59
人道救助工作 115
人防工程产权制度改革 131
人防警报管理 130
人防设施专项管控规划 131
人防宣传教育 130
人口变动 37
人口管理 122
人口家庭与妇幼健康 283
人口密度 38
人力资源 76
人民防空 130
人事任免 62
任免事项 62
融汇工业社区启用 342
融资性担保公司 179
入选教育部试点 255
入选省创新创业基地 52
入选省深化教育评价改革综合试点 255

S

三产服务业 304、308、313、319、325、330、333、337、340
“三改一拆”工作 211
三个“掌上”应用平台 77
“三救三献”工作 115
“扫黄打非”工作 47
山海协作 170
山海协作特色产业提升项目 167
伤害类案件专项整治 121
商标与知识产权管理 194
商场(超市)零售业 166
上海浦东发展银行股份有限公司嘉兴秀洲支行 177
社工人才队伍建设 287
社会保险费和非税收入征收 173
社会法制与民宗港澳台侨委员会工作 91
社会风险评估 118
社会服务 99、100、101、102
社会福利 288
社会建设与民宗外侨委员会工作 64
社会救助 288
社会矛盾纠纷调处化解中心建设 118
社会事务管理 289
社会心理服务体系建设试点 281
社会信用体系建设 181
社会宣讲 54
社会养老服务 290
社会治理 305、310、314、320、327、331、338、341
社会治理一体化 183
社会资本办医管理 277
社会组织管理工作 287
社科理论研究 48
社科宣传普及 49
社区、社团、社工建设 287
社区建设 330
社区矫正工作 128
社区教育创建 256

社区应急体系改革试点 332
社区治理创新 287
涉安违建专项整治行动 211
涉外便企服务 75
沈培荣 352
沈伟 356
审计工作 188
审计整改 189
审批改革创新行动 192
生活饮用水及涉水产品监督检查 282
生态环境 304、310、313、320、326、330、338、341
生态环境保护督察及问题整改 227
生态环境保护民间监督员 224
生态环境保护宣传教育 224
生态环境损害赔偿 223
生态环境污染与治理 221
生态环境信访处置 227
生态环境行政执法 225
生态环境执法监察 225
生态环境质量监测 214
生态文明创建 228
生态一体化 182
生物多样性保护 225
生物灾害 37
生育友好环境建设 116
生育友好型社会建设 283
生猪及肉类产品价格呈下跌态势 187
声环境质量监测 220
省级低(零)碳乡镇试点 317
省级街容示范街创建 208
省级美丽城镇样板镇 316
省级品牌培育 169
省级无障碍社区创建 318
省科学技术进步奖 242
省图书馆学会学术年会在秀举行 270
省未来乡村建设试点村 328
省语言文字工作督导评估 259
省重大产业项目 181
省重点建设项目 181
胜丰村创建为省级 AAA 级景区村庄 168
失业保险 292
师德师风提升年 257
施工安全监管 201
时尚纺织 153
实施国民营养计划 281
实施科教融合 113
食品安全监督管理 196
食品生产与流通监督管理 196
食用油价格小幅上涨 186
史高翔 344
世源科技(嘉兴)医疗电子有限公司 154
市“551”重点项目 181
市场监督管理 193
市场监管 194
市场拓展 169
市级品牌培育 169
市容乱象整治 208
市政问题集中治理 209
事业单位登记管理 46
“守好红色根脉·班前十分钟”活动 106
首届“凤池雅集”文化旅游艺术节 317
首届“共富消费节” 329
首届保教人员职业技能大赛 249
首届中小学心理科普周 251
首台(套) 153
蔬菜价格小幅下跌 186
数字法治建设 118
数字化城市管理 209
数字化改革 120、233
数字化改革贯通 190
数字化改革与智慧教育 260
数字检察 126
数字经济核心产业 151
数字经济重点平台 151
数字资源建设 270
“双减”工作 259
“双随机、一公开”监管 282
“双随机”执法检查 226
“双碳”行动 228
双向开放 159
双拥工作 130
双拥工作机构 130
双拥活动 130
“双招双引”专题培训班 161
双招双引 156
水产养殖尾水全域治理 136
水产业 136
水环境质量监测 215
水利 140
水利执法 142
水路运输 234
水文 33
水资源 35
税费征收管理 173

税费政策落实 173
税务 172
税务法治 173
司法公开 128
司法行政 128
思想政治建设和党支部建设 53
思想政治引领 298
“四格融合”社区警务新模式 123
“四治融合”建设 119
诉源治理工作 127

T

“碳达峰”“碳中和”专项行动 228
碳排放报告管理 228
塘汇街道 340
塘汇街道残疾人协会成立 343
塘汇街道文学艺术界联合会成立 343
塘汇实验幼儿园开园 342
淘汰落后产能 153
特困人员供养 288
特雷通集团智能健康家居全球智造及研发总部项目开工 158
特殊教育 251
特殊群体服务 270
特种设备安全监察 195
提案办理 88
提案委员会工作 90
“体教融合” 265
“体医融合”培训 262
体育产业 267
体育产业企业惠企政策落地 267
体育产业项目库 267
体育消费券定点场馆申报 267
田乐村大麦—莲藕轮作试验 134
“停安心”项目 74
通信 236
同庆楼浙江首店签约落户 158
“同心筑梦”暖侨工程 52
统计工作 190
统计领域专项检查 190
统战工作 49
图书事业 269
土地储备 192
土地利用 192
土地征收 192
土地执法监察 191
土地资源 36
土壤和地下水污染治理 222
土壤环境质量调查与监测 220
推进“两项”国家级创建 259
推进城乡教育优质均衡发展 249
推进法治建设 61
推进民生实事项目 61
推进社会稳定和谐 209
退教工作 260
退役军人事务 295

W

外事工作 75
外事交流合作 75
王店镇 303
王店镇创建为省级 AAAA 级景区镇 168
王店镇纪检监察工作 95
王店镇中心幼儿园开园 307
王惠良 353
王江泾镇 318
网络安全 48
网络综合治理 48
网上督察工作 124
危险废物环境污染治理 222
“微改造、精提升”行动 169
微瑞 VR 设备及光学模组项目线上签约 157
圩区治理 140
维护台胞台属合法权益 51
维稳安保工作 118
委员工作委员会工作 92
卫生村镇创建 285
卫生服务信息化 277
卫生监测 279
卫生监督 281
未成年人检察 126
未来乡村建设 146
“温暖嘉”驿站改造 199
文化创意产业 272
文化发展 47
文化和自然遗产日活动 272
文明典范城市创建 296
文明养犬管理 208
文物安全检查 271
文物保护 271
文物维修 272
文艺创作成果 114
文艺精品 269

文艺志愿者服务 114
稳产保供与绿色发展 135
稳用工促生产政策兑现 291
我们的小康生活美术作品展 271
沃尔德 CVD 钻石及金刚石功能材料项目签约落户 156
污染物减排 224
污染源在线监控系统应用执法检查 226
“污水零直排”创建 324
“无差别全科受理”改革 77
“无废城市”创建 222
无疫校园创建 252
“无障碍出行”项目 73
无障碍公厕改造 200
无障碍环境建设 295
五芳斋上市 158
“五废”共治 229
“五气”共治 229
“五水”共治 229
“五四”主题团日活动 108
午休课桌椅试点 258
物价管理 186
物业管理 204

X

喜迎二十大农民画交流展 271
系列文明创建 297
夏季治安打击整治“百日行动” 120
夏修好 355
先进制造业高质量大会 154
县道大中修及桥梁改造加固工程 231
县道公路、桥梁检测 233
县域共青团基层组织改革 108
现代服务业 165
现代物流园区 167
乡村产业发展 137
乡风文明建设 298
项目建设 170
“项目建设年”活动实施 41
消防安全防范 81
消防安全专项整治行动 82
消防救援工作 81
消防宣传 82
消费券发放补助 166
消费者权益保护 195
小额贷款公司 178
小额贷款和融资性担保业 178
小微企业园建设 154
小学生综合评价改革 251
校地合作 243
校外培训机构监管 259
校园安全管理 260
协商议政 86
谢金凤 353
心理健康教育工作督导评估 259
“新城 e 事” 65
新城街道 330
新城街道纪检监察工作 96
新塍绿道南线工程 317
新塍镇 312
新塍镇纪检监察工作 96
新塍镇天福农业创业创新孵化园入选市级创建名单 138
新塍镇天悦湾托育园 317
《新塍镇志》出版发行 56
新冠病人医疗救治 276
新冠疫苗接种 276
新冠疫情防控 276
新冠疫情防控及医疗救治 276
新禾家苑社区入选省级第五批未来社区创建名单 342
“新就业形态劳动者温暖服务季”活动 107
新时代美丽乡村创建 146
新时代文明实践 297
新闻传播 273
新型教学空间建设 258
新型农业主体培育 137
新型研发机构 243
新义村“蓝领公寓” 336
信访工作 52
信访化解工作 124
信访积案化解清零专项工作 52
刑事案件审判 127
刑事检察 124
刑事执行检察 125
行政案件审判 127
行政复议 129
行政监管 55
行政检察 125
行政区划 34
秀·育先锋 256
“秀 e 养”应用场景 290
秀宏大楼启用 185
秀宏集团纪检监察工作 97
秀宏集团经营创收类项目管理 184
秀宏集团政府投资项目管理 184

秀洪社区获评省五星级社区服务综合体 336
“秀美好少年”评选 251
“秀水工匠”职业技能大比武 105
“秀水光谷”开工奠基仪式 311
《秀水县志》点校 56
秀水新区上海创新中心启用 329
“秀水一家亲”石榴红工程 50
秀拓集团纪检监察工作 97
秀洲儿童戏剧艺术季 269
秀洲发布 274
秀洲农民画 271
秀洲农民画扇面文创大赛 271
秀洲区“同心家园”启用 49
秀洲区办理全市首家歇业备案企业 193
秀洲区城乡融合新农村建设项目(新塍一期) 186
秀洲区第三届农村文化礼堂运动会 262
秀洲区第十三次团代会召开 108
秀洲区纺织产业创新服务综合体 245
秀洲区妇女联合会 110
秀洲区高质量发展建设共同富裕示范区改革探索 27
秀洲区工会第四次代表大会召开 106
秀洲区工商业联合会 102
秀洲区河湖淤泥资源再利用工程暨低洼田改造 141
秀洲区红十字会 115
秀洲区获评省级渔业健康养殖示范县 136
秀洲区计划生育协会 116
秀洲区科学技术协会 111
秀洲区农业标准地改革列入省级试点 138
秀洲区入选省农村生活垃圾分类处理工作优胜县(市、区) 147
秀洲区深化强村富民乡村集成改革 31
秀洲区首个省级未来社区 335
秀洲区首届社区运动会 262
秀洲区文学艺术界联合会 113
秀洲区渔业特色农业产业集群列入市级创建名单 138
秀洲区与龙泉市山海协作实施 76
秀洲区与屏山县结对帮扶 75
秀洲区总工会 104
秀洲小将摘得省运会嘉兴首金 263
秀洲新闻网(微博) 274
秀洲新闻网 273
徐芳正 354
宣传工作 46
宣传培训 79
宣传议政 51
学前教育 247
学生军训 129
学生全面发展 254
学习活动阵地建设 53
学校体育 265
学校卫生监管 282
巡视巡察 95
畜产品质量安全保障 136
畜牧业 135

Y

严玉珍 353
央视介绍油车港南湖菱种植基地 329
阳光体育运动会 266
阳海景怡北区污水零直排综合整治工程竣工 340
杨皓楠入选国家队 263
“杨樨院士展馆”揭牌 255
养老保险服务 291
药品医疗器械监督管理 195
业扩报装 235
业务培训与服务 159
液化石油气价格上涨 187
“一企一策”职业健康帮扶项目 283
“一人一企”服务机制 154
“一网通办”政务服务改革 123
医保扶贫 292
医疗保障 292
医疗费用控制 277
医疗服务能力提升 277
医疗机构与养老机构合作 285
医疗卫生机构 277
医疗卫生综合监管 282
医养结合 285
医养结合试点单位 285
医药服务 292
医药卫生体制改革 276
移民扶持 289
义务教育 249
“艺术乡建”助力共同富裕 114
疫情防控 303、308、313、319、324、330、333、336、340
疫情防控督查 282
疫情防控精细化管理应用 77
殷秀共同富裕展示地 332
银行业 174
饮用水水源保护 221
隐患动态清零工作机制 80
印染企业专项整治行动 226
应急管理 79

应急物资保障 80
婴幼儿照护服务 283
“迎亚运 助共富”职工羽毛球比赛 106
营商环境优化 235
用电服务 235
优抚工作 296
优化法治化营商环境 119
优化学前教育办园结构 249
优秀提案 88
邮政 236
邮政储蓄银行嘉兴市秀洲支行 177
油车港镇 324
油车港镇纪检监察工作 96
友善医院创建 285
幼儿园年审 249
“幼小衔接 秀洲在行动”学前教育宣传月 249
“宇你共富”驿站启用 236
预防接种 279
园林绿化 206
园林绿化管理 207
园区运营 168
原基本公共卫生 280
圆通航空集团创新总部项目签约 157
院士工作站建设 112
运河社区获评省级无障碍社区 336
“运河湾”区域人大工作联盟 65
运河湾新城建设 211
运河湾新城建设指挥部揭牌成立 212
运河湾新城总体规划 212

Z

章氏茶园及周边公园综合提升改造 343
招商成果 161
招商银行股份有限公司嘉兴秀洲支行 177
招商引资 161、340
招投标管理 201
招引乡贤助力乡村振兴 50
浙江(嘉兴)长三角智慧产业园一期项目 186
浙江稠州商业银行股份有限公司嘉兴分行 175
浙江川禾新材料有限公司 155
浙江大学嘉兴研究院 243
浙江德康医疗器械有限公司 154
浙江工匠 354
浙江禾城农村商业银行股份有限公司 174
浙江恒威深交所上市 328
浙江蓝特光学股份有限公司 155
浙江民泰商业银行股份有限公司嘉兴分行 174
浙江省德沃康智能家居系统企业研究院 239
浙江省中聚高分子材料高新技术企业研究开发中心 239
浙江秀洲德商村镇银行股份有限公司 175
“浙江有礼·礼润秀洲”区域文明实践 297
浙江远江生物科技植物基蛋白肉项目开工奠基 157
浙农嘉兴农事服务中心成立 166
“浙农优品”数字化应用 142
浙师大附属长虹实验学校挂牌 323
镇(街道)团组织换届 108
镇村建设 213、304、309、313、319、325
征兵工作 129
征迁腾退 212
政策扶持服务业 165
政策性农业保险 138
政策执行审计 188
政法队伍建设 119
政法委与综治 117
政府重要会议 68
政务服务及公共资源交易服务 77
政协委员会客厅活动 87
政协秀洲区五届一次会议 84
政协重要会议 84
政治生活待遇 52
支持经济稳进提质 171
执法办案管理中心工作 121
执法规范化 124
执行工作 127
执行急难险重任务 130
职称评聘 76
职工演讲比赛 107
职业病防治 282
职业技能建设 291
植物检疫 135
植物资源 36
志愿服务工作 115
志愿服务工作 298
制度保障 210
质量标准和计量监督管理 195
治安管理 122
致公党秀洲区支部 101
“智安小区”项目 74
“智付码”实名制监管迭代升级 123
智慧地下立体机械停车场 232
智慧后勤建设 78
智慧卫监 281
智能光伏产业大脑 151

智能家居 153
中共二十大安保维稳工作 120
中共二十大精神宣传教育进礼堂 146
中关村夜间经济圈 335
中国电信股份有限公司嘉兴秀洲分局 236
中国工商银行股份有限公司嘉兴秀洲支行 175
中国建设银行股份有限公司嘉兴秀洲支行 176
中国联合网络通信有限公司嘉兴市分公司 236
中国农业银行股份有限公司嘉兴秀洲支行 176
中国人民财产保险股份有限公司嘉兴市秀洲支公司 178
中国人寿保险股份有限公司嘉兴市秀洲区支公司 178
中国移动嘉禾分公司 237
中国银行股份有限公司嘉兴秀洲支行 176
中小学储备教师 257
中小学家庭教育 250
中小学劳动教育 251
中小学艺术教育 250
中信银行股份有限公司嘉兴秀洲支行 177
中医药事业发展 278
中转站计量改造 211
种植业 133
“众创数字化供应链”项目运营发布会 312
重大传染病防控 278
重大公共卫生 280
重大项目网络云签约 156
重点企业选介 154
重点实验室 239
重点项目推进 156
重要民生商品保供稳价工作 188
重要项目竣工 181
重要项目开工 181
朱鸣雷 353
朱彝尊文化 IP 动漫形象发布 307
朱彝尊文化标识 269
朱彝尊文化传承与发展 113
主席会议 84
助力争创全国文明典范城市六大行动 107
助企服务 333
助推妇女创业创新 111
助推小微企业提质增效 194
住房保障 204
驻镇防灾管家 80
专门委员会 64、90
专项视察 89
专业技术人员继续教育 76
桌上冰壶球项目培育 267
自建房安全专项整治 213
自然灾害 36
自然资源 35
自然资源管理 190
宗教工作法治化建设 299
宗教数字赋能 299
宗教场所规范化管理 299
综述 39、58、67、83、93、98、104、117、132、143、148、159、165、198、214、230、238、246、261、268、275
组织财政收入 171
组织工作 43
祖统工作 99
“作风建设年”活动实施 41

数字、字母开头

“1+6+N”环境应急救援体系 227
“1+7+N”政务服务能力提升项目 78
“1+N”感知城管体系 209
2022 年新任区级领导简介 344
2022 年中国(浙江、嘉兴)好人榜 352
2022 中国光伏绿色供应链大会在秀洲区召开 158
“22 闻川 01”债券发行 323
“22 闻川 02”债券发行 323
320 国道洪合收费站撤销 312
“360”人大工作机制 65
BOT 办学模式终止 254
G524 一期工程(新塍至王店公路)通车 185